고대 이집트의 역사
태고부터 페르시아의 정복까지
2

서양편 · 788

고대 이집트의 역사 2
태고부터 페르시아의 정복까지

제임스 헨리 브레스테드(James Henry Breasted) 지음
김태경 옮김

한국문화사

지은이   제임스 헨리 브레스테드(James Henry Breasted)
미국의 고고학자이자 이집트학자, 역사학자이다. 1899년부터 1908년까지 이집트어 사전을 간행하기 위해 이집트에서 현지 조사를 하기도 했다. 1919년에는 그가 백방으로 노력한 끝에 시카고대학에 오리엔탈연구소가 설립되었다. 브레스테드는 하워드 카터가 발굴한 투탕카멘 무덤의 문장(紋章) 해독을 도왔다. 20세기 초 고대역사 연구의 발전에 지대한 공헌을 한 인물로 평가받고 있으며, 1985년 미국역사협회에서는 제임스 헨리 브레스테드 상을 제정하여 해마다 A.D. 1000년 이전의 역사를 기술한 영문서적에 시상하고 있다.

옮긴이   김태경
연세대학교 신문방송학과를 졸업하고, 동대학원 중어중문학과를 졸업했다. 저서로는 <쉽게 배우는 중국어음운학>, <상고중국어 음운체계와 한국어 어휘의 어원>이 있고 역서로는 <십족을 멸하라>, <한어음운사십강>(漢語音韻史十講)(공역)이 있다.

한국연구재단 학술명저번역총서 서양편 · 788

고대 이집트의 역사 2
태고부터 페르시아의 정복까지

1판 1쇄 발행 2020년 2월 10일
원　제 | A History of Egypt: From the Earliest times to the Persian Conquest
지은이 | 제임스 헨리 브레스테드(James Henry Breasted)
옮긴이 | 김태경
펴낸이 | 김진수
펴낸곳 | 한국문화사
등　록 | 1991년 11월 9일 제1994-9호
주　소 | 서울특별시 성동구 광나루로 130 서울숲 IT캐슬 1310호
전　화 | 02-464-7708
팩　스 | 02-499-0846
이메일 | hkm7708@hanmail.net
웹사이트 | www.hankookmunhwasa.co.kr

ISBN 978-89-6817-828-3 94930
ISBN 978-89-6817-049-2 (전2권)

· 이 책의 내용은 저작권법에 따라 보호받고 있습니다.
· 잘못된 책은 구매처에서 바꾸어 드립니다.
· 책값은 뒤표지에 있습니다.

· 이 도서의 국립중앙도서관 출판예정도서목록(CIP)은 서지정보유통지원시스템 홈페이지 (http://seoji.nl.go.kr)와 국가자료종합목록 구축시스템(http://kolis-net.nl.go.kr)에서 이용하실 수 있습니다. (CIP제어번호 : CIP2020003521)
· '한국연구재단 학술명저번역총서'는 우리 시대 기초학문의 부흥을 위해 한국연구재단과 한국문화사가 공동으로 펼치는 서양고전 번역간행사업입니다.

이 저서는 2016년 대한민국 교육부와 한국연구재단의 지원을 받아 수행된 연구임 (NRF-2016S1A5A7021332)

저자 서문

 겨울철마다 나일 계곡을 찾는 사람들이 점점 늘어나는 것만으로도 이집트 역사에 관한 최신 저작물이 나와야 하는 충분한 이유가 될 것 같다. 그러나 이 운 좋은 여행객들 외에도 인류 역사에서 초기 근동의 중요성을 깨닫기 시작한, 점차 커지는 또 다른 집단이 있다. 나일이 생명을 주는 물을 넓은 지중해의 한복판에 쏟아붓듯이, 미개함에서 그토록 일찍 벗어난 나일 유역의 멋진 사람들의 문명이 이집트로부터 남유럽으로 전해졌다. 서방세계의 우리는 이집트에서 남유럽으로 전해진 이 풍성하고 다양한 문화의 영향에 여전히 고마워하고 있다. 유프라테스강이 마찬가지로 지중해로 흘러들었다면 우리가 바빌론에 진 빚도 나일 계곡에 진 빚만큼 그렇게 컸을 것이다. 남부유럽의 초기 인류 역사를 통틀어, 또한 태고 시대가 보다 나은 문화에 의해 대체되고 나서 오랫동안, 군사적 우위로 보든 순전히 문명의 우월성으로 보든 우리가 지중해 유역의 지배세력으로 보아야 하는 것은 이집트이다. 문명에 있어 초기 유럽의 후손인 우리에게, 커튼을 올리고 우리 조상들에게 그토록 귀중한 유산을 물려준 시대를 들여다보는 것은 매우 중요하다. 마지막으로 이집트의 역사에 대한 지식을 갈망하는 제삼의 아마도 가장 다수 집단인, 즉 구약성서를 연구하는 사람들이 있다. 이 책을 쓰면서 이 연구자들을 모두 고려했다.
 이 역사서가 쓰인 방식은 어느 정도 그 사용을 전제로 한 것이다. 나일 계곡 사람들의 초기 생활에 대한 우리 지식의 출처는 매우 빈약하고 성격상 부적절하다. 정보 자료는 여기에서 그리고 필자의 Ancient Records of Egypt(『이집트의 고대 기록』) 제1권 pp. 3-22에서 더 논의될 것이다. 오늘날 역사학자들의 연구실에서 사용되듯이, 자료들은 주로 출판물 형태로 이용할 수 있다. 이 출판물은 대부분 그러한 작품의 제작에 필수적이라 여겨지는 비문의 정확성과 조심성을 확보하기 전에 편집되었다. 어떤 종류의 비문이든 정확하게 옮기기는 쉽지 않다. 러스킨같이 중요한 문서들을 그토록 꼼꼼하고 뛰어나게 관찰한 사람도 짧은 라틴어 비문을 놀라울 정도로 부정확하게 옮길 수 있다. 그의 유례없는 Mornings in Florence(『피렌체의 아침』)에서, 그는 자신이 산타크로체 성당에서 그토록 감탄했던, 무덤을 덮은 대리석 판 위의 짧은 비문을 재현한다. 나는 그가 옮긴 이 여덟 줄의 짧은 비문을 원본과 비교했다. 그는 한 단어의 철자를 잘못 쓰고, 중세의 라틴어 두 단어("et magister")를 완전히 누락시켰다. 위대한 예술비평가의 이 같은 경험은 훈련받은 신중한 고문서학자의 경험만큼 흔하다. 잘 알려진 폴리타르크(Politarch, 선출된 행정관) 비문들은 8가지 다른 출판물에 등장하는데, 이 출판물들은 각각 정확한 사본을 얻기 전에, 어느 정도 중요한 부분에서 다른 것들과 달랐다. 뉴욕에 있는 오벨리스크 아랫부분의 청동 게 위에 새겨진 그리스어와 라틴어 비문은 오랫동안 잘못 읽혀 왔다. 연도를 잘못 추정해 몸젠(Mommsen)은 이집트가 초기 로마의 지방이었다는 잘못된 이론을 이끌어냈다. 상형문자에 대한 해독이 불가피하게 초보적이었던 이집트학 초창기에는, 오늘날에도 신뢰할 수 있는 사본을 제작할 특출한 능력을 가진 사본 담당자가 필요했다. 이집트학이 빠르게 이 초기의 불충분함에서 벗어났다면 지금 모든 것이 다 잘 되었을 것이다. 그러나 그러한 부적절한 방법들은 오늘날까지 계속해서 내려왔다. 비록 완전히 정확한 상형문자 문서가 현재 매년 발행되고 있지만, 그래도 필자의 견해로는, 간행된 표준 이집트 문서 다수가 금석학의 다른 분야에서는 발견되지 않는 불완전함과 부정확함을 어느 정도 보이는 것도 사실이다.

이러한 상황하에서 필자의 첫 번째 책무는 가능한 모든 경우에 있어 출판물을 넘어 원래 기념물 자체를 들여다보는 것이었다. 이러한 작업을 위해 많은 세월을 소비하고 유럽의 많은 수집품 속에서 오래 체류해야 했다. 관련 사업이 이러한 작업에 가장 큰 도움이 되어왔다. 네 곳의 독일 로열 아카데미(베를린, 라이프치히, 괴팅겐, 뮌헨) 위원회를 위해 이집트 기념물을 수집하고, 독일 황제가 기금을 마련한 이집트 사전에 이 기록물들이 쓰일 수 있게 하려고 유럽 박물관으로 파견된 덕분에, 필자는 유럽에 있는 이집트의 역사적인 기념물을 모두 실질적으로 원본을 보고 모사할 수 있었다. 아직 이집트에 있는 자료들의 경우, 필자는 많은 자료를 직접 베껴서 이용할 수 있었다. 특히 테베와 아마르나에서는 그곳 무덤에서 모든 역사적인 비문을 모사했고 기자(현 카이로)의 박물관에서도 모사할 수 있었다. 필자의 사본에 포함되지 않은 이집트 기념물 중에서 탁본은 대부분 렙시우스(Lepsius)가 만들고 현재 베를린 박물관에 있는, 막대한 소장품에서 발견한 것이다. 다른 것들의 경우 필자는 위에서 언급한 사전을 위해 진행한 광범위한 조사를 이용할 수 있었다. 이따금 동료가 필요한 조사를 제공했고, 자료를 얻지 못한 곳에서는 내가 모든 중요한 사례에 대규모 원본 사진을 확보할 수 있었다. 그밖에 필자가 출판에만 의존한 기념물은 매우 적다. 그리고 그러한 출판물은 대부분 현대적인 방법으로 만들어졌고, 원본만큼 훌륭하다. 그러므로 대체로 이집트인들의 역사에 대한 본서의 설명은 현존하는 원본 기록 자체에 근거하고 있다고 할 수 있다.

이 언어에 대한 우리 지식은 지난 20년간 엄청난 발전을 이룩했다. 그러나 이 지식은 아직 대체로 역사적인 기록물을 다룬 포괄적인 연구에 적용되었다고 할 수 없다. 따라서 수집된 자료를 역사학적으로 활용하기 위해, 우리의 향상된 언어학 지식을 고려해 초기 연구 결과와 관계없이 처음부터 기록물에 관한 연구를 시작하는 것이 필수적이다. 대부분은 편견 없이 연구한 후에야 기록물에 대한 더 이전의 번역이나 설명을 참조했다. 기록물에 대해 새롭게 문법적으로 연구하고 원본에서 개정된 사본을 참고해, 역사적인 기록물을 번역해 몇 권의 책으로 출간할 수 있었다. 이렇게 출간된 번역서들은 최초의 기록에서 시작해 기원전 525년 페르시아인들에 정복당해 이집트가 국가적 독립을 최종 상실할 때까지 연대순으로 정리된 것이다. 사실에 대한 특별한 주장이 어떤 기록에 근거하는지 알고 싶은 독자는 역사적인 서문 및 주석과 함께, 쉽게 얻을 수 없는 수백 가지 간행물에 흩어진 원본 문서들을 영어로 이용할 수 있다. 이 역사책에서 각주에 있는 숫자

Ⅰ, Ⅱ, Ⅲ, Ⅳ는 번역서¹의 권수를 나타낸다. 네 개의 로마자 뒤에 오는 아라비아 숫자들은 '쪽수'를 나타내는 'p.'가 있는 경우 외에는 번역문 내에서 나누어져 번호가 매겨진 단락을 나타낸다.

번역된 기록물 네 권에, 연구 자료에 대해 이렇게 전문적으로 논의함으로써, 필자는 그렇지 않았다면 이 역사서에 부담이 되었을, 연구 자료와 관련된 의문점들이 해결되었기를 바란다. 동시에 제시된 모든 사실의 근거자료를 쉽게 이용할 수 있기를 바란다. 보통의 독자들에게는 이집트학계 내부 인사들에게만 알려진 전문적이고 진기한 간행물의 수많은 각주는 전혀 의미가 없다. 비록 독자 중 극소수만이 인용된 자료를 입증하려 하겠지만, 다른 한편으로 이 책의 기록과 기록의 출처와의 모든 연관성을 분리하는 극단적인 조치도 필자의 견해로는 마찬가지로 나쁘다. 그 극소수 독자에게 그러한 인용문은 아주 귀중하다. 왜냐하면 필자가 연구자이던 시절에, 현재 받아들여진 학문적 사실들을 얼마나 어렵게 원본 자료까지 추적할 수 있었는지 기억하기 때문이다. 만일 이 연구가 이 분야의 현대 지식에 어느 정도 공헌했다면, 그것은 원 자료의 재검토, 각 기록물과 관련된 모든 자료의 수집 및 참고를 위해 편리한 형태로 이 자료들을 모으고 번역한 데 있다. 이 책의 새로운 결과는 어떤 것이든 이 과정과 방법을 따른 것이다.

다른 한편으로 기록문서와 대조되는 어마어마한 유형(有形)의 기록물의 경우, 이 저서는 이용할 수 있는 방대한 자료에 대한 재검토를 시도하지 않았다. 이집트 고고학은 발달 초기에 있고, 고대 그리스·로마의 고고학에서 이미 완성된 근본적인 연구와 조사는 이 영역에서 거의 이루어지지 않았다. 이따금 기록문서는 내가 활용해 온 이 방면에서 새롭고 예상 밖의 빛을 비춰 왔다. 고고학과 문헌학의 역량을 다 갖춘 사람은 이집트학의 결

---

1   제임스 헨리 브레스테드 *Ancient Records of Egypt: The Historical Documents*(1905년, 시카고대학 출판부)를 보라. 제1권은 제1왕조에서 제17왕조, 제2권은 제18왕조, 제3권은 제19왕조, 제4권은 제20왕조에서 제26왕조에 대해 기술했고, 제5권은 색인이다.

과물을 만드는 작업에서 연구되어야 할 것들을 많이 찾을 것이다. 또한, 종교 영역에서는 양만 따져도 너무 많아서 문서의 철저한 재검토가 불가능했다. 이집트 종교에 관한 연구는 시작되었을 뿐이다. 예비 연구조차 완성되려면 수십 년이 지나야 할 것이다. 예비 연구는 연구자가 경이로운 기록물들에 대해 전반적인 조사와 균형 잡힌 재구성을 하게 해 줄 것이다. 필자는 오로지 아마르나 시기와 태양에 대한 신앙에만 특별히 관심을 쏟아 왔다. 이크나톤의 유례없는 종교개혁에 대한 모든 문서와 이집트 역사를 통틀어 알려진 모든 태양 찬가가 수집되고 검토되었다. -전자의 경우 원본에서 수집한 것이다. 그러나 전체적으로 이집트 종교에 대해서는 필자가 각주와 전문 독자가 자주 접하는 다른 저작물에 종종 밝혔듯이 에르만의 감탄할 만한 안내서(Handbuch)에서 많은 도움을 받았다. 비록 20년이 넘었지만 에르만의 Aegypten(『이집트』)는 여전히 이집트인의 삶에 대한 표준 필수 안내서이다. 이 책은 이 저서를 쓰는 데 귀중한 도움을 주었다. 나는 물론 에두아르트 마이어(Eduard Meyer)의 총망라된 결정적인 Chronologie(『연대학』)에서도, 특히 더 이른 시기 역사에 대해서 도움을 받았다. 나는 또한 그가 Geschichte des alten Aegyptens(『고대 이집트의 역사』)에서 사이스 시대를 분석적으로 다룬 부분에 영향을 받은 것도 고맙게 생각한다. 나는 나의 Ancient Records(『고대 기록』)의 서문에서 밝혔듯이 마스페로(Maspero)와 비데만(Wiedemann)의 엄청난 노력에서, 특히 서지학 분야에서 도움을 받았다. 그러나 여기에서 다시 한번 그 은혜에 대해 감사를 표한다. 이집트 역사를 연구하는 모든 사람들처럼, 나도 빈클러(Winckler)의 귀중한 아마르나 편지 번역본의 도움을 받았다.

  삽화의 경우, 출판된 삽화와 필자가 가진 사진 외에, 필자는 많은 친구와 동료들로부터 사진, 그림, 복원도 등을 제공받았으며, 이에 감사를 표한다. 필자는 특히 베를린에 있는 친구 Schaefer에게 감사드리며, 또한 Borchardt, Steindorff, 피트리, Zahn, Messerschmidt와 탬워스(Tamworth)의 W. MacGregor 목사와 Caroline Ransom 박사에게도 사진과 복원도를 조건 없이 사용할 수 있게 해 주신 것에 대해 감사드린다. 현지 이집트 기념물의 수많은 훌륭한 사진을 사용하게 허락해 준 Underwood & Underwood에게 특별한 감사를 표하고 싶다. 동시에 나일 계곡으로의 여행이 여의치 않은 사람들을 위해, 이 아름다운 실물 사진에 제시된 여행 시스템은 실제 경험을 거의 해보지 못한 사람도 나일강을 따라 여행하는 것을 가능하게 한다는 점을 덧붙인다. 마지막으로 나는 Lenoxvale, Belfast의 John Ward씨의 친절함에 대단히 감사드린다. 그가 카르나크에서 최근 발굴된 유물을 찍은 멋진 사진들에서 나는 숫양의 길(2권 사진22) 같은 많은 사진을 고를 특권을 누렸다.

나는 라이프치히의 Herr Karl Baedeker의 비할 데 없이 훌륭한 이집트 안내서, 나일 여행객들에게서 뗄 수 없는 안내서에서 두 장의 지도(2권 지도3, 8)를 가져다 쓰는 특혜를 받았다. 또한 유럽의 베를린, 런던(대영박물관, 대학, 피트리 수집품), 파리(루브르, 국립도서관, 기메 미술관), 빈(Hofmuseum), 레이덴, 뮌헨, 로마(바티칸, 카피톨리니), 피렌체, 볼로냐, 나폴리, 토리노, 피사, 제네바, 리옹, 리버풀 박물관 그리고 다른 곳의 박물관 당국에, 나는 이 저서를 쓰는 동안 한결같이 베풀어 준 친절과 특혜에 대해 이 자리를 빌려 깊은 감사를 표한다. R. S Padan군과 Imogen Hart양이 교정을 도왔다. 나의 아내가 지속적으로 꼭 필요한 사무를 도왔고 계속 교정을 도왔다.

또한 출판 관계자들이 인쇄와 삽화가 잘되도록 최선을 다해 흔쾌히 협조해 준 것에 대해서도 이 자리를 빌려 감사드린다. 이분들의 도움으로 이렇게 책이 완성되어 출판되었다.

제임스 헨리 브레스테드
윌리엄스 베이, 위스콘신
1905. 9. 1

차례

- 저자 서문 ··· v

제5권 제국: 첫 번째 시기
- 13장. 새로운 국가: 사회와 종교 ·· 3
- 14장. 왕국의 통합: 제국의 흥기 ·· 29
- 15장. 투트모세 왕가의 불화와 하트셉수트 여왕의 통치 ············· 45
- 16장. 제국의 통합: 투트모세 3세 ··· 69
- 17장. 제국 ··· 120
- 18장. 이크나톤의 종교개혁 ·· 168
- 19장. 이크나톤의 몰락과 제국의 해체 ··· 200

제6권 제국: 두 번째 시기
- 20장. 아몬의 승리와 제국의 재건 ··· 227
- 21장. 람세스 2세의 전쟁 ··· 261
- 22장. 람세스 2세의 제국 ··· 282
- 23장. 제국의 마지막 쇠퇴기: 메르넵타와 람세스 3세 ················ 310

제7권 쇠퇴기
- 24장. 제국의 몰락 ··· 361
- 25장. 사제와 용병: 리비아인들의 패권 ··· 381
- 26장. 에티오피아인들의 패권과 아시리아의 승리 ···················· 401

제8권 복구와 종말
- 27장. 복구 ··· 435
- 28장. 마지막 투쟁: 바빌론과 페르시아 ··· 455

- 왕들의 연표 ··· 475
- 참고문헌 ··· 482
- 찾아보기 ··· 483

• **일러두기** •

- 로마자 I, II, III, IV와 뒤의 아라비아 숫자는 저자가 쓴 『Ancient Records of Egypt』의 권수와 단락을 나타낸다. 저자 서문 viii쪽을 참조하라.
  BT = Brugsch, Thesaurus (브룩쉬, 시소러스)
  Rec. = Recueil de Travaux, 마스페로 편집.
  RIH = de Rougé, Inscriptions hiéroglyphigues.
  다른 약어는 추가 설명이 없어도 알아볼 수 있다.

제5권

제국: 첫 번째 시기

13 새로운 국가: 사회와 종교

당시 아흐모세 1세가 직면했던 국가의 건설 작업은 아메넴헤트 1세가 제12왕조 초기에 완수한 재조직과는 실질적으로 달랐다. 아메넴헤트 1세는 그의 시대에 더 이상 새로운 것이 아닌 사회적 정치적 요인들을 다루었고 기존 정치조직들을 그 독자성을 해치지 않고 자신의 목적에 맞게 조종했다. 반면 아흐모세는 옛 형태로부터 완전히 떨어져 정체성을 잃어버리고 끊임없는 변화 과정에 처한 구성 요소들로 정부 조직을 건설해야 했다. 힉소스의 축출로 끝이 난 사건의 경과는 아흐모세에게 새로운 국가가 가져야 할 형태를 결정해 주었다. 당시 아흐모세는 오랜 군사 행동과 여러 해 동안 이어진 포위 작전을 통해 효율적으로 조직되고 하나로 뭉쳐진 강력한 군대의 수장이었다. 그 기간 그는 전쟁터에서는 장군이었으며 국가의 수반이었다. 정부의 성격은 이러한 상황에서 부지불식간에 형성되었다. 이집트는 군사국가가 되었다. 대체로 호전적이지 않은 이집트인들의 성격에도 불구하고 이집트가 군사국가가 되는 것은 당연했다. 당시 힉소스와의 오랜 전쟁은 그들을 군인으로 성장시켰다. 아흐모세의 대규모 군대는 아시아에서 수년을 보냈고, 심지어 시리아의 부자 도시에서도 그보다 더 길거나 짧은 기간 동안 머물러 있었다. 전쟁을 철저히 익히고 전쟁을 통해 아시아에서 막대한 부를 얻을 수 있음을 알게 되자, 이집트 전역이 수 세기 동안 꺼지지 않는 정복에 대한 욕망을 갖게 되었다. 직업 군인에게 개방된 부(富), 보상,

승진이 군 경력에 대한 변함없는 동기가 되었다. 그렇지 않았다면 그렇게 호전적이지 않았을 중간층이 이제는 열정적으로 군대에 합류했다. 주로 테베의 가문과 가까웠던 귀족계급의 생존자들에게 군인이라는 직업은 모든 직업 가운데 가장 매력적인 직업이 되었다. 그들이 테베의 무덤에 남긴 전기에서,[1] 그들은 파라오의 편에 서서 자신들이 겪었던 전투와 그가 그들에게 수여했던 훈장에 대해 가장 만족스럽게 말하고 있다. 모든 기록이 완전히 소실되었을 많은 군사 행동에 대해서는 앞에서 인용한 에바나의 아들인 아흐모세의 일대기[2] 같은 군사 전기를 통해 알 수 있다. 고왕국시대에 파라오의 아들들은 행정관직을 맡았으나, 이제는 군의 장군이 되었다.[3] 그 후 한 세기 반 동안 군의 업적에 관한 이야기가 이집트의 이야기가 된다. 왜냐하면, 당시 군대는 새로운 국가의 지배 세력이었고 주요 동력이었다. 군대의 조직체계는 당시 상비군이라는 이유만으로 옛날의 민병 조직보다 훨씬 뛰어났다. 군대는 삼각주에 하나, 상류 지역에 하나로 크게 두 사단으로 나뉘었다.[4] 시리아에서 이집트 군대는 우리에게 알려진 것으로는 역사상 최초로 군사병법과 병력의 적절한 전략적 배치를 배웠다. 군대를 사단으로 나누고, 부대를 양익과 중앙부대로 나눴다. 심지어 적의 측면을 우회하는 측면 이동이 행해졌음을 추적할 수 있고, 전투 대열을 분명히 밝힐 수도 있다. 이 모든 것은 더 이전 시기의 기념물에 단순히 전쟁으로 기록된 어수선한 약탈 원정과는 근본적으로 다르다(사진1). 오래된 활과 창 외에 군대는 이때부터 전투용 도끼도 갖추었다. 그들은 화살을 일제히 쏘는 법을 배웠다. 당시 이집트의 무서운 궁수들은 고대 그리스·로마 시대까지 공포의 대

---

[1] II, 1-16, 17-25, et passim.
[2] Ibid.
[3] III, 350, 362.
[4] III, 56.

상이 된 평판을 얻었다. 그러나 이보다 더, 힉소스는 이집트에 말을 가져다주었다. 이집트의 군대는 당시 처음으로 대규모 전차 부대를 보유했다. 근대적 의미에서의 기병대는 아니었다. 이집트의 솜씨 좋은 장인들은 곧 전차(사진2)의 제작기술을 익혔다. 파라오의 마구간에는 아시아에서 얻은 수천 마리의 최상의 말들이 있었다. 당시의 시대정신에 따라서 파라오는 항상 정예 부대의 경호원과 그가 가장 총애하는 군 장교들을 대동하고 대중 앞에 등장했다.

사진 1. 제국의 창병(槍兵)들
하트셉수트가 파견한 푼트 원정대의 호위대 일부. 테베의 데르 엘 바흐리 신전의 부조에서

그러한 힘을 등에 업고, 그는 절대 권력으로 다스렸다. 누구도 그의 의견에 반대하는 기색조차 없었다. 근대적 의미의 왕에 대한 조언자나 여론의 작은 소리도 없었다. 근동의 통치자들은 심지어 오늘날조차 거의 이러한

사진 2. 제국의 전차
실물 크기로 나무, 청동, 가죽으로 만들어져 있다. 피렌체의 Archaeologico 박물관

불편함을 고려할 필요가 없다. 강력한 권력을 쥐고 왕좌에 있으므로 모두가 그의 발 앞에 있지만, 그가 조금이라도 약한 모습을 보이면 그는 곧 궁중 동료들의 꼭두각시가 되고 예전처럼 하렘의 음모의 희생양이 되었다. 이런 때에, 즉 파라오가 약해 보일 때 이집트에서는 그 후 자주 그랬듯이 유능한 대신(大臣)은 왕조를 뒤엎고 자신의 왕조를 세웠다. 그러나 힉소스를 축출한 사람은 그 상황을 완전히 지배했다. 그는 분명히 내부의 무질서와 외부의 침입이 2세기 동안 이어진 혼란 속에서 당시 등장한 국가를 재건하는 데 주된 역할을 했다.

이 새로운 국가는 이집트인의 왕조로는 이집트 역사상 그 어느 시기의 국가보다도 더 분명하게 우리에게 알려져 있다. 당시 아흐모세 1세와 그의 계승자들의 손에서 형성된 거대한 통치 구조에는 보다 이른 시기로부터 내려온 옛 요소들이 많지만, 새로운 것들도 많이 식별할 수 있다. 파라오가 차지한 최고의 위치는 파라오가 정부 일에 매우 능동적으로 참여했음을 의미한다. 그는 매일 아침 여전히 통치의 근간이었던 재상을 만나 국가의 모든 관심사와 그가 지켜봐야 할 당시의 모든 사업에 대해 논의했다.[5] 그다음에는 즉시 최고 회계담당자와 회의를 열었다.[6] 이 두 사람이 정부의 주요 부서, 즉 국고(재무부)와 사법부를 이끌었다. 그들이 파라오에게 매일 업무 보고를 하는 곳인 파라오의 집무실은 모든 계통이 한 곳에 모이는 정부 전체의 중심기관이었다. 정부에 보내는 모든 다른 보고서들도 마찬가지로 이곳으로 전달되었고, 이론적으로 이 문서들은 모두 파라오의 손을 거쳐 갔다. 현존하는 얼마 안 되는 그러한 문서들에서조차 우리는 바쁜 군주가 결정하고 실제로 집행한 사안에 자세한 질문들이 많이 나열되어 있음을 알 수 있다. 유죄선고를 받은 죄인들에 대한 처벌도 그가 결정했다.[7] 희생양이 지하 감옥에서 그들의 운명을 기다리는 동안, 왕이 결정할 수 있도록 사건의 서류들이 그에게 전달되었다. 누비아와 아시아에서의 잦은 군사 행동 외에도 그는 사막에 있는 채석장이나 광산을 방문하거나,[8] 우물과 숙박 시설을 위한 적당한 장소를 물색하면서 사막의 경로를 세심하게 조사했다.[9] 마찬가지로 국내에서는 새로운 건축을 점검하고, 관리들의 온갖 직권 남용을 막기 위해[10] 자주 지방을 순회해야 했다. 거대한 국가 신전에서의 의식이 정교한 국가 종교의 발전과 함께 더욱 복잡해짐에 따라, 大신전에서의 공식적인 제사의식에도 절대 군주는 더 많은 시간을 들이고 신경을 써야 했다. 이러한 상황에서는 재상의 도움에도 불구하고 한 사람의 능력으로

---

[5] II, 678.
[6] Ibid.
[7] IV, 541.
[8] III, 170.
[9] IV, 464.
[10] III, 58.

감당하지 못할 정도로 불가피하게 책임이 늘어났다. 독자들도 기억하겠지만 고왕국의 초기 시절부터 재상은 한 명밖에 없었다. 그러나 제18왕조 초기에는 정부의 업무와 파라오의 일이 너무 많아져서 그는 두 명의 재상을 임명했다. 한 명은 폭포에서 시우트 노모스에 이르는 남부의 통치를 위해 테베에 거주했고, 한 명은 헬리오폴리스에 거주하며[11] 시우트 노모스 북쪽 전 지역의 통치를 맡았다. 이러한 혁신은 엘 카브와 폭포 사이의 남부 지역을 누비아 지역의 관할권으로부터 재상의 관할권으로 이전한 후에 있었던 일인 것 같다.

통치의 목적을 위해 나라는 들쭉날쭉한 구역들로 나뉘었다. 일부는 주위에 마을이 있는, 봉건시대의 오래되고 강력한 성읍으로 구성되어 있었다. 반면 일부 구역은 그러한 도심은 없었고, 오직 통치를 위해 분명히 임의로 나눈 것이었다. 시우트 노모스와 폭포 사이에는 적어도 27개의 그 같은 행정구역이 있었고,[12] 나라는 전체적으로 이보다 두 배가 넘는 구역으로 나뉘어 있었던 것으로 보인다. 오래된 성읍의 통치 수장은 여전히 봉건시대의 '백작'이라는 직함을 가지고 있었지만, 그러나 이 직함은 당시 행정상의 직무만을 나타냈으며, '시장'이나 '주지사'로 번역되는 것이 더 적절하다. 보다 작은 성읍에도 '통치자'가 있었으나 다른 행정구역에서는 기록관과 서기만이 있었는데, 그들 중 한 사람이 책임자였다.[13] 이 사람들은 주로 회계 능력을 갖춘 행정관리이며 관할지역 내에서는 사법관리였다.

통치의 주요 목표는 나라를 경제적으로 강하고 생산적으로 만드는 것이었다. 이 목표를 이루기 위해 당시 대부분 왕의 소유지였던 땅은 왕의 농노가 경작했고 관리들이 감독했다. 또는 왕이 자신이 총애하는 귀족, 지지자,

---

[11] Inscription of Mes.
[12] II, 716-745.
[13] II, 717.

친족들에게 영구적이며 분할할 수 없는 봉토로 위탁했다. 나눌 수 있는 땅은 또한 직함이 없는 계급의 소작인들이 보유했다. 두 종류의 소작지는 토지를 보유한 사람이 실제로 소유한 것처럼[14] 유언 또는 매매를 통해 양도될 수 있었던 것 같다. 소, 나귀 같은 왕의 다른 자산은 토지처럼 두 계급의 사람들이 보유했으며, 사용에 대한 대가(代價)로 1년에 한 번 세금이 부과되었다. 신전이 보유한 자산을 제외한 왕의 모든 땅과 자산은 과세의 목적을 위해 여전히 하얀 집이라고 불리는 국고의 징세 등기부에 기록되었다. 모든 '주택' 또는 토지와 '거기에 속하는 것들'[15]이 등기부에 기록되었다. 이에 근거하여 세금이 부과되었다. 세금은 가축, 곡식, 포도주, 기름, 꿀, 섬유 등 여전히 자연에서 수확한 것들로 징수되었다. 가축의 방목장 외에 '곡물 창고'는 하얀 집의 가장 중요한 하위 부서이며, 수령한 생산품의 보관을 위해 다른 수많은 창고가 있었다. 이 창고들을 채운 모든 생산품은 'labor'라 불렸다. 이 어휘는 '세금'의 의미로 고대 이집트에서 사용된 어휘이다. 만일 우리가 요셉의 이야기로 전해진 헤브라이 전설을 받아들인다면[16] 그

---

[14] Inscription of Mes.
[15] II, 916, l. 31.
[16] [역주] 현대 역사학자들과 고고학자들은 요셉이야기는 역사적 사실이 아닌 설화라고 본다. 민희식(2008:178-179)에 의하면 요셉의 총리(재상) 설화가 허구임을 반증하는 고고학적 자료들이 발견되었다. 1890년 미국의 고고학자 찰스 윌버(Charles Edwin Wilbour)는 나일강 시힐(Sihiel) 섬에서 화강암에 상형문자로 새겨진 이집트 제3왕조시대의 명문을 발견했는데, 이 명문의 해독으로 조세르 왕 시기 임호테프라는 실존인물이 7년 가뭄에서 그의 조국을 구했다는 기록이 밝혀졌다. 민희식(2008:178-181)은 당시 이집트의 역사기록에는 요셉이라는 이름이 없었고, 말단관리의 횡령과 같은 작은 사건도 기록하는 이집트 사료에 기근을 극복한 인물로 이름조차 기록되어 있지 않다는 사실에서 요셉 이야기는 설화임을 알 수 있다고 언급했다. 그가 요셉 설화가 임호테프에서 유래했음을 밝히기 위해 그와 요셉의 공통점으로 든 10가지는 다음과 같다. 왕 다음의 위치에 오른 것, 12형제 중의 하나라는 점, 110세?를 살았다는 점, 건축가이자 건설자인 점, 뛰어난 꿈의 해몽가이자 점성술가라는 점, 7년 기근을 예측하고 대비했다는 점, 저장 곡식으로 기근에 대처한 점, 피라미드와 궁전의 건축가인 점과 임호테프는 소득의 10%를 세금으로 징수했고 요셉은 20%를 징수한 점, 임호테

같은 세금은 토지 생산물의 1/5을 차지한다.[17] 세금은 우리가 앞에서 언급한 지방 관리들이 걷어 들였다. 많은 창고에서 조세를 받아들이고 또 조세를 납부하려면 당시, 이집트 역사상 과거 어느 때보다 많은 서기와 하급 관리들이 필요했다. 그들의 우두머리인 최고 회계담당자는 재상의 지휘권 아래에 있었다. 그는 재상에게 매일 아침 보고한 후, 허가를 받고 그날의 업무를 위해 사무실과 창고를 개방했다.[18] 지방 관리들이 관직에 대한 세금으로 내는 두 번째 종류의 세입은 전적으로 재상이 징수했다. 남부 지역의 재상은 엘레판티네에서 시우트에 이르는 그의 관할 지역 안의 상이집트 관리 전부를 책임졌다.[19] 이 사실을 고려하면 다른 재상은 틀림없이 북부지역에서 비슷한 책임을 졌을 것이다. 관리에 대한 조세는 주로 금, 은, 곡물, 가축, 리넨으로 구성되었다. 예를 들면 오래된 도시 엘 카브의 시장은 매년 재상의 집무실로 금 약 363g, 은 약 272g, 수소 한 마리와 '두 살짜리' 수소를 보냈다. 그의 부하는 은 약 272g, 금으로 된 구슬 목걸이, 수소 두 마리, 리넨 두 상자를 납부했다. 이 수치들은 테베에 있는 레크미레(Rekhmire)[20] 재상의 무덤에 기록된 목록에서 얻었는데, 이 목록은[21] 불행히도 너무 훼손되어서 남부지방 재상의 관할 하에 있는 모든 관리에게 징수된 전체 세금은

프는 헬리오폴리스의 사제 딸과 결혼했고 요셉은 온(On)의 사제 딸과 결혼했는데, 그리스어로 헬리오폴리스는 온을 가리키는 지명이라는 점을 들었다.
   찰스 월버가 발견한 제3왕조시대 명문에 따르면 "조세르 왕은 나일강의 신 크눔에게 약속하는 바 백성들은 모든 곡물의 1/10을 세금으로 내되, 신전의 사제들은 제외한다."라고 되어 있다(민희식 2008:185).

[17] 창세기, 47: 23-27.
[18] II, 679.
[19] II, 716-745.
[20] [역주] 레크미레는 제18왕조 투트모세 3세와 아멘호테프 2세의 통치 시기에, 테베의 통치자이자 재상이었다.
[21] Ibid.

계산할 수 없었다. 그러나 그들은 그에게 매년 적어도 약 14.3kg의 금과 9개의 금목걸이, 1kg이 넘는 은, 약 40상자의 리넨과 다른 단위로 잰 리넨, 모든 연령의 소 106마리, 곡식 등을 납부했다. 이 수치는 아마 적어도 전체에서 20% 정도 적을 것이다. 왕이 북부 지역의 재상이 수집한 것으로부터도 비슷한 양을 받았을 것이므로 관리들에 대한 이 조세가 연 소득에서 상당한 액수를 차지했다. 불행히도 우리는 총 세입을 짐작할 수 없다. 제18왕조에서는 모든 세원(稅源)에서 들어오는 왕실의 수입에 대해 남부의 재상이 일반적으로 감독했다. 부과되는 조세의 액수와 수집된 세입의 분배는 그의 집무실에서 결정되었다. 그곳에서 대차대조표가 계속 보관되었다. 남부의 재상은 수입과 지출을 조절하기 위해 모든 지방 관리들로부터 한 달에 한 번씩 재정 보고를 받고, 이렇게 해서 다달이 왕에게 왕의 금고에 곧 들어올 재원에 대한 상세한 명세서를 줄 수 있었다.[22] 세금은 지금과 마찬가지로 강이 범람한 높이와 그에 따른 풍작이나 흉작의 전망에 의존했으므로 상승하는 강의 수위도 그에게 보고되었다.[23] 그는 신전의 재산에 대한 모든 기록도 가지고 있었다. 아몬신의 주요 성소는 재상이 통치자인 도시에 있었는데, 그는 자연히 부유한 신전의 재산을 감독했다. 신의 재산과 관련된 업무에서는 그가 아몬의 대사제보다도 위였다.[24] 당시부터 왕의 수입이 외국의 조공에 의해 크게 증가했는데, 이 또한 남부의 재상이 받아서 왕에게 전달했다. 대재상 레크미레의 무덤에 있는 화려한 부조에는 그가 매년 세금을 들고 자신 앞에 나타난 관리들로부터 세금을 받거나[25] 아시아 속국의 군주와 누비아 족장들의 조공을 받는 모습이 묘사되어 있다.[26]

---

[22] II, 708.
[23] II, 709.
[24] II, 746-751.
[25] II, 716-745.

남부의 재상은 재무행정에서보다 사법 통치에 있어 더 큰 역할을 했다. 사법에 있어 그는 최고였다. 한때 중요한 사법 기능을 맡았던 남부 10인의 고관들은 재상을 접견하려는 사람들에게는 단지 자문위원회로 전락했고[27] 그나마 자문 기능도 가지고 있지 않았던 것처럼 보인다. 그들은 당시의 법원 기록에 전혀 언급된 적이 없다. 하지만 그들은 시(詩)에 여전히 살아있어 그 오랜 명성이 그리스 시대까지도 이어졌다. 재상은 여전히 '여섯 명가의 수장' 또는 사법재판소의 수장이라는 전통적인 직함을 가지고 있었다. 그러나 이 직함들은 현존하는 그 어떤 법률문서에도 보이지 않으며, 재상의 직함에만 남아있을 뿐 분명히 사라졌다. 그때까지 항상 그래왔듯이 행정관리는 부수적으로 정의를 실현하는 사람들이었다. 그들은 끊임없이 재판관으로서의 역할을 했다. 비록 오로지 법률상의 직무만을 맡은 재판관 계층은 없었지만, 중요한 행정 고관들은 모두 법에 정통해 있었고 언제든지 재판관으로 일할 준비가 되어 있었다. 재상도 예외는 아니었다. 법적인 구제를 신청한 모든 사람은 먼저 접견실에 있는 그에게 신청했다. 가능하면 직접 하지만 어쨌든 서면으로 신청했다. 이 목적을 위해 그는 매일 접견이나 이집트인들의 표현으로는 '착석'을 했다.[28] 매일 아침 사람들은 '재상의 방'으로 모여들었고 그곳에서 안내원이나 집행관들이 그들을 선착순으로 차례차례 '심문받을' 수 있는 줄로 떠밀었다.[29] 테베에 위치한 땅과 관련된 소송의 경우, 그는 법에 따라 3일 이내에 판결을 내려야 했다. 그러나 만일 땅이 '남부나 북부'에 위치해 있다면 그는 두 달이 필요했다.[30] 이것은 그가

---

[26] II, 760-761.
[27] II, 712.
[28] II, 675, 714-715.
[29] II, 715.
[30] II, 686.

유일한 재상이던 때의 상황이었고 북부를 맡은 재상이 생기자 북부의 그러한 사건들은 헬리오폴리스에 있는 재상에게 맡겨졌다.[31] 수도에서 발생한 모든 범죄는 재상에게 고발되었고 그의 앞에서 심리되었다. 그는 재판이나 처벌을 기다리는 죄수들의 범죄사건 기록을 보관했는데, 이 기록은 같은 종류의 현대적인 문서를 연상시킨다.[32] 이 모든 것, 특히 토지 소송사건은 땅에 관한 공문서에 빠르고 편리하게 접근해야 했다. 따라서 이 소송사건들은 모두 그의 집무실에서 서류로 정리되었다. '재상의 방'에서 서류를 제출하지 않고는 유서도 작성할 수 없었다.[33] 모든 노모스의 공문서, 경계선에 관한 기록, 모든 계약서 사본이 그에게[34] 또는 북부에 있는 그의 동료에게[35] 맡겨졌다. 왕에게 청원하는 모든 사람은 재상의 집무실에서 서면으로 탄원서를 제출해야 했다.[36]

'대심의회'라 불리기도 한 재상의 '방' 외에 전국에 걸쳐 법적인 업무에만 국한된 조직이 아닌, 지방 법원들이 있었는데, 전술한 대로 각 지역의 그저 일군의 행정관리들로 구성되었고, 이들은 공동으로 소송을 심리하도록 온전한 권한을 부여받았다. 이들은 '도시의 위인들', 즉 지방 '심의회'였고, '대심의회'의 지방 대표로 활동했다. 부동산 소유권과 관련된 소송에서 '대심의회'의 행정관은 가장 가까운 지방 '심의회'와 협력하여 '대심의회'의 결정을 실행하도록 보내졌다. 또는 때때로 '대심의회'가 판결을 내리기 전에 지방 '심의회'에서 심리하는 것이 불가피했다.[37] 이러한 지방 법원의

---

[31] Inscription of Mes.
[32] II, 683.
[33] II, 688.
[34] II, 703.
[35] Inscription of Mes.
[36] II, 691.
[37] Gardiner, Inscription of Mes.

수는 전혀 알 수 없지만, 알려진 가장 중요한 두 곳이 테베와 멤피스에 위치했다. 테베에서는 지방 법원의 구성이 그날그날 달라졌다. 왕실의 구성원이 연루된 미묘한 성격의 사건인 경우 법원은 재상이 조직했다.[38] 통치자에 대한 음모 사건인 경우 절대 군주가 직접 구성원들에게 위임했다. 하지만 편견 없이 지시사항에 따라 누가 유죄인지만을 정했으며, 그들에게는 형을 집행할 권한이 함께 주어졌다.[39] 모든 법원은 주로 사제들로 구성되었다. '재상의 방'(대심의회)과 이 법원들의 관계를 알아내는 것은 어렵다. 그러나 적어도 한 사건의 경우 재상의 집무실에서는 만족스럽게 해결되지 못했지만 탄원자는 이 법원 가운데 한 곳에서 소송을 통해 도둑맞은 노예를 되찾았다.[40] 그러나 부자인 상대방에 맞서 법정 앞에 홀로 선 빈자의 불행한 처지를 슬퍼하는 사람들 사이에서, 그들이 항상 좋은 평판을 누린 것은 아니었다. 가난한 자에게 법원은 '서기들에게 은과 금을!, 하인들에게는 옷을!'[41]이라고 말하며 그를 압박한다. 물론 부자의 뇌물이 흔히 오늘날에도 그렇듯이 가난한 자의 소송 이유의 정당성보다 자주 더 강력했기 때문이다. 빈자가 호소하는 법은 확실히 공정했다. 재상은 40장의 두루마리에 수록된 법을 자신 앞에 계속 보관해야 했다. 두루마리는 모두 확실히 볼 수 있도록 법원의 개정 기간에는 그의 연단 앞에 전시되었다.[42] 불행히도 두루마리에 포함된 법전은 사라졌지만, 그것의 정당성에 대해서는 의심의 여지가 없다. 왜냐하면, 사람들은 재상이 "불공정하지 않고 공정하게 판결하며, 두 당사자를 모두 만족시켜 보내고 약자와 강자를 심판하는"[43] 판사라고 하거나

---

[38] II, 705.
[39] IV, 423-4.
[40] Spiegelberg, Studien.
[41] Pap. Anast. II, 8, 6.
[42] II, 675, 712.
[43] II, 713.

"미천한 사람들보다 신분이 높은 사람들에게 우선권을 주지 않으며 억압받는 사람들을 보상해 주고 …… 악을 행한 자에게 악을 가져다주는"[44] 판사라고들 했기 때문이다. 왕조차도 법에 따라 처리했다. 아멘호테프 3세는 자신을 '법률의 제정자'라고 불렀다. 우리가 앞에서 언급한 법원 가운데 한 곳 앞에서 왕은 "법이 확고하게 세워졌다. 나는 판결을 파기하지 않았다. 그러나 사실들을 고려해서 나는 침묵했다. 내가 환희와 기쁨을 야기할 것 같아서"[45]라고 자랑한다. 왕의 생명을 노린 음모자들조차도 즉석에서 사형에 처해지지 않았다. 이미 살펴보았듯이 정당하게 심리를 받을 수 있도록 합법적으로 구성된 법원으로 인계되었고 죄가 밝혀져야만 유죄가 선고되었다. 가난한 사람들을 약탈한 부패한 관리들에게 하름합이 내린 처벌은 모두 '법'에 따른 것이었다.[46] 이 법의 대부분은 분명히 매우 오래되었고,[47] 일부는 사자(死者)의 서의 오래된 텍스트처럼 신들의 작품으로 일컬어지고 있다. 그러나 하름합의 새로운 법규들은 그에 의해 제정된 새로운 법이었다.[48] 디오도루스는 페르시아 시기 이전에 새로운 법을 제정했던 5명의 왕에 대해 언급했다. 또한, 중왕국에서는 심지어 어떤 귀족이 자신이 법을 만들었다고 언급했는데, 물론 그가 왕의 요청에 따라 법을 제정했다는 뜻이다.[49] 그러므로 제국 하에서 나일 거주자들의 사회, 농경, 산업 세계는 왕이나 법원의 멋대로의 일시적인 기분에 좌우된 것이 아니라, 정의와 휴머니티의 원칙을 구현하고 오랫동안 높은 평가를 받은 방대한 법에 따라 다스려진 것이다.

---

[44] II, 715.
[45] Spiegelberg, Studien.
[46] III, 51 ff.
[47] 본서 제1권 101-103쪽 참조.
[48] III, 65.
[49] I, 531.

남부의 재상은 이 고대 국가를 조직하고 운영하는 배후의 동력이었다. 우리는 그가 매일 아침 입궐하여 국사(國事)에 관해 파라오와 회의했던 것을 기억한다. 국가에 대한 그의 무제한의 통제에 대한 다른 유일한 견제 장치는 그로 하여금 최고 회계담당자에게 그의 업무 상황을 보고하게 한 법이었다. 매일 아침 왕과의 면담을 마치고 오면, 그는 최고 회계담당자가 궁궐 정면의 한 깃대 옆에 서 있는 것을 발견했다. 거기서 그들은 서로 보고했다.[50] 그리고 나서 재상은 법원과, 왕실 재산을 관리하는 집무실의 문을 열어 그날의 업무가 시작되도록 했을 것이다. 그날 동안 이 문들을 통해 이루어지는 출입이 사람이든 어떤 종류의 자산이든 모두 그에게 보고되었다.[51] 그의 집무실은 지방 권력자들과의 소통의 통로였다. 그들은 각 계절의 첫째 날, 즉 1년에 세 번[52] 서면으로 그에게 보고했다.[53] 모든 지방정부의 역할이 온전히 집중되는 것을 분명하게 파악할 수 있는 곳도 그의 집무실 안에서였다. 지방행정에 대해 이처럼 감독하려면 빈번한 여행은 필수였다. 그러므로 재상이 이곳저곳 다닐 수 있도록 강에는 그의 공식 선박이 있었다. 왕실 소재지의 수비대뿐 아니라 왕의 호위대를 파견하는 것도 그였다.[54] 일반적인 육군 명령도 그의 집무실에서 나왔고,[55] 남부의 요새들은 그의 통제하에 있었다.[56] 해군 군관들은 모두 그에게 보고했다.[57] 따라서 그는

---

[50] II, 678-9.
[51] II, 676, 680.
[52] II, 687, 692, 708, 711.
[53] **[역주]** 고대 이집트의 달력은 세 계절로 구분되어 있다. 대략 6월에서 9월까지는 아케트(Akhet)로, 나일강이 범람하여 이집트 전역이 물에 잠기는 홍수의 계절이다. 다음으로 페레트(Peret)는 10월에서 2월로, 범람했던 강물이 빠지고 비옥해진 토지에 씨앗을 뿌리고 씨앗이 자라는 생장의 계절이다. 마지막으로 셰무(Shemu)는 2월에서 5월로 수확의 계절이다.
[54] II, 693-4.
[55] II, 695.

육군과 해군 모두를 통할하는 국방 장관이었다. 적어도 제18왕조 시기 '왕이 군대에 가 있으면' 그는 국내에서 통치를 맡았다.[58] 그는 전국의 신전을 법률에 입각해 감독했다. 또는 이집트인들이 말한 것처럼 "그는 남부 및 북부 신들의 신전에서 법을 확립했다."[59] 따라서 그는 성직 업무를 담당하는 장관이었다. 그는 경제적으로 나라의 많은 중요한 자원에 대해 감독했다. 목재도 그의 허락 없이 벨 수 없었다. 관개와 물 공급 관리도 그의 책임 하에 있었다.[60] 국가사업을 위한 일정표를 제작하기 위해 시리우스가 떠오르는 것도 그에게 보고되었다.[61] 그는 국가의 모든 직무에 자문 역할을 했다.[62] 그의 임무가 북부의 재상과 나뉘지 않는 한 그는 이집트 전체의 최고 관리인이었다. 즉각적으로든 이차적으로든 그의 집무실을 통하지 않고 작동하는 국가의 주요 기능이란 없었다. 다른 사람들은 모두 그의 집무실로 보고해야 했고 그의 집무실과 어느 정도 가깝게 연락하며 일해야 했다. 요셉은 진짜 재상이었고 헤브라이 화자(話者)가 요셉이 임명되었다고 생각한 것도 이 관직이었음이 틀림없다.[63] 사람들은 재상을 위대한 보호자로 여겼고, 숭배자가 아몬에게 할 수 있는 최고의 찬사는 '죄인의 뇌물을 받지 않는 빈자의 재상'[64]이라고 그를 부르는 것이었다. 재상의 임명은 너무나 중요한 문제여서 왕이 직접 나섰다. 그러한 경우 군주가 그에게 하는 지시는 우리

---

[56] II, 702.
[57] II, 710.
[58] II, 710.
[59] II, 757.
[60] II, 697-8.
[61] II, 709.
[62] II, 696.
[63] **[역주]** 요셉의 이야기는 저자가 중간에 독백처럼 끼워 넣은 개인적 견해이다.
[64] Pap. Anast. II, 6, 5-6.

가 3500년 전 근동의 정복자의 입에서 나온 것으로 기대하는 그러한 것이 아니었다. 그의 지시사항은 친절과 인간애의 정신을 드러내고, 놀랍게도 그토록 먼 옛날에 국정 운영에 대해 올바른 인식을 지녔음을 보여 준다. 왕은 재상에게 "영주들과 고문관들 쪽을 향하지 않는 사람이 돼라"라고 말한다. 또는 "모든 사람을 형제로 만드는 사람이 되어서도 안 된다"[65]고 말한다. 그는 또한 다음과 같이 말한다. "신이 불공평함을 보이는 것은 혐오스러운 일이오. 이것이 교훈입니다: 공(公)은 이처럼 하시오. 공이 아는 사람은 모르는 사람처럼 여기고, 가까운 사람은 … 먼 사람처럼 여긴다면 … 그러한 관리는 자신의 위치에서 크게 성공할 것이오. … 부당하게 사람을 향해 격노하지 마시오. … 그러나 공이 두려운 존재임을 보여 주시오. 공을 두려워하게 하시오. 공은 모두가 두려워하는 존재이기 때문이오. 보시오. 공에 대한 진정한 경외는 정의를 실현한다는 데 있소. 사람들에게 알려지지 않도록 하시오. 그들이 '그는 한낱 사람일 뿐이야'라고 말하지 않을 것이오."[66] 재상의 부하들조차 정의로운 사람들이어야 한다. 왕이 새로운 재상에게 그렇게 일깨웠기 때문이다. "보시오. 누군가 재상의 최고 서기에 대해 이야기할 것이오. 누군가 그를 '정의의 서기'라고 할 것이오."[67] 재판관에게 접근이 허용되기 전, 가장 낮은 직급의 관리들부터 뇌물로 매수해야 하는 곳에서는 그러한 '정의'가 확실히 필요했다. 제18왕조의 재상들은 열심히 일하는 양심적인 관리들이라는 평판을 원했다. 이들은 직무를 적절히 수행하는 것에 가장 큰 긍지를 가졌다. 그들 중의 몇몇은 자신들의 긴 직무 목록과 함께 임관 기록을 남겼다. 이것들은 테베에 있는 그들의 무덤 벽 위에 새겨지고 채색되었다. 우리가 재상에 대한 이야기를 이끌어낸 것

---

[65] II, 666.
[66] II, 668-9.
[67] II, 670.

도 이러한 기록에서이다.[68]

이집트에서 제국시대의 정치체제는 위에서 살펴본 바와 같았다. 사회적으로는 땅을 소유한 귀족들이 사라지고 지방의 통치는 왕의 수많은 하급 관리들이 맡게 됨에 따라, 중간계층에서는 중왕국에서보다 훨씬 많은 엄청난 출세의 길이 열렸다. 이러한 기회들은 그들의 사회적 지위에 점진적인 변화를 가져왔음이 틀림없다. 한 관리는 자신의 미천한 출신에 대해 이렇게 언급한다. "당신들은 그것에 대해 서로서로 이야기할 것입니다. 노인들은 젊은이들에게 그것을 가르칠 것입니다.[69] 저는 가난한 가정, 작은 도시 출신이지만 두 땅의 군주[왕]께서 저를 인정해 주셨습니다. 저는 왕의 마음 속에 주목할 만한 사람으로 간주되었습니다. 호화로운 궁중의 태양신인 왕께서 저를 보셨습니다. 왕께서는 저를 왕실의 구성원들보다 더 높이 승진시키셨고 저를 궁궐의 왕자들에게 소개시켜 주셨습니다. … 그는 제가 청년이었을 때 저를 일하도록 임명하셨습니다. 그는 저를 발견하셨고 저는 왕의 마음속에서 비중 있는 사람이었습니다. 저는 황금의 집에 안내되어 모든 신의 형상과 조상을 만들었습니다."[70] 이곳에서 그는 금으로 된 값비싼 조상의 제작을 감독하는 그의 임무를 매우 잘 수행하여 왕으로부터 공개적으로 금으로 된 훈장을 받았다. 그는 심지어 국고의 자문위원회에 관직을 얻었다. 승진과 왕의 총애를 받을 그러한 가능성이 지방 정부에 열려 있었다. 작은 성읍의 알려지지 않은 이 관리의 성공이 일부 지방 관직에서 시작되었을 것이기 때문이다. 이렇게 새로운 관료계급이 성장했다. 관료계층의 하위 직급은 과거 중간계급에서 왔고, 반면 상위 직급은 과거 땅을

---

[68] II, 665-761.
[69] [역주] 그것은 관리의 미천한 출신을 가리킨다. 즉 미천한 출신임에도 출세했다는 것을 가리킨다.
[70] Unpublished stela in Leyden (V, I), 큐레이터의 양해를 얻음.

소유한 귀족들의 친척들과 가족들이었다. 이들이 더 높고 더 중요한 지방의 관직을 맡았다. 관료계급은 점차로 중앙정부의 요직을 차지하거나 군사활동에서 파라오의 군대를 지휘한 광범위한 왕의 총신들 속으로 섞여 들어갔다. 봉건귀족이 더 이상 없었으므로, 대다수 정부 관리들이 제국의 귀족이 되었다. 상인,[71] 숙련공, 예술가로 된 옛 중간계급도 여전히 살아남아 관리계층의 하위 직급을 계속 채웠다. 이 계급들 밑으로 밭과 토지에서 일하는 파라오의 농노인 대다수 계층이 있었다. 이 계층이 주민의 대부분을 차지했기 때문에 분명히 외부 출신의 헤브라이 서기는 사회에는 사제들 외에 이 계급만이 존재한 것으로 알았다.[72] 이 하위계층은 사라졌고 거의 아무런 흔적을 남기지 않았다. 그러나 관리 계급은 당시 무덤과 사후 석비를 방대한 수량으로 건조할 수 있었으므로, 그들은 당시의 삶과 관습을 재구성하는데 필요한 다량의 자료를 제공해 준다. 제18왕조에 인구조사를 했던 한 관리는 사람들을 "군인, 사제, 왕의 농노, 모든 숙련공"으로 분류했다.[73] 이 분류는 당시에 대해 우리가 알고 있는 것들로 입증되었다. 하지만 우리는 자유로운 중간계급의 모든 직업이 이 '군인들'에 포함된다는 것을 알아야 한다. 그러므로 상비군의 군인도 당시 한 사회계급이 되었다. 군복무 의무가 있는 자유로운 중간계급은 '군대의 시민'이라 불렸다. 이 용어는 이미 중왕국에서도 알려져 있었는데,[74] 당시는 매우 흔하게 사용되었다. 따라서 군복무의 의무는 이 사회계급을 나타내는 중요한 자격이었다. 정치적으로 군인의 영향력은 통치 기간마다 커져서, 군인은 곧 이전에는 군인이 동원되지 않았던 많은 민간의 사명을 수행하는데 파라오가 본의 아니게

---

[71] III, 274.
[72] 창세기, 47: 21.
[73] II, p. 165, note a.
[74] I, 681.

의지하는 존재가 되었다. 군인과 함께 또 하나의 새롭고 강력한 세력, 고대의 사제단 조직이 나란히 등장한다. 제국 하에서 신전은 막대한 부를 누렸다. 자연적으로 사제직은 전문직이 되었고, 고왕국과 중왕국에서처럼 더이상 평신도가 맡은 임시직이 아니었다. 성직자들이 수적으로 증가함에 따라 그들은 더 큰 정치적 권력을 얻었다. 신전의 증가하는 부를 적절히 관리하기 위해 단순하던 옛날에는 알려지지 않았던 온갖 종류의 신전 관리들이 필요했다. 이 시기 아비도스의 웅장하고 신성한 묘지에 매장된 모든 사람의 1/4이 아마도 성직자였을 것이다. 이렇게 해서 사제들의 공동체가 생겨났다. 이전에는 많은 성소의 사제들이 결코 어떤 공식적인 유대관계로 단합된 적이 없었고, 개별적이고 완전히 분리된 공동체 속에서만 상관관계 없이 존재했다. 이 모든 사제의 집단들이 이제는 전국적으로 커다란 사제의 조직 속에서 합쳐졌다. 테베에 있는 국가 신전의 우두머리, 즉 아몬의 대사제는 또한 이러한 거대한 집단의 최고 수장이었고 그의 권력은 그 때문에 헬리오폴리스와 멤피스에 있는 그의 옛 경쟁자들의 권력을 훨씬 능가하게 되었다. 이렇게 해서 사제의 길드(동업조합)에 속한 멤버들이 새로운 계급을 형성했다. 사제, 군인, 관료는 당시 사회의 주요한 세 계층으로 우뚝 서게 되었고, 이들은 그러면서 공통된 이해 관계를 가졌다. 이들의 지도자들은 파라오의 귀족들로서, 옛 귀족사회를 대체했다. 그러나 그들의 하위 계급은 자유로운 중간층인 상인, 기술자들과 구분되지 않았다. 반면 맨 아래에는 모든 것의 주요한 경제적 근간인 농노들이 있었다.

사제들은 수가 많아 사회의 한 계층을 이루게 되었는데, 이들은 이집트에서 과거 어느 때보다도 더 풍성하고 정교해진 국가 종교의 대표자들이었다. 이전의 단순하던 시절은 영원히 가버렸다. 외국의 정복으로 얻은 부로 파라오는 그때부터, 옛날의 성소는 결코 소유하지 못했던 엄청난 재물을 신전에 기부할 수 있었다. 신전은 방대하고 화려한 궁전으로 성장했다. 각 신전에는 사제 공동체가 있었고, 보다 큰 중심지에 있는 그러한 공동체의 대사제는 진정한 제1사제였으며 결국은 상당한 정치적 권력을 휘둘렀다. 테베에 있는 대사제의 아내는 신의 첫 번째 후궁이라 불렸다. 신의 진짜 배우자는 다름 아닌 왕비로, 따라서 왕비가 '신의 배우자(Divine Consort)'로 알려졌다. 당시 널리 행해진 화려한 의식에서 그녀의 역할은 여자들의 노래를 지휘하는 것이었다. 여전히 여자들도 다수가 의식에 참여하는 것이 허락되었다. 그녀는 또한 신전 기금에 속하는 큰 재산을 소유했다. 이러한 이유로 왕비는 왕실의 이 재산을 보존하기 위해 그 직무[75]를 맡는 것이 바람직했다.

테베 가문의 승리로 아몬은 최고 신이 되었다.[76] 그는 중왕국에서는 왕실 소재지의 신이 아니었다. 테베 가문의 흥기가 당시 그에게 명성을 조금 주었지만, 이때에야 비로소 그가 국가의 최고 신이 되었다. 그가 아몬-레가 되었을 때, 그의 본질적인 성격과 개성은 벌써 중왕국의 태양 신학에 의해 지워졌다. 그의 외설적 이웃인 콥토스의 민[77]에게서 빌린 몇몇 속성과 함께, 그는 이제 전에 없던 영예를 지닌, 유일한 최고의 자리로 올라섰다. 그는 사람들에게도 인기가 있었다. 이슬람교도가 '인샬라(Inshallah)', 즉 '알라의 뜻이라면'이라고 말하듯, 이집트인들은 이제 그들의 모든 약속에 '만일 아몬

---

[75] [역주] 그 직무란 신의 배우자를 가리킨다.
[76] [역주] Amun, Amen, Ammon이라고도 쓴다. 원래는 이집트 중부 크문의 지방 신이었다. 아몬 숭배는 테베까지 퍼졌으며, 멘투호테프 2세가 다스릴 때에는 파라오의 수호신이 되었다. 또한, 그 무렵에는 헬리오폴리스의 태양신 레와 동일시되었으며, 아몬 레가 되어 민족 신으로 받아들여졌다. 아몬 레는 사람의 모습을 띠었으며, 때로는 숫양의 머리 또는 숫양의 모습으로 나타났다. 그는 아내 무트와 양자 콘수와 함께 테베 사람들이 숭배하던 세 신 가운데 하나였다.
[77] [역주] 민을 외설적이라고 표현한 것은 민이, 주로 곤두선 음경과 도리깨를 가지고 있는 신의 모습으로 그려지기 때문이다. 그는 크눔과 같이 다산을 상징하는 신으로서 나일강의 기름진 진흙을 상징하는 검은 피부를 지니고 있으며, '모든 신과 남자를 만든 신'이라고 불리었다.

이 내 목숨을 살려 준다면'이라고 덧붙였다. 그들은 그를 '빈자의 재상'이라고 불렀다. 사람들은 그에게 자신들이 필요한 것과 소망을 전했다. 미래의 성공을 원하는 그들의 희망은 절대적으로 그의 호의에 달려 있었다. 그러나 옛날 신들과의 융합이 아몬에게서만 개성을 빼앗은 것은 아니다. 왜냐하면, 전반적인 변화의 흐름에서 거의 모든 신이 다른 신들의 특성과 역할을 가졌을 것이기 때문이다. 하지만 지배적인 위치는 여전히 태양신이 차지했다.

당시의 죽음에 대한 믿음은 벌써 중왕국에서 분명히 눈에 띄던 추세에서 비롯되었다. 망자들이 사후세계에서 승리하기 위한 마법의 주문은 점점 더 많아져서 그 주문을 더 이상 관의 안쪽에 기록할 수 없었다. 주문은 파피루스에 쓰여 두루마리로 무덤 안에 놓여야 했다. 이러한 텍스트 가운데 가장 중요한 것으로 정선된 것들이 점점 획일화되어서, '사자의 서'는 상투적인 축문(祝文)을 갖게 되었다. 모든 것이 주문에 의해 좌우되었다. 이 만능 수단에 의해 망자는 자신이 바라는 모든 것을 성취할 수 있었다. 사치를 좋아하는 제국의 군주들은 더 이상 즐겁게 야루의 행복한 들에서 밭을 갈고, 씨를 뿌리고 곡물을 베어 들이는 기대를 하지 않았다. 그들은 그러한 농부의 노동에서 벗어났다. 밭에서의 노동을 위한 도구를 지닌, 작은 조상(사진3)이 무덤 안에 세워졌다. 조상에는 효험이 있는 주문이 새겨져 있었다. 이로 인해 망자는 그 같은 노동으로부터 면제 받았고 밭에서 부르는 소리가 들릴 때마다 이 대표자가 항상 노동을 할 것이다. 그러한 '우샤브티(Ushabti)', 즉 그들이 지칭된 대로 '응답자'는 당시 공동 묘지에 수십 개, 수백 개가 놓여

사진 3. '우샤브티', 즉 응답자 조각상
사후세계에서 하찮은 노동이 필요할 때 대신하는 망자의 대리. (시카고 미술관)

사진 4. 아몬의 성녀 중 제1왕비, 이심케브(Isimkheb)의 심장 스카라베. (시카고 필드 박물관).

있었다.[78] 그러나 물질적 이익을 얻기 위한 이 방법은 당시 불행히도 악한 삶의 결과에서 벗어나기 위한 목적에서 윤리적 세계로까지 옮겨졌다. 돌을 잘라 만든 신성한 풍뎅이, 즉 성 투구풍뎅이(사진4)에는 의미심장한 어휘들 "오 나의 심장이여, 내게 불리하게 증언하지 마오"로 시작되는 주문이 새겨져 있다. 이 교묘한 발명품은 사체를 감싼 헝겊 밑 미라의 가슴 위에 놓이면 대단히 강력해서 죄 있는 영혼이 심판의 방 안, 무서운 오시리스 앞에 섰을 때 마음으로부터 비난하는 듯한 소리는 침묵하고 위대한 신은 마음이 증언하려는 악(惡)을 감지하지 못한다. 마찬가지로 사자의 서 두루마리는 다른 주문들 외에 심판의 장면과 특히 환영받는 무죄 선고 판결을 포함하고 있는데, 사제의 서기들에 의해 당시 살 수 있는 재력이 있는 누구에게나 팔려나갔다. 그러고 나서 그 행운의 구매자의 이름이 이 목적을 위해 남겨진 문서 곳곳의 빈칸에 삽입되었다. 이렇게 해서 누구의 이름이 그렇게 적혀야 하는지 알려지기 전에 그 같은 판결을 확실하게 확보할 수 있었다. 사제에 의한 이러한 장치의 발명은 루터(Luther)[79] 시대에 면죄부를 판매한 것과 같이 분명히 도덕적인 발전

---

[78] [역주] 우샤브티는 고대 이집트에서 죽은 자와 함께 묻었던, 미라 모양의 작은 인형이다. 원서에는 Ushebti로 표기되어 있다.

[79] [역주] 루터(1483~1546)는 독일의 성직자·성서학자·언어학자로, 교회의 부패를 공박한 그의 95개 조항은 프로테스탄트 개혁을 촉진시켰다. 그의 사상과 저술에서 비롯된

과 대중 종교로의 도약을 철저히 가로막는 것이었다. 오시리스 신화에서 너무나 강력했던 윤리의 영향으로 이집트 종교에 스며든 도덕적인 열망은, 당시 아무리 부도덕한 삶을 살았다 할지라도 언제든 사후세계의 면죄부를 사제들로부터 구입할 수 있다는 확신에 의해 억제되었고 더럽혀졌다. 아마도 다름 아닌 이익을 얻기 위한 목적으로 쓰인 내세에 관한 사제들의 문학작품들도 계속 발전했다. 우리에게는 태양이 땅 밑에서 거쳐 가는 12개의 동굴 및 그러한 밤 시간들을 묘사한 '지하세계에 관한 책'과 이 동굴들 사이에 있는 문과 요새를 다룬 '입구에 관한 책'이 있다. 비록 이 교화(敎化) 서적들이 사자의 서처럼 많이 유포되지 못했지만, 전자는 테베에 있는 제19왕조와 제20왕조 왕들의 무덤에 새겨져 있어, 타락한 사제의 상상이 만든 이 기묘한 창작물들이 마침내 최고위층의 신뢰를 얻었음을 보여 준다.

사진 5. 테베 왕들의 무덤 계곡 일부
중앙의 오른쪽에서 무덤 두 곳의 입구를 알아볼 수 있다. 26쪽, 61-62쪽을 참조하라.

종교개혁운동은 개신교를 낳았으며, 사회·경제·정치사상에 커다란 영향을 끼쳤다.

귀족의 무덤은 이전처럼 절벽의 앞면을 뚫어서 다듬은 묘실들로 이루어져 있다. 당시 널리 퍼진 풍조에 따라서 무덤은 내세에 대한 상상의 장면들과 죽음을 기념하는 종교적인 문장들로 가득 차 있었는데, 그들 중 다수가 주문의 성격을 가진 것이었다. 동시에 무덤은 망자에게 보다 개인적인 유물이 되었다. 제사실의 벽은 생전의 장면들, 특히 그가 왕에게서 받은 훈장의 기록 같은 그의 관직 경력에서 온 장면들을 기록했다. 테베의 맞은편에 있는 절벽(사진30, 56)에는 제국의 군주들의 무덤이 벌집 모양으로 있는데, 우리가 앞으로 다룰 시기의 삶과 역사 전체가 들어있다. 이 절벽들 뒤로 외딴 계곡(사진5)에도 마찬가지로 당시 왕들이 석회암 암벽 안에 자신들의 무덤을 뚫어 놓았다. 피라미드는 이제 더 이상 사용되지 않았다. 광대한 복도(그림1, 사진6)가 산속으로 뚫려 있는데, 큰 묘실의 입구까지 홀에서 홀로 수백 피트 이어져 있다. 큰 묘실 안에는 왕의 사체가 큰 석관 안에 놓여 있다. 굴착해 길을 낸 무덤 전체는 태양이 밤의 여정에 지나가는 지하세계의 통로를 나타내기 위한 것일 수 있다. 테베의 서부 평원, 이 계곡의 동쪽 평원에는 피라미드의 동쪽과 같이 황제들의 웅장한 장제전이 솟아 있다. 이 부분에 대해서는 나중에 더 이야기할 기회가 있을 것이다. 그러나 이 화려한 매장 풍습은 당시 더 이상 파라오와 귀족들에게만 국한된 것이 아니었다. 이제는 모든 계급이 내세를 위한 준비로 이러한 설비를 갖출 필요성을 느꼈다. 이러한 풍습이 서서히 확산됨에 따라 그 같은 자재를 생산하는 것이 산업이 되었다. 사체를 미라로 만드는 사람, 장의사, 관과 무덤의 가구 제조인들이 테베 인구의 1/4을 차지해서, 후에 그리스 시대에 그랬던 것처럼 그들끼리 거의 동업 조합(길드)을 형성할 정도였다. 중간계급은 당시 흔히 무덤을 뚫어 만들고 꾸밀 수 있었다. 그러나 이러한 사치를 하기에는 너무 가난한 사람들은 사제들이 관리하는 큰 공동의 무덤에 망자를 위한 자리를 빌렸다. 이곳에서 방부 처리된 사체는 미라가 장작처럼 쌓여 있는 묘실에 놓였다. 그러나 그렇기는 해도 공동으로 모든 사람을 위해 유지되는 제사 의식의 혜택을 받았다. 극빈층은 여전히 옛날처럼 사막의 가장자리에 있는 모래와 자갈 속에 묻혔다. 그러나 그들조차도 부자들이 내세에서 누리는 사치를 갈망하며 바라보았고, 어떤 호화스러운 무덤의 입구에 망자의 이름이 적힌 조야한 작은 조상을 묻었다. 이렇게 해서 그가 부자의 무덤 식탁에서 떨어진 부스러기라도 얻을 수 있을 것이라는 측은한 바람에서였다.

아흐모세 1세가 힘든 전쟁에서 점차 여가를 얻게 됨에 따라, 외국 군주의 통치가 야기한 무질서로부터 새로운 국가와 새로운 상황이 서서히 등장했다. 국가의 종교에 대해 외국 왕조는 공감하지 못했고, 신전은 많은 곳에서 훼손되고 방치되었다. 그러므로 아흐모세는 재위 22년 기자의 피라미드를 위한 돌덩이를 가져왔던, 기자의 맞은편에 있는 아얀 또는 트로이아의 유명한 채석장에 새로운 작업장을 열었다. 새 채굴장을 연 것은 멤피스, 테베(룩소르)와 아마도 다른 곳에[80] 신전을 지을 돌을 확보하기 위해서였다. 이러한 작업을 위해 그는 여전히 아시아전쟁으로 시리아에서 가져온 황소들을 사용했다. 그러나 이 건축물들은 하나도 남아있지 않다. 카르나크에 있는 국가 신전의 의식을 위해, 그는 그 성소에서 값비싼 금속으로 된 제기(祭器)를 사용해 웅장한 의식을 치러 주었고, 레바논의 영주들로부터 강제로

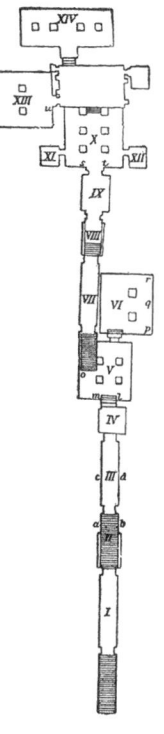

그림 1. 테베에 있는 왕들의 무덤 계곡에서 발굴된 세티 1세 무덤의 평면도

어둡게 처리된 부분이 내려가는 계단이다. I~IV와 VII~IX는 내리막의 경사진 복도이다. 다른 방들은 기둥이 있는 홀이다. 홀 X에는 왕의 장대한 설화석고 석관이 있는데, 현재 런던의 존 손 경 (Sir John Soane)의 박물관에 보관되어 있다.

---

[80] II, 26-28, 33 ff.

사진 6. 테베에 있는 람세스 5세 무덤 입구의 통로
26쪽, 60-62쪽을 참조하라.

거두어들인 삼나무로 강에 띄울 신전의 선박을 건조했다.[81] 그의 가장 위대한 성과는 제18왕조 자체에 있다. 그의 업적이 왕조의 눈부신 성공을 위해 아주 굳건하게 토대를 쌓았기 때문이다. 적어도 22년의 통치 기간에도 불구하고 아흐모세는 일찍 죽었던 것 같다(기원전 1557). 그의 어머니가 그의 아들이자 계승자인 아멘호테프 1세의 재위 10년에도 여전히 살아있었기 때문이다.[82] 아멘호테프 1세는[83] 그를 서부 테베 평원의 북쪽 끝에 있는 제11왕조의 묘지에 묻었는데, 그 석조 무덤은 오래전에 없어졌다. 먼 옛날 이웃한 그의 어머니의 무덤에서 도난당한 그녀의 장신구가 근처에 숨겨진 채로 마리에트에 의해 발견되었다. 아흐모세 1세의 사체는 이 장신구와 함께 현재 카이로의 박물관에 보관되어 있다.

---

[81] II, 32.
[82] II, 49-51.
[83] Masp. Mom. roy., 534.

14 왕국의 통합: 제국의 흥기

새 왕조의 군주들이 위대한 업적을 이루기에는 시기상조였다. 중왕국의 옛 영토는 제2폭포에서 바다에 이르렀었는데, 행정과 산업의 안정 속에서 중왕국의 옛 영토를 유지하기 위한 통합은 여전히 이루지 못했다. 누비아는 오랫동안 북부로부터 강한 교전 없이 지내왔고, 이집트 남부의 반란세력으로 인해 아흐모세 1세는 폭포 위로 영향력을 계속 행사할 수 없었다. 훗날 같은 국경 지역에서 로마인들을 괴롭히고 그들에게 결코 완전히 정복된 적이 없는 혈거인들에게 당시 지도자가 있었다. 따라서 혈거인들을 상대로 한 아흐모세의 군사 행동은 효과가 오래 지속되지 못했다. 이집트인이 다가오면 동부 사막으로 후퇴했다가 위험이 사라지면 다시 되돌아오는 것은 이 야만인들에게 쉬운 일이었다. 그러므로 아흐모세의 계승자인 아멘호테프 1세는 누비아를 무력으로 침입하여 제2폭포에 있는 중왕국의 국경까지 들어갔다.[1] 그곳의 세소스트리스 왕들과 아메넴헤트 왕들의 신전은 오랫동안 야만인들의 손에 들어가 있었고, 확실히 폐허가 되어 있었다. 엘 카브의 두 아흐모세는 왕과 함께 했는데, 에바나의 아들인 아흐모세가 "폐하께서 누비아의 그 혈거인을 그의 병사들 속에서 포로로 잡으셨다"[2]고 전

---

[1] II, 38-9.

한다. 그들이 지도자를 잃었으므로 군사 행동에는 하나의 결론만이 있었다. 두 아흐모세는 포로들을 잡고, 용맹함을 떨쳤으며 왕에게 보답을 받았다.[3] 북부 누비아는 이제 오래된 도시 네켄의 시장, 즉 통치자의 지배하에 놓였다. 네켄은 당시 네켄 남쪽에 있는 모든 지역을 포함한 남부 행정구역의 북쪽 경계가 되었으며, 적어도 북누비아, 즉 와와트까지 이집트에 의해 통제되었다. 이때부터 이 지역의 새로운 통치자는 매년 규칙적으로 그 지역의 공물을 가지고 북쪽으로 갈 수 있었다.[4]

아멘호테프 1세가 제2폭포에서 승리를 거두자마자 반대편 북부 변경에서 또 다른 위험이 그를 다시 그쪽으로 불러들였다. 에바나의 아들인 아흐모세는 자신의 배로 왕을 모시고 이집트로 되돌아왔다고 자랑한다. 아마 제2폭포에서 돌아온 것 같은데, 약 322km 거리로 이틀 정도 걸렸을 것이다.[5] 힉소스의 통치와 더불어 오랜 기간 동안의 쇠약함과 무질서는 리비아인들에게 삼각주의 비옥한 땅으로 밀고 들어와 그 땅을 차지할 기회를 주었는데, 리비아인들은 항상 이 같은 기회를 이용했다. 비록 우리의 유일한 정보원이 그 같은 침략에 대해 언급하지 않았지만, 이 특별한 시기에 아멘호테프 1세와 리비아인들의 전쟁은 분명 다른 방식으로는 설명될 수 없다. 그들의 공격을 더 무시하기에는 너무 위협적이어서 파라오는 당시 그들을 내쫓고 그들의 영토를 침략했다. 우리는 당시 벌어졌을 전투에 대해 아무것도 모르지만 엘 카브의 아흐모세 펜 네크베트는 자신이 적군 세 명을 죽이고 그들의 손을 절단해 가져왔으며, 이 일로 물론 왕에게 보답을 받았다고 언급한다.[6] 국경 지역들을 적에게서 구해 내고 누비아를 확보한 후,

---

[2] II, 39.
[3] II, 39, 41.
[4] II, 47-48.
[5] II, 39, ll. 27-28.

아멘호테프는 본인의 마음대로 병력을 아시아로 돌렸다. 불행히 우리는 그의 시리아 전투에 대한 기록이 없다. 그러나 아마 북쪽으로, 심지어 유프라테스강까지 깊숙이 들어갔을 가능성이 있다. 어쨌든 그는 그의 계승자가, 직접 아시아 정복을 하기도 전에 유프라테스까지 다스리는 것을 뿌듯해할 수 있을 정도로 많은 것을 이루었다.[7] 이 전쟁이었는지 아니면 어떤 다른 부의 원천이 있었는지 그는 테베의 서부 평원에 그곳 무덤을 위한 제사실[8]과 나중에 투트모세 3세에 의해 파괴된 카르나크의 웅장한 신전 문[9]을 포함해, 테베에 화려한 건축물들을 지을 부를 얻었다. 이 건축물은 모두 없어졌는데, 이것들을 지은 건축가는 왕이 적어도 10년을 통치한 후 테베에서 죽었다고 이야기한다.[10]

아멘호테프가 왕좌에 대한 권리가 있는 아들을 낳았는지는 알 수 없다. 그의 계승자인 투트모세 1세는 출신과 가정이 불확실한 여자의 아들이었다. 그녀가 왕실 혈통이 아닌 것은 거의 확실하다. 분명히 그녀의 위대한 아들은 오래된 혈통인 아흐모세 가문의 공주와 결혼하여 왕위를 계승했고, 그녀를 통해 왕좌에 대한 정당한 권리를 주장할 수 있었다. 이 권리를 지키기 위해 그는 곧 자신이 왕위에 올랐다는 내용의 선언을 왕국 전체에 공포했다. 이 일은 대략 기원전 1540년 또는 1535년 1월쯤에 발생했다. 누비아의 관리들은 선언을 중요시해서 명판에 선언을 새겨 와디 할파(Wadi Halfa), 쿱반(Kubbân) 및 아마도 다른 곳에도 세웠다.[11] 이러한 조치를 취한 관리는 새 왕에 대한 자신의 충성을 분명히 해야 할 이유가 있었다. 왜냐하면, 그는

---

[6] II, 42, 22.
[7] II, 73.
[8] IV, 513 and notes.
[9] Bull. de l'Inst., 4me ser., No. 3, 164-5.
[10] II, 45-6.
[11] II, 54-60.

왕이 왕위를 계승하자마자 새롭고 중요한 관직에 임명되었기 때문이다. 네켄의 시장은 더 이상 누비아를 통치하고 조공을 수집할 수 없었다. 이 지역은 실질적으로 총독인, 책임을 지는 통치자가 전적으로 도맡아야 했다. 그에게는 '남국의 통치자', '쿠시 왕의 아들'이라는 직함이 주어졌다. 하지만 그가 꼭 왕가의 구성원이나 왕실 태생은 아니었다. 파라오의 앞에서 성대한 의식과 함께, 국고의 관리 중 한 명이 현직 총독에게 새 관직의 인장을 가져다주면서 "이것은 총독께 네켄에서 나파타(Napata)에 이르는 지역을 맡긴 파라오께서 주시는 인장입니다."[12]라고 말했다. 이렇게 해서 총독의 관할 지역은 제4폭포까지 확대되었다. 이 남부의 경계와 제2폭포 사이의 지역은 쿠시로 알려져 있다. 쿠시에는 큰, 즉 지배적인 왕국도 없었고 下누비아도 마찬가지였다. 그러나 이 지역은 강력한 족장들의 통치 아래에 있었고, 각 족장은 제한된 영토를 다스렸다. 이 원주민 통치자들을 즉시 제압하는 것은 불가능했다. 이로부터 거의 200년 후에도 우리는 여전히 북쪽으로 이브림(Ibrim)까지의 지역에서 쿠시의 족장들과 와와트의 족장을 발견한다.[13] 그들이 가진 것은 이름뿐인 권한이긴 했지만, 아주 서서히 그들은 이집트 행정관리들에 의해 대체되었다. 또한, 투트모세 1세 때 새 행정구역의 남쪽 절반은 충분히 평화를 회복하지 못했다. 그러므로 첫 번째 총독으로 임명된 투레(Thure)는 만만찮은 업무에 직면했다. 나일 계곡 위의 언덕으로부터 난폭한 종족들이 강가에 있는 마을을 끊임없이 침입하여,[14] 안정된 통치도 그 지역의 자연자원을 질서 있게 개발하는 것도 불가능했다. 투레가 이를 막을 수 없음을 알고, 왕은 재위 2년 초에, 보다 철저히 정복 작업을 감독하기 위해 직접 남쪽으로 갔다. 2월 또는 3월에 제1폭포에 도착했을

---

[12] II, 1020-25.
[13] II, 1037.
[14] II, 80.

때, 그는 급류가 흐르는 물길이 돌로 방해를 받고 있는 것을 발견했다.[15] 아마 힉소스시대 이후로 그러했던 것 같다. 지체하지 않고 빠른 물살을 이용하고 싶어서 그는 돌을 치우려고 멈추지 않았다. 에바나의 아들인 아흐모세 제독의 도움을 받아 급류를 뚫고 나갔다. 에바나의 아들, 아흐모세의 업적에 대해서는 오랫동안 언급해 왔다. 이 관리는 이제 다시 한번 아마도 폭포에서 '강이 굽이져서 배로 통행이 어려운 곳을 배가 지나갈 수 있도록' 했고, 다시 한번 왕에게 후한 보답을 받았다.[16] 4월 초에 투트모세는 제2폭포 위로 약 121km 떨어진[17] 탕구르(Tangur)에 이르렀다. 에바나의 아들인 아흐모세는 진군 중에 제2폭포와 제3폭포 사이의 어딘가에서 발생한 것 같은 전투를 묘사한다. 왕은 누비아의 족장과 맞붙어 싸웠다. "폐하께서 처음 창을 던지자, 창에 쓰러진 사람의 몸에 꽂혔다." 적은 완전히 패했고 많은 포로가 잡혔다.[18] 이들 중 엘 카브의 또 다른 영웅, 아흐모세 펜 네크베트는 5명이나 사로잡았다.[19] 강물의 수위는 이제 너무 낮아서 불가피하게 대부분 육지로 진군해야 했지만, 왕은 제3폭포 쪽으로 밀고 나아갔다. 그는 나일강 상류의 거대한 정원인 동골라(Dongola)[20] 지방의 북쪽 입구에 선 첫 번째 파라오였다. 그 앞에는 약 322km가 넘는 강줄기가 막힘없이 이 지방을 관통해 굽이쳐 흐르고 있었다. 오랜 진군 후, 이제는 그의 뒤에 펼쳐진 이곳에

---

[15] II, 75.
[16] II, 80.
[17] II, p. 28, note b.
[18] II, 80.
[19] II, 84.
[20] [역주] 둔쿨라(Dunqulah, Dunkula)라고도 쓴다. 수단 북부지방에 있는 앗샤말리야 주의 주도로 2014년 통계로 14,000명이 살고 있다. 나일강의 오른쪽 연안에 있는 도시로 하르툼에서 북서쪽으로 약 448km 떨어져 있다. 해발 248m에 있는 둔쿨라는 농작물 집산지로서 주변지역에서 목화·밀·보리·사탕수수·채소 등을 재배한다. 와디 할파, 마라위와 도로로 연결되어 있으며 국내선용 공항이 있다.

그는 새로운 정복을 기념하는 5개의 승전비를 세웠다. 톰보스(Tombos)[21] 섬에 그는 요새를 짓고 정복군의 군대를 그곳에 주둔시켰는데,[22] 요새의 일부가 여전히 남아있다. 상류로 올라오는 길에 탕구르를 지난 지 5개월 만인 같은 해 8월, 그는 톰보스에 승리의 명판을 세웠다.[23] 명판에서 그는 남으로는 톰보스의 국경으로부터 북으로는 유프라테스강까지 다스리는 것에 대해 자랑한다. 아직은 그가 아시아에서 이룬 업적들로 이렇게 말할 수 있을 정도는 아니었다. 그가 죽인 누비아의 족장을 왕실 바지선 뱃머리에 거꾸로 매달고 천천히 북쪽으로 돌아오면서, 그는 톰보스에 석비를 세운 후 약 7개월 만에 다시 제1폭포에 이르렀다.[24] 이렇게 천천히 돌아온 것은 그가 도중에 그 지방의 재조직과 완전한 평정에 많은 시간을 들였기 때문일 것이라고 설명할 수밖에 없다. 당시는 4월이었고, 그 계절의 낮은 수위는 대담한 계획을 실행하기에 유리했으므로, 왕은 제1폭포의 수로를 깨끗이 치우라고 명령했다. 총독 투레가 이 일을 맡았다. 그는 성공적인 성취에 대한 세 개의 기록[25]을 강가의 바위 위에 새겼다. 둘은 세헬(Sehel) 섬에, 하나는 근처의 기슭에 남겼다. 그런 다음 왕은 누비아 족장의 사체를 여전히 그의 바지선 뱃머리에 거꾸로 매달고 의기양양하게 물길을 따라 돌아왔다. 누비아 족장의 사체는 그가 테베에 상륙할 때까지 그대로 있었다.

누비아 지방의 정복이 당시 철저하게 이루어지자, 투트모세는 그의 왕국의 다른 한쪽 끝인 아시아에 비슷한 일로 관심을 기울일 수 있었다. 당시 투트모세는 누비아로부터는 정기적인 조공을 받고 있었는데, 그가 북쪽 국

---

[21] **[역주]** 톰보스는 나일의 제3폭포에 위치한 마을로, 현 북수단에 위치한다.
[22] II, 72.
[23] II, 67-73.
[24] II, 74-77.
[25] Ibid.

경이 유프라테스강이라고 주장할 수 있게 한 아멘호테프 1세의 정복은 분명 파라오의 국고에 정기적인 조공을 보장할 정도로 충분하지 않았다. 그러나 시리아-팔레스타인의 상황은 파라오 측에서 권력을 오래 가지고 있기에 매우 유리했다.

우리가 시리아-팔레스타인이라고 부르는 지중해의 동단에 있는 지역의 지리적인 형태는 약소국가들이 하나의 대국으로 점진적으로 병합되는 것을 허용할 형태가 아니었다. 나일강과 유프라테스강의 계곡에서는 그러한 병합 과정이 발생했다. 북쪽에서 남쪽으로 해안과 거의 평행을 이루는 지중해 동단 지역은, 북쪽에 있는 레바논산맥과 안티레바논산맥으로 알려진 두 울퉁불퉁한 산맥이 가로지르고 있다. 서부산맥(레바논산맥)은 남부에서는 중간에 끊어지기도 하지만, 황량하고 험악한 유대의 구릉지대로 가파르게 이어지고 그런 다음 팔레스타인 남쪽 시나이 사막으로 합류한다. 에스드라엘론(Esdraelon), 즉 이즈르엘(Jezreel) 평원[26]의 남쪽에서 서부 산맥은 끊기는 듯하다가 카르멜(Carmel) 산맥으로 이어지고, 카르멜 산은 고딕 양식의 버팀벽처럼 바다로 갑자기 떨어진다. 동부산맥(안티레바논산맥)은 남쪽에서 다소 더 동쪽으로 이동하는데, 이곳저곳에서 끊기기도 하며 모아브(Moab)산에 있는 사해(Dead Sea) 동쪽까지 펼쳐져 있다. 동부산맥 남쪽의 산자락은 마찬가지로 북부 아라비아의 모래 고원으로 사라진다. 두 레바논산맥 사이에, 즉 동부와 서부산맥 사이 저지대에서 북쪽의 절반은 오론테스(Orontes) 강이 가로지르는 비옥한 계곡이다. 이 오론테스 계곡은 시리아-팔레스타인에서 구릉이나 산맥에 의해 끊기지 않는 유일하게 광대한 지역이다. 따라서 이 지역에는 강력한 왕국이 발전했을 것이다. 해안은 레바논산맥에 의해 내륙으

---

[26] **[역주]** 이즈르엘 계곡은 이스라엘의 가장 비옥한 농경지이다. 에스드라엘론은 '하나님께서 씨를 뿌리신다'라는 의미의 이즈르엘에 해당하는 그리스어이다.

로부터 완전히 고립되어 있다. 레바논산맥의 서쪽 기슭에서는 한 민족이 바다의 자원을 이용하는 것만으로도 부와 권력을 가질 수 있었을 것이다. 반면 남쪽의 팔레스타인은 항구가 없는 해안과 비생산적인 토양을 가진 넓은 지역으로 강력한 국가로의 발전을 위한 경제적인 기초를 다지기 어려웠다. 게다가 카르멜 산맥 및 요르단강과 사해가 위치한 깊게 후미진 곳에 의해 단절되어 있다. 시리아 팔레스타인은 북쪽 끝을 제외하고 거의 전 동부변경을 따라 아라비아사막 북부로 합류한다. 그(시리아 팔레스타인) 북쪽 끝에서는 오론테스 계곡과 유프라테스 계곡이 거의 합류하는데, 그곳에서 두 계곡은 또한 갈라져서 한 곳은 지중해로 향하고 다른 한 곳은 방향을 돌려 바빌론과 페르시아만을 향한다(지도4).

이곳에는 주로 셈족이 정착했다. 아마 아라비아 사막으로부터 일찍이 유입된 인구의 후손일 것이다. 이러한 인구 유입은 역사시기에 반복적으로 발생했다. 북부에서 이들은 그 후 아람인이 되었고, 반면 남부로 유입된 인구는 가나안 사람으로 지칭되었을 것이다. 일반적으로 이 사람들은 통치에 그다지 재능이 없었고 통합을 바랄 동기도 전혀 없었다. 지역의 자연 형태에 의해 분리되어서 이들은 수많은 도시 왕국으로 조직되었다. 즉 도시와 도시를 둘러싼 들, 조금 떨어진 곳에 위치한 마을들로 구성된 작은 공국들로, 이 공국들은 모두 각 도시에 사는 지방 군주들이 다스렸다. 각 도시는 왕이 있었을 뿐 아니가 고유의 신도 있었다. 지방의 바알(Baal)신이나 '영주'는 비블로스(Byblos)[27]의 여신 바알라트(ba'lat)나 '여자 영주(lady)'와

---

[27] [역주] 비블로스는 레바논 베이루트시에서 북쪽으로 약 32km 떨어진 곳에 있던 지중해 연안의 고대 항구도시이다. 지금의 주바일(Jubayl, Jebeil)이다. 사람이 지속적으로 거주해온 도시로는 세계에서 가장 오래된 곳 가운데 하나이다. 파피루스가 비블로스를 통해 에게해로 수출되었기 때문에 처음에는 파피루스를 '비블로스' 또는 '비블리노스'라는 그리스식 이름으로 부르기도 했다. '성서'의 영어단어 '바이블'은 파피루스로 만든 책을 뜻하는 '비블로스'에서 유래한 말이다. 삼목을 비롯한 값진 목재를

흔히 연관되어 있었다. 이러한 작은 왕국들은 서로 잦은 전쟁에 휩쓸렸다. 각 군주는 이웃의 자리를 빼앗고 그들의 영토와 수입을 빼앗으려고 했다. 힉소스의 잔존한 핵심 세력인 카데시 왕국은 크기에 있어 다른 모든 소국을 능가했다. 이 왕국은 팽창이 가능한 유일한 지역에서 발전했고, 오론테스 지역에서 매우 유리한 위치를 차지했다. 따라서 이 왕국은 시리아 내륙을 통해 북쪽으로 가는 길, 이집트와 남쪽으로부터의 통상 길을 장악했다. 이 루트는 오론테스를 따라가다 카데시에서 유프라테스로 갈라져서 아시리아로 건너가거나 유프라테스강을 내려와 바빌론으로 간다. 마찬가지로 두 레바논산맥의 북단에서 카데시는 또한 엘류테로스(Eleutheros) 계곡을 지나 내륙으로부터 바다(지중해) 쪽으로 가는 길도 장악했다.[28] 이러한 장점들은 카데시가 보다 작은 왕국들을 정복하고 느슨한 봉건국가로 소국들을 조직하도록 했다. 앞서 언급했듯이[29] 우리는 필자의 의견대로 이 봉건국가를 힉소스제국으로 인정해야 한다. 우리는 이제 이 나라가 두 세대 동안 독립을 유지하기 위해 처절하게 분투했고, 투트모세 3세 하에서 20년간 전쟁을 치르고 나서야 마침내 진압되었음을 알게 될 것이다.

이 예외를 제외하고 내륙의 이 왕국들이 통치에 소질을 별로 보여 주지 못했지만, 이들 중 일부는 그래도 다른 방면에서 높은 수준의 문명을 소유했다. 힉소소가 패권을 잡았던 기간 동안 그들은 특히 전쟁기술에서 이집트인들에게 많은 것을 가르쳐 주었다. 그들은 금속 세공술의 대가였다. 그

이집트로 수출하는 주요 항구였다. 비블로스 유적에서 발견된 이집트 유물과 비문을 보면 BC 2000년대 후반 나일강 유역과 밀접한 관계가 있음을 알 수 있다. 이집트 제12왕조(BC 1938~1756) 시대에 다시 이집트의 속국이 되었으며 이집트인이 숭배한 바알라트를 수호여신으로 삼고 유명한 바알라트 신전을 지었다. BC 11세기에 이집트 신왕국이 무너진 뒤 페니키아 제1의 도시가 되었다.

[28] 지도4와 저자의 카데시 전투(Battle of Kadesh)를 참조하라.
[29] Pp. 219 ff.

들은 양질의 무기를 제작했고, 전차의 제조는 중요한 산업이었다. 다양한 디자인의 금속 그릇들도 제작되었다. 보다 까다로운 기후로 인해 모직 옷이 필요했으므로, 그들은 양모를 염색하고 직물을 짜는 기술을 습득했고, 그 기술로 최상의 품질을 갖춘 화려하고 호화스러운 디자인의 직물을 생산했다. 셈족은 이미 오랜 세월 상인들이었다. 활발한 상거래가 읍에서 읍으로 이루어졌고, 시장은 오늘날처럼 왕래가 잦은 곳이었다. 레바논산맥의 서쪽 내리막에 있는 얼마 안 되는 좁은 땅에서, 내륙에서 건너온 이 셈족 일부는 일찌감치 해안에 거점을 확보하고 역사시대의 페니키아인들이 되었다. 그들은 신속하게 바다를 정복했고, 단순한 어부에서 곧 강인한 뱃사람이 되었다. 산업 제품들을 싣고 나르면서, 그들의 갤리선은 당시 키프로스(Cyprus)의 항구 너머까지 진출했다. 키프로스에서 그들은 산출이 많은 구리 광산을 개발했고, 소아시아(Asia Minor)의 연안 지역을 따라 서서히 움직이면서 로도스(Rhodes)섬과 에게해 제도(諸島)를 얻었다. 그들은 소아시아의 남부 연안을 따라서 에게해 전역에 걸쳐, 그리스 본토의 이곳저곳에 이르기까지 조건이 좋은 항구라면 어디든지 식민지를 세웠다. 그들의 공장이 이 식민지들에서 늘어났고, 그들이 가는 곳이라면 어디든 그들의 제품이 시장에서 주목을 끌었다. 그들의 부가 증가함에 따라, 페니키아 해안을 따라 위치한 모든 항구가 부유하고 번영한 도시의 소재지가 되었다. 이 가운데 티레(Tyre)[30], 시돈(Sidon)[31], 비블로스, 아르와드(Arvad)[32], 시미라(Simyra)가 가장

---

[30] **[역주]** 성서의 '두로'이다. 레바논 남부에 있는 해안 도시로 지금의 Ṣūr이다. BC 2000년경부터 로마 시대에 이르기까지 페니키아의 주요 항구도시였다. 섬과 근처의 육지에 걸쳐 자리 잡은 티레는 원래 북쪽에 있는 시돈(지금의 사이다)의 식민지로 세워진 듯하며, BC 14세기 이집트 기록에는 이집트의 속국으로 나타나 있다. 페니키아에 대한 이집트의 영향력이 줄어들면서 독립한 티레는 곧 모든 지중해 지역과 교역 관계를 맺음으로써 시돈을 누르고 교역 중심지로 부상했다.

[31] **[역주]** 시돈은 레바논 남부 지중해 연안에 위치한다. 알자누브 주의 행정중심지이자 어업·교역 및 주변 농촌지역을 위한 시장 중심지이다. 사우디아라비아에서부터 연결

큰 도시들이었으며, 이 도시들은 강력한 왕조의 소재지가 되었다. 그러므로 호머의 시에서 페니키아의 상인과 그의 제품들은 유명했다. 이집트 제국이 흥기할 때 페니키아인들이 누렸던 상권, 해상권(海上權)이 호머 시대까지 계속되었기 때문이다.

이 페니키아의 선원들이 서쪽으로 얼마나 멀리 들어갔는지는 지금으로서는 알기 어렵지만, 그들의 스페인과 카르타고 식민지가 이미 존재했었을 수도 있다. 그들이 북지중해에서 발견한 문명은 미케네 시대의 것이다. 이 페니키아의 무역로는 이집트와 북부의 미케네 문명을 연결하는 고리 역할을 했다. 이 시기 파라오에게 바치는 선물이나 공물로 미케네 문명의 그릇을 가지고 오는 사람들을 이집트의 유적에서는 케프튜(Keftyew)라고 불렀다. 이러한 사람들을 실은 페니키아 선단의 왕래가 매우 규칙적이어서 이러한 항해로 정기적으로 왕복하는 페니키아의 선박은 '케프튜 배'로 알려져 있었다.³³ 케프튜가 어디에 위치했는지 확실하게 알아내는 것은 불가능하다. 그러나 그들은 서쪽으로는 크레타섬에 이르는, 소아시아의 남부 해안에서 온 것으로 보인다. 북부의 이 모든 지역은 이집트인들에게 '바다의 섬들'로 알려져 있다. 그들은 소아시아 내륙에 대해 잘 알지 못했기 때문이다. 그들은 에게해 섬의 해안처럼 그곳도 섬의 해안일 것이라고 생각했다. 이집트인들의 상상에 의하면 유프라테스강의 상류 지역에 있는 북시리아에서 세

된 트란스아라비아 송유관의 지중해 쪽 종점이자 대형 저유 탱크들의 저장소 구실을 하고 있다. BC 3000년대에 건립되어 그후 1,000년 동안 번영했다. 아시리아, 바빌로니아, 페르시아, 알렉산드로스 대왕, 시리아의 셀레우코스 왕조, 이집트의 프톨레마이오스 왕조, 로마 제국 등의 지배를 받았다.

32 [역주] Arwād로도 표기한다. Arvad는 페니키아어이다. 시리아 연안의 타르투스 시 앞바다에 있는 지중해 동부의 섬이다. BC 1000년대초에 페니키아인들이 처음으로 정착하여 이곳을 기지로 오론테스 강 유역과 멀리 유프라테스 강 내륙지대 및 이집트에 이르기까지 무역활동을 펼쳤다.

33 II, 492.

상은 늪으로 끝이 나는데, 이 늪에서 유프라테스강이 발원하고 늪은 다시 '커다란 원'[34] 즉 모든 것의 끝인 바다에 의해 둘러싸여 있었다.

셈족들의 시리아 팔레스타인 세상에서 이제는 이집트의 지배를 받으며, 셈족들은 많은 것을 배워야 했다. 이 지역 전체에서 이집트 예술과 산업의 영향은 지대했다. 나일강의 강대한 왕국은 이웃한 아시아 민족들보다 훨씬 고도로 조직되어 있어서, 먼 옛날부터 경외와 존경의 대상이었다. 그리고 이집트의 보다 성숙한 문명이 이쪽 아시아의 문턱에 존재하는 것만으로도 정치적으로 약한 그곳의 국가들에 강력한 영향을 미쳤다. 서부의 셈족 사람들에게 토착 예술은 거의 없거나 아예 없었다. 그러나 그들은 솜씨 좋은 모방자였고, 그들의 산업이나 무역을 촉진할 모든 것을 기꺼이 흡수하고, 그들의 용도에 맞게 맞추었다. 그러므로 그들의 선단이 동부 지중해 전역에서 팔았던 제품은 이집트 요소를 속속들이 띠고 있었다. 반면 유럽과 에게해로 들어가는 이집트 고유의 제품들은 그곳에 나일 계곡의 순수한 예술을 소개했다. 근동의 문명은 이 페니키아의 갤리선으로 남부 유럽과 서양으로 점차 보급되었다. 바빌로니아의 영향은 시리아 팔레스타인 예술에서 그다지 두드러지지 않았지만, 그래도 그곳에 강력하게 존재했다. 기원전 2000년대 중반에 짧았던 아가데(Agade)의 사르곤(Sargon) 제국[35] 이후로 바빌

---

[34] II, 661.
[35] [역주] 사르곤은 BC 24~23세기에 활동한 고대 메소포타미아의 군주(BC 2334경~2279 재위)이고 아가데는 그가 세운 도읍지이다. 아가데는 아카드(Akkad)라고도 하는데 정확한 위치는 아직 밝혀지지 않았다. 세계사 초기의 대제국 건설자의 한 사람으로서 남부 메소포타미아 전체와 시리아 아나톨리아 엘람(서부 이란)의 일부를 정복하여 최초의 셈족 왕조를 세웠다. 사르곤은 설형문자로 기록된 2,000년의 메소포타미아 역사 속에서 대부분 전설과 설화로만 알려졌고, 그의 생애 중 기록된 문서를 통해 알려진 것은 없다. 민희식(2008:191-193)에 의하면 모세 출생신화의 원형은 사르곤 왕의 출생신화이다. 사르곤 왕의 출생신화에 따르면, 사르곤의 어머니는 이슈타르 신전의 무녀(巫女)로 임신을 하게 되자, 벌이 두려워 아기를 바구니에 넣어 유프라테스강에 띄워 보냈는데 물을 길으러 나왔던 사람이 아이를 구하여 키웠다. 모세 신화에서는

론은 서양에서 상권을 장악했고, 점차 서양에 설형문자체계를 소개했다. 설형문자는 시리아 팔레스타인에서 널리 쓰이던 셈족의 방언에 쉽게 적응되었고, 페니키아가 상업적으로 우세했던 기간 동안 페니키아 문자가 그리스에 도입되었던 것과 비슷한 과정을 거쳐 그곳에서 확고한 지위를 얻었다. 설형문자는 심지어 셈족이 아니었던 히타이트인들에 의해서도 채택되었고, 마찬가지로 이 지역의 또 다른 非셈족 국가인 미탄니(Mitanni) 왕국에서도 채택되었다. 따라서 시리아 팔레스타인은 두 문명의 공통된 장소가 되었고, 이곳에서 나일강과 유프라테스강 문명의 힘이 처음에는 평화적 경쟁으로 섞였지만, 결국 전쟁터에서 만나게 되었다. 이 지역의 역사적인 중요성은 한편으로는 나일강의 왕국과 다른 한편으로는 티그리스 유프라테스 계곡 및 이쪽 아시아 왕국들 사이의, 이 지역의 소유권을 둘러싼 피할 수 없는 싸움에서 발견된다. 헤브라이 민족의 역사가 추락한 것도 이 전쟁이 한창일 때였다. 그 무자비한 과정에서 헤브라이 군주들은 비명에 갔다.

셈족이 아닌 사람들도 이집트 북부 지평선에 등장하기 시작했다. 이란의 전사(戰士) 집단이 당시 처음으로 역사에 등장하여, 기원전 1500년까지 서쪽으로 유프라테스강 상류까지 밀고 들어갔다. 그러므로 이집트 제국이 흥기할 때, 이 이란 사람들은 벌써 유프라테스강 동쪽 지역에 정착해 있었다. 강줄기가 지중해로부터 방향을 돌려 크게 굽은 안쪽에 미탄니 왕국이 세워졌다. 이것이 지금까지 밝혀진 것 가운데 아리안인이 세운 가장 이른, 가장 서쪽의 전초지였다. 그들이 유래한 곳인 옥수스(Oxus)강[36]과 약사르테스

유프라테스강이 나일강으로, 물에서 건진 아이를 키우는 사람이 신전의 무녀에서 파라오의 공주로 바뀌었을 뿐이며, 아기를 몰래 낳아야 하는 상황, 역청을 바른 갈대 바구니에 아이를 넣어 물에 띄우고, 발견되고 입양되는 내용이 모세 신화에 거의 그대로 차용되었다.

[36] [역주] 아무다리야(Amu Darya)강의 옛 명칭이다. 파미르 고원과 힌두쿠시산맥에서 발원해 중앙아시아를 거쳐 아랄해로 흘러들었다. 고대에는 옥수스강, 중세에는 지훈

(Jaxartes)강37의 수원지인 북동쪽 산 뒤가 아리아 인종의 본래 고향이었을 것이다. 미탄니 왕국의 영향력과 언어는 서쪽으로 오론테스 계곡에 있는 투니프(Tunip)까지, 동쪽으로는 니네베까지 확대되었다. 유프라테스강을 따라 바빌론으로부터 서쪽으로 가는 길 위에 그들은 강력하고 교화된 국가를 세웠다. 그리고 바빌론이 이익이 많이 나는 서쪽과 무역하지 못하도록 효과적으로 차단했다. 이는 이민족이 세운 카시테(Kassite) 왕조38 하에 바빌론이 당시 겪었던 쇠퇴와 확실히 큰 관련이 있다. 아시리아는 여전히 신생의 작은 도시 왕국이었다. 아시리아와 바빌론과의 이후의 전쟁은 파라오가 아시아에서 정복이라는 계획을 실현하는데 동쪽으로부터 방해받을 가능성을 줄여줄 뿐이었다. 이렇게 해서 모든 것이 그곳에서 이집트가 지속적으로 건재하는 데 유리하게 작용했다.

이러한 상황에서 투트모세 1세는 시리아에서 잦은 반란을 진압하고 누비아에서처럼 그들을 완전히 복종시킬 준비를 했다. 군사 행동에 관한 어떠한 기록도 남아있지 않지만, 엘 카브의 두 아흐모세는 여전히 정복군에서 복무하고 있었고, 그들은 자신들의 전기에서 이 전쟁에 대해서도 간략하게 언급한다. 카데시는 당시 아멘호테프 1세에게 겁을 먹었던 것 같다. 왜냐하면, 우리가 알기로는 투트모세가 카데시의 저항을 받지 않았기 때문이다. 이에 대해 두 아흐모세는 언급할 가치가 있다고 여겼다. 이렇게 심각한 저항 없이 파라오는 나하린(Naharin)39 즉, '강들'의 땅에 도착했다. 이름이

강이라고 불리기도 했다. 원래는 아랄해로 흘러서 들어갔지만, 면화 재배를 목적으로 한 과도한 관개로 인한 사막화로 인해 현재는 사막 쪽에서 사라지고 있다. '다리야'는 투르크어로 '강'의 의미이므로 '아무 강'이라고 표기하는 경우도 볼 수 있다. 일부 구간은 우즈베키스탄 · 타지키스탄과 아프가니스탄의 국경으로 기능하고 있다.

37 [역주] 시르다리야(Syr Darya)강의 옛 명칭이다. 강의 물줄기는 카자흐스탄 일대에 있는 톈샨 산맥에서 발원하는 것으로 알려져 있으며 대개는 북서 방향으로 흘러간다. 총 길이는 약 2,212km이며 우즈베키스탄과 카자흐스탄을 거쳐 아랄해로 흘러 들어간다.

38 [역주] 바빌로니아 제2왕조.

의미하는 대로 오론테스강으로부터 유프라테스 지역까지, 그리고 그 너머 소아시아로 합류하는 지역을 지칭한 명칭이었다. 이곳의 반란은 파라오의 복수로부터 가장 멀리 떨어져 있었으므로 자연히 가장 거셌다. 전투는 아시아인들이 대량 학살되는 것으로 끝이 났고, 뒤이어 많은 포로가 생포되었다. "한편" 에바나의 아들인 아흐모세는 말한다. "나는 우리 군의 선두에 있었고 폐하께서는 나의 용감함을 지켜보셨다. 나는 전차와 말과 그 위에 탄 사람을 생포하여 데려왔다. 나는 그들을 폐하께 데리고 갔다. 절대자께서 내게 금을 두 배로 하사하셨다."[40] 그보다 더 젊고 박력 있는 엘 카브의 동명이인(同名異人)은 더 성공적이었다. 그는 말과 전차 외에 전사자로부터 잘라낸 손을 21개나 가져왔다.[41] 이 두 남자가 당시 전형적인 파라오의 추종자들이었다. 파라오가 군의 성공에 의존해 나라의 번영을 이루는 법을 알고 있었음이 분명하다. 불행히도 투트모세 1세의 더 이상의 군사 행동에 대한 우리의 지식은 만일 있다면, 이들 중 첫 번째 사람의 전기와 전기에서 언급한 전쟁 경력이지만, 이 지식도 이 출정으로 끝이 났다. 그래도 더 젊은 아흐모세는 투트모세 2세와 전투에 참가하고 투트모세 3세의 통치 시기까지 총애를 받고 유복하게 살았다.

유프라테스강을 따라 지중해에 가장 근접한 어떤 곳에, 투트모세는 당시 그의 시리아 영토의 북쪽과 그 당시 동쪽 경계를 나타내는 돌로 된 명판을 세웠다.[42] 아마 겨우 1년 전쯤 그는 나일강의 제3폭포에 세운 제국의 다른 쪽 국경을 표시하는 명판에 대단히 자랑스럽게 기록했던 것을 실행에 옮겼다. 그때부터 그의 주장은 조금 덜 신중했다. 그는 후에 아비도스의 사제들

---

[39] [역주] 제18왕조 시기 신왕국시대에 미탄니 왕국을 이르는 고대 이집트 용어이다.
[40] II, 81.
[41] II, 85.
[42] II, 478.

에게 자랑했다. "나는 이집트의 국경을 태양의 주위까지 넓혔다."⁴³ 당시 이집트인들이 세계에 대해 가졌던 제한적이고 모호한 견해를 고려하면 이것은 거의 사실이었다.

당시 두 명의 파라오가 유프라테스를 방문했다. 시리아의 군주들은 이집트의 힘에 매우 깊은 인상을 받았다. 따라서 베두인의 공물, 다른 팔레스타인 주민들의 공물과 함께 그들의 공물도 규칙적으로 이집트의 국고로 흘러 들어가기 시작했다.⁴⁴ 이렇게 해서 투트모세 1세는 힉소스시대 이후 오랫동안 방치되었던 신전의 복구를 시작할 수 있었다. 테베에 있는 중왕국 군주들의 수수한 옛 신전은 더 이상 파라오의 늘어나는 부(富)와 화려함과 맞지 않았다. 그러므로 그의 최고 건축가인 이네니(Ineni)는 옛 아몬 신전 앞에 두 개의 거대한 탑, 즉 탑문을 세우라는 임무를 맡았다. 탑문 사이의 통로는 지붕으로 덮여 있었고 지붕은 커다란 삼나무 기둥들이 떠받치고 있었다. 물론 삼나무는 신전 정면에 있는 금과 은으로 끝을 장식한 화려한 삼나무 깃대처럼 레바논의 새 영토에서 가져온 것이다. 거대한 문은 아시아인들의 청동문과 같이 신의 형상이 그 위에 금으로 장식되어 있었다.⁴⁵ 그는 또한 숭배의 대상인, 아비도스의 오시리스 신전을 복원해, 의식에 쓰이는 많은 도구와 금과 은으로 된 가구를 설치하고, 힉소스 시절 잃어버렸을⁴⁶ 화려한 신의 형상도 설치했다. 나이가 든 것을 생각해서 그는 또한 자신에게 사후 공물을 제공하기 위한 수입을 그곳에 기부하고, 사제들에게 그의 이름과 사후 명성을 유지하도록 지시했다.⁴⁷

---

⁴³ II, 98.
⁴⁴ II, 101.
⁴⁵ II, 103-4.
⁴⁶ II, 92-96.
⁴⁷ II, 97.

15 투트모세 왕가의 불화와 하트솁수트 여왕의 통치

투트모세 1세가 왕좌를 계승한 지 30주년이자 대관식 30주년이 다가옴에 따라, 그는 자신의 충실한 건축가 이네니를 제1폭포의 화강암 채석장으로 파견했다. 다가오는 헤브세드 축제, 즉 30주년 기념제를 축하하는 두 개의 오벨리스크를 세우기 위해서였다. 길이가 약 61m가 넘고 폭이 길이의 1/3인 바지선에, 이네니는 거대한 방첨탑을 싣고 강을 따라 테베로 내려왔고, 마찬가지로 그가 왕을 위해 지은 카르나크 신전의 탑문 앞에 오벨리스크를 세웠다.[1] 그는 신전 문 앞의 지금까지도 서 있는 오벨리스크 한 곳에, 왕의 이름들과 직함들을 새겨 넣었다.[2] 그러나 다른 오벨리스크에 비문을 새기기 전에, 뜻하지 않은 변화가 생겨 투트모세 1세의 이름을 결코 싣지 못했다. 투트모세 1세는 당시 노인이었고,[3] 그가 그때까지 성공적으로 유지해 온 왕좌에 대한 자격은 아흐모세 왕비의 죽음으로 약화되었을 것이다. 그녀를 통해서만 그는 왕위에 대한 타당한 권리를 주장할 수 있었다. 그녀는 힉소스와 싸워 그들을 몰아낸 옛 테베 영주들의 자손이고 후계자였다. 그리고 이 가문의 혈통만이 국왕의 영예를 누릴 자격이 있다고 여기는 강

---

[1] II, 105.
[2] II, 86-8.
[3] II, 64, l. 11.

한 파벌이 있었다. 그녀는 투트모세 1세에게 2남 2녀의 네 아이를 낳아 주었다. 그러나 두 아들과 딸 한 명은 젊어서 또는 어려서 죽었다. 따라서 살아남은 딸 마케레 하트셉수트(Makere-Hatshepsut)[4]가 오래된 혈통의 유일한 자손이었다. 이집트 역사를 통틀어 여왕의 지배를 받는 것을 대체로 꺼려했음에도 불구하고, 정통성을 주장하는 파벌이 너무 강력해서 그들은 왕의 통치 기간에 그에게 그녀를 계승자로 선언하도록 강요했다.[5] 투트모세 1세는 다른 두 명의 왕비에게서도 아들 두 명을 낳았다. 나중에 투트모세 2세가 된 아들은 무트노프레트(Mutnofret) 공주의 아들이었다. 그리고 나중에 투트모세 3세가 된 아들은 이시스(Isis)라는 신분이 낮은 후궁에게서 태어났다.[6] 투트모세 1세의 통치 기간 말기는 잘 알려지지 않았다. 다음 부분을 재구성하는 것이 어려움이 없었던 것은 아니다.[7] 가족 간 불화가 신전 벽에 남긴 흔적은, 그로부터 3500년 후 우리가 확신을 가지고 복잡한 투쟁을 추적하게 할 만큼 분명하지 않다. 투트모세 1세의 통치 말기의 혼란기는 아마도 투트모세 3세의 통치가 시작되는 시점과 투트모세 2세의 전체 통치 기간에 해당된다.[8] 결국, 투트모세 3세는 오랫동안 왕좌에 앉아 통치했다. 투

---

[4] **[역주]** 하트셉수트의 즉위명은 마아트카레로 알려져 있다. 이 장의 내용에서 저자가 하트셉수트의 남편을 투트모세 2세가 아닌 투트모세 3세로 기술했는데, 이는 현 이집트학자들의 연구결과와 다르다는 점을 미리 밝혀 둔다. 이 장의 내용은 그러한 점을 감안하고 읽어야 한다.

[5] **[역주]** 저자의 이러한 주장은 현재 알려진 역사적 사실과 일치하지 않는다. 하트셉수트는 자신의 통치를 정당화하기 위한 정치적 목적을 달성하기 위해 자신의 탄생 부조를 허구로 꾸미고, 자신의 대관식을 위해 아버지 투트모세 1세가 길일로 새해 첫날을 택했다는 비문을 새겼는데, 저자는 허위로 기록된 이 같은 유물에 근거해 추정한 것으로 보인다. 하트셉수트가 집권했을 때 투트모세 1세는 물론 남편인 투트모세 2세도 죽은 뒤였다.

[6] **[역주]** 이 역시 후대 학자들이 밝혀낸 역사적 사실과 다르다. 투트모세 3세는 투트모세 1세의 아들이 아니라 손자로, 투트모세 2세가 후궁에게서 얻은 아들이다.

[7] II, 128-130.

[8] **[역주]** 저자가 이 부분을 재구성하는 데 어려움이 없지 않았다고 밝혔듯이, 그의 재구

트모세 3세의 오랜 통치는 처음에는 투트모세 2세의 짧은 통치로 잠시 중단되었다. 이렇게 해서 투트모세 3세의 통치는 투트모세 2세가 통치하기 전에 시작되었지만, 그 기간의 7/8은 투트모세 2세의 죽음 뒤에 해당하고, 따라서 두 왕의 통치 기간을 계산하는 것은 아주 쉽다.[9] 아름답고 재능 있는 오랜 혈통의 공주인 투트모세 1세의 딸, 하트셉수트의 운명은 로맨스 및 극적인 사건들이 조금 섞여 있는 모호한 투쟁과 연관되어 있다. 아마도 그녀의 남자 형제들이 죽은 후에, 그녀는 이복 남자 형제인, 우리가 투트모세 3세라고 불러야 하는 후궁의 아들과 결혼했다.[10] 아버지를 통해서도 어머니를 통해서도 계승권을 갖지 못한, 전망 없는 젊은 왕자였으므로, 그는 선지자로서 카르나크 신전의 사제로 있었다. 오래지 않아 그는 사제단의 지지를 얻었다. 아흐모세 왕비가 죽었을 때 자신의 아버지가 한때 주장했던 것과 똑같이, 아내를 통한 상속으로 왕좌에 대한 권리를 가졌기 때문이다.[11] 그를 지지했던 아몬의 사제단은 이 법적인 권리에다 신의 승인이 주는 권

성은 현재 알려진 후대 학자들이 재구성한 역사와 다르다. 현대 이집트학계에서는 투트모세 1세가 기원전 1518년경 죽고, 아들 투트모세 2세가 하트셉수트와 결혼하여 함께 14년 정도 통치한 뒤 기원전 1504년 사망한 것으로 추정한다. 투트모세 2세는 자신의 아내이며 이복누이인 하트셉수트의 야심을 알고, 후궁에게서 낳은 아들 투트모세 3세를 후계자로 지명했다. 투트모세 3세는 부친이 사망하고 바로 즉위하여 기원전 약 1450년까지 재위했다. 어린 나이에 즉위하자 처음에는 계모이자 고모인 하트셉수트가 섭정했다. 하트셉수트는 스스로 파라오가 되어서 기원전 1498-1483년경까지 통치했고, 이후 투트모세 3세가 단독으로 통치했다(클레이턴 2009:128-136). 투트모세 3세가 하트셉수트가 파라오였다는 사실을 숨기기 위해 철저하게 그녀의 흔적을 지웠기 때문에 초기 이집트 학자들의 연구에 혼선이 빚어진 것으로 보인다.

[9] [역주] 하트셉수트의 흔적을 지우기 위한 투트모세 3세의 노력으로 인해 저자는 이처럼 잘못된 추정을 할 수밖에 없었다.
[10] [역주] 앞의 각주에서 언급한 대로 하트셉수트는 투트모세 2세와 결혼했고, 투트모세 3세는 투트모세 2세의 후궁의 아들로 하트셉수트에게는 의붓아들이자 배다른 조카이다.
[11] [역주] 투트모세 3세는 하트셉수트가 아닌 그녀의 딸과 혼인하여 왕좌에 대한 권리를 주장했다.

리를 추가하는 데 동의했다. 투트모세 1세와의 평화로운 사전 합의에 의해서든 투트모세 1세 측에서 전혀 예상하지 못한 적대적인 사건에 의해서든, 투트모세 3세의 계승은 아몬 신전에서 발생한 매우 극적인 쿠데타에 의해 갑작스럽게 이루어졌다. 축젯날에 신의 형상이 실려 올 때 성소에서 신전의 뜰까지 모인 군중들의 환호성 속에서, 사제인 투트모세 3세는 신전에 있는 투트모세 1세의 홀 안 북쪽 기둥들 사이에 동료들과 함께 자리 잡았다. 마치 신이 누군가를 찾고 있기라도 한 듯 사제들은 기둥들의 양옆 주위로 신을 이끌었고, 신은 마침내 길 위에 엎드려 있는 젊은 왕자 앞에 섰다. 신은 그를 일으켰고, 신의 의지가 지시하는 것처럼 신전 의식을 거행할 때 왕만이 설 수 있는 예식 지점인 '왕의 장소'에 즉시 그를 위치시켰다. 불과 조금 전까지 신에게 향을 피우고 공물을 바쳐왔던 투트모세 1세는 동일한 신의 의지에 따라 이렇게 경질되었고, 이 사실은 대중에게 분명히 알려졌다.[12] 투트모세 3세의 다섯 가지로 된 이름과 직함이 곧바로 발표되었고, 기원전 1501년 5월 3일 그는 갑자기 아몬의, 무명 선지자의 직무에서 벗어나 파라오의 왕궁으로 발을 들여놓았다. 몇 년 후, 카르나크의 아몬 신전에 있는 그의 새 홀들의 개관행사로, 그는 이 일을 신하들이 모인 자리에서 반복했다. 그리고 이집트의 왕으로서 태양신의 인정을 받기 위해 헬리오폴리스로 가는 대신에 자신이 천국으로 올려져 그곳에서 가장 영광스러운 태양신을 보았고, 신이 직접 정식으로 그에게 왕관을 씌워 주고 왕의 이름들을 하사했다고 덧붙였다. 그는 신들에게 받은 이 전대미문의 영광에 관한 이야기를 신전의 벽 위에 새겨 모두가 영원히 그것에 대해 알 수 있게 했다.[13]

---

[12] II, 131-136, 138-148.
[13] Ibid.

투트모세 1세는 분명히 심각하게 위협이 되는 인물로 간주되지 않았다. 그가 계속 생존할 수 있었기 때문이다. 투트모세 3세는 정통성을 주장하는 파벌을 일찌감치 털어냈다. 그는 13개월간 통치하면서 제2폭포 옆 셈나에 있는 그의 조상 세소스트리스 3세의 고대 벽돌 신전을 복원했다. 그는 그 자리에 양질의 누비아 사암으로 지은 신전을 세웠다. 신전 안에 그는 정성 들여 중왕국의 옛 경계를 나타내는 석비를 다시 세웠고,[14] 영구적인 소득으로 신전에 공물을 기부하는 세소스트리스 칙령을 다시 제정했다. 여기서 그는 헌정사 앞에 왕의 직함을 기록하며 자신의 왕비인 하트셉수트와의 공동정치를 언급하지 않았다. 사실 그는 그녀에게 '제1 왕비'보다 더 명예로운 직함은 허락하지 않았다. 그러나 정통성을 주장하는 파벌은 쉽게 물러서지 않았다. 약 15년 전 하트셉수트가 계승자로 지명된 것과 더욱 중요한, 그녀가 세케넨레와 아흐모세를 배출한 옛 테베 가문의 혈통이라는 점을 이 파벌의 귀족들은 심각하게 받아들였다. 그들의 노력의 결과로, 투트모세 3세는 왕비와의 공동정치를 받아들이고, 실제로 그녀에게 시정(施政)에 참여하게 해야 했다. 오래지 않아 그녀의 지지자들은 아주 강력해져서 왕은 심히 방해받았고, 결국 배후로 물러났다. 하트셉수트는 이렇게 해서 왕이 되었다. 파라오의 출신에 관한 국가적인 가정과는 맞지 않는 엄청난 사건이었다. 그녀는 '여자 호루스!'라고 불렸다. '폐하'라는 어휘는 여성형으로 표현되었다(이집트어에서는 이 어휘를 통치자의 성별과 일치시킨다). 궁중의 관례도 여성의 통치에 맞게 왜곡되고 일그러졌다.

하트셉수트는 즉시 독자적인 건축물과 왕실의 기념물, 특히 자신의 웅장한 장제전 건축에 착수했다. 그녀의 장제전은 테베의 강 서안에 있는 절벽 아래에 자리잡고 있다. 이곳은 현재 데르 엘 바흐리 신전으로 알려져 있다.

---

[14] II, 167-176.

앞으로 이 신전에 대해 더 자세히 언급할 기회가 있을 것이다. 투트모세 3세의 사제 파벌이든 정통성을 주장하는 파벌이든 서로와의 싸움에서 너무 약해져서 제3의 파벌의 쉬운 먹잇감이 된 것인지 또는 어떤 다른 운명의 변화가 투트모세 2세의 파벌을 더 선호한 것인지 현재로서는 알 수 없다. 어쨌든 투트모세 3세와 그의 적극적인 왕비가 약 5년을 통치했을 때, 투트모세 2세가 늙고 퇴위된 왕인 투트모세 1세와 연합하여 투트모세 3세와 하트셉수트를 밀어내고 왕좌를 얻는 데 성공했다. 그다음 아버지와 아들인 투트모세 1세와 2세는 하트셉수트의 기념물에 대해 철저히 박해하기 시작했다. 유적에서 그녀의 이름을 지우고 그녀의 이름이 발견되는 곳마다 자신들의 이름을 그 위에 올려놓았다.[15]

왕실 내에서의 반목에 대한 소식은 아마도 당시 누비아에 전해졌을 것이다. 투트모세 2세의 즉위 당일, 그곳에서 심각한 반란이 발생했다는 보고가 그에게 전해졌다. 물론 왕권을 간신히 잡고 있는 바로 그때 적들의 음모 때문에 궁궐과 수도를 떠나는 것은 불가능했다. 그러므로 그는 부하의 지휘 하에 군대를 파견해야 했다. 부하는 즉시 제3폭포로 진군했다. 그 지역에 정착한 이집트인들의 가축이 심각한 위험에 처해 있었다. 지시에 따라서 그 이집트인 사령관은 적들을 물리쳤을 뿐 아니라 눈에 띄는 남자들은 모조리 죽였다. 그들은 반란을 일으킨 누비아 족장의 아이와 다른 원주민들을 잡아서 테베에 인질로 데려왔고 즉위한 파라오의 앞에서 행진하게 했다.[16] 이렇게 징벌하자 누비아는 다시 조용해졌다. 그러나 새 파라오는 북쪽에서는 아시아인들의 반란에 맞서 멀리 유프라테스의 니이(Niy)까지 진

---

[15] **[역주]** 저자는 투트모세 1세와 2세가 모두 하트셉수트의 흔적을 지우려 했다고 했지만, 하트셉수트가 집권했을 당시 아버지 투트모세 1세와 남편 투트모세 2세는 모두 사망했으므로 투트모세 3세가 계모의 흔적을 지우려 한 것으로 보아야 한다.
[16] II, 119-122.

군해야 했다.[17] 또한, 출정하는 길이거나 아마도 되돌아오는 길에, 그는 남부 팔레스타인에서 약탈하는 베두인을 토벌해야 했다. 그는 엘 카브의 아흐모세 펜 네크베트와 함께 갔다. 아흐모세는 수많은 포로를 잡아서 몇 명인지 세어보지도 않았다.[18] 이것이 늙은 전사의 마지막 종군이었다. 그러고는 그의 친척이자 고향 사람인 에바나의 아들 아흐모세처럼 그도 명예롭게 은퇴할 나이에 엘 카브로 물러났다. 투트모세 2세는 북쪽에서 돌아오자, 황량하고 덜 완성된 채로 인부들에 의해 버려진 당당한 하트셉수트의 신전에, 그의 아시아에서의 군사 행동을 기념하는 기록을 남겼다. 비어있는 벽 가운데 한 곳에, 그는 정복당한 사람들로부터 자신이 조공을 받는 것을 묘사했다. 함께 새겨진 비문에서 '말들', '코끼리들' 같은 어휘를 여전히 판독할 수 있다.[19] 이 중대한 시기에 고령의 투트모세 1세의 죽음은 약하고 병든[20] 투트모세 2세의 입지를 매우 약화시켜, 투트모세 2세는 투트모세 3세와 함께 통치하게 되었다. 그런 다음 겉보기에는 은퇴 생활을 했으나 물론 비밀리에 재기하려 했을 것이다. 어쨌든 우리는 두 사람이 잠깐 공동 통치한 것을 볼 수 있는데,[21] 이들의 공동 통치는 길어야 3년 정도 지속되었고 투트모세 2세가 죽음으로써 끝이 났다.[22]

이렇게 해서 투트모세 3세는 다시 왕좌를 얻었지만, 혼자서 하트셉수트의 지지자들에 맞서 자기 입장을 고수할 수 없었고, 왕비를 공동 통치자로 인정하는 타협을 해야 했다. 문제는 여기서 끝나지 않았다. 그녀의 파벌이

---

[17] II, 125.
[18] II, 123-4.
[19] II, 125.
[20] Masp. Mom. roy., 547.
[21] II, 593-5.
[22] **[역주]** 이러한 추정은 아마도 이후 투트모세 3세가 하트셉수트의 이름을 삭제하고 그 위에 아버지나 할아버지의 이름을 적었기 때문인 것 같다.

너무 강력해서 그들이 투트모세 3세를 완전히 폐위시킬 수 없었다 해도, 그는 다시 배후로 좌천되었고 여왕이 국사에서 주요 역할을 맡았다. 그녀와 투트모세 3세 모두 마치 중간에 투트모세 2세의 짧은 통치 기간이 없었던 것처럼 투트모세 3세가 처음 왕위를 계승한 시기부터 공동 통치의 햇수를 계산했다. 여왕은 이제 우리가 아는 역사상 첫 번째 위대한 여성으로서의 적극적인 생을 시작했다. 그녀 아버지의 건축가 이네니는 이렇게 해서 두 사람의 위치를 다음과 같이 정의한다. '자신을 낳은 사람의 왕좌에 앉은 통치자로서' 투트모세 3세에 대해 간단히 언급한 후, 그는 이어간다. "그의[23] 누이인 신의 배우자 하트셉수트는 그녀의 계획에 따라 두 땅의 일을 조정했다. 이집트는 신에게서 나온 신의 우수한 씨앗인 그녀를 위해 고개 숙이고 열심히 일해야 했다. 남쪽 배의 선수(船首)의 밧줄, 남부인들의 배를 정박시키는 말뚝, 북쪽 배의 뛰어난 선미 밧줄이 그녀이다. 명령하는 여주인으로 그녀의 계획은 뛰어나고, 그녀가 말하면 두 지역이 만족한다." 이렇게 이네니는 생생한 근동 스타일의 묘사로 국가라는 배의 첫 존재로서 그녀를 나일 배를 정박시키는 밧줄에 비유한다.[24]

이러한 묘사는 여왕의 행위로 뒷받침된다. 그녀의 지지자들은 당시 가장 영향력 있는 관직을 차지했다. 여왕의 가장 가까이에는 여왕의 깊은 환심을 산 센무트(Senmut)[25]가 있었다(사진7). 그는 투트모세 3세의 어릴 적 가정교사였고,[26] 이제는 여왕의 어린 딸 네프루레(Nefrure)[27]의 교육을 맡았다. 네프루레는 이제는 더 이상 중대한 임무를 수행할 수 없는 연로한 엘 카브의

---

[23] **[역주]** 여기서 그를 저자는 투트모세 3세로 풀이했고, 현대 학자들은 투트모세 2세로 본다.
[24] II, 341.
[25] **[역주]** 세넨무트(Senenmut), Senemut, Senmout 등으로도 표기되어 있다.
[26] Karnak statue.
[27] **[역주]** 네프루레는 네페루레(Nepherure)로도 많이 알려져 있다.

아흐모세 펜 네크베트의 보호하에 유년 시절을 보냈다.²⁸ 센무트는 당시 그녀의 재산관리인으로서 어린 소녀의 재산 관리를 맡았었다.²⁹ 그에게는 센문(Senmun)이라 불리는 형제가 있었는데,³⁰ 그도 마찬가지로 하트셉수트의 대의(大義)를 지지했다. 그녀의 일파에서 가장 강력했던 사람은 재상이자 아몬의 대사제였던 하푸세네브(Hapuseneb)였다.³¹ 그는 또한 새롭게 조직된 전국의 사제단의 우두머리였다.³² 이렇게 해서 그는 행정부의 모든 권력과 당시 하트셉수트를 지지하는 강력한 사제단의 권력을 모두 차지할 수 있었다. 하트셉수트의 파벌은 당시 그

사진 7. 하트셉수트의 총신, 센무트의 좌상 여왕의 어린 딸 네프루레를 무릎 사이에 두고 있다. 오른쪽 발쪽에 있는 그의 이름이 삭제된 것을 보라(79쪽 참조). 베를린 박물관

같은 새로운 세력을 등에 업고 움직이고 있었다. 연로한 이네니의 뒤를 이어 투티이(Thutiy)³³라는 한 귀족이 '금과 은을 담당하는 국고의 감독관'이 되었다.³⁴ 그리고 네시(Nehsi)³⁵라는 사람이³⁶ 최고 회계담당자이자 하푸세네

---

²⁸ II, 344.
²⁹ II, 363 ff.
³⁰ II, 348.
³¹ II, 388 ff.
³² II, 388.
³³ [역주] Djehuty, Thuti, Thutii로도 알려져 있다.
³⁴ II, 369 ff.
³⁵ [역주] nehsi가 누비아인을 의미하므로 누비아인 후손일 수도 있다.
³⁶ II, 290.

브의 동료였다. 이렇게 해서 국가 조직은 이들 여왕의 지지자들이 장악했다. 이 사람들의 운명과 삶은 아마도 하트셉수트의 성공 및 권세와 동일시되었을 것이다. 그러므로 그들은 그녀의 입지가 유지되도록 신경 썼다. 모든 면에서 그들은 여왕이 처음부터 신들에 의해 왕좌에 앉을 사람으로 정해졌음을 보여 주기 위해 무척 애를 썼다. 데르 엘 바흐리의 그녀의 신전에서 당시 그러한 작업이 활발하게 다시 시작되었다. 그들은 벽에 여왕의 탄생을 보여 주는 일련의 부조를[37] 조각했다. 여기에 국왕은 태양신의 육체적 아들이어야 한다는 오래된 국가적 가설에 관한 세부사항들이 정교하게 묘사되었다. 투트모세 1세의 왕비인 아흐모세가 (테베 신학에서 태양신 레의 계승자인) 아몬과 대화를 나누는 장면에서, 아몬은 떠나면서 아흐모세 왕비에게 말한다. "하트셉수트가 [태어날] 이 내 딸의 이름이 될 것이다. … 그녀는 온 나라에서 뛰어난 왕정을 펼칠 것이다."[38] 이렇게 부조는 어떻게 그녀가 신의 의도에 의해 처음부터 이집트를 통치하도록 계획되었는지 보여 준다. 그러므로 그녀가 태어날 때 모든 기이한 현상이 수반된 것으로 묘사되었는데, 이는 궁궐의 관습이기도 하고 그렇게 하면 민간에서 잘 믿는 경향이 있으므로 이 기이한 현상들을 태양신의 후계자의 도래와 연관시킨 것이다.[39] 이 작업을 한 예술가는 당시의 전통을 아주 꼼꼼하게 지켜서 새로 태어난 아이는 남자아이처럼 보인다. 이는 그러한 상황에 여자를 넣는다는 것이 물려받은 관례를 얼마나 왜곡하는 것인지를 보여 준다. 그들은 그러한 장면에다 신들에 의한 그녀의 즉위식을 나타내는 장면과 새해 첫날 소집된 어전회의에서 투트모세 1세가 그녀를 여왕으로 인정하는 다른 장면들을 추가했다.[40] 이 사건들을 서술한 이어지는 이야기에서 그들은 제12왕조

---

[37] II, 187 ff.
[38] II, 198.
[39] II, 187 ff.

에서 아메넴헤트 3세가 아버지 세소스트리스 3세에 의해 비슷하게 지명된 기록을 베꼈다. 여왕의 통치에 반대할 것 같은 사람들에게 조심스럽게 조언하듯, 이 비문들은 여왕의 일파에 의해 아주 잘 꾸며져서, 비문에는 투트모세 1세가 어전회의에서 다음과 같이 말한 것으로 묘사되어 있다. "공들은 그녀의 말을 공포하고, 그녀의 명령에 따라 협력할 것이오. 그녀에게 경의를 표하는 사람은 살 것이고, 여왕 폐하를 모독하는 사람은 죽을 것이오."[41] 투트모세 1세가 카르나크 신전의 남쪽 입구로 지어놓은 탑문에는, 그가 심지어 테베의 신들 앞에서 자신의 딸이 번영된 통치를 하게 해 달라고 기도하는 모습으로 묘사되어 있다.[42] 이러한 장치들로 파라오의 왕좌에 여왕이 앉는 것에 대한 편견을 극복하려 했다.

사진 8. 테베의 데르 엘 바흐리에 있는 하트셉수트의 계단식 신전 가운데층의 북쪽 기둥들

---

[40] II, 215.
[41] II, 237, ll. 15-16.
[42] II, 243 ff.

하트셉수트의 첫 번째 사업은 이미 언급했듯이 테베의 서쪽 절벽에 그녀의 웅장한 신전을 계속 짓는 것이었다. 그녀의 아버지와 남자 형제는 이 신전에 있는 그녀의 이름 위에 자신들의 이름을 집어넣었다. 이 건물은 디자인이 당시의 大신전들과 꽤 달랐다. 이것은 이웃한 절벽 아래쪽의 멘투호테프 2세의 작은 계단식 신전을 본떠 만들었다. 신전은 평지에서 높은 뜰까지 세 층의 계단식으로 되어 있는데, 측면에 거대한 누런 절벽이 있고, 절벽 안쪽으로 지성소를 굴착해 만들었다. 각 층의 앞에는 멋진 기둥들이 세워져 있는데, 멀리서 보면 지금까지도 비율과 배치에 대한 절묘한 감각을 보여 주고 있어, 그리스인들이 처음으로 외부에 열주를 사용한 건축기술을 이해했고 이집트인들은 건물 내부에만 기둥을 사용할 줄 알았다는 흔한 주장이 오류임을 증명하고 있다(사진8). 신전의 건설자는 여왕의 총신인 센무트였다.[43] 한편 이네니의 후계자 투티이는[44] 호박금으로 형상이 양각(陽刻)된 청동 문과 다른 금속 작품들을 제작했다. 여왕은 신전의 디자인에서 특별한 즐거움을 찾았다. 그녀는 그 안에서 아몬의 낙원을 보았고, 신전의 각 층을 신들의 원래 고향인 푼트의 '몰약나무 뜰'이라고 상상했다. 그녀는 비문 중 한 곳에서 아몬이 그녀가 '그를 위해 그의 집에 푼트를 건설하기를' 바랐다는 사실을 언급했다.[45] 이 설계도를 충실히 실행하기 위해 이 뜰에 푼트에서 가져온 몰약나무를 각 층에 심어야 했다. 그녀의 조상들은 종종 그곳으로 원정대를 보냈다. 그러나 이 원정대 중 누구도 장비를 갖추어 나무를 가져오지는 않았다. 정말 아주 오랫동안 신전의 의식에 쓰일 향에 필요한 몰약조차 손에서 손으로 육로를 통해 이집트로 전달되었다.[46] 힉소스의 오랜 통치 기간에 대외 수송은 많은 어려움을 겪었다. 그러

---

[43] II, 351, ll. 6-7.
[44] II, 375.
[45] II, 295.

나 어느 날 여왕이 신의 사당 앞에 섰을 때 "푼트로 가는 길을 찾아서 몰약나무 뜰에 이르는 길을 뚫으라는 신으로부터의 신탁, 즉 명령이 위대한 왕좌로부터 들렸다."[47] "이곳(몰약나무뜰)은 영광스러운 신의 땅, 내가 즐거움을 얻는 곳이다. 나는 기분 전환하기 위해 스스로 그곳을 만들었다."[48] 신이 이렇게 말했기 때문이다. 여왕은 "모든 것이 신의 명령에 따라 이루어졌다."[49]고 덧붙였다.

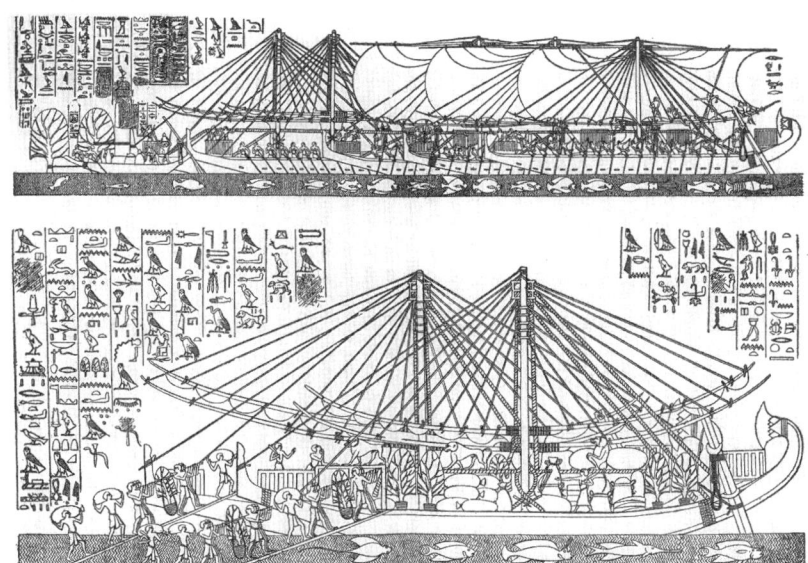

그림 2. 테베의 데르 엘 바흐리 신전에 있는 푼트 원정을 묘사한 부조
하트셉수트 여왕은 이 부조에 푼트로의 원정을 묘사했다. 윗줄은 함대의 출발을 나타낸다. 아랫줄에서는 선박들에 짐이 실리고, 몰약나무들이 선상으로 운반되고 있다.

---

[46] II, 287.
[47] II, 285, l. 5.
[48] II, 288
[49] II, 285, l. 6.

원정대의 조직과 파견은 여왕이 최고 회계담당자인 네시에게 위임했고, 원정대가 가져온 재물은 그의 금고에 보관되었다.[50] 5척의 선박으로 구성된 선단은 순풍이 불게 해 달라고 대기의 신들을 달래는 공물을 가지고 여왕의 재위 9년 초에 출항했다.[51] 여정은 나일을 따라 내려가 동부 삼각주로부터 와디 투밀라트를 거쳐 나일강과 홍해를 이어주는 수로를 지나는 것이었다. 독자들은 기억하겠지만(1권, 238쪽 참조) 이 수로는 중왕국시기에 벌써 정기적으로 사용되고 있었다. 교역을 위한 풍부한 상품 외에, 선단은 푼트에 세울 거대한 여왕의 석상을 운반했다. 만일 여전히 그곳에 있다면, 석상은 이집트 통치자가 세운 것으로는 가장 먼 곳에 세워진 조각상이 된다. 그들은 무사히 푼트에 도착했다. 이집트인 사령관은 해안에 텐트를 쳤고, 그곳에서 푼트의 족장인 페레후(Perehu)가 묘하게 살찐 자신의 아내, 세 아이와 함께 친절하게 맞아주었다.[52] 이집트인들이 아주 오랜만에 푼트를 방문했기 때문에, 이집트인들은 푼트인들이 다음과 같이 외쳤다고 묘사했다. "어쩐 일로 여러분들이 [이집트] 사람들이 모르는 이곳까지 오셨습니까? 하늘의 길로 내려오셨습니까? 신의 땅인 바다의 물길로 오셨습니까?"[53] 푼트의 족장이 선물을 받자, 거래가 곧 떠들썩하게 진행되었다.[54] 선박들이 해변에 정박하면 건널 판이 밖으로 연결되고, "푼트 지역의 경이로운 것들인, 신의 땅에서 나는 상당한 양의 온갖 향기로운 목재, 몰약나무 수지 더미, 신선한 몰약나무 더미, 흑단 나무와 깨끗한 상아, 에무(Emu)의 녹색 금, 계수나무 목재, 향료, 눈 화장품, 비비(개코원숭이), 원숭이, 개, 남부 표범의 가죽과 원주

---

[50] II, 290.
[51] II, 252-3, 292.
[52] II, 254.
[53] II, 257.
[54] II, 259.

민 및 그들의 아이들을 배에 가득 실을 때까지, 적재가 빠르게 진행되었다. 그때까지 그 어떤 왕을 위해서도 이러한 것들을 가져오지는 않았다."[55] 사고 없이 순항하여, 우리가 아는 한 화물을 옮겨 싣지 않고 선단은 마침내 테베의 부두에 다시 정박했다.[56] 테베인들은 당시 그들이 본 그 같은 광경을 전에는 결코 본 적이 없었을 것이다. 다양한 푼트 사람들의 무리와 머나먼 그들 지역의 생소한 생산물이 거리를 지나 여왕의 왕궁에 이르렀고, 그곳에서 이집트 사령관은 그것들을 여왕 폐하께 바쳤다. 원정의 성과를 알아본 후, 여왕은 누비아에서 받은 것과 함께 즉시 그 일부를 아몬에게 바쳤다. 푼트는 항상 누비아와 같은 부류로 분류되었다. 여왕은 신에게 살아있는 31그루의 몰약나무, 호박금, 눈 화장품, 푼트인들의 던지는 막대기, 흑단나무, 상아색 조가비, 여왕 폐하를 위해 특별히 생포한 남부지방의 표범, 많은 표범 가죽, 3,300마리의 작은 가축을 신께 바쳤다.[57] 사람 키의 두 배나 되는 거대한 몰약 더미가 당시 여왕의 총신인 투티이의 감독하에 곡물을 계량하는 단위로 측정되었다. 커다란 고리로 된 상거래용 금이 약 3m 높이의 거대한 저울에서 무게가 측정되었다.[58] 그런 다음 아몬의 신탁에 의해 진행된,[59] 이 원정의 성공을 아몬에게 정식으로 알린 후에, 하트셉수트는 어전회의를 소집하여 그녀의 총신인 센무트와 원정대를 파견한 최고 회계 담당자인 네시에게 그녀 발치의 상석을 내주었고, 귀족들에게 그녀의 위대한 모험의 결과를 알렸다.[60] 그녀는 그들에게 "그의 집에 그를 위해 푼트를 세우고, 그의 정원 안 신전 옆에 신의 땅의 나무를 심으라"고 명령했던 아

---

[55] II, 265.
[56] II, 266.
[57] II, 270-272.
[58] II, 273-282.
[59] II, 283-8.
[60] II, 289-295.

몬의 신탁을 상기시켰다. 그녀는 자랑스럽게 계속 이어간다. "그가 명령한 대로 행해졌다. … 나는 그를 위해 정원에 푼트를 만들었다. 그가 나에게 명령한 그대로 … 그곳은 그가 그 안에서 돌아다닐 만큼 충분히 넓다."[61] 활동적인 여왕이 세상 끝으로 알려진 곳에 사람을 보내 신을 위해 일하게 하기는 했지만, 그래도 이렇게 해서 호화로운 신전에 신을 위한 계단식 몰약나무 정원이 만들어졌다. 그녀는 주목할 만한 원정의 모든 사건을, 한때 투트모세 2세의 아시아 전투[62] 기록을 적기 위해 도용당했던 벽 위에 부조로 기록했다.[63] 이 부조들은 여전히 그녀의 신전에서 매우 아름다운 작품 가운데 하나이다. 모든 그녀의 총신들도 장면 속에 등장한다. 센무트는 심지어 벽의 한 곳에, 여왕을 위해 하토르에게 기도하는 모습으로 자신을 묘사할 수 있었는데, 이는 전대미문의 영광이었다.[64]

이 독특한 신전은 그 기능을 놓고 보면 왕의 무덤과 제사실, 즉 신전의 배치와 건축에서 가장 완성도 높은 것이다. 아마도 그들이 자원을 달리 활용할 곳이 있었는지, 아니면 아마도 거대하기만 했지 무덤 건설자의 사체를 모독당하지 않게 지키지 못하는 큰 무덤이 쓸모없음을 인식했기 때문인지 파라오는 점차로 피라미드의 건설을 포기했다. 피라미드 동쪽에서 앞쪽에 있는 제사실과 함께, 피라미드는 아마도 아흐모세 1세의 통치 시기까지는 존재했었다. 그러나 점차로 크기와 중요성이 줄어들었다. 피라미드 밑의 수직 통로와 묘실들, 그 앞의 제사실은 비교적 큰 규모로 남아있었다. 아멘호테프 1세는 옛 전통을 따른 마지막 파라오였다. 그는 테베의 서쪽 절벽 안쪽으로 약 61m 길이의 통로를 뚫었는데, 통로의 끝은 왕의 사체를 두기

---

[61] II, 295.
[62] 51쪽 참조.
[63] 그림 2 참조, II, 246-295.
[64] II, 345.

위한 묘실이었다.[65] 절벽 앞 통로의 입구 쪽에 그는 수수한 제사실을 지었는데, 제사실의 지붕을 이미 우리가 언급한[66] 피라미드 모양으로 만들었다. 투트모세 1세는 아마도 안전을 위해서인 듯, 무덤과 그 앞의 제사실을 분리하는 극단적인 조치를 취했다. 제사실은 절벽 아래의 평원 위에 여전히 남아있다. 그러나 묘실과 묘실에 이르는 통로(그림1, 사진6)는 서쪽 절벽 뒤의 황량한 계곡(사진5)의 바위투성이 벽을 깎아 만들었는데, 강에서 직선거리로 약 3.2km 정도 떨어져 있다. 북쪽으로 돌아가야만 접근할 수 있는데 거의 두 배 정도 먼 거리이다. 왕의 사체가 놓여 있는 정확한 지점을 비밀에 부쳐 왕의 무덤이 도난당할 가능성을 사전에 방지하려 했음이 분명하다. 투트모세 1세의 건축가 이네니는 자신이 "폐하의 절벽 무덤의 굴착을 혼자 감독하여 누구도 보거나 듣지 못하게 했다"[67]고 말한다. 새로운 배치는 이와 같아서 묘실은 여전히 제사실, 즉 신전의 뒤쪽에 있고, 신전은 전처럼 계속해서 무덤의 동쪽에 있었지만, 신전과 무덤은 이제 중간의 절벽에 의해 분리되어 있었다. 현재 '왕들의 무덤 계곡'으로 알려진 계곡은 투트모세 1세의 후임자들의, 굴착해 만든 거대한 유적들로 빠르게 들어찼다. 이곳은 계속해서 제18, 19, 20왕조의 묘지였으며, 40기가 넘는 테베 왕들의 무덤이 그곳을 굴착해 만들어졌다. 현재 접근 가능한 41기의 무덤이 오늘날 나일 관광객들을 테베로 이끄는 불가사의 가운데 하나이다. 스트라보는 그의 시대에 방문할 가치가 있는 40기의 무덤에 대해 언급했다. 하트셉수트의 계단식 성소는 그녀의 장제전으로 또한 그녀의 아버지에게도 봉헌한 것이다. 무덤들이 뒤쪽 계곡에서 늘어남에 따라, 하트셉수트 장제전 앞쪽 평원에도 한때 이집트를 지배했던 황제들, 즉 죽은 신들의 사후 제사를 위해 영구적

---

[65] IV, 513 and notes.
[66] P. 254.
[67] II, 106.

인 기금으로 유지되는 신전들이 계속 세워졌다. 게다가 신전들은 국가의 신인 아몬에게도 봉헌된 것이었다. 그러나 신전들은 장례 의식을 나타내는 완곡한 표현의 이름들을 지니고 있었다. 예를 들면 투트모세 3세의 신전은 '생명의 선물'이라 불렸다.[68] 하트셉수트의 건축가이자 그녀의 재상이기도 했던 하푸세네브도 마찬가지로 황량한 계곡에 그녀의 무덤을 굴착해 만들었다.[69] 계단식 신전 바로 뒤인 계곡의 동쪽 벽 안쪽에는 수백 피트 길이의 가파른 내리막길 통로가 있고, 그 끝에는 몇 개의 묘실이 있는데, 그중 한 곳에 그녀와 그녀 아버지 투트모세 1세의 석관이 놓여 있다. 그러나 우리가 이미 살펴보았듯이 아마도 가족의 불화로 인해 그는 수수한 규모로 자신의 무덤을 지었던 것 같으며, 딸이 그를 위해 만든 석관을 결코 사용하지 않았던 것이 분명하다. 그러나 두 석관은 고대에 약탈당했고, 최근에 발견되었을 때는 아무것도 남아있지 않았다.

적극적인 여왕이 평화의 전술에 대해 관심을 갖고 제국의 자원 개발에 활발하게 전념하자, 곧 이익이 생기기 시작했다. 국내의 수입원으로부터 들어오는 막대한 수입 외에, 하트셉수트는 또한 나일의 제3폭포에서 유프라테스에 이르는 넓은 제국으로부터 공물을 받고 있었다. 그녀는 다음과 같이 밝혔다. "나의 남쪽 경계는 푼트에 이르고, … 나의 동쪽 경계는 아시아의 습지에 이른다. 아시아인들은 내 손아귀에 있으며, 내 서쪽 경계는 마누(Manu)[해넘이] 산에 이른다. … 나의 명성은 사막의 거주자들[베두인] 사이에도 소문나 있다. 푼트의 몰약도 내게 들어오고, … 이 나라의 모든 호화롭고 경이로운 것들이 나의 왕궁으로 모인다. … 그들은 내게 삼나무, 향나무, 목재, … 신의 땅의 모든 양질의 월계수 등 엄선된 산물을 가져왔다.

---

[68] II, 552.
[69] II, 389.

나는 테헤누(Tehenu)[리비아]로부터 상아와 그곳의 700개의 코끼리 엄니, 척추를 따라 5큐빗,[70] 너비 4큐빗의 수많은 표범 가죽으로 구성된 공물을 받았다."[71] 확실히 파라오의 왕좌에 더 이상 전사(戰士)가 앉아 있지 않다는 사실이 아직 아시아에서 심각한 문제를 불러일으키지는 않았다. 그러므로 이 활동적인 여성은 그녀의 새로운 부를 옛 신전들의 복구에 사용하기 시작했다. 비록 두 세대가 지났지만, 신전들은 아직 힉소스 하에서 겪었던 방치에서 복구되지 못했다.[72] 그녀는 베니하산에 있는 파크트(Pakht)[73]의 바위 신전 위에 자신의 훌륭한 작업을 기록했다. "나는 폐허가 된 것을 재건했고 미완성의 것을 일으켜 세웠다. 그 아시아인들이 북부의 아바리스 한복판에서, 그 야만인들이 그들 사이에서, 레를 모르고 통치한 기간 동안 행했던 것들을 다 뒤엎었다."[74]

당시는 그녀와 투트모세 3세가 왕좌를 되찾은 지 7, 8년 되었고, 두 사람이 처음 왕좌를 잡은 지 15년이 되었다. 투트모세 3세는 결코 왕좌를 이을 후계자로 지명되지 않았지만, 그의 왕비는 그 영예를 누렸다. 그리고 이제 그녀가 지명된 지 30주년이 다가오고 있었다. 그녀는 그 기념제를 거행하려 했을 것이다. 그러므로 그녀는 그러한 기념제의 관습적인 기념비였던 오벨리스크 제작을 위해 준비해야 했다. 이에 대해 여왕 자신이 우리에게

---

[70] [역주] 큐빗(cubit)은 고대 서양 및 근동 지방에서 쓰이던 길이의 단위이다. 팔꿈치에서 가운뎃손가락 끝까지의 길이에 해당하며, 시대와 지역에 따라 그 길이는 조금씩 달랐다. 고대 이집트에서는 52.35cm, 고대 로마에서는 44.45cm, 고대 페르시아에서는 50cm를 1큐빗으로 사용했다.

[71] II, 321.

[72] II, 296 ff.

[73] [역주] 파크트는 멤피스의 신이다. 세상을 생각과 말로 만든, 창조신 가운데 하나이다. 지팡이나 자 막대를 가지고 부적을 지닌 채 신전 안에 서 있는 미라로 묘사된다. Oxford Reference.

[74] II, 303.

말한다. "나는 왕궁에 앉아 있었다. 나는 나를 만든 그를 기억했다. 나는 마음이 이끄는 대로 그를 위해 호박금으로 두 개의 오벨리스크를 만들었다. 오벨리스크의 뾰족한 끝이 하늘과 어우러졌다."[75] 그녀의 예의 그 총신 센무트는 소환되어 제1폭포에 있는 화강암 채석장으로 가서 오벨리스크를 만들 두 개의 거대한 방첨탑을 확보하라는 지시를 받았다. 그는 필요한 노동력을 징집해서 여왕의 재위 15년 2월 초에 작업을 시작했다. 정확히 7개월째인 8월 초까지, 그는 채석장에서 거대한 돌덩이를 마련하여,[76] 수위가 다시 내려가기 전에 높은 수위를 이용해 돌덩이를 신속하게 물에 띄워 테베로 끌고 갔다. 당시 여왕은 그녀의 오벨리스크를 위해 특별한 위치를 선택했다. 즉 그녀의 아버지가 세운 카르나크 신전의 기둥이 늘어선 홀인데, 그곳에서 그녀의 남편인 투트모세 3세가 아몬의 신탁에 의해 왕으로 지명되었다. 하지만 그녀의 오벨리스크로 인해 그 홀의 남쪽 절반에 있는 그녀 아버지의 삼나무 기둥 전부와 북쪽 절반에 있는 기둥 중 네 개를 제거해야 했고, 이외에 물론 홀의 지붕을 제거하고 오벨리스크를 들여올 남쪽 벽을 허물어야 했다. 오벨리스크는 화려하게 호박금을 입혔다. 이 작업은 투티이가 여왕을 위해 완수했다.[77] 그녀는 곡물자루 같은 펙[78]으로 값비싼 금속을 계량했다고 주장한다.[79] 그리고 투티이가 그녀의 이 이상한 발언을 뒷받침한다. 그는 왕의 명령에 따라 궁중의 축제가 열리는 홀에 거의 12부셸[80]이

---

[75] II, 317, ll. 6-7.
[76] II, 318.
[77] II, 376, l. 28.
[78] [역주] 펙(peck)은 미국단위계와 영국단위계에서의 용량의 단위이다. 미국에서는 건류 측정 시에만 사용되며 8건식 쿼트(dry quart), 즉 8.811ℓ에 해당한다. 영국에서는 액체와 건류의 단위로 모두 사용되며 8쿼트(2영국 갤런), 즉 9.904ℓ에 해당한다. 펙은 곡물가루의 부피 단위로 14세기 초에 도입된 이래로 사용되고 있는데, 19세기에 현대의 단위로 정의되기 이전에는 여러 가지의 양을 뜻했다.
[79] II, 319, l. 3.

나 되는 호박금을 쌓아놓았다고 언급한다.[81] 여왕은 오벨리스크의 아름다움을 자랑한다. "오벨리스크의 꼭대기는 강의 양옆으로 보이는 전 지역에서 조달한 최상의 호박금으로 되어있다. 태양이 하늘의 수평선을 밝히며 오벨리스크 사이에서 떠오를 때 오벨리스크가 반사하는 빛이 두 지역에 가득 찬다."[82] 오벨리스크는 투트모세 1세의 지붕이 벗겨진 홀 위로 너무 높이 솟아있어(사진9) 여왕은 오벨리스크들이 각각 하나의 돌덩어리라고 모든 신을 걸고 맹세하는 긴 서약을 기록했다.[83] 오벨리스크들은 그때까지 이집트에 세워진 방첨탑 중 가장 높은 것으로, 높이가 29m 72cm이고 무게가 한 개에 거의 350톤 정도였다. 이 가운데 하나가 여전히 남아있는데, 테베를 방문하는 현대인들의 끊임없는 감탄의 대상이다(사진9). 하트셉수트는 이와 함께 카르나크에 큰 오벨리스크를 두 개 더 세웠다. 하지만 이것들은 지금 사라졌다.[84] 그녀가 자신

사진 9. 카르나크에 있는 하트셉수트의 오벨리스크들 솟아 있는 오벨리스크는 29m 72cm 높이이다.

---

[80] [역주] 부셸(bushel)은 영국의 기준에서는 액량과 건량의 단위가 동일하며, 1824년 이후 부셸은 영국 단위로 8갤런, 즉 36,375.31㎤로 정해졌다. 이에 비해 미국에서는 부셸을 건량의 단위로만 사용한다. 미국의 1부셸은 4펙(peck) 또는 32건량 쿼트(quart)에 해당하며, 2부셸을 합하면 1스트라이크(strike)가 된다.

[81] II, 377, l. 36-38.
[82] II, 315.
[83] II, 318.
[84] II, 304-336.

의 계단식 신전에도 두 개를 더 세워 모두 합쳐 6개가 되었을 가능성이 있다. 왜냐하면, 그녀가 강으로 두 개의 커다란 방첨탑을 운송하는 것을 그곳에 기록했기 때문이다. 그녀는 부조에 그 성취를 묘사했다.[85] 부조 속에서 전체 약 960명이 노를 저어 30척의 갤리선으로 거대한 바지선을 끌고 가고 있고, 바지선 위에는 오벨리스크들이 끝에서 끝으로 이어져 있다. 그러나 이 장면은 센무트가 강으로 운반했던 첫 두 오벨리스크와 관련된 것일 수 있다.

하트셉수트가 재위 16년에 세운 오벨리스크 외에, 우리는 시나이의 와디 마가라[86] 부조로부터 같은 해 그녀가 한 또 다른 사업에 대해 알 수 있다. 지칠 줄 모르는 여왕은 그곳으로 채굴 원정대를 보내, 힉소스의 침략으로 중단되었던 그곳의 사업을 재개했다. 시나이에서의 이 사업은 그녀의 재위 20년까지 그녀의 이름으로 계속되었다.[87] 이 날짜와 재위 21년 말 사이에, 우리는 투트모세 3세가 단독으로 통치하는 것을 발견하는데, 아마 이 위대한 여왕이 죽었기 때문일 것이다. 만일 우리가 그녀의 건축과 원정에 어느 정도 지면을 할애했다면, 그것은 그녀가 여성이었기 때문일 것이다. 당시는 전쟁이 그녀의 성별로는 불가능했고 예술과 평화 사업에서만 그녀가 위대한 업적을 이룰 수 있던 시대였다. 그녀가 위대하기는 했지만, 아시아에서 이집트의 힘이 아직 심각하게 도전받지 않았고 시리아가 곧 반란을 일으키려던 시기에 그녀가 통치한 것은 확실히 불행이었다.

투트모세 3세는 그녀가 죽었을 때 그녀를 기사도에 맞게 예의 있게 취급하지 않았다. 그는 너무 많이 고생해 왔다. 그는 아시아로 군대를 이끌기를 열망했지만, 그에게 주어진 역할은 푼트로 파견되었던 여왕의 원정대가 돌

---

[85] II, 322 ff.
[86] II, 337.
[87] 피트리, 시나이 반도 등지에서 발견된 이집트 유물 목록, p. 19.

아오면 아몬에게 향을 바치는 것과 같은 유치한 역할이었다.[88] 그렇지 않으면 테베의 서부 평원에 자신의 장제전을 건설하는 것에 그의 활동적인 에너지를 쓰는 것이 허락되었다. 그가 살았던 시대를 고려하면, 우리는 죽은 여왕에게 그가 한 것을 두고 그를 너무 비난해서는 안 된다. 카르나크에 있는 그녀 아버지의 홀 안 그녀의 오벨리스크 주위에, 그는 당시 석조물을 쌓아서 기층에 있는 그녀의 이름과 그녀가 오벨리스크를 세웠다는 기록을 보이지 않게 가렸다. 그는 어디든 그녀의 이름을 모두 지웠다. 계단식 신전 내부 모든 벽 위의 그녀의 형상과 이름은 파내졌다. 그녀의 지지자들은 틀림없이 모두 도망갔을 것이다. 그렇지 않으면 그들은 가차 없이 다뤄졌을 것이다. 같은 신전에서 센무트와 네시, 투티이가 자랑스럽게 등장하는 부조의 장면에서, 그들의 이름과 형상은 무자비하게 파내졌다. 여왕은 센무트를 위해 테베의 신전에 세 개의 조각상을 세웠는데, 이 조각상들에서 그의 이름이 지워졌다. 그의 무덤 안과 죽음을 조상(弔喪)한 석비 위에서도 그의 이름이 사라졌다. 재상인 하푸세네브의 조각상도 똑같이 취급되었다.[89] 투티이의 무덤도 마찬가지로 누군가 방문하여 그의 이름을 지웠다. 센무트의 형제인 센문의 무덤도 무사하지 못했다. 옆의 무덤에 매장된 그들의 동료 이름은 너무 잘 지워져서 우리는 그가 누구였는지도 모른다. 멀리 실실레조차도 왕의 명령에 따라 누군가 방문하여 여왕의 '최고 재산관리인'의 무덤마저 똑같은 방식으로 다루었다.[90] 그리고 이 훼손된 기념물들이 대왕의 복수를 보여 주는 확실한 증거로 오늘날까지 존재한다. 그러나 하트셉수트

---

[88] **[역주]** 이 역시 후대 학자들의 견해와 다른 부분이다. 하트셉수트는 투트모세 3세를 견제하기 위해 그가 이집트가 아닌 아시아에서 오랜 기간 군에 복무하게 했던 것으로 보인다.

[89] II, p. 160, note f.

[90] II, 348.

의 웅장한 신전에는 그녀의 명성이 여전히 살아있으며, 카르나크에 있는 그녀의 오벨리스크 주위의 석조물은 무너져서, 거대한 방첨탑(오벨리스크)을 드러냄으로써 하트셉수트의 위대함을 현대 세계에 보여 주고 있다.

16 제국의 통합: 투트모세 3세

하트셉수트와 투트모세 3세는 재위 15년에도 여전히 북쪽으로 레바논까지 아시아의 속국들을 통제하고 있었다.[1] 그때로부터 재위 22년 말기에 투트모세 3세가 아시아로 진군하기까지 그사이에 우리는 그곳에서 무슨 일이 있었는지 알지 못한다. 그러나 그가 직면한 상황이나 그 후의 군사 행동들의 추이는 그 기간 동안 이집트의 지배권에 어떤 문제가 생겼는지 분명히 보여 준다. 수년 동안 이집트의 군대를 보지 않게 되자, 시리아 군주들은 가만있지 못하고 자꾸 들썩거렸다. 그리고 자신들의 대담한 행위가 파라오로부터 어떤 반응도 야기하지 않는다는 것을 알게 되자, 한때 아마도 모든 시리아 팔레스타인 지역의 종주국이었을 카데시의 왕은 북부 팔레스타인 및 시리아의 모든 도시국가의 왕들을 선동하여 대연합에서 자신의 지휘를 따르게 했다. 연합한 그들은 공공연히 반란을 시작할 만큼 스스로 강해졌다고 느꼈다. 이렇게 해서 카데시는 그 연합에서 힘을 가진 우두머리의 역할을 맡게 되었다. 우리는 그 연합에서 옛날부터 이어져 내려온 카데시의 위신과 종주권이 보다 확대되고 확고해졌음을 분명히 인정해야 한다. "예라자[Yeraza, 북부 유대]에서 세상의 습지[유프라테스 상류]까지 보라. 그들이

---

[1] II, 137, 162.

폐하께 반란을 일으키기 시작했다."² 그러나 남부 팔레스타인은 파라오에 대항해 무기를 드는 것을 꺼렸다. 힉소스 시절, 아흐모세의 손에 6년간 포위되었던 샤루헨은 이집트에 맞서 경솔하게 공격을 감행했을 때 벌어질 일에 대해 너무나 잘 알고 있었다. 이런 이유로 그 같은 포위를 목격했던 남부 팔레스타인 전 지역은 다른 마음을 갖지 않았으나, 소수는 아마도 반란에 가담하고 싶어했던 것 같다. 그러므로 동맹국들이 남부의 군주들에게 반란에 함께하고, 자신들이 징집하는 군대에 할당 인원을 보내라고 강요했을 때,³ 널리 남부에서뿐 아니라 샤루헨에서도 내란이 일어났다. '자히의 모든 동맹국'⁴ 즉 서부 시리아가 파라오에 맞서 공공연히 반란을 일으켰을 뿐 아니라, 유프라테스 동쪽의 大미탄니 왕국도 일단 반란이 추진되자 반란을 부추기고 또한 지원하기 위해 할 수 있는 모든 일을 했었던 것이 분명하다. 투트모세 3세가 어쩔 수 없이 결국 미탄니를 침략하고 왕을 처벌한 후에야 나하린에서 이집트의 패권을 지킬 수 있었기 때문이다. 초기의 아시리아와 매우 평등한 관계로 경쟁하던, 공격적이고 활동적인 세력인 미탄니가 서쪽 변경에 있는 새로운 대제국의 존재를 의심의 눈으로 보는 것은 당연했다. 미탄니 왕은 마침내 이집트가 어떻게 나올지 알게 되었고, 자연히 그들과 이집트 사이의 완충지대로 한때의 大카데시 왕국을 재건하기 위해 최대한 노력했다. 당시 투트모세 3세는 이러한 만만치 않은 지략에 맞서 싸워야 했다. 그의 시대 전에는 어떠한 파라오도 그러한 큰일을 맡은 적이 없었다.

오랫동안 전투를 치르지 않은 이집트 군대가 어떠한 상황에 있었는지, 투트모세 3세가 전투를 치를 수 있도록 군대를 재조직하고 준비시키기 위해 얼마나 오랜 기간이 걸렸는지 우리는 알 수 없다. 초기 근동의 군대,

---

² II, 416.
³ II, 416.
⁴ II, 616.

적어도 이집트의 군대는 크지 않았다. 어떤 파라오도 25,000명 또는 30,000명 이상의 병력으로 아시아를 침략한 것 같지는 않다. 20,000명보다 적은 병력이 아마 보통 수치에 가까울 것이다.[5] 재위 22년 말기에 투트모세는 그의 군대와 함께 전투를 치를 준비가 되어 있었다. 그는 기원전 1479년 4월 19일경 이집트의 북동쪽 변경 맨 끝에 있는 도시인 타루(Tharu)에서 진군하기 시작했다.[6] 9일 후인 4월 28일, 그는 타루에서 257km 떨어진 가자(Gaza)에 도착했다.[7] 이집트 달력에서 그날은 그가 즉위한 날인 파콘스(Pakhons)[8]의 네 번째 날이었다. 아몬의 신탁이 카르나크 신전의, 기둥이 늘어선 투트모세 1세의 홀에서 그를 왕으로 선언한 지 꼭 22년만이었다. 정말 오랜 세월이 흘렀다. 그러나 그가 끊임없이 계획하고 얻으려고 애쓴 기회가 마침내 그의 것이 되었다. 그는 하찮은 축하의식으로 하루 종일 시간을 보낼 사람이 아니었다. 즉위식 기념일 저녁에 가자에 도착해, 바로 다음 날 아침 다시 북쪽을 향해 출발했다.[9] 셰펠라(Shephelah)를 따라 진군하여 해식으로 생긴 평지를 지나, 그는 샤론(Sharon)의 평원을 건넜는데, 샤론의 평원을 지나면서 내륙으로 방향을 틀었다. 그리고 가자에서 약 백삼사십 킬로미터 떨어진, 카르멜 산맥의 남쪽 구릉에 있는 위치가 불확실한 성읍인 예헴(Yehem)에 5월 10일 저녁 캠프를 쳤다.[10] 한편 카데시 왕의 지휘 하에 있는 아시아 연합군은 그들의 지지자들이 펼쳐져 있는 지역까지 남쪽으로 밀고 내려와 카르멜 산맥 북쪽 구릉의 이즈르엘 평야에 있는 메기도(Megiddo)[11]의 요새를 점령했다. 여기서 역사상 처음으로 등장하는 이곳은 강

---

[5] 저자의 카데시 전투 pp. 8-11. 참조.
[6] II, 409, 415.
[7] II, 409, 417.
[8] **[역주]** 이집트에서 아홉 번째 달을 이른다.
[9] II, 418.
[10] II, 419.

력한 요새일 뿐 아니라, 전략적인 요충지이기도 했다. 이곳은 이집트로부터 두 레바논산맥 사이를 지나 유프라테스에 이르는 길을 장악하여 이때부터 근동의 역사에서 두드러진 역할을 맡았다. 물론 투트모세는 이 모든 지역을 자신의 것으로 여겼다. 그래서 후에 다음과 같이 말했다. "펜쿠(Fenkhu)[12] [아시애의 나라들이 … 내 국경을 침략하기 시작했다."[13]

여태까지 그는 호의적인 성읍들이나 적어도 민심이 공공연하게 이반되지 않은 지역을 지나왔다. 그러나 그가 카르멜에 가까워지자, 조심스럽게 진군해야 했다. 예헴에서 그는 적들이 메기도를 점거한 것을 알았다. 그는 산맥을 지나서 에스드라엘론 평야로 가는 가장 좋은 경로를 확인하기 위해 군관들과 회의를 소집했다.[14] 군대가 예헴에서 산을 건너가는 데는 통행이 가능한 세 경로가 있었다. 하나는 아루나(Aruna)를 경유해 메기도의 관문에 이르는 직선 경로이고, 나머지는 두 가지 우회 경로였다. 이 중 하나는 남쪽으로 돌아가서 메기도의 남동쪽으로 약 8km 거리에 있는 타아낙(Taanach)을 경유하는 노선이고, 다른 하나는 메기도의 북서쪽으로 향하는, 제프티(Zefti)를 경유하는 북쪽 노선이다.[15] 투트모세는 특유의 성격대로 직선 코스를 선호했지만, 군관들은 다른 길들이 더 탁 트여있는 반면, 가운데 길(직선코스)

---

[11] [역주] 성서에서는 '므깃도'라고 한다. 메기도는 이스라엘 북부 하이파에서 남동쪽으로 약 29km 떨어져 에스드라엘론 평야를 내려다보는 곳에 자리 잡고 있다. 이집트와 메소포타미아를 잇는 무역로의 요충지였으며 한편으로는 북서-남동 방향으로 난 교통로에 자리 잡고 있어서 페니키아의 여러 도시와 예루살렘, 요르단강 유역까지를 연결시키는 중요한 역할을 했다. 군사·무역 면에서 중요한 2개의 도로가 교차하는 전략적 위치에 있기 때문에 규모에 비해 훨씬 중요하게 여겨졌던 곳이다.
[12] [역주] 펜쿠(fenkhu, fnhw)는 이집트에 삼나무 목재를 제공한 지중해 동부 연안 지역 사람들을 가리키는 이집트어로, 목수(carpenters), 나무꾼(woodcutters)의 복수형으로 추정된다. Wiktionary.
[13] II, 439.
[14] II, 420.
[15] II, 421. 지도 4 참조.

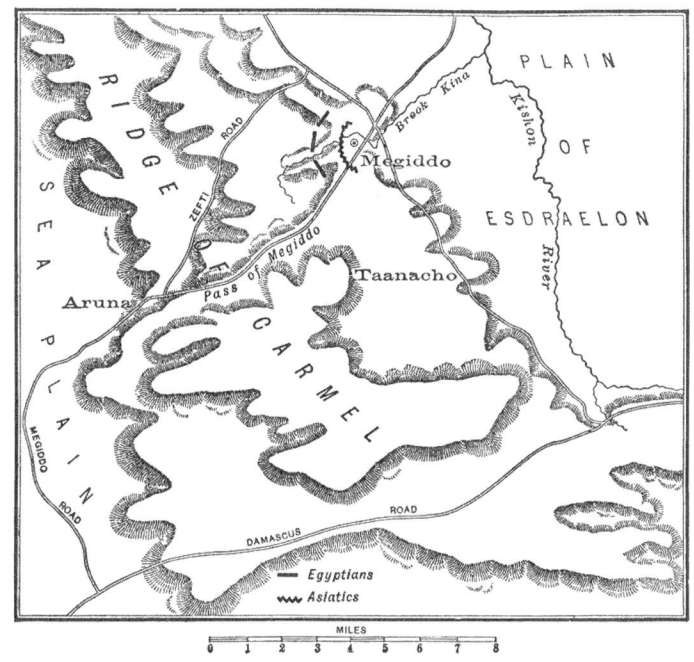

지도 1. 카르멜 산맥
메기도, 타아낙과 산맥을 가로질러 메기도에 이르는 길, 전투 초기 양측 군대의 위치를 보여준다.

은 좁은 오솔길이라고 강조했다. 그들은 "말 뒤에서 말이, 마찬가지로 사람 뒤에서 사람이 진군해야 하지 않을까요? 선발대가 싸우고 있을 때 후위 부대는 아직 아루나에 있을 걸요?"[16]라고 했다. 이러한 반대 의견은 비좁은 길에서 벌어지는 전투의 위험성을 잘 알고 있음을 보여 준다. 그러나 투트모세는 가장 직선 경로로 적들에 맞서 진군할 것이니, 군관들은 자기들이 원하는 대로 따라오거나 말거나 하라고 단호하게 주장했다.[17] 그러므로 아

---

[16] Ibid.
[17] II, 422.

주 신중하게 준비하면서, 그는 5월 13일에 아루나로 진군했다.[18] 적의 기습을 예방하고 군의 사기 진작을 위해, 그는 몸소 종대의 선두에 서서, 누구도 그를 앞서 가서는 안 되며 "자신이 직접 군대의 선두에서 출발할 것이라고 단언하면서, 자신의 걸음걸이로 먼저 시범을 보였다."[19] 아루나는 좁은 길로만 접근이 가능한 산맥 위쪽에 자리 잡고 있었다. 그러나 그는 무사히 그곳에 이르렀고, 13일 그곳에서 밤을 보냈다. 당시 그의 군대는 아루나에서 후방의 예헴에 이르는 먼 거리에 배치되어 있었던 것으로 보인다. 그러나 14일 아침에 그는 급히 다시 앞으로 진군했다. 진군한 지 얼마 되지 않아 그는 적들과 마주쳤다.[20] 적들이 대군을 이루고 있었다면 길고 흩어져 있는 행렬이 좁은 산길에 뻗어 있는 상황에서 그는 고전했을 것이다. 다행히 길은 이제 넓어져 있었고, 그는 선발부대를 펼쳐진 계곡에 배치할 수 있었다. 여기서 그는 군관들의 긴급 조언에 따라, 아직 아루나에 있는 후발 부대가 올 때까지 적들을 막고 있었다.[21] 적들은 그의 위태로운 상황을 이용할 수 있을 만큼 군사력이 충분하지 않았고, 그는 이제 다시 선발부대를 진군하게 했다. 그의 선발 종대가 좁은 길에서 나와 에스드라엘론 평야로 나간 것은 막 정오가 지났을 때였다. 한 시까지 투트모세는 '키나(Kina) 개울의 기슭'에 있는 메기도 남쪽에 저항 없이 주둔해 있었다.[22] 이렇게 해서 아시아인들은 그를 철저히 격파할 수 있는 더없이 귀중한 기회를 잃었다. 아시아인들은 투트모세의 군대가 산에서 일렬로 줄지어 행군할 때, 재빨리 돌아와 그의 얼마 안 되는 종대에 맞서 군을 집결시키기에는 남동쪽으로 너

---

[18] II, 424-5.
[19] Ibid.
[20] II, 426.
[21] II, 427.
[22] II, 428.

무 멀리 내려가 있었던 것 같다. 그들의 정확한 위치를 확정할 수 없지만, 산에서 소규모 접전이 발생했을 때, 그들의 남쪽 부대는 타아낙에 있었다.[23] 그들은 확실히 투트모세가 타아낙 길로 산을 지날 것이라고 예상했었다. 그들의 부대는 타아낙에서 북쪽으로 메기도까지 흩어져 주둔해 있을 수 없었을 것이다. 그렇지 않다면 이집트인들이 평화롭게 산속의 좁은 길에서 나와 메기도의 남쪽 구릉지대로 진출할 수 없었을 것이다. 투트모세는 메기도 옆 평원에 진을 치고, 그다음 날 전투를 위해 준비하라고 전군에 명령을 내렸다. 당시 전투를 위한 준비가 조용히 진행되었다. 군의 지휘체계와 사기는 최상의 상태였다.[24] 같은 날(14일) 늦은 오후 또는 그날 밤, 투트모세는 이집트군의 동쪽 및 남동쪽에 있는 적의 위치를 이용해 메기도의 서쪽에 그의 부대를 끌어모으고, 대담하게 도시의 북서쪽에 그의 좌익 부대를 배치했다.[25] 그는 이렇게 해서 유사시에 제프티 길을 따라 서쪽으로 퇴각할 수 있는 안전하고 쉬운 경로를 확보했다. 또한, 동시에 그의 최 좌익 부대가 적이 북쪽으로 도주하지 못하게 막았을 것이다.

5월 15일인 다음 날 아침 일찍, 투트모세는 전투 대열을 취해 출동하라는 명령을 내렸다. 호박금으로 만든 번쩍이는 전차를 타고 그는 부대의 중앙에 자리를 잡았다. 그의 우익과 남쪽 부대는 키나 개울의 남쪽 언덕에 주둔했다. 한편 전술한 대로 그의 좌익 부대는 메기도의 북서쪽에 있었다.[26] 요새를 지키기 위해 당시 아시아인들은 투트모세의 부대와 도시 사이에 집결해 있었고, 물론 도시로부터 추가 병력이 등장했다. 그는 즉시 그들을 공격했다. '군대의 선두에서' 직접 공격을 지휘했다.[27] 왕은 군대의 수장으로

---

[23] II, 426.
[24] II, 429.
[25] 이 사실은 다음날 그의 위치로 증명되었다.
[26] II, 430, l. 3.

자신이 칼로 일으킨 불꽃처럼 강하게 직접 군대를 이끌었다. 그는 전진했다. 그와 같은 사람은 없었다. 야만인들을 죽이고 레테누를 물리치고, 생포한 영주들을 잡아 오고 말에 묶인 금으로 만든 전차를 가져왔다.[28] 적들은 첫 진격에 바로 무너졌다. "그들은 공포에 싸여 말과 금은으로 만든 전차를 버리고 메기도로 허둥지둥 달아났다. 사람들이 그들을 끌어당겼다. 그들이 입은 옷을 잡고 그들을 도시 안으로 끌어당겼고, 도시 사람들은 성문을 닫고 옷을 내려서 도시 안으로 그들을 끌어올렸다. 당시 폐하의 군대가 적들의 소유물을 약탈하는데 마음을 빼앗기지만 않았더라면 그들은 이때 메기도를 함락했을 것이다. 당시 카데시와 이 도시[메기도]의 불쌍한 패배자인 두 왕도 누군가 급하게 이 도시 안으로 끌어올렸다."[29] 그러나 근동 군대의 군기로는 오늘날까지도 병사들이 다양한 약탈품의 유혹에 넘어가는 것을 막지 못한다. 하물며 기원전 15세기 이집트군은 더더욱 시리아 연합군에게서 취할 수 있는 전리품의 유혹에 저항할 수 없었다. "말이 생포되었고, 금과 은으로 된 그들의 전차들은 약탈당했다. … 그들의 전사들은 물고기들처럼 땅 위에 뻗어버렸다. … 승리한 폐하의 군대는 전리품과 자신들의 몫을 계산하며 여기저기 돌아다녔다. 불쌍한 패배자인 적[카데시 왕]의 막사가 함락된 것을 보라. 막사 안에는 그의 아들이 있었다. … 전군(全軍)은 기념제를 거행해 아몬이 자신의 아들에게 하사한 승리에 대해 아몬을 찬양했다. … 그들은 [살해된 사람에게서 잘라낸] 손과 생포한 포로, 말, 전차, 금과 은으로 구성된, 그들이 약탈한 전리품을 가져왔다."[30] 분명히 지리멸렬한 군중 속에서 카데시 왕의 진영은 이집트인들의 손으로 넘어갔고, 그

---

[27] Ibid., l. 4.
[28] II, 413.
[29] II, 430, l. 5.
[30] II, 431.

들은 파라오에게 그곳의 화려하고 사치스러운 가구를 가져다주었다.

그러나 단호한 투트모세는 이러한 승리의 기념품으로 회유되지 않았다. 그는 잃은 것만 보았다. "그대들이 이후 이 도시를 함락하면" 그는 병사들에게 말했다. "내가 이날 레에게 [귀중한 공물을] 바쳤을 것임에 주목하라. 반란을 일으킨 모든 지역의 모든 족장이 그 안에 있으므로 이 메기도의 함락은 수많은 도시를 함락하는 것이기 때문이다."[31] 이 직후에 그는 도시를 즉시 포위하라는 명령을 내렸다. "그들은 이 도시의 둘레를 측량하고 쾌적한 생목재로 빙 둘러 성벽을 쳤다. 폐하는 도시 동쪽의 방어 시설 위에서 직접 작업 현장을 시찰했다."[32] 투트모세는 이집트로 돌아간 후에 자랑했다. "아몬이 내게 한 도시 안에 갇힌 자의 모든 동맹국을 주셨다. … 나는 그들을 한 도시 안으로 잡아넣었고, 두꺼운 성벽을 그들 주위에 세웠다."[33] 모든 왕실의 건축물은 왕의 이름을 따라 이름을 짓는 제국의 전통에 따라서, 그들은 이 둘러싼 벽을 '투트모세는 아시아인의 포위자'라고 불렀다.[34] 이집트군이 아주 치밀하게 감시했으므로 누구도 탈출할 수 없었을 것이고, 항복하려는 것이 아니라면 도시 안의 누구도 포위망에 접근할 수도 없었다. 그러나 투트모세가 그곳을 치밀하게 포위하기 전에 카데시 왕은 북쪽으로 탈출했다. 이것은 바로 투트모세가 전쟁 전날 밤 도시의 북서쪽 모퉁이 주위에 좌익 부대를 배치해 막으려 했던 일이다. 포위가 계속되면서 도시에 갇히지 않을 만큼 운이 좋았던 제후들은 성난 파라오와 서둘러 화해하려 했다. "모든 지역의 아시아인들이 머리를 숙이고 와서 폐하의 명성에 경의를 표했다."[35] 한편 포위의 과정과 이집트인들의 공격에 대해서

---

[31] II, 432.
[32] II, 433.
[33] II, 616, 440.
[34] II, 433.

는 잘 알려지지 않았다. 우리의 유일한 정보원인 사제의 서기는 말한다. "당시 폐하가 이 도시와 그 불쌍한 적과 적의 불쌍한 군대에 한 모든 것이 날마다 그날의 이름으로 기록되었다. … 오늘날까지 아몬 신전에 있는 가죽 두루마리에 기록되어 있다."[36] 그러나 유다 왕들의 편년사와 마찬가지로[37] 이 귀중한 두루마리는 썩어 없어졌고 이로 인해 우리가 기술하는데 애를 많이 먹었다. 계절이 깊어가면서 이집트인들은 에스드라엘론 평야의 곡물 밭에서 식량을 징발했고, 그곳의 가축 떼는 그들에게 땅의 풍요로움을 선사했다. 그들은 투트모세 3세에서 나폴레옹에 이르기까지 근동과 서양의 전쟁터가 될 운명인 이 탁 트인 평야를 약탈한, 우리가 아는 첫 무리였다. 그러나 성벽 안에서는 모든 것이 달랐다. 포위 기간 동안 적절한 식량이 주어지지 않았고, 마침내 기근이 포위된 성읍이면 으레 생기는 참혹한 피해를 야기했다. 몇 주 동안 포위를 견딘 후, 도시는 마침내 항복했다. 그러나 카데시 왕은 포로들 속에 없었다. "목숨을 구한, 비참한 메기도의 이 아시아인들은 투트모세 3세의 명성을 듣고 와서, '폐하께 세금을 바칠 기회를 주십시오.'라고 말했다.[38] 당시 그들은 그의 막강한 힘 때문에 자신들의 것을 가져와 폐하의 명성에 경의를 표했고 살려줄 것을 간청했다."[39] 투트모세는 "그렇다면 짐은 그들을 살려줄 것을 명한다."라고 말한다.[40] 그가 그들을 최대한 관대하게 다룬 것은 분명하다. 아시리아의 왕들이 반역자들을 어떻게 다루었는지 이야기하면서 자랑했던, 전 도시를 끔찍하게 파괴한 것은 파라오의 기록에서는 어디서도 보이지 않는다. 위험한 카데시 왕을

---

[35] II, 440.
[36] II, 433.
[37] 열왕기(상) 15: 23.
[38] II, 441.
[39] II, 434.
[40] II, 442.

잡지 못한 것을 보완하기 위해 그들은 그의 가족을 인질로 확보했다. 투트모세는 "보라. 짐은 패배자의 아내들과 자식들, 그곳에 있었던 족장들의 아내들과 그들의 아이들을 끌고 왔다."라고 말한다.[41]

전쟁터의 전리품이 많다 하더라도 점령한 도시에서 파라오를 기다리는 부와는 비교도 되지 않았다. 카데시 왕과 메기도 왕의 전차를 포함해 924대의 전차, 2,238마리의 말, 앞의 두 왕의 갑옷을 포함한 200벌의 갑옷, 카데시 왕의 호화로운 텐트, 약 2,000마리의 큰 가축, 22,500마리의 작은 가축들, 카데시 왕의 화려한 가구가 있었다. 가구 가운데는 그의 홀(笏), 아마도 그의 신의 것일 은으로 된 조상, 카데시 왕 자신의 금과 청금석으로 세공한 흑단나무 조각상이 있었다.[42] 막대한 양의 금과 은도 도시에서 유출되었다. 그러나 약탈품에 대한 투트모세의 묘사에 의하면 이것들은 다른 도시의 전리품들과 합한 것으로, 메기도 한 곳에서만 얼마가 나왔는지는 알 수 없다. 물론 가축들은 인근 지역에서 왔다. 그렇지 않았다면 도시는 기근으로 고생하지 않았을 것이다. 그들이 떠나기 전 포위 기간 동안 군대가 밭에서 식량을 징발했고, 그 후에도 군대는 메기도 주위 에스드라엘론 평야의 들에서 작물을 수확해 113,000부셸이 넘게 거둬들였다.[43]

적대적인 요새들이 있고 계절의 끝 무렵인데도, 투트모세는 가능한 한 멀리 북쪽으로 즉시 진군했다. 그는 레바논의 남부 구릉 지대에 이르렀다. 그곳에서 예노암(Yenoam), 누게스(Nuges), 헤렌케루(Herenkeru) 세 도시가 아마도 카데시의 왕이었을 '그 적'의 통치 아래 일종의 세 도시(Tripolis)를 형성했다. 투트모세가 여전히 메기도를 포위하고 있을 때 그들의 왕이 투항하려는 무리 중에 있었으므로, 세 도시는 곧바로 굴복했다. 여전히 정복되지

---

[41] II, 596.
[42] II, 435.
[43] II, 437.

않은 카데시의 왕이 또다시 남쪽으로 진군하는 것을 막고, 두 레바논산맥 사이 북쪽으로 가는 중요한 길을 장악하기 위해, 투트모세는 당시 이 지점에 요새 도시를 세우고 하트셉수트가 힉소스에 쓴 것과 같은 '야만인'이라는 드문 어휘를 써서 그 요새 도시를 '투트모세는 야만인들의 포박인(捕縛人)'이라고 불렀다.[44] 당시 그는 정복된 지역을 재조직하기 시작해, 반항하는 옛 군주들을 이집트에 충성할 것 같은 다른 사람들로 대신했다.[45] 이 새로운 통치자들은 그들이 매년 정기적으로 시간을 엄수해 이집트에 조공을 보내는 한 자신들이 바라는 대로 통치할 수 있었다. 그들이 의무를 이행하도록 하기 위해 투트모세는 이집트로 그들의 맏아들들을 데려왔고, '테베의 성'이라 불리는 특별한 거주지 또는 건축물에 살게 했다.[46] 이곳에서 그들은 교육받았고 이집트에 우호적인 감정이 생기도록 대우받았다. 시리아 도시들의 왕들이 죽었을 때마다 "폐하는 죽은 왕의 아들이 그의 자리를 대신하게 했다."[47] 당시 투트모세는 북쪽으로 레바논 남단까지 모든 팔레스타인 지역과 더 내륙인 다마스쿠스(Damascus)도 지배했다.[48] 그들이 반항하면 그는 모든 성읍에서 부를 빼앗았다. 이렇게 해서 그는 약 193kg의 금과 은을 상거래용 고리로 가져가거나 화려한 그릇이나 다른 예술작품으로 제작된 것을 가져갔다. 이외에도 이집트로 어마어마한 양의 금은보다 덜 비싼 자산과 앞서 언급한 메기도의 전리품을 가져갔다.[49]

10월 초순에 투트모세는 테베에 도착했다. 그 이전의 파라오들은 누구도 누리지 못했던 수도로의 귀환이었음이 틀림없다. 6개월이 채 안 되는 기간

---

[44] II, 548.
[45] II, 434.
[46] II, 402.
[47] II, 467.
[48] II, 402.
[49] II, 436.

에, 즉 팔레스타인의 건기가 끝나기 전에, 그는 타루로부터 진군하여 메기도에서 파죽지세의 승리를 얻고, 길고 험난한 포위 끝에 그 도시를 함락했으며, 레바논으로 행군하여 그곳에 있는 세 도시를 점령했다. 그리고 도시들 근처에 영구적인 요새를 세우고 수비대를 주둔시켰으며 북팔레스타인 정부를 재조직하기 시작했고 테베로의 귀환을 마무리했다.[50] 그와 같은 업적을 이루기 위해 어떤 어려움에 둘러싸여 있었는지 우리는 나폴레옹이 이집트로부터 똑같은 지역을 경유하여 이집트에서 거의 메기도 만큼 먼 아코(Akko)[51]로 출정한 것을 살펴봄으로써 알 수 있다. 그러면 우리는 왜 투트모세가 수도에서 세 번의 '승리 축제'를 바로 거행했는지 아마 이해할지도 모른다. 축제는 각각 5일 동안 진행되었고, 아몬의 첫 번째, 두 번째, 다섯 번째 축제일과 일치했다. 마지막 축제는 테베의 서쪽 평원에 있는, 당시 완공된 투트모세의 장제전에서 거행되었는데, 이것이 그 안에서 거행된 첫 번째 기념행사였을 것이다. 이 축제는 해마다 기부받은 다양한 공물 수입으로 영구적으로 이어지도록 만들어졌다.[52] 아몬의 최대 연례 축제로 11일간 지속된 오페트(Opet) 축제에서[53] 그는 신에게 레테누에서 가져온 막

---

[50] II, 409, 549.
[51] [역주] 이스라엘 북서부에 있는 도시이다. 지중해 연안의 하이파 만(옛 이름은 아크레 만) 북쪽 끝에 있다. 천연항구가 있어 여러 세기 동안 수많은 팔레스타인인의 공격목표가 되어 왔다. BC 19세기에 쓰인 이집트 문헌에 처음 언급되어 있다.
[52] II, 550-53.
[53] [역주] 오페트 축제는 이집트의 신년 축제이다. 아몬 신과 부인 무트, 그리고 아들 콘수를 카르나크에 있는 그들의 신전에서 룩소르 신전으로 옮기는 것이 오페트 축제의 의식이다. 파라오 시대 이집트에서는 이 축제를 '이페트 레시트'라고 불렀는데 오페트라는 이름은 여기서 나왔다. 투탕카멘의 재위 기간 새겨진 룩소르 신전의 축제 모습을 보면 하얀 옷을 입은 사제들이 금과 은으로 장식된 돛단배들에 아몬과 무트, 콘수의 신상을 넣고 고대 테베의 거리를 행진한 후, 거룻배에 옮겨 실은 다음 룩소르로 보낸다. 야외에서 이 같은 의식이 펼쳐진 후 신상들은 약 24일간 룩소르 사원 안에 안치된다. 그동안 도시에서는 축제가 벌어진다. 이 상들은 같은 길을 밟아 카르나크에 있는 신전으로 되돌아오게 되는데 이때 축제를 마감하는 2번째 공개행사가

대한 전리품인 금과 은, 값비싼 돌로 된 많은 화려한 그릇 외에도,[54] 남부 레바논에서 자신이 함락한 세 성읍을 바쳤다.[55] 이렇게 세운 사치스러운 계획에 맞게 신전을 유지하기 위해, 그는 아몬에게 앞서 언급한 세 성읍뿐 아니라, 상하이집트에서 광대한 땅을 제공했고, 이 땅에 많은 가축과 아시아에서 포로로 데려온 수많은 농노를 공급했다.[56] 이렇게 해서 아몬의 막대한 부의 기초가 다져졌다. 아몬의 부는 당시 다른 신전들의 늘어난 부에 비해 지나치게 증가하기 시작했다. 그러므로 국가 신전인 카르나크에 있는 투트모세 1세[57]의 옛 성소는 부유하고 정교한 국가 의식에 더 이상 어울리지 않았다. 투트모세 1세의 큰 홀조차 하트셉수트가 자신의 오벨리스크를 세우려고 해체했기 때문이다. 홀은 지붕의 1/3 이상의 복구를 막는 오벨리스크와 함께 있었다. 남쪽 절반은 지붕과 기둥이 없고, 북쪽 절반은 투트모세 1세가 세운 네 개의 삼나무 기둥과 그가 직접 끼워 넣은 두 사암 기둥이 차지하고 있었다.[58] 홀은 투트모세 3세가 하트셉수트의 오벨리스크 주위에 세웠던 석조물에 의해 더 훼손되었다.[59] 그러나 그곳은 그가 아몬의 신탁에 의해 이집트의 왕으로 부름을 받은 홀이다. 하트셉수트의 지지자인 투티이는 당시 멘케페르레 세네브(Menkheperre-seneb)라 불리는 건축가이자 최고 장인으로 교체되었는데,[60] 그의 이름 '투트모세 3세는 건강하다'는 투트모세

벌어진다.
[54] II, 558, 543-47.
[55] II, 557.
[56] II, 555, 596.
[57] **[역주]** 원서에는 '그의 아버지'로 표기되어 있지만, 역사적 사실에 비추어 투트모세 1세로 옮겼다.
[58] II, 100.
[59] II, 306.
[60] II, 772.

3세에 대한 충성심을 보여 준다.[61] 멘케페르레 세네브는 불려가서 옛 홀의 북쪽 절반의 삼나무 기둥을 사암 기둥으로 바꾸는 복구를 시도했다.[62] 그러나 남쪽 절반은 손대지 않은 채 그대로 두었다. 이 임시로 꾸민 홀에서 투트모세가 첫 전투에 승리하고 귀환한 것을 축하하는 대축제 일부가 열렸다. 그러나 다른 축제를 위해 그는 자연히 서부 평원에 있는 당시 완공된 자신의 아몬 장제전을 사용했다. 투트모세가 이 전투에서 돌아와 카르나크 大신전 옆에 작은 프타 신전을 다시 지은 것을 보면,[63] 그는 아마도 헬리오폴리스와 멤피스의 옛 두 성소에 관대함을 보이려 했던 것 같다. 둘 가운데 헬리오폴리스의 성소는 여전히 전통적으로 국가 신의 신전이었다. 왜냐하면, 레는 당시 아몬과 동일시되었기 때문이다.

제국을 적절히 통합하는 위대한 작업이 당시 분명히 시작되었다. 그러나 하트셉수트의 통치 기간 동안 오랫동안 군사 활동을 하지 않으면서 아시아에서 이집트의 힘은 매우 흔들렸고, 투트모세 3세는 첫 출정의 결과로 그의 가장 위험한 적인 카데시로 즉시 진군할 준비가 되어있지 않았었다. 그런 상황에다 그는 이미 이집트의 영향력 아래에 있는 나라들을 적절히 조직하고 확실하게 확보하기를 바랐다. 그러므로 재위 24년, 그는 북부 팔레스타인과 남부 시리아의 정복 지역을 완만한 곡선을 이루며 행군했다. 제후들은 막사가 세워지는 '폐하의 순회 행로마다'[64] 와서 공물을 바치고 경의를 표했다. 그가 그 전해에 큰 승리를 거두었다는 소식은 당시 막 동쪽 지평선에 등장해 성장하기 시작한 아시리아에 알려졌다. 아시리아의 왕은 자연히

---

[61] [역주] 멘케페르레는 투트모세 3세의 즉위명으로 그 뜻은 '레의 나타남은 영원하다(Eternal are the manifestations of Re)'이다. 그러므로 세네브(seneb)가 '건강하다'의 의미로 추정된다.
[62] II, 600-602.
[63] II, 609 ff.
[64] II, 447, l. 25.

서쪽의 대제국과 우호 관계를 맺고 싶었다. 보석, 주로 바빌론의 청금석과 그가 투트모세에게 보낸 말들이 이번 군사 행동 기간에 투트모세에게 전달되었다. 물론 이집트인들은 이를 공물로 보았다.[65] 십중팔구 이번 원정에 전투는 없었다.

10월에 전과 같이 테베로 돌아가서, 왕은 그가 꿈꿨던 제국의 필요에 맞도록 즉시 카르나크 신전의 확장을 계획했다. 게다가 천천히 올라오는 강바닥이 당시 침수 때의 수위를 끌어올려 신전 지역까지 물이 흘러들었다. 따라서 신전의 포장도로를 높여야 했다. 아멘호테프 1세의 웅장한 문은 이러한 필요 때문에 희생되었다. 2월 하순쯤 운 좋게 아몬의 열 번째 축제일과도 맞아떨어진 새 달의 축제에 그는 기공식을 직접 가장 화려하게 거행할 수 있었다.[66] 특히 상서로운 움직임을 표현하기 위해, 신이 등장해 평면도가 설계될 때 측량하는 줄을 펼치는 데 직접 참여하기까지 했다.[67] 신전 정면인 서쪽 끝은 지붕 없는 투트모세 1세의 홀에서 솟아 있는 하트셉수트의 오벨리스크로 인해 보기 흉했다. 그래서 그는 신전의 서쪽 입구 앞에 있는 투트모세 1세[68]의 오벨리스크들 주위에 건축물을 세울 수도 없었고, 세우고 싶지도 않았다. 투트모세 3세는 다른 쪽, 즉 신전의 동쪽 끝에 기둥이 늘어선 자신의 당당한 홀들을 설계했다. 이곳은 오늘날까지도 테베에서 건축학상 가장 아름다운 곳 가운데 하나이다. 가장 큰 홀은 거의 42.6m 길이로, 신전의 중앙을 가로질러 위치한다. 이 홀은 '멘케페르레[투트모세 3세]가 기념비에서 빛나다'라고 불렸다. 이 이름은 650년 후에도 여전히 그렇게 남아있었다.[69] 그 뒤에는 성소, 즉 지성소가 있고 약 50개 정도의

---

[65] II, 446.
[66] II, 608.
[67] Ibid.
[68] [역주] 이 부분도 원서에는 '그의 아버지'로 되어있으나, 투트모세 1세로 옮겼다.

홀과 방이 그 주위에 모여 있다. 이 방들 가운데 남쪽에 그의 조상의 사후 제사를 위한 홀이 있었다. 이 홀에서 이어진 방에, 그는 "조상들의 이름을 기록하고, 공물을 늘리고 이 모든 조상의 육신을 조각상으로 만들어 놓도록 지시했다."[70] 이 이름들은 벽에 긴 목록으로 기록되었는데, 이 목록은 파리에 있는 프랑스 국립도서관에 여전히 보존되어 있다. 그의 조상들의 조각상 다수가 없어졌지만, 최근 신전의 남쪽 마당에서 발견되었는데, 전시(戰時)의 안전을 위해 그곳에 감추어져 있었다.

다음 해(재위25년)의 세 번째 군사 행동은 분명히 첫 번째와 같이 미래의 아시아 제국의 남쪽 절반을 조직하며 시간을 보냈으나, 북쪽 절반은 여전히 진압되지 않았다. 그가 돌아왔을 때 카르나크에 있는 그의 건축물은 방 중 한 곳의 벽에 아시아의 식물과 동물을 기록할 수 있을 만큼 충분히 완공된 상태였다. 이 식물과 동물들은 아몬 신전의 정원과[71] 낮은 돌벽을 두른 신성한 호수를 아름답게 꾸미려고 그가 진군하며 발견해 고국으로 가져온 것이다.

네 번째 군사 행동의 기록은 남아있지 않지만, 그 다음 이어진 군사작전은 다른 때와 마찬가지로 이미 되찾은 영토에만 국한된 그러한 것이었다. 당시 투트모세에게는 그의 측면 공격 부대를 정복되지 않은 페니키아 해안 도시에 노출시킨 채로, 두 레바논산맥 사이의 북쪽으로 진군해 카데시에 맞서 군사 행동을 할 수 없음이 분명해졌다. 마찬가지로 오론테스 계곡을 지배하고 있는 카데시를 먼저 무너뜨리지 않고 나하린[72]과 미탄니를 공격

---

[69] II, p. 237, note f.
[70] II, 604-5.
[71] II, 450-52.
[72] **[역주]** 영어위키백과사전에 의하면, 나하린(Naharin)은 미탄니 왕국을 이른 고대 이집트 용어인데, 저자는 나하린과 미탄니를 and로 연결했다. 미탄니 왕국이 소재한 지역이 나하린으로 풀이된다.

하는 것은 불가능했다. 그러므로 그는 일련의 군사 행동을 계획해 먼저 북부해안을 겨냥해 지휘했다. 그런 다음 그는 그곳을 카데시에 맞서서 군사 작전 기지로 활용했을 것이다. 카데시가 일단 정복되면, 그는 미탄니와 나하린 전 지역을 상대로 해안으로부터 다시 밀고 들어갈 수 있을 것이다. 현대의 어떤 전략가도 이러한 상황에 더 잘 어울리는 군사작전을 생각해내지 못했을 것이고, 당시 투트모세가 보여 준 것보다 더 꿋꿋하게 작전을 실행하지도 못했을 것이다. 그는 함대를 조직하고 투트모세 1세와 함께 복무했던 니바몬(Nibamon)이라는 믿을 만한 장교에게 함대의 지휘를 맡겼다.[73] 재위 29년 진행된 다섯 번째 군사 행동에서, 그는 처음으로 페니키아의 부유한 상업 왕국들인 북부 해안 도시들로 진군했다. 그는 새 함대를 활용해 자신의 군사를 바다로 이동시켰던 것 같다. 왜냐하면, 그가 남부 페니키아 전 지역과 카데시가 여전히 정복되지 않은 상태에서 육로로는 갈 수 없었던 북부 페니키아에서 군사 행동을 개시했기 때문이다. 그는 티레를 굴복시키기 위해 특별한 유인책을 써서 티레를 첫 거점으로 삼았을 가능성이 있다. 왜냐하면, 어떤 파라오는 분명히 이 도시에 예외적인 특권을 주어 이 도시를 사실상 자유도시로 만들었기 때문이다.[74] 부유한 항구도시가 파괴로부터 자신들의 무역을 보호하고 조공이나 적어도 미래의 의무 일부에서 벗어날 기회를 기꺼이 잡았을 것임은 쉽게 상상할 수 있다. 투트모세가 점령한 첫 번째 도시의 이름은 불행히도 알려져 있지 않다. 그러나 도시는 투니프(Tunip) 맞은편 해안에 있었고, 상당히 중요한 곳이었을 것이다. 왜냐하면, 그 도시가 그에게 막대한 전리품을 가져다주었고, 그 성읍에 투트모세 3세의 전임자들(투트모세 1세이거나 아마도 아멘호테프 1세였을) 중 한 명이 세운

---

[73] II, 779.
[74] Amarna Letters, ed. Winckler, p. XXXIII; n. 2; 70 rev. 12 ff.

아몬의 신전이 있었기[75] 때문이다. 내륙의 도시들은 해안으로부터의 공격이 성공하면 자신들에게 치명적일 것임을 알고 방어를 돕기 위해 군대를 보냈다. 이렇게 해서 투니프는[76] 이 알려지지 않은 도시의 수비대를 강화하기 위해 병력을 보냈다. 이 도시의 함락은 또한 궁극적으로 투니프의 함락으로 이어질 수 있기 때문이다. 당시 투트모세는 그 도시의 함대를 빼앗아,[77] 강력한 도시 아르와드에 맞서 남쪽으로 군대를 신속하게 이동시킬 수 있었다. 짧은 포위 기간 동안 투트모세는 메기도에서처럼 성읍 주변의 작은 숲을 베어버려야 했는데, 이렇게 해서 그곳을 복종시킬 수 있었다. 이 알려지지 않은 도시의 항복으로[78] 페니키아의 막대한 부가 이집트인들의 손으로 넘어갔다. 이러한 부외에도 당시는 가을이어서 정원과 숲이 "과일로 가득 찼고, 그들의 포도주는 물이 흐르듯 압착기에 남아있었다. [산비탈의] 계단식 밭의 곡식은 … 했고, 이곳은 해안의 모래땅보다 더 풍요로웠다. 군대는 그들이 갖게 된 몫에 압도되었다."[79] 이러한 상황에서 투트모세가 규율을 유지하는 것은 쓸모없는 일이었다. 그들이 항복한 후 처음 며칠 동안 "폐하의 군대가 이집트에서의 축제처럼 매일 술 취해 기름을 바르는 것을 보라."[80] 제후들은 이제 해안을 따라 공물을 가지고 와서 항복했다.[81] 이렇게 해서 투트모세는 북부 해안에 이집트로부터 물길로 쉽게 접근할 수 있는 안전한 거점을 얻었고, 그가 예측한 대로 그 거점은 내륙에서의 군사작전을 위해 훌륭한 기지가 되었다. 그런 다음 그는 아마도 처음이 아

---

[75] II, 457-9.
[76] II, 459.
[77] II, 460.
[78] II, 461.
[79] Ibid.
[80] II, 462.
[81] Ibid.

니었을 물길로 이집트로 돌아갔다.[82]

지도 2. 고대의 카데시인 오늘날의 텔 네비 민도(Tell-Nebi-Mindoh)
우측의 오론테스강과 좌측의 지류 사이의 폐허가 된 언덕을 보여 준다(Koldewey 인용).

오랫동안 계획된 카데시로의 진군을 위해 당시 모든 것이 준비되었다.

---

[82] II, 460.

남쪽과 해안을 얻기 위해 다섯 차례의 군사 행동이 있었다. 여섯 번째는 마침내 난공불락의 숙적에게로 향했다. 재위 30년, 춘우기가 끝날 무렵 투트모세는 엘류테로스 강어귀 시미라에서 함대로부터 군대를 상륙시켰다.[83] 엘류테로스 계곡 위쪽에서 그는 즉시 카데시로 진군했다.[84] 편하고 쉬운 길이었고, 해안에서 찾을 수 있는 바다에서 카데시로 가는 지름길이었다. 지금과 마찬가지로 당시 그 길은 군대가 내륙으로 산을 가로질러 카데시 지역을 향해 진군할 수 있는 유일한 경로였다. 도시는 두 레바논산맥 사이 높은 계곡의 북단에 위치한 오론테스강의 서쪽에 있었다. 안티레바논산맥은 성읍의 바로 남쪽과 동쪽에서 평야로 비탈져 있었다(지도2, 4). 서쪽으로부터 오론테스강의 작은 지류가 도시의 바로 아래에 위치한 보다 큰 강줄기로 합류했다. 그래서 도시는 두 강줄기 사이의 지점에 위치했다. 여전히 자국을 더듬을 수 있고, 투트모세 시절에도 분명히 존재했을 물길은 성읍 위쪽의 좁은 땅을 가로질러 두 강줄기를 연결하여 그 지역을 완전히 물로 둘러쌌다. 강둑 안쪽으로 높은 외벽을 둘러싼 안쪽 해자는 물을 이용한 자연적인 방어력을 더욱 강화했다. 따라서 완전히 평탄한 평야에 있는 도시의 위치에도 불구하고, 이곳은 강력한 힘을 가진 지역이었고, 아마도 시리아에서는 가장 만만치 않은 요새였을 것이다. 그 주변 지역과 비교해서도 그곳은 전략적으로 매우 중요한 곳으로 선택되었다. 독자들도 기억하겠지만, 이곳은 오론테스 계곡을 내려다보고 있기 때문이다. 투트모세도 발견했듯이, 이곳을 해결하지 않고서는 북쪽으로 진군하는 것은 불가능했다. 게다가 도시는 북쪽과 남쪽 양쪽에서 해안에서 내륙으로 가는 상당한 거리의 유일한 길을 지배했다. 이 길은 엘류테로스 계곡으로 오르는 길이었다. 이

---

[83] II, 463.
[84] II, 464.

길을 따라 우리는 투트모세를 따라왔다.[85] 그 같은 지역을 포위해 함락하는 것은 별 어려움 없이 이룰 수 있는 일이었다. 사제의 서기가 투트모세의 연대기에서 발췌한 이야기에서, 정복과 관련해 다음과 같은 말만 읽을 수 있는 것은 다소 애석하다. "폐하께서 카데시의 도시에 도착하셔서 도시를 뒤집어엎고 나무숲을 베어내고 곡식을 수확하셨다."[86] 우리는 이 간결한 말에서 투트모세가 메기도에서처럼 포위 벽을 쌓기 위해 나무를 베어야 했고, 군대는 포위 기간 동안 주위의 밭에서 식량을 수집하여 생활했고, 따라서 포위는 이른 봄에서 추수 때까지 계속되었음을 알 수 있을 뿐이다. 적어도 한 번의 공격이 있었고, 이후의 군사 행동에서도 만나게 될, 투트모세의 사령관 중 하나인 아메넴하브(Amenemhab)가 이 공격에서 도시의 귀족 두 명을 생포했다. 그는 군대가 보는 앞에서 뛰어난 군 복무에 대한 보상으로 화려한 장신구 외에 '최상의 금으로 만든 사자'와 '두 마리 파리'라는 두 가지 훈장을 받았다.[87] 당시 포위는 해안 도시들이 투트모세가 어려움을 겪고 있다는 희망에 고무될 만큼 긴 기간 지속되었다. 그 전 해에 아르와드를 징벌했는데도, 이 부유한 항구도시는 연 수입에서 상당한 비중을 차지하는 투트모세에 바치는 조공을 없애려 했다. 카데시가 함락되자마자 투트모세는 그곳을 떠나서 급히 시미라로 돌아가 군사들을 대기 중인 함대에 태우고 아르와드로 출항해 신속하게 보복했다.[88] 우기가 끝나갈 때 이집트를 향해 출항하며, 그는 북시리아 왕과 제후들의 아들들을 테베에서 교육받도록 데려갔다.[89] 이는 그가 벌써 전부터 남부의 젊은 왕자들에게 해 온

---

[85] 저자의 카데시 전투 pp. 13-21, 49, 본서 35-37쪽 참조.
[86] II, 465.
[87] II, 585.
[88] II, 465.
[89] II, 467.

것이다.

투트모세가 여전히 카데시를 포위하고 있을 때, 아르와드가 반란을 일으킨 것은 해안을 철저히 정복하려면 또 한 차례의 군사 행동을 전개해야 한다는 것을 그에게 알려 주었다. 그런 연후에야 그는 오론테스 계곡을 넘어 내륙으로 무사히 밀고 들어가 오랫동안 계획한 나하린으로 진군할 수 있을 것이다. 그러므로 그는 재위 31년 여름에 일곱 번째 군사작전을 전개하여 해안 도시에서 반란을 일으키려는 어떤 잠자는 불씨라도 완전히 꺼버렸다. 시미라에 힘을 보여줬는데도, 시미라 근처의 항구도시 울라자(Ullaza)는 심각한 민심 이반을 보여 주었다. 이는 두 아들을 그곳에 보내 반란을 꾀한 투니프의 왕에 고무된 때문이다. 4월 27일 투트모세는 변절한 항구도시에 나타나,[90] 그 지역을 재빨리 해치우고, 투니프 왕의 아들을 생포했다.[91] 지방 제후들은 평소대로 굴복했고, 투트모세는 그 제후들과 함락한 도시로부터 막대한 양의 자연 생산물 외에 약 84kg의 은을 수집했다.[92] 그런 다음 그는 해안을 따라 항구에서 항구로 항해하며, 힘을 과시하면서 도시들의 행정부를 철저히 조직했다.[93] 특히 그는 나하린에서 진행할 군사작전을 위해 모든 항구도시에 넉넉히 식량이 공급되도록 했다. 이집트로 돌아가서, 그는 최남쪽인 아마도 동부 누비아로부터 사절단이 파라오에게 공물을 가져온 것을 발견했다.[94] 이는 그가 먼 남쪽에서 공격적인 정책을 유지하고, 동시에 북쪽에서도 그토록 적극적이었음을 보여 준다.

투트모세는 분명 이 원정에서 돌아온 이듬해 내내, 당시 자신 앞에 놓인

---

[90] II, 470.
[91] Ibid.
[92] II, 471.
[93] II, 472.
[94] II, 474-5.

대규모 군사작전에 필요한 자원을 준비하고 수집하며 보냈다. 왜냐하면, 재위 33년 봄이 되어서야 시미라 항구에 그의 군대를 상륙시켰기 때문이다.[95] 그때가 그의 여덟 번째 전투였고, 이때 그는 두 번째로 카데시의 길을 따라 내륙으로 진군했다. 그는 북쪽으로 돌아가 케트네(Ketne)의 성읍을 함락했다.[96] 오론테스강을 따라 내려오면서 그는 센자르(Senzar)시에서 전투를 치러 그곳도 점령했다. 이 교전에서 그의 장군인 아메넴하브가 다시 공을 세웠다.[97] 투트모세는 아마도 이 지점에서 오론테스를 건너서 그곳을 떠난 것 같다. 어쨌거나 그는 당시 나하린으로 들어가 빠르게 진군했다. 그는 곧 저항에 부딪혔고 가벼운 교전이 있었다. 교전에서 아메넴하브는 세 명의 포로를 생포했다.[98] 그러나 알레포(Aleppo)[99]의 서쪽에 있는 '완의 고지(The Height of Wan)'에 도착할 때까지 심각한 저항 세력에 직면하지는 않았다. 완의 고지에서 상당한 교전이 있었고, 그 과정에서 아메넴하브는 13명의 포로를 생포했는데, 그들 모두 금으로 상감 세공한 청동 창을 가지고 있었다.[100] 이것은 분명 알레포 왕의 왕실 부대가 전투에 참가했음을 보여 준다. 알레포는 함락되었던 것 같다. 그렇지 않다면 파라오가 지체없이 계속 진군할 수 없었을 텐데, 그는 분명 바로 계속 나아갔기 때문이다. "폐하께서 북쪽으로 진군하여 도시들을 함락시키고, 가엾은 나하린의, 그 적의 정착지를 초토화한 것을 보라."[101] 적은 물론 미탄니 왕이었다. 이집트 군대는 다시 유프라테스 계곡을 약탈하고 있었다. 이는 허가받은 무법행위로 약 50년

---

[95] II, 476.
[96] II, 598.
[97] II, 584.
[98] II, 581.
[99] [역주] 시리아 북부 제1의 도시이자 할라브주의 주도.
[100] II, 582.
[101] II, 479.

전 투트모세 1세 하의 조상들의 시대 이후로 그들이 누리지 못했던 것이다.

북쪽으로 행군하면서, 투트모세는 당시 카르케미시(Carchemish)[102]에 이르기 위해 유프라테스 쪽으로 약간 방향을 틀었다. 그 도시에서 치른 전투에서 투트모세가 널리, 그리고 멀리 쫓아버린 것은 그의 오랜 흠 없는 적(敵)인 미탄니 왕의 군대였음이 틀림없다. "누구도 뒤를 돌아보지 않았다. 정말로 그들은 산양 떼처럼 도망갔다."[103] 아메넴하브는 유프라테스를 건너 동쪽으로 추격했었던 것 같다. 그가 자신이 잡은 포로들을 왕에게 데려오면서 유프라테스를 건너야 했기 때문이다.[104] 이 전투로 인해 투트모세는 마침내 10년을 싸우며 얻으려 했던 것을 얻을 수 있었다. 그가 당시 유프라테스를 건너 미탄니로 들어갔고, 동쪽에 국경을 나타내는 명판을 세웠기 때문이다. 이 성취는 그의 조상 가운데 어느 누구도 자랑할 수 없었던 것이다.[105] 그러나 나하린에서 겨울을 나지 않고서 투트모세가 더 행군하는 것은 불가능했다. 그는 대단히 영리한 군인이어서 그토록 많은 전투에서 경험을 쌓은 노련한 군인들을 북방의 매서운 겨울에 노출시키는 위험을 감수하지는 않았다. 그러한 군인들을 대체하려면 몇 년이 걸릴 것이다. 그러므로 그는 서부해안으로 평온하게 귀환했다. 그곳에서 그는 자신의 할아버지[106]인 투트모세 1세의 명판을 발견했고, 매우 만족스럽게 그 옆에 자신의 것을 세웠다.[107] 당시는 계절의 막바지로, 그의 군대는 벌써 유프라테스 계곡의 들에서 추수를 끝냈고,[108] 그는 돌아오기 위해 행군을 시작해야 했다.

---

[102] **[역주]** 지금의 터키와 레바논 국경에 위치한 고대 도시국가.
[103] Ibid.
[104] II, 583.
[105] II, 478, 481; 656, ll. 7-8.
[106] **[역주]** 저자는 자신의 아버지라고 썼는데, 앞 장에서 밝혔듯이 투트모세 1세는 실제로 투트모세 3세의 할아버지이다.
[107] II, 478.

그러나 그는 해안으로 되돌아가기 전에, 한 가지 중대한 일을 해야 했다. 유프라테스에서 훨씬 내려간 곳에 있는 도시 니이(Niy)가 여전히 정복되지 않았고, 이곳을 그대로 둔다면 나하린에서의 모든 일이 미완성이 될 것이다. 그러므로 경계선을 나타내는 명판들을 세우고 나서, 그는 강을 따라 내려왔고, 우리가 아는 한 어려움 없이 니이를 점령했다.[109] 군사작전의 목적이 달성되고 힘든 복무도 지나가자, 투트모세는 니이 지역에서 지금은 멸종된 지 오래된, 코끼리 사냥을 조직했다. 그와 그의 일행은 120마리의 북시리아 짐승 떼를 공격했다. 사냥 과정에서 왕은 커다란 짐승과 매우 가까이 있었고, 조금은 위험한 상황이었다. 그때 그의 장군인 아메넴하브가 둘 사이로 돌진하여 코끼리의 코를 베어냈다. 그 결과 화가 난 짐승이 대담한 공격자에게 달려들었고, 공격자는 근처 웅덩이 위로 튀어나온 두 바위 사이로 달아났다. 위기의 순간에 그 짐승의 주의를 딴 데로 돌린 것에 대해 충직한 아메넴하브는 물론 왕으로부터 후하게 보상받았다.[110]

한편 나하린의 지방 영주와 제후들은 모두 그의 캠프에 항복의 증거로 조공을 가져왔다.[111] 멀리 떨어진 바빌론조차도 당시 파라오와 친선을 맺고 싶어 했고, 바빌론의 왕은 파라오에게 청금석으로 만든 선물을 보냈다.[112] 그러나 더 중요한 것은 멀리 소아시아의 미지의 지역까지 영지가 뻗어 있던 강력한 케타(Kheta) 사람들이 파라오에게 호화로운 선물을 보냈다는 것이다. 파라오가 나하린에서부터 다시 해안으로 가기 위해 행군할 때, 그들의 외교사절이 잘 알려지지 않은 보석과 값비싼 목재 외에, 거의 44.5kg이 나

---

[108] II, 480.
[109] II, 481.
[110] II, 588.
[111] II, 482.
[112] II, 484.

가는 은으로 만든 8개의 육중한 상거래용 고리를 가지고 파라오를 만났다.[113] 이렇게 해서 아마도 성서 속의 히타이트 족일 케타가 우리가 아는 한 처음으로 이집트의 파라오들과 관계를 맺었다. 투트모세는 해안에 도착하자, 전투에 필요한 식량이 페니키아의 항구들에 보급되도록 레바논의 족장들에게 매년 의무를 부과했다.[114] 이제 그는 이집트에서 배로 며칠이면 도착할 수 있는 이 항구 중 어디에서든 지체 없이 내륙을 공격할 수 있었고 부과금을 납부하지 않은 사람들에게 즉각적으로 의무를 정산하게 할 수 있었다. 그의 해군력은 훗날 사이스 시대에서처럼, 키프로스 왕이 실질적으로 이집트의 봉신이 되었을 정도로 대단했다. 게다가 그의 함대는 북부 섬들에서 그를 두려운 존재로 만들어서 그는 동부 지중해 전역과 서쪽으로 아마 에게해 어딘가까지 느슨한 지배력을 발휘할 수 있었다. 이렇게 해서 그의 장군 투티이는 북부 나라들의 통치자로서 그의 지배권 내에 '바다 한 가운데 섬들'을 포함시켰다. 하지만 그의 지배력은 확실히 섬의 제후들이 그에게 보내는 편이 좋겠다고 생각해서 매년 보내는 선물을 받는 정도였다.

10월 테베에 도착해서 그는 아시아에서 그가 책무를 수행할 때 푼트로 파견한 원정대가 막 도착해 자신을 기다리고 있는 것을 발견했다. 그의 사절단은 남녀 노예들과 수많은 가축 외에 상아, 흑단 나무, 표범 가죽, 금, 223부셀이 넘는 몰약 등 평소의 귀중하고 다양한 화물을 가져왔다.[115] 이 전쟁들이 치러지던 어느 시기에 투트모세는 또한 이집트 서쪽에 있는 오아시스(사진10) 모든 지역을 소유하고 있는 것으로 밝혀졌다. 이렇게 오아시스는 파라오의 영토가 되었고, 투트모세 3세의 전령관인 인테프[116]의 통치하

---

[113] II, 485.
[114] II, 483.
[115] II, 486.
[116] II, 763.

에 놓았다. 인테프는 옛 티니스 아비도스 귀족 혈통의 후손이었다. 그레이트 오아시스(Great Oasis)는 티니스 아비도스로부터 가장 쉽게 갈 수 있었다(지도 9, 10). 오아시스 지역은 티니스 영주들의 봉토로 남았으며, 그곳의 양질의 포도주로 유명해졌다.

사진 10. 아몬의 오아시스, 즉 시와(Siwa)를 가로질러 바라본 전경
(사진은 Steindorff 제공)

투트모세가 그토록 오랫동안 얻으려고 애쓴 위대한 목표가 당시 이루어졌다. 그는 조상들의 뒤를 이어 유프라테스로 진군했다. 그는 조상들이 하나씩, 잇따라 무찌를 수 있었던 왕들을 한꺼번에 상대해야 했다. 카데시라는 왕년의 힉소스 군주 하에서 시리아와 북부 팔레스타인이 연합한 군사력에 맞서서, 그는 북쪽으로 뚫고 나갔다. 10년간 산발적으로 종종 일어난 게릴라 전투에서 그는 계속적인 공격으로 그들을 쳐부수었고, 마침내 그는

국경에 있는 두 세대 전 승리한, 투트모세 1세[117]의 경계석 옆에 국경을 나타내는 자신의 경계석을 세웠다. 그는 심지어 투트모세 1세를 뛰어넘어 유프라테스를 건너갔다. 이집트 정복의 역사에서 전례 없는 업적이었다. 그는 자신이 성취한 것을 생각하며 자연히 어느 정도 만족했을 것이다. 아몬이 그를 왕좌에 앉힌 후 거의 33년이 흘렀다. 그의 즉위 30주년 기념제에 벌써 그의 건축가인 푸엠레(Puemre)는 테베에 30주년을 기념하는 오벨리스크를 세웠다.[118] 이제 큰 전투를 치르고 돌아오니, 관례로 열리는 두 번째 기념 축제 날짜가 다가오고 있었다. 그 행사를 위한 준비로 거대한 한 쌍의 오벨리스크가 카르나크 신전에 세워졌는데, 그들 중 하나에 '나하린의 크게 굽은 곳[유프라테스강]을 군대의 선두에서 건너고 전력을 다해 승리를 쟁취한 투트모세'라는 긍지에 찬 글귀가 새겨져 있었다. 둘 중 다른 오벨리스크는 없어졌지만, 이것은 현재 콘스탄티노플(Constantinople)[119]에 세워져 있다.[120] 사실 이집트에 있는 이 위대한 왕의 오벨리스크는 모두 없어졌거나 다른 곳으로 옮겨져 있어서 그의 단 하나의 오벨리스크도 그가 그토록 강력하게 통치했던 땅에 여전히 세워져 있는 것이 없다. 반면 현재 콘스탄티노플로부터 로마와 런던을 거쳐 뉴욕(사진11)에 그의 오벨리스크들이 보존되어 있다. 그의 네 번째 기념제를 기념하는 마지막 두 개의 오벨리스크는

---

[117] [역주] 저자는 투트모세 3세가 투트모세 1세의 아들이라 여겨, 투트모세 1세를 그(투트모세3세)의 아버지라고 표기했는데, 혼란을 피하기 위해 그의 아버지를 투트모세 1세로 옮겼다.

[118] II, 382-4.

[119] [역주] 터키의 도시 이스탄불로, 보스포루스 해협 양쪽에 걸쳐 있어서 유럽·아시아 양 대륙에 속한다. BC 8세기 말경 그리스인들이 비잔티움을 세운 곳으로, 324년 로마의 콘스탄티누스 1세가 수도로 채택했고, 후에 콘스탄티노플로 개칭되었다. 1453년에는 오스만 제국의 수도가 되었다. 1923년 터키 공화국이 수립되면서 수도가 앙카라로 옮겨졌고, 1930년 이스탄불이라는 이름으로 공식 개칭되었다.

[120] II, 629-31.

한때 헬리오폴리스 태양 신전의 입구 양쪽에 세워졌었지만,[121] 지금은 대서양을 사이에 두고 맞은편의 양쪽 해안에 서 있다.[122]

사진 11. 투트모세 3세의 오벨리스크
뉴욕으로 옮겨지기 전 알렉산드리아에 있었을 당시의 모습

사진 12. 투트모세 3세가 점령한
아시아 성읍의 목록
카르나크 신전의 벽 위에 기록되어 있다.

이러한 기념물들이 그들 앞에 있지만, 테베 사람들은 기념물을 세운 사람이 한때 그의 거대한 오벨리스크가 서 있던 바로 그 신전의 초라한 사제였다는 것을 곧 잊어버렸다. 게다가 그들은 그곳의 벽에서 아몬에게 주어진 풍성한 몫을 묘사하는 눈부신 부조와 함께, 아시아에서의 그의 긴 승전 기

---

[121] II, 632-6.
[122] [역주] 하나는 런던의 템스 강변 둑길에, 다른 하나는 뉴욕 센트럴 파크에 세워져 있다.

록, 그가 차지한 끝없는 약탈품의 기록을 보았다. 첫 번째 전투에서 그가 점령한 119개 성읍 목록(사진12)은 탑문 위에 세 차례 기록되었다. 그리고 그가 북쪽에서 거둔 새로운 승리에 대해서는 같은 벽 위에 그에게 항복한 성읍이 248개나 된다고 기록되어 있다.[123] 이것들이 테베인들에게 어느 정도의 깊은 인상을 주었든 간에 이 기록들은 우리에게 매우 귀중한 가치를 지닌 것이다. 불행히도 이것들은 국가 기록물에서 발췌한 것이다. 국가 기록은 신전이 받은 기증품의 출처를 설명하고 투트모세가 수많은 승리를 하사한 은혜로운 신 아몬에게 어떻게 보답했는지 보여 주려는 신전의 사제들이 기록한 것이다. 그러므로 이 기록들은 우리가 역사에서 알고 있는 최초의 최고 전략가가 치른 전투를 재구성하기에는 빈약한 자료이다. 그러나 테베 사람들은 그들 왕의 위대함을 입증할 증거로 카르나크의 유물을 조사할 필요는 없었다. 앞서 보았듯이 아몬 신전의 정원에는 시리아 팔레스타인 지역에서 온 생소한 식물들이 자라고 있었고, 나일 계곡의 사냥꾼들에게 알려지지 않은 동물들이 마찬가지로 낯선 나무들 사이를 돌아다녔다. 북쪽과 남쪽에서 온 외교사절은 끊임없이 궁궐에 나타났다. 나일강 상류에서는 전에는 결코 본 적이 없는 페니키아의 갤리선이 테베의 부두에서 호기심 많은 군중의 눈을 즐겁게 했다. 이 갤리선들로부터 페니키아 최고의 화물들인, 티레 명장의 섬세한 손을 거쳤거나 멀리 소아시아, 키프로스, 크레타와 에게해 섬들의 작업장에서 온 화려한 솜씨로 만들어진 금과 은으로 된 그릇들이 하역되었고, 조각한 상아와 섬세하게 세공한 흑단 나무로 만든 정교한 가구, 금과 호박금을 박아 넣은 전차, 청동으로 제작한 무기와 이밖에도 파라오의 마구간에 들어갈 준마들, 아시아의 밭, 정원, 포도원, 과수원, 초지에서 생산한 최상의 막대한 생산물이 하역되었다. 삼엄한 경비 속에 이들

---

[123] II, 402-3.

배에서는 또한 연공(年貢)을 바치기 위해 금, 은으로 만든 커다란 상거래용 고리들도 내려졌는데, 이들 중 일부는 각각 무게가 5.44kg 정도나 됐다. 반면 일상적 거래를 목적으로 제작된 고리들은 무게가 몇 그레인[124]밖에 되지 않았다. 긴 행렬의 낯선 언어를 말하는 아시아인들은 경탄하는 테베 군중들로 붐비는 거리를 구불구불 지나가면서 파라오의 국고로 그들의 공물을 날랐다. 재상인 레크미레(Rekhmire)가 그들을 접견했다. 매우 풍성한 공물을 받고, 그는 그들을 영예롭게 왕좌에 앉아 있는 파라오의 어전으로 안내했다. 파라오는 공물을 조사한 후, 재상과 관리들이 그를 위해 열심히 일한 것을 칭찬했다. 그런 다음 아시아인들은 재상의 집무실로 자신들의 공물을 가져다주었고, 공물은 그곳에서 순서대로 마지막 곡물 포대까지도 모두 그의 장부에 기입되었다. 재상과 국고의 관리들이 그들 무덤의 벽에 화려한 그림으로 영원히 남기고 싶어 했던 것은 이러한 장면들이었는데, 이 장면들은 지금까지도 테베의 그들 무덤 벽에 보존되어 있다[125](사진13). 이렇게 해서 이집트로 들어온 부의 양은 당시로써는 막대했을 것이다. 어떤 때는 국고가 약 4,056kg의 금은 합금의 무게를 달 수 있었다.[126] 이집트 총독하의 누비아도 금, 흑인 노예, 가축, 흑단 나무, 상아, 곡물로 이루어진 부과금을 이집트에 매년 꼬박꼬박 납부했다. 전술한 금 가운데 다량이 누비아의 금광에서 나온 것임이 틀림없다. 누비아의 바지선이 여러 가지 화물을 하역하는 날은 테베의 군중들에게도 굉장한 날이었다. 매년 9월 말 또는 10월 초쯤 투트모세의 전쟁 갤리선이 한때 지방 도시였던 테베의 항구에 정박되면 비슷한 광경이 테베 군중들을 즐겁게 해 주었다. 그러나 당시 아시아의 재물만 배에서 내려진 것은 아니었다. 아시아인들도 서로 묶인 채 길게 줄

---

[124] **[역주]** 1그레인(grain)은 0.0648g이다.
[125] II, 760-1, 773.
[126] II, 761.

을 지어 파라오를 위한 노예로서의 삶을 시작하기 위해 배와 육지 사이에 걸쳐놓은 건널 판자를 딛고 내려왔다(사진14). 그들은 이집트인들이 몹시 싫어하는 헝클어진 긴 턱수염을 기르고 있었다. 검고 풍성한 머리털은 어깨 위로 늘어져 있었다. 그들은 흰색의 깨끗한 리넨 옷을 입는 이집트인들은 결코 몸에 걸치지 않았을, 화려한 색깔의 모직 옷을 입고 있었다. 그들의 팔은 뒤로 팔꿈치 가까이에서 묶여 있거나 머리 위로 교차되어 묶여 있었다. 그렇지 않으면 수갑과 같은 기능을 하는 이상하게 생긴 끝이 뾰족한 타원형 나무 안에 손이 넣어져 있었다. 여자들은 접은 망토에 아이를 태워 어깨에 메었다. 그들의 낯선 언어와 이상한 몸짓으로 인해 그 불쌍하고 불행한 사람들은 군중들에게는 조롱과 즐거움의 대상이었다. 당시의 예술가들은 그들을 풍자적으로 묘사했다. 그들 중 다수는 파라오의 총신들 집으로 보내졌다. 그의 장군들은 그러한 노예들을 후하게 하사받았다. 그러나 대다수는 당장 신전의 사유지, 파라오의 영지에서 일해야 했거나, 또는 파라오의 거대한 기념물이나 건축물 건설에 투입되었다.[127] 특히 기념물 건설에 이들을 투입한 관행은, 십자군에서 생포한 기사(騎士)들의 노동력으로 카이로에 요새를 지었던 살라딘(Saladin)[128] 때까지 지속되었다. 우리는 이 포로들의 노역이 어떻게 테베를 변화시켰는지 나중에 살펴볼 것이다.

---

[127] II, 756-9.
[128] [역주] 이집트의 이슬람 왕조인 아이유브 왕조(Ayyuūb王朝)의 시조(1138~1193, 재위 1169~1193)이다. 1187년에 십자군을 격파하고 예루살렘을 탈환했으며, 제3차 십자군도 격퇴하여 세력을 확보했다.

사진 13. 공물을 가져오는 아시아 사절단을 접견하는 제국의 파라오
흰 옷을 입은 이집트 판리들이 그들을 안내하고 있다. 아시아인들은 화려한 옷과 수염을 기른 모습으로 구분된다. 100쪽을 참조하라.

사진 14. 제국시대 이집트의 아시아 포로들

그들의 긴 수염과 두툼한 옷으로 알아볼 수 있다. 포로들은 길고 두툼한 나무로 된 수갑에 손을 낀 채 둘씩 짝을 지어 행진하고 있다. 포로들 사이에 있는 이집트 호위병도 둘씩 짝지어 있다. 뒤에는 한 여성이 자신의 아이들을 데려가고 있다. 이 부조의 오른쪽이 사진 40이다. (레이덴 박물관)

그러한 상황에서 다음 군사행동까지 6개월을 두고 가을마다 왕이 귀환해 이집트에서 겨울을 맞이했다. 그에게 겨울은 그렇게 고되지 않더라도 적어도 아시아에서 군사행동을 하는 계절만큼 바빴다. 그가 돌아온 직후인 10월에 열리는 오페트 축제를 맞이하여 투트모세는 이집트 전역을 돌며 시찰했다. 그는 가는 곳마다 지방 관헌을 꼼꼼하게 조사했다. 세금을 수집하면서 지방정부와 중앙정부의 관리들이 결탁하여 백성들을 갈취하거나 탄압하지 못하게 함으로써 지방정부의 부패를 막으려는 목적에서였다.[129] 이러한 여행에서도 그는 우리가 알고 있는 30곳이 넘는 지역에 그가 짓고 있거나 복원하고 있거나 아름답게 꾸미고 있는 당당한 신전들과 지금은 없어진 그 밖의 많은 신전의 진행 상황을 살펴볼 기회를 얻었다. 그는 오랫동안 방치된 삼각주를 부흥시켰다. 삼각주로부터 제3폭포까지 강을 따라 그의 건축물이 보석처럼 줄지어 세워지고 있었다. 그는 파이윰의 입구에 신전을 갖춘 새 성읍을 건설했다. 한편 덴데레, 콥토스, 엘 카브, 에드푸, 콤 옴보(Kom Ombo),[130] 엘레판티네와 다른 많은 지역에서는 전쟁포로와 제국의 수익으로 그와 그의 건축가들이 설계한 장대한 건축물들이 만들어지고 있었다. 투트모세가 테베로 돌아오면서 그의 영향력은 넓어졌고 그의 힘은

---

[129] III, 58.

[130] [역주] 현재 카움 움부(Kawm Umbu)로 알려져 있고 Kum Ombu라고 표기하기도 한다. 아스완 주에 있는 아스완 하이 댐에서 북쪽으로 48km 떨어진 지점에 위치한다. 바로 동쪽에서 나일 협곡이 북에서 남으로 길이 32km, 너비 16km에 달하는 계곡으로 변한다. 1959~70년 아스완 하이 댐이 건설되면서 나세르호가 새로 생기게 되자 거주지가 물에 잠기게 된 6만 명 이상의 누비아족 이집트인들이 이 계곡 근처로 이주해 와 사막을 개간하여 만든 마을과 계획도시에 정착했다. 이주민들은 오늘날 댐의 수로를 통해 관개되는 경작지에서 사탕수수와 다른 여러 환금작물들을 재배하여 예로부터 자급해오던 밀과 옥수수의 부족분을 충당한다. 역사적으로 카움움부 남쪽에 펼쳐진 나일강 유역에는 주로 누비아족 및 이집트인과 누비아족의 혼혈인들이 거주해왔다. 혼혈인들은 이외에도 수단 북부지역에서 찾아볼 수 있다. 오늘날 카움움부에서 남남서쪽으로 조금 떨어진 곳에는 고대 옴보스의 유적이 남아있다.

행정 곳곳에서 느껴졌다. 뒤에서 더 자세히 다루겠지만, 누비아 사업에 대해서는 지속적으로 신경을 써야 했다. 투트모세는 다른 금 생산지, 즉 콥토스 길 위의 금 생산지는 '콥토스 금 생산지의 통치자' 하에 두었다.[131] 이렇게 해서 제국의 모든 자원이 확실하게 개발되고 있었다. 아몬 신전의 늘어나는 부로 인해 신전 운영도 개편해야 했다. 왕은 국가 신전과 그 늘어나는 부의 운영을 위해 사제들에게 자세히 지시하고 세심하게 통제함으로써 이 일을 직접 해결했다.[132] 국사로부터 잠깐 휴식을 취하는 동안 그는 신전의 제사 의식을 위해 자신이 원했던 그릇의 도안을 자신의 손으로 직접 작성해서 국가와 신전 작업장의 최고 장인에게 건네기도 했다. 투트모세 자신은 이 성과를 뿌듯해하며, 그릇을 신에게 바친 후, 카르나크에 있는 신전 벽 위 이 그릇들을 묘사하는 부조에 이 성과를 언급했다. 이 일을 맡은 관리의 주장에 의하면 이 성과는 주목할 만한 사실로 그는 무덤 제사실 벽 위의 그림에도 장인들이 이 그릇들을 제조하는 장면이 포함되도록 했다. 투트모세가 여러 방면에서 재능이 있었다는 이 두 가지 증거는 여전히 테베에 남아있다.[133] 장대한 국가 신전의 남쪽에는 또 다른 탑문이 세워졌고, 투트모세는 근처의 나무숲, 정원과 함께 전 건축물 둘레에 담을 쳐서 통일성을 부여했다.

그의 군사행동은 당시 테베에서의 통치와 같이 철두철미하게 조직되었다. 시리아와 팔레스타인의 춘우기가 끝나면, 그는 곧 어떤 페니키아, 즉 북시리아의 항구에 정기적으로 그의 군대를 상륙하게 했다. 이곳에서 그의 상임 관리들이 가까운 곳의 제후들에게서 생활필수품을 수집했다. 이 제후들은 그들이 필요한 것을 제공해야 했다. 그의 궁전 전령관, 즉 사령관인

---

[131] II, 774.
[132] II, 571.
[133] II, 545, 775.

인테프(Intef)는 티니스의 옛 영주 혈통으로, 여전히 '티니스의 백작, 오아시스 전 지역의 영주'[134]라는 직함을 갖고 모든 행군에 왕을 수행했다. 투트모세가 내륙으로 행군할 때 인테프는 적들이 가까이 접근할 수 없을 때까지 왕의 앞쪽에서 행군했다. 왕이 밤을 보낼 예정인 성읍에 도착할 때마다 그는 그곳 제후의 궁전을 찾아서 투트모세를 맞이할 준비를 시켰다. "국왕이 내가 있는 곳에 무사히 도착할 때면, 나는 그곳을 준비해 놓았다. 나는 그곳이 외국에서 요구되는 모든 것을 갖추도록 했고, 이집트의 궁전보다 더 낫게 만들었다. 깨끗하게 하고, 그들의 대저택의 각 방을 용도에 맞게 따로 구분해 꾸몄다. 나는 왕이 내가 한 일에 대해 만족하도록 했다."[135] 누군가는 나폴레옹이 매일 밤 행군을 마치고 말을 타고 병영으로 들어가면 늘 그를 맞아주던 상비의, 세심하게 준비된 막사를 떠올린다. 외부 세계와 왕의 모든 교류, 군사 활동 시에 유지해 온 간단한 조정(朝廷)의 규제도 인테프의 손에서 처리되었다. 시리아의 영주들이 충성을 약속하고 조공을 바칠 때 그들을 면담한 사람도 인테프였다. 그는 받았으면 하는 징발물품들을 봉신들에게 알렸고, 캠프에서 받은 금, 은, 자연의 생산물의 수량을 세었다. 파라오의 선장 중 누군가 전장에서 출중한 모습을 보이면, 적절한 보상이 그 운 좋은 영웅에게 수여될 수 있도록 그것을 왕에게 보고한 사람도 인테프였다.[136]

만일 보존되었더라면, 이 투트모세 전사들의 삶은 초기 근동의 역사에서 감동적인 한 장을 형성했을 것이다. 코끼리의 코를 잘라내 왕을 구한 그의 장군인 아메넴하브의 생애는 야영지와 전쟁터에서의 파라오 추종자들의 삶을 아주 조금 보여줄 뿐이다. 그들의 생애는 위험한 모험과 어렵게 얻은

---

[134] II, 763.
[135] II, 771.
[136] II, 763-771.

영광으로 가득 차 있다. 우리는 이 아메넴하브의 업적을 한 번 더 살펴볼 것이다. 그러나 그의 업적이 믿을 만한 이야기로는 현존하는 유일한 것이다. 물론 시련을 견디어 낸 투트모세의 이 노병들의 명성은 민중들 사이에 퍼졌고, 확실히 시리아 전투에서의 많은 감동적인 모험이 민간 설화의 형식을 띠게 되었으며, 테베의 시장과 거리에서 열띤 관심을 끌며 전해졌다. 다행히 어떤 서기가 이 민화 중 하나를 한두 장의 파피루스에 기록했다. 민화는 투트모세의 위대한 장군인 한 투티이라는 인물과 그가 요파(Joppa)라는 도시를 영리하게 함락한 이야기에 관한 것이다. 그는 당나귀 행렬이 나르는 짐 바구니에 그가 선발한 병사들을 숨겨서 요파라는 성읍으로 데려와 그 도시를 함락했다.[137] 이 이야기는 아마도 '알리바바와 40인의 도둑'의 원형인 것 같다. 그러나 투티이는 상상의 창조물은 아니었다. 비록 알려지지 않았지만, 그의 무덤은 분명 테베의 어딘가에 존재한다. 왜냐하면, 투트모세가 투티이에게 그의 용감함에 대한 보상으로 하사한 화려한 선물 일부를, 여러 해 전에 주민들이 그의 무덤에서 약탈했기 때문이다. 루브르 박물관에 보관된 한 아름다운 황금 접시에는 "청금석, 은, 금으로 국고를 채워, 온 나라와 바다 한가운데 섬들의 왕(투트모세)을 만족시키는 영주이자 사제, 열국(列國)의 통치자, 군대의 사령관, 왕의 총신, 왕의 서기인 투티이에게 국왕 투트모세가 상으로 수여함"이라는 글귀가 적혀 있다.[138] 레이덴(Leyden)[139] 박물관에 있는 그의 장신구는 그를 '북방 국가들의 통치자'로 부르고 있다.[140] 따라서 그가 투트모세의 북방 속국들을 다스렸던 것 같다.[141]

---

[137] II, 577.
[138] 필자의 원본 복사본으로부터. Birch, Mém. sur une patère Egyptienne du Musée du Louvre, Paris, 1858; and Pierret, Salle hist. de la Gal. Égypt., Paris, 1889, No. 358, p. 87을 참조하라.
[139] [역주] 네덜란드 서부 조이트홀란트 주의 도시로, 헤이그의 북동부에 위치한다.
[140] 필자의 복사본.

운이 좋았다면 우리는 투트모세와 그의 사령관들의 전쟁터에서의 모든 개인적인 모험담뿐 아니라 군사 작전의 전 과정을 알 수 있었을 것이고, 그 과정에 대해 단계적으로 추적할 수 있었을 것이다. 왜냐하면, 투트모세가 기록을 위해 임명한 타네니(Thaneni)라는 서기가 각 군사작전이 펼쳐진 동안 매일 발생한 일을 정성 들여 기록했기 때문이다. 타네니는 자신의 임무에 대해 큰 긍지를 가지고 기록하고 있다. "나는 국왕 투트모세 3세를 따랐다. 나는 왕이 모든 나라에서 거둔 승리를 지켜보았다. 그는 자히[시리아]의 족장들을 포로로 생포하여 이집트로 데려왔다. 그는 그들의 모든 도시를 함락했고, 숲을 베어냈다. … 나는 그가 모든 지역에서 거둔 승리들을 사실에 입각해 기록으로 적었다."[142] 이것이 메기도 포위 기간 동안의 첫 번째 군사작전에 대해 타네니가 가죽 두루마리에 기록한 내용이다.[143] 그러나 그 귀중한 두루마리는 없어졌고, 우리는 카르나크 벽 위에 있는 신전 서기의 변덕스러운 발췌문만을 가지고 있다. 신전 서기는 왕의 위대한 업적 이야기를 영원히 남기려 하기보다는 전리품과 그 가운데 아몬의 몫을 설명하려 했다. 신전 서기가 얼마나 대충 넘어갔을지 아메넴하브의 전기가 너무나 잘 보여줄 뿐이다. 이렇게 해서 이집트에서 가장 위대한 사령관의 전투에 관해 우리가 아는 모든 것은, 미래 세대가 얼마나 열심히 그의 빈약한 발췌문을 숙고할지 꿈도 꾸지 않았을, 한 고대 관료의 쪼그라든 영혼을 통해 걸러졌다.

과거의 경험에 비추어 볼 때, 이집트의 아시아 지역 국경이 다시 유프라테스까지 확대된 것은 그 결과가 지속될 성취가 아니었다. 또한, 투트모세 3세는 재위 33년의 군사행동으로 마무리되었다는 듯 자신이 시작한 일을

---

[141] 120쪽 참조.
[142] II, 392.
[143] 78쪽 참조.

중단할 사람도 아니었다. 그러므로 그는 재위 34년 봄에 다시 자히에서 아홉 번째 군사작전을 수행했다.[144] 아마도 레바논 지역에서의 일부 민심의 이반으로 인해 그는 세 개의 성읍을 점령했다. 세 도시 중 한 곳은 적어도 누게스 지역에 있었는데, 이곳에 그는 첫 번째 군사작전이 끝날 무렵 요새를 세웠었다.[145] 상당한 전리품이 수거되었고 시리아의 제후들은 평소대로 서둘러 조공을 바치고 그들의 충성심을 보여 주었다.[146] 한편 항구도시의 창고들은 전처럼 다시 가득 찼다. 특히 함대를 위한 배, 군함의 수리를 위한 돛대, 둥근 재목 등으로 가득 찼다.[147] 그해의 조공은 주목할 만하다. 이전에는 투트모세의 힘을 이런 식으로 인정하지 않았던 키프로스의 왕이 납과 값비싼 돌 외에도, 하나에 거의 1.81kg 나가는 108개의 구리 덩어리를 보냈기 때문이다.[148]

이 해에는 분명 남쪽에서도 그의 힘이 확대되었던 것으로 보인다. 왜냐하면, 그가 푼트의 이웃인 이렘(Irem) 족장의 아들을 인질로 확보했기 때문이다.[149] 누비아의 조공은 평소에 보내던 흑단 나무, 상아, 곡물, 가축, 노예들 외에도 금만 60kg이 넘었다.[150] 투트모세의 영향력은 제3폭포 위쪽부터 유프라테스까지 절대적이었고, 그의 권력은 그가 나하린에 전면적인 반란이 발생한 것을 알았을 때가 정점이었다. 당시는 그가 그 지역을 보아온 지 거의 2년 된 때였고, 그 짧은 기간에 그곳 영주들이 그의 권력을 두려워하지 않게 된 것이다. 그들은 투트모세의 연대기에서 '나하린의 그 불쌍한

---

[144] II, 489.
[145] II, 490.
[146] II, 491.
[147] II, 492.
[148] II, 493.
[149] II, 494.
[150] II, 494-5.

적'이라 불린 아마도 알레포(Aleppo)의 왕이었을 어떤 군주를 우두머리로 해서 연합군을 형성했다.[151] 동맹은 수적으로 우세했다. 왜냐하면, 동맹은 먼 북쪽, 즉 '세상의 끝'을 포함했기 때문이다.[152] 이집트인들은 그들이 알고 있는 가장 먼 곳인, 아시아의 먼 지역을 세상의 끝이라고 불렀다. 투트모세는 항상 준비된 상태였으므로, 재위 35년 봄, 지체 없이 나하린의 평원에 등장했다. 그는 아라이나(Araina)라고 불리는 곳에서 동맹군과 교전했다.[153] 아라이나가 어디인지는 확실히 알아낼 수 없지만 아마 오론테스 계곡 저지대 어딘가였을 것이다. "그때 폐하께서 이 야만인들에 대항해 승리를 거두셨다. … 그들은 황급히 달아나며, 폐하 앞에 겹겹이 쓰러졌다."[154] 아메넴하브가 티크시(Tikhsi)의 땅에서 발발했다고 언급한 전쟁은 아마 이 전투였을 것이다.[155] 만일 그렇다면, 그는 투트모세가 적을 향해 진군할 때 투트모세 앞에서 싸웠을 것이다. 두 사람은 전쟁터에서 전리품을 챙겼다. 왕은 전리품으로 갑옷 몇 점을 챙겼고, 그의 장군은 세 명의 포로를 잡았다. 그는 이 일로 다시 투트모세에게 훈장을 받았다. 물론 군대도 전쟁터에서, 금과 은으로 화려하게 세공한 전차 외에도 말, 청동 갑옷과 무기 등 많은 전리품을 발견했다.[156] 나하린 제후들의 동맹은 완전히 무너졌고, 미래의 저항을 위한 자원도 승리한 이집트인들이 파괴했거나 가져갔다. 시리아의 영주들은 이집트로부터 떨어져 있는데도, 파라오의 무력이 미치는 범위와 힘에 대해 알게 되었다. 이로부터 그들은 7년 후 다시 반란을 일으켰다.

다음 2년 동안의 투트모세 연대기는 분실되었다. 그래서 우리는 그의 11

---

[151] II, 498.
[152] Ibid.
[153] Ibid.
[154] II, 499.
[155] II, 587.
[156] II, 500-501.

번째, 12번째 군사작전의 목표에 대해 아무것도 모른다. 그러나 재위 38년, 그는 남부 레바논 지역에서 13번째 군사작전을 수행했다. 다시 누게스 지역을 정벌했는데,[157] 이 지역은 15년 전 첫 번째 군사작전에서 처음으로 그의 힘을 느낀 곳이다. 이 정벌에서 그는 키프로스 왕에게 또다시 선물을 받았을 뿐 아니라, 나중에 아시리아의 한 지역이 된 멀리 떨어진 아르라파키티스(Arrapakhitis)에서도 선물을 받았다.[158] 그는 남부 팔레스타인의 사납게 날뛰는 베두인 때문에 이듬해 그 지역을 행군했다. 예의 그 아메넴하브가 네게브(Negeb)[159]의 전투에서 세 명의 포로를 생포했다.[160] 그런 다음 그는 시리아에서 이 14번째 군사작전의 나머지를 치렀다. 그것은 단지 시찰이었다. 그러나 두 해 동안 그는 전처럼 만일에 대비해 항구에 보급품이 보급되도록 했다. 공물은 다음 두 해(재위 40년, 41년)에 정기적으로 들어온 것 같다.[161] 그리고 다시 '케타대왕'이 선물을 보냈는데, 투트모세는 전처럼 그것을 '공물'로 기록했다.[162]

   예전처럼 된통 혼이 난 시리아의 영주들은 그래도 독립을 포기하지 않았고 이집트의 종주권을 필연적이고 영구적인 통치 조건으로 받아들이려 하지 않았다. 투트모세의 숙적인 카데시의 선동으로 그들은 다시 파라오의 강한 손에서 벗어나려는, 최후의 단합된 노력으로 일어섰다. 모든 나하린, 특히 투니프의 왕과 북부 해안 일부 도시는 동맹에 가입하도록 설득당했다. 대왕은 이제 노인이었다. 아마 70세가 넘었을 것이다. 그러나 몸에 밴 기동성으로 그는 재위 42년 봄, 시리아 북부 해안의 앞바다에 함대와 함께 나타

---

[157] II, 507.
[158] II, 511-12.
[159] **[역주]** 이스라엘 남부의 사막지대.
[160] II, 517, 580.
[161] II, 520-527.
[162] II, 525.

났다. 그의 17번째이자 마지막 군사행동이었다. 첫 번째와 마찬가지로 그것은 그의 주적인 카데시를 향한 것이었다. 전처럼 남쪽으로부터 접근하지 않고, 투트모세는 카데시를 고립시켜 북부에서 지원받지 못하도록 투니프를 먼저 함락하기로 했다. 그래서 그는 오론테스 강어귀와 나르 엘 케비르(Nahr el-Kebir)[163] 사이의 어떤 지점에 상륙해 해안 도시 에르카투(Erkatu)를 함락했다.[164] 에르카투의 정확한 위치는 확실하지 않지만 투니프의 거의 맞은편이었던 것 같다. 이제 그는 투니프를 향해 행군했다. 그는 수확기까지 투니프에 있어야 했지만, 약간의 저항에 부딪쳤을 뿐 그곳을 함락했다.[165] 그런 다음 그는 오론테스강을 거슬러 올라가 사고 없이 카데시에 도착했고, 그 지역의 성읍들을 황폐하게 만들었다.[166] 카데시의 왕은 투트모세의 군대를 패배시키지 못하면 모든 것을 잃는다는 것을 알고 있었으므로 필사적으로 저항했다. 그는 도시 앞에서 이집트인들과 교전했다. 투트모세의 노련한 군대에 맞서기 위한 노력으로 그 시리아 왕은 계략에 의지했다. 그는 이집트의 전차를 향해 암말을 보냈다. 종마를 흥분시켜 이집트의 전선에 혼란을 야기하거나 틈을 야기해 그 틈을 이용할 수 있기를 바라는 의도에서였다. 그러나 아메넴하브는 전차에서 뛰어내려 손에 칼을 쥔 채 걸어서 암말을 뒤쫓아가 갈기갈기 찢고 꼬리를 잘라서 의기양양하게 왕에게 가져갔다.[167] 투트모세의 포위선이 당시 불운한 도시를 향해 더 가까이 다가갔고, 첫 번째 공격 명령이 내려졌다. 이 목적을 위해 그는 성벽을 깨뜨리려고 군대에서 모든 정예군을 선발했다. 아메넴하브가 지휘를 맡았다. 위험한

---

[163] [역주] Nahr al-Kabîr 또는 그저 Kebir라고도 불린다. 시리아, 레바논의 강이며, 지중해로 흘러 들어간다. 길이는 77.8km이다.
[164] II, 529.
[165] II, 530.
[166] II, 531.
[167] II, 589.

위업이 성공적으로 수행되었고, 투트모세의 믿을 만한 노병 중 최고의 병사들이 성벽의 틈으로 밀려들었다. 아메넴하브가 선두에 있었다. 시리아의 가장 강한 도시는 다시 파라오의 처분에 맡겨졌다.[168] 도시 안 나하린의 외인부대들은 투트모세의 수중에 떨어졌다. 그가 북쪽으로 행군할 필요조차 없었다. 여하튼 그가 고령인 점을 감안하면, 오랜 군사행동 후이므로 그렇게 힘든 원정을 피한 것도 눈감아 줄 수 있을 것이다. 또한, 계절이 너무 앞서 추운 겨울이 되기 전에 오래 행군할 수 없었을 가능성도 있다. 그러나 결과가 증명하듯 북부에서 더 이상 세력을 과시할 필요는 없었다.

노왕이 살아 있는 한, 아시아의 영주들은 그의 지배를 털어내려는 어떤 시도도 더 이상 하지 않았다. 19년이라는 기간 동안 17번의 군사작전으로 그들이 저항하려는 마음이 없어질 때까지 그는 그들을 복종시켰다. 카데시의 몰락과 함께, 한때 이집트를 굴복시켰던 힉소스 세력의 마지막 흔적은 사라졌다. 투트모세의 이름은 그들에게 속담이 되었다. 네 세대 후 그의 후임자들이 케타의 공격으로부터 나하린의 충성스러운 속국들을 보호하지 못했을 때 버림받은 불행한 사람들은 투트모세의 위대한 이름을 기억하고, 이집트에 애절하게 소식을 전했다. "마나크비리아(Manakhbiria, 투트모세)가 아니고서는 전에 누가 투니프를 약탈할 수 있었습니까?"[169] 70세 또는 70세가 넘었을 당시에도 불굴의 노전사는 항구들이 생필품을 갖추게 했으며,[170] 만일 필요하다면 그는 분명 시리아로 다시 군대를 이끌고 갔을 것이다. 아시아에서 그는 마지막으로 막사 안에서 조공을 바치는 제후의 사절을 접견하고[171] 이집트로 돌아갔다. 그곳으로 누비아의 사절단이 와와트에서만

---

[168] II, 590.
[169] Amarna Letters, ed. Winckler, 41, 6-8.
[170] II, 535.
[171] II, 533-4, 536-7.

262kg이 넘는 금을 그에게 가져왔다.[172]

사람들은 노왕이 이제 그에게 남은 얼마 안 되는 시간 동안 노력 끝에 얻은 휴식을 즐겼을 것이라고 생각할 것이다. 그러나 그는 아시아에서 이집트의 주권을 마침내 영구적으로 확립한 후에 관심을 누비아로 돌렸다. 금과 은을 수집하는 국고의 책임자[173]인 멘케페르레세네브(Menkheperreseneb)는 당시 분명히 매년 272~363kg의 금을 그곳에서 받고 있었다. 우리가 이용할 수 있는 불완전한 자료조차도 그의 재위 41년 거의 363kg을 받았음을 보여 주기 때문이다.[174] 그의 총독인 네히(Nehi)는 당시 20년 동안 쿠시를 통치해 오면서,[175] 지역의 생산성을 높은 수준으로 끌어올렸다. 그러나 남쪽으로 영토를 더 확장하는 것이 대왕의 바람이었다. 만년에 그의 건축물은 그가 그 지역에서 대단히 활동적이었음을 보여준다. 제3폭포에 이르기까지 칼라브쉐(Kalabsheh), 아마다(Amâda), 와디 할파, 쿰마와 셈나에서 그의 신전의 자취를 추적할 수 있다. 셈나와 솔레브(Soleb)에서 그는 자신의 위대한 조상인 세소스트리스 3세의 신전을 복원했다. 재위 50년, 그는 제1폭포의 수로를 깨끗이 해야 했는데, 우리는 이를 통해[176] 당시 그가 누비아에 대한 군사행동 후 돌아오는 길이었음을 알 수 있다. 고령의 투트모세가 원정을 함께 했다고 생각하기는 어렵다. 더 이른 시기에도 같은 지역으로 원정들이 이루어졌을 것이다. 왜냐하면, 투트모세가 카르나크 신전의 탑문 위에 그가 누비아에서 정복한 115곳의 목록과 약 400개의 그러한 이름을 포함한 또 다른 목록 두 가지를 기록할 수 있었기 때문이다. 누비아 지리에

---

[172] II, 539.
[173] II, 772 ff.
[174] II, 526-27.
[175] II, 651-2.
[176] II, 649-650.

대해서는 거의 알려지지 않아서 우리는 제시된 지역의 정확한 위치를 알아낼 수 없다. 그리고 그의 새 국경이 나일강 상류 쪽으로 정확히 얼마나 멀리 올라갔었는지도 불확실하다. 그러나 분명히 제4폭포 가깝게 갔으며, 우리는 새 국경이 그의 아들의 지배하에 있었음을 발견한다.

아시아에서 마지막 군사작전을 수행하고 돌아온 대왕에게 12년이라는 기간이 더 주어졌다. 그는 기력이 떨어지는 것을 느끼고, 조상이 누구인지 우리가 알 수 없는 하트셉수트 메레트레(Meretre) 왕비가 낳은 자신의 아들 아멘호테프 2세를 공동 통치자로 임명했다.[177] 약 1년 후인 기원전 1447년 3월 17일, 즉위한 지 54번째 되는 해의 마지막 5주가 되는 기간에 그는 자신이 그토록 큰 역할을 했던 이승의 무대에서 눈을 감았다.[178] 그의 아들이 그를 왕들의 계곡에 있는 그의 묘에 묻었고, 그의 사체는 여전히 잔존한다(사진15). 그가 죽기 전 아몬의 사제들은 그를 찬미하는 노래를 그들 신의 입으로 표현했다.[179] 인위적으로 지어낸 것이지만, 어느 정도 문학작품이라 할 만하며, 동시에 사제가 본 그의 영향력이 얼마나 보편적이었는지 또한 그 시대 사람들의 생각에 얼마나 깊은 영향을 끼쳤는지 보여준다. 투트모세에 대한 긴 칭찬의 서문이 있은 뒤에, 그의 신인 아몬이 그에게 말한다.

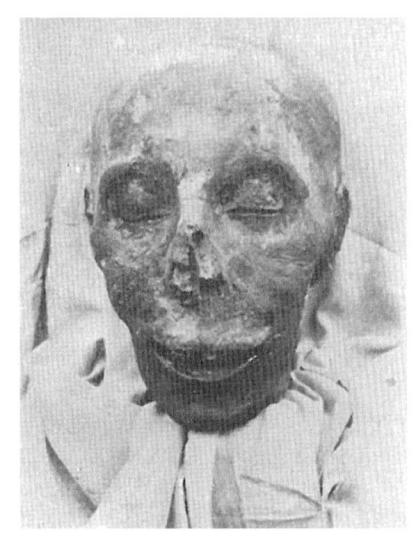

사진 15. 투트모세 3세의 머리
(그의 미라에서, 카이로 박물관)

---

[177] II, 184.
[178] II, 592.
[179] II, 655 ff.

나는 자히의 영주들을 쳐부수라고 그대를 보내러 왔소.
나는 저들의 산악지대에서 저들을 그대의 발밑으로 던졌소.
나는 저들이 주상(主上)을 빛의 주인으로 보도록 만들었소,
그대가 나의 모습처럼 저들의 얼굴에 비치도록.

나는 아시아인들을 쳐부수라고 그대를 보내러 왔소.
그대는 레테누의 아시아인들의 우두머리들을 포로로 잡았소.
나는 저들로 하여금 주상이 장신구로 치장한 모습을 보게 했소,
그대가 전차 안의 무기들을 가져갔을 때.

나는 동쪽 지방을 쳐부수라고 그대를 보내러 왔소.
그대는 신의 땅 구역에 있는 사람들을 짓밟았소.
나는 저들이 주상을 회전하는 별로 보게 만들었소,
별이 불꽃으로 흩어지고 이슬을 발산할 때.

나는 서쪽 지방을 쳐부수라고 그대를 보내러 왔소.
케프튜와 키프로스가 두려움 속에 있소.
나는 저들이 주상을 젊은 수소로 보게 했소,
뿔이 자라려 하고 저항할 수 없는 강한 마음을 가진.

나는 습지에 사는 사람들을 쳐부수라고 그대를 보내러 왔소.
미탄니의 땅은 그대에 대한 두려움에 떨고 있소.
나는 저들이 주상을 악어로 보게 했소,
가까이 접근할 수 없는 물속 공포의 지배자로.

나는 섬에 사는 사람들을 쳐부수라고 그대를 보내러 왔소.
큰 바다 한가운데 있는 사람들은 그대가 포효하는 소리를 듣는다오.
나는 저들이 주상을 원수를 갚는 사람으로 보게 했소,

피살된 희생자의 등에 올라서서.

나는 리비아인들을 쳐부수라고 그대를 보내러 왔소.
우텐튜(Utentyew)의 섬들은 그대의 뛰어난 힘으로 얻은 것이오.
나는 저들이 주상을 사나운 눈을 가진 사자로 보게 했소,
그대가 저들의 계곡에서 저들을 송장이 되게 하는 동안.

나는 땅의 끝까지 쳐부수라고 그대를 보내러 왔소.
지구의 둘레를 흐르는 강 오케아노스가 그대의 손안에 있소.
나는 저들이 주상을 솟아오르는 매로 보게 했소,
원하는 만큼 눈에 띄는 것을 움켜잡는.

나는 그대의 국경 가까이에 있는 자들을 쳐부수라고 그대를 보내러 왔소.
그대는 사막의 거주자들을 정벌해 생포했소.
나는 저들이 주상을 남쪽의 자칼로 보게 했소,
두 땅을 두리번거리며 소리 없이 나는 듯 달리는.

   우리는 이 모든 시가 아첨하는 사제의 과찬만은 아니라는 것을 알 수 있을 만큼 투트모세를 충분히 보아왔다. 투트모세라는 인물은 이크나톤을 제외하고, 초기 이집트의 어떤 왕보다 더 색채가 있고 개성이 있어서 눈길을 끈다. 투트모세 이전이든 이후이든 그 어떤 파라오 중에서도 그만큼 지칠 줄 모르는 에너지를 가진 인물은 없었다. 여가 시간에 정교한 꽃병을 디자인하는 다재다능한 사람으로, 한 손으로는 아시아에 군대를 파견하면서도 다른 손으로는 세금을 부당하게 징수하는 관리를 강력하게 단속하는 날카로운 눈빛의 통치자였다. 왕의 옥체에 가장 가까이 있었던 재상인 레크미레는 그에 대해 말한다. "보라, 폐하께서는 무슨 일이 생겼는지 다 아시는 분이셨다. 그가 모르는 일은 없었다. 그는 하나에서 열까지 토트[지식

의 신]였다. 그가 행하지 않은 일은 없었다.'"[180] 투트모세는 자신의 유례없는 업적에 대해 기록을 남기는 것을 자랑으로 여겼다. 그는 그렇게 함으로써 자신이 진실을 얼마나 깊이 존중하는지 두 번 이상 다짐한다. "나는 과장해 말하지 않았다." 그는 말한다. "내가 한 일을 자랑하기 위해 짐이 하지 않았지만, '내가 어떤 것을 했다'라고 과장하지 않았다. … 나는 누군가 반박할 수 있는 … 어떤 행위도 하지 않았다. 나는 나의 아버지 아몬을 위해서 이렇게 했다. … 그는 하늘을 알고 땅을 알고 온 땅을 끊임없이 살피시기 때문이다."[181] 마치 신이 진실을 요구하는 듯 신을 존경하는 마음과 섞여서 그러한 주장이 자주 그의 입에 오르내렸다.[182] 그의 통치는 이집트에서뿐 아니라 우리가 알기로는 그의 시대 근동 전 지역에서도 새 시대의 시작을 의미했다. 역사적으로 그 이전에는 한 사람이 그토록 큰 국가의 자원을 능숙하게 사용하고, 자원을 중앙집권적이고 영구적이며 동시에 기동성 있게 효율적으로 조직한 일은 없었다. 따라서 숙련된 장인이 100톤의 대장장이 망치를 능숙하게 다루듯, 자원은 여러 해 동안 다른 대륙으로 끊임없이 영향을 주며 옮겨질 수 있었다. 하지만 우리가, 투트모세가 자신의 망치를 스스로 만들었음을 기억하지 않는다면 이러한 비유적 표현은 부적절한 것이다. 무명의 사제직에서 일어나 역사상 처음으로 이 같은 일을 성취한 천재는 우리에게 알렉산더나 나폴레옹을 연상하게 한다. 그는 최초의 진정한 제국을 건설했고, 따라서 최초의 세계적 영웅이라는 보편적인 모습을 지닌 첫 번째 인물이다. 소아시아의 요새, 유프라테스 상류의 습지, 바다의 섬들, 바빌로니아의 늪지대, 리비아의 먼 해안, 사하라의 오아시스, 소말리 해안의 계단 모양의 대지, 나일 상류의 폭포에 이르기까지, 당시의 제후들은

---

[180] II, 664.
[181] II, 570.
[182] II, 452.

그의 위대함에 그에게 조공을 바쳤다. 따라서 그는 그의 시대에 세계적인 영향을 미쳤을 뿐 아니라, 새 질서를 가져오기도 했다. 약소국 시리아 제후들의 사소한 여러 음모와 기만적인 책략에 맞서 정의로운 처벌의 화신처럼 우뚝 솟은 그의 당당한 모습은 강풍이 해로운 증기를 몰아내듯 근동의 정치 분위기를 깨끗하게 했을 것이다. 그의 강력한 군대의 필연적인 응징은 세 세대 동안 나하린 사람들에게 경외감을 주는 추억이었다. 그의 이름은 주문에 쓰이는 이름이 되었고, 그의 제국이 와해된 후에도 여러 세기 동안 힘을 주는 낱말로서 부적 위에 쓰였다. 이 왕의 가장 위대한 기념물인, 헬리오폴리스의 오벨리스크[183] 가운데 하나가 첫 세계제국 건설자의 기념물로서 지금도 우리 해안 지방에 솟아있다는 것은 서방세계의 우리에게는 기쁜 일이다.

---

[183] 한 쌍의 오벨리스크 가운데 하나는 런던의 템스 강변 둑길 위에 세워져 있고, 다른 하나는 뉴욕시의 센트럴 파크에 세워져 있다. 98쪽을 참조하라.

17 제국

제국 시대는 당시 나일 계곡의 전성기였다. 예전의 고립된 삶은 완전히 사라졌다. 벌써 힉소스에 의해 금이 간 아시아와 아프리카 사이의 분리 벽은 이제 투트모세 3세의 전쟁으로 완전히 허물어졌다. 인습적인 경계는 사라졌으며, 삶의 흐름은 더 이상 작은 왕국들의 경계 안에서만 소용돌이치지 않고 대제국의 끝에서 끝까지 고동치며 나일강 상류로부터 유프라테스 상류까지 많은 왕국과 민족들을 에워쌌다. 지중해 동쪽 끝에서 이루어진 아시아 무역으로 인한 부는 한때 유프라테스를 따라 내려가 바빌론에 이르렀는데, 이제는 여러 세기 전에 홍해와 수로로 연결된 나일 삼각주로 옮겨갔다. 세계가 삼각주의 시장에서 거래했다. 아시리아는 여전히 요람기에 머물러 있었고, 바빌로니아는 더 이상 서쪽에서 어떤 정치적인 영향력도 갖지 못했다. 파라오는 자신이 정복한 거대한 제국 전역에서 무기한의 권력을 갖기를 고대했다.

아시아에서의 그의 통치에 대해 우리는 거의 알지 못한다. 전 지역이 '북방 국가들의 통치자'의 전반적인 관할 하에 있었다. 투트모세 3세의 장군 투티이가 이 관직을 처음으로 맡았다.[1] 불온한 아시아의 제후들을 억누르

---

[1] 107쪽 참조.

기 위해 시리아 팔레스타인 전역에서 영구적으로 군대를 주둔시키는 것이 필요했다. 파라오의 이름을 딴 요새가 지어졌고, 파라오의 업무 대행권을 가진 대리 밑에, 군대가 수비대로 요새에 배치되었다.[2] 투트모세 3세는 레바논의 남단에 그러한 요새를 하나 지었고,[3] 페니키아 해안의 어떤 도시에 그의 전임자들이 세운 또 다른 요새를 부흥시켰다. 이 도시에서 우리는 이집트의 국가 신인 아몬의 성소를 발견했다.[4] 아마도 수비대가 주둔한 성읍마다 그러한 신전이 있었던 것 같다. 그렇지만 가장 먼 나하린의 이카티(Ikathi)[5]에 있는 또 다른 요새는 분명히 그가 세운 것이다. 비블로스에서 르낭(Renan)[6]이 발견한 이집트 신전 유적은[7] 확실히 이 시기에 속한다. 살펴본 바와 같이 도시국가의 제후들은 그들이 신속하게 정기적으로 연공을 바치는 한 자유롭게 자신들의 국가를 통치할 수 있었다. 그러한 통치자가 죽으면, 테베에서 교육받은 그의 아들이 아버지의 자리에 앉혀졌다. 그러므로 아시아에서 정복해 얻은 것은 행정구역이라기보다는 조공을 바치는 왕국들로, 사실 쿠시 총독의 지배에서 대충 예상할 수 있는, 아직 요람기의 해외 정부 조직에 해당한다. 도시국가 왕들의 지방정부가 '북방 국가들의 통치자'의 시정과 어떻게 연관되어 있었는지는 전혀 알 수 없다. 그의 관직은 주로 재정적인 직책이었던 것으로 보인다. 왜냐하면, 투트모세 3세의 총독 투티이가 '국고를 청금석, 은, 금으로 채우는'이라는 구절을 자신의 이름에 덧붙였기 때문이다.[8] 그러나 제후들이 자신들 나름대로 세금을 걷고 일부

---

[2] 아마르나 편지.
[3] II, 548.
[4] II, 457-8.
[5] II, 787.
[6] [역주] Joseph Ernest Renan. 프랑스의 역사가, 언어학자, 평론가.
[7] Rougé, Revue arch. n. s. VII, 1863, pp. 194 ff.
[8] 107쪽 참조.

를 파라오에게 주었던 것은 분명하다. 우리는 아시아의 봉신들이 소득의 어느 정도를 기부해야 했는지 알 수 없다. 또한, 파라오가 아시아에서 걷어들인 전체 세입이 어느 정도였는지도 전혀 알 수 없다.

후대에 비슷한 제국들에서 자주 그랬듯이, 위대한 왕이 죽으면 속국의 제후들은 반란을 일으켰다. 따라서 투트모세 3세가 죽었다는 소식이 아시아에 전해졌을 때 그러한 기회가 커졌다. 제후들은 짜증 나는 연공의 의무에서 벗어나기 위한 만반의 준비를 했다. 아멘호테프 2세가 공동 통치자로 겨우 1년간 통치했을 때, 그의 아버지가 죽었고[9] 소요가 일어났다. 미탄니 제후들을 포함해 모든 나하린과 아마도 북부 해안의 도시들까지 연합하여, 아니면 적어도 동시에 반란을 일으켰다. 아버지의 모든 에너지를 가지고, 젊은 왕은 위기에 대비했다. 그리고 대규모 군대를 조직한 동맹군에 맞서 아시아로 진군했다.[10] 남부는 분명 반란을 감행하지 않았지만, 북부 팔레스타인부터는 전체적으로 반란에 가담했다. 재위 2년(기원전 1447) 4월에 군대와 함께 이집트를 떠난 아멘호테프는 5월 초 북부 팔레스타인에서 적과 접촉했다. 그는 즉시 세메스 에돔(Shemesh-Edom)[11]에서 레바논의 제후들에 맞서 전투를 치렀다. 이 교전에서 그는 자신의 아버지가 자주 그랬던 것처럼 군대를 직접 이끌고, 서로 뒤섞여 맞붙어 싸웠다. 그는 자신의 손으로 18명의 포로와 16마리의 말을 생포했다.[12] 적은 완패했다. 5월 12일까지 그는 북쪽으로 진군하면서 마지막으로 오론테스를 건넜고, 아마도 센자르에서 유프라테스를 향해 북동쪽으로 방향을 틀었다.[13] 그는 강을 건너자마자 나하린

---

[9] II, 184.
[10] II, 792, l. 4.
[11] II, 783.
[12] Ibid.
[13] II, 784.

의 선발 부대와 소규모 접전을 벌였다.[14] 그러나 곧 재빨리 밀고 나가 티크시 지역에서 반란에 가담한 7명의 제후를 포로로 잡았다.[15] 오론테스를 출발한 지 14일 만인 5월 26일에 그는 니이에 도착했다. 니이에서는 그에게 문을 열어주었고, 그가 당당하게 성읍으로 들어설 때 성읍의 남녀가 성벽에서 그에게 환호를 보냈다.[16] 10일 후인 6월 5일, 그는 반란을 일으킨 성읍 이카티의 반역에서 군대의 수비대를 구조했고,[17] 성읍 주민들을 응징했다. 이 도시로 행군한 후, 그가 북쪽으로 니이에서 유프라테스 상류까지 갔는지 또는 유프라테스를 건너 미탄니로 들어갔는지는 확실하지 않다. 그러나 유프라테스를 건너 미탄니로 간 것이 더 사실인 것 같다. 왜냐하면, 그에 대한 다음과 같은 기록이 있기 때문이다. "미탄니의 족장들은 공물을 등에 지고 와서 폐하께 살려달라고 간청한다. 이는 엄청난 사건으로 그 같은 상황은 신들의 시대 이후로는 들어본 적이 없었다. 이집트를 알지 못했던 나라가 좋은 신[파라오]에게 간청한다."[18] 아마도 아버지가 갔던 곳을 지나서 더 멀리 갔을 때, 그는 자신의 아버지와 증조부가 그랬던 것처럼[19] 경계를 나타내는 명판을 세웠다.[20] 그의 귀향은 그가 멤피스에 다가가자 개선 행진이 되었다. 주민들이 그의 행렬이 지나는 동안 감탄하는 군중 속으로 모였다. 행렬과 함께 500명이 넘는 북시리아의 영주들과 240명의 이들의 여자들, 210마리의 말과 300대의 전차도 함께 몰고 갔다. 그의 전령관은 최고

---

[14] Ibid.
[15] II, 797.
[16] II, 786.
[17] II, 787.
[18] II, 804.
[19] II, 800, ll. 4-5.
[20] [역주] 저자는 원래 할아버지라고 표기했지만, 저자가 할아버지라고 지칭한 투트모세 1세는 아멘호테프 2세에게는 증조할아버지이므로 역사적 사실에 입각해 증조부로 옮겼다.

회계담당자를 위해 거의 45,359kg의 구리 외에도 꽃병과 그릇으로 만들어 놓은 거의 753kg의 금의 운반을 책임졌다.[21] 테베로 향하면서 7명의 티크시 제후들을 데려갔고, 도시가 가까워지자 그는 왕실 선박의 뱃머리에 그들을 거꾸로 매달았다. 그는 아몬의 앞에서 그들을 직접 제물로 바치고 그들의 사체를 테베의 성벽에 매달았고 나머지 한 명의 사체는 곧 알게 되겠지만 누비아인들에게 교훈이 되도록 남겨두었다.[22] 그의 예기치 않은 힘은 분명 반란을 위한 힘이 모이기 전에 반란을 평정했다. 우리가 아는 한, 이 교훈이 대단히 효과적이어서 아시아에서 그의 종주권에 맞서는 더 이상의 어떤 시도도 없었다.

젊은 파라오는 이제 제국의 다른 쪽 끝의 안전을 보장하고, 남쪽의 국경을 확고히 하는 쪽으로 그의 에너지를 돌렸다. 테베에 도착하자, 티크시의 일곱 번째 제후의 사체를 실은 원정대를 누비아로 파견했다. 누비아인들이 새 국왕에 대항해 반란을 꾀한다면 그들에게 어떤 일이 일어날지에 대한 암시로서, 나파타의 벽에 그 일곱 번째 제후의 사체를 매달아 놓았다. 上누비아에서 투트모세 3세의 군사행동으로 당시 아멘호테프는 제4폭포에 국경을 수립할 수 있었다. 국경은 폭포 바로 아래 나파타가 수비했다. 나파타가 위치한 카로이(Karoy) 지역은 이때부터 이집트 통치의 남쪽 경계로 알려졌다. 이 지점까지 '쿠시의 총독이자 남방 국가들의 통치자'의 사법권이 확대되었다.[23] 이것은 강이 크게 굽은 곳 주위의 이집트 영토를 물줄기가 종종 남쪽으로 흐르는 지역까지 연장했다. 이곳에 아멘호테프는 남쪽 경계를 나타내는 명판을 세웠다.[24] 남쪽으로부터의 무역로를 지킬 수 있고 야만

---

[21] II, 790.
[22] II, 797.
[23] II, 1025.
[24] II, 800.

인들이 대담하게 그 지역을 침입해 약탈하지 않는 이상, 그들은 명판 너머의 거친 누비아인들을 그다지 통제하지는 않았다. 그가 아시아의 군사작전에서 돌아온 후 약 9개월 만에, 누비아 원정대가 아마다와 엘레판티네에 하나씩 두 개의 석비를 세웠는데, 석비에 아멘호테프의 아버지가 이 두 지역에서 착공한 신전을 아멘호테프가 완성했다고 기록했다.[25] 기록에서 아멘호테프는 티크시 왕들의 운명에 대해 밝혔다. 두 번째 군사행동이 아직 시작되지 않았지만, 그는 나하린 전투를 자신의 '첫 번째 군사작전'이라고 언급하고 있는데, 이는 그가 이끌어 갈 정복 생활에 대한 중요한 계시이다. 아몬이 모든 파라오의 간절한 손에 홀(笏)과 마찬가지로 검을 배치한 것은 당시 당연한 일로 여겨졌다. 그러나 아멘호테프의 위대한 아버지가 매우 철저히 해 놓았기 때문에, 우리가 아는 한 그는 다시 아시아나 누비아를 침략할 필요가 없었다.

    테베에서 그는 강의 서쪽에 지금은 없어진 자신의 장제전을 아버지의 장제전 옆에 세웠다. 한편 카르나크 신전에서는 하트셉수트의 오벨리스크가 있는 오랫동안 뜯겨진 홀을 복원해, 그녀가 제거했던 기둥들을 다시 세우고 값비싼 금속으로 화려하게 장식했다. 그는 하트셉수트의 오벨리스크에 새겨진 글귀가 영원히 보이지 않도록 자신의 아버지가 그 주위에 세운 담벽 위에, 복구한 작업에 대해 기록했다.[26] 그는 카르나크에 기둥이 늘어선 작은 건축물 외에, 멤피스와 헬리오폴리스에도 근처에 있는 트로이아의 채석장을 복원해서 건축물을 지었다. 그러나 그곳에서 그가 세운 구조물은 다 사라졌다. 우리는 그에 대해 개별 인간으로 아는 것이 거의 없다. 그러나 그는 대왕의 아들다웠던 것 같다. 육체적으로 그는 매우 힘

---

[25] II, 791-8.
[26] II, 803-6.

이 센 사람이었다. 그의 비문에는 누구도 그의 활을 당길 수 없었다고 적혀 있다. 무기가 그의 무덤에서 발견되었고 무기에는 그의 이름 뒤에 "혈거인들을 쳐부순 자, 쿠시를 타도한 자, 그들의 도시를 산산조각내고 …… 이집트의 거대한 성벽, 그의 군사들의 보호자"라는 글귀가 적혀 있다.[27] 캄비세스(Cambyses)[28]가 에티오피아 왕의 활을 당길 수 없었다는 전설을 헤로도토스에게 제공한 것도 그의 일대기이다.[29] 그는 자신이 왕세자로 지명된 지 30주년 기념일에 기념제를 거행하고 행사를 기념하여 엘레판티네에 오벨리스크를 세웠다. 약 26년 동안 통치한 후, 기원전 1420년경에 죽었다. 그는 자신의 조상들처럼 왕들의 무덤 계곡에 묻혔고, 사체는 그곳에 오늘날까지 남아있다(사진16). 하지만 오늘날에도 테베의 영리한 도굴꾼의 희생물이 되었다. 도굴꾼들은 1901년 11월에 억지로 무덤에 뚫고 들어가 자신들의 고대 통치자의 사체에 부착된 왕실의 보물을 찾기 위해 미라를

---

[27] II, p. 310, note d.
[28] [역주] 캄비세스(Cambyses) 2세는 기원전 6세기 고대 페르시아의 전제군주로, '캄비세스 왕의 재판'으로 유명하다. 헤로도토스에 의하면 당시 왕실재판소의 판관이었던 시삼네스(Sisamnes)가 뇌물을 받고 불공정한 판결을 일삼았다. 캄비세스는 시삼네스에게 박피(剝皮) 형벌을 내렸다. 왕은 부패한 판관의 멱을 따고 살가죽을 모두 벗기게 했으며, 벗겨낸 살가죽으로 끈을 만들어 시삼네스가 판결할 때 앉았던 의자에 씌웠다. 왕은 이어 시삼네스의 아들을 후임 재판관으로 임명하고, 아버지의 의자에 앉게 한 뒤 "어떤 의자에 앉아 판결하고 있는지 명심하라"라고 경고했다. 이 같은 조치는 관리들에게 박피 형벌을 일삼았던 중국 明나라 태조 朱元璋을 떠올리게 한다.
[29] [역주] 헤로도토스가 밝힌 전설은 다음과 같다. 이집트를 정복하고 이집트의 왕이 된 캄비세스 2세는 이집트 주변의 여러 나라에서 조공을 보내오고 사신을 보내 인사를 하는데 에티오피아만 사신을 보내오지 않자, 그 이유를 따졌다. 에티오피아 왕은 활을 하나 보내며 이 활을 당길 만한 힘이 생기거든 그때 보자고 했다. 캄비세스는 활을 당겨보려 했지만, 활시위는 꿈쩍도 하지 않았다. 캄비세스가 화가 나서 에티오피아로 진군하려 하는데, 그때 동생 스메르디스(바르디야)가 나서서 활시위를 아주 쉽게 당겼다 놓았다. 이에 캄비세스는 동생을 견제하기 위해 그를 죽이라고 심복을 보내고 에티오피아 원정을 떠났다. 동생은 죽었지만, 동생을 사칭해 왕위에 오른 자가 있었고, 캄비세스는 군대를 되돌려 돌아가는 도중 사고로 죽는다.

감은 천을 잘라냈다.³⁰ 그러나 같은 직업을 가진, 그들의 테베 조상들이 3000년 전 철저히 도굴하여 그들의 후손들이 훔쳐갈 만한 아무것도 남기지 않았다.³¹

아들인 투트모세 4세가 아멘호테프³² 2세의 뒤를 이었다. 몇 세기 후에 유포된 민간 설화를 믿는다면, 이 왕자가 처음에는 자신의 아버지의 후계자로 정해지지 않았을 가능성이 있다. 설화는 그의 아버지가 죽기 훨씬 전에, 어떻게 그가 사냥하러 갔다가 제4왕조의 파라오들이 벌써 1300년 넘게 잠들어있는 기자의 피라미드 근처 사막에 가게 되었는지 밝힌다. 그는 한낮에 大스핑크스의 그늘에서

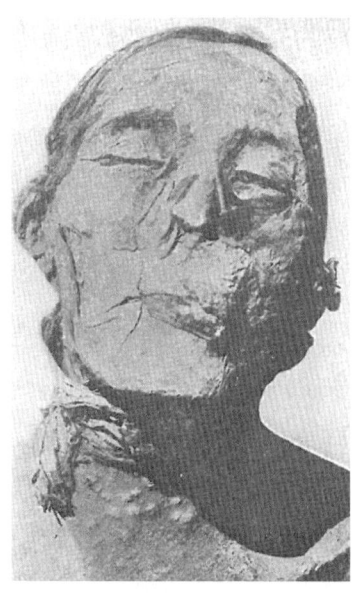

사진 16. 투트모세 3세의 아들인 아멘호테프 2세의 머리
(여전히 테베의 무덤에 있는 그의 미라에서)

쉬다가 잠이 들었다. 당시 스핑크스와 동일시된 태양신이 꿈에서 그에게 나타나 그 옛날에도 벌써 스핑크스의 형상을 덮고 있는 모래를 치워달라고 간청하고, 동시에 그에게 왕국을 준다고 약속했다. 왕자는 위대한 신이 원하는 대로 하겠다고 맹세했다. 신의 약속은 실행되었고, 젊은 왕은 즉위하자마자 서둘러 그의 맹세를 이행했다.³³ 그는 스핑크스의 거대한 형상을 깨끗하게 했고, 근처의 석비에 일어난 일에 대해 전부 기록했다. 궁궐 사제

---

³⁰ IV, 507-8.
³¹ 367-368쪽 참조.
³² [역주] 제18왕조의 아멘호테프 왕들은 그리스어 아메노피스(Amenophis)로도 알려져 있다.
³³ [역주] 이 부분도 일반적으로 알려진 내용과 순서가 조금 다르다. 태양신은 스핑크스를 덮고 있는 모래를 치워 주면 왕이 되게 해 주겠다고 약속했고, 따라서 왕자는 모래를 치우고 난 후에 투트모세 4세가 되었다고 한다.

들이 만든 보다 나중의 판본은 근처 오시리스 신전에서 가져온 거대한 화강암 아키트레이브에 새겨졌고, 스핑크스 앞발 사이의 가슴께에 세워져 여전히 그곳에 있다.[34]

그는 아시아의 제국을 유지할 것을 일찍 요구받았다. 그러나 우리는 그곳에서의 그의 군사작전 과정에 대해 전혀 모른다. 그의 아버지처럼 그도 그의 군사작전을 '첫 번째 군사작전'이라고 불렀다.[35] 그러나 그가 먼 북쪽까지 진군해야 했고, 결국은 나하린을 침입했으며, 그래서 그 후 테베에 있는 국가 신전에 "폐하가 승리한 첫 전투를 통해 불쌍한 나하린에서 차지한"[36] 전리품을 기록할 수 있었음은 분명하다. 나하린에 그가 등장하자마자 그곳 속국의 제후들 사이의 민심 이반행위가 완전히 가라앉았다. 그는 레바논을 경유하여 돌아갔다. 레바논에서 그는 족장들에게 테베의 아몬신을 위한 신성한 선박을 만드는데 쓸 삼나무를 제공하도록 강요했다.[37] 테베에 도착해서 그는 아마도 팔레스타인 도시 게제르에서 왔을 포로들의 거주지를 만들었다.[38] 거주지는 자신의 장제전을 둘러싼 담 안에 있었는데, 그의 장제전은 그가 테베 평원에 있는 조상들의 장제전 옆에 세운 것이다. 아마도 케타에 있는 공동의 적을 인지한 것이 당시 파라오와 미탄니 사이에 관계 회복을 야기했을 것이다. 미탄니가 곧 케타 왕의 공격으로 인해 고전할 상황이었기 때문이다. 그가 미탄니 왕 아르타타마(Artatama)에게 사람을 보내 그의 딸과 혼인하고 싶다고 밝힌 것으로 보아서,[39] 투트모세는 분명 북쪽에 친구가 필요했다. 아르타타마는 어느 정도 마지못해 하다가 동의했

---

[34] II, 810-815.
[35] II. 817.
[36] Ibid.
[37] II, 822, 838.
[38] II, 821.
[39] 아마르나 편지, 21, 16-18.

다. 그래서 미탄니의 공주가 이집트로 보내졌다. 이집트에서 공주는 아마도 무템위야[40]라는 이집트 이름을 받았고, 이집트의 다음 왕인 아멘호테프 3세의 어머니가 되었다. 미탄니와의 공고한 동맹은 이렇게 형성되었다. 이로 인해 파라오가 이후 유프라테스강 동쪽을 정복하는 것은 생각할 수 없게 되었다. 우호적인 동맹은 바빌로니아와도 공고해졌다.[41] 투트모세가 다시 아시아를 침략할 필요가 없다고 여겼던 것 같기는 하지만, 그는 귀족들에 의해 '시리아의 정복자'라고 불렸고,[42] 시리아 제후들의 공물이 규칙적으로 재상이나 회계담당자의 집무실로 보내졌다.[43] 재위 8년 봄에, 누비아에 심각한 반란이 일어났다는 소식이 그에게 전해졌다.[44] 강 상류로 올라가는 득의양양한 항해에서, 그는 규모가 큰 모든 신전에서 신에게 인사하기 위해 멈췄다. 그는 제1폭포를 지나서 와와트로 진군하면서, 누비아의 북쪽 경계 근처에서 의외로 적들을 발견한 것 같다. 뒤이은 전쟁에는 물론 한 가지 결과만이 가능했다. 막대한 양의 전리품이 투트모세의 손에 쥐어졌다.[45] 또 한 번 그는 붙잡은 포로들을 자신의 장제전의 농노로 정착시켰다.[46]

투트모세가 누비아에서의 전쟁 후 얼마 안 가서 죽었을 수 있다. 그래서 그는 자신의 아버지와는 달리 테베를 아름답게 할 수도 국가 신전을 꾸밀 수도 없었다. 그러나 그는 할아버지인 투트모세 3세를 존경했으므로 국가 신전이라는 주목할 만한 작품을 완성했다. 투트모세 3세가 계획한 마지막 오벨리스크는 35년 동안 카르나크 신전의 담으로 둘러싸인 땅, 즉 신성한

---

[40] [역주] 원서에는 Mutemuya로 표기되어 있지만, Mutemwiya가 많이 쓰인다.
[41] 아마르나 편지, I, l. 63.
[42] II, 822.
[43] II, 819-820.
[44] II, 826.
[45] II, 829.
[46] II, 824.

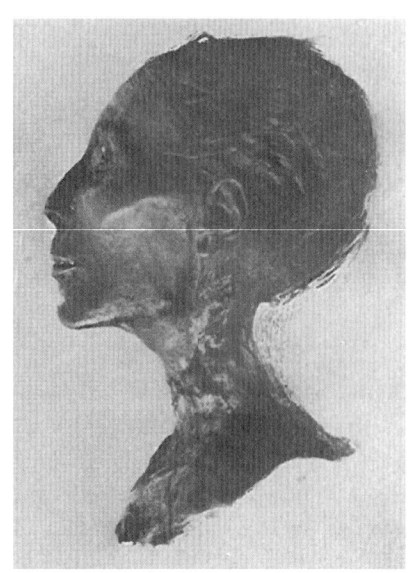

사진 17.
아멘호테프 2세의 아들인 투트모세 4세의 머리
(그의 미라에서, 카이로 박물관)

구역의 남문 쪽에 완성되지 않은 채로 가로놓여 있었다. 이제 그의 손자가 그것에 옛 정복자의 이름을 새겨 넣었고, 그 위에 그 일을 계속한 자신의 효성스러운 업적도 기록했다. 그리고 32m 15cm 높이의 현존하는 오벨리스크 중 가장 높은 그 거대한 오벨리스크를, 그가 그것을 발견한 지점인 그 구역의 남문에 세웠다. 오벨리스크는 현재 로마에 있는 라테란(Lateran)[47] 앞에 세워져 있다. 자신의 기념제를 거행한 것일 수도 있는 이 신성한 행위 후 얼마 되지 않아 투트모세는 조상들에게 갔고(기원전 약 1411년), 그들이 잠들어있는 계곡에 묻혔다(사진17).

그를 계승한 아들은 아멘호테프 3세로 마지막 위대한 황제였다. 그는 투트모세 3세의 증손자로, 최고조에 오른 이집트 권력은 그와 함께 이미 점차 기울기 시작했다. 그는 그 흐름을 막을 사람이 아니었다. 나중에 그가 보여준 여성적인 성격은 왕비와 그의 관계에 벌써 드러난다. 이미 왕세자였거나 아니면 적어도 즉위한 지 얼마 안 되어 그는 티이(Tiy)라는 이름의 출신이 불확실한 비범한 여자와 결혼했다. 흔히 제기되는, 그녀가 외국 태생이라는 주장을 입증할 만한 증거는 티끌만큼도 없다. 혼인을 기념하면서 아멘호테프는 사건의 기록이 새겨진[48] 돌을 깎아 만든 다수의 스카라베, 즉

---

[47] **[역주]** 라테란 대성당. 로마 교황의 교회당.

신성한 풍뎅이들을 발행했다. 스카라베에는 직함이 없는 왕비의 가문이, 그녀가 왕비임을 선언하는 왕실 직함 속의 그녀 이름 뒤에 그대로 실려 있다. 그러나 기록은 다음과 같은 말로 끝을 맺는다. "그녀는 남쪽 경계는 카로이에 이르고 북쪽 경계는 나하린에 이르는 강력한 왕의 아내이다."[49] 마치 왕비의 미천한 태생에 대해 깊이 생각할 누군가에게 그녀가 현재 차지한 높은 지위를 상기시키려는 듯하다. 처음부터 새 왕비는 아멘호테프에게 강력한 영향을 미쳤다. 그는 즉시 그녀의 이름을 왕실 문서의 맨 앞쪽에 있는 공식적인 머리말에 끼워 넣었다. 그녀의 영향력은 그의 통치 기간 내내 지속되었고, 국가 대사와 공적인 행사에서 왕비가 두각을 나타내는 것이 특징인 주목할 만한 시대가 시작되었다. 이러한 특성은 아멘호테프 3세와 그의 후임자들의 시대에서만 찾을 수 있다. 이러한 사건의 의미에 대해서는 뒤에서 자세히 고찰할 것이다.

아멘호테프 3세의 대제국의 통치는 시작은 좋았다. 아시아인들은 그가 즉위했을 때 아무런 문제를 일으키지 않았다. 그는 평온하게 그리고 전례 없이 번영되게 다스렸다. 그러나 재위 4년 말에 누비아에서의 분쟁이 그를 남쪽으로 불렀다. 10월 초에 그는 높은 수위를 이용해서 함대로 폭포를 지나갔다. 누비아의 총독인 메리모세[50]는 쿱반(Kubbân) 근교에서 이브림[51]까지 약 121km 거리의 지역에서 누비아 군대를 소집했다.[52] 이들은 파라오의 이집트인들과 함께 상류 지역의 누비아인들에 대항해 복무했다. 이것은 下누비아 지역이 이집트화했음을 나타내는 두드러진 증거이다. 적어도 제2폭포

---

[48] II, 861-2.
[49] II, 862.
[50] [역주] 원서에는 Mermose로 표기되어 있는데, 흔히 Merymose라 부른다. Merimes로도 알려져 있다.
[51] [역주] Qasr Ibrim은 제1폭포와 제2폭포 사이에 위치해 있다.
[52] II, 852.

위쪽의 이브헤트(Ibhet)에 이르렀을 때 그들은 적을 발견했고 적과 전투를 벌였다. 아마도 이날은 즉위한 지 5년째 되는 해의 첫 번째 날로, 왕의 대관식 기념일이었던 것 같다. 그들이 제2폭포에 세운 승리의 명판에 기록되어 있듯이 그들은 740명의 포로를 잡았고, 312명을 죽였다.[53] 외딴 마을과 우물들은 소규모 부대들이 가서 주민들이 다시 반항하지 못하도록 처벌했다.[54] 그 후에 아멘호테프는 한 달간 남쪽으로 행군했다. 행군하면서 그는 포로를 생포하고 전리품을 챙겼다.[55] 그는 마침내 '후아(Hua)의 고지'에 도착했다. 이곳은 위치가 불확실한데, 푼트와 함께 목록에 등장한다. 아마도 폭포들 위쪽에 위치한 먼 남쪽이었을 것이다. 그는 후아의 남쪽에 있는 우네셰크(Uneshek) 지역에서 야영을 했다. 이것은 그가 아주 먼 남쪽까지 행군했음을 의미한다.[56] 나파타 근처의 지역으로 이제는 독자들도 익숙한 카로이 땅에서 그는 테베에 지을 건축물에 쓰일 상당한 양의 금을 수집했고,[57] 케베후 호르(Kebehu-Hor), 즉 '호루스의 연못'에 승리의 명판을 세웠으나,[58] 우리는 그곳의 위치를 확실하게 알아낼 수 없다. 그의 아버지의 국경보다 근본적으로 더 나아간 것은 물론 아니었다. 이것이 파라오가 마지막으로 누비아를 대대적으로 침공한 것이었다. 나일 계곡으로 계속 약탈하려고 침입하는 외곽의 종족들을 끊임없이 처벌해야 했지만, 계곡 자체는 제4폭포까지 완전히 정복되었고, 제2폭포까지는 대부분 이집트화했다. 제4폭포에 이르는 지역까지 당시 꾸준히 추진되었던 이집트화 과정은 이집트 문명과 효과적으로 접목되었다. 이집트의 신전이 당시 비교적 큰 성읍마다 생겨났

---

[53] II, 853-4.
[54] II, 850.
[55] II, 850, II. 11.
[56] II, 847-8.
[57] II, 889.
[58] II, 845.

고, 이집트의 신들이 그 신전들에서 숭배되었다. 누비아의 장인들은 이집트의 예술을 배웠고, 어디서든 나일 상류의 조잡한 미개함은 이집트 문화의 흔적을 받아들이고 있었다. 그렇기는 하지만 총독의 감독 하에 있는 원주민 족장들은 여전히 그들의 직함과 명예를 보유하는 것이 허용되었고, 분명히 적어도 정부에서 명목상의 역할을 계속 맡고 있었다. 우리는 멀리 북쪽으로 이브림까지 그러한 족장들을 발견한다.[59] 이브림은 아멘호테프 3세가 흑인 외인부대를 모집한 남부 경계였다. 그러므로 아마도 이집트 관리들만으로 이루어진 지방정부의 세력이 미친 최남단 지점이었을 것이다. 모든 누비아 지역의 연공을 가지고 총독이 매년 테베에 상륙하는 것은 당시 오랫동안 자리 잡은 풍습이었다.[60]

아시아에서 아멘호테프는 확고한 패권을 누렸다. 그들이 시리아-팔레스타인이라고 부른 가나안에 대한 그의 종주권은 바빌론의 궁전에서조차도 인정받았다. 제후들이 파라오에 맞서는 동맹에 바빌론의 왕인 쿠리갈주(Kurigalzu)를 포함시키려 했을 때, 그는 그들에게 절대적으로 거절하는 편지를 썼다. 편지는 자신이 파라오와 동맹 관계에 있으며, 만일 그들이 이집트에 적대적인 동맹을 형성한다면 그들과 전투를 벌일 수도 있다고 위협하는 내용이었다.[61] 적어도 이것은 사건에 대한 바빌론의 설명이다. 사실이든 아니든 이것은 파라오에게 호감을 사려는 바빌론의 진심 어린 바람을 보여준다. 바빌로니아, 아시리아, 미탄니, 알라사(Alasa)-키프로스[62]의 모든 나라가 이집트의 우정을 얻으려 모든 노력을 다하고 있었다. 전에는 역사상 알려지지 않은 세계 정치의 무대가 이제 우리 앞에 펼쳐져 있다.

---

[59] II, 1037.
[60] II, 1035-41.
[61] 아마르나 편지, 7.
[62] **[역주]** 키프로스 섬의 도시 이름이다. Alassa로도 표기되어 있다.

사진 18. 아마르나 편지 #296 미탄니 왕 투슈라타의 딸 타두키파의 결혼 지참금 목록이 실려 있다. (베를린 박물관)

중심지인 파라오의 궁궐로부터 당시의 모든 위대한 사람들과의 다수의 통신선이 사방으로 뻗어 있다. 고대 근동에서 전해 내려온 아마도 가장 흥미로운 서류 뭉치인 텔 엘 아마르나(Tell el-Amarna) 편지(사진18)는 마치 각 제후가 한 무대 위에 서서 파라오의 위대한 왕좌 앞에서 자신의 역할을 수행하는 것을 보는 것처럼, 이쪽 아시아의 왕국들을 훑어볼 수 있게 해 주었다. 약 300통의 편지들은 바빌로니아의 설형문자로 찰흙 명판 위에 쓰여 있으며, 아멘호테프 3세의 아들인 이크나톤이 세운 수도에서 1888년에 발견되었다.[63] 이 수도는 오늘날 텔 엘 아마르나로 알려져 있는데, 편지는 이곳의 명칭에서 이름을 따온 것이다. 편지는 아멘호테프 3세와 그의 아들이자 후임자인 아멘호테프 4세, 즉 이크나톤의 통치 시기부터 시작되는데, 한편으로 이 파라오들과 다른 한편의 바빌로니아, 니네베, 미탄니, 알라샤(키프로스)와 시리아 팔레스타인의 파라오 봉신 제후들 간의 지극히 공식적인 성격의 편지들이다. 아멘호테프 3세와 바빌로니아 왕 칼림마 신(Kallimma-Sin)[64]이 주고받은 서신 중 다섯 통의 편지가 현존한다.[65] 한 통은 파라오가, 나머지는 칼림마

---

[63] [역주] 지금까지 밝혀진 380개의 아마르나 문서 가운데 대부분을 차지하는 337개는 외국에서 이집트로 보낸 외교 서신들이고, 32개는 문학작품, 문법, 이집트어-아카드어 사전이며, 나머지 11개는 이집트 파라오가 기록했지만, 미처 외국으로 보내지 못한 편지이다. 아마르나 문서는 독일 베를린 박물관에 201개, 영국 대영박물관에 82개, 이집트 카이로 박물관에 51개, 그리고 나머지는 유럽과 미국의 박물관이나 연구소에 흩어져 있다.

[64] [역주] 칼리마 신(Kallima-Sin)으로 쓴 표기도 보인다. 저자는 칼림마 신 옆에 카데시만 벨(Kadeshman-Bel)이라는 이름을 병기했다.

신이 보낸 것이다. 이 바빌로니아 왕은 금이 계속 필요했다. 그는 바빌로니아 전령들이 이집트에는 금이 먼지처럼 많다고 보고했다며 그 값비싼 금속을 많이 보내달라고 이집트 형제를 끈질기고 성가시게 조른다. 아멘호테프가 그에게 보낸 양에 칼림마 신이 만족하지 못해 상당한 갈등이 빚어졌다. 그는 아멘호테프가 자신의 아버지의 딸과 혼인했으므로, 이 관계로 인해 더 많은 금을 받아야 한다고 언급한다. 서신 왕래가 이어지면서 아멘호테프의 딸과 칼림마 신 또는 그의 아들과의 또 다른 결혼에 대해 협상이 이루어진다. 비슷하게 아멘호테프는 아르타타마의 아들인 미탄니 왕 슈타르나(Shuttarna)와는 가장 친밀한 관계를 즐긴다. 그의 아버지 투트모세 4세는 슈타르나와 가장 다정한 관계를 유지했다. 사실 아멘호테프는 아마도 슈타르나의 조카였을 것이다. 이제 그는 슈타르나의 딸인 길루케파[66]와 결혼했다. 이 결혼을 기념하여 아멘호테프는 돌로 된 풍뎅이 모양의 일련의 스카라베를 제작했다. 스카라베에는 결혼을 기념하는 글귀가 새겨져 있고, 공주가 317명의 여자와 수행원들을 데려왔다고 적혀 있다.[67] 이 일은 아멘호테프 재위 10년에 있었던 일이다. 슈타르나가 죽자 동맹은 그의 아들인 투슈라타[68] 하에서 지속되었다. 아멘호테프는 후에 두 번째[69] 미탄니 공주인 투슈라타의 딸 타두키파(Tadukhipa)[70]를 자신의 아들이자 후계자의 아내로 맞이하게 했다.[71] 두 왕 사이의 서신은 그러한 교류의 예로,

---

[65] 아마르나 편지, 1-5.
[66] [역주] 원서에는 Gilukhipa로 되어 있다. 흔히 Gilukhepa로 쓰인다.
[67] II, 866-7.
[68] [역주] 원서에는 Dushratta로 되어 있다. 흔히 Tushratta로 알려져 있다.
[69] [역주] 두 번째의 의미가 불분명한데, 첫 번째 미탄니 공주는 위의 길루케파를 지칭한 것으로 풀이된다.
[70] [역주] Tadukhepa로도 쓰인다.
[71] [역주] 알기 쉽게 정리하면, 당시 미탄니의 왕은 아르타타마 1세에서 슈타르나 2세로, 다시 투슈라타로 이어진다. 아르타타마 1세의 딸이 투트모세 4세와 결혼하고, 아르타

그들의 교류를 이해하는 데 도움이 된다. 다음은 투슈라타가 그의 이집트 협력자에게 쓴 편지이다.[72]

"나의 형제이자 나의 사위로 나를 사랑하고 내가 사랑하는 이집트의 왕 님무리아(Nimmuria) 대왕께—그대를 사랑하는 그대의 장인이자 그대의 형제인 미탄니의 왕 투슈라타대왕으로부터.[73] 나는 잘 지내고 있소 그대도 잘 있겠지요? 그대의 집, 나의 누이, 그대의 다른 아내들, 그대의 아들들, 그대의 전차와 말, 그대의 감독관,[74] 그대의 땅, 그대의 모든 자산도 무탈하겠지요? 그대의 조상들은 나의 조상들과 사이가 매우 좋았소 그러나 그대

타마 1세와 부자지간이었을 것으로 추정되는 슈타르나 2세의 딸 길루케파가 아멘호테프 3세와 결혼했다. 또한 슈타르나 2세의 아들인 투슈라타의 딸 타두키파가 아멘호테프 4세와 결혼한 것이다. 다음에서 점선은 혼인 관계를 나타낸다.

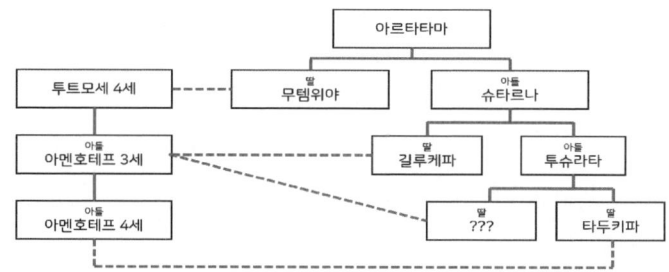

[72] 아마르나 편지, 17.
[73] [역주] Immanuel Velikovsky(2009:240)에 의하면, 아마르나 편지에 쓰인 Nimmuria는 아멘호테프 3세의 즉위명(throne name)이고 Naphuria는 아멘호테프 4세, 즉 이크나톤의 즉위명이다. 아멘호테프 3세는 이미 투슈라타의 여자 형제였던 길루케파와 혼인했다. 그런데 투슈라타가 아멘호테프 3세를 형제이자 사위로 부른 것으로 보아 아멘호테프 3세는 투슈라타의 딸과도 결혼했던 것으로 보인다(앞의 각주의 그림 참조). 또한 전술한 내용으로 보아 자신의 아들 아멘호테프 4세도 투슈라타의 다른 딸 타두키파와 혼인시켰다.
[74] [역주] 저자는 chief man으로 지칭했다. 라이프성경사전에 의하면, 국가 행정 기관이나 군대, 성전 등에서 한 그룹이나 단체를 관장하는 책임자. 다윗 시대에는 각급 부대의 지휘관, 부대 참모들을 관장하는 자, 각 지파의 우두머리, 왕실 재산을 관리하는 감독자, 성전 문지기를 관할하던 자 등을 가리켰다.

는 이 우정을 더 돈독히 했고, 나의 아버지와 매우 우호적인 관계를 유지했소. 이제 그대와 내가 상호 친신관계를 맺고 있고, 그대는 이 관계를 나의 아버지 때보다 10배 더 가깝게 만들었소. 아마도 신이 우리들의 우정이 더 깊어지도록 하는 것 같소. 티슈브(Tishub)[미탄니 신], 하나님, 아몬 신이 이 관계를 영원히 지금처럼 되도록 정해 놓은 것 같소."

"나의 형제가 자신의 전령인 마니(Mani)를 보내 '나의 형제여, 그대의 딸을 내 아내, 이집트의 왕비가 되도록 보내 주시오'라고 말했으므로 나는 내 형제의 마음을 아프게 하지 않았소. 나는 계속해서 우호적인 것을 명령했소. 나의 형제가 바라는 대로 나는 그녀를 마니에게 보냈소. 그가 그녀를 바라보았고, 그녀를 보고 매우 기뻐했소. 그가 그녀를 무사히 내 형제의 땅으로 데려가면 이슈타르(Ishtar)[75]와 아몬이 그녀를 내 형제의 기대에 부응하도록 할 것이오."

"나의 전령인 길리아(Gilia)가 나에게 내 형제의 전갈을 가져왔소. 그것을 들었을 때 아주 좋은 것 같았소. 그래서 기뻐서, '나로서는 우리가 서로 유지해 온 우호 관계가 끝났다 하더라도 이 전갈 때문에 우리는 영원히 사이좋게 지낼 것이오.'라고 말했소. 나는 나의 형제에게 편지를 썼소. '내 생각에 사실 우리는 매우 우호적인 관계를 유지할 것이며, 또한 상호 간에 호의를 가지고 있소.' 그래서 나는 형제에게, '형제여, [우리 우정]을 내 아버지 때보다 10배 더 강하게 합시다.'라고 말했소. 나는 내 형제에게 상당한 양의 금을 요구했소. '아버지에게 준 것보다 내게 더 주시오. 그대는 나의 아버지에게 상당한 양의 금을 보냈소. 순금[76] 1남카르(namkhar), 순금 1키루(kiru)를 그에게 보냈소. 그러나 그대는 내게 구리와 섞인 것 같은 금을 [겨우] 1태블릿(tablet)만 보내 왔소. … 형제여 무게를 달지 말고

---

[75] [역주] 메소포타미아 종교에서 전쟁과 사랑의 여신.
[76] [역주] 저자는 순금에 물음표를 써서 pure(?) gold로 표기했다.

아주 많은 금을 보내도록 하시오. 내 아버지보다 내게 더 많은 금을 보내 주시오. 내 형제의 땅에서는 금이 먼지처럼 흔하니까…'"

이런 식으로 당시 이쪽 아시아의 운명을 만들고 있던 사람들은 서로에게 편지를 썼다. 비슷한 간청에 대한 대답으로 아멘호테프는 아시리아 왕에게 20달란트의 금을 선물했고[77] 또한, 우정을 얻었다. 알라사-키프로스 왕의 신하 지위는 계속 유지되었고, 나라가 악성 전염병의 공격을 받아 양해를 구한 경우를 제외하고, 그는 규칙적으로 파라오에게 많은 양의 구리를 보냈다. 이집트와 키프로스 간의 배려는 철저했으므로, 이집트에서 죽은 키프로스 시민의 재산을 본국으로 보내는 것은 두 왕에게는 당연한 일로 여겨졌다. 전령이 재산을 받으러 이집트로 보내졌고, 키프로스에 있는 망자의 아내와 아들에게 유산이 전달되었다.[78] 이집트와의 관계에서 가장 앞서가려는 바람에서 섬의 왕은 파라오에게 케타 또는 바빌로니아와 어떤 동맹도 맺지 말라고 조언하기까지 했는데, 이 비동맹 정책은 나중에 바빌로니아가 직접 실행했다.

이렇듯 모든 열강이 외교적 관심의 대상인 파라오의 비위를 맞추거나 아첨하려 들었으므로 아멘호테프는 그의 아시아 제국에 대해 염려할 이유가 거의 없었다. 시리아의 봉신들은 이제 투트모세 3세가 정복한 사람들의 손자들이었다. 그들은 이집트에 충성하는데 너무나 익숙한 환경에서 자랐다. 그들이 독립을 누릴 때가 되었을 때는 시간이 너무 많이 흘러서 이집트의 속국으로서의 상황 외에 다른 것은 알지 못했다. 격변과 공격의 시대에, 힘이 유일한 호소력이었던 곳에서 그들에게 그 같은 상황은 당연한 것으로 보였다. 외부로부터 공격받을까 걱정하지 않아도 되는 것이 이점이 없는

---

[77] 아마르나 편지, 23, 30 ff.
[78] 아마르나 편지, 25, 30 ff.

것도 아니었다. 게다가 파라오의 수도에서 이집트의 교육을 받게 한 것이 시리아에서 불충(不忠)하고 미온적이었던 아버지를 뒤이은 제후들의 자식 중에도 꽤 많은 충성스러운 신하를 배출하게 했다. 그들은 항상 파라오에게 충성을 주장했다. 카트나(Katna)[79]의 제후 아키지(Akizzi)는 아멘호테프에게 다음과 같은 편지를 썼다. "나의 군주여, 여기 이곳에서 저는 폐하의 신하입니다. 저는 폐하의 길을 따라가고 있으며, 폐하에게서 떠나지 않을 것입니다. 저의 조상들이 폐하의 신하가 된 이후로 이 땅은 줄곧 폐하의 땅이었고, 카트나 시는 폐하의 도시이고, 저는 폐하의 사람입니다. 나의 군주여, 만일 폐하의 군대와 전차가 오면 폐하의 군대와 전차를 위해 음식, 음료, 가축, 양, 꿀, 기름을 가져올 것입니다."[80] 그러한 편지들은 가장 비굴하고 저자세의 아첨하는 말로 시작된다. "나의 군주께, 폐하는 왕이시고 저의 신이시며 태양이십니다. 아비밀키(Abimilki)[81]는 폐하의 신하입니다. 일곱 번 그리고 일곱 번 저는 폐하의 발아래 쓰러집니다. 저는 폐하의 샌들 밑의 먼지입니다. 폐하는 매일 온 땅 위로 떠오르는 태양이십니다. 등등."[82] 봉신들은 파라오 앞에 일곱 번 쓰러질 뿐 아니라 '엎드리기도 하고 자빠지기도 했다'(사진39를 보라). 그들은 왕이 딛는 땅이고 왕이 앉는 왕좌이며, 폐하의 발판이고 심지어 '폐하의 개'였다. 봉신은 기꺼이 자신을 파라오의 마부라 부른다. 그들은 모두 파라오의 은혜로 취임했고, 그는 그들이 관직에 취임할 때 사용할 기름을 보냈다. 그들은 동료 중 누군가가 배반하려는 징후가 있으면 바로 궁궐에 알렸고, 심지어 반란을 꾀하는 제후들을 고소하도록

---

[79] [역주] 고대 시리아의 도시. Qatna라고도 씀. 지금의 알마슈라파. 유프라테스 강변의 마리에 있는 왕가의 문서보관소에서 발견된 문서에는 흔히 카타늄으로 언급되고 있다.
[80] Ibid., 138, 4-13.
[81] [역주] 티레(Tyre)의 제후. Abimilku로 표기되어 있다.
[82] Ibid., 149, 1-7.

위임받았다. 전 지역에 걸쳐 보다 큰 도시에는 보병대와 전차부대로 구성된 이집트군의 수비대가 배치되어 있었다. 그러나 그들은 더 이상 이집트인들만으로 구성되어 있지 않고, 대다수가 누비아인 및 유랑하며 약탈하는 해적 무리인, 아마도 역사의 사르디니아(Sardinia)[83] 사람들의 조상이었을 셰르덴(Sherden)인이었다. 이때부터 그들은 점점 더 많은 수로 이집트 군대에서 복무했다. 파라오의 이러한 군사력은 제후들에 의해 유지되었고, 파라오에게 보내는 서신을 보면, 그들이 충성심을 스스로 밝히는 시험 중 하나가 전술한대로 자진해서 군수품 공급을 하려 들고 신의를 지키는 것이었다. 이렇게 해서 시리아는 전에는 결코 누리지 못했던 안정된 통치를 누렸다. 도로는 강도들의 위험으로부터 안전했다. 대상들은 가는 곳마다 봉신들의 호위를 받았고, 파라오의 말 한마디는 봉신인 제후들을 누구든지 복종시키기에 충분했다. 공물 납부는 이집트 본토에서의 세금 징수만큼 규칙적이었다. 그러나 납부가 늦어지는 경우에는 많은 큰 성읍에 주재하는 파라오의 대리인이, 이행하지 않은 의무를 상기시키기 위해 공물을 미납한 봉신 가까이에 모습을 보이기만 하면 되었다. 아멘호테프 자신은 아시아에서 결코 전쟁을 해야 할 필요가 없었다. 어느 때인가 그가 시돈에 등장했고, 그의 관리 가운데 한 명이 폐하가 전쟁터에서 잡은 포로들이라는 언급을 했지만,[84] 이것은 누비아의 군사작전을 언급한 것일 수 있다. 뒤에서도 살펴보겠지만, 유능한 관리의 통솔 하에 군대를 파견하는 정도면 충분하다고 여겨졌고, 유능한 관리는 아멘호테프가 즉위한 후 한 세대 동안, 어려움 없이

---

[83] **[역주]** 이탈리아어로는 사르데냐(Sardegna)이다. 사르디니아는 이탈리아의 지역 이름이자 섬이다. 본섬인 사르디니아 섬은 이탈리아에서 두 번째로 큰 섬이자, 세계에서 48번째로 큰 섬이다. 동쪽에 위치한 이탈리아 반도와 중간에 있는 바다는 티레니아 해로 불린다. 1720년 사보이 공국이 이 섬을 얻고 사르데냐 왕국이 되었다. 사르데냐 왕국은 통일 이탈리아 왕국의 전신이다.
[84] II, 916, 918.

상황에 대처했다. 이렇게 해서 봉신 제후 중 한 사람은 나중에 아멘호테프의 아들에게 다음과 같은 서신을 보냈다. "진실로 폐하의 아버지는 군사를 이끌지도 않았고, 봉신 제후들의 땅을 시찰하지도 않았습니다."[85]

이러한 상황에서 아멘호테프는 여가 시에, 비슷한 상황에서 모든 황제가 그러했듯 평화 사업에 전념했다. 무역은 당시 전례 없이 발전했다. 삼각주에서 폭포에 이르기까지 나일은 세계의 화물들로 생기가 넘쳤다. 시리아의 풍부한 산물, 근동의 향신료와 향기로운 목재, 페니키아의 무기와 양각을 한 그릇들, 그 밖의 수많은 다른 물품들이 홍해 함대로부터 또한 수에즈 지협을 통해 왕복하는 긴 행렬의 대상들로부터 나일 계곡으로 흘러 들어갔다. 이 물품들과 함께, 물품의 셈족 명칭도 도입되어 상형문자로 표기되었고, 나일 주민들의 삶에 쓰이게 되었다. 지협을 통한 육로와 함께 지중해 상의 무역 길도 함께 쓰였다. 짐을 잔뜩 실은 페니키아의 갤리선이 지중해의 무역 길에 군데군데 흩어져서 모든 지역에서 삼각주로 집결하며, 에게 해의 미케네 산업 지역에서 온 장식된 그릇들 또는 물결무늬 청동제품을 나일의 시장으로 싣고 왔다. 마찬가지로 이집트의 산업 제품은 크노소스, 로도스 섬, 키프로스 섬의 해적왕들의 궁전에서 사용되었다. 이들의 왕궁에서 당시 이집트의 기념물들이 상당수 발견되었다. 아멘호테프 3세와 티이 왕비의 이름이 실린 스카라베와 유약을 바른 도기 파편이 또한 그리스 본토의 미케네에서 발견되었다. 북지중해 사람들은 과거 어느 때보다도 더 뚜렷하게 당시 북부에 등장한 이집트 문명의 영향을 느끼고 있었다. 크레타 섬에서는 한 예로 이집트 사제의 개인적인 지도하에(사진19) 이집트의 종교 형식이 도입되었다. 미케네 예술가들은 이집트에서 유입되는 제품들의 영향을 강하게 받았다. 이집트의 풍경이 그들의 금속 작품에 등장한다. 또

---

[85] 아마르나 편지, 87, 62-64.

한, 테베 예술가의 화필에 포착된, 순간의 자세를 표현한 유연한 동물 형상이 당시 미케네에서 흔했다. 마찬가지로 테베의 화려하게 장식된 천장이 미케네와 오르코메노스(Orchomenos)[86]의 무덤에도 등장한다. 크레타의 그리스 이전 시기의 필체조차 나일 상형문자의 영향을 받은 흔적을 보인다. 이러한 것들을 그들의 나라 사람들에게 가져다준 미케네 세계의 사람들 케프튜는 당시 테베의 거리에서는 낯익은 풍경이었다. 테베에서 그들이 제공한 도기 또한 이집트의 예술을 바꾸고 있었다. 북방의 풍부한 은은 당시 북방의 이방인들과 함께 대량으로 들어왔다. 힉소스 하에서는 열위(劣位)의 금속(은)이 금보다 두 배나 비쌌지만, 이제 금이 영구히 더 가치 있는 매개물이 되었다. 금과 은의 상대 가치는 당시 금이 1이면 은 1⅔와 같았다. 은의 가치는 프톨레마이오스 시대(기원전 3세기 이후)에 은의 상대 가치가 금의 1/12이 될 때까지 꾸준히 하락했다.

사진 19. 크레타에서 발견된 부조가 새겨진 돌로 만든 화병 파편
축제 행진 도중에, 시스트럼을 위로 들어 올린 이집트 사제가 크레타 섬 젊은이들의 노래를 이끌어 가고 있다. 기원전 18세기.

그러한 무역은 보호와 규제가 필요했다. 리키아(Lycia)[87]의 유랑하는 해적 무리가 동부 지중해 연안에 우글거렸다. 그들은 대담하게 키프로스 항구로 들어가거나 성읍들을 약탈했고, 심지어 삼각

---

[86] [역주] 오르코메노스는 미케네의 최북단에 있는 요새화한 도시로 보이오티아(코린토스 만 동북쪽에 위치)지방에서 상당한 면적을 차지했다. 신석기시대와 청동기시대의 주요 유적지이다.
[87] [역주] 오늘날 터키의 남동 해안에 위치한 고대 그리스의 도시이다

주의 해안에 상륙하기도 했다.[88] 그러므로 아멘호테프는 해안 경찰을 배치해야 했다. 해안 경찰은 삼각주의 연안을 순찰하고 강어귀를 계속 봉쇄하여 합법적인 입국자를 제외하고는 아무도 들어가지 못하게 했다. 세관도 같은 장소에서 이 경찰관들이 유지했고, 왕에게 가지 않는 모든 상품은 관세가 부과되었다.[89] 여기서 오는 수입은 막대했던 것 같은데, 현재로서는 대충 계산할 수도 없다. 이집트로 들어오는 모든 육로도 비슷하게 단속이 되었다. 자신들의 거래를 만족스럽게 설명할 수 없는 외국인들은 발길을 돌려야 했다. 반면 합법적인 무역은 장려되었고 보호받았으며 적절하게 세금이 부과되었다.

　주로 셈족 사람들인 노예가 유입되기 시작한 것은 투트모세 3세 때였는데, 여전히 계속되고 있었으며 왕의 최고 서기가 그들을 전국적으로 배치했고 세금을 내는 농노로 등록했다.[90] 당시 이 외국인 무리가 원주민과 결혼했다. 만일 우리가 당시의 예술가들이 그린 것을 신뢰할 수 있다면, 이질적인 피의 대량 유입은 새로이 섞인 얼굴 유형에서 드러나기 시작했다. 당시 한 세기 넘게 파라오의 금고에 집중된 막대한 부는, 이후의 역사에서 비슷한 경우와 마찬가지로 전혀 유익하지 않은 영향을 미치기 시작했다. 새해 첫날 왕은 피라미드 시대의 파라오들을 놀라게 했을 값비싼 많은 선물을 귀족들에게 선사했다. 언젠가 한 번은 최고 회계담당자가 군주 앞으로 "은과 금으로 된 전차들, 상아와 흑단 나무로 된 조각상, 온갖 보석으로 만든 목걸이, 전투용 무기, 모든 장인의 작품"을 가져왔다. 그 가운데에는 동일한 솜씨로 만든 왕의 조각상 13개, 군주의 스핑크스 흉상 7개, 화려한 목걸이 8개, 호화로운 방패 680개, 화살 통 230개, 그리고 값비싼 금속으로

---

[88] 아마르나 편지, 28.
[89] II, 916, ll. 33-4. 아마르나 편지, 29; 32; 33.
[90] II, 916, ll. 31, 36.

물결무늬를 넣은 360자루의 청동 검과 140자루의 청동 단검도 있었다. 또한, 은과 금으로 끝을 장식한 흑단 나무 지팡이 30자루, 상아와 흑단나무로 만든 채찍 220개, 정교하게 제작한 수납함 7개, 다수의 햇빛 가리개, 의자, 꽃병, 셀 수 없이 많은 작은 물건들이 있었다.[91] 옛날에 군주는 충성스러운 귀족에게 땅을 상으로 주었다. 이것은 갚기 위해서 적절히 경작되고 관리되어야 했다. 이렇게 해서 넓은 영토에서 소박함과 건전한 미덕을 발전시킬 수 있었다. 그러나 총신은 이제 활용하기 위해 경영할 필요가 없는 현금화할 수 있는 부를 받았다. 대도시의 호화로움과 구경거리가, 옛날 전원의 소박함과 건전한 기본적인 미덕들을 대체했다. 옷차림만 놓고 보면 파라오로부터 말단의 서기까지 이러한 변화는 분명했다. 왕도 예외 없이 한때 모두를 만족시켰던, 엉덩이에서 무릎까지 내려오는 단순한 리넨 킬트는 이제 긴 주름치마와 어깨 부분이 소매처럼 길게 늘어진 풍성한 상의를 갖춘 정교한 의상으로 바뀌었다. 옛날의 얌전한 헤어스타일은 어깨 위로 내려오는 정성 들인 곱슬머리 가발로 대체되었다. 한때 아무것도 걸치지 않았던 발에는 발끝 부분을 동그랗게 말아 올린 우아한 샌들이 신겨졌다. 아메넴헤트와 세소스트리스 시기 토지를 소유한 계급의 귀족이 만일 아멘호테프 3세 시기에 테베의 거리를 걸었다면, 자신이 어느 나라에 와 있는지 몰라 어쩔 줄 몰랐을 것이다. 사제들 사이에서만 남아있는 시대에 뒤떨어진 그의 의상은 당시 유행을 따

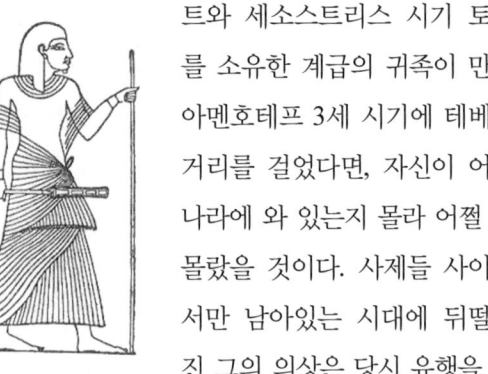

그림 3. 제국시대 의상

---

[91] II, 801 ff.

르는 테베인들 사이에서도 똑같이 놀라움을 자아냈을 것이다. 그는 오늘날 런던 거리 위의 엘리자베스 통치 시기 귀족 못지않게 이상함을 느꼈을 것이다. 그는 주위에서 아름다운 정원과 정자가 딸린 훌륭한 대저택과 호화로운 별장이, 거대한 신전 가까이 모여 있는 것을 발견했을 것이다. 이러한 것은 나일의 거주자들이 이전에는 결코 볼 수 없었다.

아시아와 누비아에서 가져온 부와 포로의 노동력은 웅대한 건축물로 빠르게 바뀌고 있었다. 테베에서는 세계 건축사에서 새롭고 중요한 장(章)이 매일 새롭게 쓰이고 있었다. 아멘호테프는 올바른 인식과 열의를 가지고 그러한 일에 몰두했다. 그는 건축가들이 예술 작품을 만드는데 필요한 모든 재원을, 과거 어느 때보다도 광대한 규모로 마음대로 쓸 수 있게 했다. 그들 중에는 최고의, 천부적 재능을 가진 사람들이 있었다. 그들 중 한 명은 왕과 똑같은 이름을 가졌는데, 그의 지혜에 대한 평판이 자자하여 그가 한 말이 '일곱 명의 현인들의 격언'에 섞여 약 1200년 후에도 그리스인들 사이에서 회자될 정도였다. 프톨레마이오스 시대에 그는 마침내 신으로 숭배되었고, '하푸(Hapu)의 아들 아멘호테프'로서 이집트의 수많은 신 속에 자리 잡았다.[92]

이러한 사람들의 손으로 오래되고 전통적인 이집트 건축 구성요소들에 새 생명이 불어 넣어졌고, 이 요소들은 전에 없던 놀랄 만큼 아름다움을 띤 새로운 형식으로 결합되었다. 이밖에도 그러한 건축가의 지휘 하에, 아멘호테프는 전례 없는 재원과 노동력으로 매우 광대한 규모의 건축물을 건설할 수 있었다. 따라서 크기 하나만으로도 그의 건축물은 가장 인상적이었다. 그러나 당시 발전한 신전의 두 유형 가운데, 작은 쪽도 큰 쪽 못지않게 인상적이었다. 작은 쪽은 단순한 직사각형의 켈라(cella), 즉 지성소로,

---

[92] II, 911.

그림 4. 한 줄의 기둥으로 둘러싸인 신전
아멘호테프 3세가 엘레판티네섬에 세웠다. (나폴레옹 원정대가 '묘사'한 후) 1822년 터키 정부의 아스완 지사가 건축자재로 쓰려고 파괴했다.

길이는 약 9.1m 또는 약 12.2m이고 높이는 약 4.3m로 양 끝의 문은 포르티코[93]에 의해 둘러싸여 있고, 전체가 신전 벽 높이의 반쯤 되는 토대 위에 세워져 있다. 문은 우아한 두 기둥 사이에 있고, 신전 정면은 양쪽 측면에 늘어선 기둥들과 조화를 이루고 있다. 전체적으로 절묘하게 균형을 이루고 있어 훈련받은 안목을 가졌다면 단순한 기본 선의 중요성을 인정하는 거장의 손길을 대번에 느낄 수 있다. 그것을 근대 사회에 알렸던 나폴레옹 원정대의 건축가들이 신전에 매료되고, 그 속에서 둥근 기둥으로 둘러싸인 그리스 신전의 기원을 발견했다고 생각한 것도 당연하다. 사실 그리스 건축이 이 형식의 영향을 받았다는 데는 의심의 여지가 없다. 당시에 가장 번성

---

[93] **[역주]** 포르티코(portico)는 대형 건물 입구에 기둥을 받쳐 만든 지붕이 있는 현관을 가리킨다.

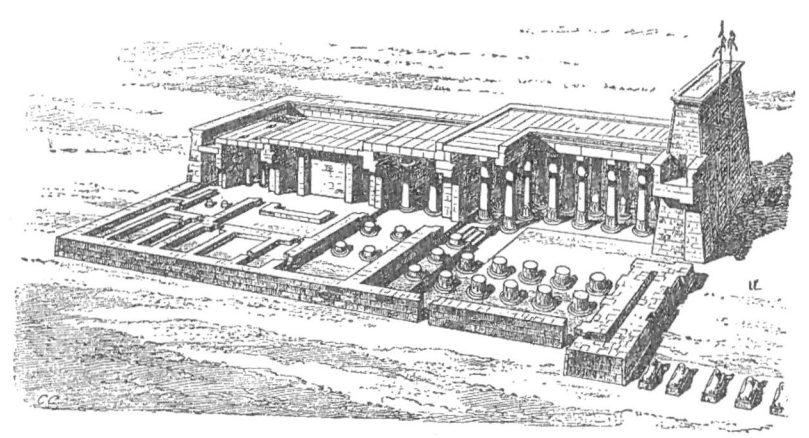

그림 5. 탑문을 갖춘 전형적인 제국 신전의 원근화와 단면도
내부의 배치를 보여 주기 위해 탑문을 포함해 절반쯤 절개되어 있다. 147-148쪽의 묘사와 비교하라(페로-쉬피즈).

했던 다른 더 큰 신전의 유형은 방금 논의한 형태와는 매우 다르다. 가장 근본적인 차이는 기둥들이 모두 안에 있어 밖에서는 보이지 않는다는 것이다. 지성소는 옛날처럼 방들로 둘러싸여 있는데, 풍성하고 정교해진 의식으로 인해 전보다 더 커졌다. 지성소 앞은 종종 다주식(多柱式) 구조라 불리는 기둥이 늘어선 커다란 홀이다. 이 홀 앞에는 기둥이 늘어선 포르티코에 둘러싸인 넓은 앞뜰이 있다. 이 앞뜰 앞으로 신전의 정면을 형성하는 두 개의 탑(모두 '탑문'이라 불렸다)이 서 있다. 탑문의 벽은 안쪽으로 경사져 있고, 탑문 꼭대기는 속이 빈 코니스[94]로 장식되어 있다. 신전의 큰 문은 탑문 사이로 열려 있다. 사암이나 석회석으로 된 이 석조물은 대개 큰 돌덩이를 포함하지 않지만, 길이가 약 9.1m 또는 12.2m, 무게가 100 또는 200톤이나 나가는 거대한 아키트레이브도 없지는 않았다. 기둥을 제외한 거의 모든 표면에

---

[94] [역주] 코니스(cornice)는 기둥의 윗부분에 수평으로 연결된 장식 부분인 엔타블러처의 가장 윗부분을 가리킨다.

부조가 새겨져 있는데, 바깥의 것은 전쟁터에서의 왕을 묘사하고 있고, 안쪽 부조에서는 왕이 신들을 숭배하는 모습으로 나타난다. 소수 예외를 제외하고 모든 표면이 화려하게 채색되어 있다. 청동을 박은 레바논 삼나무로 만든 거대한 이중 문 앞에는 한 쌍의 오벨리스크가 양쪽에 하나씩 세워져 있는데, 탑문 위로 높이 솟아 있다. 각각 한 개의 돌덩어리를 잘라 만든 왕의 거대한 조각상들은 뒷부분이 문의 양쪽에 있는 탑문을 향하도록 놓여 있었다. 아멘호테프의 통치 기간 전에 이미 흔했던 이러한 요소를 사용하고, 이 요소들을 이렇게 전체적으로 배치함으로써 그의 건축가들은 근본적으로 새 유형을 만들어냈다. 이 유형이 가장 웅대한 건축 양식의 하나로 자주 사용되며 오늘날까지 잔존해 내려온 것은 예정된 일이었다.

사진 20. 파피루스 봉오리와 줄기 모양의 기둥으로 만들어진 아멘호테프 3세의 뜰
룩소르 신전

당시 도시로 성장한 테베의 남쪽 옛 교외 지역인 룩소르에, 제12왕조의

왕들이 지은 작은 아몬 신전이 있었다. 아멘호테프는 아마도 재위 초기에 신전을 허물고 방들로 둘러싸인 새로운 성소를 지었고, 이 성소 앞에 카르나크에 있는 투트모세 1세의 홀처럼 홀을 지었던 것 같다. 그리고 그 앞쪽에 그의 건축가들이 이집트에서 현존하는 가장 멋진 열주를 가진 아름다운 앞뜰을 설계했다(사진20). 자신감을 얻자, 그들은 이 모든 것 앞에 새롭고 전에 시도된 것보다 더 대규모의 홀을 짓기로 했다. 홀 앞에는 십중팔구 더 큰 뜰이 있었다. 큰 홀에는 중심축에 두 줄로 거대한 기둥들이 줄지어 배열되어 있는데 그때까지 이집트인들이 건설한 그 어떤 기둥보다 더 높다(사진21). 기둥들이 높다고 해서 덜 아름다운 것도 아니었다. 모든 면에서 절묘한 조화를 이룬 걸작들로, 기둥머리가 우아하게 펼쳐진 파피루스 꽃무늬 양식으로 되어 있다(사진21). 이 기둥들은 중심부의 양쪽 측면에 줄지어 선 기둥들보다 높다. 따라서 중앙 통로 위에는 높은 지붕이 생겼고, 옆쪽 통로 위에는 낮은 지붕이 생겼다. 높이의 차이는 쇠창살을 끼운 돌로 된 채광창으로 메웠다. 이렇게 해서 아멘호테프 3세의 테베 건축가들 덕분에 바실리카[95] 풍의 교회당과 성당 건축물의 기본요소가 탄생했다. 불행히도 거대한 홀은 왕의 죽음으로 완성되지 못했고 그의 아들은 아버지의 사업을 수행하기에는 너무나 열렬한 아몬의 적이었다. 훗날 그의 계승자들이 결코 세워진 적 없는 측면의 기둥들로부터 원통형의 석재를 가져와 웅장한 중앙부를 벽으로 막았다. 오늘날 전체는 미완성의 예술 작품으로서 음울한 잔해로 남아있다. 이 건축 양식은 세계가 아무리 고마워해도 지나치지 않을 첫 사례이다.

---

[95] **[역주]** 바실리카(라틴어: Basilica)는 원래 고대 로마인들의 공공건물(고대 그리스의 경우에는 주로 법정을 칭함)을 칭하는 데 사용한 라틴어이다.

사진 21. 아멘호테프 3세의 미완성 홀의 중앙부 기둥들

이 중앙부 양옆에 통로와 더 작은 기둥들이 있어야 한다. 중심부 양옆의 낮은 벽은 이르나나톤의 후임자들이 세웠다. 그들은 거대한 홀을 완성할 수 없었다.

사진 22. 카르나크 신전 앞의 숫양 스핑크스 거리
(판축사 뒤쪽의) 신전 입구에서 (먼 끝의) 나일까지 이어진다. 사진은 John Ward씨가 빌려 주었다.

아멘호테프는 이제 도시의 대건축물들에 전에는 없었던 통일성을 부여하려 했다. 그는 카르나크 신전 앞에 거대한 탑문을 세우고 비할 데 없이 화려하게 장식했다. 청금석의 석비가 양쪽에 세워졌고, 상당한 양의 금과 은 외에도 거의 544kg의 공작석이 상감세공에 사용되었다.[96] 길이 강에서부터 두 오벨리스크 사이의 탑문까지 이어졌다.[97] 탑문 앞에 그의 건축가인 아멘호테프가 그를 위해 거대한 인물상을 세웠다. 그때까지 세워진 것 중 가장 큰 조각상으로 한 무리의 사람들이 오늘날의 카이로 근처의 채석장으로부터 강으로 운반해 올린, 약 20.4m 길이의 단단한 규질 사암 한 덩어리를 깎아 만든 것이다.[98] 왕은 또한 카르나크의 남쪽에 그의 조상들이 시작한 테베의 여신 무트(Mut) 신전을 지었고, 그 옆에 호수를 팠다. 그는 카르나크와 룩소르 신전 사이의 2.4km가 넘는 공간에 아름다운 정원을 설계했고, 이 대 신전들을 돌로 조각한 양들의 길(사진22)로 연결했다. 각 양의 앞발 사이에는 파라오의 조각상이 실려 있다. 전체적으로 매우 당당한 느낌을 주었을 것이다. 여러 가지 색을 사용한 건축물은 눈부시게 화려하고, 기둥과 문은 금으로 화려하게 장식되어 있으며, 바닥은 은으로 덮어 씌웠다. 건축물 전체는 짙은 초록의 흔들리는 야자수와 열대 지방의 무성한 잎으로 둘러싸여 있고, 그 위로 반짝이는 금속을 입힌 오벨리스크가 우뚝 솟아 있다. — 이 모든 것은 화려한 세부 양식과 압도적인 장엄함이라는 두 가지 인상을 주었을 것이다. 음산한 폐허가 된 똑같은 그 건축물은 오늘날에는 인상적이기는 해도 당시의 장엄함을 보여 주지는 않는다. 전성기의 아테네처럼 국가는 다행히 섬세하고 창의적인 사람들을 소유하고 있어서, 그들은 예리한 기지로 국가의 위대함을 온전히 표현했고, 국가를 외부적으로 아름답고 위

---

[96] II, 903.
[97] II, 903, l. 57.
[98] II, 917.

엄 있고 화려한 형태로 구체적으로 나타낼 수 있었다. 테베는 당시 고대의 첫 기념비적 도시로, 빠르게 제국에 어울리는 소재지가 되고 있었다. 강의 다른 편 서쪽 평원 뒤에는 정복자들이 잠들어 있는데, 그 서쪽 평원도 카르나크와 룩소르의 새로운 영광에 비해 나쁘지 않았다. 울퉁불퉁한 절벽의 기슭을 따라서 북쪽 아멘호테프 1세의 수수한 제사실로부터 황제들의 장제전이 남쪽으로 당당하게 줄지어 있다. 이 장제전 가운데 남쪽 끝에서 강 쪽으로 조금 가까운 곳에, 아멘호테프 3세가 당시 그의 통치 시기 가장 큰 신전인 자신의 장제전을 건설했다. 각각 돌 한 덩어리로 만들어진 높이가 거의 21.3m, 무게가 700톤이 넘는 왕의 거대한 두 조각상이 한 쌍의 오벨리스크와 함께 탑문 앞에 세워져 있는데, 강 쪽에서 돌로 조각한 자칼의 길을 거쳐서 갈 수 있다. 파라오의 수많은 다른 조각상들은 뜰의 기둥들 주위에 배치되어 있다. 금을 박아 넣고 값비싼 돌로 표면을 장식한 약 9.1m 높이의 거대한 사암 석비가[99] 의식을 진행할 때 '왕의 장소'를 나타냈다. 이곳에서 아멘호테프는 의식을 위한 공무를 수행하며 서 있었다. 높이가 3m 넘는 또 다른 석비에는[100] 아몬을 위해 그가 한 모든 일이 기록되어 있었다. 금과 은으로 마감한 신전의 벽과 바닥은 호화롭고 장엄했다. 세부 장식을 하는 데 필요한 장인의 세련된 취향과 기술적 기교는 당대 이후 이집트 예술이 결코 넘어서지 못한 고전적인 탁월함의 경지로 발전했다. 이러한 공업 예술 작품들 일부는 크기만 보아도 놀랄 만하다. 청동 경첩과 거대한 삼나무 문의 다른 장비들은 무게가 전부 몇 톤이 넘었고, 전례 없는 크기의 주물(鑄物)이 필요했다. 그러한 문에 신의 형상이 값비싼 금속으로 절묘하게 상감세공이 된 청동 판을 덧씌우려면 미적 감각이 있어야 하고 육중한 기구들을 잘 다룰 수 있어야 했는데, 이는 오늘날에도 별로 쉽지 않은 일이다.

---

[99] II, 904 ff.
[100] II, 878 ff.

사진 23. 제국의 왕의 인물상
(카이로 박물관)

사진 24. 하푸의 아들 아멘호테프의 인물상
145쪽 참조 (카이로 박물관)

사진 25. 콘수의 흉상
제18왕조 말기나 제19왕조 초기 (카이로 박물관)

조각도 그 같은 상황에서 전에 없이 번성했다. 당시 무한한 인내와 꼼꼼함을 요구하는 세부 장식에 대한 관심이 생겨났는데, 그러한 힘든 응용으로 인해 이 제18왕조 조각가들의 섬세한 감각이 무뎌지지는 않았다. 또한, 큰 밑그림을 그리는 오랜 방법도 버려지지 않았다. 이 시대의 작품(사진23-25)에는 비록 고왕국 인물상에 보이는 두드러진 개성은 그렇게 눈에 띄지 않지만, 이전에는 최상의 작품들에서조차 없었던 세련미, 우아함, 융통성이 보인다. 이러한 특

사진 26. 멤피스 대사제의 장례 행렬 일부
멤피스 무덤에 있는 제18왕조 시기 부조. 아래 그림은 (오른쪽 맨 끝의) 관 바로 뒤의 사람들을 묘사한 것이고, 위의 그림에서는 하인들이 장례를 치를 공간을 짓고 있다. (베를린 박물관)

성들은 매우 많은 작품에 실현되어서 당시의 상황에서 조각가가 그 특성들을 구현할 수 있었다는 점이 놀랄 만하다. 물론 모든 거대한 인물상들이 이러한 특색을 보이는 것은 아니다. 특히 부조에 있어 이 시대의 예술가들은 거장들이다. 현재 베를린 박물관에 있는 부조(사진26)에서, 먼저 멤피스 대사제의 두 아들이 아버지의 시신을 무덤까지 따라갈 때 그들의 버려진 슬픔을 살펴보라. 그리고 예술가가 그들과, 그들 뒤의 국가 성직자들의 심각한 엄숙함과 관습적인 예절을 얼마나 효과적으로 대조시켰는지 주목해 보라. 성직자들은 다시 향기 나는 정교한 가발의 곱슬머리를 뽐내며 정리하는 당대(當代)의 보 브럼멜(Beau Brummel)[101]과 뚜렷한 대조를 이룬다. 우리가 단편만을 갖고 있는 작품을 남긴 사람은 노련하고 성숙한 예술의 대가(大家)이고 삶의 관찰자이다. 그의 작품은 공식적인 관례의 필요성과 그에 대한 지독한 무관심을 인지하고, 공허하고 과시하는 당시 풍습이 미친 영

---

[101] [역주] 본명은 Jeorge Bryan Brummell(1778-1840). 영국 런던 출생. 우아하고 세련된 복장을 의미하는 댄디(Dandy) 스타일을 유행시킨 남성 정장 스타일리스트로 순백의 셔츠와 긴 바지, 몸에 꼭 맞는 영국 신사복을 완성시켰다.

향을 꿰뚫어 보면서, 비감(悲感) 및 인간의 슬픔에 대한 생각에 잠긴 질문을 나타낸다. 여기서 우리는 35세기를 거슬러 올라가 모든 교양 있는 관찰자가 공감할 수 있는 삶에 대한 원숙한 성찰을 볼 수 있다. 이 단편적인 밑그림은 다른 초기 근동 사람들에게서 발견되는 것을 뛰어넘을 뿐 아니라, 이 시대 다른 지역에서도 전혀 없는 작품 수준에 속한다. 그것은 (종종 그리스 조각가들이 가장 먼저 보여줬다고 여겨지는) 삶에 대한 해석과 개성에 대한 올바른 인식을 보여 주는 가장 최초의 조각 작품 중 하나이다. 이러한 해석과 인식을 통해 예술은 최고의 표현에 이르게 된다.

또한, 당시 파라오의 용감한 행동들은 당시의 조각가들이 그 이전보다 더 정교한 작품을 만들도록 영감을 주었다. 투트모세 4세의 웅대한 전차 위에서의 전투 장면(사진27)은 회화에 있어 전례 없는 복잡함을 보여준다. 그리고 이러한 경향은 제19왕조에서도 계속된다. 야만적인 삶은 방금 논의한 그러한 작품을 만들 기회를 주지 않는다. 당시 예술가들이 남긴 동물 형체의 조각품이 보여 주는 완벽함은 다시 한번 이집트 예술이 이룬 최고 수준의 성취를 나타낸다. 러스킨(Ruskin)[102]은 평소 신념을 가지고 현재 대영박물관에 있는 아멘호테프 통치 기

사진 27. **투트모세 4세의 전차 앞부분**
표면에 전투장면이 부조로 새겨져 있다.
Theo. M. Davis가 테베에서 발굴했다. (카이로 박물관)

---

[102] **[역주]** 존 러스킨(1819~1900)은 영국의 사회 비평가, 예술 비평가.

사진 28.
솔레브에 있는 아멘호테프 3세 신전의 사자상
나중에 누비아인들이 나파타로 옮겼다. (대영 박물관)

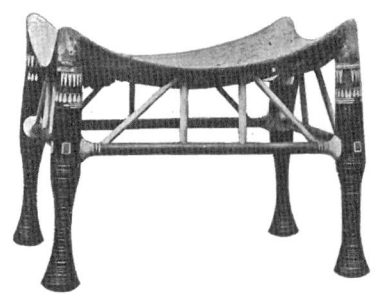

사진 29. 제국시대의 등받이 없는 의자
상아로 무늬를 새겨 넣은 흑단나무 의자.
(대영 박물관)

간의 두 사자 상(사진28)이 고대인들로부터 우리에게 전해 내려온 동물 신상의 가장 뛰어난 전형이라고 주장해 왔다. 이것이 이 작품들에 대한 다소 지나치게 열광적인 평가일 수 있지만, 이 웅대한 작품들이 상누비아 솔레브(Soleb)에 있는 먼 지방 성소의 장식품으로 디자인된 것은 잊지 말아야 한다.[103] 만일 이러한 작품이 먼 누비아 신전 뜰을 아름답게 했다면, 테베에 있는 파라오 자신의 장제전의 조각 작품들은 어떠했을지 상상할 수도 없을 것이다. 그러나 아마도 이집트에서 제작된 가장 뛰어난 예술품이었을 이 화려한 건물(아멘호테프3세 신전)은 완전히 사라졌다. 입구를 지키는 비바람에 시달리는 두 개의 거대한 조각상만이 여전히 평원을 내려다보고 있다(사진 30). 이 중 한 조각상에는 매일 아침 이 조각상이 내는 기괴한 소리를 들으러 온, 로마제국시대의 호기심 많은 관광객이 그리스어로 쓴 낙서가 아직도 남아있다. 백 걸음 뒤로 한때 금과 보석으로 표면이 장식되었던 거대한 석비가 쓰러진 채 둘로 부서져 있다. 석비는 '왕의 장소'를 나타냈는데, 그 위에 쓰인 신전과 관련해 아멘호테프가 한 말을 여전히 읽을 수 있다. "짐

---

[103] II, 893, 896-7.

사진 30. 아멘호테프 3세의 거대한 사암 조각상(멤논의 거상)
이 조각상들은 테베의 서쪽 평원에 있고, 메르넵타가 파괴한 아멘호테프 3세의 장제전이 한때 옆에 있었다. 조각상들 뒤로 벌집 모양의 무덤이 있는 서쪽 절벽이 솟아 있다.

은 수백만 년 동안(오랫동안) 이러한 일을 해 왔다. 나는 그것들이 세상에 계속 남아있을 것이라고 확신한다.'"[104] 우리는 나중에 어떻게 이 당당한 신전이 아멘호테프가 죽은 지 200년도 안 되어 그의 타락한 자손들의 불경한 행위에 희생되었는지 살펴볼 기회가 있을 것이다. 당시의 그림 중에서 최상의 작품들은 왕궁에 있었다. 이러한 것들은 나무와 햇볕에 말린 벽돌에 표현되었는데, 사라졌다. 그러나 동물과 새들을 표현할 때 예술가가 순간적인 자세를 묘사하게 한 훌륭한 통찰력은 벌써 식별할 수 있으며, 이러한 통찰력의 표현은 다음 통치 기간에 최고의 수준에 이르렀다. 살펴본 대로 더 이른 시기의 작품보다 더 정교한 그림들은 파라오의 요구에 따라 그의 전투 장면을 묘사한 그림들이었고, 예술가의 창작 권한은 극도로 도전을

---

[104] II, 907.

받았다. 이 시기 신전에 있는 전투 장면들은 사라졌다. 그러나 투트모세 4세의 전차 위의 장면 같은 작품에 비추어 볼 때 그러한 작품들이 존재했던 것은 확실하다.

이러한 작품들로 꾸며져서, 테베의 서부 평원은 관찰자가 강에서부터 아멘호테프의 조각된 자칼의 길을 따라 올라감에 따라 위풍당당한 전망을 보인다. 왼쪽으로 신전 뒤쪽의 절벽 가까이에 밝게 칠해진 목조 건물인 왕궁이 나타난다. 경설비로 통풍이 잘되게 지어졌고, 건물 정면은 깃대들로 꾸며져 있었다. 깃대에는 장식 술이 달린 여러 가지 색의 길쭉한 삼각기가 달려 있었다. 정문 너머로는 우아한 기둥 사이로 모서리가 둥근 화려한 발코니가 있었고, 그곳에서 왕이 가끔 그의 총신들에게 모습을 드러냈다(그림 6). 그러한 궁전을 장식한 예술은 기술적인 숙련도만큼이나 세련된 미의식을 보여준다. 유럽의 박물관을 채운 산업 예술가의 무수한 작품들은 그러한 왕실의 궁전이 얼마나 절제된 화려함과 우아한 아름다움으로 설비되고 장식되었는지를 보여준다. 인간과 동물의 형상이 들어간 금과 은으로 만든 화려한 그릇들은 그 테두리에서 올라온 식물, 꽃들과 함께, 왕의 식탁 위에서 수정으로 만든 술잔, 유리 꽃병, 담청색 무늬가 새겨진 회색 자기 그릇들 사이에서 반짝거렸다. 벽은 색실로 그림을 짜 넣은 직물로 덮여 있었는데, 솜씨가 훌륭하고 색깔과 디자인도 아름다워서 숙련된 감정가들이 현대 최고의 작품들과 동등하다고 선언할 정도였다. 동물의 생태를 묘사한 색칠해진 바닥(사진31) 외에, 벽도 푸른색의 유약이 칠해진 타일로 장식되어 있었는데, 그 화려한 색깔이 반짝이는 금빛의 정교한 잎 모양 장식을 통해 밝게 빛났다. 그리고 유약을 바른 형상은 보다 큰 표면을 장식하는 데 사용되었다. 이 모든 것은 전체적인 색의 배합에 대한 섬세하고 재치 있는 고찰을 통해 이루어졌다. 모든 세련된 예술에서 이 시기는 루이(Louis) 15세 시기와 같은 시기로, 궁전 모든 곳이 시대의 정신을 반영하고 있다.[105]

사진 31. 연꽃 사이에서 수영하는 오리들
서부 테베에 있는 아멘호테프 3세의 궁전 바닥의 그림 일부.
159쪽을 참조하라. (Tytus, *Preliminary Report*)

이곳에 아멘호테프는 또한 자신의 왕비 티이에게 전용 구역을 만들어 주었다. 그는 울타리로 둘러싸인 땅에 길이가 약 1.6km이고 폭이 304.8m 넘는 커다란 호수를 굴착해 만들고, 재위 12년 즉위식 기념제를 거행하며 호수를 채우기 위해 수문을 열었다. 그리고 왕비와 함께 왕실의 배를 타고 호수 위를 항해했다. 확실히 예의 하룬 알 라시드(Harun ar-Rashid)[106] 시절의

---

[105] [역주] 루이 15세는 1710년 프랑스 베르사유에서 출생했다. 5세에 왕위에 즉위했으나 1744년 비로소 왕권을 잡았다. 무기력한 통치로 왕가의 권력을 약화시켰고, 이로 인해 나중에 1789년 프랑스 대혁명이 일어나게 되었다. 루이 15세 시기는 프랑스 예술이 절정에 달한 시기로 알려져 있다. 루이 15세는 여러 명의 정부(情婦)를 두었지만 그중에서도 평민 출신의 퐁파두르 부인이 유명한데, 그와 퐁파두르 부인이 막대한 비용을 들여 건축한 건축물과 장식예술이 로코코(Rococo) 양식이다.

[106] [역주] 원서에는 하룬 엘 라시드(Harun er-Rashid)로 표기되어 있다. Harun al-Rashid로도 표기된다. 하룬 알 라시드(763~809)는 아바스 왕조의 제5대 칼리프이다. 『천일야화(千一夜話)』의 주인공으로 유명하다. 그의 통치 시기는 아바스 왕조의 전성기로서, 그가 학예를 보호하자, 학자와 시인이 궁중으로 모여들었기 때문에 사라센 문화의 황금시대를 이루었다. 그러나 말년이 되자 국내에 반란이 일어나서 그는 정벌 도중 이란 동부에서 병사했다.

'아라비안나이트'에서 볼 수 있는 화려한 축제의 '환상곡' 같았다. 그러한 행사에 음악은 전보다 더 정교해졌다. 예술은 옛날의 단순하던 시절 이후로 발전을 거듭해 왔기 때문이다. 하프는 이제 사람 키만큼 거대한 악기가 되었고, 약 20개의 줄로 구성되었다. 수금이 아시아에서 도입되었고, 완전한 관현악단은 이제 하프, 수금, 류트, 두 개의 관악기로 구성되었다. 축전의 기념품으로 행사에 대한 짧은 이야기가 새겨진 일련의 스카라베, 즉 투구풍뎅이 부적들이 발행되었다.[107] 그러한 축제는 당시 테베에서 흔했으며, 빠르게 성장하는 대도시의 삶을 변화무쌍한 다채로움으로 풍요롭게 해 주었다. 이러한 상황은 황제 하의 바빌론 또는 로마의 비슷한 시기와만 비교될 수 있을 것이다. 7번째 달의 종교 축제는 매우 화려하게 거행되어서 그 달은 곧 '아멘호테프의 달'이라는 형용어구를 갖게 되었다. 이 명칭은 후세에 그달의 흔한 이름이 될 때까지 따라다녔고 와전된 형태로 오늘날 이집트 주민들 사이에서 여전히 사용되고 있다. 그들은 자신들의 조상인 제국의 통치자에 대한 희미한 지식조차 없이 그의 이름이 영원히 들어간 그 말을 사용한다. 그러한 시대에 문학은 분명히 번성했겠지만, 불행히도 제18왕조의 문학 작품들로 남겨진 것은 거의 없다. 우리는 투트모세 3세에게 바친 승리의 찬가 일부를 살펴보았고, 이크나톤의 주목할 만한 태양의 찬가를 읽을 것이다. 그러나 제국이 흥기한 이후부터 번성했을 이야기, 노래, 전설에 관한 현존하는 문서는 거의 모두 제19왕조부터 시작된다.

---

[107] II, 868-9.

지도 3. 테베의 평원(Baedeker에서 인용)

'비르케트 하부(Birket Habu)'가 아멘호테프 3세의 인공 호수(160쪽)였을 것이다. 호수 북쪽에 그의 궁전이 표기되어 있다. 그의 장제전이 있던 자리는 장제전 앞쪽에 있던 두 개의 거상인 '멤논의 거상(colossi of Memnon)'으로 표기되어 있다. 사진 30을 참고하라.

왕이 가장 좋아하는 오락 중에 사냥이 있었고, 사냥은 전례 없는 규모로 이루어졌다. 수색병이 그에게 들소 떼가 삼각주와 접하고 있는 언덕에 나타났다는 말을 전하면, 그는 그날 저녁 멤피스의 궁전을 떠나 밤새도록 북쪽으로 항해하여 아침 일찍 들소 떼에 접근했다. 그런 다음 마을의 어린이들을 포함한 수많은 병력이 소 떼를 둘러싸고 울타리가 쳐진 커다란 구역으로 소 떼를 몰아넣었다. 이 방법은 더 이른 시기에도 사용되었다. 한번은 그의 몰이꾼들이 울안에 적어도 170마리의 들소가 있다고 계산했다. 전차를 타고 울안에 들어가 왕은 첫날 그 야생짐승을 56마리 죽였다. 그런 다음 4일간 쉬었고, 왕은 두 번째 공격으로 아마 20마리를 더 죽였다. 아멘호테프는 그 성취가 기념할 가치가 있다고 여겼고, 그 업적을 기록한 일련의 스카라베를 발행했다.[108] 추격을 좋아하는 왕이 사자 사냥을 10년간 했을 때, 자신의 무용(武勇)을 기록한 유사한 기념물을 궁중의 귀족들에게 나누어 주었다. 기념물에는 자신과 왕비의 통상적인 왕실 직함 뒤에 "폐하가 재위 1년부터 재위 10년까지 자신의 활로 쓰러뜨린 102마리의 사나운 사자에 관한 글"이라는 글귀가 실려 있었다.[109] 사자 사냥에 관한 이 스카라베 삼사십 개가 여전히 잔존한다.

이러한 것들로부터 새롭고 근대적인 추세가 등장하기 시작했음을 알 수 있다. 신성의 파라오가 인간관계에서 끊임없이 등장하고 있었다. 왕실의 대소사는 누구나 알 권리가 있는 정보가 되었다. 왕비가 왕실 태생이 아니어도 그녀의 이름이 계속해서 공식문서의 앞머리에 파라오의 이름과 나란히 등장했다. 아시아 국가들과의 끊임없는 교류에서 그는 점차 나일에만 어울리는 이전의 초인적인 지위에서 벗어나, 편지에서 그를 '형제'라 부르

---

[108] II, 863-4.
[109] II, 865.

는 바빌론과 미탄니의 이웃 국가들과 덜 지역적이고 더 근대적인 관계를 맺어야 했다. 이렇듯 사자를 사냥하거나 황소를 괴롭히는 파라오는 그의 신성의 조상들처럼 신(神) 같거나 범접할 수 없는 부동성과는 사실 거리가 멀었다. 이것은 마치 중국의 황제나 티베트의 달라이라마가 갑자기 자신들의 사적인 일을 일련의 메달에 기록하여 알리는 것과 같았다. 확실히 아멘호테프는 전통과 타협했다. 그는 멤피스에 신전을 지었고[110] 그곳에서 숭배되었다. 또한, 아몬과 함께, 자신을 숭배하도록[111] 솔레브에 있는 누비아의 신전을 확장했다. 마찬가지로 그의 왕비도 세데인가(Sedeinga)에 있는 누비아 신전의 여신이었다. 이렇게 해서 아멘호테프는 누비아에서 여전히 신이었다. 그러나 사실 그는 오래전에 이 같은 왕실과 사제들의 허구에서 벗어났다. 의식적이든 그렇지 않든 그는 근대적인 입장을 취했는데, 이는 필연적으로 근동의 국가에서 거의 저항할 수 없는 전통이라는 타성과 첨예한 갈등으로 이어졌다.

한편 모든 일이 잘 진행되었다. 다가오는 내부 투쟁 전선이 아직 분명하게 주목을 끌지 않았고, 외부에서 비롯된 분쟁의 초반 징후도 그는 의식하지 못했다. 참된 '신성의 카이사르'인 그는 테베의 웅장함을 지배했다. 재위 30년, 그는 왕세자로 지명된 것을 축하하는 기념제를 거행했다. 이 지명된 해는 그가 즉위한 해와도 일치했다. 왕의 장제전 앞에 오벨리스크가 세워진 것도 아마 이때였던 것 같다. 누비아로부터 나하린까지 막대한 추수에 대해 왕에게 보고하는 최고 회계담당자가, 축제에 상서로움을 더하기 위해 수입이 크게 늘었다는 보고를 했다. 이 보고가 왕을 매우 만족시켰으므로, 재정담당 지방 관리들은 모두 알현이 허가되었고 후한 보상을 받았다.[112]

---

[110] II, p. 354, note a.
[111] II, 893 ff.
[112] II, 870-872.

아마도 재위 34년 두 번째 기념제는 우리가 아는 한 무사히 지나갔다. 재위 36년 세 번째 기념제가 거행되었을 때에도 늙은 군주는 여전히 조정의 신하들에게 알현을 허락했고 그들의 축하를 받을 수 있었다.[113]

한편 불길한 분쟁의 조짐이 북쪽 지평선에 나타났다. 미탄니가 히타이트(케타)의 침입을 받았다. 그러나 미탄니의 왕 투슈라타는 그들을 격퇴할 수 있었다. 그는 히타이트인들이 그의 손에 남기고 간 약탈품에서 두 명의 노예 외에, 전차 한 대와 한 쌍의 말을 아멘호테프에게 선물로 보냈다.[114] 그러나 이집트의 주(州)들은 화를 면하지 못했다. 파라오의 제후 카트나의 왕 아키지는 히타이트 사람들이 오론테스 계곡의 이집트 영토에 침략하여 아멘호테프의 이름이 들어간 아몬 레의 형상을 가져가고, 떠나면서 도시를 불태웠다는 내용의 편지를 파라오에게 보냈다.[115] 더 북쪽에 위치한 누카시쉬(Nukhashshi)도 비슷한 침략을 당했고, 그곳의 왕인 하다드니라리(Hadadnirari) 왕은 아멘호테프에게 충성을 다짐하고 침략자들에 맞서기 위해 지원을 요청하는 절망적인 편지를 썼다.[116] 이 모든 것은 두 마음을 품은 파라오의 봉신들의 묵인 없이는 있을 수 없는 일이었다. 이들은 자립하여 스스로 영토를 정복하려 하고 있었다. 이후 악명 높았던 아지루(Aziru)와 그의 아버지 압드아쉬르타(Abdashirta)가 이 같은 움직임의 지휘자로, 이들은 남쪽으로부터 카트나와 누카시쉬로 들어갔고, 진군하면서 약탈했다. 그들과 제휴한 다른 사람들은 다마스쿠스 지역인 우비(Ubi)를 위협했다. 카트나의 아키지와 비블로스의 립-아디(Rib-Addi)는 파라오 봉신들의 변절을 재빨리 보고했다. 아키지는 빠른 지원을 요청하는 편지를 썼다. "오! 나의 군주여, 우비

---

[113] II, 873.
[114] 아마르나 편지, 16, 30-37.
[115] Ibid., 138, Reverse, ll. 5, 18-31.
[116] Ibid., 37.

땅의 다마스쿠스가 손을 폐하의 발 쪽으로 뻗는 것처럼 카트나도 손을 폐하의 발 쪽으로 뻗습니다." 상황은 파라오에게 비춰진 것보다 더 위험했다. 왜냐하면, 파라오는 히타이트가 진군하는 심각성을 전혀 인식하지 못했기 때문이다. 아키지는 그에게 나하린의 왕들은 충성스럽다고 확신시켰다. "오 나의 군주여, 제가 폐하를 사랑하듯이 누카시쉬의 왕, 니이의 왕, 센자르의 왕, 키나나트(Kinanat)의 왕도 그렇습니다. 이 왕들은 모두 폐하의 하인이기 때문입니다." 그러므로 투트모세 3세라면 전군과 즉시 진군했겠지만, 아멘호테프는 북시리아로 전군과 함께 행군하는 대신에 병력만 보냈다. 물론 이들은 불온한 제후들을 잠시 진압하고 충실한 봉신들에 대한 공격을 잠시 멈추게 하는 데 어려움은 없었다.[117] 그러나 그들은 히타이트가 남쪽으로 진군하는 것에 대처할 수 없었다. 히타이트는 시리아 정복을 위한 자신들의 계획에서 가장 큰 가치를 지닌 북부 나하린에 발판을 확보했다. 더군다나 왕이 오랫동안 시리아에 없는 것이 그곳에서 이집트의 명성에 영향을 미치고 있었고, 그의 아시아 영토를 위협하는 또 다른 위험이 왕이 마지막으로 시돈을 떠난 날부터 시작되었던 것으로 전해진다. 태곳적부터 시리아와 팔레스타인에 정기적으로 밀려들었던 사막의 셈족인 카비리(Khabiri)가 당시 침입하고 있었다. 이들은 이민이라 불릴 수 있을 정도의 막대한 규모였다. 아멘호테프 3세가 죽기 전에 침입은 위협적이 되었다. 따라서 비블로스의 립-아디는 나중에 아멘호테프 3세의 아들에게 다음과 같은 편지를 보냈다. "폐하의 아버지가 시돈에서 돌아간 이후, 그 이후로 땅이 카비리의 수중으로 넘어갔습니다."[118]

이러한 불길한 상황에서 아마 우리가 '위대한 아멘호테프'라고 불러야

---

[117] Ibid., 83, 28-33, 94, 13-18.
[118] Ibid., 69, 71-73.

할 늙은 파라오에게 마지막이 다가오고 있었다. 그와 여전히 친한 사이인 미탄니의 그의 형제는 아마도 그의 나이와 그가 허약해진 것을 알고 이집트에 두 번째로 니네베의 이슈타르 조각상을 보냈다. 분명 유명한 여신이 아멘호테프의 쇠약함을 야기하는 악령을 몰아내 노왕이 건강을 회복할 수 있기를 바라는 마음에서였다.[119] 그러나 그러한 모든 조치는 소용이 없었다. 왕좌에 거의 36년간 있다가 기원전 약 1375년에 '위대한 아멘호테프'는 죽었고, 그의 조상들인 다른 황제들과 함께 왕들의 무덤 계곡에 묻혔다.

---

[119] Ibid., 20.

18 이크나톤의 종교개혁

아멘호테프 3세가 죽은 뒤의 이집트는 그 어떤 국가보다도 강하고 노련한 통치자를 절실하게 필요로 했다. 그러나 이집트는 이 중대한 위기에 공교롭게도 젊은 몽상가가 통치하게 되었다. 그는 관념의 세계에서는 전례 없는 위대함을 지녔지만, 간단히 말하면 투트모세 3세와 같은 적극적인 실무가, 노련한 군 지휘자를 요구하는 상황에 대처하기에는 적합하지 않았다. 아멘호테프 3세와 티이 왕비의 젊고 세상 물정에 어두운 아들, 아멘호테프 4세는 어떤 방향에서는 정말 굳세고 용감했지만, 그는 제국이 실질적으로 필요로 하는 것을 전혀 이해하지 못했다. 그는 어려운 상황을 물려받았다. 전통과 새로운 세력 간의 갈등은 살펴보았듯이 그의 아버지도 벌써 감지했었다. 그가 당면한 일은 이러한 갈등 세력을 잘 다뤄서 새롭고 근대적인 추세에 합리적으로 대처할 수 있으면서 동시에 재앙을 방지할 수 있을 만큼 옛것을 보존하는 일이었다. 실제로 정치 수완의 문제였으나 아멘호테프 4세는 그것을 주로 이상적인 면으로 바라보았다. 어머니 티이와 아마도 아시아 태생의 여자인 왕비 노프레테테(Nofretete),[1] 그가 가장 총애하는 사제로 그의 어린 시절 유모의 남편인 에예(Eye)가 그와 가까운 집단을 형성했다.

---

[1] **[역주]** 네페르티티(Nefertiti)로 많이 알려져 있다. 네페르티티가 왕족이 아닌 재상의 딸이라는 설도 있다(피터 에이 클레이턴 2009:156)

앞의 두 사람이 아마도 그에게 강력한 영향력을 발휘했으며, 적어도 공적인 정견 발표에 관한 한 정부에서 두드러진 역할을 맡았다. 왜냐하면, 아멘호테프 4세는 아버지의 비슷한 성향을 훨씬 능가하는 정도로, 늘 자신의 어머니, 아내와 함께 대중 앞에 등장했기 때문이다. 그가 계획한 고상하고 비현실적인 목표가 이 두 가장 영향력 있는 조언자들에게서 즉각적인 반응을 얻었던 것 같다. 이렇게 해서 이집트가 박력 있고 노련한 통치자를 절실히 필요로 할 때 젊은 왕은, 능력은 있으나 제국이 정말로 필요로 하는 것을 새 파라오에게 제시하지 못하는, 아마도 재능이 있었을 두 여자 및 사제와 가깝게 상의했다. 나하린에서 절실히 필요했던 군대를 소집하는 대신에, 아멘호테프 4세는 그 시대의 사조(思潮)에 심혈을 기울여 몰두했다. 사제들의 철학적인 신학이 아시아의 모든 지역보다 그에게는 더 중요했다. 그러한 묵상으로 그는 점차 이상과 목표를 세웠다. 이것은 모든 파라오 가운데 그를 가장 두드러지게 만들었고, 인류 역사에서 첫 번째 개성을 가진 인물이 되게 했다.[2]

이집트의 제국 지위는 삶의 형식, 인간의 습관과 풍습, 미(美)의 새로운 가능성을 내포한 풍성한 다작 예술에만 깊은 영향을 미친 것이 아니라 당시의 사상에도 깊은 영향을 미쳤다. 당시의 사상은 주로 신학적이므로, 우리는 그 사상에서 현대 용어로 '시대사조'가 내포한 모든 관념을 제외해야 한다.[3] 아시아 정복 이전에도 사제들은 신들에 대한 해석에 큰 진전을 이루었다. 당시 그들은 후대 그리스인들처럼, 신화가 본래 가지지 못했던 어느 정도 철학적인 중요성을 신화에 도입하는 단계에 진입했다. 신에 대한 해석은 신화 속에서 신의 위치나 역할에 의해 자연스럽게 암시되었다. 멤피

---

[2] [역주] 저자는 이크나톤을 the first *individual*로 individual을 기울여 표기했다.
[3] [역주] 당시 사상을 알려면 신학적인 것만을 남겨야 한다는 의미로 풀이된다.

스의 창조신 프타는 그곳 사제단에게 유익한 사고방식을 제공했다. 프타는 구체적인 경로로 움직이며, 지성(知性)이 발달하던 초기에, 어떤 생각을 했어도 그 사고(思考) 과정을 나타낼 용어가 없는 언어로 생각하는 사람을 안내했다. 프타는 먼 옛날부터 건축가와 장인의 신이었다. 프타는 그들에게 건축물 및 산업 예술 작품의 설계도와 도안을 알려주었다. 프타를 관조하면서 추상적 개념에 덜 익숙한 멤피스의 사제는 실체가 있는 경로를 발견했다. 이 경로를 따라 사제는 점차 합리적이고 어느 정도 제한적이기는 하지만 철학적인 세계관을 얻었다. 프타의 지도하에 멤피스신전의 작업장에서는 신전에 바칠 눈부신 조각상들과 도구들, 공물이 제작되었고, 멤피스신전의 작업장은 세계로 뻗어나간다. 그리고 신전의 주인인 프타는 세계적인 작업장의 명장(名匠)으로 성장한다. 그는 건축가와 장인들에게 모든 설계도를 제공하기 때문에, 이제 그들이 하는 모든 일에서 모두를 위해 똑같은 일을 한다. 그는 최고의 마음이 된다. 그는 마음으로, 모든 것들이 그에게서 비롯된다. 세계와 세계 속의 모든 것은 그의 마음속의 생각처럼 존재했다. 건축물과 예술 작품을 위한 그의 설계도처럼 그의 생각은 물질적 실체로서 구체적 형태를 갖기 위해 언어로 표현되어야만 했다. 신과 마찬가지로 인간은 모두 마음에서 비롯되었고, 그들이 하는 모든 것은 그들 안에서 작용하는 신의 마음일 뿐이다. 프타의 사제는 짧은 시로 이것을 표현했다. 시의 일부는 모호하고 막연하게 그 시대의 마음이 어떻게 세상을 설명하는지 보여준다.

위대한 프타는 신들의 마음이고 언어이다. …
프타, 그에게서 힘이 나온다.
마음의
그리고 언어의.
모든 마음에서 나오는 힘

그리고 모든 입에서.
모든 신, 모든 사람, 모든 가축, 모든 파행 동물들이
산다. 프타가 생각하고 지휘하는 대로
모두 그(프타)가 의도한 대로.

그것(마음)은 모든 성공적인 결과를 가져온다.
그것은 마음의 생각을 반복하는 언어이고
그것(마음)은 모든 신의 형태를 만드는 재단사 …
일시에 모든 신의 어휘가
마음의 생각으로 생겨났다,
그리고 언어의 구사력으로.[4]

이 시의 절에서 '마음'이라는 단어를 사용할 때마다 이집트인들은 '심장(heart)'이라고 받아들인다. 심장이라는 단어는 헤브라이인들이나 다른 민족들이 자주 '마음'이라는 단어를 사용할 때와 같은 의미로 이집트인들에게 쓰였다. 우리 자신이 종종 마음이라는 단어를 사용하는 것과 거의 같은 방식으로 쓰였는데, 이집트인들은 심장과 창자가 실제로 마음이 있는 위치라고 믿었다는 데 차이가 있다. 매우 제한된 집단이 그러한 생각을 가졌을 수 있지만, 사제들에게만 국한된 것은 아니었다. 투트모세 3세의 전령관 인테프(Intef)는 묘비에 그가 은연중에 경청했던 '심장'의 안내 덕분에 그가 성공했다고 언급한다. 그는 "보라, 이것이 모든 육체에 내재하는 신의 신탁이다."[5]라는 사람들의 말을 덧붙였다. 여기서 '육체'는 흔히 배(복부)와 장(腸)을 가리키는 말로 마음이 위치한 곳이다. 이런 식으로 이집트인은 신을 포

---

[4] Zeitschrift für Aegyptische Sprache, XXXIX, 39 ff에 실린 이 주목할 만한 문서에 대한 저자의 설명을 참조하라.
[5] II, 770.

함해 모든 감각 있는 존재들의 배후와 위에서 단독으로 지배하는 지적인 존재, 영(靈)의 개념을 얻었다. 이 영이 그의 계획을 실행에 옮기도록 하는 유효한 힘은 그가 입으로 하는 '말'이었다. 이렇게 최초의 '로고스'는 분명 후대 로고스 학설의 초기 형태로, 그 기원을 이집트에서 찾을 수 있다. 초기 그리스 철학도 아마 이것을 인용했을 것이다.[6]

비슷한 관념이 당시 이집트에서 비교적 중요한 모든 신에 관해서 보급되고 있었다. 그러나 왕국이 나일 계곡에 국한된 한, 그러한 신의 활동은 그들의 사고에서 파라오 영토의 경계 내로 제한되어 있었고, 그들이 생각하는 세계는 더 이상을 의미하지 않았다. 옛날부터 파라오는 신들의 후계자였고, 신들이 한때 다스렸던 강 상류와 하류의 두 왕국을 통치했다. 이렇게 그들은 신화에서 강의 계곡 너머까지 그들의 지배를 확장하지 않았다. 그리고 그 계곡은 본래 바다에서 제1폭포까지만 뻗어 있었다. 그러나 제국 하에서 이 모든 것이 변했다. 신은 파라오의 검이 그를 데려가는 곳까지 간다. 누비아와 시리아에서 파라오의 국경을 나타내는 명판이 어딘가에 세워지면 신의 영토가 그곳까지 확장된 것이다. 왕은 당시 '그[파라오]를 왕좌에 앉힌 [신]에게 세상을 가져다주는 사람'이라 불렸다.[7] 왕과 사제에게 세상은 신의 위대한 영토일 뿐이었다. 파라오의 모든 전쟁은 신전의 벽에 기록되었고, 심지어 그의 전쟁은 무의식적인 배치에서도 신전의 문에 집중된다.[8] 국가의 신학적 이론은 단순히 왕이 신에게 넘길 수 있는 세계를 얻고, 확장된 점령지를 갖게 되어 신의 영토도 따라서 확대될 수 있게 해 달라고 기도하는 것이다. 이렇게 해서 신학적인 사고는 정치적 상황과 긴밀하고도 민

---

[6] [역주] 로고스(logos)는 사물을 인식하고 파악하는 인간의 이성이나 분별을 의미한다. 연민을 자아내는 감성과 관련된 파토스(pathos)와 대비되는 말이다.
[7] II, 959, l. 3; 1000.
[8] III, 80.

감한 관계를 갖게 된다. 그리고 신학적 이론은 왕이 공물을 받는 영토의 경계까지 신의 실제 통치권을 불가피하게 확대해야 한다. 당시 그가 세계로부터 널리 공물을 받고 있던 때에 이집트에서 실질적으로 세계 신이라는 관념이 등장한 것은 우연이 아니다. 또한, 파라오의 힘을 신의 힘으로 유추한 것은 당시 분명 이집트 신학자들에게 강력한 영향을 미쳤다. 신화가 만들어지던 시절에는 신들이 나일 계곡을 다스리는 파라오로 여겨졌는데, 신화를 만든 사람들이 그렇게 다스렸던 파라오 밑에서 살았기 때문이다. 이제 세계적 제국을 다스리는 파라오 밑에서 살면서, 제국시대의 사제는 자신 앞에 세계 신이라는 관념의 필수조건인 세계 영토, 세계 개념을 구체적으로 접하게 되었다. 세계는 당시 정복되고 조직되고 다스려지면서 사제 앞에 200년간 존재해 왔다. 파라오가 다스리는 세상에서 사제는 점차 세계 신을 보기 시작했다.

    우리는 지금까지 이 신에 이름을 부여하지 않았다. 멤피스 사제들에게 물었다면, 그들은 그의 이름을 멤피스의 오랜 신인 프타라고 말했을 것이다. 테베의 아몬 사제들은 당연히 국가 신인 아몬에게 그 영예를 돌릴 것이다. 한편 헬리오폴리스에 있는 레의 대사제는 파라오가 레의 아들이자 왕국의 상속자이므로, 레가 모든 제국의 최고신이어야 한다는 사실을 지적할 것이다. 지방 성소의 잘 알려지지 않은 신들은 그들의 사제단 속에서 비슷한 우승자들을 발견할 것이다. 왜냐하면, 그 신들은 당시 레와 동일시되었고, 그의 특권을 주장했기 때문이다. 그러나 역사적으로 레의 자격이 의심의 여지 없이 최고였다. 아몬은 결코 그를 대신하지 못했다. 옛날처럼 공식 서한의 서문은 여전히 레-하라크테(Re-Harakhte)의 은혜에 수취인을 위탁한다.[9] 그리고 당시의 민간 설화에서 세상을 지배한 것은 레-하라크테이다.

---

[9] [역주] '레-하라크테에게 편지를 받는 사람을 보살펴 달라고 빈다'라는 의미이다. 레

그러나 이집트의 옛 신 중 어느 누구도 제국의 신으로 선언되지는 못했다. 하지만 실제로는 헬리오폴리스의 사제단이 공경받는 자신들의 태양신 레가 그 탐나는 영예를 차지하도록 했다. 이미 아멘호테프 3세 하에서, 태양신의 이름이 쓰일 만한 곳에서 물질적 태양의 옛 이름 '아톤(Aton)'이 주로 쓰이게 되었다. 그는 티이와 함께 그녀의 아름다운 호수를 항해할 때 타던 왕실 선박을 '아톤이 빛나다'로 불렀다.[10] 그의 경호팀은 새로운 신의 이름을 가지고 있었고, 아마 헬리오폴리스에는 그에게 바친 예배실이 있었을 것이다. 또한, 태양신은 때때로 아멘호테프 3세의 동시대 사람들에 의해 '유일신'으로 불렸다.

파라오가 어쩔 수 없이 직면해야 했던, 이미 존재하던 전통적인 추세와의 갈등은 새로운 시도를 하지 않고는 그 자체가 정치가의 자산을 소모할 만한 어려움을 포함했다. 그리고 새로운 시도는 당시 가장 강력한 보수 세력인, 유력한 사제단 및 감동적인 종교적 전통과의 가장 위험한 충돌을 수반했다. 새로운 시도가 바로 당시 젊은 왕이 주저하지 않고 취한 성급한 조치였다. 당시 아멘호테프 4세는 아톤의 이름하에 최고신의 숭배를 도입했다. 그러나 그는 옛날의 태양신 레로 자신의 새로운 신의 정체를 감추려 하지 않았다. 그는 재상에게 새로운 신앙을 가르치면서, 다음과 같이 말했다. "레의 말이 공의 앞에 있소 … 나에게 레의 말의 본질을 알려주는 존귀한 나의 아버지 … 그 본질은 내 가슴속에 있고, 나에게 시현(示顯)되었소. 나는 이해했소."[11] 이렇게 그는 새 믿음의 근원을 레에게 돌리고 자신이 새 신앙의 계시를 전달하는 영매였다고 주장한다. 그는 즉시 헬리오폴리스의 레의 대사제 직함과 같은 '위대한 선지자'의 직함으로 자신의 새로운

하라크테는 레와 호루스를 합한 신이다.
[10] II, 869.
[11] II, 945.

신의 대사제직을 맡았다.[12] 그러나 새 국가 종교가 헬리오폴리스에서 기원한 것이 아무리 분명하다 해도 그것은 그저 태양 숭배가 아니었다. 아톤이란 말은 '신'(nuter)의 옛말 대신에 사용되었다.[13] 그리고 신은 물질적 태양과는 분명히 구별된다. 옛 태양신의 이름 아래에는 '태양[아톤]의 열기'라는 설명구가 붙고, 신도 마찬가지로 '태양[아톤]의 주인'이라 불린다. 그 결과 왕은 모든 생명에 수반되는 꼭 필요한 열을 신격화했다. 그것은 새 신앙에서, 우리가 보기에 그리스인들의 초기 우주발생론 철학에서 열이 맡았던 비슷한 중요한 역할을 담당한다. 그러므로

사진 32. 아마르나 경계 석비
위의 부조 양쪽에서 이크나톤은 아내와 딸들과 함께 태양의 원반을 숭배하고 있다. 그 광선의 끝은 손으로, 그들을 감싸 안고 그들에게 삶의 상징을 제공한다.

우리가 기대하듯, 신은 그의 '광선(빛줄기)'을 통해 어디에서든 활동하는 것으로 명시된다. 그리고 신의 상징은 하늘의 원반으로, 원반은 땅을 향해 사방으로 뻗어 나가는 무수한 광선을 보내고, 각 광선의 끝은 삶의 상징을 각각 붙잡고 있는 손이다. 그의 시대에 왕은 세상에 대해서 초기 그리스인들이 유사한 사상을 다룰 때와 마찬가지로, 가설에 대한 물리화학적인 개념은 조금도 가질 수 없었음이 확실하다. 그러나 근본적인 사상은 의외로

---

[12] II, 934, l. 2.
[13] II, p. 407, note e.

정확하고, 우리가 보듯 놀랄 만큼 발전했다. 그의 신의 외적 상징은 이렇게 해서 기존의 전통을 완전히 깬 것이었지만, 제국을 구성하는 많은 여러 나라에서 그것은 실제로 도입될 수 있었고, 이해력을 가진 외국인이라면 그것을 한눈에 이해할 수 있었다. 이 모든 것은 이집트 종교의 전통적인 상징들(그림6, 사진32)과는 거리가 멀었다.

새로운 신은 그가 궁극적으로 대신하려 하는 옛 신들처럼 신전이 있어야 했다. 집권 초기에 아멘호테프 4세는 필요한 돌을 확보하기 위해 실실레의 사암 채석장에 원정대를 보냈고, 궁중의 최고 귀족들은 채석장에서의 작업을 책임졌다.[14] 카르나크 신전과 룩소르 신전 사이에 있는 그의 아버지가 설계한, 아몬의 정원에 아멘호테프는 그의 새 신전을 세웠다. 크고 장려한 새 건축물은 여러 가지 색깔을 넣은 부조로 장식되어 있었다. 테베는 당시 '아톤의 광명의 도시'라고 불렸고, 신전이 있는 곳은 '위대한 아톤의 광명'이라 불렸다. 성소 자체는 의미가 불확실한 '젬(Gem)-아톤'이라는 이름을 가지고 있었다.[15] 다른 신들은 여전히 옛날처럼 묵인되었지만,[16] 그래도 아몬 사제단은 그들 한가운데서 낯선 신이 혜성처럼 등장한 것에 대해 점점 더 질투 어린 시선으로 바라볼 수밖에 없었다. 전에는 아몬의 성소를 흥성하게 하는 데 사용되었던 부의 대부분이 이제는 그 침입자에게 아낌없이 사용된다는 점을 제외하고, 그들은 그 인위적인 창조물에 대해 아무것도 몰랐다. 아멘호테프 3세의 아몬 대사제 가운데 한 사람은 왕국의 최고 회계 담당자이기도 했었고, 또 다른 대사제 프타모세(Ptahmose)는 왕국의 대재상이었다. 똑같은 경우가 하트셉수트의 통치 기간에도 있었는데, 당시 하푸세네브가 재상이면서 아몬의 대사제였다. 이 권력들 외에도 아몬의 대사제는

---

[14] II, 935.
[15] II, p. 388, note b.
[16] II, 937.

또한 나라의 모든 사제를 포함한 조직의 최고 우두머리였다. 사실 아몬의 대사제가 그토록 광범위한 정치적인 힘을 휘두르고 있었다는 사실은, 그가 물려받은 사제의 속박으로부터 해방되고 싶어 하는 젊은 왕의 소망을 더 강하게 했을 것이다. 그의 아버지는 분명히 왕권 위에 무겁게 얹힌 사제들의 손을 뿌리치려 했던 것 같다. 왜냐하면, 그가 아몬의 대사제가 아니었던 재상으로 프타모세의 뒤를 잇게 했었기 때문이다. 새 재상인 라모세 (Ramose)는 젊은 왕이 선물을 주어 얻었다.[17] 그리고 맹종하는 조정이 그를 따랐고, 심지어 우리가 보아온 대로 새 신전을 위한 채석 작업을 감독하기도 했다. 하지만 아몬의 사제단은 당시 부유하고 강력한 집단이었다. 그들은 투트모세 3세를 왕으로 세운 바 있다. 만일 그들이 당시 왕좌에 있는 젊은 몽상가를 밀어내고 자신들의 꼭두각시 중 한 사람을 들여앉힐 수 있었다면 그들은 물론 처음 기회가 주어졌을 때 그렇게 했을 것이다. 그러나 아멘호테프 4세는 그 땅에서 가장 강력한 사제단도 무시할 수 없을 정도로 강력하고 걸출한 통치자들의 자손이었다. 게다가 그는 무한한 열정을 소유했고, 그는 아몬의 반대편 세력인 북부의 멤피스와 헬리오폴리스 옛 사제단의 지지를 받았다. 이들은 중왕국이 흥기하기 전 북부에서는 결코 들어본 적 없는 잘 알려지지 않은 테베의 신, 이 침입자를 오랫동안 질투해 왔다. 아몬 사제단에 가장 불행한 결과를 남기고 끝을 볼 때까지 계속된 충돌이 뒤이어 일어났다. 이 때문에 테베는 젊은 왕에게 참을 수 없는 곳이 되었다. 그는 새로운 신전을 완성한 직후, 급진적인 조치를 결정했다. 그는 사제단과 관계를 끊고, 그의 생각에서뿐 아니라 현실에서도 아톤을 유일신으로 만들었다. 아몬은 왕의 조상들의 유서 깊은 나머지 신들과 마찬가지로 지내야 했다. 왕이 의도한 것은 '신들의 황혼'[18]이 아니라 신들의 즉각적인

---

[17] II, 944-947.

소멸이었다. 신들의 외적이고 물질적인 표현과 설비가 관련된 한, 이것은 지체 없이 성취될 수 있었고 또 성취되었다. 아몬의 사제단을 비롯한 사제단은 쫓겨났고, 전국적으로 다양한 신들을 공식적으로 신전에서 숭배하는 것이 중단되었다. 그들의 이름은 기념물에서 발견되는 곳마다 삭제되었다. 아몬에 대한 박해가 특히 심했다. 테베의 묘지에 사람이 보내졌고, 조상들의 무덤에서는 묘석에 아몬이라는 증오의 대상인 이름이 등장하기만 하면 모두 망치로 지워버렸다. 카르나크 신전의 벽을 따라 배치된, 제국의 옛 영광의 시대에 살았던 대귀족들의 가지런히 늘어선 조각상들도 이를 피하지 못했고, 그 신의 이름은 똑같이 지워졌다. 왕의 아버지를 포함한 그의 조상들의 왕실 조각상들조차도 존중되지 않았다. 심지어 그 아버지 아멘호테프의 이름에 아몬이라는 이름이 들어가자, 젊은 왕은 테베의 모든 신전에서 아몬이라는 이름이 '대대적으로' 등장하는 것을 막기 위해 자신의 아버지 이름마저 파내야 하는 불편한 곤경에 처했다. 그의 아버지가 자신의 장제전에 세운, 아몬을 위한 그의 모든 건축물을 기록한 웅장한 석비는[19] 무자비하게 파헤쳐져 읽을 수 없게 되었다. 심지어 '신'이라는 단어도 옛 기념물의 어디에도 등장하지 못하게 했다. 테베 신전들의 벽도 애써 살피고, 그 의심스러운 단어가 출현하는 곳마다 지워 없앴다.[20] 그런데 왕 자신의 이름도 당황스러운 이름이었다. '아몬이 쉬다'라는 뜻의 아멘호테프도 입에 올리거나 기념물에 적을 수 없었다. 그 이름도 당연히 제거되어야 했고, 왕은 '아톤의 정신'을 의미하는 '이크나톤'이라는 이름을 그 자리에

---

[18] [역주] 저자는 '신들의 황혼'이라는 단어를 바그너의 음악극인 Götterdämmerung으로 표기했다. 전곡을 공연하려면 4일간의 일정이 소요되는 바그너의 대서사시 작품 〈니벨룽의 반지〉의 네 번째 곡이다.

[19] II, 878 ff.

[20] Zeitschrift für Aegyptische Sprache, 40, 109-110과 II, p. 386, note b를 참조하라.

썼다.

테베는 당시 급진적인 혁명론자에게 적합한 거주지가 되기에는 너무 많은 옛 단체들로 위태로웠다. 도시를 가로질러 바라보면서, 그는 자신이 모독했던 조상들의 장제전들이 서부 평원을 따라 당당하게 줄지어 펼쳐져 있는 것을 보았다. 당시 그곳들은 조용했고 비어 있었다. 카르나크와 룩소르의 우뚝 솟은 탑문과 오벨리스크는 그의 조상들이 아몬의 영광에 공헌했던 모든 것을 좋은 마음으로 떠올리게 하지는 않았다. 중앙부에 웅대한 기둥이 있고 지붕은 여전히 없는, 룩소르에 있는 그의 아버지의 미완성의 홀은 젊은 개혁가의 마음에 유쾌한 기억을 거의 일으키지 못했다. 이렇게 해서 확실히 오래 심사숙고했던 계획이 실행에 옮겨졌다. 제국의 신 아톤은 제국의 세 지역, 이집트, 아시아, 누비아에서 각각 도시를 소유해야 했고, 신의 이집트 도시는 왕실 소재지로 만들어야 했다. 그것은 어느 정도의 시간을 요하는 사업이었을 것이다. 그러나 세 도시는 적절한 때에 설립되었다. 누비아의 아톤 시는 제3폭포의 아래에 있는 현 둘고(Dulgo)의 맞은편에 있고, 따라서 그 행정구역의 한가운데에 있었다.[21] 이곳은 테베의 아톤 신전을 따라 '젬-아톤'이라 명명되었다. 시리아의 아톤 시는 알려져 있지 않지만, 이크나톤이 자신의 조상들이 아몬을 위해 한 것 못지않게, 그곳에서 아톤을 위해 무언가를 했을 것이다. 왕은 이름을 바꾼 직후인 재위 6년, 이집트에 있는 자신의 아톤 시에서 살고 있었다. 그는 삼각주 위로 약 257km쯤 되고, 테베 아래로 거의 483km 떨어진 절벽 밑의 아름다운 만을 도시의 위치로 선택했다. 절벽은 강에서 반원 형태로 들어가 있는데, 강줄기로부터 약 4.8km 되는 지점까지 쑥 들어갔다가, 거기서 아래쪽으로 약

---

[21] II, p. 388, note b와 필자의 "Monuments of Sudanese Nubia," Chicago, 1908, pp. 51-82를 참조하라.

8km 되는 곳에서 다시 강 쪽으로 되돌아간다. 이렇게 해서 삼면은 절벽이 경계를 이루고 서쪽은 강이 경계를 이룬 넓은 평원 안에, 이크나톤은 그의 새 거주지이자 아톤의 신성한 도시를 세웠다. 그는 그곳을 아케타톤(Akhetaton), '아톤의 지평선'이라 불렀는데, 오늘날에는 텔 엘 아마르나(Tell el-Amarna)로 알려져 있다. 성읍 외에, 그 주위를 둘러싼 지역은 신에 속한 영토로 정해졌고, 강의 양쪽에 있는 평원을 포함했다. 양쪽의 절벽에는 14개의 커다란 석비(사진32)가 바위에 새겨져 있는데, 그중 한 개는 높이가 약 7.9m나 된다. 석비에는 도시 주위의 신성한 구역의 경계를 정한 비문이 적혀 있다.[22] 설계된 바와 같이, 그 구역은 북쪽에서 남쪽으로 약 12.9km이고, 절벽에서 절벽까지는 19.3km에서 27.3km가 넘었다. 이와 관련된 왕의 서약이 북쪽 끝과 남쪽 끝의 석비에 기록되어 있다. "폐하께서는 손을 하늘에, 그를 만든 신에게, 심지어 아톤에게 들고 말씀하셨다. '이것이 저의 영원한 선언, 저의 영원한 증언입니다. 이 경계표지[석비] … 저는 제 아버지를 위한 집으로 아케타톤을 만들었습니다. … 저는 동서남북쪽에 아케타톤의 경계를 정했습니다. 저는 아케타톤의 남쪽 경계를 넘어서 남쪽으로 가지 않을 것이고, 아케타톤의 북쪽 경계를 넘어서 북쪽으로 가지 않을 것입니다. … 그(신)는 당신을 위한 순회 행로를 만드셨고, 그 한가운데에 제단을 만드셨다. 그 위에 나는 그에게 공물을 바친다.'"[23] 그가 그 구역의 경계를 벗어나지 않겠다는 발언, 즉 동서남북 사방을 언급한 맹세가 단지 법적인 말로서, 이 말로 이 대지 소유자는 자신이 대지의 경계, 즉 정당한 경계 너머로는 권리가 없었음을 인정한 것인지, 그렇지 않으면 왕이 실제로 이 맹세를 문자 그대로 실행해서 아케타톤에서만 남은 생을 보냈는지는 알

---

[22] II, 949-972.
[23] II, 954.

수 없다. 그러나 이 구절은 우리에게 알려진 다른 경계표지에서는 발견되지 않는다. 이렇게 경계가 정해진 지역은 당시 다음과 같은 왕의 명령에 의해 합법적으로 아톤에게 전달되었다: "아케타톤의 동쪽 산[절벽]에서 맞은편 서쪽 산까지의 경계표지 … 내의 지역은 이제, 영원히 생명을 부여받은 나의 아버지 아톤에 속한다. 산, 절벽, 늪 …, 고지대, 들, 물, 성읍 또는 해안 또는 사람들, 가축, 나무 또는 나의 아버지 아톤이 만든 어떤 것이든 … 나는 그것을 영원히 나의 아버지 아톤을 위해 만들었다."[24] 그리고 또 다른 석비에서 그는 그것들이 공물과 마찬가지로 영원히 아케타톤에 있는 아톤의 신전에 속하는 것이라고 말한다.[25] 이 신성한 영토 외에, 신은 이집트와 누비아,[26] 그리고 아마도 시리아에 있는 다른 땅에서 나온 수입으로 기금을 기부받았다. 이렇게 해서 세워진 도시는 제국의 진정한 수도가 되었다. 왕이 직접 밝혔다. "온 나라가 여기로 온다. 아케타톤의 아름다운 터(땅)는 또 다른 소재지[수도]가 된다. 나는 그들이 북쪽에서 오든 남쪽에서 오든 서쪽에서 오든 동쪽에서 오든 그들을 접견할 것이다."[27] 왕실의 건축가인 베크(Bek)는 새 신전을 위한 돌을 조달하도록 제1폭포로 보내졌다.[28] 아니 신전들이라고 말해야 할 것이다. 왜냐하면, 당시 신도시에는[29] 왕 자신의 국가 신전 옆에 대비 티이를 위한 신전과 공주 베케타톤(Beketaton, '아톤의 하녀')을 위한 신전까지 적어도 세 개의 신전이 지어졌기 때문이다.[30] 신전 주위에는 왕궁과 귀족들의 저택이 세워졌다. 귀족 중 한 명이 도시를 다음

---

[24] II, 966.
[25] II, 972.
[26] II, 957.
[27] II, 955.
[28] II, 973 ff.
[29] II, 1016-18.
[30] Ibid.

과 같이 묘사한다. "아케타톤, 너무나 사랑스럽고, 즐거운 의식이 치러지는 곳, 도시의 한가운데 레의 선물인 재산이 풍성하네. 아케타톤의 아름다운 광경에는 환희가 있다. 아케타톤은 사랑스럽고 아름답다. 아케타톤을 보는 것은 천국을 힐끗 보는 것 같다. 아케타톤의 가치는 헤아릴 수 없다. 아톤이 아케타톤에서 떠오를 때, 아톤은 그곳을 광선으로 채우고 [광선으로] 그의 사랑하는 아들, 영원의 아들을 포옹한다. 아들은 아톤에게서 나와서, 자신을 왕좌에 앉힌 그에게 세상을 주고, 자신을 만든 그에게 세상이 귀속되도록 한다."[31]

신전이 수입원으로부터 첫 세수(稅收)를 받을 준비가 된 날, 왕은 전차를 타고 네 명의 딸과 멋진 시종들과 함께 그곳으로 향했다. 그들은 '환영합니다'라는 환호성과 함께 환영을 받으며 신전에 들어갔다. 풍성한 공물이 신전 뜰 안의 높은 제단을 채웠다. 그 둘레의 저장실은 새로 받은 수입이 너무 많이 놓여 있었고[32] 왕은 직접 그러한 의식에 참석했고[33] 왕비는 "달콤한 목소리로 아톤을 쉬게 했다. 그녀의 아름다운 두 손에는 두 개의 시스트럼이 들려 있었다."[34] 그러나 이크나톤은 더 이상 대사제의 직책을 직접 맡지 않았다. 왕은 그의 총신 가운데 한 사람인 메리레(Merire, '레가 사랑하는')를 그 직책에 임명했고, 메리레는 이를 위해 어느 날 친구들과 궁전의 발코니에 이르렀다. 그곳에서 왕과 왕비는 당당하게 등장했다. 왕은 당시 공식적으로 메리레를 높은 직책으로 승진시키며 말했다. "보라. 내가 공을 아케타톤에 있는 아톤 신전의 아톤의 '위대한 선지자'[대사제]로 친히 임명하노라. … 나는 공에게 이 직책을 주겠소. '공은 아톤의 집에서 공의 군주인 파라오의

---

[31] II, 1000.
[32] II, 982.
[33] II, 994, ll. 17-18.
[34] II, 995, ll. 21 f.

음식을 먹을 것이오.'"[35] 메리레는 신전의 경영에 매우 충실하여, 왕은 공개적으로 그에게 '금'을 상으로 주었다. 이것은 파라오의 열정적인 하인에게 수여되는 관습적인 예우였다. 신전의 한 건물의 입구에서 왕과 왕비, 두 딸은 그 운 좋은 메리레에게 충성의 상을 수여하고, 왕은 시종들에게 말한다. "그의 목의 앞뒤로 금을 걸어주고, 다리에도 금을 부착해 주도록 하라. 파라오가 아케타톤의 아톤 신전 성소에 만든 이 아름다운 자리에서 모든 격언에 관한 파라오의 가르침을 그가 경청했기 때문이다."[36] 메리레는 신전의 의식에 관한 왕의 가르침 또는 왕이 말한 대로 이 '아름다운 자리에서의 모든 가르침'에 귀를 기울였던 것 같다.

신도시에서 아톤 신앙의 보급을 위해 고안되고 행해졌던 모든 것이 직접적으로 왕에서 비롯되었고, 그의 개성의 흔적을 지니고 있었음이 점점 더 분명해 보인다. 그의 혁명운동의 큰 적인 아몬을 섬멸하기 위해 주저하지 않고 유적에 실린 자신의 아버지의 이름을 지웠던 왕은 중도에서 멈출 사람이 아니었다. 그 주위의 사람들은 그의 패기에 본의 아니게 끌려갔음이 분명하다. 그러나 이크나톤은 파라오의 옛 정책에 대해 충분히 이해하고 있어서 실질적인 보상으로 자기의 파벌을 유지해야 하는 것을 잘 알고 있었다. 메리레 같은 그의 운동의 주요 지지자들은 후한 포상금을 받았다(그림 6). 따라서 아톤의 사제 가운데 한 사람이며 동시에 운 좋게 왕의 유모와 결혼한 에예라는 이름의 왕의 기마근위대 대장은 다음과 같은 말로 이를 분명히 표현한다. "그는 은과 금으로 나에게 두 배로 갚아주신다." 또는 왕에게 "삶에 대해 폐하의 가르침을 듣는 자는 이 얼마나 번영하는지요! 그는 쉴 새 없이 폐하를 바라보는 것에 만족합니다."[37]라고 말한다. 군대의

---

[35] II, 985.
[36] II, 987.
[37] II, 994, ll. 16-17.

장군인 마이(Mai)도 비슷한 은혜를 누렸고, 그것을 똑같은 방식으로 자랑했다. "그는 나에게 갑절 이상 모래알의 수만큼 셀 수 없이 많이 보상해 주셨다. 나는 관리들의 지휘자로, 사람들의 선두에 있다. 나의 군주는 나를 승진시켜 주셨다. 내가 그의 가르침을 실행했기 때문이다. 나는 쉴 새 없이 그의 말을 듣는다. 나의 눈은 매일 폐하의 아름다움을 바라본다. 오! 아톤과 같이 현명한 나의 군주는 진실에 만족한다. 삶에 대해 폐하의 가르침을 듣는 사람은 이 얼마나 잘 사는가!"[38] 왕의 가르침의 이상적인 면을 정말로 인정한 중심 세력들이 분명 있었던 것 같지만, 그래도 많은 사람이 염불보다는 '잿밥'의 영향을 주로 받았던 것은 분명하다.

정말로 예외 없이 분명히 모두에게 환영받았을 왕의 은총이 있었다. 이것은 왕이 총신 한 사람 한 사람을 위해 장인들로 하여금 동쪽의 절벽을 깎아서 만들도록 한 아름다운 절벽 무덤이었다. 이크나톤이 모든 옛 장례 관습을 금지한 것은 아니었으며, 여전히 사후세계의 망자를 위한 기금과 함께 망자를 '영원의 집'에 매장하는 것은 필수였기 때문이다.[39] 그러나 그 영원의 집은 더 이상 망자가 내세에서 만나야 하는 섬뜩한 악령과 기괴한 괴물들로 훼손된 곳이 아니었다. 테베의 옛 무덤을 가득 채운, 지하세계의 어둠의 세력들을 만나서 쳐부수는데 필요한 마법의 장비는 완전히 없어졌다. 어리석은 사제단이 타락한 상상으로 맹목적인 사람들을 기만하는 데 썼던, 이 비열하고 혐오감을 유발하는 장치를 금지하는데 왕의 개혁은 대단히 효과가 좋았다. 무덤은 당시 망자들에게 기념물이 되었다. 제사실의 벽에는 아케타톤 사람들의 생활, 특히 망자의 관직 생활과 되도록 왕과의 교류에 관한 삽화(揷話)를 묘사한 신선하고 자연스러운 그림이 그

---

[38] II, 1002-3.
[39] II, 996.

그림 6. 이크나톤과 그의 왕비가 사제 에예와 그의 아내를 꾸미고 있다.

왕이 궁전 발코니의 쿠션이 있는 난간에 기대어 그의 총신들에게 황금 목장식, 그릇, 고리, 장신구 등을 던져주고 있다. 그 옆에는 왕비와 어린 딸들이 있다. 왕비도 마찬가지로 두 개의 목장식을 던져 주고 있다. 에예의 하인들과 수행원들이 기쁨에 겨워 춤추고 에식에 따라 절하고 있다. 위(뒤쪽)에는 에예와 그의 아내를 기다리는 전차가 있다. 그 앞(아래쪽)으로 그의 서기들이 그 사건을 기록하고 있고 모든 선물을 세심하게 목록에 기입하고 있다.

려져 있다. 아케타톤은 현재 유적보다는 묘지로 우리에게 더 잘 알려져 있다. 이 무덤들에서 귀족들은 아톤과 왕의 친밀한 관계를 부조와 비문으로 반복해서 묘사하는 데서 기쁨을 얻었다. 반복해서 그들은 왕과 왕비가 아톤의 원반 아래에 함께 서 있는 것을 보여준다. 끝부분이 손인 아톤의 각 광선이 내려와 왕을 에워싼다.[40] 독수리 여신 무트는 옛 티니스 시대 이후 모든 기념물에서 보호의 날개를 파라오의 머리 위로 뻗치고 있는 모습으로 등장해 왔는데, 오래전에 없어졌다. 귀족들은 끊임없이 왕을 위해 신에게 기도하며, 그가 '당신(아톤)의 광선에서 나왔다'[41]거나 또는 '당신께서 그를 당신의 광선으로 만드셨다'[42]고 말한다. 아톤 신앙에서 통용되던 많은 문장이 그들의 기도문에 산재해 있다. 이 문장들은 당시 형식적인 문장이 되었고, 옛 정통 종교의 기도문을 대체했다. 그들이 옛 종교의 형식적인 문장을 사용하지 않게 된 것은 그들에게는 매우 난처한 일이었을 것이다. 이렇게 그들은 왕의 새로운 교리를 받아들이는데 자신들이 얼마나 열성적이었는지를 증명했다. 왕의 총애를 받는 귀족들은 국가 행사에서 전통 신들을 수없이 언급하며 쓰는 오래된 진부한 표현 대신에, 모두 이러한 암시의 표현을 많이 써서 아톤 신앙과 그 속에서의 왕의 위치를 잘 알고 있음을 분명히 보여 주어야 했다. 시리아의 봉신들조차 현명하게도 급송 공문서를 태양신의 최고 권한을 적절히 인정하는 말로 그럴듯하게 작성해서 문서들을 유쾌한 읽을거리로 만들었다.[43] 우리가 이미 넌지시 밝혔듯이 그러한 구절들의 근원은 정말로 왕 자신이었고, 그러한 구절들의 출처인 교리 일부가 흔히 왕의 작품으로 여겨지고 있으며, 우리가 앞서

---

[40] II, 1012, 본서 그림 6, 185쪽 참조.
[41] II, 1000, l. 5; 991, l. 3.
[42] II, 1010, l. 3.
[43] 아마르나 편지, 149, 6 ff., and often.

언급한 무덤들에 보존되어 있다.[44]

신전의 의식을 위해서인지 혹은 개인적 신앙을 위해서인지 왕은 아톤에게 바치는 두 편의 찬가를 지었다. 귀족들은 이 두 편의 찬가를 그들 무덤의 제사실 벽에 새겨놓았다. 이 전대미문의 혁명이 남긴 모든 기념물 중에서 이 찬가들은 단연 가장 돋보인다. 이 찬가들로부터 우리는 명상적인 젊은 파라오가 그토록 많은 것을 희생해 널리 보급하려 했던 교리가 시사하는 바를 얻을 수 있다. 이 찬가들에는 보통 '이크나톤 왕과 네페르네프루아톤(Nefernefruaton) 왕비의 아톤을 위한 찬가'라는 제목이 붙어 있다. 둘 중 더 길고 뛰어난 찬가는 현대 문학에서 다룰 만한 가치가 있다. 별개의 연을 위한 제목은 본 저자가 붙인 것이다. 번역은 정확한 의미 전달을 위한 것 외에는 어떤 시도도 하지 않았다. 헤브라이 사람들의 시편 104편이 사상과 속창(續唱) 모두에서 이 찬가와 두드러지게 유사하다. 따라서 가장 두드러지게 비슷한 단락을 나란히 옮겨보는 것도 괜찮을 것 같다.[45]

아톤의 영광

동틀 녘에는 하늘의 지평선이 아름답다.
오 살아있는 아톤, 생명의 기원이여!
주께서 하늘의 동쪽 지평선에 떠오를 때
주의 아름다움이 온 땅을 채운다.
주는 온 세상에서 아름답고 위대하며, 눈부시게 빛나고 고귀하다.
주의 빛줄기는 땅을 에워싼다. 주께서 만든 모든 것까지도.
주는 레이고, 주는 모두를 넋을 잃게 하며
모두를 주의 사랑으로 묶는다.

---

[44] II, 977-1018.
[45] [역주] 시편에서는 일반적으로 2인칭 thou를 '주'로 번역하므로 비교하기 편하도록 아톤 찬가의 2인칭도 '주'로 옮겨 보았다.

주께서 멀리 있어도 주의 빛줄기는 땅 위에 뻗어 있다.
주께서 높은 곳에 있어도 주의 발자국은 낮(의 햇살)이다.[46]

밤
주께서 하늘의 서쪽 지평선으로 질 때
세상은 죽은 자들처럼 어둠 속에 있다.
그들은 자신들의 방 안에서 잠을 잔다.
그들의 머리는 천으로 싸여 있고,
그들의 숨은 멈췄고 누구도 다른 이를 보지 못한다.
머리 밑에 둔 자신들의 모든 것을 도둑맞는다.
그들이 모르는 사이에.
모든 사자가 굴에서 나오고
모든 뱀이 쏘아대고
어둠이 세력을 떨친다.[47]
세상은 침묵 속에 있고,
그것들을 만든 이는 지평선으로 쉬러 갔다.

시편 104. 20-21
주께서 어둠을 만들어 밤이 되게 하시니
숲속의 모든 짐승이 기어 나온다.
젊은 사자는 그들의 먹이를 뒤쫓으며 포효한다.
그들은 자신들의 먹이를 신께 구한다.

낮과 인간
대지는 환하다.

---

[46] [역주] 햇살은 뜻을 분명히 밝히기 위해 역자가 덧붙인 말이다.
[47] [역주] 원서에 'Darkness reigns (?)'라고 (?) 표기가 실려 있다.

주께서 지평선에 뜰 때
주께서 낮에 아톤으로 빛날 때,
어둠은 사라지고
주께서 빛줄기를 내뿜을 때
두 땅[이집트]은 매일 축제 분위기이다.
잠에서 깨어 일어선다.
주께서 그들을 일으키셨음이라.
햇빛을 흠뻑 받고[48] 그들은 옷을 입는다.
주께서 떠오르시니 그들은 팔을 들어 올려 경배한다.
그리고 온 세상에서 그들은 일을 한다.

시편 104, 22-23
해가 뜨면 그들(짐승)은 물러가
굴속에 눕는다.
사람은 나가서 일하며
저녁까지 고생한다.

낮과 동물과 식물
모든 가축이 풀 위에서 쉬고
모든 나무와 식물은 잘 자란다.
새들은 늪에서 푸드덕거리고
날개를 들어 올려 주를 경배한다.
양들은 모두 춤추고,
날개 있는 짐승들은 모두 날아다닌다.
주께서 그들 위에서 빛날 때 그들은 살아간다.

---

[48] [역주] 'Their limbs bathed' 몸을 씻는다고 번역될 수도 있다.

낮과 바다
배가 똑같이 상류와 하류로 항해하고
주께서 떠오르시니 모든 길이 훤히 트인다.
강 속의 물고기는 주 앞에서 뛰어오르고,
주의 빛줄기는 큰 바다 한가운데를 비춘다.

시편 104, 25-26
저기 크고 넓은 바다가 있고
그 속에 천천히 움직이는 무수한 생물이 있다.
크고 작은 짐승도
그곳에 배가 다니며,
주께서 만드신 거대한 바다 동물이 그 안에서 놀고 있다.

인간의 창조
주는 여자에게서 사내아이를 태어나게 하시고
남자에게 씨앗을 만들어 주시며,
어머니의 몸속 아들에게 생명을 주시고
그가 울지 않도록 달래 주시며,
아기집속[에서까지도] 보호해 주시는 분
당신이 만든 모두에게 숨을 불어넣어 생명을 주시고
그가 몸에서 나와
··· 태어나는 날에
주께서 그가 말하도록 입을 열어주시고
그가 필요로 하는 것들을 주신다.

동물의 창조
병아리가 껍질 속에서 울 때
주께서 그 속으로 그에게 숨을 불어 넣어 그를 살게 하신다.

주께서 그를 완전하게 하시어
그가 껍질을 뚫을 수 있게 하시니
그는 알에서 나와
온 힘으로 삐악거린다.
두 발로 뛰어다닌다,
그가 그곳에서 나왔을 때.

전체의 창조
주께서 하신 일이 얼마나 많은지!
그것들은 우리에게는 보이지 않습니다.
오 누구도 갖지 못한 힘을 가지신 유일신이여[49]
주께서 바라시는 대로 세상을 창조하셨나이다.
주께서 홀로,
인간과 크고 작은 모든 가축,
땅 위의 모든 것들과
발로 돌아다니는 것,
높이 있는 모든 것,
날개로 날아다니는 것,
시리아와 누비아의 나라들,
이집트의 땅까지.
주께서 모든 사람이 분수를 지키게 하셨고,
그들이 필요로 하는 것을 주셨다.
누구나 자신의 재산을 갖고,
정해진 삶을 산다.
그들의 언어는 다양하고
그들의 모습도 마찬가지이고 그들의 피부도 마찬가지,

---

[49] 다른 찬가에서는 흔히 "오 당신 말고 다른 이는 없는 유일신이여"라고 되어 있다.

주께서 민족을 나누셨기 때문이라.

시편104, 24
오 주여, 주께서 하신 일이 얼마나 많은지요!
주께서 지혜로 그 모든 것들을 만드셨네.
주께서 만드신 것들이 땅에 가득하나이다.

대지를 적시다
주께서 지하세계에 나일을 만드시고,
바라시는 대로 사람들을 살게 하려 나일을 끌어오신다.
오 연약한 모든 이들의 군주여
오 그들을 위해 지은, 모든 집의 주인이여
오 낮의 태양이여, 머나먼 모든 땅의 두려움이여
주께서 [또한] 그들의 생명을 만드시고
하늘에 나일을 두시고
그들을 위해 비처럼 내리게 하사,
바다처럼 산에도 물이 넘치게 하시고
마을 속의 밭에도 물을 주신다.

주의 계획이 얼마나 훌륭한가. 오 영원한 군주여!
하늘의 나일은 이방인을 위한 것이다.
발로 돌아다니는 온 땅의 가축을 위해
나일, 그것은 이집트의 지하세계로부터 온다.

이렇게 주의 빛줄기는 모든 뜰을 기름지게 한다.
주께서 떠오르면 그들은 살고, 주로 인해 자란다.

계절

주께서 모든 작품을 만들기 위해 계절을 만드신다.
겨울은 서늘함을 몰고 오고
[여름의] 열기도 매한가지.
주께서 먼 하늘을 만드셨다, 그 안에서 떠오르기 위해
주께서 만드신 모든 것을 바라보기 위해.
주께서 홀로 계실 때
살아있는 아톤의 모습으로 떠오르시고
동틀 녘 아득히 저편에서 빛났다 되돌아오신다.

빛으로 인한 아름다움

주께서 당신을 통해 모습의 아름다움을 만드신다.
도시와 마을, 거주지,
길과 강 위에서
모든 눈이 그들 앞의 주를 본다.
주는 대지 위 낮의 아톤이심이라.

왕의 계시

주께서 내 마음에 계시니
주를 아는 다른 이는 없습니다.
주의 아들인 이크나톤 외에는.
주께서 계획하여 그를 현명하게 하셨나이다,
주의 권능으로.
세상은 주의 손안에 있나이다,
주께서 그들을 만드신 대로
주께서 떠오르면 그들은 살고,
주께서 지면 그들은 죽습니다.
주는 한낱 햇살 너머로도 존재하시니

주로 말미암아 인간은 생존하고
그들의 눈은 주의 아름다움을 지켜본다,
주께서 질 때까지.
모든 노동은 뒤로 미룬다,
주께서 서쪽으로 질 때.
주께서 떠오르면 그들은 자란다.
…… 왕을 위해.
주께서 세상을 만든 이후로
주께서 아들을 위해 그들을 일으켜 세우셨다.
누가 주의 사지(四肢)에서 나왔는가?
진실 속에 사는 왕.
두 땅의 군주 네페르 케프루 레(Nefer-khepru-Re), 완 레(Wan-Re)
진실 속에 사는 레의 아들, 왕관의 주인
긴 삶을 부여받은 이크나톤,
[그리고] 왕이 사랑하는, 위대한 왕의 아내
두 땅의 왕비 네페르 네프루 아톤, 노프레테테[를 위해],
영원히 살고 번영하다.

이 찬가에서 제국의 보편주의가 온전히 표현되었고, 이 왕실의 시인은 먼 누비아의 나일 폭포에서부터 아득히 먼 시리아의 땅까지 쭉 둘러본다. 이것은 우리가 기원전 약 1400년 무렵 사람들의 작품으로 여길 만한 사상이 아니다.[50] 새로운 정신이 이집트의 전통주의라는 무미건조한 뼈대 위에

---

[50] [역주] 시편 104편만이 아톤 신앙과 비슷한 것은 아니다. 민희식(2008:199)은 유아기의 모세 이야기는 사르곤 왕의 출생신화를 차용했고, 성인기의 모세이야기는 이크나톤 왕을 모델로 각색했다고 보았는데, 실제로 모세의 십계명은 아톤이 이크나톤에게 내렸다는 18계명과 거의 같다. 피트리가 밝혀내 화제가 되었던 아톤 신의 18계명이 민희식(2008:245-246)에 소개되어 있다. 아톤 신의 18계명을 옮겨 보면 다음과 같다. 괄호 안은 해당되는 모세의 십계명이다.

서 호흡했고, 처음으로 이 시구를 읽는 사람은 그 같은 시대에 마음속에 그러한 사상을 갖게 된 젊은 왕에게 무의식중에 감탄하게 되었을 것이다. 그는 자연의 창조자로서 세상의 지배자라는 개념을 이해했다. 왕은 자연의 창조자에게서, 심지어 아주 작은 것들을 포함한 모든 창조물을 위한 창조자의 친절한 목적을 볼 수 있었다. 백합이 자란 나일의 습지에서 푸드덕거리는 새들은 그에게는 그들의 창조자를 경배하기 위해 날개를 들어 올리는 것처럼 보였다. 시내의 물고기조차 신을 찬양하기 위해 뛰어오르는 것 같았다. 꽃이 피게 하고 어린 새를 기르거나 나일의 강력한 호우를 지배하는 것은 그의 목소리이다. 그는 아톤을 '아톤이 창조한 모든 것의 아버지와 어머니'라고 불렀다. 우리에게 백합을 생각해 보라고 한 그[51]가 그랬듯이 그는 최고신(最高神)의 선을 어느 정도 깨달았다. 그는 인종, 국적과 관계없이 모든 인간을 똑같이 아버지처럼 보살피는 것을 보편적인 신의 영향력의

1계명: 너희는 다른 신들을 질투의 신이자 창조주인 내 앞에 있게 하지 말라.(1계명: 너희는 내 앞에 다른 신을 모시지 말라.) 2계명: 너를 위하여 우상이나 다른 신들을 섬기기 위해 어떠한 상도 만들지 말라.(2계명: 너를 위하여 우상을 만들지 말라.) 3계명: 너는 마음을 다하고 성품을 다하고 힘을 다하여 너의 주 아톤 신을 사랑하라. 너 자신을 신으로 사랑하고 신을 너 자신으로 사랑하라. 4계명: 너의 주 아톤 신의 이름을 함부로 부르지 말라. 또한 그 이름을 걸고 거짓되게 맹세하지 말라.(3계명: 너희 하나님 여호와의 이름을 함부로 부르지 말라. 9계명: 이웃에게 불리한 거짓증언을 하지 말라.) 5계명: 너의 주 아톤 신의 날을 기억하여 거룩하게 지키라.(4계명: 안식일을 기억하여 거룩하게 지키라.) 6계명: 너의 어머니와 아버지를 공경하라.(5계명: 네 부모를 공경하라.) 7계명: 살인하지 말라.(6계명: 살인하지 말라.) 8계명: 간음하지 말라.(7계명: 간음하지 말라.) 9계명: 물질적으로도 마음으로도 도둑질하지 말라.(8계명: 도둑질하지 말라.) 10계명: 네 이웃의 집에 속한 일체의 것을 탐내지 말라.(10계명: 네 이웃의 집을 탐내지 말라.) 11계명: 너의 의지를 남에게 강요하지 말라. 12계명: 남을 판단하려 들지 말라. 13계명: 뿌린 대로 거둔다는 인과응보를 기억하라. 14계명: 신에게 행하는 모든 봉사를 거룩하게 여기라. 15계명: 인류의 번영을 위하여 신의 지혜를 본받으라. 16계명: 남에게 대접받고자 하는 대로 너희도 남을 대접하라. 17계명: 악행은 쉽게 드러남을 알라. 18계명: 너희는 신이 창조한 어떤 인간도 노예로 부려서는 안 된다.

51 [역주] 저자는 예수 그리스도를 지칭한 것으로 보인다.

근거로 여겼다. 그는 자부심 강하고 배타적인 이집트인들에게 인간애를 지닌 공동의 조물주의 포괄적인 은혜를 지적하며, 시리아와 누비아를 이집트보다 먼저 열거하기도 했다. 특히 주목할 만한 것은 이크나톤의 이러한 정신적인 면이다. 그는 역사상 첫 선지자였다. 전통을 고집하는 파라오에게 국가 신은 모든 민족을 진압하고 파라오의 전차 앞에서 공물을 가득 싣게 만드는, 승리한 유일의 정복자였던 반면, 이크나톤은 국가 신에게서 모든 인간의 자애로운 아버지를 보았다. 이것은 역사상 처음으로 이 위대한 보편적 진리를 통찰해 낸 것이었다. 그의 운동은 모두 그저 자연으로의 복귀였다. 이는 자연에 분명히 내재한 선(善)과 아름다움을 저절로 인식한 데서 기인한 것이며, 또한 이러한 인식은 자연 속의 신비에 대한 자각과도 뒤섞여 있다. 자연 속의 신비는 그러한 신앙에 신비주의라는 알맞은 요소를 덧붙인다.

> 당신께서 하신 일이 얼마나 많은지!
> 그것들은 우리에게는 보이지 않습니다.
> 오 누구도 갖지 못한 힘을 가진 유일신이여.[52]

이렇게 이크나톤은 신의 힘을, 그리고 그 은혜를 놀라울 정도로 분명히 인식했지만, 여기에는 신의 아주 영적인 개념도 없고, 아몬이 오랫동안 소유한 것으로 여겨져 온 도덕적인 자질을 넘어선 속성도 없다. 왕은 신의

---

[52] [역주] 이집트학자 아메드 오스만(Ahmed Osman)은 모세와 이크나톤이 동일 인물이라고 보았다. 그는 당시 다른 종교에서는 찾아볼 수 없으며 아톤 신앙에서만 발견되는 우상금지조항이나 아톤이란 이름이 헤브라이어로 아돈(Adon) 또는 아도나이(Adonay), 즉 주(Lord)로 번역된 점도 증거로 들었다(민희식 2008:201). 고대 이집트어에서 '모세'는 '아들'이라는 뜻으로 투트모세는 투트의 아들, 아흐모세는 아(Ah)의 아들이라는 뜻이다(민희식 2008:197).

특성 중 은혜로움만을 인식했지 정의로움까지는 인식하지 못했고, 신이 인간의 특성으로 정의로움을 요구한다고 인식하지도 않았다. 그렇기는 하지만 찬가나 귀족들의 무덤 비문에 조각조각 보존된 것에 의하면, 그의 '교리'에서는 '진실'에 대해 끊임없이 강조하고 있는데, 이는 과거에 또는 그 이후에도 발견되지 않은 것이다. 왕은 항상 자신의 이름에 '진실(사실) 속에 사는'이라는 구절을 붙였다. 그리고 이 구절이 무의미한 것이 아님은 그의 일상생활에서 분명히 알 수 있다. 진실 속에 사는 것은 그에게 단순하고 비관습적인 삶의 일상적인 사실들을 받아들이는 것을 의미했다. 그에게 옳은 것과 옳은 것의 특성은 존재 자체로 분명했다. 이렇게 해서 그의 가정생활은 대중들에게 공개되고 숨김이 없었다. 그는 자녀들에게서 큰 즐거움을 느꼈고, 마치 아톤 신전의 가장 계급이 낮은 서기처럼 모든 가능한 행사에 그들과 그들의 어머니인 왕비와 함께 등장했다. 그는 가족들과 가장 스스럼없이 있는 그대로의 교류를 즐기는 모습으로 기념물에 자신을 묘사하도록 했다. 그가 신전에 제물을 바치러 등장할 때마다 왕비와, 왕비가 그에게서 낳은 딸들이 함께 의식에 참여했다. 자연스러운 모든 것이 그에게는 진실이었다. 그가 아무리 철저하게 전통을 무시해야 했어도 그는 항상 실질적으로 이 믿음의 좋은 예가 되었다.

   그 같은 신조는 왕이 큰 흥미를 가졌던 당시의 예술에 불가피하게 영향을 미쳤다. 그의 최고 조각가인 베크는 자신의 직함에 '폐하가 직접 가르치신'이라는 말을 덧붙였다.[53] 이렇게 궁중의 예술가들은 그들이 직접 목격한 이야기를 조각칼과 붓으로 묘사하도록 가르침을 받았다. 결과는 과거의 어떤 예술보다도 더 뚜렷하게 단순하고 아름다운 사실주의를 보여 주었다(사진 14, 39-40). 그들은 사냥하는 사냥개, 달아나는 사냥감, 습지에서 뛰어오르는

---

[53] II, 975.

사진 33. 늪지의 생명
아마르나에 있는 이크나톤 궁전의 채색된
포장도로 일부(피트리, *Amarna*에서)

사진 34. 왕비로부터 꽃을 받는 이크나톤
밝게 채색된 석회석 부조. 관습적인 자세
는 버려지고 왕은 지팡이에 느긋하게 기대
고 있다.(베를린 박물관)

사진 35. 이크나톤의 인물상
루브르 박물관이 최근 입수한 주목할
만한 석회석 흉상

사진 36. 이크나톤 딸의 석회석 토르소

야생수소(사진33) 등 동물의 순간적인 자세를 포착했다. 이 모든 것들은 '진실'에 속하며, 이크나톤은 진실 속에서 살았다. 왕의 옥체도 새로운 예술의 법칙에 예외는 아니었다. 이집트의 기념물은, 전에는 결코 실리지 않았던, 옛 궁중 예법이 요구하는 관습적인 자세를 취하지 않은 파라오의 모습을 보여 준다(사진34, 35). 당시 인간 형상을 너무나 창조적으로 만들어서 얼핏 보면 때로는 그리스 시대의 작품을 대하고 있는 것은 아닌가 하는 생각이 든다(사진36). 사방에서 볼 수 있게 만든 여러 형상으로 구성된 복잡한 작품이 당시 처음 시도되었다. 최근 발견된 유물 조각들을 살펴보면, 아케타톤 궁전 뜰의 돌로 만든 군상(群像)은 왕이 부상당한 사자의 바로 뒤에서 전차의 속력을 높이는 것을 묘사했다. 이것은 비록 현재 소실되었지만 예술사에서 정말 새로운 장(章)이었다. 어떤 경우에 있어서는 뚜렷하지 않은 장이었다. 이크나톤의 예술가들이 그의 하체를 이상하게 처리한 것은 여전히 풀리지 않았으며, 왕의 하체가 기형이라고 추정해도 전적으로 설명되지도 않는 문제이기 때문이다. 그것은 국가적으로도 눈에 띄는 병든 징후 가운데 하나이다. 이렇게 격렬하게 전통과 단절한 것이 국가의 중요한 이익에 얼마나 해로웠을지 안다면, 우리는 이러한 병든 징후들에 주목해야 한다.

19 이크나톤의 몰락과 제국의 해체

이크나톤은 자신의 삶을 바쳤던 숭고한 종교에 푹 빠져서 자신에게 처음만큼 끊임없이 강한 적대적인 전통의 물결을 막고 있었다. 그러면서 이크나톤은 완전히 성질이 다른, 수많은 모험적인 사업과 책임에 둘러싸여 나라 밖 제국의 일에는 많은 관심을 갖지 못했다. 사실 어쩌면 그가 그렇게 해야 할 필요를 느꼈을 때는 이미 너무 늦은 뒤였을 것이다. 왕위를 계승하자마자 아시아에서의 그의 통치권은 히타이트와 유프라테스 계곡의 권력자들로부터 즉시 인정받았다. 미탄니의 투슈라타는 대비(大妃)인 티이에게 편지를 보내서, 자신이 이크나톤의 아버지와 맺었던 옛 우정을 지속할 수 있도록 새 왕에게 영향력을 발휘해 달라고 요청했다.[1] 그리고 그는 젊은 왕에게도 아버지 아멘호테프 3세의 죽음을 애도하는 편지를 보냈으며, 많은 금을 보내달라는 늘 하던 요구를 잊지 않고 덧붙였다.[2] 바빌론의 부르라부르야시(Burraburyash)는 비슷한 문상의 전갈을 보냈으나, 그의 전령이 빨리 통행할 수 있게 해 달라고 가나안의 왕들에게 요구하는 전령의 통행허가증만이 잔존한다.[3] 부르라부르야시의 아들은 나중에 이크나톤의 궁전에 체류

---

[1] 아마르나 편지, 22.
[2] Ibid., 21.
[3] Ibid., 14.

하며, 이크나톤의 딸과 결혼했다.[4] 바빌론에 있는 그녀의 시아버지는 그녀에게 천 알이 넘는 보석으로 만든 값비싼 목걸이를 보내기도 했다. 그러나 그와 같은 교류는 앞으로 살펴보겠지만 오래 지속되지 않았다.

사진 37. 도끼로 무장한 히타이트 병사
북시리아 진지를리의 부조
(베를린 박물관)

사진 38. 창과 홀(笏)을 가지고 온 히타이트 왕
북시리아 진지를리의 부조 (베를린 박물관)

한편 북시리아에서 히타이트의 세력은 그들 뒤쪽의 동족들이 남하하여 늘어남에 따라 끊임없이 커졌다. 초기 근동의 연구에서 여전히 가장 큰 의

---

[4] Ibid., 8, 41.

문 중의 하나인, 이 주목할 만한 종족은 그때까지 그들을 둘러싼 모호함으로부터 당시 모습을 드러내고 있었다. 그들의 유적은 소아시아의 서쪽 해안으로부터 동쪽으로는 시리아 평원과 유프라테스까지, 그리고 남쪽으로는 하마스(Hamath)[5]까지 발견되어 왔다. 그들은 셈족사람들은 아니고 오히려 불확실한 인종적 유연(類緣) 관계를 가진 민족들로, 프리기아(Phrygia)[6] 사람들이 들어온 기원전 1200년 이후 유입된 인도게르만 사람들과는 분명히 구분되며, 그들보다 먼저 있었던 사람들이다. 이집트 유물을 보면, 그들은 수염이 없고 눈에 띄는 두 타래의 긴 머리가 귀를 덮고 어깨까지 내려온다. 그러나 그들 자신의 기념물을 보면 그들은 종종 숱이 많은 턱수염을 기르고 있었다(사진38). 그들은 대부분 머리에 종종 챙이 거의 없는 원뿔 모자 같은 끝이 뾰족한 긴 모자를 썼다. 기후로 인해 그들은 두꺼운 모직 옷을 입었다. 대개 어깨에서 무릎까지, 때로는 발목까지 내려오는 길고 몸에 꼭 맞는 옷이었다. 발에는 발끝이 올라간 긴 장화를 신었다. 그들은 돌로 만든 꽤 훌륭한 기념물(사진37-38)을 제작했을 정도로 조잡하지만, 결코 원시적이지 않은 예술을 소유하고 있었다. 이 기념물들은 여전히 소아시아의 구릉지대에 분산되어 있다. 실용예술에서 그들의 기술은 상당했다. 그들은 전술한, 무늬가 많이 들어간 붉은 도기를 제작했다. 이 도기는 무역을 통해 카파도키아[7]의 생산 중심지로부터 서쪽으로는 에게해로, 동쪽으로는 시리아와

---

[5] [역주] 하마스는 오론테스강 유역에 위치하는 교통의 요충지로서 청동기시대에 히타이트 제국의 영향으로 도시가 발전했다.

[6] [역주] 프리지아라고도 한다. 소아시아의 중부에서 서부에 걸쳐 있던 고대 지역. 이 지명은 BC 12세기에 히타이트가 몰락할 때부터 BC 7세기에 리디아가 지배할 때까지 소아시아를 지배한 사람들을 부르는 이름에서 유래되었는데, 그리스 사람들은 이들을 프리지 사람이라 불렀다. 그리스 사람들은 프리기아 사람들을 노예처럼 생각했다. 프리기아 사람들은 금속·목각 세공에 뛰어났고 자수 기법을 처음으로 시작했다고 한다. 웅장하게 조각한 몇몇 돌무덤과 사원을 제2차 세계대전 뒤 미국의 고고학자들이 발견했다.

팔레스타인을 거쳐 남쪽의 라기스(Lachish)[8]와 게제르까지 보급되었다. 우리는 기원전 2000년에 벌써 그 도기가 아마 게제르까지 전해졌던 것을 기억한다. 그들은 쓰기의 달인들이었다. 왕은 항상 개인 서기와 함께 있었다.[9] 그들의 그림문자 기록은 여전히 판독이 진행되고 있지만, 학자들이 여기저기서 한 단어가량 알아볼 수 있는 정도 이상으로는 충분히 연구되지 않았다. 편지를 작성할 때 그들은 바빌로니아의 설형문자를 사용했다. 그러므로 바빌로니아 언어와 쓰기에 정통한 서기들과 통역관들을 고용했던 것 같다. 히타이트 언어가 적힌 다량의 설형문자 명판이 보가즈쾨이[10]에서 발견되었다. 전쟁에서 그들은 가공할 상대였다. 보병대에는 외국의 용병이 많았는데, 그들은 활과 화살, 검과 창, 그리고 종종 도끼를 지니고 있었다. 그들은 협소한 지역에서 매우 효과적인, 밀집한 진형으로 싸웠다. 그러나 그들의 주요 군사력은 전차부대로 구성되었다. 전차 자체가 이집트보다 더 묵직하

---

[7] [역주] Cappadocia. 카파도키아는 아나톨리아 중동부를 일컫는 고대의 지명이다. 타우루스산맥 북쪽의 고원에 있었던 카파도키아는 로마의 동맹국이자 속국이며 나중에는 로마의 속주로서 중요한 자리를 차지했다. 카파도키아에 대한 가장 오래된 기록은 BC 6세기의 문헌이다. 그 당시 카파도키아에서는 봉건세력이 페르시아의 지배를 받았고, 조로아스터교가 널리 퍼져 있었다.

[8] [역주] 이스라엘의 수도 예루살렘에서 남서쪽으로 40km 떨어져 있다. 최근 이 '텔 라기스(Tel Lachish)' 발굴 현장에서 기원전 10세기 남유다 왕국 르호보암 시대에 건설된 것으로 추정되는 돌로 된 성벽이 한국인 성서고고학 발굴단에 의해 최초로 모습을 드러냈다. 라기스는 여호수아가 점령했던 도시국가 중 하나로 성경에는 24번 언급된다. 예루살렘에 이어 2번째로 큰 성읍이며, 다윗의 손자이자 솔로몬의 아들 르호보암이 남유다의 국방을 강화하기 위해 베들레헴·에담·드고아·헤브론 등 13개 성읍과 함께 요새화했으며(대하 11:5~12), 기원전 701년 히스기야 왕 시절엔 아시리아의 센나케리브가 예루살렘 공격 이전에 라기스를 포위하기도 했다(왕하 18~19장). 출처: 국민일보 2015년 7월 28일 자 신문.

[9] III, 337.

[10] [역주] 원서에는 Boghaz-köy로 표기되어 있다. 터키 앙카라 동쪽 약 150㎞ 지점에 있는 작은 마을이다. 고대 히타이트 제국의 유적지가 20세기 초에 발굴되었으며 대량의 점토판 문서가 발견되었다. 보아즈칼레로도 알려져 있다.

게 제작되었다. 전차에는 마부, 활 쏘는 사람(궁수), 방패지기의 세 사람이 탔기 때문인데, 이집트인의 전차에는 세 번째 사람인 방패지기가 없었다. 히타이트 제후 가운데 한 사람이 아마누스(Amanus)[11] 너머의 왕국을 통합했다. 이 왕국이 아마도 덜 중요한 히타이트의 제후국들과는 구별되었던지 투트모세 3세는 이 왕국을 자주 '케타대국(Great Kheta)'이라고 불렀다. 수도는 '카티(Khatti)'(1907년에 확인되었다)라고 불린 요새 도시였는데, 앙카라[12]와 동부 소아시아의 할리스강[13] 동쪽에 있는 현 보가즈쾨이에 위치해 있다. 이 왕국과 이집트 간의 활발한 거래와 상호 교류가 이때부터 시작되었거나 오래지 않아 시작되었다.[14] 이 비중이 상당해서 키프로스 왕은 이집트와 히타이트 왕국('케타대국')의 너무 긴밀한 관계가 자신의 입지를 위태롭게 하지 않을까 염려했다.[15] 이크나톤이 즉위했을 때 히타이트의 왕 수필룰리우마스[16]는 그에게 축하의 편지를 썼다. 어느 모로 보나 이집트에 대해서 가장 우호적인 의도만을 가지고 있었던 것 같다.[17] 미탄니의 투슈라타가 격퇴한 것과 같은 가장 앞선 히타이트의 첫 번째 침략에 대해, 그는 정말 책임이 없었는지도 모른다. 이크나톤이 자신의 새 수도인 아케타톤으로 옮겨간 후에도 히타이트 사절단이 선물과 안부 편지를 가지고 그곳에 나타났다.[18] 그러나 이크나

---

[11] [역주] 터키 남동부에 위치한 산맥.
[12] [역주] 터키의 수도. 원서에는 Angora로 적혀 있다. 지금은 Ankara라고 한다.
[13] [역주] 원서에는 옛 이름 Halys로 적혀 있고, 그 옆에 괄호로 키질 강(Kisil-irmak)이라고 쓰여 있다.
[14] 아마르나 편지, 35.
[15] Ibid., 25, 49 f.
[16] [역주] 수필룰리우마스 1세를 가리킨다. 저자가 사용한 히타이트 왕들의 이름은 다른 책에는 거의 수록되어 있지 않아서, 독자들의 이해를 돕기 위해 흔히 알려진 이름으로 표기한다. 본서에는 수필룰리우마스(Suppiluliumas)가 세플렐(Seplel)로 표기되어 있다. 재위 기간은 BC 1380경~46경으로 추정된다. 40년 가까이 근동의 역사를 지배하면서 히타이트 왕국을 제국 정도의 강대국으로 만들었다.
[17] Ibid., 35.

톤은 옛 관계를 더 이상 바람직하지 않은 것으로 여겼던 것 같다. 히타이트 왕이 그에게 그의 아버지가 유지했던 연락을 왜 끊었는지 물었기 때문이다.[19] 만일 이크나톤이 상황을 인식했다면 관계를 포기할 그럴 만한 이유가 있었을 것이다. 히타이트 제국은 당시 시리아의 북쪽 입구에 있었는데, 이집트가 그때까지 맞섰던 적 가운데 가장 가공할 적이었고, 아시아 최강의 국가였다. 이크나톤이 큰 노력을 기울였다 해도 당시 남쪽 시리아로 이동하던 소아시아의 민중들을 막을 수 있었을지는 알 수 없다. 그러나 그들을 막으려는 그러한 노력은 없었다. 그가 즉위하자마자 그의 아버지에 의해 일시적으로 진압되었던, 불만을 품었던 제후들이 이집트의 충성스러운 봉신들에 맞서 군사작전을 재개했다. 충성스러운 봉신 가운데 한 명이 훗날 이크나톤에게 보낸 편지에서 그 상황을 정확하게 묘사했다. "진실로 폐하의 아버지는 봉신들의 땅으로 진군하거나 시찰하지 않았습니다. … 폐하가 아버지의 왕좌에 올랐을 때, 압드-아쉬르타(Abd-ashirta)의 아들들이 스스로 폐하의 땅을 차지했습니다. 그들은 미탄니 왕의, 그리고 바빌론 왕과 히타이트 왕의 앞잡이들이었습니다."[20] 불충한 이집트 봉신들인, 오론테스 상류의 아모리족(Amorite)[21] 왕국의 수장 압드-아쉬르타와 그의 아들 아지루(Aziru), 그리고 카데시를 자기 왕국으로 빼앗은 시리아 제후 이타카마(Itakama)[22]와

---

[18] II, 981.
[19] 아마르나 편지, 35, 14 f.
[20] Ibid., 88.
[21] [역주] 아모리족은 BC 2000-1600년경 메소포타미아 시리아 팔레스타인을 지배했다. 난폭한 유목민이었으며, 3대 우르 왕조가 몰락한 원인 가운데 하나였다고 여겨진다. BC 2000년대 초 아랍으로부터 대부족연맹이 대규모 이동을 시작하여 바빌로니아, 유프라테스 중부지역, 시리아-팔레스타인 지역 등을 점령했다. 이들은 소왕국 연합체를 이루었으며, 급속하게 수메르-아카드 문화를 흡수했다. 바빌로니아의 왕들은 거의 모두 아모리족에 속했다. 수도의 하나는 마리에 있었고, 더 서쪽으로 정치 중심지인 할라브가 있었다. 아무루 지역은 팔레스타인 북부와 이웃하는 시리아 사막을 가리켰다.

함께, 히타이트는 안티오크(Antioch)[23]와 아마누스 사이에 있는, 오론테스 하류의 북쪽 평원인 암키(Amki)[24]를 손에 넣었다.[25] 근방의 충성스러운 세 봉신이 파라오를 위해 그의 잃어버린 땅을 되찾으려 진군했으나 히타이트군을 이끌던 이타카마를 만나 후퇴했다. 세 명은 즉시 분쟁에 대해 파라오에게 편지를 썼고, 이타카마에 대해 불만을 늘어놓았다.[26] 아무루[27]의 아지루는 그 사이에 페니키아와 북시리아의 여러 해안 도시로 진군했다. 그곳에서 오론테스 강어귀에 있는 우가리트(Ugarit)[28]까지 점령해,[29] 그들의 왕들을 죽이고 그들의 부를 훔쳤다.[30] 그러나 시미라와 비블로스는 버텼다. 히타이트인들이 오론테스 하류에 있는 누카시쉬로 진군함에 따라, 아지루는 그들과 협력하여 니이를 점령하고 그들 왕을 죽였다.[31] 이제 투니프가 풍전등화의 위험에 처했고, 그곳의 원로들은 파라오에게 보호를 간청하는 측은한 편지

---

[22] [역주] Etakama, Aitukama, Atak(k)ama, Etakkama, Itakkama 등으로도 표기된다.
[23] [역주] 고대 시리아의 도시. 오론테스 강(터키 이름은 아시 강) 하구에 위치하며 1939년 이래 터키 남부 하타이주의 중심도시 역할을 하고 있다. BC 300년 그리스인이 건설했으며 셀레우코스 왕국의 중심지로서 번영을 누리다가 BC 64년 로마에 넘어가 시리아 속주의 수도가 되었다.
[24] [역주] 현 동부 레바논 지역에 위치. Amqu, Amka, Amq로도 표기되어 있다.
[25] Ibid., 119, 125.
[26] Ibid., 131-133.
[27] [역주] 원서에는 아모르(Amor)로 되어 있다. 아무루(Amurru)라고도 한다. 아무루는 아모리인을 가리키는 낱말이기도 하고 또한 아모리인이 주로 숭배하였던 신의 이름이기도 하다.
[28] [역주] 북부 시리아 지중해 연안의 알라디키아(라타키아)에서 북쪽으로 10km 지점에 있는 거대한 인공동산 라스샴라 위에 세워진 고대 도시. 도시의 유적은 해안으로부터 약 1km 떨어진 지점인 미나트알바이다에서 밭을 갈던 한 농부에 의해 처음으로 발견되었다. 1929년 클로드 F.A. 셰페르의 지휘 아래 프랑스 고고학발굴단이 처음으로 발굴 작업을 시작했다. 우가리트가 가장 번성했고 기록을 제일 많이 남긴 시대는 BC 1450~1200년경이다.
[29] Ibid., 123.
[30] Ibid., 86; 119.
[31] Ibid., 120.

를 썼다. "나의 군주인 이집트의 왕께—폐하의 하인인 투니프의 주민들로부터. 폐하 평안하신지요, 우리 군주의 발에 우리는 엎드립니다. 나의 군주여, 폐하의 신하인 투니프가 말합니다. '전에는 마나크비리아[Manakhbiria, 투트모세 3세]가 아닌 그 누가 투니프를 약탈할 수 있었습니까? 나의 군주인 이집트 왕의 … 신들이 투니프에 살고 있습니다. 폐하께서는 원로들에게 [그렇지 않은지를] 물으실 것입니다.[32] 그러나 이제 우리는 더 이상 우리 군주인 이집트 왕에 속하지 않습니다. … 만일 폐하의 군사와 전차가 너무 늦게 온다면, 아지루는 우리 땅을 니이와 같이 만들 것입니다. 그러나 만일 우리가 슬퍼해야 한다면, 이집트의 왕도 아지루가 한 일에 대해 슬퍼할 것입니다. 왜냐하면, 그가 폐하께 맞설 것이기 때문입니다. 그리고 아지루가 시미라로 들어가면, 아지루는 우리 군주인 왕의 영토에서 그가 하고 싶은 대로 우리에게 할 것이고, 이 때문에 폐하께서는 슬퍼해야 할 것입니다. 이제 폐하의 도시인 투니프가 울며 슬퍼합니다. 투니프의 눈물이 흐르고 있지만, 우리를 도와주는 이는 없습니다. 20년 동안 우리는 우리의 군주인 왕, 이집트의 왕께 편지를 보내왔는데, 그러나 우리에게는 단 한 마디 연락도 오지 않았습니다.'"[33] 투니프의 공포는 곧 현실이 되었다. 아지루는 이제 시미라에 집중했고, 곧 그곳을 궁지로 몰아넣었기 때문이다.

이러는 중에 이집트 신전이 있던[34], 비블로스의 충성스러운 봉신 립-아디(Rib-Addi)가 파라오에게 무슨 일이 벌어지고 있는지 밝히고, 시미라에서 아지루의 사람들을 쫓아낼 수 있게 도와달라고 아주 긴급하게 간청하는 편지

---

[32] [역주] 이집트 왕의 신들이 투니프에 사는 것이 사실인지 그렇지 않은지를 물을 것이란 의미로 풀이된다.
[33] Ibid., 41.
[34] 121쪽 참조.

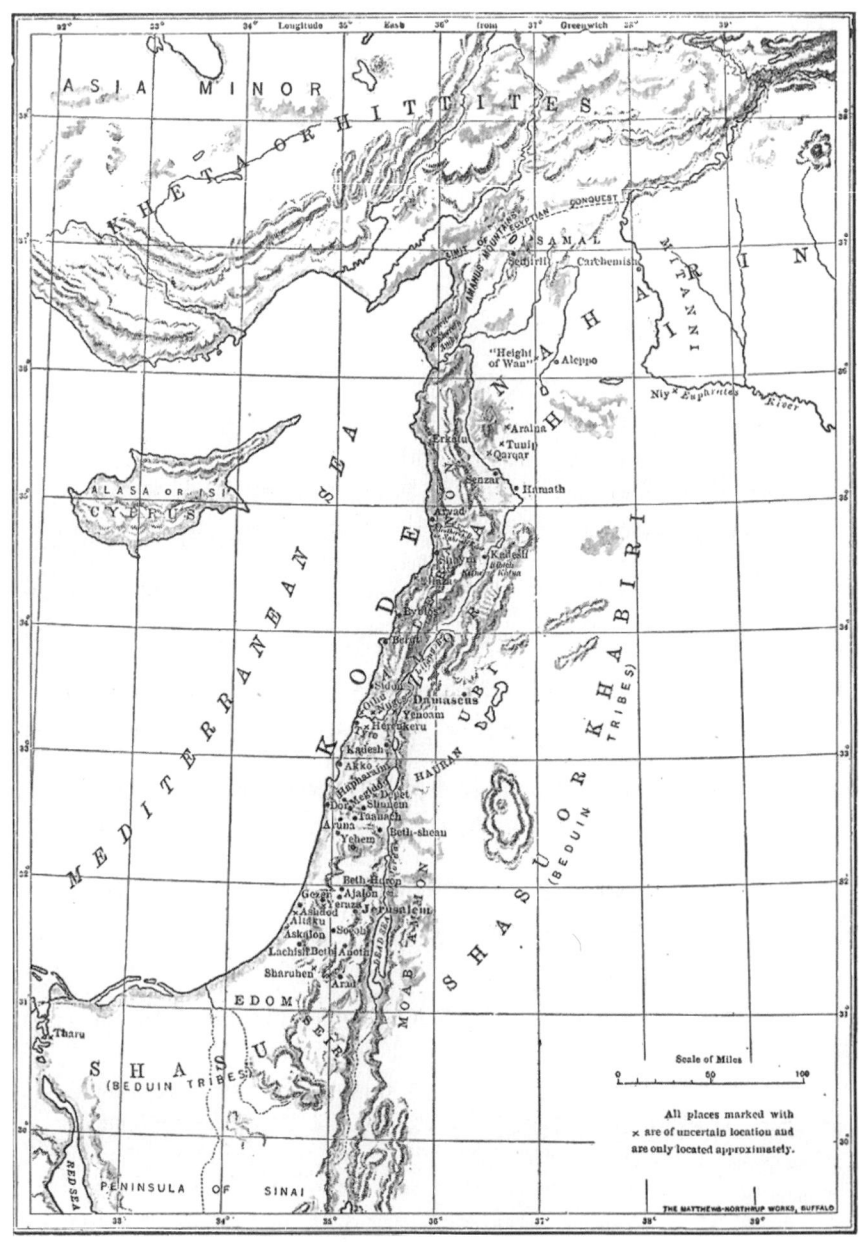

지도 4. 이집트의 아시아제국

를 썼다. 그는 시미라가 함락되면 그의 도시 비블로스도 같은 운명일 것임을 잘 알고 있었다. 그러나 도움의 손길은 없었고, 시리아의 제후들은 점점 더 대담해졌다. 시돈의 짐리다(Zimrida)는 항복하고 아지루와 타협한다.[35] 짐리다는 자신을 위해 전리품을 한 몫 요구하면서 티레를 향해 진격했고, 티레의 왕 아비밀키는 이집트에 즉시 도움을 요청하는 편지를 쓴다.[36] 이 봉신들이 요구한 군대의 수는 터무니없이 적었다. 그들 뒤에서 남쪽으로 몰려드는 히타이트군이 없었다면, 그들의 군사작전은 이집트에 별 근심을 야기하지 않았을 것이다. 아지루는 이제 시미라 외곽의 방어 시설을 점령했고, 립-아디는 그의 자매도시를 위한 지원을 계속 간청했다.[37] 앞에서 살펴보았듯이 자신은 아멘호테프 3세 때부터 5년간 아무루의 적대 행위로 고통을 겪었다는 말도 덧붙였다. 몇 명의 이집트 대리에게 시미라의 일을 조사하라는 임무가 맡겨졌다. 그러나 그들은 어떤 것도 하지 못했고, 도시는 마침내 함락되었다. 아지루는 주저 없이 그곳에 주재하는 이집트 대리를 죽였다.[38] 그리고 그곳을 파괴하고 나서 이제 자유롭게 비블로스를 향해 움직였다. 립-아디는 겁에 질려 이제는 북부 팔레스타인의 쿠미디(Kumidi)에 거주하는 이집트 대리가 위험에 처했다고 언급하며, 파라오에게 이 사실을 편지로 알렸다.[39] 그러나 교활한 아지루는 궁궐에 있는 자신의 친구들을 이용해 빠져 나간다. 그는 자신을 위해 중재했던, 이크나톤의 궁궐 관리 가운데 한 사람인 투투(Tutu)에게 편지를 썼다.[40] 그리고 그는 근처의 이집트 대리인 카이(Khai)에게 그럴듯하게 구실을 댄다.[41] 그는 마키아벨리 같은[42]

---

[35] Ibid., 150.
[36] Ibid., 151.
[37] Ibid., 85.
[38] Ibid., 119; 120.
[39] Ibid., 94.
[40] Ibid., 44-5.

노련함과 냉소로 히타이트가 누카시쉬에 있고 투니프가 그들을 막아낼 만큼 강하지 못한 것이 염려되어,[43] 자신이 명령을 받은 대로 이집트의 궁궐로 가서 스스로에 대해 설명할 수 없다고 파라오에게 편지로 설명한다. 우리는 벌써 투니프가, 누카시쉬에 아지루가 주둔해 있는 것에 대해 어떻게 생각하는지 보아왔다. (아지루의 주장에 의하면 히타이트의 손에 시미라가 함락되는 것을 막기 위해) 자신(아지루)이 파괴한 시미라를 즉시 재건하라는 파라오의 명령에, 아지루는 히타이트에 맞서 누카시쉬에 있는 왕의 도시들을 지키느라 너무 힘들지만 1년 이내에 그렇게 하겠다고 답변한다.[44] 아지루가 자신이 인수한 도시들이 전에 냈던 것과 똑같은 공물을 내겠다고 한 약속에 이크나톤은 안심한다.[45] 도처에 있는 난폭한 제후들로부터 이처럼 이집트의 종주권을 인정받은 것이 파라오에게 상황을 고려해도 결코 정당화할 수 없는 안정감을 주었던 것 같다. 그래서 그는 아지루에게 궁궐에 오기 전까지 그가 요청한 1년을 허락한다는 편지를 썼다. 그러나 아지루는 왕의 편지를 가지고 오는 사자(使者) 카니(Khani)를 교묘히 피했고, 이렇게 해서 편지는 전달되지 않고 이집트로 되돌아갔다.[46] 이것은 어떤 의미로는 이크나톤의 놀랄 만한 관대함을 보여 주며, 그가 자신의 조상들이 썼던 강압적인 조치들에 반대했음을 가리킨다. 아지루는 파라오의 사자가 온다는 소식을 듣자마자 본국으로 돌아가려 서둘렀음에도 북쪽의 히타이트인들을

---

[41] Ibid., 46.
[42] **[역주]** 마키아벨리 같다는 말은 권모술수에 능하다는 의미로 풀이된다. 이탈리아 정치가 니콜로 마키아벨리(Niccolò Machiavelli, 1469-1527)의 이름에서 유래했다. 그는 '군주론'이란 저서에서 지배자가 권력과 성공을 쟁취하기 위해서는 비도덕적인 수단이나 방법도 동원될 수 있다고 주장했다.
[43] Ibid., 45; 47.
[44] Ibid., 46, 26-34.
[45] Ibid., 49, 36-40.
[46] Ibid., 50.

정벌하느라 파라오의 사절을 만나는 기쁨을 누리지 못해 유감스럽다는 내용의 편지를 즉시 파라오에게 썼다! 시미라를 재건하지 못한 것에 대한 흔한 핑계가 마련된 것이다.[47]

이러는 동안에 립-아디는 비블로스에서 절망적인 궁지에 몰려있었고, 아지루에 대항할 수 있도록 도움을 요청하는 급송 공문서를 이집트 궁으로 잇달아 보냈다. 그러나 적대적인 제후들의 주장이 너무나 교묘해서 그곳에 주재하는 이집트 대리들은 실제로 누가 충성스러운 봉신이고, 누가 은밀하게 반역을 꾀하는지 모르는 것 같았다. 갈릴리(Galilee)의 이집트 대리 비쿠루(Bikhuru)는 비블로스의 상황을 제대로 알지 못한 채 그곳으로 베두인 용병들을 보냈고, 용병들은 거기서 립-아디의 셰르덴 수비대를 모조리 살해했다. 불행한 립-아디는 이제 적의 처분을 바랄 뿐이었다. 그는 파라오에게 자신의 비참한 곤경을 알아달라고 애원하는 두 통의 급송 공문서를 발송했다.[48] 그런데 설상가상으로 이집트 거주자들의 좋지 못한 행실 때문에 도시가 그에게 폭동을 일으켰다.[49] 당시 그는 3년 동안 포위를 견디어낸 데다가 늙고 병마에 시달리고 있었다.[50] 베이루트(Berût)의 이집트 대리에게 도움을 얻으려고 그곳으로 달아났다가 비블로스로 돌아오니 그곳의 성문이 그에게 닫혀 있었다. 그의 형제가 그가 없는 동안 정권을 잡고, 그의 자녀를 아지루에게 넘긴 것이다.[51] 베이루트도 곧 공격받고 무너지자 그는 그곳을 버리고 다시 비블로스로 돌아가 어떻게든 다시 지배권을 되찾고, 그곳을 조금 더 지키고 있었다.[52] 그의 적인 아지루가 궁궐에 가야 했고 결국 그렇

---

[47] Ibid., 51.
[48] Ibid., 77; 100.
[49] Ibid., 100.
[50] Ibid., 71, 23.
[51] Ibid., 96.
[52] Ibid., 65; 67.

게 했지만, 절망한 립-아디를 구출하러 오는 사람은 없었다. 해안의 모든 도시가 그의 적의 손에 넘어갔고, 그들의 배가 바다를 장악하고 있었으므로 식량과 원군이 그에게 가지 못했다.[53] 그의 아내와 가족은 그에게 이집트를 버리고 아지루 쪽에 합류하라고 적극적으로 권하지만, 그는 여전히 파라오에 충성하면서 베이루트를 수복해서 약간의 공간을 확보할 수 있도록 300명의 원군을 요청한다.[54] 히타이트인들은 그의 영지를 약탈하고, 카비리(Khabiri) 즉, 그의 적 아지루의 베두인 용병들은 그의 성벽 아래에서 우글거린다.[55] 왕실로 가는 그의 급송 공문서는 곧 끊기고 물론 그의 도시는 함락되었다. 그는 아마도 다른 해안 도시의 왕들처럼 살해되었을 것이다. 북부의 마지막 이집트 봉신은 그를 마지막으로 사라졌다.

비슷한 상황이 남쪽에서도 펼쳐졌다. 셈족계 아람인(Aramaean)[56]들인 카비리의 진군이 북쪽에서의 히타이트의 진출에 견줄 수 있을 것이다. 그들의 전사들이 제후들 밑의 용병군으로 당시 도처에 무리지어 나타나 복무하고 있었다. 살펴보았듯이 아지루는 비블로스의 립-아디에 맞서 그들을 고용했다. 그러나 다른 편, 즉 충성스러운 봉신들도 그들을 고용했다. 따라서 반역자인 이타카마는 파라오에게 편지를 써서 그의 봉신들이 카데시와 다마스쿠스의 영토를 카비리에게 넘긴다고 고발했다.[57] 여러 용병 밑에서도 카비리는 흔히 진정한 고수들이었다. 메기도, 아스칼론(Askalon),[58] 게제르 같은

---

[53] Ibid., 104.
[54] Ibid., 68.
[55] Ibid., 102; 104.
[56] [역주] 북셈어에 속하는 아람어를 사용하던 부족. BC 11~8세기에 시리아 북부지방인 아람에서 살았으며, 같은 시기에 부족 중 일부가 메소포타미아의 광활한 지역을 장악하기도 했다.
[57] Ibid., 146.
[58] [역주] 현대 이름은 아슈켈론(Ashqelon)이다. 1948년 이스라엘에 합병되어 지금은 이스라엘 남서부 지방에 속한다. 지금의 도시는 고대 도시 터에서 동북동쪽으로 2km

팔레스타인 도시들은 그들에 맞서 파라오에게 도움을 요청하는 편지를 썼다. 마지막으로 거명된 도시(게제르)는 아스칼론, 라기스와 함께 당시 이미 남부 팔레스타인의 중요한 요새였던 예루살렘의 이집트 대리 압드키바(Abdkhiba)에 맞서서 협력했다.[59] 그 충실한 관리는 이크나톤에게 위험을 알리고 카비리와 그들의 지도자들에 맞서 싸우기 위해 원군을 요청하는 급송공문서를 보낸다.[60] 바로 그의 관문인 아얄론(Ajalon)에서 왕의 대상들이 약탈당했다.[61] 그는 편지를 썼다. "저에게 전쟁을 시작한 왕은 모든 땅을 잃게 될 것입니다. 카르멜[Ginti-Kirmil]까지 세일[Shiri][62]의 영토를 보십시오. 그곳의 제후들은 모두 패배했고, 저에 대한 적대 행위가 널리 퍼지고 있습니다. … 선박들이 바다에 있고, 왕의 강력한 전투부대가 나하린과 카시(Kash)를 점령했던 한은. 그러나 지금은 카비리가 왕의 도시들을 점령하고 있습니다. 저의 군주인 왕에게는 한 명의 제후도 남아있지 않고 모두 몰락했습니다. … 왕께서 당신의 땅을 책임지고, … 왕께서 군대를 보내도록 하십시오. … 만일 군대가 올해 오지 않으면, 저의 군주인 왕의 영토는 없어질 것이기 때문입니다. … 만일 이 해에 군대가 오지 않으면, 저와 제 형제들이 우리의 군주인 왕과 함께 죽을 수 있도록 왕께서 군관을 보내 저희를 데려가게 하십시오."[63] 압드키바는 이크나톤의 설형문자 서기를 잘 알고 있었다. 그는 자신의 급송공문서 몇 통에 친구에게 보내는 추신을 덧붙였다.

정도 떨어져 있다.
[59] **[역주]** 게제르, 아스칼론의 도시들은 카비리에 맞서기 위해 파라오에게 도움을 요청하는 편지를 썼다. 그러면서도 한편으로 이집트 대표를 공격하기 위해 서로 협력했던 것으로 보인다.
[60] Ibid., 179-185.
[61] Ibid., 180, 55 f.
[62] **[역주]** 원서에는 Ginti-Kirmil[Carmel], Shiri[Seir]로 표기되어 있다. 세일(Seir)산은 사해와 아카바(Aqaba)만 사이에 펼쳐진 산악지대를 가리킨다.
[63] 아마르나 편지, 181.

추신에는 그의 다급함이 매우 절절했다. "나의 군주인 국왕의 서기에게, 군주의 하인인 압드키바로부터. 이 말을 나의 군주이신 왕께 있는 그대로 전해 주시오: '나의 군주이신 왕의 전 국토는 파괴되고 있습니다.'"⁶⁴ 성읍들을 불태우고 밭을 황폐화시킨 카비리 앞에서 두려움에 떨며 도망가면서 많은 팔레스타인 사람들은 그들의 도시를 버리고 산으로 갔거나 이집트에서 피난처를 찾았다. 그들 일부를 맡은 이집트 관리는 그들에 대해 말했다. "그들은 죽임을 당했고, 그들의 성읍은 황폐해졌으며 [그들의 곡물은] 불에 던져졌습니다. … 사람들은 굶주리고 산의 염소들처럼 살고 있습니다. … 자신들이 어떻게 살아야 할지 모르는 소수의 아시아 사람들은 파라오의 [영지에 와서 집을 구걸]하고 있습니다. 처음부터 폐하의 조상들이 그들을 살게 해 준 것처럼 … 이제 파라오는 그들의 국경을 보호하기 위해 그대의 손에 그들을 인계한다."⁶⁵ ⁽사진39⁾ 마지막 명령을 받은 사람들이 한 일은 정말 절망적이었다. 왜냐하면, 이크나톤이 질서를 회복하고, 카비리를 진압하기 위해 보낸 장군인 비쿠루는 어떤 것도 전혀 성취할 수 없었기 때문이다. 앞에서 살펴보았듯이 그는 립-아디 사건에서는 상황을 완전히 잘못 해석하여 그의 베두인 용병들을 립-아디에 맞서 싸우라고 파견했다. 그는 북쪽으로 갈릴리의 북쪽인 쿠미디까지 멀리 진군했지만 퇴각했다. 립-아디는 그가 그럴 것이라고 예상했었다.⁶⁶ 비쿠루는 한동안 예루살렘에 있었으나 가자까지 후퇴했고,⁶⁷ 아마도 십중팔구는 결국 살해되었다.⁶⁸ 시리아와 팔레스타인에서도 파라오의 주(州)는 점차 이집트의 통제에서 완전히 벗어났다.

---

⁶⁴ Ibid., 179.
⁶⁵ III, 11
⁶⁶ 아마르나 편지, 94.
⁶⁷ Ibid., 182.
⁶⁸ Ibid., 97.

남부는 완전히 무정부 상태가 되었고, 그 속에서 희망을 잃은 이집트 파벌은 마침내 파라오의 권력을 유지하려는 어떤 시도도 포기했고, 죽지 않은 사람들은 적에 합류했다. 바빌로니아의 부르라부르야시 대상들은 아코(Akko)[69]와 인근 동맹국의 왕에 의해 약탈당했다. 부르라부르야시는 자신과 이집트와의 무역이 그처럼 약탈하는 제후들의 지속적인 희생물이 되지 않도록 손실이 보상되어야 하고, 죄인들은 처벌받아야 한다고 단호하게 요구하는 편지를 썼다.[70] 그러나 그가 두려워하던 것이 현실이 되었고, 아시아에서의 이집트제국은 당시 끝나고 있었다.

사진 39. 셈족 이민자들을 맞이하는 이집트 관리
214쪽을 참조하라. 하름합 무덤의 부조. (레이덴 박물관)

이크나톤의 충실한 봉신들은 상황의 심각성을 알리려고 그에게 급송공문서를 수없이 보냈으며 특별대사, 아들, 형제들을 그에게 보냈다. 그러나 그들은 어떠한 대답도 듣지 못했다. 아니면 아주 무능한 이집트 사령관이 파견되어 파라오가 직접 나서고 이집트의 전군이 나서야 할 상황에 아무

---

[69] **[역주]** 이스라엘 북서부, 지중해 연안의 하이파 만 북쪽 끝에 있다.
[70] 아마르나 편지, 11.

소용없고 터무니없는 시도를 했다. 아름다운 새 도읍인 아케타톤의 웅장한 아톤 신전에는 제국의 새로운 신에 대한 찬가가 울려 퍼졌다. 그런데 제국은 더 이상 제국이 아니었다. 이크나톤의 재위 12년, 공물이 평소대로 아케타톤에 접수되었다. 18명의 군인의 어깨 위에 놓인 가마에 타고 멋진 모습으로 이크나톤은 공물을 받으러 나갔다.[71] 여러 세대에 걸친 습관과 파라오가 군대와 함께 시리아에 나타나는 것은 아닐까 하는 곧 없어질 염려 때문에 제후들은 파라오에게 충성을 확언하는 편지를 이따금 몇 차례 보냈다. 아마도 이 때문에 이크나톤은 마음속으로 자신이 여전히 아시아의 군주라는 환상을 계속 가지고 있었을 것이다.

그의 아시아 제국에 휘몰아친 폭풍은 이집트 내 왕실의 운명을 위협한 폭풍만큼의 재난은 아니었다. 그러나 그는 전처럼 꿋꿋하게 자신의 새 신앙을 포교했다. 그의 명령에 따라 당시 전국적으로 아톤 신전들이 세워졌다. 그가 테베에 처음 건설한 아톤의 성소와, 아케타톤에 적어도 세 곳과 누비아에 있는 겜 아톤 외에도, 그는 헬리오폴리스, 멤피스, 헤르모폴리스, 헤르몬티스(Hermonthis)와 파이윰에도 아톤 신전을 건설했다.[72] 그는 신전 의식을 공들여 만들었다. 신학을 논하는 추세는 신에 대한 찬가의 초기 신선함을 다소 흐릿하게 만들었다. 그의 이름은 이제 바뀌었고, 이름 끝의 자격을 나타내는 문구는 '아톤 안의 열기'에서 '아톤에게서 나오는 불'로 바뀌었다. 그 사이에 그의 개혁이 촉발시킨 국가적인 혼란은 나라 전역에 걸쳐 가장 불행한 결과를 야기하고 있었다. 아톤 신앙은 사람들이 가장 소중히 여겨 온 몇 가지 믿음, 특히 내세에 관한 믿음을 무시했다. 암흑의 세계에서 옛날의 보호자이자 친구인 오시리스는 빼앗겼고, 수많은 적으로부터 그들

---

[71] II, 1014-15.
[72] II, 1017-18, 그리고 Zeitschrift für Aegyptische Sprache, 40, 110-113에 실린 필자의 논평을 참조하라.

을 보호했던 마법의 장치는 사라졌다. 그들 중 일부는 아톤을 자신들의 옛 관습 속으로 표현하려 했다. 그러나 그는 저기 보이는 나무나 샘에서 살아온 민간의 신이 아니었고, 일상생활과도 너무 멀리 떨어져 있어 그들의 삶과 접촉할 수도 없었다. 사람들은 새로운 신앙과 관련된 세부사항에 대해 아무것도 이해할 수 없었다. 그들은 옛 신의 숭배가 금지되었고 그들이 모르고 있고 아무것도 얻을 수 없는 이상한 신을 믿으라고 자신들이 강요당한다는 것만 알았다. 그러한 국가의 명령은, 이크나톤의 종교개혁 후 1,800년이 지나서 테오도시우스가 기독교를 지지하여 이집트의 옛 신을 몰아낸 칙령과 마찬가지로 결국 그들의 실제 숭배에 별 영향을 미치지 못했다. 테오도시우스가 죽은 후 수 세기 동안 옛날의 이른바 토속 신들이 상이집트 사람들에 의해 계속 숭배되었다. 전 국민의 관습과 전통 신앙에서, 그러한 의도된 변화 속의 한 사람의 일생(수명)은 정말 무의미하기 때문이다. 아톤 신앙은 이상주의자인 이크나톤과 그의 조정을 구성했던 좁은 집단이 소중히 여기는 이론으로만 남았다. 그것은 결코 대중들의 종교가 되지 못했다.

대중들이 암암리에 분노하고 반대한 것과, 이에 더하여 옛 사제단의 증오, 특히 아몬 사제단의 반감이라는 훨씬 더 위험한 힘도 고려해야 한다. 테베에는 아몬 신의 큰 신전 여덟 곳이 비어 있고 버려져 있었다. 시리아의 성읍들과 이집트의 광대한 땅을 포함하는 아몬 신의 막대한 재산은 분명 몰수되어 아마도 아톤에게 갔을 것이다. 이크나톤의 통치 기간 내내 공공연하게 또는 암암리에 그의 세력을 약화시키려고 할 수 있는 모든 일을 했던 강력한 사제 파벌이 있을 수밖에 없었고, 또 결과가 보여 주듯이 실제로 있었다. 아시아 제국을 방치하고 잃은 것은 많은 힘 있는 사람들이 왕에게 등을 돌리게 했을 것이며, 투트모세 3세 하에서 복무했던 조상을 가진 사람들 사이에서 분노가 일게 했을 것이다. 그 영광스러운 시절에 이루었던 것에 대한 기억은 군인계급의 마음이 불타게 하고, 그들로 하여금 잃은 것을 되찾을 지도자를 찾게 할 만큼 충분히 강했을 것이다. 살펴본 대로 이크나톤은 군대의 사령부에 그의 총신 가운데 한 명을 임명했던 것 같다. 그러나 이크나톤의 이상적인 목표와 평화에 대한 고상한 동기는 그의 사령관들이 이해할 수 없었던 만큼 인기도 없었을 것이다. 그러한 사람으로 하름합이라는 관리가 있었는데,[73] 당시 이크나톤을 위해 일하고 있었고 왕의 총애를 얻고 있었다. 그는 군인계급의 지지를 얻으려 했을 뿐 아니라, 우리가 후에 살펴보겠지만 그는 또한 아몬 사제들의 지지를 얻었다. 물론 아몬 사제들은 자신들이 탐내 온 기회를 그들에게 가져다줄 수 있는 누군가를 찾고 있었다. 모든 점에서 이크나톤은 전 국민이 소중히 여겨온 전통을 어겼다. 따라서 국민과 사제, 군인계급은 모두 자신들이 잘 알지 못하는 사상을 가진 미움 받는 몽상가를 파라오들의 궁전에서 추방할 계획을 짜고 있었다. 그의 위험을 더욱 가중시킨 것은 운명이 그에게 아들을 허락하지 않은 것이다. 그는 세월이 지남에 따라 자신의 장녀인 메리타톤(Meritaton,[74] '아톤의 사랑을 받는')과 결혼한 사위인 사케레(Sakere)[75]라는 귀족에게 의지해야 했다. 이크나톤은 아마도 육체적으로 결코 강건하지 못했던 것 같다. 그의 마른 얼굴과 고행자의 외형은 그를 그토록 무겁게 압박했던 점점 많아졌던 고민의 흔적을 보여준다. 그는 결국 사케레를 그의 후계자로 지명하고, 동시에 그를 공동 통치자로 임명했다. 그는 이후 조금 더 생존했고, 기원전 약 1358년 약 17년간 통치한 후, 자신에 맞서는 불가항력의 힘에 굴복했다. 그는 자신의 도시에서 동쪽으로 여러 마일 떨어진 외로운 계곡에 있는 무

---

[73] III, 22 ff.
[74] [역주] 메리타텐(Meritaten)으로도 표기된다.
[75] [역주] 이크나톤의 장녀 메리타톤과 결혼한 사케레는 스멘크카레(Smenkhkare)라는 이름으로 잘 알려져 있다. 클레이턴(2009:163)은 스멘크카레가 이크나톤의 동생으로, 이크나톤이 사망한 지 채 몇 달 안 되어 사망한 것으로 추정했다.

덤에 묻혔다. 무덤은 그가 자신과 가족을 위해 바위를 뚫어 만든 것이며, 그곳에 벌써 그의 차녀 메케타톤(Meketaton)이 쉬고 있었다.

이렇게 해서 초기 근동의 역사에서 가장 두드러진 인물이 사라졌다. 후에 그는 자기 민족에게 '아케타톤의 범죄자'로 알려졌다.[76] 그러나 그의 손에서 미끄러지듯 떨어져 나가게 한 제국을 잃은 것에 대해 우리가 그를 아무리 비난해도 또한 그가 자신의 아버지의 이름과 유적들을 훼손할 정도로 광신적으로 목표를 추구했던 것을 우리가 아무리 비난해도, 우리에게는 세계가 전에는 결코 볼 수 없었던 정신이 그와 함께 죽은 것이다. 태곳적부터 내려온 전통의 타성에 용기 있게 직면하고 그 때문에 인습에 사로잡힌 개성 없는 파라오의 긴 대열에서 나오게 한 그러한 용감한 정신이 있었으므로, 그는 그의 시대가 이해할 수 있는 수용력을 훨씬 넘어서는 사상을 유포했을 것이다. 우리는 헤브라이인 가운데서는 칠팔백 년 후에 그러한 사람들을 찾을 수 있다. 그러나 현대 세계는 이 사람을 제대로 평가하고 또한 잘 알아야 한다. 그는 그렇게 까마득한 시대에 그토록 불운한 상황에서 세계 최초의 이상주의자이자 세계 최초로 개성을 지닌 인물[77]이 되었다.

사케레는 그의 앞에 놓인 업무를 감당할 수 없었다. 아케타톤에서 눈에 띄지 않게 짧은 기간 통치한 후 사라졌고, 이크나톤의 또 다른 사위로 왕의 셋째 딸인 엔코스네파아톤(Enkhosnepaaton,[78] '그녀는 아톤을 따라 산다')과 결혼한 투텐카톤(Tutenkhaton, '아톤의 살아있는 모습')이 뒤를 이었다.[79] 아몬의 사제 파벌은

---

[76] Inscription of Mes.
[77] [역주] 저자는 individual이라 쓰고 이 어휘를 특별히 강조하여 이탤릭체로 기울여 썼다. 여기서는 '개성을 지닌 인물'로 번역했다.
[78] [역주] 안케센파아텐(Ankhesenpaaten), 안케세나멘(Ankhesenamen)으로도 표기한다. 영화 '미이라'로 인해 '아낙수나문'으로도 알려져 있다.
[79] [역주] 저자는 Tutenkhaton으로 표기했지만, Tutankhaton, Tutankhaten으로도 표기한다. 흔히 투탕카멘(Tutankhamen)으로 알려져 있다. 투탕카멘을 아멘호테프 3세의 아들

당시 끊임없이 성장하고 있었다. 비록 투텐카톤이 여전히 아케타톤에 거주하고 있었지만, 얼마 지나지 않아 자리를 보전하기 위해 타협해야 했다. 그는 장인의 도시[80]를 버리고, 20년간 파라오가 살지 않았던 테베로 왕궁을 옮겼다. 아케타톤은 이크나톤의 통치 기간 동안 그곳에 번성했던 색유리와 채색도자기 제조공장들 덕분에 당분간 불안정한 명맥을 유지했다. 이 산업은 곧 시들었고, 그곳은 점차 버려져 인적 없는 거리에는 영혼 하나 남지 않게 되었다. 주택의 지붕들은 내려앉았고, 벽은 쓰러져 내릴 듯 위태롭거나 무너졌다. 신전은 살펴보겠지만, 테베 파벌의 복수에 희생물로 전락했다. 한때 아름다웠던 아톤 시는 점차 황량한 폐허로 바뀌었다. 오늘날 그곳은 텔 엘 아마르나로 알려져 있는데, 도시의 적(敵)인 시간과 아몬 사제들이 그곳을 떠났지만, 그곳은 여전히 존재한다. 주택 벽들의 높이가 여전히 몇 피트나 되는 고대의 거리를 걸으면서 사람들은 버려진 주택들을 보고 한때 그곳에 살았던 아톤 숭배자들의 삶을 떠올리려 할 것이다. 이크나톤의 대외 업무를 위한 문서보관소의 기능을 했던, 이곳의 한 낮은 벽돌 방 안에서 1885년 약 300통의 편지와 급송공문서가 발견되었다. 이 서류들을 통해 우리는 그가 아시아 왕들 및 통치자들과 교류하고 거래한 것과 그곳에서 제국이 점차 붕괴한 과정을 추적할 수 있다. 이 안에는 비블로스의 불행했던 립-아디의 급송공문서가 60통 넘게 있다. 그 지역의 현 이름을 따서 모

로 보는 견해가 있었지만, 2010년 이집트와 이탈리아, 독일 학자들로 구성된 연구팀은 최근 투탕카멘(투텐카톤) 미라에 대한 유전자 검사와 컴퓨터 단층촬영(CT) 등을 동원한 조사를 통해, 투탕카멘의 아버지가 이크나톤이고 그의 어머니는 이크나톤의 여동생임을 밝혀냈다. 이밖에 연구팀은 투탕카멘의 무덤에서 발견된 태아 미라 2구도 투탕카멘의 사산된 쌍둥이 딸임을 확인했다. 투탕카멘은 그의 누이 안케세나멘과 결혼했으나 둘 사이에는 자녀가 없었고, 다만 그의 무덤에서 태아 미라 2구가 발견돼 학계에서 논란이 됐었다(연합뉴스 2010년 2월 16일 자).

[80] **[역주]** 앞의 각주에서 언급했듯이 이크나톤은 투탕카멘의 아버지이고, 투탕카멘의 아내 안케세나멘 역시 이크나톤의 딸이므로 장인의 도시이자 아버지의 도시이다.

든 서신은 일반적으로 텔 엘 아마르나 편지라고 불린다. 다른 아톤 시들도 마찬가지로 모두 완전히 없어졌다. 그러나 먼 누비아의 겜 아톤은 이를 면했다. 그 후 오랫동안 그곳의 아톤 신전은 겜 아톤의 영주인 아몬의 신전이 되었고, 이렇게 해서 먼 누비아에서는 최초의 일신교 신전 유적이 여전히 존재한다.[81]

테베에 도착하자 투텐카톤은 아톤의 숭배를 계속했고, 그곳의 아톤 신전을 얼마간 확장하거나 적어도 수리했다. 그러나 아몬의 사제들에 의해 아몬 숭배를 다시 허용해야 했다. 사실 그는 카르나크와 룩소르의 옛 축제 일정을 하는 수 없이 되돌려야 했다. 그는 아몬의 축제 가운데 가장 큰 축제인 첫 '오페트 축제'를 직접 거행했고, 그곳의 신전들을 복원했다.[82] 또한, 형편상 그는 이크나톤이 기념물에서 삭제한 훼손된 아몬의 이름의 복구 작업도 시작해야 했다. 그가 복원한 것이 남쪽으로는 누비아의 솔레브 지역까지 발견된다.[83] 그리고 나서 그는 아몬의 사제들에게 또 다른 심각한 양보를 해야 했다. 그는 자신의 이름을 '아몬의 살아있는 모습'이라는 의미의 투텐카몬(Tutenkhamon)으로 바꿨는데, 이것이 그가 당시 완전히 사제 파벌의 손안에 있었음을 보여준다.[84]

그가 통치한 제국은 나일의 삼각주에서 제4폭포까지 뻗어 있었던 여전히 대단한 제국이었다. 총독 하의 누비아 지역은 당시 철저히 이집트화했다. 아마 투트모세 3세 때 이후로 원주민 족장들이 이집트의 옷을 입고 있었다.[85] 이집트 사회의 변혁은 누비아에 심각한 영향을 미치지 않았고, 누비

---

[81] II, p. 388, note b와 필자의 "Monuments of Sudanese Nubia," Chicago, 1908, pp. 51-82를 참조하라.
[82] Luxor reliefs, Ibid., 34, 135.
[83] II, 896.
[84] II, 1019.
[85] II, 1035.

아는 지속적으로 매년 파라오의 국고에 부과금을 지불했다.[86] 쿠시의 총독인 후이(Huy)가 주장한 바에 의하면, 파라오는 또한 북쪽의 시리아로부터도 조공을 받았다.[87] 아마르나 편지에서 얻은 정보에 의하면 이것은 아마 어느 정도 과장인 것 같지만, 이크나톤의 후계자 가운데 한 사람은 아시아에서 전투를 치렀다. 이것은 투텐카톤[88]이 아닌 다른 사람일 것 같지는 않다.[89] 이렇게 그는 팔레스타인에서 조공이나 적어도 약탈물을 수집할 충분한 힘을 회복했을 수 있다. 그리고 이 사실로 인해 당시 시리아도 조공을 바친 지역에 포함된 것으로 여겨졌을 수 있다. 투텐카톤은 곧 사라졌고, 아케타톤 궁궐의 또 다른 고위 인사인 에예(Eye)[90]가 뒤를 이었다. 에예는 이크나톤

---

[86] II, 1034 ff.
[87] II, 1027 ff.
[88] III, 20, ll. 2, 5 and 8.
[89] [역주] 저자의 이러한 추정은 투탕카멘이 십대의 나이에 사망한 병약한 왕이었다는 현대 학계의 주장과는 다소 괴리가 있다. 그러나 이 같은 저자의 추정을 뒷받침하는 다음과 같은 기사를 찾을 수 있었다. "투탕카멘은 이집트 제18왕조 제12대(재위 BC 1361~1352) 파라오다. 18세의 젊은 나이에 죽었으며, 사망 원인은 여전히 밝혀지지 않고 있다. 이탈리아·영국 전문가로 구성된 연구진은 지난 2014년 투탕카멘이 생전 '내반족'이라는 발 기형에 뻐드렁니를 가졌으며, 근친상간으로 인한 호르몬 불균형 때문에 신체에 여러 장애를 가졌던 것으로 보인다는 연구 결과를 내놓았다. 당시 연구진은 투탕카멘의 조기 사망 역시 이러한 병약한 신체와도 연관이 있을 것으로 추정했다. 그러나 최근 영국 노샘프턴대학 연구진은 RTI(Reflectance Transformation Imaging)라는 촬영 기법을 통해 3000년 전 죽은 소년 파라오의 유물을 재분석해서 투탕카멘의 무덤에서 발견된 가죽 소재의 갑옷을 정밀 분석한 결과 갑옷의 가죽 부분 모서리에서 닳거나 긁힌 흔적이 있는 것을 확인했다. 연구를 이끈 루시 스키너 박사는 "갑옷에 있는 흔적은 투탕카멘이 이를 입고 전쟁에 나간 '전사'였을 가능성이 있다는 것을 의미한다"면서 "만약 이것이 사실이라면 투탕카멘은 더이상 병약하고 여린 소년왕이 아닌 다른 이미지를 얻게 될 것"이라고 밝혔다"(서울신문 2018년 3월 31일 자).
[90] [역주] 투탕카멘의 왕위를 계승한 왕은 아이(Ay)로 알려져 있는데, 저자는 에예로 표기했다. 저자는 에예의 아내를 이크나톤의 유모로 추정했으나 현대 학자들은 그녀가 네페르티티의 유모였던 것으로 본다. 투탕카멘의 왕비 안케세나멘(엔코스네파아톤)은 남편이 죽자, 아나톨리아에 있는 히타이트 왕 수필룰리우마스 1세에게 편지를

의 유모 티이(Tiy)와 결혼했다. 그는 아케타톤에 자신을 위해 무덤을 굴착해 만들었는데, 그 무덤에서 우리가 앞에서 읽은 위대한 아톤의 찬송가들이 나왔다. 그는 잠깐 동안 아몬의 사제들에 반대하는 사상을 가질 정도로 이크나톤의 사상에 충분히 물들었고, 테베에 있는 아톤 신전을 어느 정도 확장했었다. 그는 아케타톤에 있는 자신의 무덤을 버리고, 테베에 있는 왕들의 무덤 계곡에 또 하나를 굴착해 만들었다. 그는 곧 그것이 필요했다. 머지않아 그 역시 세상을 떴기 때문이다. 그리고 한두 명 정도 잠깐 동안 왕위를 노렸던 사람들이 당시에 또는 그가 계승하기 전에 권력을 잡았던 것으로 보인다. 무정부상태가 뒤따랐다. 테베는 약탈하는 무리의 희생물이었다. 무리는 왕실의 무덤에 강제로 침입했고, 우리가 현재 아는 바로는 투트모세 4세의 무덤을 약탈했다.[91] 250년간 지배 세력이었고, 230년 전에 힉소스를 내쫓고 근동에서 그때까지 가장 큰 제국을 건설한 옛 테베 가문의 위신은 당시 완전히 가려졌다. 가문이 얻었던 빛나는 명성은 쇠퇴하는 후손들이 왕좌를 차지할 수 있게 하기에는 더 이상 충분한 힘이 없었고, 제18왕조는 이렇게 해서 기원전 약 1350년에 천천히 끝을 향해 기울었다. 마네토는 당시 왕좌를 얻고 왕조의 부흥을 도모했던 하렘합을 제18왕조 말기에 놓는다. 그러나 우리가 아는 한 그는 왕실의 혈통도 아니고, 당시 몰락한 가계의 친족도 아니었다. 그는 아몬의 부흥, 옛 질서의 회복, 새 시대의 시작을 나타낸다.

보내 히타이트 왕자와 결혼한 뒤 왕자를 왕으로 옹립하려는 음모를 꾸몄다. 수필룰리우마스는 이를 의심해 사람을 보내 조사하게 했고 사실임이 확인되자 잔난자 왕자를 보냈는데, 왕자는 붙잡혀 피살당했다. 1932년 아이와 안케세나멘의 이름이 박힌 반지가 카이로에서 발견되었는데, 그것은 그가 안케세나멘과 결혼해 왕이 되었다는 사실을 뜻한다. 안케세나멘은 전술한 반지 외에는 기록이 없으며, 아이보다 먼저 죽은 것으로 보인다. 아이의 무덤 벽화에는 아이 곁에 안케세나멘이 아닌 나이 든 부인 티이가 그려져 있다(클레이턴 2009:175-178).

[91] III, 32 A ff.

제6권

제국: 두 번째 시기

20 아몬의 승리와 제국의 재건

이크나톤을 위해 일하는 사람 중에 투트모세 3세를 모방해 실무를 능숙하게 조직하고 처리하는 사람이 있었음은 이미 언급했다. 하름합이라 불린 이 사람은 한때 알라바스트론폴리스(Alabastronpolis) 노모스지사들을 배출한 옛 가문에 속했다.[1] 그는 중요한 임무를 맡아왔고, 뛰어난 근무로 금을 상으로 받은 적이 있다[2] (사진40). 그는 카비리에 앞서 팔레스타인으로부터 이집트로 도망 온 아시아인 피난민들을 책임지고 있었다.[3] 또한, 그는 일부 관리들을 그곳으로 파견해 당시 그곳의 질서를 회복하도록 했다. 이크나톤이나 그의 후임자들 하에서 그는 공물과 관련해 임무를 띠고 남쪽으로 파견된 적이 있다.[4] 다른 모든 임무와 마찬가지로 그는 이 임무에서 자신이 지략이 풍부하며 유능한 사람임을 증명했다. 그는 아시아에서 이크나톤의 후임자 가운데 한 사람인, 아마도 투텐카톤과 함께 치른 군사작전에서 공훈을 세웠다.[5] 이크나톤의 죽음 후에 약한 왕들이 짧은 기간 이어진 데 따른 불안정

---

[1] III, 27.
[2] III, 5-9.
[3] III, 10-12.
[4] III, 13.
[5] III, 20.

사진 40. 관리로서 왕에게 금을 상으로 받는 하름합

그의 무덤의 부조. 앞은 오른쪽 보이지 않는 곳에 있다. 하름합의 하인들이 그의 목에, 왼편의 다른 하인들이 가져온 금으로 된 장식을 걸고 있다. 왼쪽 부조에서는 이집트 호위병들이 이끄는 아시아 포로들이 다가오고 있다. 하름합이 그들을 왕에게 바친 것이 분명히 그가 훈장을 받는 이유이다. 사진 14의 부조가 위 부조의 왼쪽 그림이다. (레이덴 박물관)

한 기간 동안, 그는 능숙하게 자기 세력을 유지했고, 점차 권력과 영향력이 있는 지위를 차지했다. 마침내 군대의 총사령관과 궁전의 최고 참사관이 되자, 그는 자신을 "두 땅을 통치하기 위해 두 땅의 주재자로 왕에게 선택된, 위인 중의 위인, 강자 중의 강자, 백성들의 위대한 지배자, 남북부 군대를 지휘하는 왕의 전령, 두 땅의 군주의 장군들의 장군"이라고 불렀다.[6] 왕 밑에서 어떤 관리도 그러한 직함을 가진 적이 없을 것이다. 그가 어떤 통치자 밑에서 일했는지는 확실하지 않다. 그러나 통치자가 누구였던지 간에 부하의 손에 그러한 힘이 있다는 것은 필연적으로 그의 왕권을 위태롭게 했을 것이다. 하름합은 이제 왕권의 실세였다. 왕이 그를 이 모든 땅의 세습 제후로서 두 땅의 법을 집행하도록 땅의 지배자로 지명했기 때문이다. 그는 경쟁자 없이 혼자였다. … 의회는 궁전 앞에서 복종의 표시로 그에게 고개를 숙였다. 북부 뿐 아니라 남부에서도 아홉 활의 족장들[외국인]이 그에게 왔다. 그들은 그를 향해 손을 뻗었고, 마치 신에게 하듯 그를 찬양했다. 모든 일이 그의 명령 하에 행해졌다. … 그가 왔을 때 사람들의 눈빛에 그에 대한 외경심이 대단했다. 사람들은 그를 위해 '번영과 건강'[왕에 대한 인사]을 간절히 바랐다. 그는 '두 땅의 아버지'로서 인사를 받았다.[7] 이것은 기원전 1350년까지 수년간 지속되었다.[8] 이때 그는 실질적으로 왕이었고, 다음 단계는 그 직함과 왕족의 휘장을 받아들이는 것뿐이었다. 그의 뒤에는 군대가 있었고, 그는 테베의 아몬 사제단의 지지를 얻었다. 정권을 잡은 파라오로서 인정받기 위해 그곳에 가는 것만 필요했다. 그가 남긴 기록물은 암시적인 말로 경건하게 그것을 언급한다. "이제 많은 날이 지나갔다. 호루스의 장자[하름합]는 이 온 땅의 최고 세습 제후였다. 이 당당한

---

[6] Ibid.
[7] III, 25-26.
[8] III, 26, l. 9.

신 호루스, 알라바스트론폴리스 영주의 마음을 보라. 그는 자신의 영원한 왕좌 위에 그의 아들을 앉히고 싶어 했다. … 호루스는 기뻐하며 테베로 나아갔다. … 그의 아들을 품에 안고 카르나크로 가서 그에게 왕의 직무를 맡기려고 아몬 신 앞에 그를 소개한다."[9] 그는 마침 테베의 사제들이, 카르나크에 있는 아몬 신상을 룩소르로 옮기는 오페트 대축제를 거행할 때 도착했다.[10] 이때 여기에 하름합이 등장했다. 아몬의 사제들은 일찍이 투트모세 3세를 왕으로 인정한 바 있으므로, 당시 신탁이 그들의 선택을 승인하는 데 부족함이 있는 것은 아니었다. 그러나 새로운 파라오는 왕권에 대한 합법적 자격이 있어야 했는데, 이것도 곧 이루어졌다. 아몬의 신탁이 그를 레의 아들이자 왕국의 계승자로 선언한 후, 하름합은 왕궁으로 가서 이크나톤의 왕비 네페르네프루아톤의 자매인 무트네즈메트(Mutnezmet)[11] 공주와 결혼했기 때문이다. 비록 그녀가 나이가 꽤 많았지만, 그녀는 '신의 배우자'로 아몬의 여성 대사제였으며 왕가의 공주였으므로, 하름합의 왕위 계승을 적법한 것으로 하기에는 충분했다.[12] 이 의식이 치러진 왕궁은 룩소르에 있었다. 아몬의 신상이 다시 카르나크로 옮겨질 때, 사제들은 신상을 왕궁으로 먼저 실어 날랐고, 왕궁에서 하름합의 왕위 계승이 다시 신의 인정을 받았다.[13] 그의 왕의 직함이 이제 발표되었고,[14] 새로운 통치가 시작되었다.

하름합에게 높은 관직을 안겨 준 에너지는 그 관직의 임무를 수행하는데 바로 드러났다. 그는 나라가 한때 누렸던 잘 정돈된 조직을 회복하기 위해 끊임없이 노력했다. 테베에 적어도 두 달간 머무르면서 그곳에서 업무를

---

[9] III, 27.
[10] Ibid.
[11] [역주] 흔히 무트노지메트로도 알려져 있다.
[12] III, 28.
[13] III, 30.
[14] III, 29.

처리하고, 종교적인 축제에 참석함으로써 사제 파벌의 환심을 산[15] 후 이 복구 작업을 계속하기 위해 북부로 출항했다. "폐하께서 하류로 항해하셨다. … 그는 이 땅을 조직하고 그것을 [태양신이 파라오일 때와 같이] 레의 시대에 맞추어 조정하셨다."[16] 동시에 그는 신전을 잊지 않았다. 신전은 아톤 정권 하에서 오랫동안 폐쇄되어 있었다. "그는 삼각주 습지의 물웅덩이로부터 누비아까지 신전을 복원했다. 그는 전보다 수적으로 더 많이, 모든 신상을 전보다 더 아름답게 만들었다. … 그는 신전을 세우고, 온갖 화려하고 값비싼 돌로 형체를 정확히 갖춘 100개의 신상을 만들었다. 그는 이 땅의 여러 지역 안에 있는 신의 구역(신전)을 찾았다. 그는 그 구역들에 마치 처음부터 그랬던 것처럼 시설을 갖추어 놓았다. 그는 그곳들에 매일 공물을 바치게 했다. 신전의 모든 그릇은 은과 금으로 제작되었다. 그는 신전에 사제들 및 의식을 행하는 사제들, 정예군을 배치했다. 그는 신전들에 토지와 가축들을 양도했고, 모든 설비를 공급했다."[17] 이러한 종류의 다른 작업 가운데 하나로 그는 알라바스트론폴리스의 호루스 신전에 자신과 왕비의 조각상을 세웠다. 그 조각상에 그는 솔직하게 어떻게 그저 왕의 관리라는 신분에서 점차 파라오의 왕좌로 오르게 되었는지 기록했다.[18] 이렇게 해서 아몬은 예전처럼 다시 기부를 받게 되었고, 상속권을 빼앗겼던 모든 신전의 소득은 회복되었다. 사람들은 아톤이 패권을 잡았던 동안 비밀리에 실행해 온 무수한 신에 대한 숭배를 공공연히 다시 시작했다. 왕의 조각가들은 전국으로 보내져 투텐카몬이 시작한 복구작업을 계속했다. 그들은 이크나톤이 더럽히고 삭제한 신들의 이름을 그가 훼손한 기념물에 다시 써넣었

---

[15] III, 23.
[16] III, 31.
[17] Ibid.
[18] III, 22-32.

사진 41. 카르나크에 있는 하름합의 남쪽 탑문
신전 호수를 가로질러 남서쪽에서 바라본 전경

다. 카르나크에 있는 아몬 신전에는 하름합의 명령에 따라서 그러한 복원을 했다는 기록이 몇 번이고 반복해서 등장한다. 이 모든 것으로 인해 그는 전국적으로 사제 파벌의 단합된 지지를 확보할 수 있었을 것이다. 동시에 아톤의 숭배는 금지되지는 않았지만, 많은 지역에서 아톤의 성소가 파괴됨으로써 억압되었다. 테베에서 하름합은 아톤의 신전을 완전히 파괴하고, 그 원자재를 사용해 아몬 신전의 남쪽에 두 개의 탑문(사진41)을 세워 신전을 남쪽으로 확장했다. 그가 사용하지 않고 남겨둔 원자재는 그의 후임자들이 비슷한 일을 하는 데 썼다. 오늘날 카르나크에 있는 폐허가 된 아몬의 탑문에서, 괄시를 받는 아톤 숭배자들의 왕실 이름이 여전히 남아있는, 아톤 성소를 구성했던 돌덩이들을 골라낼 수 있다.[19] 하름합은 또한 아케타톤으

---

[19] II, p. 383, notes a, b.

로 사람을 보내 그곳의 아톤 신전에서 자신의 건축물을 짓는데 쓸 수 있는 원자재를 가져갔다. 모든 곳에서 미움받는 이크나톤의 이름은 그가 신들의 이름에 했던 그대로 취급되었다. 아케타톤에서 그의 무덤은 파괴되었고, 무덤의 부조는 끌로 파내졌다. 그곳 귀족들의 무덤도 같은 방식으로 훼손되었다. 그 같은 사람이 통치한 모든 흔적을 완전히 없애기 위한 온갖 노력이 행해졌다. 법적인 절차에서 그가 통치한 시기의 문서나 법규를 인용해야 할 때 그는 '아케타톤의 그 범죄자'로 지칭되었다.[20]

이크나톤의 이름과 운동에 대한 하름합의 적개심은 단호했고 옛 질서를 회복하려는 결심도 매우 굳었지만, 하름합은 가능하면 어디서든 회유하려 했다. 아케타톤 시절 이크나톤의 옛 총신 가운데 한 사람인 파토넴하브(Patonemhab)가 헬리오폴리스의 대사제로 지명되었던 것 같다. 따라서 왕은 자신의 지지자 가운데 한 사람을 아톤 운동의 근원이 되는 이 대사제의 유력한 사제단 위에 임명할 필요가 있었다. 이 지지자는 왕을 보좌하여 그곳에서 이크나톤의 기념물을 파괴하고 그의 영향력을 완전히 억제했을 것이다.[21] 아몬의 승리는 완벽했다. 이크나톤 왕실의 총신들이 한때 아톤 신도들의 행운을 노래했던 것처럼, 이제 하름합의 신하들이 운명의 바람에 변화가 생긴 것을 뚜렷하게 인식했고 노래했다. "신들의 왕인 그 신(아몬)의 은사를 아는 자는 얼마나 부유한가? 그를 아는 자는 현명하고, 그를 섬기는 자는 은혜를 받는다. 그를 따르는 자는 보호 받는다."[22] 이러한 말을 한 아몬의 사제 네페르호테프는 당시 왕의 총애로 인해 가장 풍성한 선물을 받고 있었다.[23] 그러한 사람들은 아몬의 적들을 타도하는데 의기양양해 했다.

---

[20] Inscription of Mes.
[21] III, 22.
[22] III, 72.
[23] III, 71.

"당신(아몬)을 공격한 자에게 비통함을! 도시는 지속되지만 당신을 공격한 자는 추방됩니다. 어느 땅에서든 당신께 죄를 지은 자는 싫습니다. … 당신을 알지 못하는 자의 태양은 졌지만, 당신을 아는 자의 태양은 빛납니다.[24] 당신을 공격한 자의 성소는 어둠에 압도되지만, 온 땅은 빛을 받습니다."[25]

이크나톤의 혁명에 따른 반감으로 사제단을 재조직하는 과정이 진행되었다. 그런데 하름합이 정상이라 여긴 상태로의 복구가 다른 부분에서는 그렇게 쉽지만은 않았다. 지방행정의 관리감독에 있어서의 총체적 해이가 이크나톤과 그의 후임자들의 통치 기간의 특색이었다. 근동에서 그러한 상황에서 항상 발생하는 악습이 매우 지나친 정도가 되었다. 중앙정부 쪽의 철저한 사찰에 대해 오랫동안 염려 없이 지내온 곳이라면 어디서나, 재정과 행정시스템이 뇌물과 온갖 종류의 부패로 구멍투성이가 될 때까지, 지방 관리들이 갈취에 몰두했고 오래도록 고통을 겪는 서민들을 이용했다. 이러한 상황을 개선하기 위해 하름합은 먼저 악폐의 범위와 성격에 대해 철저히 알아냈다. 그런 후에 그의 개인 방에서 자신의 개인 서기에게 그가 알아낸 모든 사례에 적합한 전문적이고 고도로 세분화된 주목할 만한 일련의 법을 받아쓰게 했다.[26] 이러한 법률은 적어도 9개의 단락으로 구성되어 있으며,[27] 모두 재정 및 행정관리들이 가난한 사람들을 갈취하지 못하도록 겨냥되어 있었다. 형벌은 엄했다. 세금 징수원이 가난한 사람에게 사기를 쳐서 유죄가 밝혀지면 코를 베이는 형벌에 처해진 후, 타루(Tharu)로 추방되었다. 타루는 아시아 쪽에 위치한 아라비아 사막[28] 모래밭

---

[24] **[역주]** 원서에는 '당신을 아는 사람은(그는) 빛납니다'로 되어있다.
[25] Birch, Inscr. in the Hier., XXVI, Erman, Handbuch를 참조하라.
[26] III, 50.
[27] III, 45-47.
[28] **[역주]** 아라비아 사막은 보통 아라비아반도에 있는 사막을 통틀어 이르는 말이지만, 이집트 동부에 있는 암석 사막을 가리키기도 한다. 이 사막은 나일강과 홍해 사이에

에 있는 멀고 황량한 변경도시였다.[29] 군인 시대와 군사제국도 무책임한 군인들 손에서 똑같은 폐해를 겪었다. 이는 근동에서는 항상 있어온 일이었다. 서민들과 가난한 사람들이 가장 큰 고통을 겪었다. 통치를 위해 북부와 남부에 주둔한 군대는 파라오의 가축을 맡아 기르는 농부들로부터 가축의 가죽을 훔치곤 했다. "그들은 이집 저집 다니면서 폭력을 쓰고 가죽을 하나도 남기지 않고 약탈했다."[30] 입증할 수 있는 그러한 모든 사건에 대해, 새 법은 파라오의 가축 감독관이 농부에게 가죽들에 대한 책임을 지워서는 안 된다고 규정했다. 죄를 범한 군인은 가혹하게 처벌받았다. "군대의 어느 구성원에 대해 '그가 가죽을 훔치며 돌아다닌다'라는 말이 들리면, 그날부터 법이 집행되어 그를 100대 때리고, 다섯 군데 상처를 냈으며 그가 가져간 가죽을 몰수했다."[31] 그러한 지방의 실정(失政)을 밝히는 데 있어 가장 큰 어려움 중의 하나가 중앙정부가 파견한 감찰관이 지방 관리들과 공모한 경우였다. 그러한 갈취행위를 발견하고 방지하라고 시찰 여행에 파견된 부패한 상관들이 약탈의 한몫을 챙기기 위해 갈취행위를 눈감아 주었다. 이러한 악행은 공격적인 투트모세 3세 때에는 근절되었지만, 이제 다시 만연하게 되었고, 하름합은 이를 통제하기 위해 투트모세 3세가 쓴 방법들을 다시 채용했던 것으로 보인다.[32] 국고의 여러 부서에서 땅의 다양한 생산물을 수집하기 위해, 관리들의 약탈과 갈취를 막기 위한 법이 만들어졌다. 새 법을 도입하고 적용하면서 하름합은 직접 왕국의 한쪽 끝에서 다른 쪽 끝까지 가보았다.[33] 동시에 그는 이러한 기회를 활용해

있으며 남쪽으로 누비아 사막과 이어진다. 여기서 말하는 아라비아 사막은 이집트 동부 사막을 가리킨다.
[29] III, 54.
[30] III, 56.
[31] Ibid.
[32] III, 58.

적절한 사법행정을 위한 책무를 맡길 수 있는 적합한 인물을 찾았다. 사법행정에서도 아톤 혁명 이후로 심각한 폐해가 있었다. 재상의 경우 한 명은 테베에, 다른 한 명은 헬리오폴리스나 멤피스에 각각 주재했는데, 그는 자신이 사법행정의 수장으로 앉힌, 두 명의 재상의 평판에도 특별한 관심을 기울였다. 그는 그들이 "연설에 능하고 자질도 우수하며, 심장을 판단할 줄 알고,[34] 왕가의 말과 재판정의 법에 귀를 기울인다"고 했다. "나는 두 지역의 일을 판결하라고 그들을 임명했다. … 나는 그들을 남부와 북부의 두 대도시에 배치했다."[35] 그는 그들에게 뇌물을 받지 말라고 경고했다. "다른 사람의 사례금을 받지 마시오. … 공들 가운데 정의에 어긋나는 범죄를 저지르는 사람이 있다면, 공들 같은 사람들이 어떻게 다른 사람을 심판하겠소?"[36] 지방 판사들이 뇌물을 받지 않도록 하기 위해 그는 전례 없는 조치를 취했다. 그는 사법 업무를 맡은 모든 지방 관리들에게 부과된 금은 세를 면제했다. 그리고 그들이 불법적으로 치부한 것에 대해 핑계를 댈 수 없도록 관직으로 받은 모든 수입을 가질 수 있게 했다.[37] 그는 여기서 더 나아갔다. 전국적으로 지방법원을 조직하면서[38] 그는 지방법원이나 '심의회'의 일원이 어떠한 뇌물도 받지 못하도록 가장 엄한 법을 통과시켰다. "이제 어떤 관리나 사제에 대해 '그가 재판을 위해 조직된 심의회에서 판결을 집행하며 그 안에서 정의에 어긋나는 범죄를 저지른다'라는 말이 들리면, 그것은 중죄로 그에게 불리하게 간주될 것이다. 짐이 이집트의 법을 개선하기 위해 이 같은 일을 행했음을 보라."[39] 행정관리들이 부패한

---

[33] III, 63.
[34] **[역주]** 이집트에서는 죄의 유무를 심장의 무게로 판단한다고 믿었다.
[35] III, 63.
[36] Ibid.
[37] Ibid.
[38] III, 65.

곳으로부터 수입을 챙길 필요가 없도록 할 뿐 아니라 그들이 자신과 가까이 계속 접촉하게 하기 위해, 하름합은 그들을 매우 후하게 부양했다. 그들은 한 달에 여러 차례 시찰을 나갔다. 이 경우 그들이 출발하기 바로 전이나 또는 돌아온 직후에, 왕은 그들에게 궁전 뜰에서 성대한 잔치를 베풀어 주었다. 발코니에 나가 한 사람씩 이름을 부르고 그들에게 선물을 던져 주었다. 이런 때에 그들은 또한 상당한 양의 보리와 스펠트밀을 받았다. "아무것도 받지 못한 사람은 한 명도 없었다."[40]

하름합은 이러한 모든 법령을 높이가 약 4.9m, 너비가 거의 3m 되는 거대한 석비에 기록해서[41] 그의 카르나크 탑문 중 한 곳 앞에 세웠다. 우리가 앞서 언급했듯이 이 탑문들은 그가 카르나크의 아톤 신전에서 건축자재를 가져다 세운 것이다. 그는 덧붙여 말했다. "짐은 이집트 백성의 삶을 번영되게 할 목적으로 이집트의 법률을 제정하고 있다."[42] 그는 다음과 같은 훈계로 끝을 맺었다. "그대들은 잘 들으시오. 짐이 이 땅에서 벌어지는 이 같은 압제의 사례들을 기억하고, 온 땅을 다스리려 처음으로 이 같은 명령을 내린 것이오."[43] 특히 거의 모든 독자의 기억 속에서, 영국인들이 이 나라를 점령한 이후조차[44] 그가 공격한 악습이 대단히 지속적인 것이었고 근절하기 어려웠다는 것을 기억할 때, 이렇듯 합리적이고 박애적인 개혁은 인도주의적 통치의 역사에서 하름합에게 높은 위치를 부여한다.

이 같은 중대한 업무를 국내에서 처리해야 했고, 국외에서는 무질서와

---

[39] III, 64.
[40] III, 66.
[41] III, 45 ff.
[42] III, 65.
[43] III, 67.
[44] [역주] 이집트는 18세기부터 프랑스와 영국의 지배를 받았다. 1922년 2월 28일 영국이 이집트의 독립을 허용했다.

무정부상태를 물려받았으므로 우리는 하름합이 대외 전쟁에서 많은 성과를 거둘 수 있었을 것이라고 기대하지는 않는다. 그는 아시아에서의 경험으로 그곳에서 무슨 일이 일어날지 알고 있었다. 그가 그의 모든 시간과 관심을 국내에 쏟은 것으로 보아, 그는 분명 대외정세가 희망이 없다고 여겼던 것 같다. 그의 위대한 법전 가까이, 벽 위에 열거된 외국 목록은 해외 정복지를 습관적으로 열거한 것을 포함하며, 아마도 심각하게 받아들여서는 안 될 것이다.[45] 히타이트의 이름이 그들 속에 등장하지만, 이후의 상황은 그가 시리아에서 그들의 힘을 사실상 약화시키지 못했음을 보여준다. 반대로 우리는 람세스 2세가 약 50년 후에 마치 전부터 있었던 듯 언급한, 동맹과 우호조약을 어쩌면 그의 통치 시기의 것으로 보아야 할 수도 있다.[46] 비록 평소에 늘 있던 반란이 일어나 결국 그가 누비아에 나타나 그곳의 종족들을 처벌하기는 했지만, 남쪽에서는 공격적인 군사행동을 할 심각한 필요는 없었다.[47] 그는 또한 푼트로 원정대를 보낼 수 있었고, 원정대는 당시 그 지역의 친숙한 자산을 가지고 돌아왔다.[48] 만일 하름합이 정복자로서 평판을 남기려는 야심이 있었다면, 시기가 그에게 불리했다. 그가 즉위한 시기는 국가가 그의 앞에서 오랫동안 유례없는 해이함을 겪은 직후로, 그의 모든 힘과 뛰어난 능력이 왕국을 재조직하는 데에만 반드시 전적으로 투입되어야 하는 시기였다. 그는 적어도 해외에서 대대적인 정복을 위해 필요한 정도의 힘과 기량을 가지고 그의 업무를 수행했다. 반면 동시에 그는 일반 대중들의 상황을 개선하려는 인간적인 배려심을 보여 주었다. 이 점에서는 그의 시대부터 현재까지도 이집트에서 결코 그를 뛰어넘는 사람

---

[45] III, 34.
[46] III, 377.
[47] III, 40 ff.
[48] III, 37 ff.

이 없었다. 그는 초기 근동에서 군인이라는 직업이 함축하는 모든 자질을 갖춘 군인이었지만, 왕이 되었을 때 그는 "보라, 짐[49]은 이집트의 번영을 이루기 위해 시종 노력했다."라고 진실 되게 말할 수 있었다.[50]

그가 얼마나 오랫동안 통치했는지는 확실하지 않다. 그러나 람세스 2세 때, 이크나톤과 다른 아톤 숭배자들의 통치 기간이 분명히 그의 통치 기간에 더해져서, 그 기간이 25년 또는 그 이상 늘어났다. 그래서 람세스 2세 때의 한 소송사건이 하름합의 재위 59년에 일어난 일로 되어있다.[51] 전임자의 통치 기간이 더해진 것을 고려하면 그는 아마도 약 35년간 통치했던 것 같다.[52] 그가 관리이던 시절 여전히 파라오를 섬기는 동안, 그는 멤피스에 매우 훌륭하고 예술적인 솜씨를 보여 주는 무덤을 건설했다(사진14, 39-40, 42). 그가 이 멤피스에 있는 무덤을 버리지 않고, 테베의 왕들의 무덤 계곡에 보다 훌륭한 무덤을 만들게 한 것은 그의 특유의 성격을 보여준다. 이미 언급했듯이 그는 장군 같은 자신의 옛 관리적 직함들을 무덤의 벽에 그대로 두고 떠났다. 그저 그 직함들 옆에 자신의 왕명과 파라오 칭호를 기입했다. 그의 모습이 무덤 제사실 안의 부조에 등장할 때마다, 그는 왕의 뱀 모양 휘장을 이마 위에 끼워 넣게 했다(사진42). 이렇게 해서 그 모습이 왕의 것임을 분명히 나타냈다.[53] 이렇게 끼워 넣은 것은 오늘날에도 여전히 그 흔적을 추적할 수 있다.

하름합의 개혁의 결실은 그의 후임자들이 누리기 마련이었다. 우리는 그가 왕조를 설립하는 데 성공했는지는 알지 못한다. 그와 당시 그를 계승한

---

[49] [역주] 원서에 3인칭 his majesty로 표기되어 있으나 문맥상 1인칭으로 옮겼다.
[50] III, 50.
[51] Inscription of Mes.
[52] [역주] 하름합의 재위 연도는 기원전 1319~1292년으로 27년간 재위한 것으로 알려져 있다.
[53] III, 1-21.

사진 42.
사후세계에서 농부 모습의 하름합
그의 무덤의 부조에서, 왕을 나타내는 이
마 위의 뱀 휘장은 나중에 끼워 넣은 것이
다. (볼로냐 박물관)

(기원전 1315년) 람세스 1세가 어떤 관계였는지는 알아내기 어렵다.[54] 그러나 람세스 1세가 계승했을 때 그는 이미 고령이었으므로 왕위를 계승할 합법적인 자격을 가지고 있었을 것이다. 그렇지 않았다면 그는 그 나이에 왕좌에 오를 권리를 누리지 못했을 것이다. 그는 어떤 것을 성취하거나 하름합이 건설한 새 국가의 자원을 이용하기에는 너무 늙었다. 그는 카르나크의 유명한 다주식 건축물인 기둥이 늘어선 거대한 홀을 설계하여 착공했는데, 나중에 그의 후임자들이 이 사업을 계속하여 완공했다. 재위 2년, 그는 새 책무가 자신의 능력 밖임을 알게 되고, 당시 아마도 30세쯤 되었을 아들 세티(Seti) 1세와 공동 통치자로서 함께 일했다.[55] 아들과 함께, 그는 누비아에서 군사작전을 조직했던 것 같다. 왜냐하면, 어쨌든 같은 해에, 그는 와디 할파의 누비아 신전 기금으로 포로로 잡힌 '폐하의 노예들'을 추가할 수 있었기 때문이다.[56] 이 노예들과 그 신전의 다른 기증품을 기록한 비문[57]이

---

[54] [역주] 이집트 제19왕조의 시조로 여겨진다. 클레이턴(2009:182)에 의하면, 람세스 1세는 힉소스 침략 시기 그들의 수도였던 삼각주의 아바리스 출신으로 하름합의 재상이자 가까운 친구였다. 하름합이 상속자가 없어 친구에게 왕위를 물려주었으나, 그는 군 사령관인 세티의 아들이었으며, 직업 군인 출신으로 왕족은 아니었다.
[55] III, 157.
[56] III, 78.
[57] III, 74 ff.

람세스 1세의 통치 기간으로 날짜가 기록된 유일한 기념물이다. 세티의 이름이 비문 맨 아래에 쓰여 있으므로, 공동 통치를 맡은 젊은 왕자가 누비아에서의 군사작전을 직접 수행하고, 자신이 떠나기 전 명판을 세웠을 수도 있다. 이 명판의 날짜로부터 6개월 뒤에 늙은 왕은 벌써 사망했고(기원전 1313), 세티가 이집트의 유일한 왕으로 그의 뒤를 이었다.[58]

많아야 1년 정도의 짧은 공동 통치 기간 동안, 세티 1세는 벌써 모든 계획을 다 세웠고, 군대를 조직해 아시아에서 잃어버린 제국을 회복하기 위한 준비를 하고 있었던 것으로 보인다. 하름합에게 코를 잃고 추방당한 사람들이 보내졌던 이집트 변경 요새인 타루로부터 팔레스타인까지 가는 사막 길은 다시 사용할 수 있게 되었다. 그 길을 따라 분포된 우물과 저수탱크를 지키는 요새화한 숙박시설이 재건되었고 수리되었다.[59] 타루에서 사막을 거쳐 남부 팔레스타인의 가자까지는 10일간 걸어야 했다.[60] 따라서 행군 내내 물을 충분히 공급하는 것이 절대적으로 필요했다. 이집트가 여전히 팔레스타인에서 어느 정도의 통제력을 유지했었을 수 있지만, 이크나톤의 통치 기간 동안 그곳에서 전개된 상황은 그 이후로 진지하게 주목을 받지 못했다. 단 한 차례 이크나톤의 후임자 가운데 한 사람이 행한 효과 없는 군사작전이라는 예외가 있었을 가능성이 있다. 세티 1세가 당시 그 지역의 상황에 대해 받은 정보는, 예루살렘의 압드키바가 이크나톤에게 보낸 편지에 드러난 추세에서 비롯되었을 상황을 잘 드러낸다.[61] 편지는 우리에게, 인근 사막의 베두인들이 불온한 제후들에 고용되었든 또는 자기 스스로 그러한 것이든 팔레스타인으로 몰려들어 성읍들을 손아귀에 넣었음

---

[58] III, 157.
[59] III, 84; 86.
[60] II, 409.
[61] 213-214쪽 참조.

을 보여준다. 우리는 이 적들 앞에서 공포에 휩싸인 팔레스타인 사람들이 이집트로 도주하는 것을 묘사한, 이집트 기념물들을 통해 이 편지가 사실임을 알 수 있었다. 세티 1세의 전령들은 당시 베두인과 관련해 그에게 똑같은 성격의 정보를 준다. 그들은 다음과 같이 보고한다. "그들 부족의 족장들이 연합하여 팔레스타인에서 거점을 확보하고 있습니다. 그들은 습관적으로 욕하고 싸우며, 자신들의 이웃을 죽이고 있습니다. 그들은 궁중의 법도를 무시합니다."[62] 헤브라이인들의 이동은 이 사막의 팔레스타인 침입자들 속에 섞여서 이루어졌고, 그 결과 그곳에 헤브라이 사람들이 정착하게 되었다. 셈족 중 특정한 종족이 팔레스타인의 여러 지역을 소유한 것은, 그들이 규칙적으로 이집트에 공물을 보내는 한 파라오에게 그다지 중요하지 않았다. 그러나 이제 더 이상 공물이 규칙적으로 들어오지 않았다.

재위 첫해, 세티는 타루로부터 원정대를 이끌고 사막의 길을 따라 그가 복구한 숙박시설들을 지나갔다.[63] 네게브, 즉 남부 팔레스타인 지역에서 그는 '샤수(Shasu)' 또는 '쇼스(Shos)'와 맞닥뜨렸다. 이는 이집트인들이 그 지역의 베두인을 일컫는 말이다. 그는 그들을 멀리 그리고 널리 쫓아버렸다.[64] 가나안은 이집트인들이 서부 팔레스타인과 시리아를 지칭할 때 쓴 이름인데, 그는 가나안의 변경에 이르렀을 때 성벽이 있는 성읍을 함락했다. 이곳은 세티가 베두인과 전투를 치른 북쪽 한계선이었다.[65] 그곳에서 그는 빠르게 북쪽으로 밀고 올라가 메기도(이즈르엘) 평원의 성읍들을 함락하였고, 동쪽으로 요르단 계곡을 가로질러 밀고 나가서 하우란(Hauran)[66]에 승리의 명

---

[62] III, 101, ll. 3-9.
[63] III, 83 f.
[64] III, 85 f.
[65] III, 87-8.
[66] [역주] Hawran, Houran, Horan 등으로도 표기된다. 하우란은 시리아 남서쪽에서 요르단 북서쪽에 걸쳐 있는 화산 고원지대이다.

판을 세웠으며,[67] 서쪽으로 레바논의 남쪽 비탈까지 갔다. 그곳에서 그는 예노암(Yenoam)이라는 숲으로 둘러싸인 도시를 점령했다.[68] 그 도시는 거의 150년 전 투트모세 3세가 그곳을 점령한 후 한때 아몬 신전의 소유물이었다. 레바논 인근의 제후들은 즉시 그에게 와서 충성을 표했다. 그들은 아시아에서 50년 넘는 기간 동안, 아멘호테프 3세가 시돈을 떠난 이후로 파라오가 선두에서 군대를 이끄는 것을 보지 못했다.[69] 세티는 즉시 신전 탑문 위로 높이 솟는 큰 깃대를 만들 삼나무뿐 아니라 그가 테베에서 만들고 있는 아몬의 신성한 선박에 쓸 삼나무 원목을 풍부하게 기부할 것을 요구함으로써 그들을 시험했다.[70] 레바논의 신하들은 그가 보는 앞에서 삼나무들을 쓰러뜨렸다. 세티는 위대한 전임자인 투트모세 3세처럼 당시 자신이 정복한 항구에서 물길로 그것들을 이집트로 보낼 수 있었다. 그가 북쪽으로 시미라와 울라자(Ullaza)까지 진군했을 가능성과[71] 키프로스의 영주가 예전처럼 선물을 보냈을 가능성이 아주 조금 있다. 어찌 되었든 티레와 오투(Othu)는[72] 굴복했고, 이렇게 해서 미래 군사행동을 위해 해안을 확보하고 시리아와 이집트 사이의 물길을 되찾은 후에, 세티는 이집트로 돌아왔다. 아시아를 정복하고 파라오가 개선한 것은 위대한 정복자들의 시절에는 아주 흔했지만, 이제는 왕국의 고관들이 두 세대 동안 목격하지 못한 장관이었다. 세티의 성공 소식은 그보다 먼저 전해져, 조정의 귀족들은 서둘러 변경에 가서 그를 맞이했다. 그들은 타루에서 환호하며 모여들었다. 타루는 변경 요새의 관문 밖에 있었고, 변경 요새는 독자들도 기억하겠지만(1권,

---

[67] III, 81.
[68] III, 89-90.
[69] 166쪽 참조.
[70] III, 91-94.
[71] III, 81; 92.
[72] III, 89.

238쪽 참조), 이미 나일강을 수에즈 지협의 염호와 연결한 담수 물길 위의 다리 옆에 위치해 있었다. 세티의 피곤한 긴 행렬이 사막의 먼지 속에서 힘겹게 행군했다. 파라오는 선두에서 그의 말과 전차 앞에, 포로로 잡은 팔레스타인과 시리아의 제후들을 앞세우고 갔다. 귀족들에게서는 환호성이 터져 나왔다.[73] 테베에서는 아몬 앞에서 포로와 전리품을 바치는 축하의식이 있었다. 이러한 것은 제국시대에는 매우 흔했지만 테베사람들은 50년 또는 그 이상을 목격하지 못했다.[74] 축하의식이 진행되는 동안 왕은 신들 앞에서 그가 잡은 포로 일부를 제물로 바쳤다.[75]

이 군사행동 덕분에 남부 팔레스타인과 아마도 북부 팔레스타인 대부분이 파라오의 왕국으로 다시 들어가게 되었다. 그러나 세티는 아시아에서 군사작전을 계속하기 전에, 제18왕조 초기처럼 파라오의 주의를 끌고 전쟁을 치르게 한, 또 하나의 위협적인 위험에 맞서 그의 군대를 이끌어야 했다. 나일강 어귀의 서쪽에서 리비아인들이 이집트 정부가 느슨해진 기회라면 반드시 놓치지 않고 삼각주로 밀고 들어와 자신들이 차지할 수 있는 모든 영토를 손아귀에 넣었다. 그래서 삼각주의 정확한 서쪽 경계는 그들의 국경에서 항상 어느 정도 불확실했다. 세티는 그의 식탁의 공급물자를 위한 일련의 궁중 명세서가 보여 주듯이[76] 재위 2년째인 다음 해 내내 삼각주에서 보냈다. 그러므로 그가 그해에 리비아인들에 맞서 군사작전을 수행했을 가능성이 매우 크다. 그는 서부 삼각주의 어떤 알려지지 않은 지점에서 그들과 교전했다.[77] 그가 우리에게 남긴 빈약한 설명에 의하면, 그는 평소처럼

---

[73] III, 98-103.
[74] III, 104-112.
[75] III, 113.
[76] III, 82, 2.
[77] III, 120-132.

아몬의 신전에 바칠 포로와 전리품을 가지고 테베로 개선할 수 있었다.[78] 테베로 바로 귀환하지 않고, 시리아에서 이집트의 세력을 더 회복하기 위해 리비아인들을 격파한 후 아시아로 향했을 가능성이 있다. 그는 그 전 계절에 시리아에서 이집트의 힘을 회복하기 위한 작업을 순조롭게 시작했었다. 어쨌든 우리는 그다음에 그가 갈릴리에서 카데시라는 성벽에 둘러싸인 도시를 습격하는 것을 발견한다. 이 카데시는 오론테스 강가의 카데시와는 혼동하지 말아야 한다. 립-아디의 편지에서도 추적할 수 있었던 이곳의 압드아쉬르타와 아지루가 세운 아무루 왕국은[79] 남쪽으로는 팔레스타인과 북쪽으로는 오론테스 계곡에 있는 히타이트의 남부 국경 사이에서 일종의 완충국이 되었는데, 갈릴리의 카데시가 이 완충국에 속했다. 세티는 이 왕국 뒤에 위치한 히타이트와 싸우기 전에 이 중간에 있는 왕국을 진압해야만 했다. 그 지역을 거듭 공격하여 아마도 카데시를 점령한 후,[80] 세티는 히타이트를 향해 북쪽으로 밀고 올라갔다. 제18왕조 말기에 이집트와 조약을 맺었던 그들의 왕 수필룰리우마스는 당시 죽은 지 오래되었고, 그의 아들인 무르실리스[81]가 그 대신 통치하고 있었다.[82] 오론테스 계곡 어딘가에서 세티는 그들과 마주쳤고, 히타이트와 파라오 간 첫 전투가 벌어졌다. 전투의 특징이나 규모에 대해서 우리는 아무것도 모른다. 우리는 다만 세티가 전차를 타고 쏜살같이 적을 공격하는 전투 장면을 보여 주는 부조만

---

[78] III, 133-9.
[79] 205-212쪽 참조.
[80] III, 140-141.
[81] [역주] 원서에는 메라사르(Merasar)로 표기되어 있지만, 오늘날 역사학계에서 사용하는 이름 무르실리스(Mursilis)로 바꿔 표기했다. 무르실리스 2세로 잘 알려져 있다. 히타이트의 위대한 정복왕 수필룰리우마스의 아들이다. 재위 기간은 BC 1346~20년경으로 추정된다.
[82] III, 375.

을 가지고 있다.[83] 그러나 그가 히타이트의 주력군과 교전한 것 같지는 않다. 그가 시리아에서 그들의 통치권을 흔들지 못했던 것은 확실하다. 오론테스 강가의 카데시는 그들의 손에 남아있었고, 기껏해야 세티는 그들의 선발군을 격퇴함으로써, 그들이 남쪽에서 더 많은 영토를 빼앗지 못하게 하거나 남쪽의 팔레스타인으로 밀고 내려오지 못하게 하는 정도만 할 수 있었다. 그는 히타이트 포로를 앞세우고 테베로 또 한 차례 개선했고, 포로들을 전리품과 함께 제국의 신인 카르나크의 아몬에게 바쳤다.[84] 그가 아시아에서 설정한 경계는 대충 내륙에서는 팔레스타인 북쪽 경계와 일치하며, 리타니(Litâny)[85] 강어귀의 남쪽 티레와 페니키아 해안을 포함했음이 틀림없다. 아시아에서 이집트의 영토를 많이 늘렸지만, 이집트가 한때 그곳에서 정복한 영토의 1/3밖에 되지 않았다. 이러한 상황에서 세티가 시리아에서 전쟁을 지속한다 해도 이상할 것이 없었다. 그러나 우리가 아는 한, 어떤 이유에서인지 그는 아시아에 다시 군대를 이끌고 모습을 드러내지 않았다. 그는 어쩌면 당시 시리아에 굳건히 자리잡은 히타이트인들에 맞서 전투를 벌이는 것이 희망이 없음을 인식했을 수 있다. 시리아에서 이집트의 위치는 히타이트의 위치와는 사실 전혀 달랐다. 히타이트는 실제로 그 지역을 점령하고 있었고, 적어도 군인 계층은 그곳에 거주했다. 이에 반해서 파라오들은 결코 그 지역을 식민지로 만들려 하지 않았고, 다만 해마다 공물을 납부하는 조건으로 그곳을 봉토로만 보유하려 했을 뿐이었다. 멀리 있는 점령지를 그러한 방식으로 소유하는 것은 강력한 히타이트 왕국 초기에는

---

[83] III, 142-144.
[84] III, 145-152.
[85] [역주] 레바논의 강으로, 길이는 140km이며 레바논에서 가장 긴 강이다. 베카 계곡에서 발원하여 티레 북부 지역을 거쳐 지중해로 흐른다. 레바논 남부 지방과 베카 계곡에서 가장 중요한 수자원 역할을 담당한다.

성공할 가망이 없었다. 이 종족은 자신의 팽창력에 저항하지 못하고 시리아로 끊임없이 흘러 들어갔다. 만일 파라오가 그들을 쫓아내는 데 성공했다면, 그들을 옛 경계선 내에서만 머무르도록 하기 위해 북시리아에서 끊임없이 전투를 치러야 했을 것이다. 세티는 변화된 상황을 알아채고, 투트모세 3세가 제국을 건설했던 방법들이 이미 시리아를 점령하고 있는 최강대국에 적용될 수 없음을 이해했을 것이다. 그러므로 그는 그때였든 또는 이후였든 아버지인 무르실리스를 계승한 히타이트 왕 무와탈리스[86]와 평화조약을 성사시켰다.[87]

이집트로 돌아와서 그는 평화사업, 특히 신들의 신전에 몰두했다. 아톤혁명 시기에 기념물이 파손된 것은 부분적이긴 해도 하렘합에 의해 복구되었다. 세티의 아버지는 너무 짧은 기간 동안 통치해서 이 방면에서 무언가를 이룰 수는 없었다. 그래서 세티는 직접 조상들의 훼손된 기념물을 복구하는 데에만도 할 일이 많았다. 그는 이 일을 감탄스러울 정도의 효심을 가지고 했다. 남쪽 누비아의 아마다 신전[88]으로부터 북쪽의 부바스티스에 이르기까지 제18왕조의 비교적 큰 기념물에는 모두 그가 한 복구 작업에 대한 기록이 실려 있는데, "유적의 복구, 세티 1세가 행하다"[89]라는 말이 붙어 있다. 아스완, 실실레, 게벨렌 등 이집트의 큰 채석장들에 그의 인부들

---

[86] [역주] 원서에는 메텔라(Metella)로 표기되어 있지만 무와탈리스(Muwatallis)로 널리 알려져 있다. 재위 기간은 BC 1320경~1294경으로 추정된다. 무르실리스 2세의 아들이자 후계자로, 새로운 왕이 즉위할 때마다 매번 일어나던 반란을 겪지 않고 평화롭게 왕위에 올랐다. 람세스 2세와 고대 세계에서 가장 규모가 큰 전투인 카데시 전투를 치렀다. 후에 아들 우르히 테슈브(무르실리스3세)에게 왕위를 물려주자 동생인 하투실리스가 반란을 일으켜 권좌를 빼앗았다.

[87] III, 377.

[88] [역주] 아마다 신전은 누비아에 있는 가장 오래된 이집트 신전이다. 최초 건설자는 제18왕조의 투트모세 3세이다.

[89] III, 200.

이 파견되었다.⁹⁰ 예전처럼 전쟁 포로들이 고용되었으나, 이집트 원주민의 노동력을 이용하는 곳에서는 세티가 큰 자부심을 가지고 그들을 인간적으로 대우했고 보급품을 넉넉히 주었다고 기록했다. 사암을 조달했던 실실레에서는 그곳에 고용된 천 명의 근로자가 한 사람당 매일 거의 1.81kg의 빵, 채소 두 단, 구운 고기를 받았다. 그리고 한 달에 두 번 깨끗한 리넨 옷을 받았다.⁹¹ 옛 신들을 모신 모든 대규모 성소에는 당시 그의 건축물이 제국이 가장 번영했던 시절에도 전례가 없었던 규모로 세워지고 있었다. ─ 이것은 나일의 제4폭포로부터 요르단강의 수원에 이르는 세티 1세의 작아진 제국의 수입도 여전히 제국 범위의 사업을 지탱하는데 충분했음을 보여준다. 카르나크의 국가 신전의 정문을 형성하는 아멘호테프 3세의 탑문 앞에, 세티는 그의 아버지가 설계하고 착공한 기둥이 늘어선 거대한 홀을 계속 지었다. 그리고 그것은 크기에 있어 심지어 룩소르에 있는 아멘호테프 3세의 거대한 미완성의 다주식 건조물을 능가했다. 아멘호테프 3세의 탑문 앞면의 전투 장면을 실은 부조는 세티의 석조 건축물에 의해 가려졌다. 그는 홀의 북쪽 벽뿐 아니라 북쪽 통로의 기둥들 일부를 완공했다. 홀의 북쪽 벽 바깥 면에 그의 조각가들이 그의 군사행동을 묘사하는 일련의 거대한 부조(사진43)를 새겼다. 기초부터 갓돌까지 부조는 길이가 61m가 넘는 벽 전체를 덮고 있다. 양 끝에서부터 가운데의 문으로 그림이 전개되는데, 문 쪽으로 가면서 왕이 이집트로 돌아오고, 그다음 아몬에게 공물과 전리품, 포로를 바친다. 그리고 마침내 마치 왕이 의식을 진행하러 들어오는 것 같이 바로 그 문에서 신 앞에 포로들을 제물로 바친다.⁹² 비슷한 작품이 제18왕조의 신전에도 존재했다. 그러나 조금 전 언급한 아멘호테프 3세의

---

⁹⁰ III, 201-210.
⁹¹ III, 207.
⁹² III, 80-156.

사진 43. 카르나크에 있는 세티 1세의 전투 장면 부조

왼쪽 아래에서는 세티가 어느 도시를 함락시키고 있고, 오른쪽에서는 리비아인들과 전투를 벌이고 있다. 위쪽은 갈릴리에서 가네시를 습격한 장면이다.(245쪽을 참조하라.) 전차 뒤 아래쪽에 257쪽 그림 7에서 묘사한 짓과 같은 왕세자의 모습은 나중에 끼워 넣은 것이다.

부조 단편들을 제외하고 모두 사라졌다. 그러므로 세티의 전투장면을 기록한 부조는 그 종류로는 현재 이집트에 남아있는 가장 인상적인 작품이다. 부조로 장식한 거대한 홀은 결코 그가 완성하지 못했고, 그의 후임자들에게 마무리 작업이 남겨졌다. 제18왕조의 조상들처럼 그는 테베의 서쪽 평원에 거대한 장제전을 건설했다. 그것은 초기 왕들에 의해 남겨진 한 줄로 늘어선 비슷한 성소들의 북쪽 끝에 위치해 있다. 세티의 아버지는 너무 일찍 죽어서 어떤 신전도 지을 수 없었으므로, 세티의 장제전은 또한 그의 아버지에게도 봉헌되었다. 지금은 쿠르나(Kurna)[93] 신전으로 알려진 이 신전은 세티도 마찬가지로 완공하지 못한 채 남겨졌다.[94] 아비도스에 그는 제국의 위대한 신들과 오시리스 3신,[95] 그리고 자신에게 봉헌한 장대한 성소를 건설했다. 또한, 옛 왕들, 특히 제1왕조와 제2왕조 왕들의 제사 의식을 위한 부속 제사실도 지었다. 이 왕들의 무덤은 여전히 신전 뒤쪽 사막에 있다.[96] 그가 이 성소의 벽 위에 새긴 왕들의 명단은 여전히 우리가 파라오들을 연대순으로 배열하고 열거하는 데 있어 가장 중요한 정보원 가운데 하나이다. 비록 이 신전이 첫 번째 두 번째 탑문을 잃었지만, 이 신전은 여전히 그 땅에 지금껏 남아있는, 이집트 예술을 보여 주는 아마도 가장 웅대한 기념물이다. 그 예술적 가치에 대해 우리는 다시 살펴볼 것이다. 멤피스의 신전, 아마도 헬리오폴리스의 또 다른 신전, 그리고 분명 우리가 모르는 삼각주의 여러 신전, 그리고 누비아의 아부심벨(Abu Simbel)에 있는 거대한 절벽 신전은 미완성인 채 남겨졌고,[97] 나중에 그의 아들 람세스 2세에 의해

---

[93] [역주] 현 룩소르 맞은편 나일강의 서안에 위치한 세 개의 이웃한 마을(New Qurna, Qurna, Sheikh 'Adb el-Qurna)을 지칭한다. Kurna 외에 Gourna, Gurna, Qurna, Qurnah, Qurneh로도 표기된다.
[94] III, 211-221.
[95] [역주] 오시리스 3신은 오시리스, 이시스, 호루스를 가리킨다.
[96] III, 225-243.

완공되어 세티의 일련의 대규모 건축물들이 완성되었다.

　이러한 사업들은 그의 국고에 심각하게 의존했다. 아비도스 신전의 사후 제사를 위해 영구 기금을 마련하려는 단계에 이르자, 그는 추가 수입원을 찾아야 한다는 것을 알았다. 그래서 그는 얻을 수 있는 자원 쪽으로 관심을 돌렸고, 게벨 제바라(Zebâra)지역의 홍해 산악지대로부터 금 공급이 노선을 막고 있는 어려움, 특히 물 문제로 인해 심각하게 제한받는 것을 알았다. 나일 계곡으로부터 그곳으로 가는 길은 에드푸 위로 몇 마일 떨어진 지점에 있는 강에서 갈라져 있었다. 세티는 그곳을 직접 방문해 어려움을 고치려면 어떻게 해야 하는지 알아냈다. 그는 약 이틀간 여정으로 강에서 60km쯤 떨어진 사막의 지점까지 가야 한다는 것을 알았다. 그곳에는 제18왕조의 대상들에게 알려진 오래되고 아마도 폐기된 숙박시설이 있었다.[98] 이곳에 그가 직접 감독하여 우물을 팠고, 우물에서 충분한 양의 물 공급이 이루어졌다.[99] 그러자 곧 세티는 우물 옆에 작은 신전을 지었고 그 지역에 거류지를 만들었다.[100] 십중팔구 다른 숙박시설들이 같은 노선에서 더 먼 곳까지 세워졌을 것이다. 갈증을 느낀 대상들은 그를 찬양하는 노래를 불렀다. "우물에 사는 여러 신이시여! 그에게 신처럼 오래 존속하게 해 주세요. 길이 우리 앞에서 막혔을 때 그가 우리를 위해 행군할 길을 열어줬기 때문입니다. 우리가 나아가면 구조되고, 도착하면 살아서 보호받습니다. 우리의 기억 속에 있는 힘든 길은 즐거운 길이 되었습니다."[101] 그런 다음 세티는 이렇게 닿은 광산에서 나온 수입을 아비도스에 있는 자신의 신전의 영구

---

[97] III, 495.
[98] III, 170.
[99] III, 171.
[100] III, 172-4.
[101] III, 195.

기금으로 설립했다. 그리고 자신의 법령을 위반하는 후손에게는 누구든지 무서운 저주가 내리기를 빌었다.[102] 그렇지만 그가 죽은 지 1년도 안 되어 법령은 무효가 되었고, 아들에 의해 갱신되어야 했다.[103] 더 남쪽인 와디 알라키(Wadi Alāki)에 있는 금광으로 국고를 다시 채우려는 비슷한 노력에서, 세티는 누비아의 쿱반에서 남동쪽으로 이어진 길에 깊이가 약 61m 되는 우물을 팠다. 그러나 물길을 찾지 못했다. 이 지역에서 금의 공급을 늘리려는 시도는 분명히 성공하지 못했다.[104]

세티의 건축물에 드러난 예술은 제18왕조 동안 보급된 예술 못지않게 강하고 씩씩하며 아름다웠다. 이집트의 제국 지위가 수반하는 추진력은 위대한 황제들 밑에서만큼 강하지는 않았지만, 그래도 완전히 없어지지는 않았다. 카르나크에 있는 큰 홀은 제18왕조의 것만큼 세련되게 설계되지는 않았지만 그래도 이집트의 힘과 부로 이룬 가장 웅대한 결실 중 하나였고 오늘날까지 남아있다. 또 두드러진 실수에도 불구하고 이집트 건축 천재의 현존하는 가장 인상적인 기념물 가운데 하나이다. 조각에서 세티의 전투를 기록한 부조들은 정교한 구도로 만든 가장 야심 찬 작품으로, 제18왕조의 잔존한 학파가 남긴 것이다. 구도는 인상적이지만 그러나 그림에는 결점이 있다. 그렇기는 하지만 카르나크의 이 북쪽 벽에 있는, 창을 쳐들고 리비아 족장을 죽이는 세티의 모습(사진43)은 이집트 예술가들의 작품 가운데 발견된 회화로는 가장 강렬하고 가장 활기찬 작품 중 하나이다. 구도도 역시 똑같이 훌륭하다. 그러나 당시의 가장 훌륭한 부조 작품은 아비도스에 있는 세티의 신전에서 발견된다(사진44). 작품 안에는 부드러움과 세련됨이, 대담하고 구불구불한 선, 절묘한 입체감과 드물게 결합되

---

[102] III, 175-194.
[103] III, 263.
[104] III, 289.

사진 44.
오시리스에게 진실의 상을 바치는 세티 1세 아비도스의 세티 1세 신전의 부조.

사진 45. 진실의 상을 바치는 청년 세티 1세 테베의 세티 1세 무덤의 부조. 27쪽 무덤 도면을 참조하라.

어 있다. 테베에 있는 세티의 장대한 무덤의 부조(사진45)도 이보다 못하지 않다. 당시의 그림은 또한 계속해서 아마르나 예술학파의 힘을 보여준다.[105] 테베의 무덤들은 소 떼의 점검(사진46)이나 습지에서의 사냥 같은 훌륭한 작품들을 보존해 왔다. 후자는 고양이가 두 마리의 야생 새를 발로 밟고 동시에 세 번째 희생물을 한 입에 물고 있듯이(사진47) 유연한 고양이의 제멋대로의 흉포한 행위를 섬세한 필법으로 표현했다.

---

[105] [역주] 아마르나 시기의 예술은 그 어느 시기보다도 사실주의적 특징을 보인다.

사진 46. 소떼의 점검
제국시기 어느 테베 무덤의 그림.

사진 47. 갈대 배 위 습지에서의 사냥
제국시기 어느 테베 무덤의 그림. 253쪽에 사냥꾼 앞 고양이에 대해 묘사되어 있다.

세티의 재위 9년 이후로 우리는 그의 통치 기간에 대해 실질적으로 아무것도 모른다. 그는 자신의 대규모 건축물에 에너지를 쏟은 것으로 보인다. 이 가운데 그는 테베의 왕들의 계곡에 그때까지 만들어진 무덤 중 가장 큰 무덤을 굴착해 만드는 것을 잊지 않았다. 무덤은 복잡하게 지어져 있다. 산속으로 좁고 긴 복도와 드넓은 홀들이 내리막으로 지어져 있는데, 비스듬히 들어간 깊이가 적어도 143m나 된다(그림1). 그가 왕세자로 지명된 지 30주년이 다가옴에 따라 세티는 필요한 오벨리스크를 준비하기 시작했다. 거의 동시

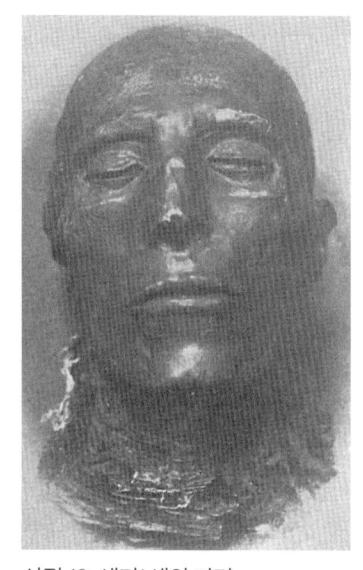

사진 48. 세티1세의 머리
그의 미라에서. 카이로 박물관

에 우리에게 이름이 알려지지 않은 그의 장남이 왕세자로 지명되었다. 아버지의 업적에 참가한 듯 보이고 싶어서 이 왕자는 아버지의 카르나크 홀 북쪽 벽에 있는 리비아인들과의 전투 장면에 자신의 모습을 끼워 넣었다. 그의 모습이 이곳에 원래 없어서 그를 위한 공간이 없었기 때문에 필요한 공간을 만들기 위해 명문(銘文) 일부가 파내졌다. 이 속임수는 오늘날에도 알아볼 수 있다. 한때 그의 모습을 위장하는 데 쓰였을 색깔이 지금은 없어졌다. 세티의 또 다른 아들인 람세스는 그의 왕비 중 투야(Tuya)라는 왕비에게서 태어났는데, 자신의 맏형의 자리를 빼앗으려 계획했다. 아버지의 만년에 람세스는 계획을 매우 효과적으로 짜서 노왕이 사망하면 쿠데타를 성공시킬 준비가 되어있었다. 기념제가 되기 전에 기념제를 위한 오벨리스크가 완성되지 않았을 때, 세티는 자신의 아버지가 죽은 뒤 20년 넘게 통치한 후 죽었다(기원전 1292년). 그는 자신이 서쪽 계곡에 뚫어놓은 웅장한 무덤 안

의 호화로운 설화석고 석관에 뉘어졌다. 현재 우리에게 보존된 유해로 판단하건대, 우리가 보아온 다른 많은 파라오처럼 행운의 실수로 인해 보존된, 그때 무덤 안에 놓인 사체는 그가 이집트의 왕좌에 앉았던 인물 중 가장 기품 있는 모습을 지닌 인물 가운데 하나였음을 보여 준다(사진48).

젊은 람세스의 계획은 곧 실행되었다. 그의 형이 자신의 모습을 아버지의 부조에 끼워 넣을 수 있을 만큼 오랫동안 왕좌에 있었는지, 왕세자로서 그의 영향력으로 그렇게 할 수 있었는지는 알 수 없다. 어쨌든 람세스는 한순간도 주저하지 않고 그를 무시하고 왕권을 잡았다. 그의 형의 권리에 대한 유일한 공공연한 증거인, 리비아인과 교전 중인 세티 모습(사진43) 옆에 집어넣은 형의 모습이 그의 이름과 직함을 언급한 명문과 함께 즉시 지워졌다.[106] 그것들 대신에 람세스의 예술가들은 람세스가 결코 가지지 못했던 '왕세자'라는 직함과 함께 새 군주의 모습을 집어넣었다(그림7). 이러한 변경의 모든 흔적을 한때 조심스럽게 덮어 감추었던 색깔은 이제 오래전에 사라졌다. 하렘과 궁궐 관리들도 관련된 두 왕자의 심한 갈등의 증거와 궁궐 내의 음모와 관련된 잃어버린 모험담은 훈련받은 눈을 통해, 카르나크의 다주식 건조물의 북쪽 벽에서 여전히 추적할 수 있다. 그 유명한 파라오 람세스 2세의 즉위는 이러했다. 그러나 늘 하는 왕실의 대응방안은 바로 파라오가 왕좌를 실제로 차지한 방식은 잊힐 수 있다는 것에 기대는 것이었다. 람세스는 어전회의에서, 자신의 아버지가 귀족들 앞에 그를 자식으로 앉히고 자신을 왕국의 계승자라고 발표한 날을 구체적으로 언급했다.[107] 고

---

[106] [역주] 람세스 2세의 형이 어려서 죽은 것으로 보는 견해도 있다. 클레이턴(2009:185)에 의하면 세티는 군인계급인 전차부대 장교 라이아의 딸 투야와 결혼했다. 그들의 첫 자식은 아들이었지만 어려서 죽었고, 둘째는 딸 티야였다. 셋째인 아들이 할아버지의 이름을 물려받은 람세스 2세가 된다. 훨씬 뒤에 태어난 둘째 딸 헤누트미레가 오빠의 서열이 낮은 왕비가 된다.

[107] III, 267-8.

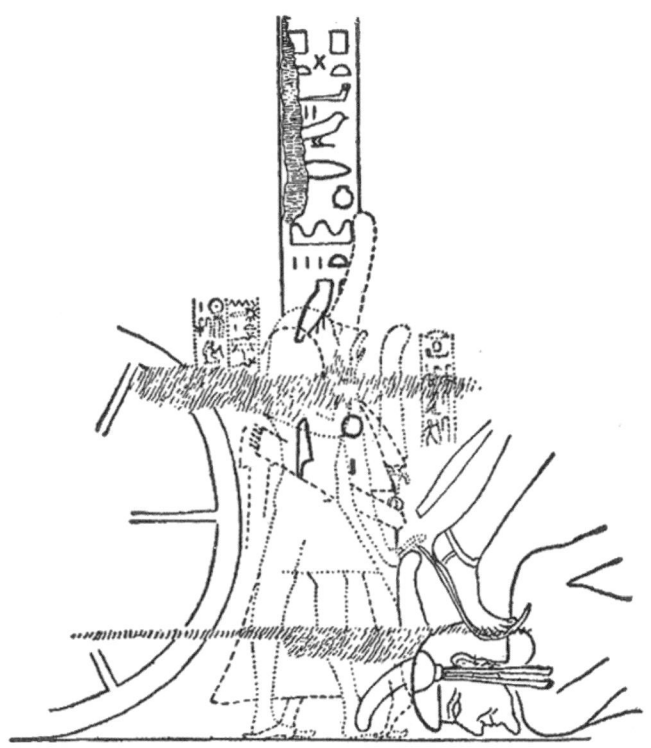

그림 7. 카르나크에 있는 세티 1세의 부조의 한 부분
파선들은 세티의 맏아들의 모습이다. 세티의 장자는 부조가 완성된 지 한참 뒤에 이곳에 자신의 모습을 집어넣었다. 따라서 원래 있던 세로줄의 명문이 사람의 모습 속으로 이어져 내려와 있다. 점선들은 람세스 2세의 형상으로 그가 밀어내고 대신한 형의 모습 위에 그가 집어넣은 것이다.

위급 귀족들도 호의를 보이는 길은, 어린 시절의 왕의 놀라운 능력에 대해 자세히 말하거나 어떻게 그가 심지어 열 살의 나이에 군대를 지휘했는지 이야기하는 등, 지나쳐서 불쾌한 찬사로 대응하지 않는 것임을 잘 알고 있었다.[108] 젊은 군주는 원기 왕성했고 대단한 능력을 보여 주었다. 만일 불행

---

[108] III, 288, l. 17.

한 그의 경쟁자가 그의 자격에 이의를 제기하는 파벌을 남겼다면 그들의 반대의 흔적은 현재 찾지도 못할 것이다.

람세스는 즉시 권력의 소재지인 테베에서 자신의 힘을 굳건히 했다. 그는 아마도 삼각주에서 그곳으로 즉시 서둘러 갔고, 국가 신전에서 연례 축제인 오페트 축제를 거행했다.[109] 아몬 사제단을 얻고 나서 그는 대단한 열정으로 자신의 아버지를 추모하는 효성스러운 사업에 전념했다. 이 목적을 위해 그는 테베에서 아비도스로 강을 따라 항해해 내려왔다.[110] 아마도 테베로 올라가는 길에 아비도스에 잠깐 들렀을 수도 있다. 아비도스에서 그는 아버지의 웅대한 장제전이 통탄할 상태에 놓여 있는 것을 발견했다.[111] 지붕이 없었고, 기둥의 원통형 석재와 반쯤 올라간 벽에 쓰인 돌덩어리가 진창에 빠져 흩어져 있었다. 세티가 완공하지 못하고 남겨둔 기념물 전체가 곧 파괴될 상황이었다. 설상가상으로 신전을 유지하기 위해 세티가 남겨둔 기금을 맡은 사람들이 그 기금을 방치하고 훼손하고 유용했다.[112] 왕실 주인이 남긴 엄숙한 명령과 무서운 저주가 그가 죽은 지 1년도 되지 않아 완전히 무시되었다. 2,000여 년 전에 통치했던 제1왕조 옛 왕들의 무덤도 관심이 필요한 상태였다.[113] 람세스는 조정의 신하들을 불러서 이 모든 건축물, 특히 아버지의 신전을 완공하고 수리하려는 자신의 의사를 그

---

[109] III, 255-6, 260.
[110] III, 261.
[111] [역주] 아비도스에는 세티 1세의 신전 외에도, 세티 1세 신전에서 400m가량 떨어진 곳에서 기원전 5316년께 조성된 것으로 보이는 도시와 고분들이 발견됐다. 새 유적지에선 오두막집, 도기류, 석기와 철제 도구들이 출토됐으며, 지금까지 15개의 고분도 함께 발굴됐다. 이집트 고고유물부 장관에 의하면 고분군에서 발견된 무덤 일부는 아비도스에 있는 제1왕조 왕족들의 무덤보다도 커, 무덤 주인공들이 사회적으로 높은 신분이거나 매우 중요한 인물들임을 시사한다(한겨레 2016년 11월 24일 자).
[112] III, 263.
[113] III, 262.

들에게 알렸다.[114] 그는 아버지의 계획을 실행에 옮기고 신전을 완공했다. 동시에 토지 기금을 새롭게 하고 신전 자산의 운영을 개편했다. 당시 람세스는 이러한 신전 자산에 가축들, 조류 사냥꾼과 어부들의 공물, 홍해에서의 교역선, 강으로 통행하는 바지선 선단, 노예와 농노를 추가하고, 신전 부동산의 운영을 위한 사제와 관리들을 추가했다.[115] 이 모든 것이 가장 효성스러운 동기에서 비롯된 것으로 조정 신하들의 인정을 받았지만, 기부자에게 전적으로 이점이 없는 것도 아니었다. 왜냐하면, 람세스가 자신의 선행을 기록하기 위해 아버지의 신전에 남긴 거대한 비문의 결론에 의하면,[116] 람세스는 이렇게 해서 자신의 아버지의 지지를 확보했는데, 그의 아버지는 신들의 동반자로서 아들을 위해 신들에게 탄원하고 그렇게 해서 람세스에게 길고 강력한 통치 기간을 허락하는 신의 권능이 주는 도움을 확보했기 때문이다.[117] 살아있는 사람을 위해 죽은 사람이 신들에게 좋게 말해줄 수 있다는 이러한 관념은 옛날 고왕국의 한 비문에서도 발견되었고 또한 중왕국에서도 있었는데, 다시 람세스가 테베에 있는 아버지의 장제전에서 뚜렷이 밝혔다. 이 장제전은 마찬가지로 세티가 미완성으로 남겨둔 것을 그가 발견하고 완공한 것이다.[118]

아버지의 사후 기금으로 인해 아마도 국고가 심각하게 말라서인 듯, 람세스는 당시 새로운 수입원을 찾고 있었다. 어쨌든 우리는 그가 재위 3년 멤피스에서 그의 관리들과, 누비아의 와디 알라키 지역을 개방할 수 있는지와 세티 1세가 제대로 개척하지 못한 그곳의 광산을 개발할 수 있는지에

---

[114] III, 264-5.
[115] III, 274-7.
[116] III, 251-281.
[117] III, 279-281.
[118] III, 281, l. 103, note.

대해 논의하는 것을 발견한다.[119] 출석한 쿠시의 총독이 왕에게 어려움을 토로하고 세티가 그 노선에 물을 공급하려는 시도가 실패한 것을 언급했다. 당시 상황이 너무 나빠서 대상들이 그곳으로 사막 여행을 떠났을 때 절반의 사람들만 그곳에 도착했다. 왜냐하면, 그들과 그들이 앞세워 몰고 가던 나귀들이 길에서 목마름으로 죽었기 때문이다. 광산에서는 물을 전혀 얻을 수 없으므로, 그들은 왕복 여행을 위해서 물을 충분히 가져갔어야 했다. "그러므로 물 부족으로 인해 이 지역에서는 금을 가져올 수 없었다."[120] 교묘한 감언이설로 총독과 조정 신하들은 노선에 물 공급을 위한 또 다른 시도를 조언했다.[121] 왕은 뒤이어 그것을 시행하라는 명령을 내렸다. 그 결과로 쿠시 총독은 그 시도가 완벽하게 성공했고, 겨우 6.1m 깊이에서 풍부한 양의 샘물을 발견했음을 알리는 편지를 보내 왔다.[122] 람세스는 총독에게 그 성과를 기념해 우리가 개략적으로 살펴본 사건을 기록한 석비를, 나일 계곡을 떠나 광산으로 가는 길이 있는 쿱반에 세우게 했다.[123] 그러한 국내의 개척사업은 람세스의 계획에서 단지 예비사업이었다. 그의 야심은 그가 더 큰 목표를 갖게 했다. 그는 다름 아닌 바로 제18왕조의 전임자들이 정복한 위대한 아시아제국의 수복을 계획했다.

---

[119] III, 282-293.
[120] III, 286.
[121] III, 288-9.
[122] III, 292.
[123] III, 282-295.

21 람세스 2세의 전쟁

우리는 제19왕조가 시리아에서 매우 위험한 상황을 물려받았음을 보아 왔다. 람세스 1세는 너무 늙고 너무 짧은 기간 통치했으므로 그곳에서 어떤 것도 성취할 수 없었다. 그의 아들인 세티 1세는 히타이트가 점령한 영토로 들어갈 수 없었다. 하물며 그들을 소아시아로 퇴각시키고 제18왕조 옛 정복지의 반환을 요구하는 것은 더더욱 할 수 없었다. 람세스 2세가 왕위에 올랐을 때, 히타이트는 세티 1세가 그들을 쫓아내려 단 한 번 시도했던 이후부터 아마 20년 넘게 이 정복지를 확실하게 소유해 왔다. 오랜 평화는 아마도 세티가 그들의 왕인 무와탈리스에게 시리아에서의 그들의 위치를 확고하게 할 기회를 주었고, 무와탈리스는 그 기회를 십분 활용한 것으로 보인다. 오론테스 계곡 위에서 남쪽으로 진군하며, 그는 투트모세 3세 시절 시리아 세력의 중심지인 카데시를 점령했다. 우리는 카데시가 투트모세 3세에게 많은 어려움을 안겨주었고, 시리아의 어떤 왕국보다도 더 굳세게 저항하며 버텼음을 기억한다. 우리는 벌써 그 위치의 전략적 중요성을 언급했었는데, 히타이트 왕은 이 중요성을 빨리 이해했고 그 지역을 남쪽 변경의 보루로 만들었다.

전쟁을 위한 람세스의 계획은 그의 위대한 조상인 투트모세 3세의 계획과 같았다. 그는 먼저 해안을 손에 넣는 것을 목표로 삼았다. 그렇게 하면 그는 그곳 항구 중 한 곳을 기지로 사용해서, 물길을 통해 이집트로 쉽고 빠르게 연락할 수 있었을 것이다. 우리가 가진 자료는 이 목표가 성취된 첫 전투에서의 그의 군사작전에 대해 우리에게 아무것도 말해 주지 않는다. 우리는 베이루트 근처의 도그(Dog)강을 내려다보는 암벽 앞면에 새겨진 말없는 석회석 석비(사진49)만 증거로 가지고 있다. 그것은 풍화작용으로 람세스 2세의 이름과 '4년'이라는 시기만 읽을 수 있다. 그러므로 람세스가 페니키아의 해안을 따라 북쪽으로 이 지점까지 밀고 올라온 것은 그 해(재위 4년)였

사진 49. 페니키아에 있는 람세스 2세(오른쪽)와 에사르하돈(왼쪽)의 석비
베이루트 근처 도그강(Nahr el-Kelb) 어귀의 석회암 절벽을 깎아 만들었다. 423쪽을 참조하라.

다.[1] 람세스에게는 불행히도, 이 예비 군사작전은 아무리 필요한 것이었어도 히타이트 왕인 무와탈리스에게 그의 모든 자원을 수집하고 가능한 모든 곳에서 이용할 수 있는 모든 세력을 모을 기회를 주었다. 그의 대제국의 봉신 제후들은 모두 병사를 징집해 그의 군대에 보내도록 강요받았다. 그들 중에는 나하린, 아르와드, 카르케미시, 코데(Kode), 카데시, 누게스, 에케레트(Ekereth, 우가리트), 알레포의 왕들 등 시리아에 있는 이집트의 옛 적들도 있었다. 이외에도 케즈웨덴(Kezweden), 페데스(Pedes) 같은 소아시아에 있는

---

[1] III, 297.

무와탈리스의 속국들도 이용되었다.² 이렇게 모집된 군대에 만족하지 않고 그는 국고를 털어서 소아시아와 지중해 섬들의 용병들을 유혹했다. 미시아(Mysia), 실리시아(Cilicia), 다르다니아(Dardania), 정체불명의 에르웨네트(Erwenet)의 모병들 외에, 제18왕조에 삼각주와 키프로스 해안을 약탈한 리키아인 선원 같은 부랑자 무리도 히타이트 사병으로 복무했다.³ 이런 식으로 무와탈리스는 이집트가 그때까지 교전 시에 직면했던 것보다 훨씬 더 가공할 군대를 소집했다. 수적으로 당시로써는 큰 규모였는데, 아마 적어도 20,000명은 되었을 것이다.

람세스 측도 그만큼 적극적으로 용병의 지원을 확보했다. 먼 옛날 고왕국 때부터 누비아 모병들이 이집트 군대를 통해 많이 섞여 있었다. 그러한 부족 중 하나가 마조이로, 이크나톤의 수도를 위해 경찰을 공급했다. 그들은 흔히 파라오의 왕국 어딘가에서 비슷한 근무를 했던 것으로 밝혀졌다. 60년 전 아마르나 문서 시기에 시리아에 주둔했던 군대 가운데 우리는 그곳에서 역사상 처음 등장한 '셰르덴', 즉 사르디니아 사람들을 발견한다. 이 사람들 상당수가 당시 람세스 군대로 들어갔고, 따라서 그들은 군대 안에서 인정된 부류였다. 왕은 '보병대, 전차부대, 셰르덴'을 징집했다.⁴ 람세스는 그들을 언젠가 거둔 승리에서 포로로 데려왔다고 주장한다.⁵ 그리고 분명 그들 가운데 일부는 약탈무리의 잔당으로 서부 삼각주의 해안을 따라 항해하며 약탈할 때 포로로 잡혔다.⁶ 비록 그의 군대에서 용병의 비율이 알려져 있지 않고, 보병대와 비교해 전차부대가 군대에서 어느 정도 비율

---

² III, 306.
³ Ibid.
⁴ III, 307.
⁵ Ibid.
⁶ III, 491.

이었는지도 알려져 있지 않지만, 그는 모두 합해서 적어도 20,000명의 군대를 지휘했던 것 같다. 그는 이 군대를 네 사단으로 나눴고, 각각 아몬, 레, 프타, 수테크의 중요한 신들의 이름을 따서 이름 지었다. 그리고 직접 아몬 사단을 지휘했다.[7]

재위 5년(기원전 1288) 4월 말쯤 시리아의 우기가 끝났을 때, 람세스는 군대의 맨 앞에서 이집트의 북동쪽 변경에 있는 타루로부터 행군하기 시작했다. 파라오가 있는 아몬 사단이 선두를 형성했고, 다른 사단인 레, 프타, 수테크 사단이 언급된 순서대로 뒤따랐다. 어떤 길로 람세스가 팔레스타인을 지나갔는지는 현재로서는 알기 어렵다. 그러나 그들이 레바논 지역에 도착했을 때, 살펴본 바와 같이 그들은 그 전해의 군사작전에서 확보된 페니키아의 해안을 따라 해로에 있었다. 이곳에 람세스는 그때이거나 또는 그 전에 자신의 이름을 딴 도시를 세웠는데, 분명 군사작전을 위한 기지로 활용하기 위해서였다. 그곳의 위치는 불확실하지만, 그 전해에 세운 그의 석비가 위치해 있는 도그강의 강어귀나 강어귀에 가까운 곳이었을 것이다. 여기서 그는 선발된 사람들과 부대 지휘관으로 전위대를 구성해서 내륙으로 방향을 틀어, 아마도 도그강의 계곡 위쪽으로 올라갔던 것 같다. 하지만 훨씬 덜 가파른 길이 더 먼 남쪽 바다에서 갈라져 나와 리타니 위쪽으로 펼쳐져 있었다. 어쨌든 그런 다음 그는 오론테스 계곡 안쪽으로 들어가서 5월의 마지막 며칠 동안 북쪽으로 그 강을 따라 내려갔으며, 타루를 출발한 지 29일째 되는 날 밤에, 두 레바논산맥의 북단 사이 높은 계곡의 최북단 고지에 막사를 차렸다. 카데시가 위치한 광대한 평원을 내려다보는 곳으로 카데시로는 하루만 행군하면 닿을 위치였다. 카데시의

---

[7] 카데시 전투에 대한 이어진 설명은 III, 298-348과 필자의 Battle of Kadesh, University of Chicago Press, 1904를 참조하라.

총안이 있는 흉벽이 아마도 북쪽 지평선으로 보였을 것이다. 카데시 쪽으로 오론테스강은 평원을 가로질러 구불구불 흐르고 있었다.

다음 날 아침 일찍 람세스는 텐트를 거두었다. 아몬 사단의 선두에 서서, 그는 다른 사단들이 그의 뒤를 따르게 했다. 그는 높은 계곡의 마지막 비탈을 내려와 훗날 헤브라이인들에게 리블레(Ribleh)[8]로 알려진 샤브투나(Shabtuna)에 있는 오론테스강의 여울까지 내려갔다. 여기서 강은 그때까지 흘러온 가파른 협곡 같은 계곡을 벗어나 처음으로 카데시가 있는 서쪽으로 건너갈 수 있었고, 이렇게 해서 남쪽으로부터 도시로 접근한 군대는 강에서 상당히 굽이진 곳으로 우회하지 않고 건너갈 수 있었다. 많아야 세

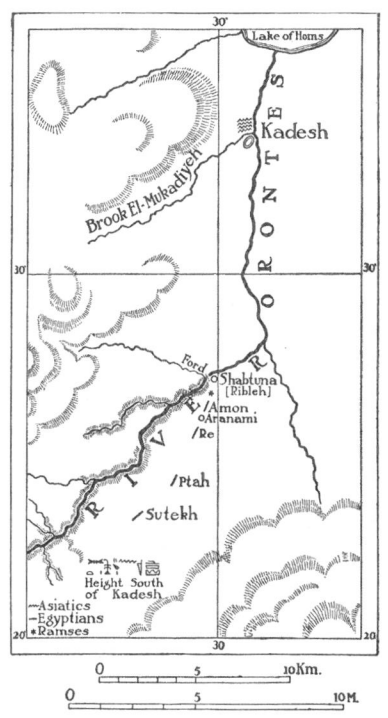

지도 5. 카데시 부근
람세스가 전투 전날 밤 막사를 차린 '카데시 남쪽 고지'와 전투가 있던 날 이른 시각 그의 위치를 보여준다.

시간 아마도 더 적게 행군한 후에 여울에 도착해서 람세스는 건널 준비를 했다. 날마다 그의 군관들은 그에게 적의 흔적을 찾을 수 없다고 보고했고, 적이 여전히 멀리 북쪽에 있는 것 같다는 자신들의 느낌을 덧붙였다. 이 중대한 시기에 이 지역의 베두인 두 명이 나타나 자신들은 히타이트 대열을 탈영했고, 히타이트 왕이 북쪽으로 투니프 북쪽의 알레포 지역까지 퇴

---

[8] **[역주]** 시리아 중부의 작은 도시로, Rablah, Rableh, Ribla로도 표기되어 있다.

각했다고 말했다. 정찰대가 적을 찾는 것을 실패했기 때문에 람세스는 선뜻 이 이야기를 믿었고, 아몬 사단과 즉시 강을 건너 빠르게 밀고 나갔다. 반면 레, 프타, 수테크 사단은 언급한 순서대로 진군하며 상당히 뒤쪽에 처졌다. 그날 카데시에 도착해 바로 포위하고 싶어서 파라오는 심지어 아몬 사단으로부터 빠져나와 그의 앞에 전위부대도 없이 근위대만 거느리고, 한낮이 되어갈 때 빠르게 카데시로 접근하고 있었다. 한편 히타이트 왕 무와탈리스는 카데시의 북서쪽에서 그의 군대를 전투 대형으로 조직해 놓고 있었다. 람세스는 위험에 대해 모른 채, 히타이트 전군을 향해 접근하고 있었다. 한편 그의 군대 대부분은 뒤쪽에서 약 12.9~16km 정도에 걸쳐 길을 따라 흩어져 있었고, 레와 프타 사단의 장교들은 뜨거운 먼지투성이 속에서 행군한 후에 근처 숲속의 그늘에서 쉬고 있었다. 교활한 무와탈리스는 자신이 람세스를 속이기 위해 보낸 두 베두인의 이야기가 전적으로 받아들여진 것을 보았고, 이 귀한 기회를 어떻게 최대한 이용해야 할지 아주 잘 알고 있었다. 그는 람세스를 즉시 공격하지 않았다. 파라오가 도시로 접근함에 따라 히타이트는 재빨리 그의 전 군대를 강의 동쪽으로 이동시킨다. 람세스가 카데시의 서쪽을 따라 북쪽으로 지나가자, 무와탈리스는 교묘히 그를 피한다. 도시의 동쪽을 따라 남쪽으로 움직이면서 항상 도시를 그와 이집트인들 사이에 두고 자신의 군대가 상대의 눈에 띄지 않게 했다. 그가 도시의 동쪽과 남동쪽으로 다가감에 따라 그는 람세스의 측면에 자리를 확보했다. 이 자리는 적절히 활용하면 람세스와 그의 군대의 전멸까지 야기할 수 있을 정도로 그에게 압도적인 승리를 보장하기에 충분했다. 이집트 군대는 당시 크게 두 그룹으로 나뉘어 있었다. 아몬과 레 두 사단이 카데시 근처에 있었고, 훨씬 남쪽에서 프타와 수테크 사단이 샤브투나의 여울을 아직 건너지 못했다. 수테크 사단은 너무 멀리 떨어져 있어서 그 부대에 대해서는 어떤 소식도 들리지 않았고, 그날의 군사행동에도 참여하지 않았다. 람세스는 조금 전 아시아 군대가 점령했던 곳에서 멀지 않거나 아마도 바로 그곳이었을 수도 있는 도시의 북서쪽에서 멈췄다.

이곳에서 그는 이른 오후에 막사를 쳤다. 뒤이어 바로 온 아몬 사단은 그의 막사 주위에 야영했다. 보호를 위한 바리케이드가 막사 주위에 세워졌다. 식량 공급행렬이 왔을 때, 소들의 멍에가 벗겨졌고, 두 바퀴 수레가 울타리가 쳐진 구역의 한쪽 끝에 세워졌다. 지친 군대는 쉬면서 말에게 먹이를 주고, 자신들의 식사를 준비하고 있었다. 이때 두 아시아 스파이가 람세스의 정찰병들에 의해 연행되어 왕의 막사로 끌려갔다. 그들은 무자비하게 얻어맞은 후에 람세스 앞으로 끌려가, 무와탈리스와 그의 전군대가 도시 뒤쪽에 숨어 있다고 자백했다. 위급함을 철저

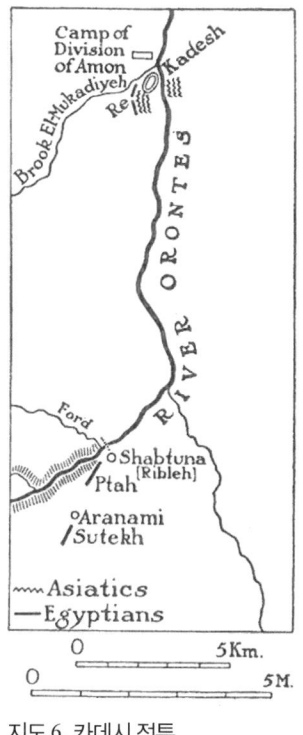

지도 6. 카데시 전투
아시아인들이 공격하던 시각 양측 군대의 위치

히 깨닫고, 젊은 파라오는 서둘러 그의 지휘관들과 군관들을 소환해 적의 존재를 자신에게 알리지 못한 것에 대해 그들을 엄히 문책했고, 재상에게 프타 사단을 전속력으로 오게 하라고 명령했다. 십중팔구 놀란 재상은 자신의 평판을 바로잡으려는 바람에서 직접 그 위험한 임무를 수행했을 것이다. 람세스가 프타 사단에만 급히 전갈을 보낸 것을 보면 그가 수테크 사단을 불러올릴 수 없다고 여겼음을 보여준다. 살펴본 대로 수테크 사단은 멀리 후방의 샤브투나 위에서 쳐져 있었다. 동시에 레 사단이 기껏해야 그의 뒤에서 불과 몇 마일 거리에 있어서 막사 가까이에서 부르면 들리는

곳에 있다고 그가 확신했음을 보여준다. 그러므로 그는 이 중대한 시기에 그가 직면한 절망적인 상황에 대해 꿈에도 생각하지 않았고, 그 순간 불행한 레의 사단을 급습하고 있는 재앙에 대해서도 꿈에도 생각지 않았다. "보라, 폐하가 귀족들과 앉아서 이야기하며 그들의 태만함을 꾸짖을 때, 히타이트 왕이 자신과 함께 한 수많은 나라와 같이 카데시의 남쪽에서 [오론테스강의] 여울을 건넜다. 그들은 카데시 남쪽으로부터 와서 레의 사단을 중간에서 끊었다. 레의 사단은 행군하고 있었고, 전투가 벌어진 것도 모르고 전투 대형으로 편성되지도 않았다." 한마디로 무슨 일이 일어났는지 현대의 군 평론가도 사건에 대한 이 짧은 고대의 설명보다 더 잘 설명할 수 없을 것이다. 공격부대는 전부 전차부대였다. 람세스의 보병대는 물론 공격으로 괴멸되었다. 지리멸렬한 이 사단의 남쪽 구성원들은 완전히 사라졌음이 틀림없다. 그러나 나머지는 많은 포로를 잃고 장비를 가지고 길에 흩어져 무질서하게 북쪽의 람세스 캠프 쪽으로 패주했다. 그들은 처음에 그 재앙에 대해 람세스에게 알리려고 전령을 보냈다. 그러나 우리가 아는 한, 당시 파라오가 직면한 오싹한 재앙에 대해 받은 첫 번째 예고는 자신의 두 아들이 속한 전멸한 사단 소속 도망자들의 황급한 도주였다. 그들은 바리케이드를 넘어 경악한 막사 안으로 불쑥 뛰어들었고, 히타이트 전차부대가 그들을 바짝 뒤따랐다. 람세스의 중장비 보병대 보초가 재빨리 이 침입자들을 전차에서 끌어 내려 죽였다. 그러나 이들 뒤로 약 2,500대의 아시아 전차부대 전체가 빠르게 모여들고 있었다. 그들이 이집트 진지로 침입했을 때 그들의 좌우익 부대가 신속하게 펼쳐졌고, 양(兩)방향에서 늘어나 진영을 포위했다. 장시간 빠른 행군에 지친 아몬 사단은 완전히 긴장이 풀려 무기도 군관들도 없었고, 레 사단의 도주한 생존자들이 막사로 갑자기 몰려들었을 때 산사태라도 발생한 듯 그 상황에 압도되었다. 그들은 불가피하게 패주했고 북쪽으로 휩쓸려갔다. 람세스가 이용할 수 있는 병력 대부분은 이렇게 해서 도주했고, 그의 남쪽 사단은 여러 마일 밖에서 적들의 대규모 전차부대로 인해 그와 분리되어 있었다. 재앙은 더할 나위 없이 끔찍했다.

준비를 위해 상황을 돌아보는 짧은 시간을 보내고, 젊은 파라오는 한순간도 주저하지 않고 뚫고 나가 남쪽의 부대로 가려고 했다. 근위대와 그의 옆에 있게 된 가까운 추종자들, 군관들만을 데리고, 그는 기다리는 전차에 올라타고 추격하는 히타이트 선발 부대가 서쪽에서 그의 막사로 쏟아져 들어올 때 대담하게 그쪽으로 뛰어들었다. 그는 이렇게 얻은 짧은 순간을 이용해 막사의 서쪽과 남쪽으로 몇 걸음 밀고 나갔고, 거기서 그는 적들이 그 앞에 얼마나 많이 모여 있는지 알았으며, 그쪽으로 더 공격하는 것은 가망이 없다는 것을 즉시 파악했다. 다시 막사로 돌아와 그는 강을 따라 전차들이 포위한 동쪽 진영이 어느 정도의

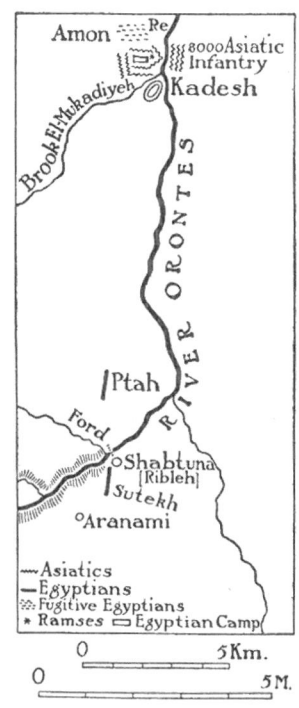

지도 7. 카데시 전투
람세스 2세의 나뉜 사단들과 전투 두 번째 단계에서 그가 적들에게 포위된 것을 보여준다.

수인지 알아차렸던 것 같다. 그쪽으로는 적들이 그들의 전열을 강화할 시간이 아직 없었다. 허망한 희망에서 그는 이 전열을 격렬하게 공격하며 아시아인들을 닥치는 대로 마구잡이로 강물로 던져 버렸다. 맞은편 기슭에서 8천 명의 보병대 한가운데에 서 있던 무와탈리스는 그의 군관들 몇 명과 그의 개인 서기, 그의 전차를 모는 사람, 그의 최고 경호원, 그리고 심지어 자신의 왕실 형제까지 파라오의 사나운 공격으로 쓰러지는 것을 보았다. 맞은편 기슭에서 그들의 동료들이 물에서 건져내 구조한 다수의 사람 가운

데에는, 그의 군대가 간신히 의식을 회복시킨 반쯤 익사 상태의 알레포의 왕도 있었다. 되풀이해서 람세스는 다시 돌진했고 마침내 이 시점에서 적의 전선에 심각한 혼란이 발생했다. 이 중대한 시기에 근동의 전쟁에서는 흔한 사건이 람세스를 완전한 파멸에서 구했다. 히타이트의 전차부대가 서쪽과 남쪽으로부터 그의 후방을 엄습했다면, 그는 틀림없이 패했을 것이다. 그러나 그에게는 천만다행하게도 그의 막사가 이 군대의 수중에 떨어졌다. 전차에서 내려서 그들은 규율 따위는 바람 속으로 던져버리고 풍성한 약탈품에 열중했다. 이렇게 전투가 벌어졌고, 그들은 갑자기 아마도 카데시에서 군에 합류하려고 해안을 따라 행군했던 것 같은 람세스 신병들의 습격을 받았다. 어찌 되었든 신병들은 남쪽의 어느 사단에도 속하지 않았다. 그들은 막사에 있는 약탈하던 아시아인들을 불시에 덮치고 마지막 한 사람까지 모두 죽였다.

  강을 따라 람세스의 기습 공격과 '신병들'의 예기치 않은 맹공격이 파라오에게 회복할 기회를 주면서 히타이트의 공격 열의를 상당히 꺾었던 것 같다. 피해를 입지 않고 흩어졌던 아몬 사단의 돌아온 도망자들과 함께 이 새로 도착한 '신병들'은 파라오의 세력을 크게 늘려서 이제는 프타 사단이 올 때까지 버틸 수 있게 되었다. 당시 뒤이은 완강한 방어로 히타이트의 왕은 천 대의 전차로 구성된 원군을 투입해야 했다. 절망적인 파라오는 다시 채워진 적의 전선으로 여섯 번이나 뛰어들었다. 그러나 어떤 이유에서인지 무와탈리스는 람세스의 맞은편에 있는 강의 동쪽에 자신이 주둔시킨 8천 명의 보병대를 람세스에게 맞서 싸우도록 보내지 않았다. 우리가 추적할 수 있는 한 전투는 전차부대의 전쟁으로 남아있다. 세 시간 동안 개인적 용기가 주는 비범함으로 파라오는 그의 빈약한 세력을 유지하면서 남쪽의 샤브투나(Shabtuna)에서 오는 길 쪽을 걱정스러운 눈길로 계속 바라보았다. 그 길을 따라 프타 사단이 그의 전갈에 응하여 힘겹게 나아가고 있었다.

마침내 긴 오후가 더디게 흘러가고, 해가 서쪽으로 낮아졌을 때 먼지와 열기 속에서 흐릿하게 보이는 프타의 군기(軍旗)가 지친 파라오의 눈을 즐겁게 해 주었다. 적군의 전열 사이에 끼어서 히타이트의 전차부대는 도시 안으로 들어갔는데, 아마 상당한 손실이 있었을 것이다. 그러나 우리가 가진 정보로는 이 마무리 전투를 추적할 수 없다. 저녁이 지나가고 적들은 도시 안에서 피난처를 찾았고, 람세스는 구조되었다. 붙잡힌 포로들은 그의 앞으로 끌려 왔다. 그는 추종자들에게 이 포로들이 자신이 거의 혼자 힘으로 붙잡은 것임을 상기시켰다.

기록은 흩어졌던 이집트군 도망자들이 어떻게 살금살금 돌아와서 죽은 아시아인들, 특히 히타이트 왕 주위의 사적이고 공적인 주변사람들이 여기저기 흩어져 있는 평원을 발견했는지 묘사한다. 아시아인들은 람세스 막사 안과 도시 북쪽의 강에서, 그리고 프타 사단이 도착했을 때 엄청난 피해를 입었던 것 같다. 그러나 람세스 측의 손실도 확실히 매우 컸다. 레 사단을 기습 공격했던 것을 고려하면 아마도 적의 손실보다 훨씬 더 컸을 것이다. 이것은 분명 사실이었다. 결과를 람세스의 승리로 본 것은 그가 완전한 파멸로부터 구조되었고, 결과적으로 싸움터를 차지했다는 점이 실질적으로 약간의 이점을 보탰던 것이다.

이집트 측의 설명 가운데 하나는 람세스가 다음날 매우 효과적으로 전투를 재개해서 무와탈리스는 평화를 간청하는 편지를 보냈고, 그 결과 파라오가 그 요구를 수락하고 이집트로 개선했다는 것이다. 다른 정보자료는 두 번째 날의 전투에 대한 언급이 없다. 우리가 지금까지 살펴본 전투로 보아 분명히 람세스는 전투를 잠시 중단하고 그의 기진맥진한 군대를 이끌고 이집트로 되돌아갈 수 있다는 것에 충분히 기뻐했던 것 같다. 그의 기록 어디에도 현대 역사서에 자주 언급된 것과 달리 그가 카데시를 점령했다는 주장은 없다.

그의 경솔함이 그에게 가져다준 위험한 상황에서 일단 무사히 구출되자, 람세스는 카데시에서의 자신의 공에 대해 아주 자랑스러워했다. 이집트 전역의 보다 중요한 건축물에 그는 자신과 아첨하는 신하들에게 전투에서 가장 중요했던 사건들을 거듭해서 묘사했다. 아부심벨, 데르(Derr), 라메세움(Ramesseum)의 신전 벽과 테베, 룩소르, 카르나크, 아비도스에 있는 그의 장제전, 아마도 지금은 없어진 다른 건축물에도 그의 예술가들은 람세스의 막사, 도주했던 아들들의 도착, 강 쪽으로 내려가며 전개된 파라오의 맹렬한 돌격, 파라오 진영을 구출한 신병들의 도착 장면을 묘사한 활기 넘치는 일련의 거대한 부조를 제작했다. 람세스 앞의 평원에는 죽은 사람들이 흩어져 있고, 약간의 설명이 첨부된 비문은 그들 가운데 우리가 위에서 언급한 주목할 만한 저명인사들의 정체를 알려 준다. 동료들이 물속에서 도망자를 끌어당기고 있는 맞은편 해안에서는 키가 큰 인물이 그가 삼킨 물을 토해 낼 수 있도록 머리를 아래로 거꾸로 하고 있고, 옆에는 "폐하가 알레포의 불쌍한 족장을 강물로 던진 후에 그의 병사들이 그를 거꾸로 들고 있다."라는 말이 붙어 있다(그림8). 이 작품들은 이집트의 다른 어떤 비슷한 기념물보다도 현대 이집트 여행객들에게 더 잘 알려져 있다. 이 작품들에는 공식문서 같은 전쟁에 대한 보고서가 두 번이나 함께 기록되어 있다. 전쟁에 관해서는 시(詩)가 일찍 생겨났다. 시에 대해서는 나중에 조금 더 살펴볼 것이다. 젊은 파라오의 용감한 저항은 이 모든 기록에서 항상 반복되는 후렴 "그는 혼자였고, 군대와 함께 있지 않았다네"로 표현된다. 이러한 정보자료를 통해 우리는 검토할 수 있는 역사상 첫 전투인 카데시 전투를 이끈 술책을 확신을 가지고 추적할 수 있다. 그리고 이 사실이 우리가 상당한 분량으로 이 전투를 다루는 정당한 이유가 되어야 한다. 우리는 벌써 기원전 13세기에 당시의 사령관들이 전투를 치르기 전 군대를 전략적으로 배치하는 것이 얼마나 중요한지 이해했음을 알 수 있다. 히타이트 왕은 우리가 듣기로는 초기 근동에서 처음인 측면 이동을 실행했을 때, 적의 눈에 띄지 않는 영리한 술책으로 얻게 되는 엄청난 우위를 분명히 이해했다. 벌써 그 옛날에도 시리아의 평원은 아마 나폴레옹이 완벽하게 실행한 근대 과학—전투 전에 승리를 얻는 과학의 두드러진 사례를 보여 주었다.

그림 8. 카데시 전투를 묘사한 부조의 한 장면
오론테스강을 건너 도주하는 아시아인들을 먼 해안에 있는 그들의 동료들이 물속으로부터 끌어당기고 있다. 알레포의 왕이 삼킨 물을 뱉어 내도록, 그의 병사들이 그를 머리가 아래로 향하게 한 채 거꾸로 붙잡고 있다.

테베에 도착해서 람세스는 국가 신전에서 북쪽 국가들에서 잡아온 포로들을 신들에게 바치며, 그의 네 아들과 함께 평소대로 승리를 만끽했다. "그들은 폐하를 쓰러뜨리러 왔고, 폐하는 이들을 죽이고, 그들의 부하들을 생포해서 자신의 아버지인 아몬의 창고를 채우기 위해 데려왔다."[9] 그는 기념물의 직함 속에 "다른 사람 없이 혼자일 때 땅과 나라들을 정복한 사람"¹⁰이라는 구절을 만들어 썼다. 그는 그 같은 형식적인 영예로 자신의 허영심을 만족시키고, 분명 카데시에서의 위업이 그에게 가져다준 개인적 용기에 대한 평판에 크게 만족했을 수 있다. 그러나 그러면서도 그는 시리아에서 떠날 때의 상황을 심각하게 따져 보았을 때, 아시아에서 이집트 세력의 미래에 대해 불길한 예감을 느꼈을 것이다. 그가 잘 방어하기는 했지만, 카데시를 포위하지도 않고 군대의 거의 한 사단 전부를 잃어버리고 전쟁 직후 이집트로 되돌아온 것은 시리아와 팔레스타인 제후들 사이에서 이집트의 도의적인 영향력을 파괴할 뿐이었다. 또한, 히타이트는 이집트의 영향력을 약화시키고 반란을 유도하는 의심스러운 전쟁을 가능한 한 철저히 이용했다. 세티 1세는 북부 팔레스타인을 이집트의 영토로 확보했는데, 이 지역은 오론테스 계곡과 매우 가까워 히타이트의 밀사들은 이 지역에서 별 어려움 없이 반란을 선동했다. 반란은 삼각주 북동쪽 람세스의 변경 요새들 입구까지 남쪽으로 퍼져 나갔다. 그러므로 그는 아버지의 정복지를 늘리는 것과는 거리가 멀었으며, 아시아에서 이집트 제국을 재건하기 위해 밑바닥에서 다시 시작해야 했고, 심지어 그의 아버지가 얻은 영토마저 힘든 군사작전으로 수복해야 했다. 이 시기에 대한 우리의 정보자료는 매우 빈약하고 사건의 순서도 전적으로 불확실하다. 그러나 람세스는 먼저 훗날 필리스틴인(Philistine)¹¹의 도시가 된 아스칼론을 공격했고, 그곳을 습격해 차지한 것 같다.¹² 재위 8년 그는 북부 팔레스타인까지 강제로 밀고 들어갔다.

---

⁹ III, 351.
¹⁰ Battle of Kadesh, p. 47.
¹¹ [역주] 팔레스티나인. BC 12세기에 이스라엘 민족이 팔레스타인(팔레스타인)에 당도할 무렵 팔레스타나 남해안 지방에 정착한 에게 지방 출신의 한 민족이다. 본서의 저자 브레스테드에 의하면(제23장) 필리스틴인에 테켈과 펠레세트 두 종족이 포함된다. 이 가운데 펠레세트인들이 성서의 블레셋인이다.
¹² III, 355.

그 당시 그는 서부 갈릴리의 도시들을 차례로 점령하고 약탈했다.[13] 여기서 그는 카데시의 날 이후로 멀리 남쪽으로 밀려 내려온 히타이트의 전초부대와 접촉했다. 그는 헤브라이 역사에서 타보르(Tabor)로 보이는 강력한 성읍 데페르(Deper)에서 히타이트 수비대를 발견했다. 그러나 아들들의 도움으로 그곳을 공격해 점령했다.[14] 히타이트가 그 지역을 점령한 것은 짧은 기간 동안만 지속되었을 것이다. 그가 하우란과 갈릴리 바다의 동쪽 지역까지 뚫고 들어가 그곳을 방문한 것을 기록한 석비를 그곳에 남긴 것은 아마 이 시기였을 것이다.[15]

이렇게 3년 만에 팔레스타인을 회복하고, 람세스는 아시아에서 그의 야심 찬 계획을, 4년 전 그 계획을 시작했던 그 지점에서 다시 자유롭게 추진할 수 있었다. 그가 당시 박력 있게 군사작전을 추진했던 것은 우리가 그 과정을 전혀 추적할 수 없지만, 그가 이룬 성과에는 분명히 드러난다. 오론테스 계곡 아래로 다시 진군하면서 그는 마침내 히타이트를 몰아내는 데 성공했던 것 같다. 부족한 당시의 어떤 자료도 이 사실을 언급하지는 않는다. 그러나 그가 카데시의 먼 북쪽을 정복했으므로, 그 지역은 틀림없이 그의 손에 함락되었을 것이다. 나하린에서 그는 투니프 지역까지 정복했다. 그는 또한 그곳을 정복하고 그곳에 자신의 조각상을 세웠다.[16] 그러나 이 지역들은 파라오에게 너무 오랫동안 공물을 바치지 않았기 때문에 무리 없이 그곳들을 그의 통제하에 둘 수 없었다. 게다가 그곳들은 당시 히타이트가 점령하고 있었고, 히타이트는 아마도 람세스 통치하에서도 그곳에 계속해서 거주했었던 것 같다. 어떤 경우이든, 히타이트는 곧 그 지역이 반란

---

[13] III, 356.
[14] III, 357, 359-60.
[15] III, 358.
[16] III, 365.

을 일으키도록 선동했고, 람세스는 그들을 투니프에서 발견하고 다시 그곳을 수복하러 북쪽으로 갔다. 여기서 그는 성공했던 것 같다. 투니프를 습격하며, 그는 다시 쇠사슬 갑옷도 입지 않고 싸우는 모험을 했다. 그러나 기록은 불행히도 너무 단편적이어서 그의 업적의 정확한 특징을 밝힐 수 없다.[17] 그의 리스트로 보아 그가 나하린, 下레테누(북시리아), 아르와드, 오론테스 계곡의 케프튜와 케트네를 정복했던 것으로 보인다.[18] 따라서 군인으로서의 람세스의 능력과 강인함이 당시 시리아에서 히타이트 제국을 위험에 처하게 한 것은 분명하다. 하지만 그가 이 북부 정복지들을 지키는 데 성공했는지는 불확실하다.

그가 아마도 약 15년을 이렇게 군사작전을 수행했을 때, 히타이트 제국 내부의 역사에서 중요한 사건이 일어나 아시아에서의 그의 전쟁이 갑작스럽게 종식되었다. 히타이트 왕인 무와탈리스가 전쟁터에서 죽었는지 또는 경쟁자의 손에 죽은 것인지, 그의 형제인 하투실리스[19]가 그를 이어 왕좌에 올랐다.[20] 북시리아의 소유권을 두고 람세스와 위험한 전쟁을 수행하는 것 말고도 국내에서 자신의 세력을 유지하기 위해 할 일이 많았을 하투실리스는 파라오에게 영구적인 평화와 동맹조약을 제안했다. 람세스 재위 21년(기원전 1272년) 하투실리스의 전령들이 조약을 가지고, 이제는 삼각주에 있는 이집트 궁전에 이르렀다. 이집트 궁전이 삼각주로 이주한 것에 대해서는 나중에 살펴볼 것이다. 물론 그들이 가져온 조약은 미리 초안이 작성되어 두 나라의 대표가 받아들인 것이다. 당시 그것이 최종형식으로 작성된 것

---

[17] III, 364-5.
[18] III, 366.
[19] [역주] 본서에는 케타사르(Khetasar)로 표기되어 있다. 무와탈리스의 뒤를 하투실리스가 이었으므로 케타사르는 하투실리스(BC 1286경~1265경 재위)를 가리킨다.
[20] III, 375, l. 10.

이기 때문이다. 그것은 은으로 된 명판에 18개의 단락으로 새겨져 있는데, 그 위에는 케타 족장의 초상을 껴안은 수테크의 모습과 하투실리스의 왕비인 푸투키파(Putukhipa)의 형상을 비슷하게 끌어안은 여신의 모습이 새겨져 있었다. 그 옆에는 두 왕실의 명사(람세스와 히타이트 왕)의 인장 외에 케타의 수테크와 에르넨(Ernen)의 레의 인장이 있었다. 히타이트 왕도 람세스로부터 비슷한 문서 사본을 받았을 것으로 추정된다. 이 현존하는 최초의 국제조약에는 "케타의 위대한 족장 용맹한 케타사르(하투실리스), 케타의 위대한 족장 용맹한 메라사르(무르실리스)의 아들, 케타의 위대한 족장 용맹한 세플렐(수필룰리우마스)의 손자가 이집트의 위대한 통치자 용맹한 우세르마레 세테프네레(Usermare—Setepnere, [람세스 2세]), 이집트의 위대한 통치자 용맹한 세티 1세의 아들, 이집트의 위대한 통치자 용맹한 람세스 1세의 손자를 위해 은 명판 위에 만든 조약, 그들 사이에 영원한 평화를 만드는, 평화와 형제애의 우호 조약"이라는 제목이 붙어 있었다.[21] 다음에는 두 나라 사이의 이전 관계를 검토하기 시작했다. 그런 다음에는 현재 협정에 대한 전면적인 정의로, 그다음에는 특별조항으로 이어졌다. 이 모든 것 가운데 가장 중요한 것은 상대국에 대한 두 통치자의 모든 정복계획의 포기선언, 두 나라 간의 이전 조약의 재확인, 상대국의 적들에 맞서 상호 원조를 포함한 방위동맹, 아마도 시리아에서 채무를 이행하지 않는 신민(臣民)들의 응징에 대한 협조, 정치적 망명자와 이민자들의 본국 송환 등이었다. 추가조항은 정치적 망명자와 이민자들을 인도적으로 대우할 것을 규정한다. 히타이트 지역의 천 명의 신과 여신, 이집트 지역의 같은 수의 신과 여신에게 이 협정의 증인이 되어 주기를 빌었다. 보다 중요한 히타이트 신 일부는 그들의 도시 이름 옆에 거명되었다. 이 주목할 만한 문서는 조약을 위반하는 사람에 대한 저

---

[21] III, 373.

주와 그것을 지키는 사람에 대한 축복으로 끝을 맺는다. 이미 언급한 추가 조항이 이곳에 첨부되어 있는 것을 제외하면 상당히 논리적으로 마무리했다. 람세스는 즉시 테베에 있는 신전의 벽에 조약 두 부를 새겨 넣었다. 그 앞에는 히타이트 전령이 온 것에 대한 설명이 있었고, 조약 뒤에는 은명판에 묘사된 형상들과 다른 그림에 대한 설명이 뒤따랐다.[22] 최근에 빈클러[23]가 소아시아 보가즈쾨이에서 진흙 명판에 설형문자로 쓰인 히타이트 문서 초안을 발견했다.

조약 어디에도 두 나라가 인정한 시리아의 경계를 언급한 곳이 없음을 알 수 있다. 우리는 이 조약에 의해 재확인된 초기 조약 중 한 곳에 그 경계가 포함되어 있었을 것이라고 추정할 뿐이다. 경계의 정확한 위치를 알아내는 것은 어렵다. 1906년 이후로 보가즈쾨이에서 빈클러가 발견한 설형문자 문서(203쪽 참조)는 히타이트 왕이 오론테스 상류의 아무루를 계속해서 지배했음을 보여준다. 람세스가 아마도 해안을 제외하고 아시아에서 아버지의 왕국 국경에 영구히 진출했다고 단언하는 것은 신중하지 못하다. 그는 베이루트 근처 해안의 바위에, 우리가 이미 익히 알고 있는 재위 4년에 세운 석비 옆에 석비를 두 개 더 새겼다.[24] 조약에서 히타이트 왕은 파라오와 동등하다고 인정받았고, 똑같은 조건을 받아들였다. 그러나 근동에서는 흔히 그렇듯, 람세스는 자신의 기념물에 전 계약을 자신이 자력으로 크게 승리를 거두어 이룬 것으로 해석했다. 그는 당시 거듭해서 자신을 히타이트 정복자라고 지칭했다.[25] 일단 조약이 완료되자 평화가 지속되었다. 비록 조약으로 인해

---

[22] III, 367-391.
[23] [역주] 휴고 빈클러(Hugo Winckler, 1863-1913). 독일 고고학자, 역사가. 터키 보아즈칼레(보가즈쾨이) 근방에서 늦은 청동기 시대 히타이트 제국의 수도인 하투사(Hattusa)를 발굴해 알려졌다.
[24] 262쪽 참조.
[25] III, 392.

람세스는 아시아 정복에 대한 그의 야망을 희생해야 했지만, 조약은 양측 모두에게 완전히 만족스러웠을 것이다. 13년 후(기원전 1259), 히타이트 왕이 직접 자신의 장녀를 람세스의 아내로 혼인시키려 이집트를 방문했다. 자신의 딸을 선두에 세운 눈부신 행렬에 풍성한 선물을 싣고, 하투실리스는 코데 왕과 함께 람세스의 궁전에 나타났다.²⁶ 그의 호위대가 시리아 평원에서 한때 맞붙어 싸웠던 이집트 군대와 함께 어울렸다. 히타이트 공주는 '누가 레의 아름다움을 보는가'라는 뜻의 마트네프루레(Matnefrure)라는 이집트 이름을 받았고, 궁궐에서 중요한 지위를 맡았다.

그녀 아버지가 방문한 것은 아부심벨에 있는 람세스 신전의 정면에 사건을 기술한 비문과 함께 묘사되어 있다.²⁷ 그녀의 조각상은 타니스에 있는 국왕인 그녀 남편 조각상 옆에 세워졌다.²⁸ 궁정 시인들은 이 일을 축하하고, 히타이트 왕이 코데 왕에게 사람을 보내 이집트로의 여행에 그도 동참하여 파라오에게 함께 경의를 표할 것을 권했다고 묘사했다.²⁹ 그들은 프타가 행복한 일에 신의 대리로서 람세스에게 모습을 드러냈다고 확언했다. 신이 그에게 말했다. "나는 케타 사람들을 주상(主上)의 백성이 되게 했고, 그들의 족장이 받은 부과금과 모든 재산을 폐하의 명성에 대한 공물로 가져와 주상 앞에 경건한 걸음으로 바쳐야 한다는 생각을 그들의 마음속에 심어 주었소. 그의 장녀가 그런 이유로 두 땅의 군주를 만족시키기 위해 앞에 있소."³⁰ 이 행사는 또한 대중적인 감동을 주었다. 우리가 알기로는 그리스 시대까지 글로 표현되지 못한, 결혼 이야기로 시작되는 한 민간 설

---

²⁶ III, 410, 420, 424.
²⁷ III, 394-424.
²⁸ III, 416-417.
²⁹ III, 425-6.
³⁰ III, 410.

화가 있다. 설화는 공주 아버지의 요청에 따라 후에 어떻게 테베 콘수 (Khonsu)³¹의 형상이 공주의 나라로 보내져 신의 힘이 그녀의 고통 받는 자매로부터 악귀를 멀리 몰아낼 수 있었는지 들려준다. 그 히타이트 공주의 나라는 베크텐(Bekhten)이라 불리는데, 아마도 박트리아(Bactria)³²일 것이다. 그러한 일이 하투실리스와 람세스가 교류하던 동안에 일어났을 가능성이 없지 않다.³³ 어쨌든 두 왕국 사이의 우호 관계는 중단되지 않고 지속되었고, 심지어 람세스가 하투실리스의 또 다른 딸과 두 번째로 결혼한 것 같다.³⁴ 람세스의 오랜 통치 기간 내내 조약은 깨지지 않았고, 적어도 그의 후계자인 메르넵타의 통치 시기까지 평화가 지속되었다.

아마도 아시아에서 15, 6년간 이어진 심각한 군사행동과 관련된 히타이트와 람세스의 갈등은 평소 람세스 편에서 제기한 군인으로서의 높은 위치에 관한 주장의 근거가 된다. 우리가 자세히 추적할 수 있는 그의 유일한 전투는 그의 용감함에 대한 틀림없는 증거를 포함하지만, 그러나 그가 노련한 지휘관임을 보여 주지는 않는다. 하투실리스와 평화협정을 맺은 날부터, 람세스는 다시는 그 전쟁터에 가지 않았다. 아마도 재위 2년에 벌써 그는 누비아에서 사소한 반란들을 진압했다.³⁵ 이 반란들은 히타이트 전쟁

---

³¹ [역주] 고대 이집트 달의 신 콘수는 '여행자'를 의미한다. 테베 3신 중 하나로 아버지는 아몬, 어머니는 무트이다.
³² [역주] 현재는 아프가니스탄과 우즈베키스탄, 타지키스탄에 일부씩 걸쳐 있는 지역이다. BC 750년경 철기시대부터 사람이 거주했으며, BC 600경~AD 600년경 동서양 간의 상업과 문화가 교류하는 지역이었다. 고대 유적으로 제방과 수로들이 많아 번영을 누렸다는 증거로 남아있다. 아케메네스 왕조가 지배하면서 기록을 남겼으며, 알렉산드로스 대왕이 점령했고, 그 후 셀레우코스 왕조, 안티오코스 등이 이 지역을 지배하였다. 전성기 때는 파키스탄 지역까지 지배 영역을 넓혔고, 헬레니즘이 이들을 따라 확산되었다. 7세기 중반 이슬람 세력이 이 지역을 정복했다.
³³ III, 429-447.
³⁴ III, 427-8.
³⁵ III, 478.

후에도 지속되었다.[36] 그러나 이 누비아 원정 중 어떤 것이 그가 직접 수행한 것인지는 알려져 있지 않다. 리비아 군사작전은 종종 그의 기념물에 모호하게 언급되는데, 셰르덴의 바다 해적들이 람세스의 서부 삼각주 변경을 공격하는 리비아인들과 연관되어 있었던 것 같다.[37] 그러나 우리는 이 전쟁의 성격에 대해 어떤 정보도 얻을 수 없다.

힉소스를 축출하기 위해 아흐모세 1세 하에서부터 깨어있던 이집트의 군사적 공격성은 람세스 2세의 아시아 전투와 함께 완전히 없어졌다. 그것은 영원히 되살아나지 않았다. 이후에 있었던 시리아와 팔레스타인을 수복하려는 산발적인 시도는 용병 세력들과 함께한 것이었고, 왕실 가문에 섞인 외국인 피의 영향 하에서였다. 이후 오랫동안 파라오의 군대는 외부로부터의 공격에 대한 방어의 수단일 뿐이었다. 그러나 이 방어수단은 그가 직접 통제할 수 없었고, 외부의 공격 앞에서 유서 깊은 레의 계보는 마침내 사라졌다.

---

[36] III, 448-490.
[37] III, 491.

22 람세스 2세의 제국

이집트가 아시아의 정무(政務)에서 지배적인 위치를 차지하면서, 나일강의 힘의 중심이 어쩔 수 없이 테베에서 삼각주로 옮겨졌다. 이크나톤은 파라오는 테베에 거주해야 한다는 제국의 전통을 불쑥 깨버렸다. 하름합이 그쪽으로 되돌아간 것 같지만, 우리는 제19왕조가 흥기한 후로, 세티 1세가 북부에서 그의 통치 기간의 초반을 보내야 했던 것을 보았고, 그가 삼각주에서 여러 달을 거주한 것을 발견한다.[1] 람세스 2세의 아시아 정복 계획으로 인해 제국은 마침내 테베를 왕실 소재지로는 완전히 포기해야 했다. 테베는 국가의 종교적 수도로 남게 되었고, 파라오는 그곳 신전의 연중행사 중 보다 큰 축제에 종종 참석했지만, 그의 상주 소재지는 북부에 있었다. 그가 계속해서 삼각주에 머무르자 전에는 결코 개발되지 못했던 동부 삼각주 도시들이 개발되었다. 타니스는 람세스 건축가들의 작품인 웅장한 신전을 갖춘 크고 번영한 도시가 되었다. 이 신전의 거대한 탑문 위로 높이가 27m가 넘고 무게가 900톤이나 되는 화강암 한 덩어리로 된 람세스의 거대한 조각상이 높이 솟아 있었는데, 여러 마일 떨어진 인근 삼각주의 평지 지역에서도 눈에 띄었다.[2] 와디 투밀라트[3]를 따라 나일에서 동쪽으로 비터

---

[1] III, 82, 2

호에 이르는 물길은 아마 이미 형성되어서 아시아에서 이집트로 자연스럽게 접근하는 길목이 되었던 것 같다. 와디 투밀라트는 또한 람세스가 신중하게 주목하는 대상이었다. 그는 와디 투밀라트 위, 수에즈 지협에 이르는 길 중간쯤에 그가 피톰(Pithom),[4] 즉 '아툼의 집(Per-Atum)'이라고 부른 '창고 도시'를 지었다. 그리고 와디 투밀라트 서쪽 끝에 그와 세티는 도시를 세웠는데, 도시는 헬리오폴리스 바로 북쪽에 위치하며 지금은 텔 엘 예후디예(Tell el-Yehudiyeh)로 알려져 있다. 그리고 그는 동부 삼각주 어딘가에 페르 람세스(Per-Ramses), 즉 '람세스의 집'이라는 주거도시를 세웠다. 그 위치는 확실하지 않다. 하지만 이곳은 종종 타니스와 동일한 곳으로 여겨져 왔다. 이곳은 동쪽 국경과 가까웠음이 틀림없다. 이곳의 아름다움을 노래한 당시의 시인이 이곳을 이집트와 시리아 사이에 있다고 언급했기 때문이다. 이곳은 또한 해상교통으로 접근할 수 있었다. 페르 람세스는 정부의 소재지가 되었고 국가의 모든 기록은 그곳에 맡겨졌다. 그러나 재상은 헬리오폴리스에서 살았다.[5] 람세스 자신은 그 도시(페르 람세스)의 신 가운데 하나였다. 이 도시들과 이 지역에서의 람세스의 다른 대사업을 통해 동부 삼각주의 중심부는 '람세스의 땅'으로 알려지게 되었다. 이 이름은 이 지역과 너무나 철저하게 동일시되어서, 어떤 람세스든지 왕위에 오르기 전인, 요셉과 그의

---

[2] Petrie, Tanis, I, 22-4.

[3] [역주] 와디 투밀라트는 나일 삼각주 동쪽의 길이 50km인 마른강의 계곡을 이른다. 선사시대에는 나일의 지류였다. 현대 이집트 지도를 보면 나일 삼각주 동쪽에서 팀사호와 그 밑의 그레이트비터호까지 뻗어있는 녹색의 띠가 눈에 바로 띄는데, 그 긴 띠가 와디 투밀라트 계곡이다.

[4] [역주] 성경의 비돔. 현재의 탈알마스쿠타인 듯하다. 성서에는 파라오의 곡식을 저장해 두는 도시의 하나로 헤브라이인들의 강제 노동에 의해 세워졌다고 나와 있다. 람세스 2세 때(BC 1279~1213 재위) 확장되었다고 알려져 있다. 피톰에는 스핑크스들과 람세스 2세의 상들이 있고 또한 다리우스 1세 대왕의 나일강-홍해를 잇는 운하의 완성을 기념해 그 업적을 3개 언어로 쓴 비석들이 잘 보존되어 있다.

[5] Mes Inscription.

친족들의 시절을 이야기할 때도 헤브라이 전설에서는 그곳을 람세스의 땅이라고 읽었다. 삼각주가 당시 누리던 성대한 발전은 아시아에서의 람세스의 계획에 거의 불가피하게 수반된 것이었지만, 그의 원기 왕성한 정신은 그러한 동기가 작용하지 않는 왕국 전역에서도 그만큼 느껴졌다. 헬리오폴리스의 그의 건축물 가운데 남아있는 것은 없고, 멤피스에 있는 그의 신전들은 빈약한 파편만을 남겼다.[6] 우리는 이미 아비도스에 있는 그의 아버지의 웅장한 신전을 완공하기 위한 그의 광범위한 건축사업에 주목한 적이 있다. 그는 이것으로 만족하지 않고, 세티의 신전에서 멀지 않은 곳에 자신의 장제전도 건설했다. 테베에서 그는 아버지의 장제전과, 테베의 모든 방문객에게 라메세움으로 알려진, 자신의 사후제사를 위한 또 하나의 아름다운 성소를 완공하고, 룩소르 신전의 큰 뜰과 탑문을 증축하는 데 막대한 부와 노동자원을 썼다. 한편 그의 건축가들은 고대나 현대 세계의 모든 건축물을 능가하는 크기로, 파라오의 할아버지인 람세스 1세 하에서 이미 착공한 카르나크 신전의 거대한 기둥이 늘어선 홀을 완공했다. 이집트의 큰 신전 가운데 그의 이름이 들어간 방, 홀, 열주, 탑문이 없는 신전은 거의 없다. 그의 이름을 후세에 영원히 남기기 위해 왕은 나라의 고대 기념물을 훼손하거나 파괴하는 행위도 서슴지 않았다. 제6왕조 테티 왕의 건축물은 멤피스의 람세스 신전을 위한 원자재를 제공했다.[7] 그는 일라훈의 세소스트리스 2세의 피라미드를 샅샅이 뒤지고 그 주위의 포장도로를 파냈으며, 그 아름다운 기념물을 박살냈다. 인접한 헤라클레오폴리스에 있는 자신의 신전을 위한 원자재를 얻기 위해서였다.[8] 삼각주에서 그는 똑같이 중왕국 기념물을 사용하는 도덕에 어긋나는 행위를 했다. 한편 룩소르 신전을 확

---

[6] III, 530-37.
[7] Annales, III, 29.
[8] Petrie, Illahun, p. 4; Kahun, p. 22; Naville, Ahnas, pp. 2, 9-11, pl. 1.

장하기 위해 그는 투트모세 3세의 아름다운 화강암 제사실을 허물고, 그 위의 투트모세 이름이 안쪽으로 향하게 하고 건축자재로 다시 사용했다. 그가 자신의 이름을 써넣은 조상들의 기념물은 수없이 많다. 이러한 사실들에도 불구하고 정당하게 지어진 그의 건축물은 크기나 규모에 있어 그의 조상들이 이룩한 모든 것들을 뛰어넘는 규모였다. 그가 세운 건축물들은 수없이 많은 증설기념물, 특히 그의 거대한 조각상들과 오벨리스크들로 가득 차 있다. 전자 즉 거대한 그의 조각상들은 하나의 암석으로 만들어진 것으로는, 그때까지 제작된 것 중 가장 크다. 우리는 이미 타니스 신전의 조각상 중 가장 큰 것을 언급한 적이 있는데, 화강암 한 덩어리로 된 거대한 조각상 또 하나가 테베에 있는 라메세움의 탑문 위로 높이 솟아 있다(사진 50). 비록 그렇게 높지는 않지만, 무게가 약 천 톤이나 된다. 세월이 지나고

사진 50. 람세스 2세의 천 톤에 달하는 거상의 파편들
라메세움의 두 번째 탑문 앞에 세워진 거대한 화강암 좌상으로부터

그가 계속해서 기념제를 거행하면서, 그가 이 축제들을 기념하여 세운 오벨리스크들이 그의 신전들 사이에 빠르게 세워졌다. 그는 타니스에만 적어도 14개의 오벨리스크를 세웠는데, 현재 이것들은 모두 수평으로 쓰러져 있다. 그의 오벨리스크 중 적어도 세 개가 로마에 있고, 그가 룩소르에 세운 둘 중 하나는 파리에 있다.[9] 오벨리스크를 지을 재물 외에도, 그러한 모든 신전은 풍부한 기금이 필요했다. 그의 아비도스 신전이 어떻게 화강암 문설주와 금은 합금으로 장식한 구리 문을 갖춘 양질의 석회석으로 지어졌는지 말하고 나서, 람세스는 신전의 그 기금에 대해서 "계절 초와 모든 축제의 정해진 기간에 신을 위해 영구적으로 매일 공물을 바치도록 했다"라고 이야기한다. " … 그(람세스)는 음식, 식량, 황소, 송아지, 온갖 종류의 소, 거위, 빵, 포도주, 과일로 넘치도록 그곳을 모든 것으로 채웠다. 신전은 농노들로 가득 찼고, 들판에서는 수확이 갑절로 증가했으며 가축 떼가 수없이 많이 늘어났다. 곡물창고는 넘치도록 꽉 들어찼고, 곡물 더미는 하늘에 가까이 쌓였다. 신에게 바치는 공물 창고를 채우기 위해 승리한 전쟁에서 잡은 포로들로 … 그의 보물 창고는 덩어리로 된 은, 금 등 값비싼 온갖 보석으로 가득 찼고, 창고는 모든 나라에서 온 온갖 공물로 가득 찼다. 그는 정원을 여러 개 만들었고, 온갖 종류의 나무, 달콤한 향이 나는 향긋한 목재와 푼트의 식물들을 심었다."[10] 이것은 신전 하나만을 위한 시설이었을 뿐, 그의 수많은 신전을 위한 비슷한 기금은 분명 심각한 경제 문제였을 것이다.

북쪽으로 무게중심이 옮겨졌지만, 남부도 방치되지 않았다. 누비아에서 람세스는 수호신이 되었다. 적어도 여섯 개의 새 신전이 그곳에 세워졌고, 이집트의 주요 신인 아몬, 레, 프타에게 봉헌되었다. 그러나 그 모든 곳에서

---

[9] III, 543-9.
[10] III, 526-7.

람세스는 거의 두드러지게 숭배되었고, 한곳에서는 그의 왕비인 네프레티리(Nefretiri)[11]가 수호신이었다. 그의 누비아 성소 중 아부심벨의 거대한 바위 신전이 가장 훌륭하고 당연히 현대 이집트 여행객들의 목적지이다. 누비아는 점점 더 이집트화했다. 제1폭포와 제2폭포 사이의 지역은 지울 수 없는 파라오 문명의 영향을 받았다. 이곳의 옛 원주민 족장들은 실질적으로 사라졌고, 파라오의 행정관리들이 완전히 통제하고 있었다. 심지어 이집트 사법재판소도 있었는데, 총독이 최고 재판관이었다.[12]

람세스의 엄청난 건축 사업은 자원, 특히 노동력의 막대한 소비 없이는 성취될 수 없었다. 그는 제18왕조의 위대한 전임자들처럼 대규모로 포로의 노동력을 얻기 위해 아시아에 의존할 수 없었다. 그러나 그의 건축은 주로 이 수단에 의존해야만 했다. 헤브라이 조상 중 어떤 종족이 박해당한 것을 피톰(사진 51)의 건설자와 람세스 탓으로 돌리는 그들의 전설이 정확한가에 대해서는 거의 의문이 없

사진 51. 피톰에 있는 저장실
헤브라이 전설에 의해 확인된 그들이 지었다는 도시 일부
(사진의 판권은 언더우드 앤 언더우드 소유)

---

[11] [역주] 네페르타리(Nefertari, 기원전 1301년경 ~ 기원전 1255년)로 흔히 알려져 있다. 고대 이집트의 왕비로 이집트 제19왕조의 파라오인 람세스 2세의 부인 중 한 명이다. 람세스 2세가 매우 총애하였다고 전해지며 그녀를 위해 아부 심벨에 따로 신전을 만들었다 한다. 근처에 그녀의 무덤이 있는데 네페르타리의 무덤은 왕비의 계곡(Valley of the Queens)의 무덤 중에서 가장 크고 화려하다. 네페르타리가 죽자 그녀의 딸 메리타멘은 아버지 람세스 2세의 왕비가 되었다.

[12] Erman, Life in Ancient Egypt, 504.

을 것이다. 그들 조상의 한 종족이 그러한 노동을 피하려 그곳에서 달아나야 했었다는 것은 당시에 대해 우리가 아는 것과 상당히 일치한다. 팔레스타인 및 시리아와의 교류는 당시 그 어느 때보다도 더 친밀했다. 람세스 2세의 후임자의 통치 시기로 날짜가 적힌, 한 변경 관리의 편지에는 에돔 사람인 베두인 무리가 와디 투밀라트에 있는 요새를 통과해, 헤브라이인들이 요셉의 시절에 했던 것처럼 피톰의 물웅덩이 옆에서 그들 가축을 방목할 수 있도록 했다고 적혀 있다.[13] 수에즈 지협에 있는 아마도 타루의 변경 요새의 어느 지휘관 서기가 쓴 개략적인 기록을 통해 우리는 또한 그가 어떤 사람들의 통행을 허가했는지 알 수 있다. 보고서를 가져가거나 파라오와 합류하러 허둥지둥 시리아로 가는 군관 외에도, 팔레스타인 수비대 군관들을 위한 편지를 가진 전령, 티레의 왕을 위한 편지를 가진 전령, 당시 시리아에서 군사 활동 중이던 왕(메르넵타) 측 군관들을 위한 편지를 소지한 전령들이 적혀 있었다.[14] 수에즈 지협을 가로질러 어느 정도 길이로 이어진 방어시설은 없었지만, 타루가 한쪽이고 아마도 람세스가 다른 쪽인 요새들의 방어선이 있었다. 이 방어선은 아시아에서 이집트로 진입하는 구역을 가로질러 펼쳐져 있었다. 이 구역은 지협의 남쪽 절반까지 이어지지는 않았고, 팀사호(Lake Timsa)와 지중해 사이의 땅으로 국한되어 있었다. 방어선은 지중해에서 남쪽으로 이어지다가 호수를 지나서 서쪽으로 구부려져 와디 투밀라트로 들어갔다. 그러므로 헤브라이 전설은 그들을 막았을 방어선의 남쪽에 있는, 지협의 남쪽 절반을 가로질러 이스라엘 민족이 탈출했다고 묘사한다. 수에즈 지협을 통해 나가고 흘러들어오는 통상의 물결은 제18왕조 때보다 더 세찼다. 그러는 동안 지중해에서는 이집트 갤리선이 바다

---

[13] III, 636-38.
[14] III, 630-635.

를 하얗게 만들었을 것이다.

파라오의 식탁에는 키프로스, 히타이트와 아모리인들의 땅, 바빌로니아, 나하린에서 온 산해진미가 차려졌다. 팔레스타인과 시리아 성읍에서 온 정교하게 제작된 전차, 무기, 채찍, 금을 박아 장식한 지팡이가 그의 무기고를 채웠고, 한편 그의 마구간에는 바빌론의 준마와 히타이트 지역의 소 떼가 당당히 자리했다.[15] 부자들의 재산 부속물로는 응석받이로 큰 이집트인들에게 아시아의 사치품을 실어다주는, 이집트와 시리아 해안 사이를 다니는 갤리선이 포함되어 있었다.[16] 그리고 심지어 아비도스에 있는 세티 1세의 장제전은 람세스가 제공한, 근동지역으로부터 신전으로 공물을 나르는 선박을 소유했다.[17] 부자들의 집은 아시아의 장인과 예술가의 가장 아름다운 제품들로 가득 찼다. 그리고 이러한 작품들은 당시 이집트 예술에 큰 영향을 미쳤다. 나라는 셈족과 다른 아시아의 노예들로 북적거렸다. 그리고 페니키아와 다른 외국 상인들은 너무 많아서 멤피스에는 바알신과 아스타르테(Astarte)[18] 신전을 갖춘 외국인 구역이 있었다. 이들 및 다른 셈족의 신들이 이집트 판테온(萬神殿)에 자리를 차지했다. 자신의 글씨를 장식하기 좋아하는 학식 있는 서기들이 장식에 쓰던 엄선한 용어뿐 아니라 상당수 셈족 어휘들이, 헤브라이어가 속하는 팔레스타인과 그 부근의 방언들에서 당시 현지어에 차용되었다. 우리는 그러한 어휘들이 헤브라이어로 된 구약성경에 등장하기 4, 5세기 전인 제19왕조의 파피루스에서 그 어휘들을 흔히 발견한다. 왕실 가족도 그러한 영향에서 벗어나지 않았다. 람세스가 가장 좋

---

[15] Pap. Anast., IV, 15, 2-17=III, 8.
[16] Ibid., IV, 3, 10-11.
[17] III, 274.
[18] **[역주]** 아스타르테는 고대 근동 지방 다산의 여신으로, 지중해의 주요항구들인 티루스·시돈·에일라트의 주신이다. Ashtart라고도 쓴다.

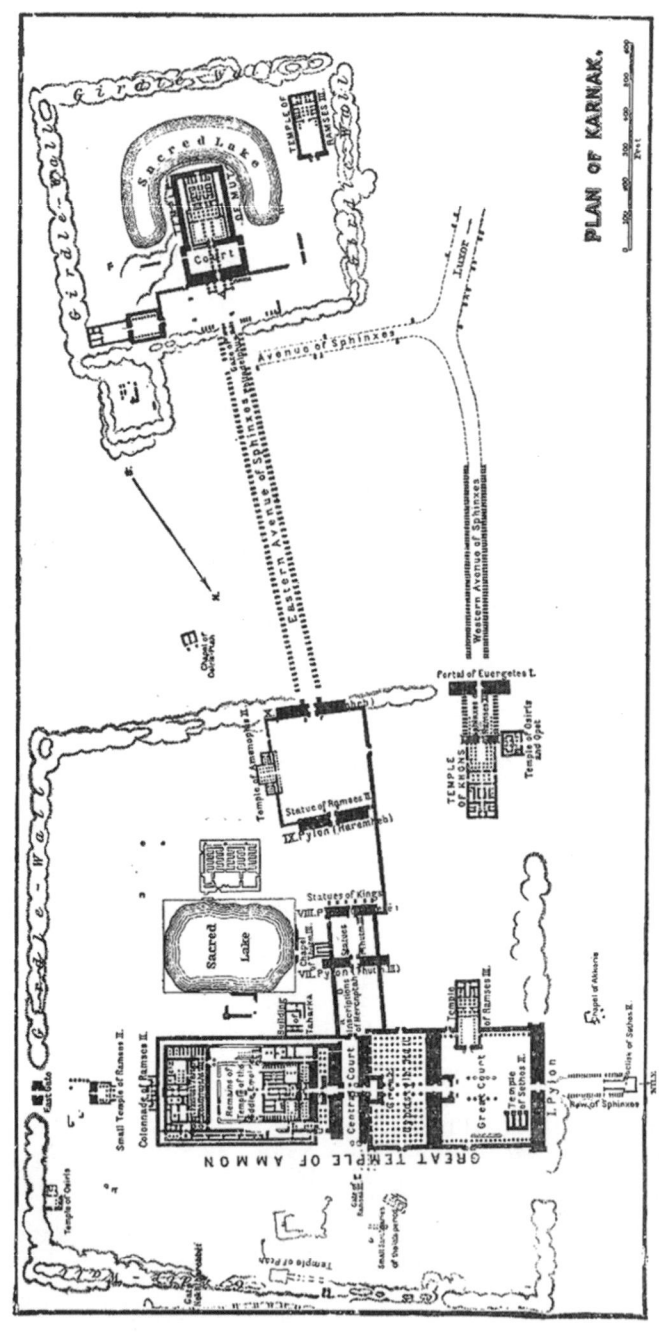

지도 8. 카르나크 신전의 평면도

아하는 딸은 '빈트-아나트(Bint-Anath)'라 불렸는데,[19] 이는 셈족의 이름으로 '아나트(시리아 여신)의 딸'이란 뜻이다. 그리고 왕실의 말 가운데 하나는 '아나트-헤르테(herte)' 즉, '아나트가 만족하다'로 명명되었다.

그림 9. 중무장한 람세스 2세의 셰르덴 용병 호위대

제18왕조 하에서도 벌써 눈에 띈, 아시아인들의 삶이 대거 유입되어 생긴 영향은 이제 깊어졌고, 셈족 혈통을 가진 많은 외국인이 궁궐과 조정에서 인정을 받고 결국 높은 지위를 얻었다. 벤 오젠(Ben-'Ozen)이라는 시리아 사람은 메르넵타 조정에서 최고 전령관, 즉 의전관(儀典官)이었다.[20] 그러나

---

[19] **[역주]** 아나트는 서부 셈족의 주요여신이다. Anat라고도 쓴다. 사랑과 전쟁의 여신이다.
[20] Mar. Ab. II, 50; Cat. gen. d'Ab., No. 1136, p. 422; RIH, 32; BT, VI, 437.

그는 때로 언급되는 것처럼 섭정(攝政)은 결코 아니었다. 당시 통상의 기회는 이집트에 있는 그러한 외국인들에게 부와 권력을 가져다주었다. 벤 아나트(Ben-Anath)라는 이름의 시리아 선장은 자기 딸의 남편으로 람세스 2세의 아들을 얻을 수 있었다.[21] 비록 파라오 부대의 사병들은 아시아인보다는 서쪽과 남쪽 사람들로 다시 채워졌지만,[22] 군대에서 큰 출세가 그와 같은 외국인들에게 개방되어 있었다. 와디 함마마트 채석장에서 복무하도록 람세스가 파견한 5천 명의 군부대에는 단 한 사람의 이집트 원주민도 없었다. 그들 중 4천 명이 넘는 사람들이 셰르덴, 리비아인이었고, 나머지는 벌써 제6왕조의 이집트 군대 내의 사병들처럼 흑인이었다.[23] 그러한 체제에 내재된 위험한 경향은 벌써 분명히 드러났고, 곧 왕실에서도 이를 감지하기는 했다. 다만 그러한 추세에 전혀 맞설 수 없을 뿐이었다. 이집트를 세계 제일의 열강으로 만든 호전적인 정신은 겨우 몇 세대 지속되었고, 선천적으로 평화적인 사람들은 그들에게 익숙한 평화로운 삶으로 돌아가고 있었다. 그들이 예전 생활방식으로 이렇게 회귀하고 있을 때, 동부 지중해와 리비아 종족들이 파라오에게 훌륭한 용병군을 제공했으니, 그러한 상황에서 그가 그들을 이용하지 않을 수 없었다.

아시아에서의 전쟁으로 투트모세 3세의 제국을 회복하지 못했지만, 팔레스타인 전역과 아마도 북부 시리아 일부는 파라오에게 계속해서 조공을 바쳤다. 그리고 남부에서는 제국의 경계가 전처럼 제4폭포 아래의 나파타였다. 당시 인생에서 전성기였던 위풍당당한 파라오가, 왕세자로부터 신분이 높은 고관들을 거쳐 외곽 성읍들의 시장(市長)까지, 제국의 거물들을 접

---

[21] Ostracon, Louvre, Inv. 2262, Devér. Cat., p. 202; Rec. 16. 64.
[22] [역주] 셰르덴, 리비아인들이 저자가 언급한 서쪽 사람들이고, 누비아 원주민이 남쪽 사람들이다.
[23] Battle of Kadesh, 9.

사진 52. 람세스 2세의
검은색 화강암 조각상
(토리노 박물관)

사진 53. 아부심벨의 절벽 신전
정면을 가로질러 남쪽을 바라본 전경.

견할 때 당당한 호화로운 행진이 있었다. 이 멋진 행렬은 누비아의 남쪽 경계로부터 시리아의 히타이트 국경까지 이르는 그의 왕국의 공물과 세금을 그에게 가져다주었다.[24] 이렇게 해서 얻은 부는 여전히 고상한 목적에 도움이 되었다. 예술은 여전히 융성했다. 이집트 조각가가 만든 작품 가운데 젊은 람세스의 훌륭한 조각상(사진52)보다 더 나은 것은 없었다. 이것은 토리노 박물관의 걸작이다. 심지어 아부심벨의 조각상 같은 거대한 조각상(사진53)조차도 훌륭한 인물상이다. 예술이 쇠퇴하고 있었다 하더라도, 파라오가 가장 좋아한 딸인 빈트-아나트의 차갑지만 정교한 용모를 돌에 표현할 수 있었던 부조의 거장들도 있었다. 제18왕조의 세련됨이 카르나크의

---

[24] III, 481-4.

사진 54. 카르나크의 큰 홀의 복원도
아몬의 국가 신전에 있는 제19왕조의 다주식 건조물. 240, 252, 284쪽을 참조하라. (페로와 쉬피즈 참조)

사진 55. 카르나크 큰 홀의 회중석
홀 뒤쪽에서 북서쪽으로 나일강 쪽을 바라본 전경. (290쪽의 도면을 참조하라.) 서쪽 평원 뒤쪽의 절벽이 중앙의 출입구 사이로 보인다.

큰 홀(사진54-55)에서 많이 부족하다 하더라도, 그곳은 이집트에서 가장 인상적인 건축물로, 러스킨조차 인정하듯 결국에는 크기가 그 대단함을 말해준다. 홀 중앙부의 기둥 위에는 튀어나온 기둥머리가 덮여 있고, 기둥머리 하나에 백 명이 함께 서 있을 수 있을 정도로 인간의 손으로 세운 가장 큰 웅장한 기둥들이 숲을 이룬, 압도적인 열주의 그림자 아래 처음으로 선 사람, 100톤이나 나가는 아키트레이브들이 지붕을 이룬 길고 어마어마한 통로를 바라보며 홀

사진 56. 라메세움, 람세스 2세의 장제전
수많은 무덤의 입구가 뚫려 있는 서쪽 절벽이 신전 뒤쪽으로 올라와 있다.

의 벽 안쪽으로는 노트르담 성당 전체를 포함하고도 공간이 많이 남는다는 것을 아는 사람, 길이가 12.2m가 넘고 무게가 약 150톤인 상인방 돌이 한때 위에 얹혀 있던 거대한 정문에 주목하는 사람은 인간에 의해 세워진 것으로는 가장 큰 기둥으로 된 이 홀을 지은 시대에 대해 대단한 경의(敬意)를 느낄 것이다. 선의 아름다움보다 크기가 더 인상 깊었다 하더라도, 똑같은 건축가들이 람세스의 장제전인 라메세움(사진56)을 만들었다는 것을 잊어서는 안 된다. 라메세움의 세련미는 제18왕조의 가장 훌륭한 작품들 못지않다. 나일강과 절벽 사이의 좁은 땅이 석조 신전을 짓기에 불충분하거나 지을 수 없는 누비아에서도, 바위를 깎아 만든 람세스 성소가 건축에 확실히 공헌했다. 아부심벨(사진53) 신전의 방문객은 음산한 절벽으로부터 강을 바라보는 이 외로운 성소의 엄숙한 장엄함을 잊지 못할 것이다. 그러나 람세스가 건축가들에게 짓게 한 많은 건축물 가운데에는 생기와 신선함이 없고,

룩소르 신전에 그가 덧붙인 것처럼 둔탁하고 천박하며 너저분한 솜씨로 만들어진 것도 불가피하게 많다. 그러한 모든 건축물은 여러 전쟁에서, 특히 앞에서 언급한 카데시 전투에서의 그의 절망적인 방어처럼(그림10) 파라오의 용감한 업적을 묘사하는 화사하게 채색된 부조로 장식되어 있다. 이 카데시 전투 장면이 그때까지 이집트 데생 화가에 의해 시도된 것 중 가장 야심적인 작품이다. 구불구불한 강, 해자를 두른 도시, 달아나는 적, 파라오의 맹렬한 공격과 뚜렷한 대조를 이루는, 보병들에 둘러싸여 조심스럽게 자기 사람의 전투를 막는 신중한 히타이트 왕, 이 모든 것은 비록 시공(時空)의 적절한 관계를 의식하지 못해서 모호하기는 하지만, 초기 근동의 다른 작품뿐 아니라 항상 이집트 작품의 특징이었던 기술로 제작되었다. 비록 당시의 부조는 작품의 기교에서는 뚜렷한 진전을 보이지만, 그러한 작품에 포함된 수많은 인물은 개별적으로 거의 주목받지 못하고 종종 서툴게 그려졌다. 그러나 그러한 야심적인 작품은 600년 또는 그 이상의 기간 동안 다른 근동지역에서는 찾아볼 수 없었다.

이 마지막 삽화는 시각예술(사실적 묘사)에 영향을 미쳤을 뿐 아니라, 궁정 시인들의 상상력에도 깊은 영향을 미쳤다. 시인 중 한 사람은 그 전투에 대한 산문시를 지었다. 이 시는 상당한 문학적 기교를 보여 주며, 이집트 문학에서 발견되는 서사시에 가장 근접해 있다. 우리는 어떻게 메뚜기 떼처럼 적이 언덕을 덮었는지 듣는다. 재앙으로 이어진 사건들이 정확하고 분명하게 서술되고, 그런 다음 파라오가 적들 속에서 홀로 있을 때, 시인은 그가 아버지인 아몬에게 도움을 요청하는 것으로 묘사한다. 아들의 외침을 들은, 멀리 테베에 있는 신은 이에 응답하고 시련을 극복하도록 팔에 힘을 주는데, 이 부분은 서사시의 모든 뛰어난 영웅 정신을 보여준다. 극적인 대조에 대한 저자의 인식이 주목할 만하다. 그는 왕의 마차를 모는 사람의

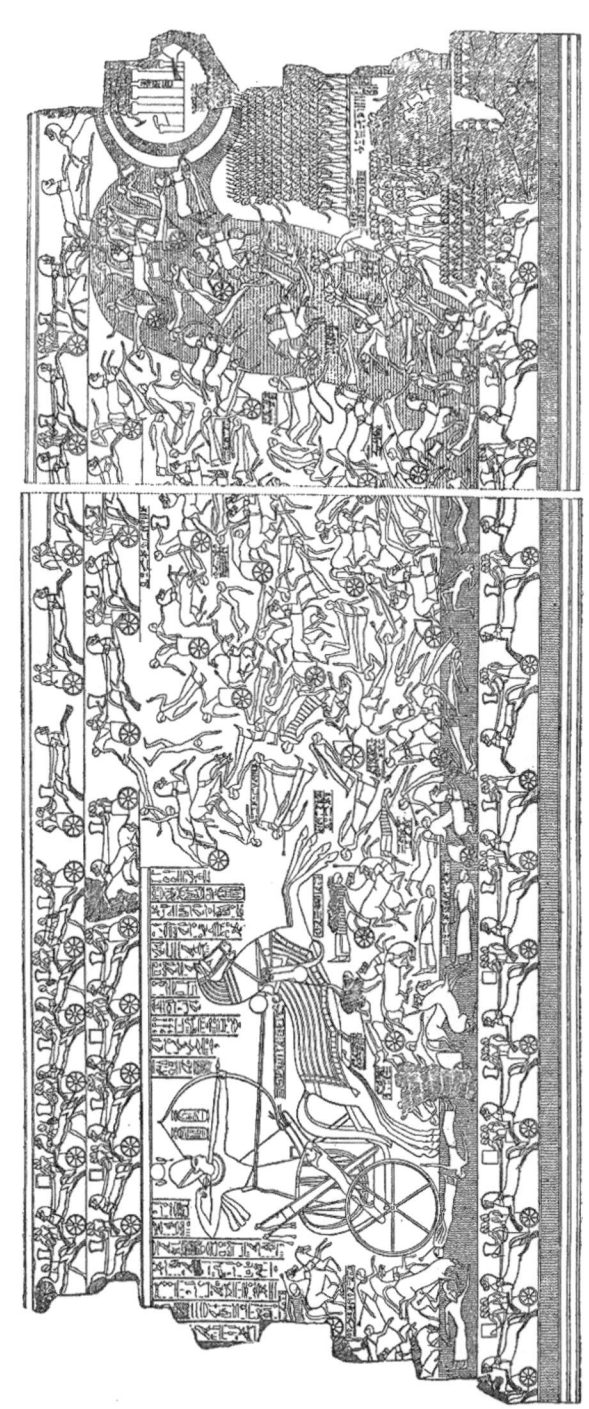

그림 10. 라메세움 벽면에 부조로 새겨진 람세스 2세의 카데시 전투 장면

람세스 혼자 물론 근위대가 있어야 하지만 아시아의 전차부대 위, 아래에 둘러싸여 있다. 그 앞에는 히타이트 왕 군대의 쓰러진 제후들이 있고 각 제후 옆에는 이름과 직함이 새겨져 있다. 장면은 파라오와 동적 순간을 묘사한다. 당시 그는 적의 동쪽 진영을 강으로 몸아붙였다(지도7). 도주자들은 헤엄쳐 건너거나, 반대편 해안에서 전우들이 그들을 끌어당기고 있다(그림8, 알레포의 왕 참조). 알레포 왕의 오른편, 벼이 무너진 곳에 히타이트 왕이 8천 명의 아시아 보병들 틈에 전차를 타고 있다. 오른쪽 위 분에 모퉁이는 이중으로 해자를 두른 도시 카데시이다.

당황한 모습을 묘사하여 람세스의 불굴의 정신과 대조시키고, 용기를 북돋아 주는 불을 뿜는 듯한 열변을 파라오의 입을 빌려 표현한다. 다른 부수적인 에피소드 중에, 모든 것이 다 끝나고 위기가 지나가자, 람세스가 전투기간 내내 그를 안전하게 태워 준 전차를 이끈 용감한 말에게 자신이 항상 직접 먹이를 주겠노라고 맹세하는 부분이 있는데, 그의 맹세에서 기분 좋은 서사시적인 필치가 느껴진다. 펜타우르(Pentaur)[25]라는 이름의 서기가 파피루스에 이 작품을 베껴 적어서, 이 문서를 처음 연구한 사람들은 그를 시의 저자로 오인했다. 비록 '펜타우르'가 여전히 자주 저자의 영예를 누리고 있지만, 진짜 저자는 알려지지 않았다. 형식에 있어 이 영웅시는 새로운 특색을 보인다. 그러나 그것은 이집트 역사상 너무 늦게 출현하여 정말로 위대한 서사시로의 추진력이 되지 못했다. 무용의 시대와 창조 정신은 이집트에서 지나갔다. 그러나 제19왕조에서는 설화가 자생적인 자연주의와 결합해 확실히 많이 생겨났고, 자생적 자연주의는 중왕국의 모든 기교의 흔적을 완전히 없앴다. 벌써 중왕국 때 종종 역사를 주제로 한 꾸밈없는 민간 설화 모음집이 생겨났다. 사람들의 소박한 언어로 표현된 그러한 민간설화들은 이미 제18왕조 때 글로 표현될 만큼 문학적으로 충분히 훌륭했다. 제18왕조시기에 이러한 설화가 있었지만, 이 종류로 잔존하는 사본 대부분은 제19왕조나 그 이후의 것이다. 우리는 최근에서야 힉소스 왕 아포피스와 테베의 세케넨레 사이의 전쟁 이야기의 없어진 결론 부분에 힉소스 축출에 관한 대중적인 설명이 분명히 포함되어 있음을 발견했다. 독자들은 이 설화가 힉소스에 대한 우리의 빈약한 지식에 기여했음을 상기할 것이다.[26] 사람들은 당시 투트모세 3세의 사령관들의 위업에 대해 누누이 말하

---

[25] **[역주]** 저자는 펜테웨레(Pentewere)로 표기하고, 괄호 안에 펜타우르를 병기했다.
[26] 1권, 276-278, 287-288쪽 참조.

는 것을 좋아했다. 그들은 투티이에 대해 그리고 그가 당나귀 등에 실은 짐바구니로 군인들을 도시로 데려와 요파를 점령한 것에 관해 이야기했다. 이 이야기는 아마 알리바바와 40인의 도둑의 원형일 것이다. 그러나 불운한 왕자 이야기의 소박한 매력이 그러한 역사적 설화의 매력을 능가한다. 유일한 아들인 왕자에게 태어날 때 하토르에 의해 악어나 뱀, 개에 의해 죽게 될 운명이 정해졌다. 시리아로 여행하면서 그는 나하린의 왕이 자신의 딸을 가둔 탑을 오르는 데 성공했다. 시리아의 젊은 귀족 가운데 팔 힘과 꾸준한 정력으로 젊은 소녀가 있는 곳의 창으로 훌쩍 뛰어올라 매달릴 수 있는 사람이 그녀를 아내로 데려갈 수 있었다. 그러나 왕자가 자신의 진짜 신분을 밝히지 않고 한 이집트 관리의 아들이라고 하자, 나하린의 왕은 그에게 딸을 주기를 거절하고 후에 그를 죽이려 했다. 이 중대한 시기에 젊은 소녀는 그들이 그를 죽이면 자신도 자살하겠다는 굳은 의지를 공언함으로써 그녀가 사랑하는 사람을 구했다. 그러자 왕은 마음이 풀어졌고 왕자는 신부를 맞아들였다. 악어와 뱀을 피하고 나서 그는 아마도 이집트에서 그를 따라온 충성스러운 개의 희생물이 되었던 것 같다. 그러나 이야기의 끝은 전하지 않는다. 이는 젊은이가 아내를 얻으려면 어떤 시련이나 경쟁을 거쳐야 한다는 거의 보편적인 주제를 가진 최초의 이야기로 알려져 있다. 이 주제는 나중에 더 야심적인 작품들에서 발견되었는데, 심지어 소포클레스(Sophocles)[27]의 불멸의 비극 오이디푸스와 스핑크스 이야기처럼 그리스 희곡에서도 발견되었다. 함께 사는 두 형제를 묘사한 목가적인 순박함을 지닌 농촌 설화도 있다. 형은 결혼한 가장이었고, 동생은 아들과 같은 존재로 형과 함께 산다. 당시 동생에게 후에, 헤브라이 영웅 요셉에게 있었던 위험

---

[27] [역주] 아이스킬로스 및 에우리피데스와 더불어 고대 그리스의 3대 비극작가 가운데 한 사람이다. 123편의 희곡을 썼지만, 지금까지 남아있는 것은 7편뿐이며, 가장 널리 알려진 작품은 『오이디푸스 왕』이다.

한 일이 닥쳤다. 형의 아내가 그를 유혹하고 그가 흔들리지 않자, 여자는 복수하기 위해 그를 남편에게 중상했다. 젊은이는 소 떼의 경고를 받고 소 떼를 마구간으로 몰고 갈 때 살기 위해 도망쳤다.[28] 설화는 여기서 서론으로는 그렇게 만족스럽지만은 않은 반쯤 신화적인 일련의 사건들과 합쳐진다. 그러한 설화의 수는 매우 많았음이 틀림없다. 많은 그리스 작가들, 심지어 사제인 마네토도 그리스 시대 설화들에서 초기 이집트 왕들에 대해 알고 있는 모든 정보를 얻었다.

그러한 다수의 문학작품은 내용과 정신에서는 시적이지만, 시적인 형식은 조금 부족하다. 그러나 그러한 형식이 기대에 어긋나는 정도는 아니며, 이 시기의 노래 중에는 보다 야심적인 문학 속에 자리매김할 만한 시들도 있다.

상상력이 풍부하지 않은 나라에서 현대 세계의 우리에게도 호소력 있는 진실한 감정이라는 특성을 보이는 애정 노래도 있었다. 종교적인 시, 노래, 찬가는 당시 매우 많았다. 그리고 그들 중 일부는 뚜렷한 문학적 성격을 드러낸다. 우리는 이 시기의 종교를 논하면서 다시 이 작품들을 되돌아볼 것이다. 당시 서기와 관리들의 수많은 편지, 서기 학교의 학동들이 쓴 연습

---

[28] [역주] 이 이야기는 요셉 유혹설화와 모티브, 줄거리, 사용된 어휘 등이 너무 동일해 그리스 벨레로폰 신화와 더불어 요셉 유혹설화의 원전으로 알려져 있다(민희식 2008:175). 민희식(2008:176)에 소개된 벨레로폰 설화는 다음과 같다. 코린토스의 왕자 벨레로폰은 본국에서 일으킨 사건으로 아르고스(Argos) 왕 프로이토스(Proetos)에게 피신해 온다. 그런데 왕비 안테이아(Anteia)가 미남 벨레로폰을 보고 그를 유혹한다. 벨레로폰은 자신을 후대하는 왕을 저버릴 수 없어 이를 뿌리친다. 그러자 화가 난 왕비는 왕에게 벨레로폰이 자신을 겁탈하려 했다고 거짓으로 고한다. 왕은 격분했지만 자기의 손님을 죽이기가 꺼려져서 편지와 함께 벨레로폰을 자신의 장인이자 리키아의 왕 이오바테스(Iobates)에게 보낸다. 그 편지에는 이 편지를 지참한 자를 죽이라고 쓰여 있었다. 이오바테스는 벨레로폰에게 여러 가지 위험한 임무를 맡겼으나 벨레로폰은 이를 모두 해결하고 이오바테스의 신임을 얻어 왕녀 필로노에(Philonoe)를 아내로 맞이한다.

문제와 실습편지, 계산서, 신전 기록, 회계 장부—이 모든 문서가 흔치 않은 깊이와 감흥으로 당시 상황의 세부적인 것들을 채울 것이다.

당시의 것으로 현존하는 문학작품 대부분은 단연 종교적인 작품들이고, 그것이 국가 종교의 산물인 한, 우리에게 주는 인상은 결코 만족스럽지 않다. 이크나톤이 타도되고 과거의 관습으로 복귀한 이후, 국가 종교는 모든 생명력을 잃었다. 인습적인 사제의 손에 창의적인 능력은 더 이상 없었다. 그렇기는 하지만 당시의 종교는 일종의 진보를 이루고 있었다. 혹은 적어도 일정한 방향으로, 그것도 매우 빠르게 움직이고 있었다. 항상 종교와 가깝게 연결된 국가는 점점 더 주로 종교적인 기관으로 간주되고 있었고, 국가의 수장인 파라오를 통해 신을 찬양하고 예배하도록 계획되었다. 이러한 추세를 나타내는 다른 징후 가운데 신전의 이름이 중요한 힌트를 제공한다. 전에는 '영예 중의 영예', '눈부신 기념물', '생명의 선물' 같은 이름을 가졌던 성소들이 이제는 '아몬가(家) 세티의 집', '프타가 람세스의 집'으로 지칭되었다. 중왕국에서 이미 관찰할 수 있었던 이 추세는 당시 보편적이었으며, 모든 신전은 이렇게 해서 통치자 파라오의 성소로 지칭되었다. 오랫동안 국가의 성직특권주의 이론 및 이상이었던 것이 당시 실질적으로 실현되기 시작했다: 제국은 신들의 영토가 되었고 파라오는 보편적 대사제의 직무에 심혈을 기울이는 사람이었다. 조세 대상이 아닌 신전 기금은 당시 중요한 경제적 역할을 했다. 우리는 세티 1세와 람세스가 사제단의 수요가 증가함에 따라 새로운 세입의 원천을 찾았던 것을 보아왔다. 국가는 점점 다른 모든 것을 희생해서 하나의 기능을 만족시키기 위해 왜곡되었다. 국가의 부와 경제적 자원은 이렇게 천천히 집어 삼켜졌고, 결국 산업 과정은 단지 신들의 부양을 위한 일이 되었다. 아몬의 부와 권력이 특히 늘어남에 따라 테베의 아몬 대사제는 점점 더 중요한 정치적 요인이 되었다. 우리는 그가 전국의 모든 사제단을 포괄하는 사제 조직의 수장이었음을 기억한다. 이렇게 해서 그는 가장 영향력 있는 정치 파벌을 통제했다. 그러므로 메르넵타(람세스 2세의 아들이자 계승자)와 아마 벌써 람세스 하에서도, 아몬 대사제는 더 나아가 자신의 아들을 후임자로 임용할 수 있었던 것이다. 이렇게 해서 그는 이집트의 가장 강력한 계급의 꼭대기에 자신의 가족을 굳게 자리 잡게 했다.[29] 그러한 가정은 왕조와 마찬가지로 타도될 수 있었지만, 이처럼 사제가 아들에게 상속된 관례는 위험한 것이었고, 결국 사제의 손에 파라오가 폐위되는 일이 일어났다. 그러나 그 사건은 여전히 먼 약 150년 후에 일어난 일이다. 그 사이에 대사제는 자신의 권력과, 파라오를 움직일 수 있는 영향력을 이용해서 그의 금고에 새로운 수입을 강력히 요구했다. 결국, 제19왕조가 끝나기 전에, 아몬은 자신의 권한으로 누비아의 어떤 금 생산지를 확보하기까지 했다. 그곳은 쿠시의 총독이 관리했고, 따라서 쿠시 총독은 '아몬의 금 생산지의 통치자'라는 추가 직함을 차지했다.[30] 이렇게 해서 디오도루스가 묘사한 사제 국가가 점차로 흥기하고 있었다. 그리스 시대의 이집트 사제들은 그 국가를 황금시대로 회상한다. 지배적인 종교의 내적인 내용은 이미 오랫동안 가장 유력한 사제단에 의해 결정되었다. 이제 그 외부로 드러난 것들이 거대하고 확고한 체계로 그들에 의해서 정교하게 만들어지고 있었다. 사제단에서의 파라오의 인기는 사제단의 요구를 파라오가 묵인하는 정도에 의해 결정되었다.

   국가 종교가 형식적인 의례들로 이루어졌지만, 파라오들은 그들만의 윤리적 기준이 없는 것은 아니었다. 그리고 이것들은 전적으로 겉으로 보이는 것만의 문제는 아니었다. 우리는 정부가 백성을 상대하면서 정직하고자 했던 하렘합의 노력을 보아왔고, 투트모세 3세가 진실을 존중한 것에

---

[29] III, 618.
[30] III, 640.

주목해 왔다. 람세스 3세는 테베에 있는 자신의 장제전의 헌정 기록에서, 건축물을 지으려 필요한 공간을 확보하기 위해 어떤 옛 무덤도 옮기지 않았다고 선언했다.[31] 그는 또한 그가 다른 누구로부터 왕위를 빼앗지 않고서 높은 지위를 얻은 것이 알려지기를 바랐다.[32] 그러나 우리는 람세스 2세가 자기 조상들의 기념물의 신성불가침성을 야만스럽게 무시한 것에 대해서도 벌써 주목했었다. 이 왕들이 기도하여 얻으려 했던 것은 좋은 평판이나 떳떳한 인생이 아니었다. 그들이 바란 것은 물질적인 것이었다. 람세스 4세는 오시리스에게 기도한다. "제게 건강, 생명, 장수, 오랜 통치 기간을 주시고, 제 팔다리에는 지구력을 주시고, 눈에는 시력을, 귀에는 청력을, 마음에는 즐거움을 매일 주십시오. 그리고 제가 만족할 때까지 먹을 것을 주시고, 취할 때까지 마시게 해 주십시오. 그리고 제 자손을 왕으로 영원히 세워 주십시오. 또한, 제가 매일 만족하게 해 주시고, 제가 당신께 말할 때 제 모든 말에 귀를 기울여 주시고, 제게 사랑하는 마음으로 말씀해 주십시오. 당신께 바치는 공물과 남과 북의 모든 신과 여신께 바치는 공물을 공급할 수 있도록, 신의 황소가 살 수 있고 당신의 손으로 만드신 당신의 모든 땅의 백성들, 그들의 가축들과 숲이 살 수 있도록 나일의 수위를 높게, 풍성하게 해 주십시오. 당신은 그 모든 것을 만드신 분이고, 그것들을 다른 계획을 실행하기 위해 버릴 수는 없기 때문입니다. 그것은 옳지 않기 때문입니다."[33]

이 왕실 기도문이 보여 주는 감각적인 물질만능주의보다 고상한 유형의 개인 종교가 상류층 속에서 발달하고 있었다. 이 당시 유행했던 아몬에 대한 훌륭한 찬가는 아톤 신앙에 널리 쓰이던 옛 사상들을 많이 포함하고

---

[31] IV, 4
[32] IV, 188.
[33] IV, 470.

있다. 그리고 다른 종교적 시들을 살펴보면, 개인적 관계가 숭배자와 신 사이에 점차 자라기 시작하여, 숭배자는 신을 인간의 친구이자 보호자로 보고 있음을 알 수 있다. 누군가는 "아몬 레여! 저는 당신을 사랑합니다. 당신을 제 가슴 속에 끌어안습니다. … 저는 마음속의 걱정을 따르지 않습니다. 아몬이 하는 말은 성공을 가져오기 때문입니다."[34]라고 한다. 또는 "아몬, 심판의 법정에 홀로 선 그에게 당신의 귀를 빌려주세요."[35]라고 말한다. 그리고 법정이 풍성한 뇌물로 매수된다면, 아몬은 빈자의 재상이 된다.[36] 인간은 또한 죄의식을 느끼고 "저의 많은 죄로 저를 벌하지 마세요."[37]라고 외친다.[38] 당시의 격언은 대부분 똑같은 정신을 보여준다. 격언은 전에는 올바른 행동만을 머릿속에 심어주었지만, 이제는 악을 미워하고, 신이 싫어하는 것을 싫어하도록 권한다. 기도는 마음의 고요한 염원이어야 한다. 토트에게 현인은 다음과 같이 기도한다. "오, 사막의 목마른 자들을 위한 달콤한 샘이여! 그곳은 말하는 자에게는 닫혀 있지만, 침묵을 지키는 자에게는 열려 있다. 침묵을 지키는 자가 오면, 보라 그가 우물을 발견한다."[39] 이제 사제들에 의해 곳곳에서 전파되는 마법의 문헌의 해로운 힘은 점차 중간층의 이러한 염원을 억눌렀다. 그리고 이집트 종교에서 이 같은 윤리적이고 도덕적인 삶의 마지막 징후는 천천히 사라졌다. 우리가 보통 사람들의 신앙을 유일하게 잠깐 들여다볼 수 있는 것도 이 당시이다. 국가에 의한 신전의 전용은 오래전에 그들을 고대의 사당에서 내몰았다. 가난한 사람들은 그러한 장엄함 속에 있을 자리도 없었고, 그토록 영예로운 신의

---

[34] Birch, Inscr. in the Hier. Char., pl. XXVI.
[35] Pap. Anast., II., 8, 6.
[36] Ibid., 6, 5-6.
[37] Erman, Handbuch.
[38] [역주] 이상은 숭배자가 신을 인간의 친구이자 보호자로 보았음을 보여주는 묘사이다.
[39] Pap. Sallier, I, 8, 2 ff.

주목을 받을 만한 어떤 것도 바칠 수 없었다. 위대한 신들에 대한 수수한 옛 제례는 사라진 지 오래되었고, 가난한 사람들은 별로 중요하지 않은 정령들, 환희와 음악의 정령, 신격화된 인물들에게만 기댈 수 있었다. 이 지방 또는 저 지방에 자주 가는 신격화된 인물은 서민들의 일상생활이나 일용품에서 그들을 도울 관심과 마음이 있었다. 어떤 대상이든 빈자의 신이 될 수 있었다. 테베에서 편지를 써 보내는 사람은 친구를 아몬, 무트, 콘수와 그 지역의 주요한 신들에 위탁하지만, 그러나 또한 베키(Beki)의 대문(大門), 앞마당에 있는 여덟 마리의 원숭이, 두 그루의 나무에도 위탁한다.[40] 테베의 공동묘지에서는 아멘호테프 1세와 왕비 네프레티리(Nefretiri)가 가장 좋아하는 지방 신이 되었다. 우연히 손을 커다란 뱀이 있는 구멍에 넣게 된 사람이 물리지 않자, 즉시 명판을 세워 그 이야기를 밝히고, 아멘호테프의 힘만으로 그를 구했다고 아멘호테프에게 감사를 표했다.[41] 민간신앙에 의하면 같은 공동묘지의 언덕 꼭대기에 거주하는 여신이 있었는데, 또 다른 누군가가 그 여신에게 어찌어찌해서 죄를 범했다. 여신이 그에게 가했던 질병의 힘으로부터 마침내 그를 놓아주자, 그는 그녀를 기리는 비슷한 기념물을 세웠다. 같은 방식으로 죽은 사람들은 산 사람들을 괴롭힐 수 있었다. 죽은 아내에게 시달리던 한 관리는 그녀에게 타이르는 편지를 써서, 그것을 죽은 다른 사람의 손에 놓아 저 세상의 아내에게 제때에 전달되도록 했다. 지방의 신들, 신격화된 인물들, 옛 왕들 이외에, 시리아의 외국 신들도 수많은 아시아 노예들에 의해 도입되어 사람들이 호소하는 신들 속에 등장한다. 바알신, 케데시(Kedesh), 아스타르테, 레스헤프(Reshep),[42] 아나트, 수테크는 신

---

[40] Erman, Handbuch.
[41] Turin Stela.
[42] [역주] 가나안 지방의 전쟁과 역병의 신이다. 이집트 제18왕조의 파라오 아멘호테프 2세 때 이집트로 수용되었다.

에게 봉헌된 그 당시의 명판에 드물지 않은 이름이다. 이집트에서 시리아로 들어갔고 다시 힉소스와 돌아온 세트의 형태인 수테크는 심지어 람세스 2세의 왕립 도시에서 가장 인기 있는 수호신이 되었다. 동물숭배는 당시 또한 백성들 속에서 그리고 관리들 사이에서도 등장하기 시작한다.

이러한 중요한 변화가 젊은 파라오(람세스) 하에서 천천히 일어나고 있었다. 젊은 파라오는 이러한 변화를 다루는 데 있어, 그때그때 달라서 우리는 그가 어떤 사람이었는지 파악하기 어렵다. 그의 기록은 거의 대부분이 사제의 자료에 기원하며, 그 안에는 형식적인 아첨이 끝없이 반복되는, 당시 사제의 감언이 주를 이루고 있다. 즉 우리는 의미 없는 장황한 말을 통해서는 개성을 거의 파악할 수 없다고만 해야 할 것이다. 토리노에 있는 그의 장려한 조각상(사진52)은 잔존한 그의 사체에 의해 사실에 충실한 인물상임이 증명되었다. 따라서 적어도 그의 외양을 알려 준다. 실제로 그는 감미롭고 거의 여자 같은 아름다운 이목구비를 지닌, 키가 큰 미남이었고, 그가 확실히 소유했을 남자다운 특성을 결코 연상시키지 않았다. 카데시에서의 사건은 그가 절체절명의 위기에서 일어설 수 있는 능력을 가진 대단한 용기를 지닌 사람임을 확실히 입증했다. 그곳에서 분명했던 불굴의 정신은 히타이트 제국에 맞서 밀고 올라가 멀리 북시리아까지 정복을 감행한 끈기에 다시 한번 드러났다. 다만 정복이 지속되지 않기는 했다. 카데시에서의 거의 치명적인 실수를 만회하고 남았던, 거의 15년간의 군사작전 후에, 그는 자기 힘으로 얻은 평화를 즐길 준비가 되어있었다. 그는 지나치게 허영심이 강했다. 그는 자신의 기념물에 자신이 치른 전쟁에 대해 투트모세 3세가 했던 것보다 훨씬 더 과시했다. 그는 안락함과 쾌락을 사랑했고 절제 없이 육욕에 빠졌다. 그는 거대한 하렘을 가지고 있었고, 세월이 지남에 따라 자녀들이 급속하게 증가했다. 그는 백 명이 넘는 아들들과 적어도 그 반 정도의 딸을 얻었고, 딸 중 몇 명과는 결혼했다. 이렇게 해서 그는 매우 많은 가족을 남겼고, 그들은 람세스라는 귀족 계급이 되었다. 우리는 400여 년 후에도 여전히 직함 속에 그저 부친의 이름을 딴 것이 아닌, 계급이나 신분의 지칭으로서 람세스라는 이름을 가진 귀족들을 발견한다. 아마도 그의 아들들을 위해 직급과 부가 어울리는 아내를 찾아줄 수 없어서였는지, 앞에서 살펴본 대로 아들 중 한 명에게는 시리아 선장의 딸을 아내로 맞아 주었다. 람세스는 그의 대가족에 큰 긍지를 가졌고, 종종 조각가들에게 자신의 아들과 딸을 신전의 벽 위에 긴 줄로 묘사하게 했다. 그가 젊어서 얻은 아들들은 그와 전쟁을 함께 수행했다. 디오도루스에 의하면 그의 아들들이 그의 군대의 각 사단을 지휘했다.[43] 그들 중 그가 가장 사랑했던 아들은 캄웨세(Khamwese)로, 람세스는 그를 멤피스 프타의 대사제로 임명했다. 그러나 그의 애정은 그들 모두를 향한 것이었다. 그가 가장 좋아한 아내들과 딸들도 눈에 띄게 자주 그의 기념물에 등장한다.

람세스는 통치한 지 서른 번째 해가 되었을 때 그의 첫 번째 기념제를 거행했다. 축하의식은 그가 가장 사랑한 아들 캄웨세에게 맡겼다. 캄웨세는 위대한 마법사로 프타의 대사제였다. 그의 명성은 천 년 후에도 이집트의 민간 설화에서 여전히 살아있었다. 20년이 더 흘렀다. 그동안 람세스는 1년에서 3년마다 한 번씩 기념제를 거행했다. 이러한 축제를 아홉 번이나 치렀는데, 그의 어떤 전임자들의 통치 기간에 행해진 것보다도 훨씬 많은 횟수이다.[44] 이러한 의식에 세워진 오벨리스크에 대해서는 이미 살펴보았다. 북부 삼각주의 습지로부터 제4폭포에 이르기까지 나일강을 따라 모든 곳에 분포된 거대한 건축물에 영구히 새겨진 그의 이름과 함께, 람세스는 아멘호테프 3세의 장엄함을 훨씬 능가할 정도로 장대하게 살았다. 그는 자신이

---

[43] Diod., I, 47; comp. Battle of Kadesh, p. 34.
[44] III, 543-560.

대표하는 유서 깊은 혈통의 해질녘 영광이었다. 세월이 흐르고, 그가 젊어서 낳은 아들들이 죽었다. 캄웨세는 더 이상 그곳에서 늙은 왕의 기념제를 거행할 수 없었다. 하나씩 그들은 죽었고, 결국 12명이 죽었다. 13번째 아들이 장자가 되었고, 왕위의 계승자가 되었다. 그런데도 노왕은 여전히 살아 있었다. 그는 적극적인 통치에 필요한 활력을 잃었다. 그가 한때 해안에서 소탕했거나 자신의 군대에 복무하도록 강제로 징집했던 리비아인들 및 그들과 동맹을 맺은 해양 민족들, 리키아인, 사르디니아인, 그리고 에게해의 종족들은 이제는 무사히 서부 삼각주로 들어왔다. 리비아인들은 계속 밀고 나가서, 그들의 거주지를 점차로 거의 멤피스 관문까지 넓혔고, 재상이 살고 있는 헬리오폴리스 성벽에서 지척에 있는 삼각주의 남쪽 꼭짓점을 건넜다. 고령에서 온 건강 상실로, 그는 경고 신호와 이상 징후도 알아차리지 못했다. 활기찬 젊은 시절이라면 그러한 신호와 징후를 알아차리고 침입자들에게 즉각적인 응징을 했을 것이다. 동부 삼각주의 당당한 저택의 화려함 속에서 이와 극명하게 대조를 이룬 위협적인 상황은 결코 그가 빠진 무기력으로부터 그를 일으키지 못했다. 마침내 67년간 통치하고 90세가 넘은 나이에, 그의 제국을 구하는 데 필요한 시기에 그는 사망했다(기원전 1225). 우리는 연로한 90대의 쇠잔한 얼굴(사진57)을 들여다볼 수 있다. 람세스 시에서 찬란한 말년을 보내던 때로부터 분명 별로 변하지 않았을 것이다. 토리노의 장려한 조각상에 표현된 젊은

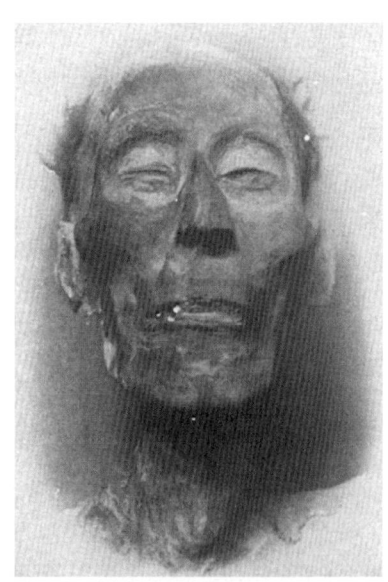

사진 57. 람세스 2세의 머리
그의 미라에서 (카이로 박물관)

시절의 얼굴과도 여전히 비슷하다.

아마 어떤 파라오도 그의 시대에 그보다 더 깊은 자취를 남기지 못했을 것이다. 25년 후 그의 이름을 가진 열 명의 왕들이 등장했다. 그들 중 한 명은 자신의 위대한 조상처럼 자신에게도 67년의 통치 기간을 허락해 달라고 기도했다.[45] 그들 모두 다양한 성과로 그의 영광을 모방했다. 그는 그들 모두에게 150년 동안 흔적을 남겼다. 람세스가 되지 않고는 파라오가 될 수 없었다. 그들이 전성기 람세스의 공격적인 힘을 소유했더라면, 이러한 영향은 훨씬 덜 해로웠을 것이다. 그러나 이집트가 전적으로 팽창력을 잃었을 때, 람세스의 사후 명성이 남긴 영향력은 국가에서 당시 우세했던 성직 특권주의의 경향을 더 촉진했을 뿐이었다. 따라서 영향력이 가장 강력했던 것은 통치 후반기의 람세스였다. 그리고 이집트가 국가의 존속과 관련된 투쟁을 위해 허리띠를 졸라매고 자원을 절약했어야 할 시기에, 이집트는 무기를 이방인 용병에게 내주고, 국가의 경제적 안정을 고려하면 이미 너무 많은 기금을 받고 있는 신전에 부를 낭비하고 있었다.

---

[45] IV, 471.

23 제국의 마지막 쇠퇴기: 메르넵타와 람세스 3세

이집트는 이제 수세에 몰려있었다. 이것은 국내외적인 상황으로 인한 결과였다. 살펴보았듯이 국가는 팽창력을 잃었고, 350년 전 힉소스 축출로 생긴 추진력은 더 이상 느껴지지 않았다. 투트모세 3세의 장군들의 업적이 여전히 회자되고, 전설적인 기적이 곁들여져 그들의 업적은 계속해서 사람들 사이에 유포되었다. 그러나 최초로 아시아를 정복한 영웅들을 자극했던 정신은 이제 사라졌다. 이것은 내부의 상황이고 외부는 온통 격변과 불안상태였다. 북지중해의 자꾸 들썩이는 해양 민족들은 해안을 따라 살금살금 움직이면서 약탈품을 구하거나 영주할 곳을 찾았다. 그들은 한쪽에서는 리비아인과 다른 한쪽에서는 조금 더 먼 소아시아의 민족들과 함께 파라오 제국의 국경으로 물결처럼 침입했다. 이집트는 불가피하게 수세로 몰렸다. 정복과 공격의 시절은 지나갔고, 600년 동안 국경을 확장하려는 진지한 노력은 없었다. 람세스 2세가 죽은 뒤 60년 동안, 우리는 파라오가 단지 제국을 지키기 위해서 애쓰는 것을 볼 것이다. 그들의 위대한 조상들의 야망은 분명히 제국을 확장하는 것이었다. 국가가 20년 간 노인의 통치하에 있다가 젊고 활동적인 군주의 박력 있는 손길이 더 필요하게 된 이 국사(國事)의 위기에서, 약해진 람세스를 그의 13번째 아들인 이제는 고령의 메르넵타[1]가 뒤를 이었다. 이렇게 해서 노인이 또 다른 노인을 이어 왕좌에 올랐다. 결과는 예상했던 대로였다. 서쪽의 리비아인들과 그들의 해양 동맹군들의 대담한 침략을 막기 위한 어떠한 조치도 즉각적으로 시행되지 않았다. 우리가 알 수 있는 한 람세스의 죽음으로 아시아의 지배권에 어떤 동요가 뒤따르지는 않았다. 시리아에서의 북쪽 경계는 북쪽으로 오론테스 계곡 상류까지였다. 적어도 아모리인들의 땅 일부를 포함했다. 이 땅에는 메르넵타의 이름이 들어간 그의 왕립 도시가 있는데, 아마 아버지에게서 물려받아서 다시 이름을 붙였을 것이다. 히타이트 왕국과 함께, 그는 방해받지 않고 평화를 누렸다. 이는 분명 46년 전 그의 아버지에 의해 타결되었던 옛 조약의 협정에 의해서였다. 사실 메르넵타는 기근이 들었을 때 히타이트인들을 구제하러 선박에 곡물을 실어 그곳에 보냈다. 비록 메르넵타가 한 말에서 그것이 자선 행위였다고 추론할 수도 있지만, 그는 화물에 대해 충분히 대가를 받았을 것이다.[2] 그러나 재위 2년 말에, 그는 아버지의 옛적에 선한 의도를 보인 것을 후회했을 법하다. 카데시 전투에서 히타이트의 동맹국 가운데 벌써 리키아인이나 다르다니아 사람 같은 해양 민족들이 있었음을 기억할 것이다. 이럭저럭 메르넵타는 이러한 민족들이 리비아인들과 연합해 서부 삼각주를 침입한 일에 히타이트가 당시 관련되어 있었음을 발견했던 것 같다. 아마도 시리아를 더 정복하기 위해, 히타이트는 리비아인들과 동맹국들에 적어도 정신적인 지원을 했고, 파라오의 아시아 도시들 사이에서 적극적으로 반란을 선동했을 것이다. 어쨌든 재위 3년(기원전 약 1223년) 아시아에서 그에 대한 반란이 널리 퍼져 있었다. 이집트의 관문에 있는 아스칼론, (해식으로 인한 평지로부터 예루살렘에 이르는) 아얄론 계곡 밑의 강력한 도시 게제르, 260년 전 투트모세 3세가 아몬에게 준 레바논의 세 도시 가운데

---

[1] [역주] 메르넵타(Merneptah)는 메렌프타(Merenptah)로도 알려져 있다. '프타의 사랑을 받는 자'라는 뜻이다. 탈모의 가장 이른 사례로, 메르넵타의 미라를 부검하는 과정에서 머리카락이 없다는 것이 밝혀지기도 했다(한국경제신문 2011년 1월 7일 자).
[2] III, 580, l. 24.

하나인 예노암 등 파라오에 의해 통제되는 이스라엘과 모든 서부 시리아 팔레스타인의 종족들이 그들의 이집트 지배자에 대항해 일어섰다. 뒤이은 전쟁에 대해서 우리가 정보를 얻을 수 있는 자료는 승리의 노래 한 곡뿐이다. 그러나 메르넵타가 재위 3년 아시아에 등장한 것은 분명하다.[3] 그리고 고령인데도, 군사작전을 성공적으로 수행했다. 비록 고령의 메르넵타가 국경의 성읍 한두 곳을 약탈하는 정도 이상을 했을지 알 수 없지만, 사실 히타이트인들조차도 그의 분노를 피하지 못했을 것이다. 반란을 일으킨 도시들이 철저히 응징되었다. 모든 팔레스타인이 다시 굴욕을 겪고 완전히 그 통제 밑에 놓였다. 고통을 겪은 반란인 가운데에는, 제18왕조 말기와 제19왕조 초기처럼 당시 팔레스타인에서 거점을 확보한 이스라엘 종족 일부도 있었다. 그들은 '이스라엘'이라고 언급될 만큼 충분히 통합되었다. 그리고 그들은 이곳에서 역사상 처음 민족으로 등장한다. 게제르는 메르넵타에게 어느 정도 괴로움을 안겨주었고, 아마 포위를 버텨낸 것 같다. 어쨌든 그는 마치 게제르의 정복이 중요한 업적인 것처럼 나중에 자신의 직함을 '게제르의 포박자'로 칭했다.[4] 그러한 포위는 메르넵타가 왜 재위 5년째 되는 해까지 서부 삼각주의 침입자들에 맞서 움직일 수 없었는지 설명해 준다. 게제르 같은 그러한 요새를 포위하느라 그는 또 한 해를 보내야 했을 것이다. 그가 돌아왔을 때, 아시아에서 이집트의 영토는 확보되어 있었다. 그러나 그가 물려받은 변경을 넘어서 진출한 것 같지는 않다.

한편 서부의 상황은 매우 심각했다. 테헤누-리비아인 무리가 이집트 서쪽의 아프리카 북부 해안을 따라 그들의 거주지로부터 삼각주로 밀려들고 있었다. 그들 중 먼저 들어온 정착자들 일부는 심지어 헬리오폴리스 수로

---

[3] III, 629-35.
[4] III, 606.

에 이르렀을 가능성이 있다.[5] 당시 리비아인에 대해서는 알려진 것이 거의 없다. 테헤누의 땅은 이집트 국경에 바로 접해 있었던 것으로 보인다. 더 먼 서쪽에서는 이집트인들에게 레부(Lebu 또는 Rebu)로 알려진 종족인 그리스계 리비아인이 들어왔다. 이집트인들은 이 서부 민족들을 레부로 총괄해 지칭했다. 멀리 당시 알려지지 않은 지역까지 이어진 아주 서쪽에는 메시웨시(Meshwesh) 또는 헤로도토스가 막시에스(Maxyes)라고 부른 종족이 살았다. 그들은 모두 분명 북아프리카의 베르베르(Berber)족의 조상들이었다. 그들은 완전히 미개한 야만인들과는 거리가 멀었고 전쟁에 능했으며, 잘 무장되어 있었고 파라오에 맞서서 만만찮은 모험을 할 수 있었다. 바로 이 당시 그들은 급속히 결속하고 있었고, 훌륭한 지도자들 하에 공격적이고 가공할 국가가 될 가능성을 보였다. 그리고 그 국경도 동부 삼각주에 있는 파라오의 거주지로부터 열흘이나 행군해야 하는 곳도 아니었다. 서부 삼각주 전체는 리비아 혈통을 강하게 띠고 있었다. 나일의 서쪽 강어귀, 즉 카노푸스(Canopus)[6] 어귀를 일컫는 '큰 강(great river)'까지 리비아인 가족들이 삼각주의 서쪽 변경을 넘어 끊임없이 건너왔다. 다른 사람들은 파이윰의 남서쪽에 위치한 두 곳의 북부 오아시스로 침투했다. "그들은 매일 그 지역을 돌아다니며 배를 채우려 분투한다." 메르넵타의 기록은 말한다. "그들은 입에 풀칠하기 위해 이집트의 땅으로 온다."[7] 오랫동안 자신들의 행위에 대한 책임을 묻지 않자 대담해진 리비아인들은 조직적인 공격을 했다. 드문드문 있는 이민에 불과했던 것이 이제는 한꺼번에 몰려들었다. 리비아인

---

[5] III, 576.
[6] **[역주]** 알렉산드리아 근처의 나일강 서쪽 지류이다. 그리스인에게는 카노포스라고 알려졌으나 이집트 이름은 페제와트였다. 카노푸스는 알렉산드리아 주민들의 행락 휴양지이자 관련 산업의 중심지였다.
[7] III, 580.

들의 왕 메리에이(Meryey)⁸는 테헤누인들에게 자신에게 합류하라고 강요했다. 그리고 유랑하는 해상의 용병 무리의 지원을 받아 해안으로부터 이집트를 침공했다. 그는 그의 동맹군들처럼⁹ 아내와 자녀들을 데리고 왔다.¹⁰ 그 움직임은 침략일 뿐 아니라 분명 이주였다. 동맹군들은 이제는 친숙한 셰르덴인, 즉 사르디니아인, 초기 시칠리아¹¹의 시켈리(Sikeli) 원주민이었을 셰켈레시(Shekelesh), 아마도 아카이아(Achaea) 사람이었을 에크웨시(Ekwesh), 아멘호테프 3세 시절 이후로 이집트를 약탈해 온 리키아인, 분명 티레니아 사람(Tyrsenian), 즉 에트루리아(Etruscan)족¹²일 테레시(Teresh)였다.¹³ 비록 우리가 중왕국 이후로 유럽 민족들을 그들의 실질 자료에서 봐오긴 했지만, 유럽의 민족들이 역사의 무대에 처음 등장한 것은 이 유랑하는 약탈자들과 함께였다. 이렇게 북지중해 민족들이 아프리카로 건너온 것은 수많은 모험 중 하나일 뿐이었고, 선사시대에는 이러한 모험을 통해 우리가 리비아인으로 알고 있는 백인종을 데려왔다. 나중에 살해되거나 포로로 잡힌 사람들의 수로 판단하면, 리비아 왕은 적어도 약 2만 명 또는 그 이상을 지휘했었던 것 같다.

---

⁸ [역주] 메리에이는 기원전 13세기 후반의 리비아 왕으로 Ded의 아들이다. 메시웨시, 룩카(Lukka)와 에크웨시, 테레시, 셰켈레시, 셰르덴으로 알려진 해양민족들과의 군사동맹을 설계한 사람으로 전해진다. 이 연맹이 아홉 활(the Nine Bows)로 알려져 있으며, 메르넵타 치세기간에 이집트와 교전했다.
⁹ III, 595.
¹⁰ III, 579.
¹¹ [역주] 시칠리아(Sicilia)는 이탈리아에서 가장 큰 섬이자 자치주이다. 이 섬은 이탈리아 본토와 메시나 해협(너비 16km)을 사이에 두고 떨어져 있다. 주도가 팔레르모 비석으로 유명한, 그 팔레르모이다. 원서에는 시칠리(Sicily)로 표기되어 있는데, 영어로는 시실리라고 한다. 이탈리아어로는 시칠리아, 그리스어로는 시켈리아(Skelia)이다. 저자는 시칠리아는 시칠리로, 시켈리아는 시켈리로 표기했다.
¹² [역주] 에트루리아는 이탈리아 아펜니노 산맥의 서쪽과 남쪽에 있는 테베레강과 아르노강 사이의 지방을 가리키며, 에트루리아족은 이곳에 살던 고대 민족을 지칭한다.
¹³ III, 579.

메르넵타는 재위 5년 3월 말쯤 위험하다는 소식이 그에게 전해지자, 마침내 상황을 깨닫고 헬리오폴리스와 멤피스의 방비를 강화하고 있었다.[14] 그는 군관들을 즉시 소환해서, 그들에게 군대를 소집해 14일 내로 진군할 준비를 하라고 명령했다.[15] 고령의 왕은 불안감을 없애 주는 꿈을 꾸었다. 꿈속에서 프타가 거인의 모습으로 그의 곁에 나타나, 그에게 검을 내밀며 모든 두려움을 쫓아버리라고 말했다.[16] 4월 중순쯤 이집트 군대는 서부 삼각주에 있었다. 같은 날 저녁에는 적과 타격이 가능한 거리 안으로 진입했다.[17] 페리레(Perire)라 불리는 곳 근처였고, 그곳의 정확한 위치는 알 수 없지만, 삼각주에서 나와 서쪽의 리비아로 가는 주요 도로의 어딘가에 위치했으며, 삼각주로 들어가는 지점의 길을 지키는 변경 요새와 주둔지에서 몇 마일 들어온 거리에 있었다. 페리레 근처,[18] 그 지역의 무성한 포도밭 속에 파라오의 저택이 있었다. 그리고 거기서 동쪽으로, 이삭이 늘어진 곡물 밭이 넓게 펼쳐져 있었다. 당시 그곳 삼각주의 풍성한 곡물 밭은 추수를 기다리며 빠르게 익어가고 있었다. 서부 변경의 요새를 밀고 지나가면서, 그 야만인 무리는 그토록 환한 풍요로운 전망을 내려다보았다. 4월 15일 아침에 파라오의 페리레 저택 옆에서 전투가 벌어졌다. 싸움은 6시간 지속되었고, 이집트 궁수들이 동맹군들에게 막대한 손실을 입혀서 전쟁터에서 내쫓았다. 오늘날에도 전쟁에서 이때쯤에는 늘 그렇듯이, 메르넵타는 당시 즉시 말을 타고 달아나는 적을 뒤쫓았다. 적은 이집트인들이 '세상의 뿔의 언덕'이라 부른 삼각주 서쪽에 있는 고원의 가장자리로 달아날 때까지 공격받고

---

[14] III, 576.
[15] III, 581.
[16] III, 582.
[17] III, 583.
[18] III, 600.

떼죽음을 당했다.[19] 메리에이 왕은 그에게 닥칠 전투를 보자마자 전쟁터에서 달아났다. 그는 도망쳤지만, 그의 모든 가구와 가족들이 이집트인들의 손에 넘어갔다.[20] 강력한 추격으로 대량 학살이 있었고 많은 포로가 잡혔다. 적어도 9천 명의 침입자들이 전사했는데, 이들 중 적어도 1/3이 리비아인들의 해상 동맹군들이었다. 그리고 아마 전사자 수 이상이 포로로 잡혔다. 죽은 사람 가운데에는 리비아 왕의 6명의 아들이 있었다.[21] 전리품은 어마어마했다. 약 9,000자루의 구리 검, 온갖 종류의 무기들, 적어도 120,000점이 넘는 비슷한 장비들이 있었다. 이밖에도 리비아 왕의 가족과 족장들의 막사에서 가져온 값비싼 금속으로 된 양질의 무기와 그릇들이 3,000점 넘게 있었다.[22] 막사가 철저히 약탈된 후, 가죽 텐트에는 불이 놓였고 전체가 연기와 불꽃으로 날아갔다.[23]

그런 다음 군대는 죽은 자들의 사체에서 잘라낸 손과 다른 전리품을 나귀 등에 싣고, 동부 삼각주에 있는 왕실 소재지로 개선하여 돌아왔다.[24] 약탈품과 전리품은 궁전 발코니 밑으로 가져갔고, 그곳에서 왕은 그것들을 조사한 후 기뻐하는 군중들에게 직접 보여 주었다.[25] 그런 다음 그는 귀족들을 궁궐의 큰 홀에 모이게 했고, 그곳에서 그들에게 장광설을 늘어놓았다. 더 중요한 것은 서부 삼각주 변경 요새 중 한 곳의 지휘관으로부터 리비아 왕이 밤에 어둠을 틈타 이집트 비상경계선을 지나 도망쳤다고 알리는 편지가 당시 그에게 전해졌다는 것이다. 리비아인들이 자신들의 패주한 왕

---

[19] III, 584, 600
[20] III, 584.
[21] III, 588.
[22] III, 589.
[23] III, 589, 610.
[24] III, 587.
[25] Ibid.

을 거부해 퇴위시키고, 그에게 적대적이고 그와 싸웠던 다른 사람을 그의 자리에 앉혔다는 취지의 정보도 덧붙였다.[26] 그러므로 리비아에서 공격적인 파벌이 무너졌으며, 적어도 메르넵타의 통치 기간 동안 그 지역에서의 더 이상의 분쟁은 염려할 필요가 없음이 분명했다.

이 커다란 해방을 뒤이은 사람들의 기쁨에서 생동감 넘치는 의기양양함뿐 아니라 큰 안도감이 느껴진다. 서부 삼각주 사람들이 거의 한 세대 동안 견뎌 온 리비아인 무리의 끊임없는 약탈이 이제 끝이 났다. 큰 국가적 위험을 막았을 뿐 아니라 견딜 수 없는 상황이 없어졌다. 사람들이 "큰 기쁨이 이집트에 왔다. 환호가 토메리(Tomeri)[이집트] 성읍들로부터 나온다."라고 노래하는 것이 당연했다. "그들은 메르넵타가 테헤누인들 속에서 거둔 승리에 관해 이야기한다. '승리한 통치자, 그가 얼마나 사랑스러운지! 신들 속에서 왕이 얼마나 대단한가! 당당한 군주, 그가 얼마나 행운아인가! 사람들의 마음속에 두려움이 없으니, 즐겁게 앉아서 담소를 나누거나 멀리 산책하러 나가라. 요새가 그들에게 남겨졌고, 우물은 다시 열려 있다. 파수꾼이 깰 때까지 전령들은 태양으로 인해 그늘진, 총안이 있는 성벽을 빙 돌아서 간다. 군인들은 누워서 잠을 자고, 국경 정찰병은 그들이 원하는 대로 들에 있[기도 하고 그러지 않기도 하]다. 들의 짐승들은 가축 떼가 목부 없이 보내진 것처럼 제멋대로 물살이 높은 시내를 건넌다. 밤에 목소리를 높여 "멈춰! 누가 오는지 봐라. 누가 외국인의 말을 하며 다가온다!"라고 외칠 필요가 없다. 누구나 노래 부르며 오가고, 슬퍼하는 사람들의 비탄의 소리는 없다. 마을들은 다시 새로 정착된다. 그리고 농작물을 경작하는 사람은 수확물을 먹을 것이다. 레는 이집트를 향해 돌아서고, 그는 이집트의 보호자, 심지어 메르넵타 왕이 되려고 태어났다.'"

---

[26] III, 586, 610.

왕들이 타도되자, '평화'를 외친다!
아홉 활의 민족 중에서 누구도 고개를 세우지 않는다.
테헤누는 황폐해지고
히타이트 땅은 평정되었다.
온갖 악이 판치는 가나안은 약탈당했다.
아스칼론을 가져 오고
게제르는 손에 넣었다.
예노암은 하나도 존재한 것이 없던 듯 되었다.
이스라엘은 버려지고 그 씨(후손)는 없어졌으며
팔레스타인은 이집트에게 [방어력 없는] 과부가 되었다.[27]
모든 땅은 통합되고 평정되었으며
소동을 일으키는 자는 모두 메르넵타 왕에게 결박당했다.[28]

이것은 아시아에서의 메르넵타의 승리를 돌이켜보는 마무리 노래인데, 그의 아시아 전쟁에 대해 우리가 아는 거의 모든 것을 알려 주는 노래이다. 이것은 그의 모든 승리에 대한 일종의 요약으로, 사람들의 환희에 대한 알맞은 결론이다.

비록 나이를 먹어 구부정했지만, 건장한 늙은 파라오는 제국으로부터 다가오는 폭풍을 예고하는 첫 번째 공격을 격퇴했다. 그는 적어도 5년 더 통치했다. 북부는 완전한 평화로움을 누렸던 것으로 보인다. 그는 자신의 이름이 들어간 요새로 아시아의 변경을 강화했다.[29] 그리고 남쪽 누비아에서 반란을 진압했다.[30] 그의 통치 기간 말기에 궁중에서 한 시리아 사람이 메

---

[27] [역주] 팔레스타인은 이집트가 손쉽게 차지할 수 있는 땅이 되었다는 뜻이다.
[28] III, 616-617.
[29] Pap. Anast, VI, pl. 4, l. 13-pl. 5, l. 5.
[30] III, p. 259, note a.

르넵타를 지배하여 섭정이 되었다는 흔히 인정받는 이야기는 전혀 근거가 없고, 앞서 언급한 궁정의 시리아인 의전관 벤 오젠의 직함을 잘못 이해한 데서 온 것이다.[31] 람세스 2세의 방대한 건축물과 함께 그의 오랜 통치 기간으로 인해 메르넵타에게는 이 방면에서 자신의 욕구를 충족시킬 수 있는 수단이 별로 남지 않았다. 게다가 그에게는 여생이 얼마 남지 않아서, 당시 파라오가 자신의 사후 제사를 위해 테베에 짓는 것이 관습이 된 그러한 신전을 짓기 위해 원자재를 채석장에서 잘라내서 옮길 시간이 없었다. 이러한 상황에서 메르넵타는 주저하지 않고 자신의 조상들의 기념물을 가장 야만스럽게 파괴하는 방법에 의지했다. 자신의 장제전을 지을 원자재를 얻기 위해, 그는 서쪽 평원에 있는 아멘호테프 3세의 웅장한 성소에서 채석했다. 그는 그곳의 벽을 무자비하게 허물고 그곳의 장려한 조각상을 쪼개서 자신의 건물에 건축 자재로 썼다. 이렇게 도용된 것 중에 아멘호테프 3세의 건축물에 대한 기록이 실린, 높이가 3m가 넘는 장대한 검은색 화강암 석비(사진58)가 있다.[32] 메르넵타는 자신의 새 건축물 안에 그 석비를 앞면이 벽을 향하게 세웠고, 그의 서기들은 리비아인들에 거둔 승리에 대한 찬가를 그 뒷면에 새겼다.[33] 우리는

사진 58. 메르넵타의 승리의 찬가
이스라엘을 최초로 언급한 구절이 포함되어 있다. 311, 312, 318, 319, 320쪽을 참조하라.

---

[31] 291쪽 참조.
[32] II, 878 ff.
[33] III, 602-617.

찬가의 결론 부분을 위에서 인용했었다. 이 찬가는 이스라엘을 최초로 언급한 것으로 알려져 유명해졌다.[34] 이전 파라오의 위대한 작품들을 훼손한 메르넵타는 심지어 이 방면에서 그에게 악명 높은 본보기가 된 인물로 기억될 자신의 아버지의 작품마저도 그대로 두지 않았다. 람세스는 평생 그러한 반달리즘 행위를 하고도 후손들에게 자신의 기금과 기념물들을 존중해 달라는 긴 호소문을 자신의 아비도스 신전에 기록할 만큼 뻔뻔했다.[35] 그러나 그의 아들마저도 그의 간청을 저버리고 그의 기금과 기념물을 존중하지 않았다. 우리는 메르넵타의 이름을 그의 아버지의 기념물에서 자주 발견한다.

적어도 10년을 통치한 후에 메르넵타는 죽었고(기원전 1215년), 그의 조상들과 함께 테베의 계곡에 묻혔다. 그의 사체가 최근 그곳에서 발견되었다. 헤브라이 대탈출 당시 파라오로서 홍해에 빠져 익사했을 것이라는 이론의 지지자들을 꽤 당황케 하는 일이다![36] 조상들의 위대한 작품들에 대한 그의 신성모독과 부끄러운 파괴 행위에 대해 우리가 그를 아무리 경멸한다 해도, 동시에 그러한 책임감이 큰 부담이 되었을 고령에 그가 나라의 역사상 중

---

[34] 318쪽 참조.
[35] III, 486.
[36] [역주] 출애굽기에 따르면 장정만 60만 명이 이집트를 탈출했다. 여자와 아이까지 합하면 200만에 달하는 인구인데, 그 많은 인구가 400년(창세기 15:13) 또는 430년(출애굽기 12:40) 동안 이집트에 거주했다면 역사적 고고학적 자료나 흔적을 남길 수밖에 없다. 그러나 그들이 이집트에 거주했다는 기록도 흔적도 찾을 수 없는데, 이스라엘 고고학자들은 1967년 이래로 이스라엘과 시나이반도 전역에 걸쳐 1300곳 이상을 샅샅이 조사한 후, 1999년 그동안의 발굴조사와 연구 결과 출애굽은 존재하지 않았다는 공식적인 최종 발표를 했다. 그들에 의하면 출애굽은 기원전 7~5세기에 성서 편집자들에 의해 편집된 신화이다. 바빌로니아 유수 당시 소규모의 포로들이 긴 세월에 걸쳐 탈출한 사실이나 40가구 정도의 사람들이 바빌로니아에서 탈출하여 이스라엘로 도망쳐 온 사건이 이집트에서 200만 명이 탈출한 이야기로 각색된 것이라는 학설도 유력시되고 있다(민희식 2008:217-218).

대한 위기에 대담하게 대응한 것은 인정되어야 한다. 그 중대한 위기로 인해 나라는 외국인 왕조의 손에 넘어갔을 수도 있었다.

두 노인의 오래 지속된 통치에 수반된 해이함은 경쟁 파벌들에게 음모, 모의, 책동을 위한 충분한 기회를 주었다. 메르넵타의 죽음은 여러 해 동안 지속된, 왕좌를 둘러싼 갈등의 시작이었다. 왕위를 노리는 두 명, 아멘메세스(Amenmeses)와 메르넵타-시프타(Mernepta-Siptah)가 처음에 성공했다.[37] 첫 번째 인물은 아주 잠깐 동안 왕위를 찬탈했었는데, 왕실의 방계 혈통을 통해 아마 왕좌에 대한 희미한 자격을 가졌던 것 같다. 그는 메르넵타의 기념물에 적대적이었다. 그의 후임자인 메르넵타-시프타가 그를 곧바로 대신했고, 그의 기념물을 차례차례 차지하고 테베의 서쪽 계곡에 있는 그의 무덤을 파괴했다. 이제 우리는 누비아가 왕실에 대한 적대 행위로 성과를 낼 수 있는 근원지임을 발견한다. 로마제국시대 로마의 주(州)였을 때처럼 누비아는 권좌로부터 안전거리에 있는 장소를 제공했다. 그곳에서 집권한 왕실에 반대하고 왕위를 노리는 사람을 지지하는 정서는 발각될 위험 없이 은밀하게 조성되었을 것이다. 시프타가 패권을 얻은 것은 아마 누비아에서였을 것이다. 어찌 되었든 우리는 그가 재위 1년에 그곳에 총독을 직접 취임시키고, 그의 지지자 중 한 사람을 그곳에서의 보상을 분배하기 위해 보냈음을 발견한다.[38] 이와 같은 방법들과 아마도 옛 파라오 가문의 공주인 투스레트(Tewosret)[39]와 결혼함으로써, 그는 적어도 6년간 자신을 지키는 데 성공했다.

---

[37] III, 641.

[38] III, 643-4.

[39] [역주] 투스레트의 이름은 Twosret, Tawosret, Tausret 등으로도 표기되어 있다. 이 부분도 후대의 학자들이 재구성한 역사와 다르다. 전임자의 무덤을 도용하거나 건자재를 가져다 쓰게 된 것이 학자들로 하여금 혼선을 빚게 한 것으로 보인다. 후대의 학자들에 의하면 아멘메세스의 뒤를 메르넵타의 아들인 세티 2세가 이었고, 세티 2세의 왕비 투스레트가 낳은 후계자인 세티-메르넵타가 아버지보다 먼저 죽자 둘째 아들이 미성년으로 왕위를 물려받아 시프타라는 이름을 사용했다. 시프타가 재위 6

이 기간에 누비아로부터 공물이 정기적으로 들어온 것으로 보인다.[40] 시리아 지방과의 관례적인 교류도 유지되었다.[41] 그가 누비아에 임명한 총독은 세티라는 사람으로 앞서 살펴본 대로 당시 '아몬의 금 생산지의 통치자'[42]이기도 했다.[43] 이로 인해 세티는 테베의 강력한 아몬 사제단과 친밀한 관계를 맺게 되었다. 그가 이 교류 및 그의 영향력 있는 지위가 주는 기회를 이용해 시프타가 누비아에서 했던 일을 했을 가능성도 있다. 어쨌든 시프타는 이제 사라지고, 세티가 그 이름으로는 두 번째로 그를 이었다. 그는 나중에 메르넵타의 뒤를 이은 세 명 가운데 유일하게 합법적인 왕으로 간주되었다. 그는 어느 정도 성공적으로 다스렸던 것 같다. 그가 카르나크에 작은 신전 하나와 에스무넨(Eshmunen)-헤르모폴리스에 또 하나를 지었기 때문이다. 그는 시프타와 그의 왕비 투스레트의 무덤을 차지했다. 하지만 나중에 자신의 무덤 하나를 굴착해 만들 수 있었다. 그러나 그가 권력을 잡은 기간은 짧았다. 오랫동안 제멋대로였던 귀족, 군대 내 대규모 용병, 강력한 사제단, 조정의 고위직에 있는 많은 외국인, 왕위를 노리는 야심만만한 사람들과 그들의 추종자들—이 모든 공격적이고 모순된 세력들을 통제하기 위해서는 통치자의 강력한 힘과 정치수완이라는 드문 자질이 필요했다. 세티 2세는 이러한 자질들을 가지지 못했고, 그보다 더 강한 많은 사람을 지배해 왔을 상황에 희생물로 전락했다.

세티 2세가 사라지고, 그를 타도한 사람들은 그에게서 빼앗은 탐내 온

년에 죽자 세티-메르넵타를 낳은 시프타의 계모 투스레트가 스스로 여왕이 되어 완전한 파라오의 칭호를 사용했다(클레이턴 2009:205-206).
[40] III, 644.
[41] III, 651.
[42] III, 640.
[43] [역주] 쿠시의 총독이 아몬의 금 생산지를 관리했으므로, '아몬의 금 생산지의 통치자'라는 직함도 차지했다.

권력을 차지하지 못했다. 완전한 무정부상태가 뒤를 이었다. 전국은 지방 귀족들, 족장들, 성읍의 통치자들의 수중으로 넘어갔다. 그러한 잘못된 통치하에서 서민의 상황은 근동에서만 늘 경험하는 것이었다. "모든 사람이 권리를 빼앗긴 채 쫓겨났으며, 그들은 여러 해 동안 우두머리[문자 그대로 대표자]가 없었다. 이집트의 땅은 성읍의 귀족들과 통치자들의 수중에 있었다. 혹자는 상하귀천 없이 이웃을 살해했다."[44] '여러 해 동안'이 얼마나 긴 기간이었는지 우리는 지금 알 수 없다. 그러나 나라는 작은 왕국과 공국으로 해체되는 과정에 있었던 듯하다. 역사의 여명기에 나라는 이 작은 왕국이나 공국들에서 통합되었다. 그런 다음 아랍의 역사가들이 후에 이집트 맘루크 술탄 하의, 비슷한 시기 역사기록물에서 묘사한 온갖 불행과 함께 기근이 찾아왔다. 사실 해리스 파피루스[45]로 람세스 3세가 우리에게 남긴 이 시기의 기록은 그 간결함에도 불구하고, 14세기 어떤 맘루크 술탄의 통치 기간의 한 장처럼 읽힌다. 백성들은 속수무책이고 원주민 통치자들은 딴 일에 정신이 팔린 덕분에 조정에서 공직을 맡아 온 시리아인 가운데 한 명이 왕권을, 아니면 적어도 권력을 잡고 독재와 폭력으로 통치했다. "그는 온 땅에서 자신 앞으로 공물을 바치게 했다. 그는 자신의 동료들을 통합시키고 그들의 재산을 강탈했다. 그들은 신들을 사람처럼 만들었고, 신전에 공물을 바치지 않았다."[46] 그러므로 재산권은 더 이상 존중되지 않았고, 신전의 세입조차 유용되었다.

예상된 바와 같이 리비아인들은 오래지 않아 이집트의 무력감을 감지했다. 삼각주의 서쪽 변경을 넘어오는 이민이 다시 시작되었다. 약탈하는 무리가 멤피스 부근으로부터 지중해까지 마을들을 이리저리 돌아다니거나

---

[44] IV, 398.
[45] Ibid.
[46] Ibid.

밭을 손아귀에 넣고 카노푸스 지류의 양쪽 해안에 정착했다.[47] 이 중대한 시기인 기원전 약 1200년, 태생이 불확실한, 그러나 아마도 세티 1세와 람세스 2세의 옛 가계의 후손이었을 세트나크트(Setnakht)라는 독재자가 등장했다. 나라가 비록 안팎으로 적들에 둘러싸여 있었지만, 그는 나라를 조직할 자질과 정치수완을 가지고 있었다. 그 정치수완으로 먼저 왕권에 뜻을 품은 지방의 수많은 사람에게 자신의 요구를 관철시키고, 이들을 복종시킨 후 질서를 회복하고 옛 파라오들의 거의 사라진 국가를 재조직하려 했다. 그는 눈부시게 성공적으로 그 위대한 과업을 이루었다. 그러나 우리가 그 과업에 대해 알고 있는 모든 것은 그의 아들인 람세스 3세가 그에 대해 남긴 짧은 말 속에 포함되어 있다. "신들이 평화를 원해서 익숙한 방식에 따라 나라를 제자리로 정돈하려 할 때, 그들은 자신들의 사지(四肢)에서 나와 모든 땅의 통치자가 된 자신들의 아들을 위대한 왕좌 위에, 세트나크트 왕으로 세우셨다. … 그는 반란을 일으켜 온 모든 지역의 질서를 회복했다. 그는 이집트의 땅에 있던 반역자들을 죽이고 이집트의 왕좌를 정화했다. … 모든 사람이 자신의 형제가 [보호벽 뒤에서] 갇혀 살아야 했음을 알고 있었다.[48] 그는 관례적인 규정에 의해 신전이 신들에게 바치는 신성한 공물을 소유하게 했다."[49] 시리아인 왕위 찬탈자가 신전의 기금을 훼손함으로써 사제단이 멀어졌고, 세트나크트는 이 사실을 이용해서 이집트에서 가장 부유하고 가장 강력한 이 공동체들을 회유함으로써 시리아 찬탈자에게 맞섰

---

[47] IV, 40, ll. 20-22; 405.
[48] [역주] 세트나크트가 왕위에 오르게 된 경위와 출신은 정확하게 알려지지 않지만 해리스 파피루스에 의하면 세트나크트가 아시아인들의 반란을 진압한 이야기가 나온다. 그는 포위당했던 도시들을 해방하고 숨어있던 사람들을 나오게 하고 신전의 문을 열어 수입을 보장해 주었다(클레이턴 2009:207). 보호벽 뒤에서 갇혀 살아야 했다는 말은 전란을 피해 숨어있어야 했음을 의미한다.
[49] IV, 399.

음을 짐작할 수 있다.

세트나크트의 고된 성취는 그에게 명성을 영원히 남길 수 있는 기념물을 만들 시간을 거의 주지 않았다. 사실 그는 테베에 자신의 무덤을 굴착해 만들 기회조차 얻지 못했다. 그러나 그는 시프타와 그의 왕비 투스레트의 무덤을 빼앗았다. 이 무덤은 벌써 세티 2세가 훔쳤지만 결국 사용하지 않았었다. 그의 통치 기간은 매우 짧았을 것이다. 왜냐하면, 서기가 펜을 써보기 위해 파피루스 잎의 뒷면에 기록한, 그의 재위 첫해가 그의 전성기였기 때문이다. 그는 죽기(기원전 1198년) 전 자신의 아들 람세스를 후계자로 지명했다. 이 이름으로는 세 번째인 람세스는 벌써 조정에서 그를 보좌하고 있었다.

이제 람세스 3세가 선두인 람세스 계보로, 마네토는 새 왕조인 제20왕조를 시작한다. 하지만 옛 혈통은 이미 분명히 메르넵타 이후로 중단되었고, 언급했듯이 아마도 세트나크트에서 다시 시작되었다. 람세스 3세는 정확히 메르넵타가 즉위할 때 직면했던 것과 똑같은 상황을 물려받았다. 그러나 젊고 활기찬 사람으로, 그는 그 상황에 더 성공적으로 대처할 수 있었다. 그는 즉시 모든 사람을 병역 의무가 있는 부류로 등급별로 나누어 군대 조직을 완비했다. 정확히 확인할 수 없지만, 상비군의 대부분은 람세스 2세 때처럼 셰르덴 용병들로 구성되어 있었고, 리비아 종족인 케헤크(Kehek) 분견대도 사병으로 있었다.[50] 물론 이러한 용병들은 적임자들이어야만 복무했다. 원주민 분견대의 신병들이 전군에 걸쳐 끊임없이 바뀜에 따라, 파라오는 군대의 영구적 구성부대로 용병들에게 더 의존하게 되었다. 새로 조직된 정부의 업무로 인해 람세스는 서부 삼각주의 장기간에 걸친 상황에 대처할 기회도 없었다. 결국, 메르넵타처럼 군사행동을 취해야 할 필요성을

---

[50] IV, 402.

사진 59. 람세스 3세의 펠레세트, 즉 필리스틴 포로
메디네트 하부의 두 번째 탑문 위 부조

갑자기 알아차렸다. 그러나 더 심각한 국면은 메르넵타의 리비아 전쟁 이후에 발생했다. 이집트인들이 '해양 민족'이라고 지칭한 북지중해의 자주 들썩거리고 소동을 일으키는 민족들이 점점 더 많은 수로 남쪽에 모습을 드러내고 있었다. 이 가운데 특히 우리가 전에 보지 못했던 헤브라이 역사에서 필리스틴인(사진59)으로 잘 알려진, 두 종족 테켈(Thekel)과 펠레세트(Peleset)인[51]들이 눈에 띄게 공격적이었다.[52] 펠레세트인들은 크레타의 초기 종족 중 하나였고, 테켈은 그리스 이전의 시켈리, 즉 시칠리아인의 또 다른

---

[51] [역주] 성서에는 블레셋인으로 표기되어 있다.
[52] IV, 44.

분파였을 수 있다. 데니엔(다나오이),[53] 셰르덴, 웨세시(Weshesh), 세켈레시의 분견대를 동반하고, 앞에 언급된 두 종족 테켈과 펠레세트인들은 동쪽으로 남쪽으로 이동하기 시작했는데, 분명 그들 뒤에서 진군하는 다른 민족들의 압박에 의한 것이었다. 그들의 언어나 제도에 대해 아무것도 모르고, 이 사람들과 그들의 의복, 무기, 배, 도구를 묘사한 이집트인들의 부조 작품들만 보고 우리가 그들의 인종적 유연 관계에 대해 추측하는 것은 소용없는 일이다. 그러나 그들의 이민은 분명히 느리지만 저항할 수 없는 남쪽으로의 이동을 보여 주는 가장 이른 사례 가운데 하나이다. 여기서 처음 관찰할 수 있는 이 이동은 유럽의 역사에서 훨씬 옛날까지 추적할 수 있다. 시리아에서 남쪽으로 천천히 이동하면서 이 이민자들 일부는 당시 아마도 오론테스 상류와 아무루 왕국까지 갔을 것이다.[54] 그리고 더 대담한 그들의 선박들은 삼각주의 연안을 따라 항해하며 강어귀를 약탈했다.[55] 그들은 풍요롭고 비옥한 삼각주를 침입해 약탈하려는 리비아 지도자들의 계획에 선뜻 동의했다. 메르넵타에 패배한 후 폐위된 리비아 왕 메리에이 후임으로 웨르메르(Wermer)라는 사람이 뒤를 이었고, 이 당시 이집트 침공의 지휘자였던 테메르(Themer) 왕이 다시 웨르메르의 뒤를 이었다. 뭍으로 그리고 물길로 그들은 서부 삼각주로 들어왔고, 거기서 람세스 3세가 바로 그들을 맞아 '우세르마레—메리아몬[람세스 3세]은 테메후[56][리비아]의 징벌자'라 불린 성읍 근처에서 전투를 벌였다.[57] 그들의 선박은 파괴되거나 나포되었고, 그

---

[53] [역주] Denyen(Danaoi)은 아마르나 문서에 언급된 해양민족 중 하나이다. 저자가 데니엔 뒤에 다나오이를 병기한 것으로 보아 그리스 종족인 다나오이와 동일한 종족으로 본 것 같다.
[54] IV, 39.
[55] IV, 44.
[56] [역주] 저자는 테메후를 제7장에서는 Temehu로 표기했는데, 여기서는 Temeh로 표기했다.

들의 군대는 막대한 손실을 입고 후퇴했다. 12,500명이 넘게 전쟁터에서 살해되었고, 적어도 천 명의 포로가 잡혔다. 죽은 사람 가운데 대다수가 해적 출신 병사들이었다.[58] 국왕의 거주지에서는 평소대로 승리를 축하했다. 왕이 궁전의 발코니에서 포로들과 전리품을 살펴볼 때, 귀족들은 밑에서 대단히 즐거워했다.[59] 대승을 거두게 해 준 아몬에게 늘 하던 대로 살아 있는 제물을 바쳤고,[60] 모든 이집트는 다시 찾은 안도감에 크게 기뻐했다. 따라서 람세스가 자랑한 대로 여자들도 추행을 당할 염려 없이 베일을 걷어 올린 채 원하는 만큼 집 밖에서 걸어 다닐 수 있었다.[61] 리비아인들에 맞서 국경을 강화하기 위해, 람세스는 이제 삼각주를 벗어나 서쪽 사막의 고원으로 진입하는 서쪽 행로 위에 자신의 이름을 딴 성읍과 요새를 건설했다. 그것은 메르넵타가 그의 전쟁 기록에서 이미 언급한 '세상의 뿔의 언덕'이라고 알려진 높은 지점 위에 세워졌다.[62]

그러는 사이에 북부로부터의 밀물이 점차 이집트제국을 뒤덮을 듯 위협하고 있었다. 우리는 밀물의 가장 바깥쪽 파도가 삼각주의 해안에 부딪혀 부서지는 것을 보아왔다. 우리가 이미 언급한, 람세스 3세 재위 5년 그(람세스)에 맞서 리비아인을 지지하는 북부 해양 민족들의 전위 갤리선과 육상부대는, 훨씬 더 심각한 진군에 대한 경고성 산병선(散兵線)일 뿐이었다. 더 심각한 행군은 당시 시리아를 통해 남쪽으로 움직이고 있었다. 그 무리는 육지로는 황소가 끄는 정교하고 육중한 두 바퀴 수레에 탄 가족과 함께

---

[57] IV, 52.
[58] IV, 52-4.
[59] IV, 42, 52-5.
[60] IV, 57-8.
[61] IV, 47, l. 73.
[62] IV, 102, 107; III, 588, 600.

지도 9. 이집트와 고대 세계
편의상 현재의 지명이 포함되어 있다.

접근했고, 바다로는 시리아 해안을 따라 많은 함대로 다가오고 있었다. 침입자들은 무장했고 전투에 노련했으므로 시리아의 도시국가들은 그들의 공격에 버텨 낼 수 없었다. 그들은 유프라테스 강가의 카르케미시까지 북시리아의 모든 히타이트 지역을 침략했고, 페니키아 해안의 아르와드를 지나 오론테스 상류 계곡의 아무루 왕국까지 황폐화시켰다. 히타이트는 시리아 영토를 잃었던 것 같으며, 시리아에서 히타이트 세력은 완전히 붕괴되었다. 함대는 알라샤, 즉 키프로스를 덮쳤다. 어느 곳도 그들에게 효과적으로 저항하지 못했다. "그들은 맹렬하게 이집트로 전진했다. 그들의 주요 지원세력은 펠레세트, 테켈, 세켈레시, 데니엔, 웨셰시였다. 이들이 연합하여 그들의 손을 세상의 둘레[63]만큼 먼 곳으로 뻗었다." "바다의 한가운데 있는 섬에서 온 나라들이 강력한 무력을 앞세워 이집트로 진군했다."[64] 그들은 아무루에 중앙 막사를 차렸고 잠시 행군을 멈춘 것 같았다.[65]

람세스 3세는 공격을 격퇴하기 위한 준비에 정력을 쏟았다. 그는 시리아의 변경을 강화했고, 함대를 신속하게 소집해 북부 항구에 배치했다.[66] 궁전 발코니에서 그는 보병대의 장비를 직접 감독했고,[67] 모든 준비가 끝나자 전투를 직접 지휘하기 위해 시리아로 출발했다. 육지 어느 곳에서 전투가 벌어졌는지 우리는 알 수 없다. 그러나 북부인들이 아무루로 진군했으므로 최대한으로 잡아도 그 지역보다 더 북쪽은 아니었다. 우리는 적의 패배에 대한 모호하고 대강의 언급 외에는 전쟁에 관한 람세스 3세의 기록으로부터 아무것도 얻을 수 없다. 하지만 그의 부조에서 우리는 그의 셰르덴 용병

---

[63] '커다란 원'(오케아노스)이 흐르는 곳 둘레(IV, 64)
[64] IV, 77.
[65] IV, 64.
[66] IV, 65.
[67] IV, 70-71.

사진 60. 람세스 3세의 해군이 북지중해 민족들에 거둔 승리
메디네트 하부 북쪽 벽 위의 부조. 이집트 갤리선(왼쪽)이 화살 공격으로 적들(오른쪽)을 혼란 속으로 몰아넣고 있다. 북부인들의 갤리선 한 척이 전복되어 있다.

들이 적의 흩어진 전선을 돌파하고 여성과 아이를 태운 황소가 끄는 수레와 북부인들의 소지품을 약탈하는 것을 본다. 침입자 중에는 셰르덴인들이 있었으므로, 람세스 3세의 용병들은 이렇게 자신들의 고향 사람들과 싸우도록 요구받았다. 람세스는 또한 인근 해안으로부터, 아마도 페니키아 해안의 북부 항구 가운데 한 곳인 해전이 벌어지는 현장으로 가서 직접 전투에 참여할 수 있었다. 그는 함대에 공포의 이집트 궁수들을 대거 배치했다. 그들의 화살 공격은 매우 효과적이었으므로 중무장한 북부의 병사들은 뱃전에 다가가기도 전에 완전히 떼죽음 당했다. 이 화살 공격은 람세스가 해안을 따라 배치한 수많은 이집트 궁수들에 의해 더 거세졌고, 더 효과적이었다. 람세스는 직접 적군의 함대를 향해 활시위를 당겼다. 그런 다음 이집트인들이 뱃전에 다가가자 적의 배는 혼란에 빠졌다(사진60). "배가 뒤집히고 그 자리에서 전사한다. 그들은 심장을 빼앗기고 영혼은 날아가 버린다.

그들의 무기는 바다 위로 던져진다. 화살이 그들 중 표적인 사람을 관통하고 화살을 맞은 사람은 물속으로 떨어진다."[68] "그들은 끌려가고 뒤집히고 해안에 눕혀졌다. 그들은 살해되고 그들 갤리선의 선미부터 뱃머리까지 사체가 더미를 이루었다. 그리고 그들의 모든 것들은 그들이 이집트를 기억하도록 물 위로 던져졌다."[69] 함대를 도망쳐 해안으로 헤엄쳐 간 사람들은 해안에서 기다리던 이집트인들에게 생포되었다. 이 두 차례 교전에서 파라오는 그의 가공할 적에게 결정적인 타격을 휘둘렀기 때문에 적어도 북쪽으로 아무루까지 침입자들은 그의 종주권에 의심을 품을 수 없었다. 그들은 계속해서 시리아에 도착했으나, 람세스 3세의 두 차례 승리로 새로 온 정착자들과 그들의 새 정착지는 이집트의 봉신과 속국이 되어서 파라오의 국고에 공물을 바치게 되었다. 아시아의 이집트 제국은 다시 한번 지켜졌고, 람세스는 충분히 누릴 자격이 있는 승리를 즐기러 삼각주의 거주지로 되돌아갔다.

그에게 이제 짧은 휴식 기간이 주어졌다. 이 기간에 그는 조금도 경계를 풀지 않은 것처럼 보인다. 이것은 잘한 일이었다. 왜냐하면, 먼 서쪽 민족들의 이주가 또 쇄도하여 삼각주를 다시 위협했기 때문이다. 리비아인 뒤쪽, 즉 그들의 서쪽에 사는 종족인 메시웨시가 분쟁의 원인이었다. 리비아인들은 분명 람세스 3세의 재위 5년에 혼이 났으므로 삼각주를 또다시 습격하려는 즉각적인 바람은 없었다. 그러나 메시웨시가 리비아 땅을 침략하여 그곳을 황폐하게 만들고[70] 불행한 리비아인들을 강요하여 이집트에 대항하는 동맹에 가입하게 했다.[71] 다른 종족들도 연루되었지만 그러한 이주의 지휘

---

[68] IV, 75.
[69] IV, 66.
[70] IV, 87.
[71] IV, 86, 95.

관은 케페르(Keper)의 아들인 메셰셰르(Meshesher)로 메시웨시의 왕이었다. 그의 확고한 목적은 삼각주로 이주하여 정착하는 것이었다. "적국의 적이 이집트의 국경 안에서 다시 그들의 삶을 보내려는 의도를 가졌으므로, 그들은 산과 평야를 자신들의 구역으로 삼을 것이다."[72] "'우리는 이집트에 정착할 것이다.' 그들은 그렇게 이구동성으로 말했다. 그리고 그들은 계속 이집트 국경으로 진입했다."[73] 람세스 재위 11년, 12번째 달에 그들은 침입하기 시작했고, 메르넵타 시절처럼 서쪽 길을 따라 들어와서 사막 고원의 가장자리로부터 약 17.7km 거리이고 '레의 물'이라 불리는 수로 근처에 있는 하트쇼(Hatsho)라는 요새를 포위했다. 람세스는 하트쇼의 성벽 아래에서 그들을 공격했다. 그곳의 성벽에서는 이집트 수비대가 파라오의 공격으로 이미 어쩔 줄 모르고 허둥대는 메시웨시의 병사들 속으로 파괴적인 화살 공격을 퍼부었다. 이렇게 해서 침입자들은 일대 혼란 속으로 던져졌고, 달아나면서 인근의 또 다른 요새로부터 화살 공격을 받았다.[74] 람세스는 고원의 가장자리에 이르는 서쪽 길을 따라 17.7km를 추격하며 밀어붙였다. 이렇게 침입자들을 나라 밖으로 완전히 몰아냈다.[75] 그는 요새화된 성읍과 숙박시설인 '우세르마레-메리아몬[람세스 3세]의 성읍 [또는 집]'에 머물렀다. 기억하겠지만 이곳은 그가 '세상의 뿔의 언덕'이라는 고원의 가장자리에 있는 높은 지점에 세운 것이다. 메시웨시의 족장 메셰셰르는 살해되었고, 그의 아버지 케페르는 생포되었다.[76] 그들의 추종자 2,175명은 죽고, 2,052명이 생포되었는데, 이 가운데 1/4 넘게 여자였다.[77] 람세스는 이 포로들을 어떻게 했는지에

---

[72] IV, 95.
[73] IV, 88.
[74] IV, 102, 107.
[75] IV, 102.
[76] IV, 90, ll. 11-12; 97; 103, ll. 11-12; 111.
[77] IV, 111.

대해 이야기한다. "나는 그들의 지휘관들을 나의 이름으로 된 요새들에 정착시켰다. 나는 요새들에 궁수들의 지휘관들과 종족들의 대표자들을 보냈고, 내 이름으로 낙인을 찍어 노예로 만들었다. 그들의 아내와 아이들에게도 똑같이 했다."[78] 거의 천 명의 메시웨시 사람들이 '람세스 3세는 레의 물에서 메시웨시를 정복한 사람'이라고 불리는 신전 가축 떼를 돌보는 일을 배정받았다.[79] 그는 비슷하게 승리를 축하하여 신전의 연중행사로 그가 '메시웨시의 학살'이라 부른 연례 축제를 만들었다.[80] 그리고 그는 자신의 이름 뒤 복잡한 직함에 "이집트의 보호자, 열국의 수호자, 메시웨시의 정복자, 테메후 땅의 약탈자"라는 형용어구를 썼다.[81] 서부 종족들은 이렇게 해서 연속해서 세 번째로 삼각주의 국경으로부터 격퇴당했고, 람세스는 그 구역으로부터 더 이상의 공격을 염려할 이유가 없었다. 리비아인들의 팽창력은 비록 결코 다 고갈된 것은 아니었지만, 이제는 더 이상 통합된 국가적인 행동으로 드러나지는 않게 되었다. 그러나 그들이 선사시대부터 행해 온 것처럼, 그들은 계속해서 파라오가 위험의 근원으로 여기지 않게 분산되고 되는 대로의 이민으로 삼각주로 점차 이주해 들어왔다.

북부 해양 민족의 폭동은 비록 람세스 3세가 시리아 국경에서 막았지만, 분명히 그곳 이집트 봉신들을 크게 불안하게 했다. 히타이트가 침략하던 시절의 옛날처럼 아무루 왕이 침략자들과 공통된 명분이 있었는지는 현재로서는 알 수 없다. 그러나 리비아에서의 마지막 전투를 바로 뒤이어, 람세스는 군대와 함께 아무루에 나타나야 할 필요성을 깨달았다. 군사작전의 경계와 과정은 현재 잔존한 빈약한 기록에 희미하게만 암시되어 있다.[82]

---

[78] IV, 405.
[79] IV, 224.
[80] IV, 145.
[81] IV, 84.

그는 적어도 다섯 곳의 강력한 도시를 습격했다. 그중 한 곳은 아무루에 있었고, 람세스의 부조에서 물에 둘러싸인 것으로 묘사된 또 다른 곳은 아마도 카데시였을 것이다. 언덕 위에 솟은 세 번째는 확인할 수 없다. 그리고 남은 두 곳 중 하나는 에레트(Ereth)라 불렸고 히타이트가 방어하고 있었다.[83] 비록 히타이트 도시들이 급속히 히타이트 왕으로부터 떨어져 나가고 있었고 해양 민족들의 공격에 의해 매우 약해져 있었지만, 그는 아마도 히타이트 영토 깊숙이 들어가지는 않은 것 같다. 그것이 파라오와 히타이트 간의 마지막 교전이었다. 두 제국은 모두 빠르게 쇠망하고 있었고, 이집트의 연대기에서 우리는 결코 다시는 시리아에서 히타이트에 대해 듣지 못했다. 람세스는 자신이 정복한 지역의 목록에[84] 제국이 전성기에 다스렸던 모든 곳을 포함한, 유프라테스에 이르는 북시리아의 도시들을 올려놓았다. 그러나 그러한 목록들은 주로 그의 위대한 전임자들의 목록에서 베낀 것으로, 우리는 그것들을 믿을 수 없다. 그는 당시 가능한 한 안정적으로 이집트의 아시아 영지를 조직했다. 경계는 메르넵타 시기보다 더 북쪽은 아닌, 즉 오론테스 상류의 아무루 왕국만을 포함하는 것이 분명했다. 그가 바랐던 안정을 이루기 위해 그는 시리아와 팔레스타인에서 필요한 곳이라면 어디든지 새 요새를 지었다.[85] 시리아의 어딘가에 그는 또한 아몬 신전을 지었다. 신전에는 국가 신의 거대한 상이 있었고, 아시아의 제후들은 그 앞에 매년 그들의 공물을 놓음으로써 람세스에게 충성의 맹세를 해야 했다.[86] 시리아와의 통상은 삼각주 동쪽의 아얀(Ayan) 사막에 큰 우물을 굴착함으로

---

[82] IV, 115-135.
[83] IV, 120.
[84] IV, 131, 135.
[85] IV, 141.
[86] IV, 219.

써 촉진되었다.[87] 이것은 세티 1세가 그곳에 세운 급수시설을 보강한 것이었다. 이때부터 아시아에서 파라오가 평화롭게 통치하는 데 방해가 된 것은 세일(Seir)의 베두인의 반란뿐이었다.[88]

이집트인들의 통상과 시정이 시리아에 미친 영향은 한 가지 중요한 점에서 특히 두드러졌다. 시리아에서 거추장스럽고 불편한 진흙 명판이 점차 편리한 파피루스에 의해 보완된 것이 이때였다. 파피루스 위에 페니키아의 통치자들이 장부를 기재하기 시작했다. 수요에 맞춰서 삼각주의 파피루스 공장들이 페니키아의 상품과 교환하는 대가로 그들의 생산품을 수출하고 있었다.[89] 페니키아인들이 종이 위에 펜과 잉크로 설형문자를 매일 빠르게 기록하는 것은 불가능하지는 않아도 물론 실제로 행하기 어려웠다. 설형문자 서체는 그러한 쓰기 재료에는 전혀 맞지 않았다. 그러므로 파피루스 종이와 함께, 이집트에서 그 위에 습관적으로 쓰인 서체가 이제 페니키아로 전해졌고, 페니키아에서 그 서체는 기원전 10세기 전에 자음의 알파벳으로 발전했다. 그리고 그것은 빠르게 이오니아(Ionia)[90]의 그리스인들에게 전해지고, 거기에서 유럽으로 전해졌다.

근동의 독재정치의 주요 기능인 공물과 세금의 징수는 이제 대단히 규칙적으로 진행되었다. "나는 그들에게 매년 세금을 부과했다." 람세스는 말한다. "모든 성읍이 각 성읍의 이름으로 공물을 가지고 함께 모였다."[91] 누비아에서 이따금 있는 소동을 진압한 것은[92] 당시 제국에 깊이 정착한 평화를

---

[87] IV, 406.
[88] IV, 404.
[89] IV, 576, 582.
[90] [역주] 이오니아는 소아시아 서부를 이르는 고대의 지명으로, 현 터키의 이즈미르가 가장 가깝다.
[91] IV, 141.
[92] IV, 136-8.

흔들지는 못했다. 람세스는 그 같은 상황을 다음과 같이 직접 묘사한다. "나는 이집트 여자가 귀를 가리지 않고 자신이 가고 싶은 곳으로 갈 수 있게 했다. 왜냐하면, 길에서 이방인이건 누구건 그녀를 추행하는 사람이 없었기 때문이다. 나는 내가 통치한 시기에 보병들과 전차부대원들이 집에서 살게 했다. 셰르덴과 케헤크 [용병들]은 그들의 성읍에서 등을 쭉 펴고 누워있었다. 그들은 두려움이 없었다. 왜냐하면, 쿠시로부터도 시리아로부터도 적이 없었기 때문이다. 그들의 활과 무기는 그들의 무기고에 놓여 있었다. 그들은 만족했고 기쁨에 취해 있었다. 그들의 아내들이 그들과 함께 있었고, 그들의 아이들은 그들 옆에 있었다. 그들은 뒤돌아보지 않았지만 마음은 자신감에 차 있었다. 내가 그들 수족의 방어물과 보호물로서 그들과 함께 있었기 때문이다. 나는 외국인이든 서민이든 시민이든 남자든 여자든 전 국민을 살아가게 했다. 나는 불행에서 사람을 구조했고 그에게 생기를 주었다. 나는 그를 그보다 더 중요한 박해자로부터 구출했다. 나는 모든 사람을 그들 마을에서 안전하게 살게 했고, 탄원의 방에 있는 사람들을 살도록 해 주었다. 나는 황폐해진 곳에 사람들을 정착시켰다. 내가 통치하던 기간에 나라는 만족스러웠다."[93]

제국의 전성기 때와 마찬가지로 당시 파라오에 의해 외부세계와의 교류와 무역이 촉진되었다. 아몬, 레, 프타의 신전은 각각 지중해와 홍해에 띄울 선단을 보유하고 있었고, 선단은 페니키아, 시리아, 푼트의 제품을 신의 금고로 운송했다.[94] 람세스는 어떤 홍해의 항구로부터 갤리선으로 시나이반도 어딘가에 있는 아티카(Atika)란 구리광산에 특별 원정대를 보내서 그곳을 개발했다. 그들은 막대한 양의 금속을 가지고 돌아왔고, 파라오는 그것을

---

[93] IV, 410.
[94] IV, 211, 270, 328.

모든 사람이 볼 수 있도록 궁전 발코니 아래에 전시했다.[95] 그는 마찬가지로 반도의 공작석 채굴장에도 전령들을 보냈고, 그들은 신에게 바치는 왕의 눈부신 선물에 쓰일 값비싼 광물을 잔뜩 가지고 돌아왔다.[96] 대형 선박들로 이루어진 선단으로 구성된 더 중요한 원정대가 파견되어 푼트로의 긴 항해 길에 올랐다. 당시보다 훨씬 전부터 존재했던, 나일강에서 와디 투밀라트를 지나 홍해에 이르는 수로(1권, 238쪽)는 당시 막혀서 사용하지 않았던 것 같다. 왜냐하면, 람세스의 배들이 성공적으로 항해한 후, 콥토스 맞은편의 어떤 항구로 돌아왔고, 그곳에서 선단의 모든 화물이 육지로 내려졌으며, 당나귀 등에 실려 육로로 콥토스로 옮겨졌기 때문이다. 그리고 여기서 다시 선박에 적재되어 강 위에 띄워졌고, 동부 삼각주에 있는 왕실 거주지로 물길을 따라 내려왔다.[97] 항해는 당시 아마도 제18왕조의 위대한 파라오들 하에서보다도 더 크고 복잡한 규모였던 것 같다. 람세스는 테베 아몬의 신성한 선박에 대해 약 68.3m 길이이며, 거대한 레바논의 삼나무 목재로 그의 작업장에서 만들어졌다고 말한다.[98]

파라오의 부는 당시 그로 하여금 공공사업과 개선사업을 시행할 수 있게 했다. 전국적으로, 그리고 특히 테베와 왕실소재지에 그는 많은 나무를 심었다. 이집트의 하늘처럼 그토록 구름 한 점 없는 하늘 아래 자연림이 없는 땅에서 그 나무들은 사람들에게 고마운 그늘을 만들어 주었다.[99] 그는 또한 람세스 2세의 죽음 이후로 정지상태에 있던 건축을 다시 시작했다. 테베의 서쪽 평원에 있는, 현재 메디네트 하부(Medinet Habu)라 불리는 곳에, 그는 크

---

[95] IV, 408.
[96] IV, 409.
[97] IV, 407.
[98] IV, 209
[99] IV, 213, 215, 410.

사진 61. 람세스 3세의 메디네트 하부 신전
첫 번째 탑문의 꼭대기에서 북쪽으로 첫 번째 뜰과 두 번째 탑문을 가로질러 바라본 전경.

고 장려한 아몬 신전(사진61-62)을 지었다.[100] 이것은 그가 통치 기간 초기에 착공했다. 신전이 뒤쪽에서 앞쪽으로 확대되고 확장됨에 따라, 그의 전쟁 이야기가 건축물이 확장되면서 연도순으로 이어지도록 벽에 기록되어, 결국 건축물 전체가 전쟁에서의 왕의 업적에 대한 방대한 기록이 되었다. 현대 방문객은 뒤쪽에 있는 가장 먼저 지은 홀부터 앞쪽에 있는 가장 늦게 지은 뜰과 탑문까지 지나가면서 연도별로 그것을 추적하며 읽을 수 있다. 여기서 방문객은 람세스의 셰르덴 용병들과 교전한 대규모 북부인들을 볼 것이다. 앞에서 이미 언급했듯이 람세스의 셰르덴 용병들은 황소가 끄는 침입자들의 육중한 수레들을 무력으로 뚫고 나가 약탈한다. 우리가 어느 정도 알고 있는 바닷물에서의 첫 번째 해상 전투가 이곳에 묘사되어 있다. 이 부조들에서 우리는 이 북부 민족들의 갑옷, 의복, 무기, 군함, 장비를

---

[100] IV, 1-20, 189-194.

사진 62. 람세스 3세의 메디네트 하부 신전
신전 앞쪽에 있는 궁전 입구('부속 건물') 벽에서 첫 번째 탑문을 바라본 전경.

살펴볼 수 있다. 이들의 출현과 함께 유럽이 처음으로 초기 세계의 무대 위에 등장한다.[101] 아름답게 꾸민 정원, 넓은 별채, 창고를 갖춘 이 신전 앞에는 신성한 호수가 있고, 거대한 돌탑이 있는 왕궁이 신전 건축물과 연결되어 있으며, 이 모든 것을 둘러싼 벽은 거대한 복합단지를 형성한다. 이 단지는 테베의 서쪽 평원의 남단 전체에서 두드러졌다. 그곳의 높은 탑문 꼭대기로부터 북쪽으로 황제들에 의해 세워진 당당하게 줄지어 선 장제전을 볼 수 있다. 이렇게 해서 이 단지는 당당하게 늘어서 있는 건물들의 남쪽 끝이자 마지막을 형성했고, 여전히 형성하고 있다. 그리고 생각에 잠긴 방문객에게 람세스 3세가 제국의 파라오 가운데 마지막 파라오로서 그 긴 행렬의 끝임을 연상시킨다. 그의 다른 건축물들은 대부분 사라졌다. 람세스가 카르나크의 거대한 홀과 경쟁하려는 시도가 희망이 없음을 알고 그곳의 주요 신전의 한 축을 가로질러 설치한 카르나크의 작은 아몬 신전

---

[101] IV, 69-82.

(사진65)은 그가 이 방면에서 예술적인 감각이 있었음을 여전히 증명한다.[102] 카르나크 신전은 카르나크 단지 남쪽의 무트 신전 외에,[103] 람세스 3세 때에야 착공된 콘수의 작은 성소로[104] 신전이 약간 증축되었다.[105] 이 성소들, 즉 무트와 콘수 신전은 멤피스나 헬리오폴리스에서는 거의 또는 전혀 흔적이 발견되지 않았고,[106] 전국적으로 다양한 신들을 위한 많은 예배실들이[107] 대부분 완전히 사라졌거나 아주 작은 흔적만이 남았다. 왕실 소재도시에 그는 아몬을 위한 아름다운 구역을 설계했다. "그곳에는 커다란 정원과 산책할 장소들, 열매가 매달린 온갖 종류의 대추야자 밭이 있었고, 온 땅의 꽃들로 빛나는 신성한 거리도 있었다."[108] 그 구역은 신을 섬기기 위해 거의 8천 명의 노예들을 소유했다.[109] 그는 또한 도시 안, 람세스 2세 신전의 신성한 구역 안에 수테크 신전을 세웠다.[110] 이 건축물로 표현된 예술은 남아있는 것으로 보면 분명히 쇠퇴하는 단계에 있었다. 선은 굵고 생기 없고, 열주는 옛 시절의 치솟는 활기가 없으며, 포장도로에서 튀어나와 구경꾼의 시선을 무의식중에 높은 곳으로 향하게 한다. 그러나 기둥들 위에 얹힌 무거운 짐 밑에서 힘들어 보이며, 그것들을 디자인한 쇠퇴기 건축가의 게으른 정신을 뚜렷이 나타낸다. 작업 또한 조심성 없고 너저분하게 실행되었다. 메디네트 하부 신전의 방대한 표면을 덮은 부조는 거의 예외 없이 카르나

---

[102] IV, 195.
[103] IV, 196.
[104] IV, 214.
[105] IV, 197-213.
[106] IV, 250-265, 311-328.
[107] IV, 355-361.
[108] IV, 215.
[109] IV, 225.
[110] IV, 362, 369.

사진 63. 야생 수소를 사냥하는 람세스 3세
메디네트 하부 신전 첫 번째 탑문 뒷면에 새겨진 부조.

크에 있는 세티 1세의 훌륭한 조각품의 부족한 모조품일 뿐으로 조악하게 그려지고 감정 없이 제작되었다. 같은 신전 벽 위 람세스가 야생 수소(사진 63)를 사냥하는 것을 묘사한 부조에서처럼, 오로지 군데군데에서만 옛 시절의 힘의 순간을 발견할 수 있을 뿐이다. 이 사냥을 묘사한 부조는 회화에 있어서 일부 결점이 있지만, 풍경 화법에 대한 탁월한 감각과 함께 힘과 예술적 정감을 갖춘 작품이다. 시리아 해안에서 파라오 해군이 승리한 것을 묘사(사진60)한 부조는 당시 대담하고 완전히 새로운 성과로, 이 부조는 어느 정도 독창성과 창의성을 필요로 하지만, 힘과 예술적인 느낌을 주기에는 너무 복잡하다.

 람세스 3세 통치 시기의 예술에 매우 두드러진 모방작법은 모든 분야에서 당시의 특징이었다. 통치 시기의 기록은 보다 이른 시기에 쓰이던 왕에 대한 찬사를 약하게 반복한 것일 뿐이다. 너무나 설득력 없는 모습으로 꾸며져서 종종 이해할 수 없을 정도이다. 필자가 메디네트 하부 신전의 거대한 벽에 몇 달씩 몰두함으로써 얻은 것은 쉽게 덜어낼 수 없는 우울감이었다. 신전의 벽은 이런저런 경우에 왕의 용기를 반복하는 수백 행의 무미건조한 장황한 문장으로 덮여 있었고, 이 글들은 아첨하는 서기의 펜에서 나온, 수 세기 동안 행해진 그러한 관례적인 용어로 쓰여 있었다. 아무 전쟁이나 시작해서 들여다보면, 수백 제곱미터의 벽면을 차지하는 어려운 명문을 끝까지 다 읽은 후 얻는 결과는 대규모 전투에 대한 빈약하고 노골적인 설명일 뿐이라는 것과 전투 행위의 사실들은 여기저기 산재해 있고 수십 개의 의미 없는 관례적인 구절 속에 너무 깊게 묻혀 있어, 아주 큰 노력을 기울여야만 알아낼 수 있음을 알게 되는 것이다. 제국의 국경에서 국경으로 군대를 재촉하고 이집트가 겪어왔던 가장 무서운 침략들을 계속해서 격퇴하는 젊고 활동적인 파라오의 고무적인 모습은, 신전 벽에 이러한 일들에 대해 기록하는 것이 운명이었던 사제 서기의 인습에 사로잡힌 영혼에 아무런 반응을 불러일으키지 못했다. 그는 옛 왕조에서 낡고 오래 유행된 것만을 소유했다. 그는 그 오랜 것으로부터 모든 찬가와 노래, 목록을 가져와 손질하고, 실제로 유능하고 영웅적인 통치자의 영광을 영원히 남기는데 이것들이 다시 쓰이도록 했다. 우리는 서기에 대해 불평해서는 안 될 것이다. 왕 자신이 람세스 2세 때를 복원하고 재현하는 것을 최고의 목표로 여겼기 때문이다. 그의 이름 자체가 앞의 반은 람세스 2세의 즉위명으로, 뒤의 반은 자신의 이름으로 만들어졌다. 그는 아이들과 말의 이름도 람세스 2세의 아이들과 말의 이름을 따서 지었다. 람세스 2세처럼 그도 군사작전에 길들인 사자가 따라오게 했다. 사자는 행군할 때 그의 전차 옆에서 총총걸음으로 걸었다. 람세스 3세의 성취는 그의 성격의 긍정적인 경향에 의해서라기보다는 그가 처한 상황에 의해 전적으로 좌우되었다. 그러나 그가 맞서려고 해도 거의 아무것도 할 수 없는 상황에 직면했던 것은 인정되어야 한다. 외부로부터의 모든 직접적인 위험이 당시 겉으로 보기에는 사라졌지만, 나라는 내부로부터 부패의 결과로 천천히 쇠퇴하고 있었다. 람세스 3세는 외부로부터의 공격에 충분히 대처할 수 있음을 보여 주었지만, 그는 혹자라면 국내의 당시 만연한 추세에 맹렬한 저항을 지시했을, 그런 강력한 독립적 자질을 소유하지 못했다.

이것은 제19왕조에서 물려받은 종교적 상황에 대한 그의 태도에서 특히 두드러졌다. 우리는 람세스 3세의 아버지 세트나크트가 그의 성공적인 전임자들 다수가 그랬듯, 사제단을 회유함으로써 왕좌를 얻었음을 이미 지적했다. 람세스 3세는 이렇게 왕권에 짐이 되는 사제의 영향력을 털어내려는 아무런 노력도 하지 않았다. 신전은 빠르게 심각한 정치적 경제적 위협이 되어가고 있었다. 이 사실에도 불구하고 람세스 3세는 그의 조상들의 정책을 계속했고, 더할 나위 없이 후하게 왕실의 재산을 종교의 재원으로 쏟아 부었다. 그는 직접 밝힌다. "나는 남부와 북부의 신과 여신들을 위해 위대한 일과 자선활동을 수없이 많이 했다. 나는 황금의 집에서 그들의 신상을 제작했고, 신전 안의 파괴된 것들을 다시 세웠다. 나는 신들의 뜰에 집과 신전을 세웠다. 나는 그들을 위해 숲을 만들었고 호수를 팠다. 나는 그들을 위해 보리, 밀, 포도주, 향, 과일, 가축, 가금(家禽)으로 구성된 신께 바칠 공물을 만들었다. 나는 그들의 구역에 매일 신에게 바치는 공물이 갖춰진 '레의 그림자'[라 불리는 예배실을] 지었다."[111] 여기서 그는 규모가 비교적 작은 신전들에 관해 이야기하고 있다. 그 땅의 세 주요 신들, 아몬, 레, 프타를 위해서 그는 더 방대한 규모로 베풀었다. 이 신들에 대한 의식이 매일 호화롭게 거행되었음은 이루 다 말로 표현할 수 없다. 람세스는 아몬에게 말한다. "저는 당신을 위해 순금으로 테두리 한, 두드려 편 은으로 된 희생의식

---

[111] IV, 363.

에 쓰는 커다란 명판을 만들었습니다. 명판에는 케템(Ketem) 금으로 된 형상이 들어가 있고, 금으로 된 왕의 조각상들이 들어가 있습니다. 명판마저도 신에게 바치는 공물이 들어가 있는 것을 당신 앞에 바칩니다. 저는 당신을 위해 당신의 앞뜰에 놓인, 순금이 박히고 돌을 새겨 넣은 커다란 병 받침대를 만들었습니다. 병은 금으로 만들어져 있고, 매일 아침 당신께 바치기 위해 포도주와 맥주가 담겨 있습니다. … 저는 당신을 위해 두드려 편 금으로 된 커다란 명판들을 만들었습니다. 명판에는 폐하[112]의 위대한 이름이 새겨져 있고, 저의 기도문이 실려 있습니다. 저는 당신을 위해 은으로 된 명판들을 두드려 펴서 만들었습니다. 명판에는 폐하의 위대한 이름이 새겨져 있고, 당신 집의 섭리가 새겨져 있습니다."[113] 신이 사용하는 모든 것은 똑같이 귀중했다.[114] 람세스는 그의 신성한 선박에 대해 말한다. "제가 당신을 위해 왕의 영토에서 가져온 놀라운 크기의 커다란 삼나무로, 강 위에 띄울 130 큐빗[거의 68.3m 길이]의 위풍당당한 배 '우세르헤트(Userhet)'를 깎아서 만들고, 태양의 선박같이 배가 수면과 접하는 흘수선 부분까지 순금으로 덮어씌웠습니다. 그(신)가 동쪽에서 오면 모두가 그를 바라보며 살지요. 궁전처럼 온갖 값비싼 돌이 박힌 순금으로 된 커다란 제단이 배의 한가운데 있고, 앞에서 뒤까지 금으로 된 숫양의 머리들이 뱀 모양 휘장이 달린 왕관들을 쓰고 있습니다."[115] 헬리오폴리스의 레에게 바쳐지는 공물의 무게를 달기 위해 신전의 큰 저울을 만드느라 거의 96.2kg의 금과 209.1kg의 은이 소비되었다.[116] 독자들은 중요한 해리스 파피루스에서 그러한 묘사

---

[112] **[역주]** 람세스가 아몬에게 한 말이므로 폐하는 아몬을 의미한다.
[113] IV, 199, 202.
[114] IV, 198-210.
[115] IV, 209.
[116] IV, 256, 285.

가 실린 부분을 읽어볼 수 있다.[117] 해리스 파피루스에 대해서는 나중에 더 설명할 것이다. 그러한 장려함은 주로 왕이 주는 부수적인 선물 덕분일 수도 있지만, 그래도 토지와 노예, 세입의 막대한 재산에서 생긴 어마어마한 수입으로 지탱되었을 것이다. 이런 식으로 람세스 3세는 엘레판티네의 크눔 신에게 이 도시에서 타콤프소까지 강 양쪽의 길이가 112km가 넘는 좁고 긴 땅의 소유권을 공식화했다. 이 지역은 그리스인들에게 도데카쇼이노스(Dodekaschoinos)[118] 또는 12쇼에니(Schoeni)로 알려져 있다.[119] 이집트의 역사에서 처음이자 유일한 람세스 3세의 기록으로 인해 우리는 신전이 소유하고 관리한 재산 총액을 알 수 있다. 해리스 파피루스에 실린, 이집트의 거의 모든 신전을 포함하는 재산 목록은 신전이 107,000명이 넘는 노예를 소유했음을 보여 준다.[120] 즉 인구 50~80명 당 1명이 신전의 자산이었다. 첫 수치가 더 가능성이 있다. 그러므로 십중팔구 50명당 한 명이 어떤 신전의 노예였을 것이다. 신전들은 따라서 인구의 2%를 소유했다. 땅에서는 거의 백만 에이커의 3/4에 달하는, 즉 나라의 경작 가능한 땅의 거의 1/7, 또는 14.5%가 넘는 신전 기금이 있었다. 조금 전 언급한 크눔 신전 같은 규모가 비교적 작은 신전 일부는 목록에서 생략되어 있어서 신전의 전체 소작지는 나라의 경작할 수 있는 땅의 15%에 달했다고 말해도 무방하다.[121] 이것은 전국의 부, 자원과 비교했을 때 크게 차이 나지 않을, 신전 재산에서 유일한 항목들이다. 그러나 그것들은 결코 신전이 소유한 재산 목록을 다 채운 것도 아니었다. 그들은 크고 작은 가축 거의 50만 마리를 소유했고, 그들이

---

[117] IV, 151-412.
[118] [역주] 도데카쇼이노스는 제1폭포에서 Hiera Sycaminos에 이르는 하누비아의 최북단 지역을 이른다. 약 120km(12schoeni)의 거리이다.
[119] IV, 146-150.
[120] IV, 166.
[121] IV, 167.

연합한 선단들은 88척의 선박을 보유했다. 약 53곳의 작업장과 조선소들이 신전들이 수입으로 받은 원재료 일부를 소비했다. 한편 시리아, 쿠시, 이집트에서 그들은 모두 합해서 169개의 성읍을 소유했다.[122] 25,899km^{2}가 안 되는 땅과 약 오륙백만 명의 주민 중에서 이토록 막대한 자산이 징세로부터 완전히 면제되었다는 것을 생각하면,[123] 국가의 경제적 형평성이 위험에 처한 것을 알 수 있다.

이러한 극단적 상황은 신에 대한 증여가 적절한 비율로 지켜지지 않았다는 사실에 의해 악화되었다. 단연코 너무 많은 몫이 아몬의 몫으로 떨어졌다. 아몬의 만족할 줄 모르는 사제단이 너무 권세를 얻자 왕실 국고에 그들이 청구한 것이 다른 모든 신전이 청구한 것을 합한 것보다 훨씬 많았다. 테베에 있는 주요 신전들 외에, 아몬은 수많은 다른 성소들, 예배실, 조각상들을 소유하고 있었고, 그들의 기금이 전국에 걸쳐 산재해 있었다.[124] 신은 우리가 이미 언급한 대로 시리아에 신전이 있었고,[125] 누비아에도 람세스 2세가 그곳에 지은 것들 외에도 새 신전이 있었다.[126] 람세스 2세가 모든 전쟁이 승리로 결론이 난 후 12번째 해에, 메디네트 하부(테베)에 아몬을 위해 세운, 마침내 완공된 신전에서는 새롭고 복잡한 축제의 일정에 따라 개관식이 거행되었다. 축제 일정에 대한 기록이 신전의 한쪽 벽을 거의 가득 메웠다.[127] 아몬의 축제 가운데 가장 큰 오페트 축제는 투트모세 3세 시절에는 11일이었지만 이때 일정표로는 24일이 된 것으로 보인다. 보존된 일정표를 요약하면, 월례 축제일을 포함하지 않으면 평균적으로 3일에 한 번꼴

---

[122] IV, p. 97.
[123] IV, 146.
[124] IV, 189-226.
[125] IV, 219.
[126] IV, 218.
[127] IV, 139-145.

로 아몬의 연례 축제일이었다.[128] 그런데도 람세스 3세는 나중에 이 축제 기간을 더 늘려서 오페트 축제는 27일이 되었고, 일정표에 규정된 대로 하루만 치렀던 자신의 대관식 축제는 결국 매년 20일 동안 계속되었다.[129] 람세스 3세의 후임자 중 한 명이 파라오일 때 테베의 공동묘지 인부들의 기록이 거의 일한 날만큼 휴일도 많았음을 보여 주는 것도 당연하다.[130] 이렇게 늘어난 축제일은 물론 아몬을 위해 늘어난 기부와 수입을 의미한다. 이 메디네트 하부 신전의 보물보관실은 여전히 있고, 벽에는 보물보관실을 가득 메운 호화로운 재물에 대한 증언이 기록되어 있다.[131] 람세스는 또 다른 기록에서 직접 밝힌다. "저는 이집트 땅의 산물인 수십만 개의 금, 은, 온갖 보석으로 이 신전의 금고를 채웠습니다. 신전의 곡물창고는 보리와 밀로 넘쳤습니다. 신전의 땅, 가축의 수는 해안의 모래 같이 많았습니다. 저는 북부뿐 아니라 남부에서도 신전을 위해 세금을 부과했습니다. 누비아와 시리아는 부과금을 가지고 신전으로 왔습니다. 신전은 아홉 활 가운데 당신이 저에게 준 포로들과 제가 만들어 낸 만 가지의 계속 징세된 물품들로 가득 찼습니다. … 저는 당신 앞에 바치는 공물인 빵, 포도주, 맥주, 살찐 거위, 도살장에서 제공된 수많은 황소, 거세된 수송아지들, 송아지, 암소, 흰 오릭스, 가젤을 늘렸습니다."[132] 제18왕조 정복자들의 시대처럼 전쟁의 전리품 대부분이 아몬의 금고로 들어갔다.[133] 이 오래 지속된 정책의 결과는 불가피했다. 신전이 보유한 백만 에이커의 거의 3/4인 땅에서, 아몬이 583,000에이커가 넘는 땅을 소유해, 그의 가장 가까운 경쟁자로 겨우

---

[128] IV, 144.
[129] IV, 236-7.
[130] Erman, Life in Ancient Egypt.
[131] IV, 25-34.
[132] IV, 190.
[133] IV, 224, 405.

108,000에이커만 소유한 헬리오폴리스의 레보다 5배 넘는 땅을 소유했다. 또 멤피스의 프타가 가진 토지의 9배가 넘었다.[134] 모든 신전이 보유한 전국 땅의 15% 중에서 이렇게 아몬이 2/3 넘게 보유했다. 한편 앞서 언급했듯이 신전들은 전인구의 2% 정도를 노예로 소유했는데, 아몬이 아마도 1.5%, 숫자로는 86,500명 넘게 소유해서 레가 소유한 명수보다 7배 많았다.[135] 다른 재산에서도 똑같은 비율을 관찰할 수 있다. 아몬은 모든 신전이 소유한 50만 마리가 안 되는 가축 중에서, 크게 다섯 무리인 421,000마리가 넘는 크고 작은 가축을 소유했다. 그리고 513곳의 신전 정원이나 과수원 가운데, 아몬이 433곳을 소유했다. 신전 선단이 보유한 88척의 선박 중에서 5척을 제외한 나머지 전부가 아몬의 자산이었다. 신전이 소유한 53곳의 작업장 중 46곳이 아몬의 것이었다.[136] 그는 시리아와 쿠시에서 성읍을 소유한 유일한 신이었다. 두 곳에서 9개의 성읍을 가지고 있었다. 그러나 이집트에서는 103곳의 성읍을 소유한 레에 의해 추월당했는데, 그에 비해 아몬은 56곳만 소유했다. 우리는 이 성읍들의 크기와 가치에 대해 아무것도 모르지만, 신전 땅을 에이커로 잰 면적에서 아몬이 어마어마하게 우세한 것을 고려하면 이 숫자는 거의 의미가 없다. 수입으로 아몬은 연간 1kg 684g의 금을 받았지만, 다른 신전은 어느 곳도 받지 못했다. 이것은 분명 '아몬의 금 생산지'에서 온 것 같다. 이미 살펴본 대로, 그는 제19왕조 말기쯤 이 지역의 소유권을 얻었다. 은의 경우 아몬의 수입은 다른 모든 신전의 수입 전부보다 17배 많았고, 구리는 21배, 가축은 7배, 포도주는 9배, 선박은 10배 많았다.[137] 그의 토지와 수입은 왕의 것에 버금갔고, 당시 국가에서 중요한

---

[134] IV, 167.
[135] IV, 165.
[136] IV, 165.
[137] IV, 170-171.

경제적 역할을 맡았다. 그러한 거대한 부를 지배하는 사제 공동체가 휘두른 정치적 권력은 이제 어떤 파라오도 무시할 수 없는 힘이었다. 그 세력과 타협하거나 지속적으로 회유하지 않고는 어떤 파라오도 오래 통치할 수 없었다. 그러나 아몬의 대사제가 권력을 점차적으로 찬탈하고 왕권을 최종 장악한 것이 오로지 아몬의 부 때문이었다는 현재의 결론은 우리의 조사결과에 의해 뒷받침되지는 않는다. 살펴보겠지만 다른 힘들도 이 결과에 크게 원인을 제공했다. 이 가운데 아몬의 영향력이 다른 신전과 그들의 재산에 점차적으로 확장된 것도 포함된다. 아몬의 대사제는 제18왕조 때 이집트의 모든 사제단의 수장이 되었다. 제19왕조 때 그는 그의 직책의 세습권을 확보했다. 그의 테베 신전은 당시 성직의 수도가 되었고 다른 신전들의 기록이 그곳에 보관되었다. 아몬의 사제단에게 다른 신전들의 경영에 대한 감독권이 어느 정도 주어졌다.[138] 아몬의 은밀한 힘은 이렇게 점차적으로 나라의 모든 종교적 소유지로 확대되었다.

흔히 그렇듯 람세스 3세가 이러한 상황에 단독으로 또는 심지어 주로 책임이 있다고 생각하는 것은 실수이다. 사제들의 부에 그가 아무리 후하게 공헌했다 하더라도, 그의 기부로는 결코 우리가 밝힌 비율까지 끌어올리지 못했을 것이다. 이는 전반적인 신전 재산에서 그렇듯이 특히 아몬의 재산에서도 그러했다. 람세스 3세가 크눔에게 112km 넘는 누비아의 나일 해안(도데카쇼이노스)을 선물한 것도 옛 소유권을 그가 확인한 것뿐이다. 람세스 3세가 기증한 것으로 오랫동안 추정되어 온, 해리스 파피루스에 열거된 막대한 기금은 옛 사제들의 재산 목록일 뿐이며, 신전 소유라는 것이 그에 의해 확인된 것이다.[139] 이렇게 오랫동안 오해를 받은 목록들이 전술한 통

---

[138] IV, 202.
[139] IV, 157-8.

계자료의 출처로, 이 자료는 우리에게 그러한 상황을 알려 주며, 그것이 제18왕조와 제19왕조의 후한 선물에서 비롯된 물려받은 상황으로, 시작은 아몬에게 시리아의 세 성읍을 선물한 적어도 투트모세 3세까지 거슬러 올라갈 수 있음을 보여 준다. 이러한 정책이 여러 세대를 거치면서 막대한 신전의 부가 점차적으로 축적되었고, 오랫동안 무제한의 강제 징수가 주는 만족감에 습관이 된 탐욕스러운 사제단에 맞서서, 람세스 3세는 저항할 수 없었고, 사실 저항할 시도도 하지 않았다. 살펴본 대로 오히려 자신의 세력을 유지하기 위해 사제의 지지가 분명 필요했으므로, 그는 의도적으로 전통적인 정책을 고수했다. 그러나 그의 국고는 그 때문에 수입은 점차 줄고, 그에 대한 수요는 결코 줄어들지 않아서 심하게 고갈되었을 것이다. 정부 국고로부터의 보수 지급이 최근의 근대 이집트까지 그랬던 것처럼 고대에도 더뎠지만, 그러나 이 같은 사실을 감안하더라도, 람세스 3세의 통치하에서 공동묘지의 근로자들이 자신들이 매월 받아야 하는 50자루의 곡식을 확보하기 위해 힘겨운 투쟁을 했었던 것도 우연이 아닐 것이다. 달마다 그들은 식량이 지급되지 않으면 공동묘지의 벽을 기어오르거나 배고픈 나머지 곡물창고 자체를 습격하겠다고 위협하는 극단적인 조치에 의존해야 했다. 재상으로부터 직접 국고가 텅 비었다고 듣거나, 중간의 서기가 하는 말뿐인 약속에 속아서 일상의 업무로 복귀해 봐야, 배고픔에 하던 일을 집어던지고, 상관의 집무실에 모여 울부짖으며 소란스럽게 자신들의 매달 배급량을 요구할 수 있을 뿐이었다.[140] 국가에 고용된 가난한 사람들은 텅 빈 국고의 문에서 굶주리고 있는데, 신들의 창고는 넘쳐날 지경이었다. 아몬은 매년 연례 축제 때만 해도 공물로 205,000부셸이 넘는 곡식을 받고 있었다.[141]

---

[140] Erman, Life in Ancient Egypt, 124-126.

람세스 3세와 그의 동시대 사람들이 강력한 사제 집단에 맞서 활용할 수 있는 유일한 세력은 왕실 소유 노예들 속의 수많은 외인이었다. 왕의 이름이 낙인으로 찍혀 있는 이들은 대규모로 군대의 사병으로 들어갔고,[142] 이미 군대에 있던 용병군들의 지원 복무는 늘어났다. 람세스 3세가 제국의 적들을 물리칠 때 함께 한 군대는 이미 언급했듯이 주로 외국인들로 구성되어 있었고, 파라오가 더 어렵고 복잡한 상황에서 지배력을 점점 더 유지할 수 없음을 알게 되면서, 그들의 수가 끊임없이 증가했다. 그는 곧 자신의 신변에도 이 수많은 외국인 노예들을 배치해야 했다. 아마 '집사'로 번역하는 게 가장 알맞을, 중왕국에도 이미 알려진 개인 시종계급은 원래 귀족이나 왕의 식탁과 식품저장실에서 근무했다. 람세스 3세의 시중을 드는 이러한 노예들은 주로 시리아, 소아시아, 리비아 원주민들로 특히 시리아 원주민들이었다. 왕이 그들이 점점 더 쓸모 있다고 여기게 됨에 따라, 그들은 노예일 뿐이었지만, 점차로 국가와 조정에서 높은 직책을 얻었다. 에르만(Erman)[143]이 언급한 대로 정확히 중세 이집트 술탄 조정의 상황과 같았다. 람세스 3세의 시중을 들었던 우리에게 알려진 11명의 그러한 '집사' 가운데 5명이 권력과 영향력이 있는 위치의 외국인들이었다.[144] 우리는 곧 그의 통치 기간의 치명적 위기에서 그들이 맡은 두드러진 역할을 살펴볼 것이다. 겉으로는 모든 것이 화려하고 평온하고, 모든 국민이 제국을 구한 왕을 찬양하고 있었지만, 여러 세대 동안 나라 안에 천천히 축적되어 온 부패의 힘은 빠르게 극심한 단계에 이르고 있었다. 막대한 부를 장악한 탐욕스럽

---

[141] IV, 174.
[142] IV, 405.
[143] [역주] 아돌프 에르만(Adolf Erman, 1854-1937)은 저명한 독일의 이집트학자이자 사전편찬자이다. 저자인 제임스 헨리 브레스테드의 스승이기도 하다.
[144] IV, 419 ff.

고 음험한 사제단, 가장 후하게 지불하는 주인을 섬길 준비가 되어 있는 외국인 용병군, 마찬가지로 충성심이 오로지 목전의 이익에만 달려있는 외국인 노예로 구성된 사적인 수행원들 — 이 요인들이 람세스 3세가 각각의 구성원을 다른 구성원들에 맞서도록 끊임없이 다루고 활용해야 했던 요인들이다. 여기에 아마도 그 상황에서 모든 것 중 가장 위험한 요소였을 왕의 친척과 식구들을 덧붙이면, 그 결과는 이상하게 여길 것이 없다.

전체적인 상황에서 병든 징후들이 많았는데, 그 안에 내재한 위험 중에 우리가 식별할 수 있는 첫 번째 구체적 사례는 삼각주의 도시 아트리비스(Athribis)[145]에만 칩거했던 람세스 재상의 반란이다. 그러나 그는 자신의 명령대로 움직일 수 있는 힘을 잘못 계산했다. 그의 자리는 람세스가 차지했고, 반란은 진압되었다.[146] 평화와 표면상 평온함이 다시 회복되었다. 왕이 왕세자로 지명된 지 30주년이 다가옴에 따라, 그 기념식을 위한 준비가 정성스럽게 진행되었다. 재위 29년, 그는 자신의 새로운 재상인 타(Ta)를 남쪽으로 보내서 늘 하던 대로 멤피스의 화려한 기념행사에 참석할, 모든 신의 행렬용 신상을 수집하게 했다.[147] 이 위풍당당한 기념식 후 1년이 조금 넘어서 늙은 왕이 자신의 나이를 느끼기 시작할 때, 보다 심각한 위기가 발생했다. 왕권에 대한 숱한 도전의 근원지인 하렘이 문제의 근원이었다. 초기 근동에서는 항상 왕의 자녀들의 많은 어머니 가운데, 아들이 왕위 계승자가 된 운 좋은 경쟁자의 아들보다 자신의 아들이 왕위 계승에 더 타당한 자격을 갖추었다고 느끼는 공주나 왕비가 있었다. 람세스 3세의 하렘에서는 티이라는 이름의 그러한 왕비가 당시 다른 왕자에게 약속된 왕관을 자

---

[145] [역주] 아트리비스는 카이로에서 북쪽으로 40km, 나일의 다미에타 지류 동쪽 강기슭에 위치한 고대 도시로 오늘날의 Tell Atrib이다.
[146] IV, 361.
[147] IV, 335, 413-15.

신의 아들 펜테웨레(Pentewere)를 위해 확보하려는 은밀한 노력을 시작했다.[148] 늙은 왕을 암살하려는 음모가 빠르게 진행되었고, 티이는 '사무실장' 페베카멘(Pebekkamen)과 메세드수레(Mesedsure)[149]라는 이름의 왕실 집사를 자신의 주요 보좌인으로 얻었다. 근동의 미신에 따라, 페베카멘은 처음에 밀랍으로 만든 마력을 지닌 신과 인간의 형상들을 입수했다. 그렇게 함으로써 그는 하렘 경비원들을 무력하게 하거나 피할 수 있다고 믿었다. 그렇지 않으면 하렘의 경호원들이 음모를 진행하는데 필요한 수많은 편지 중 하나라도 발견하고 가로챘을 것이다. 페베카멘과 메세드수레는 그런 다음 다양한 직급의 10명의 하렘 관리, 네 명의 왕실 집사, 국고의 감독관 한 명, 페예스(Peyes)라는 이름의 군의 장군, 근무처가 다른 세 명의 왕실 서기, 페베카멘의 조수, 몇 명의 하급관리들의 협조를 얻었다. 이들 대부분이 파라오를 사적으로 시중들고 있었으므로, 위험한 성격의 공모였음이 분명하다. 하렘의 문을 지키는 관리들의 아내 여섯 명도 설득당해 모험적인 계획에 가담했다. 그리고 그녀들은 하렘 안에 사는 사람들이 하렘 밖의 친척과 친구들에게 편지를 전달하는 데 있어 큰 도움이 되었다. 하렘 안에 거주했던 사람 가운데에는 누비아 궁수들의 사령관의 누이도 있었는데, 그녀는 편지를 자신의 남자 형제에게 몰래 전달해 그의 지지를 확보했다. 반란과 궁전 밖의 정변을 위한 모든 준비가 다 되었다. 이 반란과 정변은 왕을 살해해서 공모자들이 더 쉽게 정권을 장악하고 왕위를 노리는 펜테웨레를 왕좌에 앉히려 의도된 것이었다. 이 중대한 시기에 왕 측에서 음모에 대한 모든 정보를 얻었고, 왕을 살해하려는 기도는 좌절되었으며, 반란 계획은 실패로 돌아갔다. 반역죄에 연루된 사람들은 모두 붙잡혔다. 그 시련에 심하게 충

---

[148] 이하 내용은 모두 IV, 416-456에서 인용.
[149] [역주] 메세드수레는 '레가 그를 증오한다'라는 뜻이다(클레이턴 2009:213). 의미로 보아서 나중에 붙여진 이름으로 보인다.

격을 받고 아마도 미수에 그친 암살 기도로 인해 신체상의 손상을 겪었을 늙은 파라오는 즉시 공모자들의 재판을 위해 특별 법원을 구성했다.[150] 이 법원에 권리를 위임한 위임장에 쓰인 지시사항들은 그가 그 충격을 얼마 견뎌내지 못할 것을 아마도 알고 있었음을 보여 준다. 동시에 판사들에게 사건의 시비곡직에 따라 공정한 재판을 할 책임을 부과한다. 확고한 힘으로 피고들의 명줄을 쥐고 있으면서도, 그들의 손에 살의를 품은 공격의 직접적인 희생자였던 사람으로서는 놀랄 만한 사법적 객관성을 보여 준다. 이렇게 왕은 이 특별 법원에 위임했다. "나는 판사들에게 위임한다. [이 부분에 그들의 이름과 직무 목록이 실려 있다] 나는 그 사람들이 무슨 말을 했는지 모른다. 그대들은 가서 그들이 한 말을 조사하라. 그대들이 가서 그들이 한 말을 조사할 때, 죽어야 할 사람들은 나에게 알리지 않고 자신들의 손으로 자살하게 할 수 있다. 여러분은 마찬가지로 나에게 알리지 않고

---

[150] **[역주]** 최근 람세스 3세가 이 음모에서 살해되었다는 증거가 발견되었다. 세계일보 2012년 12월 18일 자 기사를 인용하면 다음과 같다. "그동안 베일에 싸여 있던 이집트 파라오 람세스 3세의 사망 원인이 3000년 만에 드러났다. 척추 가까이 깊숙하게 베인 목의 자상이 직접적인 사인이다. 기원전 1188년부터 1155년까지 이집트를 통치하며 '위대한 신'으로 불리던 람세스 3세가 부인과 아들이 보낸 자객에 의해 최후를 맞은 것으로 추정된다. AFP통신에 따르면 유럽 아카데미 미라 및 아이스맨 연구소(EURAC) 앨버트 징크 등 연구진은 17일(현지시간) 영국의학저널(BMJ)에 이 같은 내용을 담은 논문을 발표했다. 연구진은 컴퓨터 단층 촬영(CT) 사진을 분석한 결과 람세스 3세 미라의 기관지와 주요 동맥이 베어졌고 7cm 너비의 상처가 깊숙하게 나 있다고 설명했다. 징크는 '람세스 3세가 목이 베여 사망했다는 데 의심의 여지가 없다'라며 '상처가 매우 깊고 커서 치명적 타격을 입은 것으로 보인다'고 말했다. 연구진은 사망 이후에 목이 베였을 수도 있지만 고대 이집트에 유사한 관습 기록은 없다고 주장했다. 특히 상처 주변에는 마술적 치유력을 가진 것으로 알려진 부적이 있는 것을 감안할 때 상처가 사후에 생겼을 가능성은 희박하다고 강조했다. 람세스 3세와 함께 매장된 '절규하는 미라'가 암살에 관여한 아들일 가능성도 제기됐다. 연구진은 절규하는 미라를 검사한 결과 람세스와 유전적으로 관련이 있다는 증거를 찾아냈다며 '암살 이후 자살을 강요당했을 것으로 추정된다'라고 설명했다. 18~20세 남성으로 추정되는 이 미라는 입을 크게 벌리고 일그러진 표정 때문에 절규하는 미라라는 별명을 얻었다."

다른 사람들에게 형벌을 집행할 수 있다. … 불공정하게 [누군가]에게 형벌을 집행하지 않도록 주의하고 조심하라. … 이제 내가 여러분에게 진실되게 말하니, 행해진 모든 것, 그것을 행한 사람들에 대해 말하자면, 그들이 한 모든 것이 그들 자신의 머리 위에 떨어지게 하라.[151] 반면 나는 영원히 보호받고 지켜질 것이다. 나는 신들의 왕인 아몬-레 앞의, 영원의 지배자인 오시리스 앞의 공정한 왕들 속에 있다." 오시리스가 죽은 자들의 신이므로, 왕의 마무리 발언은 아마도 그가 재판의 종결 전에 자신이 죽을 것을 예상했음을 가리킨다.[152]

이렇게 위임받은 재판소는 14명의 관리로 구성되었다. 그들 중 7명은 왕실의 '집사'였고, 이들 가운데 리비아인, 리키아인이 있었고, 마하르바알(Maharbaal '바알신이 서두른다')이라는 이름의 시리아인이 있었으며, 아마도 소아시아 출신의 또 다른 외국인이 있었다. 파라오가 궁지에서 외국 노예들의 돈으로 산 충성심에 얼마나 많이 의존했는지 알 수 있다. 당시 법원의 구성 뒤에 발생한 주목할 만한 사건은 판관들의 줏대 없는 성격과 피고들의 흉악한 집요함을 보여 준다. 페예스 장군을 앞세운 여성 공모자들 일부가 죄수를 담당한 집행관들에게 너무 큰 영향력을 발휘해서, 집행관들은 페예스와 그 여자들과 함께 두 판사의 집에 갔고, 놀라울 정도로 분별력 없는 판사들은 그들을 맞이해서 함께 술을 마시고 흥청거렸다. 그 두 경솔한 판사들은 정말로 아무 잘못 없는 그들의 동료 한 명 및 두 명의 집행관들과 함께 즉시 재판에 회부되었다. 세 번째 판사의 결백은 밝혀져 무죄가 선고되었으나 다른 사람들은 유죄로 밝혀져 귀와 코를 베이는 형벌을 선고받았다. 형 집행 직후에 불행한 판사 중 한 명은 자살했다.[153] 공모자들의 재판은

---

[151] [역주] '그들이 한 모든 것이 그들 자신의 머리 위에 떨어지게 하라'는 말은 그들이 한 일은 그들 자신이 책임지게 하라는 의미로 풀이된다.
[152] IV, 424.

규칙대로 계속되었다. 세 번의 다른 기소 기록에서,[154] 우리는 분명 불행한 앞잡이에 불과했던, 왕위를 노린 젊은 왕자[155] 및 두 판사와 타협했던 뻔뻔한 장군 페예스를 포함해 모든 계급에 걸친 32명의 관리에 대한 유죄 판결을 추적할 수 있다. 왕비 티이의 재판 기록은 보존되어 있지 않다. 따라서 그녀의 운명에 대해 알아낼 수 없지만, 우리는 왕이 명령한 대로 자살이 허락된 다른 모든 사람의 운명보다는 더 괜찮았을 것이라고 추정할 이유가 없다. 한편 파라오의 즉위 32번째 기념제는 20일 동안 화려하게 거행되었는데, 이는 그의 재위 22년부터 관례가 된 것이다.[156] 그러나 늙은 왕은 겨우 20일 더 살았고, 그의 암살 지망자들의 기소가 끝나기 전에, 31년 40일을 통치한 후 죽었다(기원전 1167년).

---

[153] IV, 451-3.

[154] IV, 416-456.

[155] **[역주]** 앞의 각주에서 언급했듯이 람세스 3세의 사체와 같이 묻힌 절규하는 미라가 펜테웨레라는 추정을 입증하는 연구결과가 최근 발표되었다. "최근 이집트 국립박물관은 고대 이집트 제20왕조의 2대 파라오(재위 BC 1186~BC 1155) 람세스 3세를 암살하는 계획을 세운 뒤 역모죄로 교수형에 처해진 왕자 펜타웨어(펜테웨레)로 추정되는 '절규하는 미라'를 한시적으로 일반인들에게 공개했다. 이 미라는 1886년 람세스 3세의 묘역에서 발견됐지만 다른 왕족들과 달리 비문도 없이 홀로 불결함을 상징하던 염소 가죽에 덮여 있어 그 죽음을 두고 오랫동안 수수께끼에 쌓여 있었다. 이에 따라 한때 '정체불명의 남자 E'로도 불렸던 이 미라는 DNA 감정 결과, 람세스 3세와 거의 일치해 아들일 가능성이 큰 것으로 나타났다."(서울신문 2018년 2월 19일)

[156] IV, 237.

제7권
쇠퇴기

24 제국의 몰락

람세스 3세가 죽고 나서 위대한 이름 람세스를 가진 9명의 약한 파라오들이 잇따라 들어섰다. 그들은 그 이름에 전혀 어울리지 않았다. 그들 밑에서 파라오들의 점점 약해진 힘이 몇십 년 만에 급속히 쇠퇴했다. 람세스 4세는 람세스 3세의 아들로, 기원전 약 1167년 자신이 물려받은 희망 없는 상황과 무기력하게 투쟁했다. 새 왕은 즉위한 후 곧바로 자신을 위해 그리고 아버지를 위해, 고대 이집트의 문명으로부터 우리에게 전해내려 온 가장 주목할 만한 문서 중 하나를 준비했다. 그의 아버지가 신들 사이에서 잘 나가고 성공하여 자신도 신들 사이에서 아버지의 도움을 받을 수 있도록 젊은 왕은 고인이 된 파라오와 함께 매장할, 망자의 선행들을 엮은 목록을 만들었다. 확보된 자료에 의하면 그 목록은 람세스 3세가 중요하지 않은 신들에게 기증한 것뿐 아니라 나라의 세 주요 신, 테베의 아몬, 헬리오폴리스의 레, 멤피스의 프타에게 준 어마어마한 기증품 목록을 포함하고 있다. 그 외에 또한 전쟁에서의 그의 업적 및 제국의 백성들에게 베푼 선행에 대해서도 언급하고 있다. 이 모든 것이 39.6m 길이의 거대한 파피루스 두루마리에 실려 있는데, 두루마리는 약 30cm 높이에 117행의 세로줄을 포함한다. 그것은 현재 해리스 파피루스라고 불리는데, 초기 근동에서 우리에게 전해 내려온 가장 큰 문서이다.[1] 그 안에 열거된 기증품이 주로 람세스 3세가 즉위해서 다만 확인했을 뿐인, 오랫동안 상속된 신의 재산이므로 우리는 이 독특한 자료를 통해 앞장에서 이미 살펴본 대로 신전이 소유한 고대 이집트의 자산 비율을 밝힐 수 있다. 신과 인간을 위한 자신의 선행을 기록한 이 보기 드문 명세서와 함께, 람세스 3세는 외로운 왕들의 계곡에 있는 그의 무덤에 놓였다. 그에게 신의 무제한의 은총을 확보해 주는 그 기록의 효능에는 의심이 있을 수 없다. 그리고 그것은 람세스 3세가 아들이자 후임자를 위해서 그의 입으로 표현한 수많은 기도문을 포함하고 있어서, 신들은 자신들이 그렇게 많은 빚을 진 좋아하는 사람의 호소에 저항할 수 없어 그의 아들에게 틀림없이 긴 통치 기간을 허락할 것이다. 사실 이 동기가 문서의 제작에 강력하게 작용했던 것은 분명하다. 파라오는 이 쇠퇴기에 그의 권력을 유지하기 위해 자신의 강력한 힘보다는 그러한 방법에 더 의존했고, 방대한 파피루스는 따라서 그 시대의 중요한 표지가 된다. 아비도스에서 람세스 4세는 보기에 실질적으로 똑같은 목적을 갖는 독특한 기도문을 오시리스에게 남겼다. 그가 재위 4년 그곳에 남긴 기도문은 다음과 같다. "제게 위대한 신 람세스 2세보다 두 배로 긴 생명, 두 배로 오랜 통치 기간을 누리게 해 주십시오. 저는 지난 4년 동안 매일 당신의 집에 공물을 공급하고 모든 좋은 것, 온갖 종류의 기부금을 구하기 위해 위대한 신 람세스 2세 왕이 재위 67년 동안 당신을 위해 한 것보다, 당신의 성소에 더 많은 훌륭한 일과 선행을 했기 때문입니다."[2] 만족할 줄 모르는 사제단은 오랜 통치 기간을 적당히 약속하며, 무력한 파라오로부터 그들이 필요한 모든 것을 갈취하고 있었고, 파라오는 신의 은총을 장담 받은 것으로 만족했다. 힉소스의 축출로 생겨난 활기찬 정치 생활의 원천은 당시 고갈되었다. 파라오는 한때 정세에 대한 예리한 통찰력으로 가장 유력한 근동 국가

---

[1] I, IV, 151-412.
[2] IV, 471.

의 어려운 문제들을 쉽게 처리할 수 있었는데, 그러한 그의 통찰력은 이제 종교 사업과 미신 같은 신앙의 효력에 과도하게 몰두하는 것으로 대체되었다. 이 종교 사업과 미신은 국가의 모든 기능을 빠르게 흡수하고 있었다. 사실 우리가 앞서 지적했듯이, 국가는 그 주요 기능이 종교적이고 사제 중심적인 방향으로 빠르게 나아가고 있었으며, 아몬의 대사제에 의한 왕권의 장악은 매우 자연스럽고 수월한 변화였을 뿐이었다.

자연적으로 우리가 알고 있는 람세스 4세가 한 유일한 일은 신들의 이익을 위한 사업이다. 재위 2년 초에 그는 나일에서 5일 여정인 와디 함마마트 채석장으로 자신의 신전 건축을 위한 돌을 찾으러 직접 갔다. 이 시찰 여행이 있은 뒤 나중에 9천 명이 넘는 사람들로 이루어진 대규모 원정대를 보냈고, 원정대는 거의 2년 뒤 채석장에 도착했다. 짐꾼들과 멍에에 맨 6쌍의 황소가 각각 이끄는 10개의 수레로 구성된 긴 행렬이었지만, 원정대의 10% 정도인 900명 정도가 더위와 햇볕에 노출되어 죽었다.[3] 그렇게 큰 대가를 치르고 확보한 원자재의 목적지는 확실하지 않다. 규모야 어찌 되었든 람세스 4세가 세운 현존하는 유일한 건축물은 그의 아버지가 이미 시작한 테베 콘수 신전의 뒤쪽 방들과 작은 다주식(多柱式) 건조물을 계속해서 지은 것이다.[4] 6년간의 불명예스러운 통치 기간 후, 아마도 그의 아들이었을 람세스 5세가 기원전 1161년 뒤를 잇는다. 당시 시나이 광산의 개발은 중단되었고 그곳에서 발견된 마지막 파라오의 이름은 람세스 4세의 이름이다. 연달아 이 약한 람세스들은 당시 빠르게 서로의 뒤를 이었다. 몇 년 후 가문의 방계 혈족이 권력 찬탈자로서 왕좌를 얻었다. 그는 아마도 람세스 3세의 손자로 보이는데, 람세스 5세의 아들을 대신해 람세스 6세가 되었다.[5] 그리

---

[3] IV, 457-468.
[4] IV, 472.
[5] **[역주]** 클레이턴(2009:216)은 람세스 5세, 람세스 6세 모두 람세스 3세의 아들로 추정

고 람세스 7세와 8세가 바로 뒤를 이었다. 그들은 모두 왕들의 계곡에 무덤을 굴착해 만들었으나, 우리는 그들의 업적에 대해 아무것도 모른다.[6] 이따금 모호함이 걷히고, 우리는 위대한 국가가 비틀거리며 무너져 가는 것을 언뜻 볼 수 있다. 그렇기는 하지만 람세스 6세 시기, 누비아의 이브림(Ibrim)에서 대리 중 한 사람이었던 페노(Penno)의 무덤에 있는 그림은 이집트 관리들 하의, 그곳의 평화롭고 번영된 시정을 우리에게 보여 준다. 당시 이집트 관리들은 제18왕조 말기에 이 지역의 통치자인 원주민 족장을 대체했다. 페노의 가족과 친척들이 그 지역의 중요한 관직을 차지하고 있던 것이 발견된다. 이집트 가정들이 당시 누비아로 이민했고, 그 어느 때보다도 그 지역을 더 철저하게 이집트화한 것이 분명하다. 페노 자신은 람세스 2세가 지은 데르(Derr)의 신전 안에 람세스 6세의 조각상을 세우고, 여섯 구획의 땅에서 나오는 수입으로 그곳에 기부할 수 있을 만큼 충분히 부유했다. 그래서 파라오는 그에게 은으로 만든 그릇 두 개를 선물로 하사했다. 이를 고맙게 생각한 페노는 그의 무덤에 이 영예를 기록했다.[7]

람세스 3세의 통치가 끝날 무렵부터 람세스 9세의 재위 초반까지, 불과 약 25년 또는 30년이 경과했다. 람세스 3세 기념제의 거행을 도왔던 엘 카브의 대사제는 여전히 람세스 9세 하에서도 똑같은 자리에 있었다.[8] 마찬가지로 람세스 9세 하의, 테베의 아몬 대사제인 아멘호테프는 람세스 3세와 4세 하에서 그 관직을 맡았던 대사제 람세스나크트(Ramsesnakht)의 아들이었다.[9] 제19왕조에 적어도 한 번 아버지에서 아들로 내려간 아몬의 대사제

했다.
[6] IV, 473 ff.
[7] IV, 474-483
[8] IV, 414-15.
[9] IV, 486 ff.

직은 이렇게 해서 영구적으로 세습되게 되었다. 대사제직이 람세스나크트의 손에서 그의 아들 아멘호테프로 중단되지 않고 한 차례 권력이 양도되어 이어지는 동안 여섯 명의 약한 람세스들이 점점 더 줄어드는 힘과 위신으로 서로를 계승했고, 각자 불안정한 왕좌에서 자리를 지키기 위해 잠깐 동안 힘겹게 분투했다. 한편 아몬의 대사제인 아멘호테프는 번영했다. 그는 세소스트리스 1세가 800년 전에 지은 카르나크에 있는 아몬 신전의 사제들을 위한 식당 겸 부엌을 호화롭게 복원했다.[10] 우리는 교활한 사제가 자기가 좋을 대로 순종적인 파라오를 조종해 모든 영광을 누리는 것을 본다. 재위 10년, 람세스 9세는 아몬 신전의 넓은 앞뜰로 아멘호테프를 불렀다. 그곳에서 대사제의 정치적 동료들과 지지자들 앞에서, 왕은 그에게 값비싼 장식이 되어 있는 금과 은으로 만든 호화스러운 그릇 일습과 값비싼 화장 크림을 선사했다. 그러한 영예가 시리아 전쟁터에서의 용맹함에 대한 보상이던 시절은 오래전에 지나갔다. 세력을 퍼뜨리려는 성직자의 노련한 정략이, 높은 지위를 차지할 수 있는 가장 확실한 보증이었다. 왕이 대사제에게 많은 선물을 줄 때, 선물과 함께 찬사의 말을 늘어놓아 국왕이 부하에게 수여하는 것인지 부하가 자신의 군주에게 주는 것인지 의심스러울 정도였다. 동시에 그는 아멘호테프에게 전에 파라오에게 지급되던 어떤 세입이 이제 아몬의 금고로 들어가게 된다고 알린다. 비록 왕의 발언이 아주 분명하지는 않지만, 왕의 국고에서 징수되지만, 나중에 신의 금고로 들어가는 모든 수입이 이제는 신전의 서기들에 의해 직접 징수되어 신전이 어느 정도 국가의 위치로 진입한 것처럼 보인다. 이 모든 영광은 아멘호테프에 의해 카르나크 신전의 벽에, 그의 건축물에 대한 기록과 함께 두 번 기록되었다.[11] 선물과 포상에 대한 두 기록은 각각 아멘호테프가 왕으로부터 선물을

---

[10] IV, 488 ff.

사진 64. 람세스 9세로부터 훈장을 받는 아몬의 대사제 아멘호테프
관례와는 대조적으로 그의 모습(왼쪽)이 왕의 모습(오른쪽)만큼 크다.

받는 것을 묘사한 커다란 부조(사진64)와 함께 실렸는데, 왕의 모습만큼이나 똑같은 웅대한 키로 그의 모습을 묘사했다. 이것은 전례 없는 특권으로 이집트의 역사에서 어떤 관리도 전에는 감히 그러지 못했다. 태곳적부터 모든 그 같은 장면에서 왕 앞에 있는 관리는 파라오의 우뚝 솟은 모습 앞에서 피그미족의 소인처럼 묘사되었다. 그러나 아몬의 대사제는 이제 점점 더 급속하게 신전의 벽에서든 정부의 일에서든 파라오 키와 자신의 키를 겨룰 정도였다. 그에게는 그의 명령에 따라 움직이는 신전의 병력이 있었다. 국가의 자금을 그의 손에 모으면서 점차 국고를 장악했고, 살펴본 대로 그는

---

[11] IV, 486-498.

주저하지 않고 그의 힘을 파라오와 겨루었다. 자연히 그러한 투쟁, 즉 그들 사이에 분명 있었을 일상의 마찰에 대한 기록이 남아있지 않다. 그러나 람세스 9세의 통치 시기에 법정에서 증언하는 한 여자가 그녀 아버지의 집에서 발생한 절도를 "아몬 대사제의 반란이 일어난 때에 사건이 발생했다"라는 언급으로 날짜를 밝히고 있다![12]

점차 진행된 해체와 무력한 상태가 람세스 9세 통치 기간의 어떤 법률 문서에 보존된,[13] 테베 공동묘지의 관리를 다룬 장(章)에서 밝혀진다. 테베는 당시 급속하게 쇠퇴하고 있었다. 그곳은 200년 전 파라오들에 의해 왕실 소재지로서는 버려졌지만, 계속해서 모든 왕실 망자들의 매장지였다. 그래서 왕족의 사체를 장식하는 눈부신 휘장의 형태로 많은 부가 공동묘지로 모여들었다. 서쪽 평원 뒤 외로운 계곡 안 절벽의 한가운데 깊숙이, 그들이 얻은 아시아의 부로 장려하게 장식된 위대한 황제들이 잠들어 있다. 이제 다시 그들의 타락한 후손들은 제18왕조 말기와 마찬가지로 그들이 일단 얻은 제국을 유지하기는커녕, 왕들의 사체조차 파괴로부터 보호하지 못했다. 람세스 9세의 재위 16년, 서부 절벽 앞 평원의 왕실 무덤이 공격받은 채로 발견되었다. 무덤 중 한 곳은 제13왕조 세베켐사프의 무덤인데[14], 그곳 묘실의 모든 가구가 약탈당했고, 값비싼 장신구를 가져갈 목적에서 훼손한 왕과 왕비의 사체도 약탈당했다. 이런 행동을 한 장본인들이 잡혀서 기소되었지만, 수사는 그 일에 연루된 관리들이 모두 사심이 없지는 않았다는 불길한 흔적들을 보여 준다. 3년 후 람세스 9세가 아들인 람세스 10세를 자신의 공동통치자로 임명했을 때, 6명의 남자가 세티 1세와 람세스 2세의 무덤을 약탈한 행위로 유죄를 선고받았다. 이는 대담해진 강도들이 이

---

[12] IV, 486.
[13] IV, 499-556.
[14] 1권, 271쪽 도둑의 자백 참조.

제는 평원을 지나, 그 뒤 계곡의 절벽 무덤까지 진입했음을 보여 준다. 일라훈에서 세소스트리스 2세의 피라미드를 직접 약탈한 람세스 2세가 이제는 자신의 후손들의 손에 비슷한 취급을 받고 있었다. 세티 1세 왕비 중 한 사람의 무덤이 그다음에 약탈되었고, 그다음은 위대한 아멘호테프 3세의 무덤이 약탈당했다. 약탈 행위가 계속됨에 따라 테베에 묻혔던 이집트 왕들과 황제들의 모든 사체가 한 세대 만에 약탈당했다. 제18왕조 초기부터 제20왕조 말기까지의 모든 파라오 가운데 단 한 사람 아멘호테프 2세의 사체만이 석관 안에 여전히 누운 채로 발견되었다. 하지만 그 무덤도 결코 약탈을 피하지는 못했다. 이렇게 테베의 이집트 황제들의 무덤이 샅샅이 파헤쳐지고, 그들의 사체가 약탈당하고 더럽혀지는 동안, 그들이 정복한 제국은 무너지고 있었다.

왕실 무덤의 약탈을 제외하고, 람세스 10세의 통치 시기에 대한 기록을 찾을 수 없다. 그 이름으로는 11번째인 그의 후임자에 대한 지식은 더 부족하다. 람세스 12세의 계승으로 우리가 추적하려 애쓴 추세의 정점은 식별할 수 있다.[15] 그가 통치한 지 5년이 안 되어 네수베네브데드(Nesubenebded), 그리스어로 스멘데스(Smendes)라는 이름의 한 지방 귀족이 타니스에서 삼각주 전체를 병합했고, 북부의 왕이 되었다.[16] 그것은 람세스 3세 때 아트리비스에서 이름이 밝혀지지 않은 재상이 시도한 것과 같은 대담한 기도였다.[17] 람세스 3세는 능력 있고 활동적인 사람이어서 그 대담한 귀족이 그 뒤를 이을 수 없었다. 그러나 가능했다면 네수베네브데드에 맞서 사용했을, 상이집트의 모든 자원을 더 이상 마음대로 사용할 수 없는 상황에서 무능한

---

[15] **[역주]** 현대 학자들은 본서의 저자가 제20왕조의 마지막 파라오로 본 람세스 12세를 람세스 11세로 적고 있다. 즉 제20왕조의 마지막 파라오를 람세스 11세로 본다.
[16] IV, 557, 581.
[17] 353쪽 참조.

파라오는—네수베네브데드가 북부를 장악하기 전에 그가 테베로 이주하지 않았다면—당시 테베로 물러나는 것 외에는 할 수 있는 일이 없었다. 테베에서 그는 여전히 그의 불안한 왕권을 유지했다. 테베는 이렇게 해서 삼각주에 있는 적대적인 왕국에 의해 바다와 차단되고 아시아 및 유럽의 통상과도 차단되었다. 그래서 테베의 부와 권력은 훨씬 더 빠르게 쇠퇴했다. 아몬의 대사제는 이제 사실상 테베 통치권의 수장이었다. 그리고 이 통치권은 점점 더 뚜렷한 정치적 단위가 되어가고 있었다. 이 강력한 사제 경쟁자와 함께, 파라오는 누비아를 계속 보유하고 있었다.

람세스 정권의 빠른 쇠퇴는 삼각주의 독립으로 이어진 혁명이 발생하기 훨씬 전에, 시리아에서 빨리 주목하고 알아차렸다. 앞서 언급했듯이 람세스 3세가 일시적으로 막았던 테켈과 펠레세트—필리스틴인이 침략하여 시리아에 계속 도착했다. 그들은 남쪽으로 점차 이동하면서 그들 앞의 아모리인과 흩어진 히타이트인 생존자를 밀어 내렸다. 따라서 밀려난 이들은 팔레스타인으로 들어가야 했고, 그곳에서 훗날 헤브라이인들에게 발견되었다. 람세스 3세가 그들을 무력으로 항복시킨 지 75년 후, 테켈은 벌써 카르멜의 바다 쪽 끝의 바로 남쪽에 있는 도르(Dor)에 독립된 왕국으로 세워졌다.[18] 헤브라이인들의 현존하는 기록에 그들이 언급되지 않았기 때문에, 그들은 보다 큰 집단인 필리스틴인으로 합쳐졌을 것이다. 이들의 도시는 아마도 요르단 계곡에 있는 베트셰안(Beth-Shean)[19]으로부터 서쪽과 남쪽으로 이즈르엘 평야나 메기도를 거쳐 남부의 해안평야까지 점차 뻗어 있어, 이스라엘의 북부 종족들을 남쪽에 있는 그들과 동족인 사람들로부터

---

[18] IV, 558.
[19] [역주] 이스라엘 북동부의 마을로, 성서에서는 벳산이라고 한다. 베트셰안 계곡 하단부의 주요촌락이며 고대 팔레스타인에서 가장 오래전부터 사람이 살았던 곳에 속한다. 고도는 해수면보다 120m가량 낮다.

단절시켰다. 남부 팔레스타인의 라기스와 게제르에서 발견된 그들의 도기는 크레타 것으로, 필리스틴 사람들이 크레타(갑돌)[20]로부터 유랑해 들어온 이방인들이라는 헤브라이 전설을 확인해 주었다.[21] 필리스틴인들은 바닷길로 새로 들어오는 사람들로 계속 채워져 이스라엘로 몰려들며 위협이 되었다. 헤브라이 족장들이 팔레스타인의 셈족들을 한 국가로 통합하기 전에 그들(필리스틴인)이 아무루 왕국에 몰려들었던 것과 같았다. 그들의 남단 변경은 이집트의 관문까지 닿아 있었는데, 먼 북쪽에서 내려온 이 강인하고 호전적인 유랑인들은 람세스 3세가 죽은(기원전 1167년) 후 오랫동안 파라오에게 공물을 바치지 않았다. 람세스 9세의 통치 기간(기원전 1142-1123년)이나 그 무렵에 일군의 이집트 사절들이 비블로스에서 17년간 그 지방의 제후에 의해 억류된 채 돌아오지 못하고, 결국 그곳에서 죽었다.[22] 시리아의 영주 일부는 람세스 3세가 그곳에 지은 아몬 신전에 연공을 바쳤었다. 그런데 그 영주들이 람세스 3세가 죽은 지 20-25년 안에 이렇게 이집트의 힘에 무감각해졌다.

몇 년 후 람세스 12세 때, 시리아로 간 이집트 사절의 보고서에도 이와 똑같은 상황이 생생하게 묘사되어 있다. 문제의 그 이집트 사절인 웨나몬(Wenamon)이 신탁에 대한 응답으로 아몬의 신성한 선박에 쓸 삼나무를 조달하기 위해 레바논 자락에 위치한 비블로스로 파견되었다. 아몬의 대사제인 흐리호르(Hrihor)[23]는 금과 은을 아주 조금 줄 수 있을 뿐이었다. 그래서 비블로스의 영주에게 깊은 인상을 주고 넉넉하게 지불하지 못한 것을 보상하려

---

[20] [역주] 저자는 크레타 옆에 괄호로 Caphtor이라고 표기했다. 갑돌은 성서에 언급된 이름이다. 고대 이집트 비문에도 등장하는데, 예전 자료에는 갑돌이 펠루시엄 지역에 위치한 것으로 되어 있으나, 현대에는 실리시아, 키프로스, 크레타와 연관 짓는다.
[21] 예레미야, 47: 4; 아모스 9: 7.
[22] IV, 585.
[23] [역주] 헤리호르(Herihor)로 알려져 있다.

는 바람에서 '생명과 건강'을 줄 수 있는 '그 길의 아몬'이라 불리는 아몬의 신상을 그에게 가져가게 했다. 웨나몬이 이제는 삼각주를 통치하는 네수베네브데드의 영지를 지나가야 했기 때문에, 흐리호르는 그에게 삼각주의 제후에게 보내는 편지를 주었고, 이렇게 해서 시리아의 선장이 지휘하는 배에 그가 탈 수 있도록 했다. 선박도, 신임장도 없이, 원하는 목재를 얻기 위해 낼 수 있는 정말 얼마 안 되는 적은 금액과 비블로스의 영주에게 깊은 인상을 주기 위해 이집트의 옛 영광에 대한 추억만을 간직한 채 파견된 이 불행한 외교사절의 굴욕적인 상태보다 이집트의 쇠퇴하는 상황을 더 호소력 있게 묘사하는 것은 없다. 출항 중 들른 도르에서 웨나몬은 그가 가진 그 적은 돈을 도둑맞았고, 그 도시의 테켈인 영주로부터 배상을 받을 수 없었다. 9일 동안 절망 속에서 기다린 끝에, 그는 도중에 어떤 테켈 사람들로부터 도르에서 잃어버린 것을 담보 삼아 어떻게든 은 한 자루를 빼앗아 티레를 경유해 비블로스로 떠났다. 그는 마침내 무사히 비블로스에 도착했다. 비블로스의 영주인 자카르 바알(Zakar-Baal)은 그를 맞이하지도 않고 떠나라고 명령했다. 람세스 3세가 죽은 지 5, 60년이 안 된 시기에, 페니키아에서 이집트 사절의 지위는 그러했다. 마침내 절망한 웨나몬이 이집트로 돌아가는 뱃길에 오르려 할 때, 자카르 바알의 시중을 드는 젊은 귀족 중 하나가 신들린 상태로 예언적인 무아지경에서 웨나몬을 불러서 올바르게 대접하고 보내야 한다고 요구했다. 구약성서에서 가장 최초의 예언으로 알려진 이 일로 인해 웨나몬은 자카르 바알과 만날 수 있었다. 그 이집트 사절은 만남에 대해 이렇게 말한다.

"아침이 오니 그는 나에게 사람을 보내서 오라고 했다. 바닷가 해안의 그가 있는 요새에서 신에게 공물이 진상될 때였다. 나는 그가 등을 창문에 기댄 채 윗방에 앉아 있는 것을 보았다. 거대한 시리아 바다의 파도가 그가 등지고 있는 해안에 부딪히고 있었다. 내가 그에게 말했다. '아몬의 호의를!' 그가 내게 말했다. '아몬의 집을 떠난 지 오늘까지 얼마나 됐습니까?' 내가 말했다. '지금까지 5개월 하루 걸렸습니다.' 그가 내게 말했다. '보시오. 그대가 진실하다면 그대가 가져온 아몬의 문서는 어디 있소? 그대가 가진 아몬 대사제의 편지는 어디에 있소?' 내가 그에게 대답했다. '그것들은 네수베네브데에게 주었습니다. …' 그러자 그는 격분하여 내게 말했다. '이제 보니 문서와 편지가 그대 손에 없군! 네수베네브데가 그대에게 준 삼나무 배는 어디에 있소? 시리아 선원은 어디에 있소? 그가 그대의 용무를 선장에게 전하지 않고 당신을 죽였을 것이오. 그들이 그대를 바다로 던져버렸을 것이오. 그러면 누구로부터 그들이 [그 길의 아몬] 신을 찾을 수 있었겠소? 그리고 당신을! 누구로부터 그들이 당시 그대를 찾을 수 있었겠소?'[24] 그가 내게 이렇게 말했고, 나는 그에게 대답했다. '정말로 네수베네브데 밑에서 항해하는 이집트 선박과 선원들이 있습니다. 그러나 그에게 시리아 선원들은 없습니다.' 그가 내게 말했다. '여기 내 항구에 네수베네브데와 연관이 있는 배가 확실히 20척이 있소. 그리고 그대가 또한 어디로 가든, 이 시돈에 베르케트 엘(Berket El)[아마도 타니스의 상인인 듯]과 연관된, 그의 집으로 항해하는 배도 확실히 10,000척이 있소.' 그러자 나는 긴 시간을 침묵 속에 있었다. 그는 이렇게 대답하고, 내게 말했다. '어떤 용무로 그대는 여기 온 것이오?' 나는 그에게 말했다. '저는 신들의 왕인 아몬 레의 크고 당당한 배를 만들 목재를 구하러 왔습니다. 영주님의 아버지가 그렇게 하셨고, 영주님도 그렇게 하실 겁니다.' 내가 그렇게 말하자, 그는 내게 말했다. '그들은 정말로 그렇게 하셨소. 만일 당신이 그 대가로 무엇인가를 준다면, 나도 그렇게 하겠소. 확실히 나의 관리들이 그 거래를

---

[24] [역주] 자카르 바알은 웨나몬이 대사제의 편지도 가지고 있지 않기 때문에, 네수베네브데도 웨나몬을 믿을 수 없어 그를 죽였을 것이고, 그렇다면 누구도 웨나몬을 찾을 수 없었을 것이므로 웨나몬이 진짜 사절임이 의심스럽다는 뜻으로 해석된다.

했소. 파라오가 이집트의 산물을 실은 여섯 척의 배를 보냈고, 그것들은 창고에서 내려졌소. 그대도 나를 위해 무언가를 가져왔을 것이오.' 그는 자신의 조상들의 일지를 가져오게 해서 내 앞에서 읽게 했소. 그들은 그 책 속에서 온갖 종류의 은 1,000데벤(91kg)[25]이 적힌 것을 발견했소. 그가 내게 말했소. '만일 이집트의 통치자가 내 자산의 소유자이고 나도 그의 하인이라면, 그가 "아몬의 명령을 행하라."라고 하면서 은과 금을 보내지 않았을 것이오.' 그들이 나의 아버지로부터 요구한 것은 공물의 납부가 아니었소. 나로 말하자면 그대의 신하도 아니고, 그대를 보낸 사람의 신하도 아니오. 만일 내가 레바논에 외치면 하늘이 열리고 통나무들이 여기 바다의 해안에 가로 놓일 것이오. 통나무들을 이집트로 실어 나를 배가 나아가도록 분명히 가져왔을 돛을 내게 주시오! 내가 쓰러뜨린 나무들을 빨리 옮길 수 있도록 그것들을 [묶으려고 그대가 가져왔을] 밧줄을 내게 주시오. 아몬이 하늘에서 천둥소리를 낼 때 [만일 폭풍이 몰려와], 나무들이 부러지고 그대가 바다 한가운데서 죽는다면 어떻게 되겠소? … 나는 아몬이 모든 땅이 필요로 하는 것을 갖추게 한 것을 [인정하오]. 아몬은 그대가 온, 이집트의 땅을 먼저 갖추어 놓고, 모든 땅을 갖추게 했소. 장인의 기술도 그곳으로부터 와서 내가 사는 곳에 이르렀고, 가르침도 그곳으로부터 와서 내가 사는 곳에 이르렀소. 그런데 그들이 당신에게 시킨 이 불행한 여행은 무엇이오!' 내가 그에게 말했다. '오 불경스러운 말씀을! 저는 불행한 여행길에 오르지 않았습니다. 아몬의 것이 아닌 강 위의 배는 없습니다. 왜냐하면, 바다도 그의 것이고, "그것은 내 것이오"라고 영주님이 말씀하신 레바논도 그의 것입니다. 그것은 모든 배의 주인인, 아몬의 신성한 선박을 위해 자랍니다.

---

[25] **[역주]** 저자는 은 1,000데벤의 무게를 [about 244 Troy pounds]로 표기했다. 트로이(Troy)형은 금형(金衡)으로도 불린다. 금, 은 보석의 무게를 잴 때 쓰는 단위이다.

예, 신들의 왕인 아몬 레가 그렇게 말했습니다. 저의 군주인 흐리호르에게 "나를 보내시오"라고 말했습니다. 그리고 그가 [그 길의 아몬], 이 위대한 신을 안내해서 저에게 가라고 했습니다. 그러나 보십시오, 영주님은 이 위대한 신이 항구에 내렸을 때, 그가 여기에 있다는 것을 확실히 알고 있었으면서도 그를 29일이나 기다리게 했습니다. 영주님이 레바논의 주인인 아몬과 레바논을 두고 서서 흥정하는 동안에도 그는 정말 여전히 예전 그대로였습니다. 예전 왕들이 은과 금을 보냈다는 영주님의 언급에 대해서 말씀드리면, 만일 그들이 생명과 건강을 주었다면 그들은 귀중품을 보내지 않았을 것입니다. 그러나 그들은 생명과 건강 대신에 영주님의 조상들께 귀중품을 보냈습니다. 이제 신들의 왕인 아몬 레에 대해 말씀드리면, 그는 생명과 건강의 지배자이며, 아몬에게 공물을 바치며 삶을 살았던 영주님 조상들의 군주였습니다. 그리고 영주님도 아몬의 하인이십니다. 만일 영주님이 "제가 그것을 하겠습니다. 제가 그것을 하겠습니다!"라고 아몬에게 말씀하신다면, 그리고 영주님이 그의 명령을 실행하신다면 영주님은 살 것이고 번영할 것이며, 건강할 것이고 영주님의 모든 땅과 백성들에게 친절한 사람이 될 것입니다. 신들의 왕, 아몬 레에 속한 것을 자신을 위해 바라지 마십시오. 예, 사자는 자기 것을 사랑합니다.[26] 제 서기를 제게 데려다주십시오. 제가 그를 아몬이 당신 땅의 북부를 준 통치자들, 네수베네브데드와 [그의 아내] 텐타몬(Tentamon)에게 보내면, 그들이 제가 편지로 그들에게 "가져다주시오"하는 모든 것을 보낼 것입니다. 그리고 제가 남부로 돌아가 영주님께 [부족한 금액] 전부를 소액까지 보낼 것입니다.' 나는 그에게 그렇게 말했다."

관찰력이 예리한 독자는 이 주목할 만한 대담으로부터 많은 결론을 이끌

---

[26] [역주] 아몬을 사자에 비유한 것으로 보인다.

어낼 수 있을 것이다. 페니키아의 영주는 자신의 땅이 문명의 근원지인 이집트에게 진 문화적인 빚은 기꺼이 인정하지만, 이집트의 통치자에 대한 모든 정치적 책임은 단호히 거부한다. 그는 이전 군주를 거론할 때 외에는 이집트의 통치자를 파라오라고 부르지도 않는다. 상황은 분명하다. 군의 열정의 분출과 유능한 역대 통치자들 덕분에 이집트는 수 세기 동안 제국의 지위를 맡아올 수 있었다. 호전적이 아닌 국민은 천성적으로 제국의 지위를 맡는 데 적응되지 않았다. 그리고 더 이상 제국 역할을 감당할 수 없는 그들의 무력한 후손들은 이제는 거의 불쌍하고 헛된 노력으로 영광의 날들에 호소하고 있었다. 웨나몬이 대담하게 레바논에 대한 아몬의 지배를 선언한 것처럼 이러한 호소가 종교적 심지어 신학적인 형태를 띠어야 했던 것이 당시의 시대적 특징이다. 레바논에서는 페니키아의 영주들이 겨우 두 세대 전만 해도 람세스 3세가 세운 아몬의 신전에서 숭배하고 공물을 바쳤다. 신탁과 '생명과 건강'을 주는 신상으로, 그 이집트 외교 사절은 목재를 두고 모욕하는 것 같은 그 페니키아인과 흥정하려 했다. 투트모세 3세와 세티 1세는 그 목재를, 군대를 거느리고 가서 요구했다. 파라오의 군대가 자카르 바알의 조상들에게 깊은 인상을 준 것과는 달리 '그 길의 아몬' 신상이 자카르 바알에게 깊은 인상을 주지 못한 것은 별로 이상하지 않다. 이집트로 간 웨나몬의 전령이 금과 은으로 된 그릇 몇 개와 양질의 리넨 옷감, 파피루스 두루마리, 수소의 가죽, 밧줄 여러 타래 등을 가지고 돌아왔을 때에야 비로소 그 페니키아 통치자가 자기 부하들에게 바랐던 목재를 베라고 명령했다. 하지만 그는 자신의 선의의 증거로 배의 선체를 만들 더 굵은 목재 일부를 미리 보냈다. 웨나몬이 테베를 떠난 지 약 8개월 후 목재를 가지고 떠나려 할 때, 자카르 바알은 그에게 17년간 억류되어 있다가 끝내 비블로스에서 사망한 전 정권의 이집트 외교 사절들의 운명을 정색을 하며 농담처럼 말한다. 그는 심지어 웨나몬을 그들의 무덤으로 데려가 보여 주겠다고 제안한다. 겁먹은 사절은 그러한 대접을 받은 사절단은 단지 인간의 특사 중 하나일 뿐이었고, 자카르 바알은 신을 직접 영접하는 전례 없는 영예를 얻었다고 덧붙이며 그 특권을 거절한다! 영주에게 부족한 금액을 지불하겠다고 약속하고, 웨나몬은 배를 타러 나갔다. 그때 그는 멀리 앞바다에서 11척의 배로 된 테켈의 함대가 그를 체포하라는 지시를 받고 오는 것을 발견했다. 분명히 티레에서 비블로스로 오는 항해에서 테켈인들로부터 그가 빼앗은 은을 몰수하기 위해서였다. 불행한 웨나몬은 이제 모든 희망을 잃고 해안에 풀썩 주저앉으면서 울음을 터뜨렸다. 자카르 바알 조차도 그의 불행에 마음이 움직여 그를 안심시키는 전갈과 함께 음식과 포도주, 이집트 여가수를 보냈다. 다음 날 영주가 함대의 테켈인들과 대화를 나누며 그들을 붙잡고 있는 사이 웨나몬은 배를 타고 도주했다. 그러나 폭풍우가 그를 항로에서 멀어지게 하고, 키프로스의 해안에 그를 던져버렸다. 그리고 그곳 주민들이 여왕 하티바(Hatiba)의 궁전에서 그를 죽이려고 했다. 그녀가 한 궁전에서 다른 궁전으로 이동할 때 그는 다행히 그녀를 가로막았다. 웨나몬은 그녀의 수행원 중에 이집트 말을 하는 키프로스인을 문의하여 알아냈다. 그는 이 새로 발견한 통역관에게 자신을 위해 여왕에게 말해 달라고 했다. "여왕님께 말씀드립니다. 저는 모든 도시에서 불공정(不公正)이 행해지고 있지만 알라사[키프로스]의 땅에서는 정의가 행해진다는 것을 멀리 아몬의 집인 테베에서도 들었습니다. 그러나 보십시오. 불공정이 이곳에서 매일 행해지고 있습니다." 그녀는 말했다. "그래, 무슨 말을 하는 거죠?" 나는 그녀에게 말했다. "만일 바다가 맹위를 떨치고 바람이 지금 제가 있는 곳으로 저를 몰고 왔다면, 여왕님께서는 저들이 아몬의 전령인 저를 이용하고 죽이게 하지는 않으실 것입니다. 저는 사람들이 끊임없이 찾을 사람입니다. 저들이 죽이려는 비블로스 영주의 선원들에 대해 말씀드리자면, 그들의 군주인 비블로스 영주가 여왕폐하의 열 명의 선원을 반드시 찾아내어 그들을 죽일 것입니다. 그때 웨나몬의 선원들이 소환되었고, 웨나몬 자신은 누워서 잠을 자라는 말을 들었다. 이 지점에서 그의 보고서는 끊어져 있어서 결론 부분이 없어졌다. 파라오는 옛 영광의 시절에, 실질적으로 그의 봉신이었던 키프로스 왕에게 해적행위를 해명하도록 늘 요구하곤 했었다. 우리는 이집트의 대표가 키프로스에서 가까스로 자신의 목숨을 구한 것을 발견한다. 이처럼 그가 불쾌한 결과를 언급하면서 파라오를 거론하지 않았고, 이집트의 복수만큼 비블로스 영주의 복수에 대해 충분히 강조한 것을 알 수 있다. 람세스 3세의 대규모 함대가 바로 이 수역에서 북방 적들의 강력한 연합 해군을 전멸시킨 후 겨우 두 세대 지났을 뿐이었다. 그러므로 이 독특하고 교훈을 주는 웨나몬의 보고서는[27] 해외에서 이집트의 위신이 완전히 무너졌음을 보여 주며, 지중해 유역에서 지배적인 국가가 약한 람세스 3세의 후임자들 하에서 얼마나 엄청나게 빠른 속도로 쇠퇴했는지를 보여 준다. 티글라트 필레세르(Tiglath-Pileser) 1세[28]가 기원전 약 1100년에 서쪽에 나타났을 때, 아마도 네수베네브데드였을 파라오는 삼각주에서 자신의 노출된 위치를 의식하고, 그 아시리아인을 선물로 달래는 것이 현명하다고 여겨 그에게 악어를 한 마리 보냈다. 이렇게 해서 시리아에서 이집트의 모든 영향력은 완전히 사라졌고, 팔레스타인이 전통적 통치권이라는 허구가 실질적인 정치적 의미는 전혀 없이 파라오의 조정에서 유지되었다. 우리는 미래의 왕들이 그 통치권을 되찾으려고 헤브라이 군주국이 설립된 후에 그곳에서 산발적으로 전투를 벌이는 것을 볼 것이다.

---

[27] IV, 557-591.
[28] **[역주]** 아시리아의 왕(BC 1115경~1077경 재위). 아시리아의 초기 역사에서 가장 위대한 왕으로 손꼽힌다. 그는 지중해 무역로를 따라 이동하는 유목민들을 정복했고 시리아 연안에 이르러 페니키아 무역 도시들에서 공물을 받았다. 이에 무역 활동을 하면서 시리아 연안까지 진출했던 이집트가 우호 관계를 맺자고 제의했다.

사진 65. 남쪽에서 카르나크를 바라본 전경
람세스 3세가 착공한 콘수 신전의 탑문으로부터. 맨 앞이 신전의 뒤쪽 홀들이고, 379-380쪽에서 언급된 문을 통해 그늘 속에서 빛을 볼 수 있다.

그러는 사이 테베의 정세에는 단 한 가지 가능한 결말이 있었다. 아몬의 신성한 선박에 쓸 목재를 조달했던 전령이 더 이상 파라오에 의해 파견되지 않고, 우리가 살펴본 대로 아몬의 대사제인 흐리호르에 의해 파견되었다. 다음 해에 그는 테베에 있는 왕실 공동묘지의 충분한 지배권을 차지하여, 그곳으로 사람을 보내 람세스 10세의 재위 원년(元年), 훼손되고 약탈당한 세티 1세와 람세스 2세의 사체를 다시 싸서 적절하게 재매장하게 했다.[29] 콘수의 신전(사진65)은 람세스 3세 때 이후로 지성소와 뒤쪽 방들만 완성된 채 있었는데, 이제는 앞쪽에 기둥이 늘어선 홀과 홀 앞에 뜰과 탑문을 갖추어 완성되었다. 이 새롭게 증축된 벽은 이집트에서 당시 진행 중이던 변화에 대한 중요한 증거를 지니고 있다. 새 홀의 아키트레이브 위에 있는 공식

---

[29] IV, 592-4.

적인 헌정사는 고왕국 이래로 관례가 된, 관습적인 형태를 엄격하게 따랐다. "람세스 12세 만세! 그는 그 홀을 자신의 아버지 '아름다운 안식처 테베의 콘수'를 위한 기념물로 만들었다. 그를 위해서 최초로 양질의 하얀 석회석으로 된 '왕관의 착용자'라 [불리는 홀]을 만들었으며, 그의 신전을 영원히 아름다운 기념물로 웅장하게 만들었다. 이것은 레의 아들인 람세스 12세가 그를 위해 만든 것이다."[30] 그러나 벽의 토대 둘레에 파라오의 신전에서 전에는 결코 찾아볼 수 없는 말이 있다. "신들의 왕, 아몬 레의 대사제, 남부와 북부 군대의 최고 사령관, 지도자 흐리호르, 승리자, 그는 신전을 '아름다운 안식처 테베의 콘수'를 위한 기념물로 만들었다. 그를 위해 하늘의 지평선의 모습으로 처음 신전을 만들었다.…"[31] 남북부 군대의 최고 사령관이 홀의 진정한 건설자라는 것을 우리는 거의 의심하지 않는다. 홀 앞의 뜰로 들어가는 중앙 문의 양옆에 한 쌍의 부조가 있는데, 모두 신의 축제 행진을 보여 준다. 신 앞에 있는 수천 년 동안 파라오가 차지했던 자리에는 대사제 흐리호르가 향을 바치며 서 있다. 그런데 이상하게도 신에 대해 격식대로 기록되어 있고 대사제가 왕에게 하기로 되어 있는 관례적인 축복은 여전히 람세스 12세에게 하고 있다![32] 이집트의 술탄들이 바그다드에서 카이로로 이주시켜 그곳에서 잠시 세력을 유지했던 그림자 같은 칼리프처럼, 불행한 람세스 12세도 삼각주의 거주지에서 테베로 옮겨져 옛 파라오의 전통적 관례가 여전히 잠깐 동안 유지되었을 수 있다. 재위 17년, 그가 누비아의 총독에게 보낸 편지는 그가 여전히 적어도 그때까지는 누비아에서 어느 정도 목소리를 유지하고 있었음을 보여 준다.[33] 그러나 조금 전 언급

---

[30] IV, 602.
[31] IV, 609.
[32] IV, 611.
[33] IV, 595-600.

한 두 개의 부조가 실린 문(사진65)은 그가 그곳에서도 권위를 잃었음을 보여준다. 왜냐하면, 문에는 여전히 람세스 12세 때로 날짜가 적힌(연도는 불행히도 알려져 있지 않다) 흐리호르의 비문이 실려 있는데, 비문에서 대사제가 '쿠시의 총독'으로 등장하기 때문이다.[34] 우리는 제19왕조 말기에 벌써 아몬이 누비아 금 생산지의 소유권을 차지했음을 기억한다.[35] 대사제는 이제 한 걸음 더 나아가 나일 상류의 넓은 지역 전부를 차지했다. 같은 비문은 또한 그를 '이중 곡물창고'의 감독관으로 부른다. 곡물이 항상 이집트 부의 최고 원천이었으므로 곡물창고의 감독관은 국가에서 최고 회계담당자에 버금가는 가장 중요한 재정 관리였다. 대사제가 흡수할 권한과 권력은 이제 더 남은 것이 없었다. 그는 전군의 사령관, 쿠시의 총독으로 그의 손에 국고를 쥐고 있으며, 신들의 건축물을 제작한다. 마지막 람세스의 공식적인 존재라는 허구가 적어도 27년간 유지되었을 때, 대사제가 최고 지위를 최종적으로 장악한 것이 콘수의 신탁에 의해 확인되고 뒤이어 아몬의 승인이 있었던 것으로 보인다. 그것은 매우 단편적이고 모호한 문서인 위의 비문에 기록되어 있고, 동일한 그 운명의 문 위에 새겨져 있다.[36] 국가의 역사에서와 마찬가지로 콘수 신전의 성장에서 이 운명의 문은 마지막 변화를 나타낸다. 이 문을 통해서 현대의 방문객은 흐리호르와 람세스 12세의 이름이 모두 새겨진 안쪽의 홀에서부터 흐리호르가 세운 바깥뜰까지 지나간다. 바깥뜰에서는 그림자 같은 파라오는 사라지고, 파라오의 직함이 먼저 나오고 대사제의 이름이 왕의 카르투슈로 둘러싸여 마침내 단독으로 등장한다. 이제부터는 '람세스'라는 이름은 더 이상 개인의 이름이 아니고, 한때 강력했던 혈통의 후손을 가리키는 칭호로 사용된다.

---

[34] IV, 615.
[35] III, 640.
[36] IV, 614-618.

25 사제와 용병: 리비아인들의 패권

테베가 독립된 사제 공국으로 발전하자, 제국은 몰락했을 뿐 아니라 또한 왕국의 통일도 종말을 고했다. 당시부터 테베의 제1사제들, 즉 아몬의 대사제들은 직접 나라를 통치하거나 테베의 독립을 유지한다. 이들이 나라를 제대로 통치하지 못하자, 내분과 분열이 끊임없이 이어졌고, 이 상황은 기원전 11세기 전반에 흐리호르와 네수베네브데드가 흥기한 이후부터 450년 이상 다소 뚜렷하게 지속되었다. 흡족한 흐리호르는 통일된 '두 땅'이라는 허구를 유지했다. 그는 마치 자신이 두 땅을 다스리는 것처럼 자신을 두 땅의 군주라고 불렀다.[1] 기가 막힌 거짓말로 자신의 세계적인 힘을 언급하며, 자신의 직함들을 채웠다. 그리고 시리아의 제후들이 매일 그의 힘에 굴복했다고 확언했다.[2] 다행히 우리는 도르와 비블로스에서 무시할 수 없는 웨나몬의 경험을 통해 흐리호르에 대한 시리아 제후들의 진짜 태도에 대해 잘 알고 있다. 대사제의 통치방법과 이론은 시리아인들의 존중을 자아내도록 계산되어 있지 않았다. 그가 세운 국가는 순수하고 단순한 제정일치 국가였다. 돌이켜보면 투트모세 3세와 하트셉수트 시절에도 실질적인

---

[1] IV, 620.
[2] IV, 623.

국정에 아몬이 개입한 두드러진 예가 있었다. 투트모세 3세 자신은 신의 신탁으로 왕좌에 올랐다. 하트셉수트는 아몬의 명령에 따라 자신의 오벨리스크를 세웠고, 특별한 신탁의 명령에 응하여 선단을 푼트로 파견했다. 그러나 신이 개입한 이런저런 예들은 보기 드문 일이었다. 흐리호르의 신권정치 하에서는 그러한 신탁이 일상적인 통치체제의 일부가 되었다. 대사제가 법적으로 달성하려는 것은 무엇이든 언제라도 신의 특별 신탁에 의해, 그리고 신상 앞에서 대사제가 고개를 격하게 끄덕이거나 심지어 말을 해서 언제나 자신의 바람을 알리도록 한 사전협의에 의해 승인될 수 있었다. 대사제 가족 구성원들의 모든 소망과 재산의 양도가 아몬의 신탁이었고,[3] 민원서류가 이렇게 신의 명령이 되었다. 없어졌던 정치적 추방이 신의 신탁에 의해 회복되었고 형사사건들이 그 앞에서 심판을 받았으며, 그의 결정에 의해 유죄판결을 받은 죄수가 사형에 처해졌다. 분명 대사제가 아끼는 신전 관리의 사건에서는, 피고가 신전 수입을 횡령한 죄가 있다고 선언하는 서류와 그가 무죄임을 선언하는 서류의 두 가지 서류가 신 앞에 놓였다. 신은 나중의 서류를 집어서 피고가 무죄임을 확정한다.[4] 필요하다면 법과 정의를 완전히 무시하고 통치하는 사제의 속임수로 대사제는 원하는 모든 것을 신의 승인을 통해 은폐할 수 있었다.

흐리호르는 그가 취임했을 때(기원전 1090년) 노인이었던 것 같다. 그는 람세스 12세가 죽고 얼마 안 가서 죽었다. 그가 죽자 역시 고령이었던 아들 파요네크(Payonekh)는 타니스에 있는 네수베네브데드에게 테베의 독립을 주장할 수 없었다. 네수베네브데드는 잠깐 동안 전국적으로 권한을 가졌었다. 그는 테베의 독립에 대해 아무것도 모르는 마네토에 의해 제21왕조의 첫

---

[3] IV, 795.
[4] IV, 670-674.

번째 왕으로 불린다.[5] 파요네크의 아들인 파이노젬(Paynozem) 1세가 신속하게 파요네크의 뒤를 이었다.[6] 그가 테베에서 어느 정도 독립적으로 그러나 왕의 직함 없이 통치하는 동안, 타니스에서는 아마도 네수베네브데드의 아들이었을 페시브켄노(Pesibkhenno) 1세가 네수베네브데드의 뒤를 이었다. 비록 할아버지의 왕의 신분을 다시 찾을 수 없었지만, 파이노젬 1세는 테베 공국의 통치에 상당한 힘을 보여 주었다. 그는 콘수 신전을 계속 지었고, 옛 신전 일부를 복원했다.[7] 또한, 서부 공동묘지에 있는 왕의 사체들이 계속해서 모독당하는 것을 막을 수 없자, 더 잘 감시할 수 있는 무덤으로 사체를 옮기는 정책을 시작했다. 이 목적을 위해 세티 1세의 무덤을 선택했다.[8] 그는 당시 외교에서 훌륭한 업적을 이루었고 타니스의 페시브켄노 1세의 딸과 혼인했다. 이렇게 해서 페시브켄노가 죽자(기원전 1067년), 자신의 아내를 통해 타니스의 왕권과 통일된 이집트의 통치권을 얻었다. 그는 자신의 아들을 테베의 대사제로 취임시켰으나, 그 아들과 그 관직에 두 번째로 임명한 아들 모두 죽었다. 이제 높은 성직을 얻은 세 번째 아들 멘케페르레(Menkheperre)가 아버지의 재위 25년에 테베에 등장했고,[9] 어느 정도 저항을 진압하고 그 권한을 차지했다. 당시의 정치적 혼란은 그가 아몬 앞에 즉시 나타나서, 오아시스 중 한 곳으로 추방당했던 일군의 정치적 망명객들의 귀환을 승인하는 신탁을 확실히 해야 했던 사실에서도 분명히 드러난다. 이 망명객들이 정확히 누구였는지 나오지 않는다. 그러나 우리는 그들을 불러들인 것이 테베인들을 회유하기 위한 것이었음을 추측할 수 있다. 당

---

[5] IV, 627, 631.
[6] IV, 631.
[7] IV, 633-5.
[8] IV, 642.
[9] IV, 650.

시 그들은 프톨레마이오스 하에서 테베를 악명 높게 한 반란기의 테베인들만큼 난폭하게 굴기 시작했다.[10]

파이노젬 1세는 타니스에서 약 40년을 통치했다. 비록 그의 아들인 멘케페르레가 아버지가 죽자(기원전 1026년) 일부 왕의 직함을 얻은 것으로 보이지만,[11] 그는 왕관을 물려받지는 못했다. 왕관은 아메네모페트(Amenemopet)라는 사람이 차지했는데, 그와 파이노젬 1세와의 관계는 전적으로 의심스럽다. 반세기에 걸친 그의 오랜 통치 기간 동안 진행된 일에 대해 우리는 현재 아무것도 알 수 없다.[12] 비록 페시브켄노 1세가 타니스에 있는 그의 신전 주위에 2.44m[13] 두께의 거대한 울타리 벽을 세웠지만,[14] 이 타니스 왕들은 위대한 건설자들이 아니었다. 그들이 다른 방향에서 거의 진취적이지 못했으므로 그들이 세력을 유지한 한 세기 반은 분명히 산업 및 경제의 지속적인 쇠퇴기였다. 우리는 비교할 수 있는 다른 시기의 자료도 없다. 그러나 그렇다 하더라도 땅값이 매우 저렴했던 것은 분명하다. 아비도스에서 10스타트(약 8,263평)의 땅이 당시 은 1데벤(약 91g)에 팔렸다.[15] 네수베네브데드는 테베로 많은 사람을 보내 드물게 많이 침수되어 생긴 피해를 복구했지만,[16]

---

[10] IV, 650-658.
[11] IV, 661.
[12] [역주] 클레이턴(2009:224)에 소개된 제21왕조 타니스 왕들과 대사제 국가인 테베 왕들을 정리하면 다음과 같다. 타니스에서는 스멘데스 1세(네수베네브데드), 아메넴니수, 프수센네스 1세, 아메네모페, 老오소르콘, 시아멘, 프수센네스 2세가 왕권을 잡았고, 테베에서는 헤리호르(호리호르), 피안크(파요네크), 피네젬(파이노젬) 1세, 마사헤르타, 멘케페르레, 스멘데스 2세, 피네젬 2세가 왕권을 잡았고 뒤이은 프수센네스 3세의 이름에는 카르투슈가 쓰이지 않았다.
[13] [역주] 원서에는 80피트(약 24.4m)로 표기되어 있는데, 8피트(약 2.44m)의 오타인 것으로 보인다.
[14] Petrie, Tanis, I, 19.
[15] IV, 681.
[16] IV, 627 ff.

타니스 왕들은 대체로 제국의 위대한 수도를 위해 아무것도 하지 않았고, 테베의 쇠퇴는 지속적이고 빠르게 진행되었다. 그들은 왕실 조상들의 유물을 중히 여겼으므로, 황제들의 사체를 보호하려고 테베의 대사제들과 경쟁했다. 아메네모페트의 후임자인 시아몬(Siamon)의 통치 기간 동안, 람세스 1세, 세티 1세, 람세스 2세의 사체가 세티 1세의 무덤에서 꺼내져서 인하피(Inhapi)라는 이름의 왕비 무덤에 숨겨졌다.[17] 그러나 당시의 상황은 너무나 불안정해서 몇 년 후 타니스 왕조의 마지막 왕인 페시브켄노 2세하에서 사체들은 급하게 마지막 은닉 장소인 데르 엘 바흐리 신전 근처(사진66)에 있는, 오래되고 아마도 사용되지 않았던 아멘호테프 1세의 무덤으로 옮겨졌다. 여기에 사체들이 마지막으로 숨겨졌고, 이장을 감독한 관리들이 그 자리를 떠났을 때, 서기가 급하게 관 위, 비슷한 낙서 옆에 마지막 이장에 대한 기록을 썼다.[18] 비슷한 낙서들은 그보다 먼저, 가장 이르게는 150년 전까지 거슬러 올라가는 시기에 이장한 후, 비슷한 상황에서 그곳에 급하게 아무렇게나 쓰인 것이다(사진67). 왕의 관과 사체 위의 이 계속된 기록들에서 안전한 장소를 찾으려는 헛된 노력으로 그들이 사체를 무덤에서 무덤으로 옮긴 것을 추적할 수 있는데, 이 기록들은 아마도 당시의 타락을 가장 잘 말해 주는 증거이다. 당시 관과 사체가 안치된 수직 통로 바닥과 연결된 절벽으로 들어가는 대충 만든 통로는 몇 년 후 제22왕조 초기인 기원전 940년에서 얼마 지나지 않은 시기에 마지막으로 봉해졌다. 이곳에서 이집트의 가장 위대한 왕들이 거의 3,000년 동안이나 방해받지 않고 잠들어 있다가 약 1871년 또는 1872년에 이르러서, 지금도 기소내용을 볼 수 있는 람세스 9세 때의 도굴꾼과 직업이 같은 테베 후손들이 그 장소를 발견했고

---

[17] IV, 664-7.
[18] IV, 691-2.

왕실 사체의 약탈이 다시 시작되었다. 람세스 9세 하에 사용된 방법과 크게 다르지 않은 방법으로 당시의 당국은 도둑들에게 그 장소를 밝히라고 강요했다. 이렇게 해서 사체들이 고대 서기들에 의해 은닉 장소에 봉해진 후 거의 29세기 후에, 그리고 무덤 가운데 가장 이른 첫 번째 매장이 있은 지 약 3,500년 후에, 이집트 왕과 황제들의 얼굴이 현대 세계에 공개되었고, 그래서 이 책을 읽는 독자들이 3,000년 전 업적을 남긴 군주들의 신체적인 특징을 자주 접할 수 있다.

사진 66. 데르 엘 바흐리의 은닉 장소
왕의 사체들이 은닉된 수직통로가 당나귀 무리 뒤의 길 위에 검은 점으로 보인다. 385쪽을 참조하라.

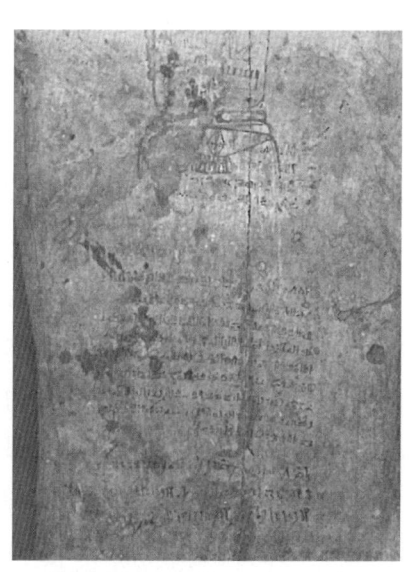

사진 67. 세티 1세 관 위에 적힌 서기의 기록
이 기록들은 제21왕조의 사제 겸 왕들 하에서, 세티 1세의 사체가 데르 엘 바흐리의 마지막 은닉처로 옮겨지기까지의 이장 기록이다.

해외에서 제21왕조는 제20왕조 말기의 전임자들처럼 약했다. 그들은 아마도 누비아에서 이집트 세력을 유지했지만, 시리아에서는 불운한 사명을 띠고 비블로스의 영주에게 보내진 웨나몬 때보다 더 나은 평판을 누리지 못했다. 팔레스타인에 대한 명목상의 종주권은 아마도 한 세기 동안 지속된 관례에서 유래한 궁중의 허구 중 하나였다. 이집트가 완전히 빛을 잃는 동안 이스라엘 종족들은 이렇게 해서 국가 조직을 통합할 기회를 얻었고, 사울(Saul)[19]과 다윗(David) 하에서 그들은 점차 필리스틴 사람들보다 우위를 차지했다. 이집트인들이 이러한 사건들에 관여함으로써 이스라엘 민족들이 이 강력한 해안 사람들을 진압할 수 있었는지는, 이 시기 아시아의 정치와 이집트의 연관성에 대해 설명하는 기념물이 없어서 아직 알아내기가 불가능하다. 해양 민족들은 더 이상 기념물에 등장하지 않으며, 삼각주는 이제 서쪽에서 온 리비아인들의 평화로운 점령지가 되었다. 이들은 적대적인 침략으로는 얻지 못했던 것을 점진적인 이주에 의해 성취했다. 주로 테베에 있는 아몬 대사제의 명령을 따르는 원주민 민병대가 있었지만, 이제는 리비아 용병들이 이집트 군대의 대오를 채웠다. 주요 삼각주 성읍들의 요새와 수비대를 장악한 메시웨시의 사령관들은 곧 힘과 영향력을 가진 지위를 얻었다. 부유와와(Buyuwawa)라는 이름의 테헤누 리비아 사람이 제21왕조 초기 헤라클레오폴리스에 정착했다. 그의 아들 무센(Musen)이 헤라클레오폴리스 신전의 사제이자 그 성읍 용병군의 사령관으로 임용되었고, 이 관직들은 그 가문에서 세습되었다.[20] 무센의 증손자인 셰숀크[21]는 '메시웨

---

[19] [역주] 이스라엘 왕국의 첫 번째 왕이다. 예언자이자 판관인 사무엘에 의해서 왕이 되었다. 사울의 주요공적은 이스라엘을 필리스틴 사람들의 침략으로부터 방어한 것이다. 사울의 통치는 사울 이전의 판관들과 마찬가지로 군사적 방어에 치중했다. 필리스틴 사람들과의 전쟁에서 큰 승리를 거두었으며, 남쪽의 아말렉 사람들을 쳐부수었다는 기록도 있다. 사울의 보좌관인 다윗은 전쟁에서 혁혁한 공을 세워 백성들의 인기를 얻었고, 이를 질투한 사울은 다윗을 죽이려는 의도를 공공연히 드러냈다. 정신질환까지 앓게 된 사울은 그의 아들 요나단과 함께 길보아산에서 전사했고, 결국 왕위는 다윗에게 넘어갔다.

[20] IV, 785-793.

[21] [역주] 셰숀크(Sheshonk)는 셰송크(Sheshonq)로도 잘 알려져 있다. 저자에 의하면, 이 셰숀크의 후손 셰숀크가 성서의 이집트 왕 시삭이다.

시의 대족장'으로 부와 권력을 가진 인물이었다. 그는 자신의 아들 남로트(Namlot)[22]를 아비도스에서 호화롭게 장례를 치러 주었고, 토지, 정원, 노예, 시종들과 매일 바치는 공물로 사후 제사를 지내도록 후하게 기금을 기부했다. 이 자산의 관리자들이 그들의 책임에 충실하지 않았음이 드러나자, 셰숀크는 테베의 아몬 신탁에 의해 그들을 처벌할 수 있을 만큼, 제21왕조의 왕 가운데 한 명의 영향력을 확보하고 있었다.[23] 그 왕의 이름은 불행히 알 수 없다. 이렇게 삼각주 전역의 다른 리비아 사령관들의 운명을 추적할 수는 없지만, 그들 모두 정도의 차이는 있으나 비슷한 번영을 누리고 있었고 점차 지휘권을 자신들의 수중으로 모으고 있었음은 확실하다. 약하고 불명예스러운 제21왕조는 당시 거의 한 세기 반을 다스렸고, 리비아인 부유와의 후손들은 헤라클레오폴리스에서 같은 기간 동안 5세대에 걸쳐 끊임없이 지방의 권한을 늘리고 있었다. 이때 우리가 방금 언급한 셰숀크의 손자 셰숀크가 헤라클레오폴리스에서 가족의 대표로 뒤를 이었다. 이 셰숀크이든 그의 직계 조상들이든 아마도 북쪽으로는 멤피스까지, 남쪽으로는 시우트에 이르는 공국을 통제할 때까지 헤라클레오폴리스를 확장했다. 타니스 혈통이 끊겼는지 아니면 마지막 대표자가 너무 약해서 세력을 유지할 수 없었는지 우리는 결코 알 수 없을 것이다. 그러나 헤라클레오폴리스 용병 사령관의 힘은 대단히 막강해서 그는 자신의 거주지를 동부 삼각주의 부바스티스로 옮겼고, 그곳에서 왕권을 잡고 기원전 약 945년 자신을 파라오라고 선언했다.[24] 그의 가문은 마네토에게 제22왕조로 알려져 있다. 이렇게 해서 리비아인들을 그토록 모질게 쳐부순 람세스 3세가 죽은 지 2세기가 조금 넘게 지났을 때, 리비아인들은 칼을 빼 들지도 않고 이집

---

[22] [역주] 주로 님로트(Nimlot)로 알려져 있다.
[23] IV, 669-687.
[24] IV, 785 ff.

트의 왕관을 얻었다. 이렇게 유서 깊은 파라오의 왕좌에 군인과 외국인을 앉힌 변화는 나라를 사제들에게 가져다준 변화와 밀접하게 연관되어 있었다. 그러나 사제의 권력이 군인의 권력보다 조금 더 빠르게 절정에 이르렀다. 하지만 둘 다 똑같이 제18왕조의 제정(帝政)에 뿌리박고 있었다.

셰숀크는 자신은 직접 가질 수 없었던 합법성을 즉시 그의 혈통의 계승자들에게 부여했다. 그는 자신의 아들을 제21왕조의 마지막 타니스 왕인 페시브켄노 2세의 딸과 결혼시켰다. 이렇게 아들을 위해 의심의 여지없는 합법성뿐 아니라 그의 아내를 통해 왕위에 대한 권리를 얻게 해 주었다.[25] 활기차고 유능한 지도자, 우리가 현재 셰숀크 1세라고 부르는 그는 이집트를 강력한 국가로 다시 통합시킬 수 있을 것으로 기대되었다. 그러나 그가 새로운 국가를 건설하는데 다루어야만 했던 요소들은 어떤 안정된 구조로 조직될 수 있는 것이 아니었다. 당시 셰숀크 1세가 만든 것은 근본적으로 봉건 조직이었다. 그에게 충성 서약을 한 영주들은 그 자신처럼 주로 난폭한 메시웨시의 족장들이었다. 그들은 자연히 그의 출신을 잊지 않을 것이고, 그들 중의 어느 누구든 그가 성취한 것을 성공적인 쿠데타로 이룰 수 있음을 알 것이다. 비록 우리가 확신을 가지고 그들 세력을 지리적으로 경계를 정할 수는 없지만, 그들은 분명히 삼각주의 도시들을 통치하며, 이집트의 무슬림 술탄 하의 맘루크처럼 할당된 병력을 파라오에게 주었다. 상이집트는 두 개의 공국으로 조직되었다. 살펴본 것처럼 남쪽으로 시우트까지 상이집트 북부를 포함하는 헤라클레오폴리스 공국과, 시우트가 있는 곳에서 시작된 테베 공국은 폭포까지의 모든 지역과 아마도 누비아도 차례로 포함했을 것이다. 따라서 나라는 프톨레마이오스 시대 및 로마 시대의 경계선과 대충 맞는 세 구역으로 이미 나뉘었다.[26] 셰숀크는 그의 출신에 따

---

[25] IV, 738.

라 헤라클레오폴리스를 지배했다. 그리고 그와 그를 따르는 그의 가족은 멤피스의 프타 대사제들과 가까운 관계를 유지했다. 늦어도 재위 5년,[27] 그는 또한 테베도 얻었다. 그는 자신의 아들을 그곳의 아몬 대사제로 임명함으로써 그의 가문에 대한 테베의 지지를 얻으려 했다.[28] 그러나 그곳은 여전히 확실한 공국으로 남아서 삼각주의 집권 왕실에 만만찮은 반대를 할 수 있었다. 도시 자체는 적어도 파라오가 세금을 징수할 수 없었고, 그의 재무관리들이 결코 방문하지도 않았다.[29] 이러한 상황에서 삼각주의 리비아 영주들 사이에서 또는 남부의 강력한 공국들 사이에서, 셰숀크 1세처럼 그들에게 확고한 영향력을 행사하지 않는 한 폭동이 예상되었다.

정력적인 셰숀크 하에서 이집트의 대외정책은 보다 공격적인 성격을 띠었다. 이집트는 팔레스타인에 대한 이집트의 오랜 형식적일 뿐인 권리를 실질적으로 요구했다. 솔로몬(Solomon)[30]은 아마도 결혼으로 파라오의 딸을 맞이한, 분명 이집트의 봉신이었고, 그의 이집트 종주가 중요한 도시인 게제르를 선물함으로써 그의 영토를 늘려 주었다.[31] 우리는 300년 전 메르넵타 하에서 게제르에 대해 마지막으로 들었다. 그러나 게제르는 결코 이스라엘 민족에 의해 정복되지 않았고, 그곳의 가나안 영주가 당시 반란을 일

---

[26] IV, 745-7.
[27] IV, 700.
[28] IV, 699.
[29] IV, 750.
[30] [역주] 솔로몬은 이스라엘의 가장 위대한 왕으로 간주된다. 그가 벌인 대규모 토목사업 가운데 가장 뛰어난 것은 수도 예루살렘에 세운 유명한 성전이다. 솔로몬에 관한 거의 모든 정보는 구약성서에 근거를 두고 있다. 솔로몬은 왕위에 오르자마자 정적(政敵)들을 하나씩 가차 없이 숙청함으로써 왕권을 강화했다. 성벽을 쌓고 밀로 궁전과 유명한 성전을 세우는 등 예루살렘을 화려하게 치장했다. 솔로몬은 현인으로도 유명했다. 그러나 그의 사후 왕국은 두 개로 분열되었다. 솔로몬에게는 수많은 아내가 있었고 파라오의 딸은 그중 하나였다.
[31] 열왕기(상), 9: 16.

으켰다. 파라오는 그곳을 함락해서 불태우고 솔로몬에게 주었고, 솔로몬은 그곳을 재건했다.³² 솔로몬이 상대해야 했던 파라오는 게제르 같은 팔레스타인의 강력한 도시들을 함락하고 불태운 파라오로서 제21왕조 말기의 타락한 왕 중 한 명이었은 리는 없고, 팔레스타인에서 이집트의 통치를 재개한 공격적인 통치자였다. 우리는 당시 셰숀크 1세 말고는 이러한 기술에 일치하는 다른 왕은 알지 못한다. 솔로몬의 후임자인 르호보암(Rehoboam)³³ 하에서 헤브라이 왕국이 분열되자 르호보암의 북쪽 적인 도망자 여로보암(Jeroboam)을 이미 숨겨 줬었던 셰숀크 1세는 팔레스타인에서 자신의 권리를 확실하게 할 좋은 기회라고 생각해서, 르호보암의 재위 5년인 아마도 기원전 약 926년에 팔레스타인을 침략했다. 그의 군사 작전은 북쪽으로 갈릴리 바다 위도 위로 침투하지 않았고, 동쪽으로는 아마도 요르단 동쪽의 마하나임(Mahanaim)까지 이르렀을 것이다.³⁴ 이집트 군대는 270년 넘게 아시아로 들어가지 않았다. 셰숀크는 리비아인 용병들을 이즈르엘 평원의 성읍들 속에서 마음대로 하게 했다. 그곳에서 용병들은 북쪽의 르홉(Rehob)으로부터 하파라임(Hapharaim), 메기도, 타아낙, 슈넴(Shunem)을 거쳐, 동쪽의 요르단 계곡에 있는 베트셰안까지 약탈했다. 남쪽에서는 예라자, 베트호론(Bethhoron), 아얄론, 기브온(Gibeon),³⁵ 소고(Socoh), 베트 아노트(Beth Anoth), 샤루

---

³² 열왕기(상), 9: 15-17.
³³ [역주] 르호보암(재위 기원전 931년경-913년경)은 분열된 유다 왕국의 첫 왕이다. 솔로몬 왕의 아들로 여호와를 저버리고 우상 숭배를 시작했다. 연합 이스라엘 왕국의 전성기를 이루었던 솔로몬 왕이 죽자 느밧의 아들 여로보암이 이집트에서 돌아오고 북쪽의 10개 지파가 반기를 들어 여로보암 1세를 새 왕으로 이스라엘 왕국을 세웠고 남쪽의 2지파는 솔로몬 왕의 아들 르호보암을 왕으로 유다 왕국을 세워 이스라엘이 남과 북으로 갈라졌다.
³⁴ IV, 709 ff, 필자의 소논문 Amer. Jour. of Sem. Lang., XXI, 22-36 참조.
³⁵ [역주] 예루살렘 북서쪽에 있는 고대 팔레스타인의 주요 도시. 지금의 알지브(Al-Jib)이다. 1956년 미국 탐험대의 발굴 결과 초기 청동기시대 얼마 동안과 중기 청동기시대(BC 3000~1550경) 대부분, 그리고 후기 청동기시대(BC 1550~1200경) 후반까지

사진 68. '아브람의 들판'
아브람이라는 이름이 최초로 언급된, 카르나크에 있는 셰숀크 1세 목록에 포함된 지리 이름.

헨, 아라드(Arad)[36]를 약탈했는데, 마지막 두 곳이 그들이 활동한 지역 중 가장 남쪽 지역이다. 헤브라이 기록에 의하면,[37] 그들은 또한 예루살렘에 들어갔고, 그곳에서 솔로몬 시절 축적된 부를 약탈했다. 그러나 셰숀크의 군사 작전은 두 왕국에 똑같이 겨냥되었고, 유다 왕국에만 영향을 미친 것이 아님은 분명하다.[38] 그는 나중에 북쪽으로 미탄니까지 올라갔다고 주장했다. 그러나 이것은 분명 허풍일 뿐이다. 미탄니는 이 당시 왕국으로 존재하지 않은지 오래되었기 때문이다.[39] 셰숀크가 자신이 점령했다고 기록한 다른 팔레스타인 성읍 가운데 '아브람(Abram)의 들판'이라 불린,[40] 그때까지 눈에 띄지 않은 지역이 있다. 여기서 우리는 이스라엘의 시조가 된 영웅의 이름이 최초로 등장한 것을 본다(사진68). 셰숀크는 오랫동안 고갈되었던 파라오의 금고를 다시 채울 풍성한 약탈품을 가지고 돌아올 수 있었다. 그는 테베의 카르나크

이 지역에 사람들이 살고 있었음을 알게 되었다. 당시 기브온은 예루살렘 도시국가의 속국이었다.

[36] **[역주]** 이스라엘 남부 네게브의 북동부에 있는 도시. 성서에 나오는 아라드에서 이름을 땄다. 실제 아라드의 폐허는 동북동쪽으로 9km 정도 떨어진 텔아라드에서 찾아볼 수 있다.

[37] 열왕기(상), 14: 25.

[38] IV, 709-722.

[39] IV, 710.

[40] **[역주]** 아브람은 아브라함(Abraham)의 옛 이름이다.

신전 벽 위에 있는 제국의 위대한 정복자들의 공물 기록 옆에, 팔레스타인과 당시 그가 지배권을 차지한 누비아의 공물을 기록했다.[41] 그는 그레이트 오아시스에 새 리비아인 통치자를 취임시켰다. 그리고 그의 리비아인 봉신 족장 중 한 명이 서부 삼각주를 통치했고 오아시스들과 대상(隊商)들의 통신을 감독했다.[42] 이렇게 적어도 당분간 제19왕조 제국의 영광이, 북부 팔레스타인에서 나일 상류에 이르는 영토와 오아시스에서 홍해에 이르는 영토에서 국고로 흘러들어온 공물로 회복되었다.

이렇게 다시 채워진 국고로, 셰숀크는 200년 넘게 중단되었던 파라오들의 관습적인 건축 사업을 다시 시작할 수 있었다. 그는 부바스티스와 자신의 삼각주 거주지를 아름답게 꾸몄고, 테베에서는 카르나크 신전을 대규모로 확장했다. 그곳의 아몬 대사제였던 그의 아들 예웨페트(Yewepet)는 원정대를 실실레로 파견해 카르나크 신전의 거대한 앞뜰과 탑문을 지을 돌을 조달했다. 이 앞뜰과 탑문은 서쪽으로 카르나크 신전을 완성시켜 주고 강 쪽으로 웅장한 정면을 만들어 주었다. 뜰의 측벽과 기둥들은 제19왕조가 들어서고 얼마 후에 설계되어 지어졌지만, 그때까지 탑문은 여전히 없었다. 뜰은 신전 뜰로는 과거에도 그리고 오늘날에도 현존하는 가장 큰 것으로 너비가 95.7m가 넘고, 길이가 82m이며, 이집트에서 가장 큰 탑문이 앞에 있다. 탑문은 두께가 약 11m, 높이가 약 45.7m로, 정면의 폭은 108.8m로 되어 있다(지도8). 셰숀크는 그곳을 그의 30주년 기념제를 거행할 때 쓰려고 했다. 우리는 그곳이 실제로 그렇게 사용되었는지는 모른다. 그러나 그는 그곳이 완공될 때까지 살지 못했다. 햇볕에 말린 벽돌로 만든 건축가의 비계(飛階)와 경사로들이 수 세기에 걸쳐 생긴 잔해 아래쪽 벽을 여전히 막고

---

[41] IV, 723-4 A.
[42] IV, 782-4.

있다. 그러나 그곳의 장식 일부는 완성되었다. 그리고 현재 부바스티스 정문으로 알려진 남문 가에, 파라오는 옛 방식대로 자신이 아몬 앞에서 아시아인들을 쳐부수는 것을 묘사한 거대한 부조를 제작했다. 부조에서 아몬은 테베의 수호 여신과 함께 156명의 팔레스타인 포로들을 포함한 10줄의 포로들을 이끌어 셰숀크에게 인계하고 있다. 포로들은 셰숀크가 함락한 성읍이나 지방을 각각 상징하며 각 지역의 이름이 실려 있다.[43] 성경에 나오는 수많은 이름을 그 속에서 알아볼 수 있다. 그런 이름 중 가장 중요한 것은 앞에서 이미 언급했다.

셰숀크 1세의 아들이자 계승자인 오소르콘(Osorkon) 1세가 아마 기원전 920년경 그를 이었을 때, 그는 아내인 제21왕조 옛 혈통의 마지막 왕 페시브켄노 2세의 딸을 통한 상속권으로 왕위를 물려받았다. 그는 번영한 왕국과 큰 부를 유산으로 받았다. 통치 기간의 처음 3년 남짓한 기간 동안, 그는 이집트의 신전들에 적어도 181톤 768kg의 은을 주었다. 금과 은을 합쳐 그는 209톤 15kg 넘게 주었는데, 이 합계는 분명 위의 은의 합계를 포함한다.[44] 이 막대한 기부는 초창기 리비아인 왕조의 부와 번영에 대해 우리가 가지고 있는 가장 두드러진 증거이다. 헤라클레오폴리스 공국을 통제하기 위해, 오소르콘 1세는 파이윰 어귀에 요새를 지었다.[45] 테베의 경우에는 그의 아버지의 선례를 따라 아들 중 한 명을 그곳의 아몬 대사제로 임용했다. 이 관직을 맡고 있던 그의 아들 중 두 명이 죽은 후에, 그의 셋째 아들 셰숀크가 그 지위를 계승했다. 이 셰숀크는 테베에서 매우 훌륭하게 자신의 세력을 유지했고, 왕족의 칭호를 차지했으며, 자신의 세력을 크게 키워서 테베의 제1사제 자리를 자신의 아들이 계승할 수 있게 했다.[46] 이렇게 기원전

---

[43] IV, 709-722.
[44] IV, 729-737.
[45] IV, 853.

약 895년 타켈로트(Takelot) 1세가 그의 아버지 오소르콘 1세를 부바스티스에서 계승했고, 그의 강력한 형제 셰숀크가 테베에 경쟁자로 존재했다. 그러나 타켈로트 1세의 짧은 통치 후, 그의 아들 오소르콘 2세가 테베의 지배권을 되찾을 수 있었고, 그곳의 대홍수 뒤에 룩소르 신전을 수리했다.[47] 타니스에서 발견된 오소르콘 2세의 조각상에 보존된 그의 기도문은 당시 리비아인 왕조가 처한 위태로운 상황을 의미심장하게 암시하는 탄원을 포함한다. 그는 자신의 자손이 "신들의 왕인 아몬 레의 대사제들, 메시웨시의 대족장들, … 하르사페스(Harsaphes)의 예언자"들을 지배하게 해 달라고 기도한다.[48] 하르사페스 예언자들은 헤라클레오폴리스를 다스리는 리비아인 제후들로, 파라오 가문이 그 출신이었다. 그는 덧붙인다. "신이시여, 제가 제 아이들에게 준 관직에 그들이 서게 하소서. 형제의 마음이 자신의 형제보다 더 높은 지위를 얻으려 하지 않게 하소서."[49] 이 기도문의 행간에서 우리는 가족 간의 불화에 의해 뿔뿔이 흩어지고, 이런저런 강력한 용병 사령관의 반란에 의해 끊임없이 위협받은 왕조의 이야기를 읽을 수 있다. 반란을 일으키는 용병 사령관들은 자신이 괴롭힘을 당하고 있다고 느끼거나 자신의 지위를 높여 줄 무력으로 인해 스스로 능력이 있다고 느끼는 사람들이었다.

모든 근본적인 면에서 이집트의 이 리비아인 통치자들은 완전히 이집트화했다. 셰숀크 1세의 할아버지는 아비도스에 이집트식으로 그의 아들을 묻었고, 이집트인들의 사후 신앙에 맞게 무덤에 기금을 만들었다.[50] 비록

---

[46] IV, 738.
[47] IV, 742-4.
[48] IV, 747.
[49] Ibid.
[50] IV, 669 ff.

그들이 리비아 이름을 계속 보유하고 있지만, 부바스티스 왕들은 이집트에서 1500년간 관습이 되어 온 형식의 온전한 파라오 직함을 사용했다. 그들의 고용된 봉신 사령관들은 여전히 자신들의 옛 원주민 직함들을 보유하고 있었는데, 이집트어로는 '메시웨시의 대족장'이나 기념물에 흔히 쓰인 줄임말처럼 '메(Me)의 대족장'으로 번역된다. 그러나 그들은 이집트 신들을 숭배했고, 이집트인들이 그랬던 것처럼 신의 은총을 얻으려고 신전에 토지를 기부했다.[51] 이집트 문화는 단지 겉치레였을 수 있고, 그들이 리비아의 야만인들로 남아있었을 수도 있다. 그렇지만 이집트화 과정이 빠르게 진행되고 있었고, 집권 왕실의 경우에는 당시 분명 실질적으로 완성되었다. 이렇게 해서 오소르콘 2세의 재위 22년, 우리는 그가 왕세자로 지명된 지 30주년을 옛 이집트인들의 방식을 따라 축하할 목적으로 부바스티스에 당당한 홀을 건축한 것을 발견한다.[52] 그러나 우리가 이 화려한 기념제의 호화로움으로 인해 상황에 내재한 위험한 힘들이 부바스티스 왕실을 쇠퇴시키고 있음을 눈치채지 못할 수는 없다. 그의 아들 셰숀크 2세와의 짧은 공동 통치 후 이 왕세자가 죽은 뒤에,[53] 오소르콘 2세는 또 다른 아들과 공동 통치를 했고, 7년간의 공동 통치 후 이 아들이 기원전 약 860년경 타켈로트 2세로 왕위를 계승했다.[54]

제22왕조의 쇠망하는 운세는 이때부터 테베 공국의 상황에서만 추적될 수 있다. 그러나 테베 공국의 상황은 당시 국가를 구성한 봉건 영주들로

---

[51] IV, 782-4.
[52] IV, 748-51.
[53] IV, 697, No. 13; 772.
[54] **[역주]** 이 부분도 후대 학자들의 고증과 차이가 있다. 셰숀크 2세는 오소르콘 2세의 아들이 아닌 오소르콘 1세의 아들이며, 아버지보다 몇 달 먼저 죽었고 아버지와 함께 타니스에 묻혔다. 그 뒤를 국왕의 카르투슈가 없는 오소르콘 1세의 아들 타켈로트 1세가 뒤를 이었고 그 뒤를 오소르콘 2세가 계승했다(클레이턴 2009:234-239).

인한 격렬하고 불안한 특징을 분명히 보여 준다. 타켈로트 2세의 재위 11년에 테베에 도착한 대사제 오소르콘은 카르나크 신전의 벽에 자신의 업적 및 자신의 이름으로 신전에 기증한 것들을 기록한 일련의 연대기를 작성하기 시작했다.[55] 이 기록들에 의하면, 오소르콘은 새롭고 풍성한 기금으로 신전 일정을 개시하여 테베인들의 지지를 얻고자 노력했지만 그럼에도 불구하고 반란에 의해 도시에서 쫓겨났고, 반란은 마침내 내전처럼 북부와 남부에도 퍼졌다. 대사제는 달아났고, 전쟁은 수년간 지속되었다. 결국 그는 아버지의 추종자들의 지지를 얻을 수 있었고, 그때 그의 선박들로 이루어진 긴 선단이 강에서 도시로 접근하면서 환호성 속에 테베로 귀환했다. 그는 즉시 신전으로 갔고, 아몬은 신전에서 화려한 행렬로 그를 맞으러 나왔다. 그러자 곧 신은 테베인들에게 반란에 대해 처벌을 면해 준다는 신탁을 발표했다. 대사제 연대기의 빈약하고 단편적인 기록[56] 몇 줄에 보존된 이 중요한 사건들은 백 년 동안 테베를 쥐고 다스렸던 마지막 세 명의 부바스티스 왕들의 통치 시기에 대해 알려 준다. 하지만 그들의 도시 부바스티스는 완전히 없어져서 그들의 행적에 관한 기록이 거의 없거나 아예 남아 있지 않다. 반란에는 테베와 헤라클레오폴리스 두 공국 간의 교전과 삼각주 용병 영주들끼리의 불화도 더해졌을 것이다. 두 공국 간 교전에 대해서는 분명한 흔적이 있다.[57] 이 상황은 모든 억압 하에 신음하던, 특히 두 명의 다른 영주들이 자주 잇따라 징세함으로써 과도한 조세로 신음하던, 주민들이 계속해서 반란을 일으키고, 대량학살과 약탈로 용병들에게 진압될 뿐이었던 맘루크 시대의 상황과 매우 비슷할 것이다. 그러한 상황에서 팔레스타인에서 파라오의 영향력은 완전히 없어졌을 것이다. 그러나 시리아에서

---

[55] IV, 756-770.
[56] IV, 763-9.
[57] IV, 790.

니네베의 힘이 점점 커지는데 경각심을 갖고, 아마도 타켈로트 2세였을 부바스티스 왕실의 한 사람이 아시리아인들에 맞서는 서부 연합에 천 명의 할당 인원을 보냈다. 서부연합은 기원전 854년 오론테스 강변의 카르카르(Qarqar)에서 살만에셀(Shalmaneser) 2세에게 패했다.

타켈로트 2세의 뒤를 이은 마지막 세 명의 부바스티스 왕들의 가족관계를 확신을 가지고 정하는 것은 불가능하다. 셰숑크 3세, 페모우(Pemou), 셰숑크 4세는 그와 관련이 없었을지도 모른다. 그들은 멤피스와 테베를 장악했고, 그들의 이름은 작은 기념물 여기저기에 이따금 등장한다. 고대 이집트의 화려한 기념물들은 그들의 손에서 악명 높은 파괴를 겪었다. 타니스에 있는 람세스 2세의 거대한 조각상은 다른 더 이른 시기의 기념물들과 함께 셰숑크 3세에 의해 부서져 그의 타니스 탑문을 건설하는 데 사용되었다. 그들의 통치 기간 동안 지방의 영주들과 삼각주의 제후들이 점차적으로 독립하기 시작했으며, 아마도 그들 중 다수가 셰숑크 4세가 죽기 오래전에 부바스티스 왕실에 대한 충성을 던져버렸을 것이다. 기원전 약 745년 셰숑크 4세의 죽음과 함께 제22왕조는 확실히 종말을 맞았다.

부바스티스 왕실의 종주권을 벗어 버렸던 이 삼각주 영주 가운데 한 사람인 페디바스트(Pedibast)는 셰숑크 4세가 죽었을 때 그의 경쟁자들 사이에서 지배적인 위치를 차지했고, 마네토에게 제23왕조로 알려진 새로운 왕실을 세웠다. 마네토는 이 왕조를 타니스에 두었지만, 페디바스트란 이름이 나타내듯 그는 자신이 몰아낸 가문처럼 부바스티스 출신이며, 나중에 살펴보겠지만 그의 후임자는 부바스티스에서 통치했다. 페디바스트는 테베를 얻었고, 재위 23년까지 그곳을 장악했다. 하지만 재위 14년부터 동부 삼각주의 제후인 예웨페트 왕과 함께 그곳의 통치를 분담해야 했다.[58] 비엔나[59]

---

[58] IV, 794, 878, No. 2.

의 한 파피루스에는 사납게 날뛰는 제후들 속에서 당시의 불안한 상황을 의미심장하게 드러낸 민간설화가 후기 데모틱[60]으로 수록되어 있다. 예웨페트처럼 페디바스트도 난폭한 제후들을 통제할 수 없었다. 설화는 삼각주의 멘데스(Mendes)[61] 제후인 카아멘호테프(Kaamenhotep)와 헬리오폴리스의 용병 사령관인 페모우(Pemou) 간의 길고 심각한 불화과정을 들려준다. 다툼의 원인은 카아멘호테프가 귀중한 쇠사슬 갑옷을 강탈한 것이며, 삼각주 제후들이 분쟁 당사자들의 한쪽 또는 다른 쪽을 지지한다고 밝히면서 페디바스트는 그들 사이에 널리 퍼진 적대감을 막을 수 없었다.[62] 페디바스트의 후임자인 오소르콘 3세 하에서 집권 가문의 힘은 급속히 약해졌고, 결국 삼각주의 모든 도시와 강을 따라 헤르모폴리스까지 모든 도시에 독립한 영주나 소국의 왕들이 생겨났다. 우리는 이러한 제후 가운데 18명의 이름을 알고 있다.[63] 이들끼리의 투쟁이 당시 이집트의 완전한 와해를 야기했다. 나라는 통합되고 중앙집권적인 정부가 들어서기 전, 선사시대에 나라를 구성했던 작은 지방의 정치적 단위들로 다시 분해되었다. 나라의 힘은 완전히 마비되었고, 헤브라이 예언가와 같이 뛰어난 정견(政見)을 가진 정치인들은 굳이 예언적인 시각의 도움이 없어도, 아시리아의 압제에 맞서 이집트의 지원에 의존했을 이스라엘 내(內) 이집트 파벌의 정책이 얼마나 쓸데없는 것인지를 충분히 파악했다. 티글라트 필레세르 3세[64]의 군대가 기원전 734-732년 이

---

[59] [역주] 빈, 오스트리아 수도.
[60] [역주] 민중문자(民衆文字, Demotic). 기원전 7세기경부터 이집트에서 쓰이던 상형문자를 일반인들도 쓸 수 있게 간단하게 만든 문자이다.
[61] [역주] 동부 삼각주에 위치한 고대 이집트 도시 Djedet의 그리스식 이름이다.
[62] Wiener Zeitsch. für die Kunde des Morgenlandes, XVII, sequel to Mitth. aus der Samml. der Pap. Erzherzog Rainer, VI, 19 ff.
[63] IV, 796 ff.; 830, 878.
[64] [역주] Tiglath-pileser 3세. BC 8세기에 활동한 아시리아의 왕(BC 746~727 재위)이다. 시리아 영토를 마지막으로 최대한 팽창시켰다.

집트 국경까지 내려오며 서쪽을 황폐화시켰을 때, 삼각주의 왕들은 자신들의 복잡하고 사소한 전쟁에 너무 열중하여 불쌍한 헤브라이인들에게 어떤 도움도 줄 수 없었다. 또한, 그들은 티그리스 강가의 큰 세력이, 이집트를 팔레스타인과 갈라놓은 사막을 건너 나일강의 고대 왕국을 흡수할 날이 곧 올 것을 예견하지도 못했다. 그러나 이 불가피한 재앙이 일어나기 전에 또 다른 외국 세력이 파라오의 왕관을 소유했다.

26 에티오피아인들의 패권과 아시리아의 승리

下누비아는 당시 1800년이 넘는 기간 동안 이집트인들에게 지배를 받아왔다. 반면 제2폭포 위에서 제4폭포까지의 지역은 대부분 약 1000년 정도 이집트의 지배하에 있었다. 우리는 下누비아의 모든 큰 성읍들에 당당한 이집트 신전이 들어설 때까지 이 지역이 점차 이집트화 하는 것을 보아왔다. 람세스 2세 때부터 이집트의 신들이 곳곳에서 숭배되었다. 원주민의 언어가 여전히 지역 사람들의 언어로 남아있었지만, 이집트어가 행정과 통치의 언어, 그 지역에 정착한 이집트 이주민들의 언어였다. 이 지역의 부족한 농업 생산량을 얼마간 메워 주는 上누비아의 비옥하고 생산적인 땅과 下누비아 동부 산악지대의 매장량이 풍부한 광산들, 끊임없이 이 지역을 지나가는 수단과의 활발한 무역은 이곳을 자원과 가능성의 땅으로 만들었다. 타고난 권리를 서서히 자각하기 시작한 이집트화한 누비아 사람들은 이제 이 같은 사실을 인식하기 시작했다. 여전히 지속되고 있는 동부 사막의 적대적인 종족 및 수단 흑인들의 가끔 있는 습격도 근본적으로 이 지역의 발전을 방해할 수 없었다.

셰숀크 1세는 여전히 누비아를 차지하고 있었고,[1] 타켈로트 2세의 통치

---

[1] IV, 724.

후반기에 테베의 아몬 대사제는 분명 무역으로 얻었을 누비아의 금을 신에게 바칠 수 있었다.[2] 폭포 지역은 제22왕조 중반인 기원전 약 850년까지 여전히 이집트의 속국이었던 것 같다. 누비아가 여러 세기 동안 테베 및 아몬 신전과 아주 가깝게 연결되어 있었음을 기억할 것이다. 제19왕조 말기까지 거슬러 올라가면 그곳에는 자체로 통치자가 있는 '아몬의 금 생산지'가 있었고, 아몬의 대사제는 제20왕조 말기에 누비아의 총독이 되었다. 제21왕조에서는 테베의 제1여사제가 똑같은 관직을 맡았다.[3] 이렇게 테베의 지배층이 기원전 13세기 말부터 100년 넘게 누비아에서 강력한 지배력을 유지한 후, 그들의 통제는 250년 동안 더 완전한 점령으로 강화되었다. 제21왕조의 타니스 왕실이 자신들의 종주권에 반대하는 소란스러운 테베 가문을 오아시스 중 한 곳으로 추방한 것과 그들이 나중에 망명자들을 소환해야 했음을 기억하라. 또한, 타켈로트 2세 하에서 테베가 오랫동안 위험한 반란을 일으킨 것과[4] 아몬의 신탁에 따라 반란을 일으킨 도시를 용서한 것을 상기하라. 그러한 상황 하에서 분명히 테베의 사제 가문은 어떤 경우에는 필시 북부 왕조의 복수에서 달아나야 했을 것이고, 추격을 효과적으로 차단할 먼 누비아의 폭포들 속에서 안전한 곳을 찾아야 했을 것이다. 그러한 도주에 관한 기록을 찾을 가능성이 거의 없고, 따라서 우리는 그러한 일이 발생했다는 문서로 된 직접적인 증거가 없다. 그러나 기원전 8세기 중엽까지 완전히 발전된 누비아 왕국이 우리의 시야에 모습을 드러냈다. 정부 소재지는 제4폭포 바로 아래의 나파타였다. 나파타는 이때로부터 700년 전인 아멘호테프 2세 시절부터 이집트 변경의 숙박지였다. 그곳을 이집트가 장악하기 오래전에는, 그곳은 분명 이집트와 수단 간의 노선에 있는

---

[2] IV, 770.
[3] IV, 796.
[4] IV, 764 ff.

중요한 교역 장소였다. 게다가 이집트인들이 통치하는 누비아에서 가장 외진 지점이었고, 따라서 북부의 공격으로부터 가장 안전한 곳이었다.

이곳에 세워진 국가는 그 기원에 대한 우리의 설명에 맞게, 테베의 아몬 신정국가를 재현한 것이었다. 국가 신은 아몬으로, 그는 구체적인 신탁에 의거해 계속해서 정부의 일에 직접적으로 개입했다. 신의 지배는 테베에서보다도 더 절대적이었고, 결국 왕조차 신의 요구에 퇴위해야 했다. 신은 그런 다음 다른 통치자를 취임시켰다. 그러나 이러한 상황은 점진적인 발전의 결과였고 처음부터 그랬던 것은 아니었다. 그리스 시대에 이집트 사제들은 에티오피아 신정국가를 이상적인 국가로 묘사하곤 했다. 그리스인들이 흔히 가졌던 믿음인 에티오피아가 이집트 문명의 원천이라는 잘못된 생각이 에티오피아 신정국가에 대한 이러한 신념과 밀접하게 연관되어 있었다. 왕은 파라오의 직함 전부를 가지고, 마치 그가 모든 이집트를 다스린 것처럼 자신을 두 땅의 군주라 불렀다. 처음에 그는 이집트식 이름으로 알려졌을 것이다. 비록 이 이름은 곧 없어졌고 순수한 누비아 기원을 가진 이름으로 대체되었지만, 즉위명과 기타 국가 명칭은 여전히 오랫동안 이집트어로 남아있었다. 그는 이집트 부조로 장식하고, 상형문자로 된 비문과 전통적인 이집트 형식의 헌정사가 실린, 이집트 건축양식으로 된 신전을 건설했다. 벽에 묘사된 의식은 테베에서 행해지던 것이었다. 이 국가가 이집트에서 비롯되었다는 것과 테베의 특징을 지닌다는 데는 의심의 여지가 없다. 하지만 이 마지막 사실을 어떻게 설명할까에 대해서는 의견의 차이가 있을 수 있다.

기원전 8세기 중엽 직전, 나일강 상류의 이 새로운 왕국에 대해 우선 들여다보면, 이곳은 카시타(Kashta)[5] 왕이 통치했다.[6] 우리는 북쪽으로 그의 힘

---

[5] **[역주]** 카시타 왕은 상이집트를 정복했다. 알라라의 동생이자 왕위 계승자이다. 이집

이 어느 정도였는지 추적할 수 없고, 그의 통치 시기에 대해 어떤 것도 알지 못한다. 기원전 741년경 그의 뒤를 이은 아들 피안키(Piankhi)는[7] 아마도 이집트를 통합하기 시작했던 것 같다. 어쨌든 기원전 721년 또는 722년까지, 그는 이미 북쪽으로, 파이윰 바로 남쪽에 있는 헤라클레오폴리스까지 상이집트를 차지했고, 누비아인 수비대를 비교적 중요한 성읍들에 주둔시켰다. 부바스티스에서 오소르콘 3세가 대표하는 당시 제23왕조는 실제로 더 이상 부바스티스 지역 너머를 다스리지 않았고, 삼각주의 모든 중요한 성읍에서 경쟁자들에 둘러싸여 있었으며, 서부 삼각주에서는 사이스의 제후인 공격적이고 강력한 적수 테프나크테(Tefnakhte)와 마주하고 있었다.[8] 피안키 재위 21년 상이집트에 있는 그의 사령관들이 그에게 테프나크테가 서부 삼각주 전체 제후들과 남쪽으로 거의 베니하산 근처까지 삼각주 위쪽의 나일강 양쪽 해안의 제후들을 무찔렀다고 보고했다. 이밖에도 테프나크테는 동부와 중부 삼각주의 모든 영주를 통제하게 되었고, 따라서 그는 실질적으로 상이집트 아래쪽뿐 아니라 하이집트 전체의 왕이었다. 우리가 이미 강력한 공국임을 알고 있었던 헤라클레오폴리스만이 테프나크테에게 저항하면서, 그의 포위로 고통을 겪고 있었다. 한편 삼각주의 그의 모든 봉신 영주들은 테프나크테를 도와 헤라클레오폴리스 포위를 직접 돕고 있었다. 교활한 피안키는 북부에서 힘의 균형이 당시 깨졌음을 알아차리고, 적이 뚫고 들어갈 수 없는 삼각주 습지의 안전한 곳에서 멀리 남쪽으로 나오기를 바라면서 조용히 상황이 진전되기를 기다렸다. 그때 그의 북부 사령관

트의 나머지를 정복한 피안키와, 피안키의 뒤를 이어 고대 이집트의 제25왕조를 세운 샤바카의 아버지이다.
[6] IV, 940.
[7] [역주] 피안키는 피앙키로도 잘 알려져 있다.
[8] 이하 내용은 피안키 석비(IV, 796-883)에서 인용.

들이 헤르모폴리스 왕 남로트가 테프나크테에 굴복했다는 두 번째 소식을 알렸다. 그러자 곧 피안키는 이집트에 있는 그의 사령관들을 북부로 보내 테프나크테가 남쪽으로 더 진출하는 것을 막고, 헤르모폴리스를 포위하게 했다. 그들은 이를 시행했고, 피안키는 동시에 누비아로부터 두 번째 군대를 급파해 그들을 지원했다. 테베를 떠나서, 이 두 번째 누비아 군대는 올라오고 있는 테프나크테의 함대를 만나 격퇴하고, 많은 선박을 나포하고 포로를 잡았다. 그들은 북쪽으로 계속 진군하면서 아마도 십중팔구 바흐르 유수프까지 내려가, 헤라클레오폴리스를 포위하고 있는 테프나크테의 군대와 마주쳤고, 그들을 육로와 수로로 패주시켰다. 북부인들은 바흐르 유수프의 서쪽으로 달아났다. 그곳에서 그들은 다음 날 아침 누비아인들의 추격을 받고, 다시 허둥지둥하며 삼각주 쪽으로 퇴각해야 했다. 테프나크테의 봉신들 속에서 싸웠던 헤르모폴리스의 왕 남로트는 그 재앙을 피해 달아났다가 누비아인들에 맞서서 자신의 도시 헤르모폴리스를 지키기 위해 돌아왔다. 이 소식을 듣고 누비아 사령관들은 바흐르 유수프를 따라 다시 올라가 헤르모폴리스로 갔고, 그곳을 촘촘히 포위했다.

이 군사 작전의 보고를 받고, 피안키는 북부 군대가 삼각주로 달아날 수 있었다는 사실에 격노했다. 당시는 그해의 마지막 시기였다. 피안키는 고향에서 신년축제를 한 후, 테베로 가서 세 번째 달에 오페트 축제를 거행하고, 그런 다음 북부로 진격하는 군사 작전을 직접 지휘하기로 했다. 한편 이집트에서 그의 사령관들은 중요한 옥시르힌쿠스(Oxyrhyncus)[9]를 포함해 헤르모폴리스 아래쪽과 근처의 성읍들을 함락했다. 그러나 헤르모폴리스 자체는 여전히 그들에게 저항했다. 피안키는 자신의 계획에 따라서 그해 일찍 북

---

[9] [역주] Oxyrhynchus로도 표기한다. 카이로에서 남남서쪽으로 160km 떨어진 곳에 위치한다.

쪽으로 가서, 테베에서 예상대로 세 번째 달에 오페트 축제를 거행했고, 당시 분명히 넉 달, 아마도 다섯 달 정도 계속된 헤르모폴리스의 포위 임무를 맡으러 갔다. 피안키는 맹렬하게 포위 작전을 밀어붙였다. 둑과 높은 탑으로부터, 그 불운한 도시는 매일 화살과 돌멩이 세례를 받았다. 악취가 수많은 시신에서 풍겨나왔고, 피안키가 도착한 지 얼마되지 않아 그곳은 항복할 여건이 무르익었다. 그곳의 왕인 남로트는 선물로 준 것들, 특히 자신의 왕관조차 그들 속에 던져졌을 때, 선물이 피안키에게 아무런 소용이 없는 것을 알고, 누비아 여자들과 함께 자신의 왕비를 보내 자신을 위해 피안키에게 선처를 호소하게 했다. 이 방법은 성공적이었고, 마침내 그의 생명을 구했다. 남로트는 항복했고, 도시와 그의 모든 자산을 피안키에게 넘겼다. 피안키는 즉시 그 자리를 차지했다. 남로트의 궁전과 금고를 사찰한 후, 피안키는 헤르모폴리스의 마구간으로 들어갔다. "폐하께서 말이 있는 마구간과 망아지가 있는 곳으로 가셨다." 그의 연대기는 말한다. "말들이 배고픔을 겪는 것을 보시고, '레가 나를 사랑하시듯 나는 맹세한다. … 그대의 욕망을 채우기 위해 그대가 한 어떤 사악한 행위보다 내 말들이 배고픔을 겪은 것이 내 마음속에 더 비통하다'라고 말씀하셨다."[10] 남로트의 부는 당시 피안키의 왕실 국고와 아몬의 신성한 재산으로 들어갔다.

헤라클레오폴리스는 이미 테프나크테의 손에서 포위를 겪은 후 기진맥진해 있었으므로, 그곳의 왕인 페프네프디바스트(Pefnefdibast)는 당시 피안키에게 인사하러 와서 그가 자신을 구해 주었다고 그를 찬양했다. 그리고 나서 피안키는 바흐르 유수프를 따라 삼각주를 향해 항해해 내려가기 시작했다. 서쪽의 모든 주요한 성읍들은 파이윰에 있는 크로코딜로폴리스(Crocodilopolis)를 제외하고, 피안키의 군대를 보자마자 잇따라 항복했다. 크로

---

[10] IV, 850.

코딜로폴리스는 파이윰 어귀의 일라훈을 지나는 그의 노선에서 멀리 떨어져 있었다. 다른 한편으로 그는 강의 동쪽에 있는 아프로디토폴리스(Aphroditopolis)도 손대지 않았는데, 이곳도 똑같이 메둠과 이트토웨를 지나 멤피스로 가는 그의 노선에서 멀리 동떨어져 있었다. 누비아 왕은 지나가는 모든 도시에서 신들에게 제물을 바쳤고, 자신의 금고와 아몬의 재산을 위해 이용할 수 있는 재물은 모두 챙겼다.

멤피스에 도착하자, 그곳이 테프나크테에 의해 아주 튼튼하게 방어시설이 되어 있음을 알게 되었다. 테프나크테는 당시 그 도시를 자신의 왕국 일부로 여겼다. 그는 그곳을 오랫동안 소유했고, 도시의 주요 신 프타의 사제였다. 그러므로 항복하라는 피안키의 요구에 대한 응답으로 멤피스인들은 성문을 닫고, 분명 썩 효과적이지 못한 반격을 했다. 밤의 어둠을 틈타 테프나크테는 도시로 진입하는 데 성공했고, 수비대에게 튼튼한 성벽과 풍부한 보급품, 높은 수위를 활용하라고 훈계했다. 높은 수위는 동쪽을 공격에서 막아주었으므로, 그는 그들에게 자신이 증원부대를 부르러 북쪽으로 말을 타고 나갈 테니 그동안 버티라고 촉구했다. 피안키는 도시의 북쪽에 도착해서 그곳의 견고함에 놀랐다. 그의 부하들 일부는 포위하자고 했고, 다른 사람들은 공격을 위해 둑이나 둑길을 쌓아서 그 위에서 성벽을 습격하자고 했다. 피안키는 공격을 결정했으나, 너무 느릴 뿐 아니라 적에게 정확한 공격 지점을 노출할 수 있는 힘든 작업은 거부했다. 그는 전략가로서 그의 기술을 충분히 보여 주는 빈틈없는 공격 계획을 생각해 냈다. 도시의 서쪽에 있는 높은 벽은 최근에 더 높아졌고, 아마도 인위적으로 높인 수위로 보호받는 동쪽은 분명 등한시되었을 것이다. 이곳은 항구였으므로 배들은 당시 물 위에 높이 띄워져서 뱃머리의 밧줄이 도시의 가옥들 사이로 고정되어 있었다. 피안키는 항구로 함대를 보내서 모든 배를 신속하게 나포했다. 그런 다음 직접 지휘하여 나포된 선박들을 자신의 함대와 함께 동쪽의 성벽을 따라 신속하게 배치하여, 돌격을 위한 거점을 설치했다. 그는 즉시 성벽 위로 돌격부대를 보내 동쪽의 방어시설이 강화되기 전에 도시를 함락했다. 대량 학살이 뒤이어 일어났다. 그러나 모든 성소는 존중되었고 보호받았다. 물론 프타는 테프나크테를 버리고 피안키를 왕으로 인정했다.

멤피스의 전 지역이 당시 굴복했고, 그래서 삼각주의 제후들도 무리지어 피안키에게 선물을 가지고 와서 항복의 뜻을 밝혔다. 멤피스의 자산을 아몬과 프타의 금고에 나누어 준 후, 피안키는 강을 건너가 옛 케레하(Khereha)-바빌론 성소에서 예배를 드렸다. 그리고 거기에서 옛 신성한 길을 따라 헬리오폴리스로 갔고, 그곳에서 항구 옆에 막사를 차렸다. 그의 기록은 그가 어떻게 이곳에서 태양신의 지성소에 들어갔고, 먼 옛날 제5왕조 이후의 관습에 따라 태양신의 아들 및 이집트 왕좌의 상속인으로 인정받았는지 자세히 이야기한다. 이곳에서 당시 다른 사람들처럼 작은 제후에 불과했던 제23왕조의 왕인 부바스티스의 오소르콘 3세는 피안키를 방문하고 누비아의 종주권을 인정했다. 그다음 피안키는 아트리비스의 동쪽 지점인, 케헤니(Keheni)라 불리는 성읍 옆으로 막사를 옮겼고, 그곳에서 삼각주 제후들의 항복을 받았다. 이러한 제후 가운데 15명은 다음과 같다. 2명은 왕으로, 그와 여전히 함께 있던 전술한 오소르콘 3세와, 오소르콘 3세의 전임자 페디바스트와 한때 테베를 나눠 가졌던 동부 삼각주 텐트레무(Tentremu)의 왕 예웨페트가 있었다. 또한 멘데스(Mendes), 세벤니토스(Sebennytos), 사프트 엘 헨네(Saft el-Henneh), 부시리스(Busiris), 헤세브카(Hesebka, 11번째 노모스), 파그로리오폴리스(Phagroriopolis), 케레하—바빌론, 확실하게 확인할 수 없는 삼각주와 인근의 다른 성읍들을 통치하는 9명의 영주가 있었다. 이밖에 제22왕조를 탄생시킨 헤라클레오폴리스 사제 공국처럼, 레토폴리스(Letopolis)에 사제 공국을 세운 호루스의 사제도 있었고, 마지막으로 헤르모폴리스의 용병 사령관으로 멘데스 영주의 아들인 파르바(Parva)가 있었다. 이들 가운데 아트리비스의 영주인 페디에세(Pediese)[11]는 피안키에게 특히 충성스러움을 보였고, 그를 그곳에 초대했으며 자신의 모든 부를 그 누비아인의 처분에 맡겼다. 그러자 곧 피안키는 아트리비스로 가서 페디에세의 선물을 받았다. 그는 스스로 가장 좋은 말들을 선택하기 위해, 심지어 페디에세의 마구간에도 들어갔다. 약삭빠른 아트리비스 사람이 피안키가 말을 좋아하는 것을 알고 특별히 그를 마구간으로 초대한 것이다. 물론 페디에세를 제외한 15명의 삼각주 영주들은 스스로 그곳을 떠났고, 자신들의 도시로 돌아가서 페디에세를 본받아 추가로 예물을 들고 피안키에게 돌아왔을 것이다.

한편 절망적인 테프나크테는 메세드(Mesed)에 주둔했다. 위치가 불확실한 성읍이지만, 아마 그의 도시 사이스의 변경 어디였을 것이다. 피안키에게 점령당하느니, 그는 자신이 구할 수 없는 선박과 보급품을 불태워 버렸다. 피안키는 메세드에 병력을 보내 수비대를 학살했다. 그동안에 테프나크테는 나일강의 서쪽 어귀에 있는 외딴 섬 중 한 곳으로 피난했다. 수 마일에 걸친 거대한 삼각주의 늪지와 관개수로망이 피안키와 도망자를 격리해 놓고 있었다. 그러한 지역으로 군대를 보내는 것은 위험한 일일 것이다. 그러므로 테프나크테가 선물과 함께, 전령을 자신에게 보내면 그와 함께 가까운 신전에 가서 누비아 종주에 충성의 서약을 하겠다는 겸손한 항복의 전갈을 피안키에게 보내왔을 때, 피안키는 흔쾌히 그 제안을 받아들였다. 훨씬 덜 위험한 것은 아니더라도 이렇게 덜 굴욕적인 방법으로 테프나크테는 당시 피안키의 종주권을 받아들였다. 그러므로 살펴본 대로 그(피안키)가 북쪽으로 진격하면서 괴롭히지 않았던 파이윰과 아프로디토폴리스의 두 왕이 예물을 가지고 나타났을 때, 누비아 파라오는 완전히 인정을 받았고 리

---

[11] **[역주]** 페디에세는 셰숀크 3세의 고손녀와 결혼했다.

비아인들을 밀어내고 모든 이집트의 군주가 되었다.

피안키의 삼각주 봉신들이 그를 마지막으로 방문했을 때, 그는 선박에 북부의 재물을 싣고 사람들의 환호성 속에 남쪽의 수도를 향해 출항했다. 만일 우리가 당시 결말이 난 군사행동에 너무 많은 지면을 할애했다면, 그것은 이 군사작전이 그전이든 후이든 그 어느 때보다 더 분명하게 중앙권력이 지방 제후들에게 약화되어 보일 때마다 이집트에 항상 있었던 상황을 우리에게 보여 주기 때문이다. 지방 제후들은 중앙정권이 약화되어 보이기만 하면 위험 없이 독립하려 들거나 심지어 파라오의 왕권을 점차 빼앗으려 했을 것이다. 나파타에 도착해서 피안키는 4면에 비문이 새겨진 당당한 화강암 석비를 아몬의 신전 안에 세웠다.[12] 비문에는 아몬의 아들인 그가 북부에서 그 신의 경쟁자들에게 굴욕감을 준 군사행동 전 과정이 자세히 기록되어 있다. 아마 투트모세 3세의 기록과 카데시 전투에서의 람세스 2세의 문서를 제외하면, 이 비범한 문학적인 기념물이 고대 이집트로부터 잔존한, 군사원정에 대한 가장 분명하고 가장 이성적인 설명을 싣고 있다. 그것은 문학적인 기교와 극적인 상황에 대한 주목할 만한 올바른 인식을 보여 준다. 그리고 여기저기에서 발견되는 생기 있는 필치는 그러한 상형문자로 된 서류에 흔한 무미건조한 어조를 상당히 줄여 준다. 이집트의 다른 비슷한 역사 이야기에 등장하는 인물들보다 이곳에 등장하는 사람들은 훨씬 더 생동감 있게 느껴진다. 특히 말들을 사랑하는 자비심 많은 피안키는 신들의 관례적인 동반자나 신들과 동등한 존재와는 동떨어진 인간[13]으로 남아있다. 다른 그 같은 기록에서 그들(신들의 동반자나 동격인 존재)은 파라오의 고귀한 왕좌를 당연한 듯 차지한다. 물론 우리가, 피안키가 북부를 정복

---

[12] IV, 796-883.
[13] **[역주]** 저자는 인간이라는 어휘를 강조하기 위해 *man*으로 기울여 썼다.

한 것을 추적할 수 있게 해 준 것도 이 기록이다.

피안키에게 표면상 굴복한 테프나크테는 자신의 계획을 다시 시작하기 위해 오로지 에티오피아인이 철수하기만을 기다렸다. 그는 결국 하이집트 왕국을 건설하는 데 성공했고, 파라오의 칭호를 차지했으며, 제22왕조의 봉건국가 같은 나라를 적어도 8년 동안 통치했다. 그의 통치 기간은 제23왕조의 마지막 시기와 일치한다. 이 시기에는 테프나크테 지배하에 부바스티스에서 봉신 영주들이 분투했던 것 같다. 테프나크테가 보통의 삼각주 제후보다 훨씬 뛰어났던 것은 분명하다. 그는 사이스의 세력과 위신을 크게 증강했던 것 같다. 왜냐하면, 아버지의 왕좌를 이은 그의 아들인 복코리스(Bocchoris)[14]가 후에 제24왕조의 시조로 간주되었기 때문이다. 상이집트에서는 피안키의 통치가 짧은 기간 지속되었다. 그는 무트 신전에 약간의 건축을 할 정도의 기간 동안은 테베를 다스렸던 것 같다. 그곳에 그는 자신의 선박들의 즐거운 항해를 묘사한 부조를 남겼는데, 아마도 북부에서 돌아오는 것을 묘사한 것 같다. 왜냐하면, 선박들 사이에 북부 전쟁 당시 테프나크테의 함대에서 나포한 사이스 조정(朝廷)의 선박이 등장하기 때문이다. 피안키는 당시 북쪽으로 헤라클레오폴리스까지 통제하고 있었다. 그의 사령관이 누비아 함대의 제독으로 부조에 등장한다.[15] 아몬의 재산을 통제하는 것이 합법적으로 보이도록, 피안키는 테베의 제1여사제인 오소르콘 3세의 딸 셰프누페트(Shepnupet)가 자신의 누이이자 아내인 아메나르디스(Amenardis)를 양녀로 삼게 했다.[16] 이 방법은 아마도 새로운 것은 아니었을 것이다. 그러나 피안키가 물러남에 따라 쇠퇴기의 제23왕조는 꺼져가는 마지막 노력을 했고, 테베에 단명한 정권을 세웠다. 테베에서 오소르콘 3세는 잠깐

---

[14] [역주] 바켄레네프로도 알려져 있다.
[15] IV, 811.
[16] IV, 940.

동안 타켈로트 3세와 함께 공동통치자로서 통치했던 것 같다. 타켈로트는 이 이름으로는 세 번째로, 이외에는 달리 알려져 있지 않다. 그러므로 피안키의 이집트 침략과 그곳에서의 전체 통치 기간은 오소르콘 3세의 통치 기간 내에 들어가는 것으로 보인다. 그러나 곧 사이스의 떠오르는 세력이, 약해지는 부바스티스를 압도했다. 그리고 언급했듯이 사이스의 테프나크테의 아들인 복코리스는 아마도 기원전 718년경 하이집트의 왕좌를 얻고 후에 제24왕조의 시조이자 우리가 아는 한 유일한 왕으로 알려지게 되었다. 우리는 그의 짧은 통치 기간에 대해 이집트의 기념물로부터는 아무것도 얻을 수 없다. 그의 이름이 들어간 유일한 당대(當代)의 기념물은 재위 6년 멤피스의 세라페움에 있는 아피스 황소 묘에 날짜가 기입된 비문이다.[17] 그리스 시대의 믿을 만한 확실한 전설에 의하면 그는 나라의 법을 개정한 현명한 입법자이며, 가장 주목할 만한 빈틈없는 합법적인 결정을 직접 내렸다. 우리는 당시 그 나라가 겪었던 어지러운 시대가 그러한 입법을 필요로 했을 것이라고 믿을 수 있다. 로마제국의 황제 아우구스투스 재위 34년으로 날짜가 기록된 주목할 만한 데모틱 파피루스는, 복코리스 재위 6년에 유포된 한 어린 양(¥)의 예언을 기술하고 있다. 아시리아인들에게 이집트가 곧 침략당하고 정복될 것이라는 그 예언은 불행한 나라의 불운이 900년간 지속될 것이라는 확신과 함께 기록되어 있다.[18] 이것이 예언문학파의 마지막 사례로, 중왕국의 이푸웨르가 우리에게 알려진 이 학파의 최초 대표자이다.[19] 마네토는 복코리스 통치 기간에 일어난 중요한 일로서 이 경탄할 만한 설화를 특징적으로 언급한다.

이집트는 당시 아마도 한 세기 반이 넘도록 수많은 지방 제후들의 분열

---

[17] IV, 884.
[18] Krall, in Festgaben für Büdinger, Innsbruck, 1898.
[19] **[역주]** 제10장에 이푸웨르의 예언 내용이 실려 있다.

된 지휘권 하에 있었다. 중앙집권이 전체적으로 와해된 것은 불가피하게 경제적인 번영을 가로막았다. 이집트의 대외무역은 필연적으로 거의 영(0)에 가깝게 줄었다. 농업과 공업은 최저 상태였고, 무책임한 제후와 영주들의 수중에서 나라의 자원은 필연적으로 빠르게 고갈되어 갔다. 거대한 관개 장치가 서서히 파괴되고 도로는 무방비 상태였으며, 도시 간의 교류는 위험에 처했고, 보다 큰 지역사회들은 끊임없는 소란과 동요를 겪으면서, 나라의 생산능력은 지속적으로 줄어들었다. 이러한 결론은 그 시기의 문서에 근거한 것은 아니다. 그러한 시대에 그러한 상황은 심지어 간접적으로도 기록의 대상이 되는 것이 드물기 때문이다. 그러나 이후 비슷한 정치 상황에서 비롯된 알려진 결과로부터 별로 오류 없이 추론될 수 있다. 현명한 이사야(Isaiah)는 이집트의 상황이 희망이 없음을 분명히 이해했다. 그는 백성들에게 선언했다. "보라, 주께서 빠른 구름을 타고 이집트로 오시니 이집트의 우상들은 주 앞에서 동요할 것이며, 이집트인들의 마음은 그 속에서 녹아 사라진다. 나는 이집트인들이 이집트인들에게 맞서게 할 것이다. 그리고 그들은 자신들의 형제와 싸울 것이다. 이웃은 이웃과 도시는 도시와 왕국은 왕국과 싸울 것이다. … 그리고 나는 이집트인들을 잔인한 군주의 손에 넘길 것이다. 사나운 왕이 그들을 다스릴 것이다. 주께서, 만군의 주께서 말씀하신다. … 소안(Zoan)의 영주들은 아주 어리석도다. 파라오의 가장 현명한 조언자의 조언도 어리석고, … 소안[타니스]의 영주들은 어리석고, 놉[나파타?]의 영주들은 미혹되었다. 그들은 이집트 종족들의 초석들인데, 이집트가 길을 잃게 했다. 주께서 이집트 한가운데에 그릇된 정신을 섞어놓으셔서, 그들은 술 취한 사람이 토하며 비틀거리듯 이집트인들이 매사에 길을 잃게 했다. 머리든 꼬리든 종려나무가지든 골풀이든 이집트를 위해 할 만한 일은 없을 것이다."[20] 이보다 더 정확한 그림으로 묘사할 수는 없을 것이다.

이렇게 불리한 상황인데도 이집트 문화의 한 중대한 요소가 새로운 생기를 얻었다. 메디치가(Medicis)[21]의 격변의 시대에 이탈리아, 특히 피렌체(Florence)는 예술의 변화를 겪었는데, 이 변화 속에서 최고의 천재성을 갖춘 작품들이 놀라울 정도로 많이 제작되었다. 또한, 끊임없는 혁명과 암살, 왕위 찬탈, 맘루크의 계속된 압제 하의 카이로에서 나라는 경제적으로 파산하고 있었지만, 모스크 형식이 개발되고 완성되었으며 사라센(Saracen) 건축 양식으로 된 가장 고상한 기념물들이 세워졌다. 위의 두 사례와 같이 당시 겉보기에 비슷한 부정적인 영향 하에서 이집트의 조각가들은 천천히 예술사에 새로운 시대를 열고 있었고, 외국의 공격과 정치적인 부패를 반세기 더 겪은 후에 이어진 복구(Restoration)에서 최고의 결실을 얻은 추진력을 느끼고 있었다. 물론 그러한 작품 중 남아있는 것은 거의 없다. 그러나 오소르콘 3세 하에 테베에 세워진 수수한 제사실에는 사회적 정치적 경제적 기회만 되면 근동 예술에서 가장 위대한 작품을 만들 수 있는 새로운 역량을 뚜렷하게 보여 주는 부조가 있다.

그러는 사이 독자들도 예견한, 이집트에 가장 큰 위험이 될 엄청난 정치적 변화가 아시아에서 일어나고 있었다. 강력한 군사국가가 티그리스 강변에서 수 세기 동안 서아시아의 지배 세력으로 자리 잡으려 하고 있었다. 기원전 1100년으로 거슬러 올라가면 타니스 왕가의 첫 번째인 네수베네브데드는 서쪽에서 등장한 티글라트 필레세르(Tiglath Pileser) 1세에게 선물을 보냈다. 그리고 약 250년 후인 기원전 854년, 파라오는 카르카르(Qarqar)[22]에서

---

[20] 이사야, 19. [역주] 저자는 놉을 나파타로 추정하고 물음표를 뒤에 표기했다. 그러나 멤피스로 번역한 견해도 있다. 역자가 보기에는 테베로 풀이할 수도 있을 것 같다. 위의 이사야 예언은 『구약성서』「이사야」 제19장에 실려 있다.

[21] [역주] 메디치가는 1434~1737년에 걸쳐 피렌체와 토스카나지방을 지배했다. 레오 10세, 클레멘스 7세, 레오 11세 등 여러 명의 교황을 배출했으며, 유럽의 여러 왕가와 혼인관계를 맺었고, 이후에도 유럽 여러 나라에 영향을 끼쳤다.

살만에셀(Shalmaneser) 2세의 세력을 무너뜨리려는 서부 연합에 할당 인원을 보냈다. 아시리아를 일시적인 쇠퇴기에서 격려해 일으키면서, 티글라트 필레세르 3세는 서쪽에 나라의 모든 힘을 쏟았고, 기원전 734년에서 732년에 시리아 팔레스타인을 이집트 국경까지 유린했다. 다마스쿠스의 아람인 왕국은 무너졌고, 서부 전체가 아시리아의 속국으로 편성되었다. 티글라트 필레세르 3세를 뒤이은 살만에셀 4세의 짧은 통치 기간에, 이스라엘은 다른 민족들과 함께 반란을 일으키도록 세와(Sewa) 즉, 소(So)의 격려를 받았다.[23] 세와는 다른 이름으로 알려지지 않은 삼각주의 제후이거나 북아라비아 왕국인 무스리(Musri)의 통치자였을 것이다. 이 이름(무스리)은 이집트 이름과 매우 비슷해서 우리가 당시의 문서를 이해하는데 혼란을 야기했다. 이러한 혼란은 아마도 설형문자 서기들의 마음에도 벌써 존재했던 것 같다. 아시리아의 침략 이전에, 사마리아(Samaria)[24]는 몇 년간 저항했다. 그러나 살만에셀 4세의 위대한 후임자 사르곤 2세 하에서 기원전 722년 무너졌다. 이스라엘의 주요 가문은 추방되었고, 나라는 그렇게 없어졌다. 아시리아의 가공할 군대와 겨룰 수 없는 이집트 소국의 왕들은 가능하면 그들과 아시리아 사이에 완충국 지대를 만들기 위해 시리아 팔레스타인 국가들 사이에서 끊임없이 불만과 반란을 조장했다. 기원전 720년 사르곤이 분명 이집트가 관여했을 반란을 진압하기 위해 서쪽에 다시 나타났다. 북쪽에서 완벽

---

[22] [역주] 카르카르는 시리아 서부 하마의 서북쪽 오론테스(알아시) 강변에 있는 고대의 요새이다.

[23] 열왕기(하), 17: 4.

[24] [역주] 사마리아는 도시 이름이기도 하고 동시에 지역 이름이기도 하다. 이스라엘 왕국이 남북으로 분열된 이후 북 왕국인 이스라엘의 왕 오므리는 사마리아에 기원전 9세기 초 새로운 수도를 세웠다. 그곳은 남 왕국인 유다의 수도 예루살렘에서 북쪽으로 약 68km 떨어져 있었다. 사마리아는 주변보다 높은 곳에 세워진 도시였기에 적의 공격으로부터 방어하기가 쉬웠고 또한 남북뿐만 아니라 동서를 잇는 주요 도로가 옆으로 지나가고 있었으므로 오므리왕 이후 한때 번영을 구가하기도 했다.

한 승리를 거두고, 그는 남쪽 라피아(Raphia)로 진군했다. 그곳에서 그는 남부의 동맹군들을 완전히 격파했다. 남부의 동맹군 속에 시비(Sib'i)라는 사령관 하에 소집된 이집트 병력도 있었다.[25] 아시리아 군대는 이제 두 번째로 이집트의 국경까지 휩쓸고 내려왔고, 제후들은 이때에는 그들의 위험을 충분히 인식했을 것이다. 아마도 이집트의 전통적인 평판과 아시아에서 이집트가 최고였고 니네베 왕들이 이집트와의 우호관계를 위해 예물을 바치던 옛 시절의 기억만이 티글라트 필레세르 3세와 사르곤이 이집트의 국경을 침략하여 이집트가 얼마나 애처로울 정도로 약한지 알아내지 못하게 했을 뿐이다. 상황은 이제 역전되었다. 기원전 715년 사르곤의 기록들은 아마도 복코리스였을 이집트의 파라오로부터 예물을 받았다고 밝히고 있다.[26]

아마도 피안키가 물러난 후 약 10년 후인 기원전 약 711년 누비아 왕이 다시 북부에 모습을 드러냈을 때 이집트의 위태로운 상황은 위와 같았다. 당시 피안키의 형제인 샤바카(Shabaka)가 피안키의 뒤를 이었고, 샤바카로부터 중단되지 않고 순수한 에티오피아 왕의 이름이 시작된다. 그는 피안키의 딸과 결혼했고,[27] 물론 이집트에서처럼 그의 출생뿐 아니라 이 혼인에 의한 관계로도 왕좌에 대한 권리의 근거를 마련했다. 그의 정복에 대한 자국(自國)의 기록은 없지만, 마네토는 그가 복코리스를 산 채로 불태웠다고 언급한다. 하이집트는 완전히 정복되었다. 에티오피아의 지배권은 인정받았고, 샤바카는 마네토의 기록대로 아주 굳건히 자리 잡아서 제25왕조, 즉 에티오피아 왕조의 시조가 되었다. 국경에 아시리아 같은 가공할 국가의 존재가 야기하는 심각한 위험을 알아차리고, 샤바카는 즉시 시리아 팔레스타인 국가들로 대리인들을 보내 그들이 반란을 일으키도록 선동했다. 필리

---

[25] Winckler, Unters. zur Altoriental. Geschichte, p. 93.
[26] Winckler, Ibid., p. 94.
[27] IV, 920.

스티아(Philistia),[28] 유다, 모아브(Moab)와 에돔에서[29] 그는 아시리아의 봉신들에게 니네베의 종주권에 맞서 반란을 일으키면 지원하겠다고 약속했다. 이집트의 고대 패권을 기억하고 이집트가 처한 쇠퇴기의 무력함을 알아차리지 못한 데다가 가혹한 아시리아의 굴레를 벗어버리고 싶은 간절함에 그들은 샤바카의 사절들에 기꺼이 귀를 기울였다. 유다에서만 예언자이자 정치가인 이사야가 이집트에 기대는 것은 소용없는 일이며, 아시리아의 손으로 최후의 재앙이 이집트에 닥칠 것이라고 예언했다.[30] 그러나 조금도 방심하지 않는 아시리아인들은 계획된 동맹에 대해 듣고 매우 신속하게 대응하여, 공모자들은 기꺼이 자신들의 계획을 중단하고 충성을 주장하였다. 바빌론에서의 어려움과 북쪽의 반란에도 불구하고, 유능하고 공격적인 사르곤은 성공적으로 그의 세력을 통합했고, 기원전 705년 아들인 센나케리브(Sennacherib)[31]에게 셈족 정권이 세운 최초의 안정되고 단단하게 다져진 제국을 남겼다.

센나케리브는 바빌론의 늘 있는 분규에 통치 초기에는 당황했다. 바빌로니아의 왕좌에 대한 권리를 주장해 온 유능하고 적극적인 마르두크발리딘(Mardukbaliddin)은 벌써 센나케리브의 아버지에게 많은 어려움을 안겨줬었는데, 이제는 서쪽에 사절을 보내 변절을 선동하고 자신에게 유리하게 견제

---

[28] [역주] 필리스티아는 가자, 아슈도드, 아스칼론이 포함된 고대 가나안 지방의 지중해 연안지역을 이른다.
[29] Winckler, Ibid.
[30] 이사야, 20.
[31] [역주] 센나케리브는 니네베를 제국의 수도로 정했고, 청동 주조술 고안과 기계 개량 등 기술 분야에도 업적을 남겼다. 예루살렘을 공격해 구약 성경에 산헤립이란 이름으로 자주 언급된다. 사르곤 2세의 아들로 광대한 제국을 물려받았다. 뛰어난 군사 통솔력을 가지고 있었고, 바빌로니아 지역의 계속되는 반란 때문에 재위 기간 내내 이를 진압하기 위한 전쟁을 벌였다. 이집트의 후원을 받은 팔레스타인 속국들이 반란을 시도한 것도 무력으로 강경하게 대응했다. 왕위에 오른 직후 니네베를 도읍으로 삼고 웅장한 새 궁궐을 지었으며, 도시를 확장하고 지금까지도 남아있는 두 성벽을 세웠다.

작전을 했다. 그 결과 티레의 유력한 왕 루리(Luli), 유다의 히즈키야(Hezekiah), 에돔, 모아브와 암몬(Ammon)의 제후들과 그들의 이웃 베두인 족장들까지, 사실 이집트를 제외한 서쪽에서 아시리아 정복지의 남쪽 절반이 마침내 니네베에 대항하는 동맹으로 조직되었다. 동맹들이 협력하여 행동을 취하기 전에, 센나케리브는 갑자기 서쪽에 나타나 페니키아의 해안을 진군해 내려오면서 티레를 제외한 해안의 모든 요새를 점령했다. 그리고 반란을 일으키는 필리스틴 도시들까지 남쪽으로 밀고 내려갔다. 그는 여기서 아스칼론을 징벌하고 알타쿠(Altaqu)까지 진군했다. 알타쿠에서 그는 굼뜬 샤바카가 북부 봉신들로부터 소집한 잡다하게 뒤섞인 군대와 우연히 마주쳤다. 센나케리브는 북부 봉신들을 '무스리(이집트) 왕들'이라고 지칭했다. 센나케리브가 그들이 '수없이 많았다'라고 주장하지만, 우리는 이 군대의 세력에 대해서는 아무것도 모른다. 그러나 무시무시한 군대는 아니었다고 결론지어도 무방하다. 이집트에서 중앙정부가 해체되면서 심지어 용병들로 주로 구성되었던 상비군조차 사라졌고, 지방 삼각주 영주들의 영지에서 소집된 엉성하게 조직된 군대는 아시리아 왕들이 서부에서 두려움과 공포의 대상이 될 때까지 점차 발전시킨 밀집대형의 잘 조직된 군대와 교전하기에는 맞지 않았다. 비록 이집트의 소규모 분견대가 전에 외인부대로 아시리아군에 맞서 싸운 적이 있지만, 나일강과 티그리스강의 두 제국의 군대가 전에 결코 마주친 적은 없었다. 센나케리브는 직접 자신의 군대를 이끌었고, 이집트 군대는 샤바카가 그의 조카인 타하르카(Taharka)라는 이름의 피안키의 아들에게 위임했다.[32] 타하르카는 13, 4년 후 에티오피아의 왕이 되었고, 이 사실에 근거하여 헤브라이 연대기 작가는 이 군사 작전 당시의 그를 이미 이 직함으로 지칭했다.[33] 전투는 한 가지 결과만이 가능했다. 센나케리

---

[32] IV, 892.

브는 타하르카의 군대를 어려움 없이 처리했고, 예루살렘을 포위하고, 유다를 멀리 그리고 널리 황폐화시켰다. 그는 효과적으로 서쪽에서 불만을 근절했고, 동맹군을 완전히 무찔렀다. 그러나 그가 예루살렘을 점령하기 전에 동부 삼각주의 말라리아가 발생한 해안에서 전염병에 감염된 바람이 불어와 그의 군대에 죽음을 퍼뜨렸다. 바빌론으로부터 불안을 야기하는 소식과 함께, 이 압도적인 재앙으로 인해 그는 급하게 니네베로 돌아가야 했고, 이렇게 해서 예루살렘은 이사야의 약속대로 구출되었다. 이후 종교적인 전설에 의하면, 이 사건에서 하나님의 파괴 천사가 보였다. 이 해방은 아마 예루살렘만큼 이집트에게도 다행스러웠을 것이다. 세 번째로 무적의 아시리아 군대가 이집트의 문턱에 섰지만, 매번 이집트에 유리한 상황이 전개되어 아시리아군이 철수하게 함으로써 이제 곧 닥쳐올 필연적인 굴욕으로부터 나일강의 노쇠한 국가를 잠시 구해 주었다. 그러나 시리아 팔레스타인 영주들은 제대로 겁을 먹었기 때문에 면목 없는 에티오피아인들은 그때부터 그들에게 반란을 일으키도록 유혹할 수 없었다. 센나케리브의 군관들이 예루살렘의 불행한 사절에게 "보라, 그대는 심지어 이집트, 이 부러진 갈대로 된 지팡이에 의지한다. 만일 누군가 그 위에 의지하면, 그것은 그의 손을 뚫을 것이다. 이집트의 왕 파라오에게 의지하는 모든 사람들도 그와 같을 것이다."[34]라고 조롱하듯이 언급한 것으로 보아, 그들은 헤브라이인들과 마찬가지로 마침내 진실을 인식했다.

    샤바카는 겉보기에 그의 남은 통치 기간 동안 평화롭게 이집트의 봉신 국가들을 다스렸던 것 같다. 쿠윤지크(Kuyunjik)[35]에서 발견된 샤바카와 아시리아 왕의 인장이 들어간 진흙 명판 조각들이 두 나라 사이의 어떤 협정을

---

[33] 열왕기(하), 19: 9.
[34] 열왕기(하), 18: 21.
[35] [역주] 지금의 이라크 모술 인근으로 니네베를 지칭한다.

가리킬 수 있다. 샤바카는 사제단을 매우 편파적으로 지지했고, 신전을 지원했다. 그는 프타 신전에 있는 매우 중요한 고대의 종교 문장을 복원함으로써 고대 이집트로부터 잔존한 가장 주목할 만한 문서 가운데 하나를 건져냈고, 덕분에 본서에서 이 문서를 이용할 수 있었다.[36] 테베에서 그는 오소르콘 3세에 의해 일시적으로 추방되었던 것으로 보이는 자신의 누이 아메나르디스를 복직시키고, 그녀와 함께 카르나크에 예배실을 세웠다. 그의 건축사업으로 인해 머나먼 함마마트 채석장으로 원정이 불가피했다. 우리는 또한 그가 테베에서 신전을 복구한 것에 대한 기록을 발견한다.[37] 그리고 그가 적어도 신전들과의 관계로 이집트를 다스린 것은 분명하다. 이것은 정확히 이집트 원주민 파라오가 했었을 일이었다. 그의 누이인 아메나르디스는 실제로 상당히 독립적으로 테베를 다스렸던 것으로 보인다. 사제들에 대한 그의 편애에도 불구하고, 아몬 대사제의 세력을 꺾은 것도 샤바카였던 것 같다. 아몬 대사제의 무력함에 대해서는 앞으로 더 증거를 접하게 될 것이다.

샤바카가 이집트에 등장하기 전 몇 년간 누비아를 다스렸을 수도 있지만, 이집트에서 아마도 12년간 통치한 후 기원전 700년경 샤바타카(Shabataka)가 샤바카의 뒤를 이었다. 샤바타카는 또 한 명의 에티오피아인으로, 당시 집권하던 에티오피아 또는 누비아 가문과 그의 관계는 조금 불확실하다. 하지만 마네토는 그를 세비코스(Sebichos)라 부르고, 샤바카의 아들로 기록했다.[38] 서부의 봉신들이 조용히 있고, 센나케리브는 당시 제국의 다른 쪽에서 군사 작전에 몰두해 있었으므로 샤바타카는 아시리아인들에게 공격받지는

---

[36] 170-171쪽 참조.
[37] IV, 886, 889.
[38] [역주] 세비쿠라고도 불리고 샤바카의 조카, 피안키의 아들로 보기도 한다(클레이턴 2009:246).

않았다. 그의 이름은 이집트에서 찾아보기 힘들지만, 이것은 분명 지방의 제후들을 전혀 근절할 수 없었고, 이집트 앞에 놓인 지대한 싸움에 대비해 이집트의 힘을 통합할 수 없었던 상황이 그의 집권 이후까지 지속된 데서 비롯된 것이다. 에티오피아인들이 그들 앞의 제국의 업무에 전혀 어울리지 않았음은 당시 분명했다. 샤바타카의 통치가 기원전 688년경 끝나감에 따라 그들의 피가 섞인 남부 혈통이 등장하기 시작했다.

우리가 피안키의 아들인 타하르카 왕자의 상승하는 운을 추적할 수 있는 것도 이 중대한 시기에서이다. 타하르카는 겨우 20세의 젊은 나이에 어떤 왕과 함께 나파타에서 북쪽으로 갔다. 그 왕의 이름은 불행히 소실되었지만 샤바카가 틀림없었던 것 같다.[39] 타하르카는 누비아 여자의 아들이었다. 당시의 조각에 보존된 그의 이목구비는 분명 흑인의 특징들을 보여 준다. 위대한 피안키의 아들인 그는 걸출한 역할을 수행했다. 우리가 살펴본 대로, 그는 센나케리브에 맞선 군사 작전에서 군대의 지휘를 맡았다. 우리는 그가 왕위에 앉게 된 상황에 대해 아는 것이 없다. 그러나 마네토는 에티오피아로부터 군대를 지휘하면서 그가 샤바타카였을 세비코스를 죽이고 왕권을 잡았다고 언급한다. 당시의 기념물들은 이 사건에 대한 어떤 암시도 없이 왕위 찬탈자를 언급하고 나서 그가 갑자기 타니스에서 왕으로서, 수년간 보지 못했던 자신의 어머니를 나파타에서 타니스로 불렀다고 묘사한다. 그녀는 아마도 모후(母后)로서 그곳에서 적절한 지위를 맡았을 것이다.[40] 이러한 사실과 아시리아로부터 예상되는 문제를 감안하면, 당시 에티오피아인들이 그들의 이집트 거주지로 타니스를 유지했을 가능성이 있다.

약 13년 동안 타하르카는 그의 왕국을 아시아로부터 방해받지 않고 다스

---

[39] IV, 892, 895.
[40] IV, 892-6.

렸다. 그러는 동안 그는 타니스와 멤피스에 별로 중요하지 않은 건축물과 테베에 보다 중요한 기념물을 지을 수 있었다. 그러나 그는 분명히 다가오는 전투를 예견했고, 그것에 대처하기 위한 준비를 적당히 했다. 서쪽에서는 20년 동안 센나케리브에 대해 어떤 것도 알 수 없었다. 그는 기원전 681년 당시 아들들에 의해 암살당했다.[41] 그의 아들인 에사르하돈(Esarhaddon)은 자신이 계승한 제국의 업무를 처리할 수 있게 되자, 팔레스타인에서 아시리아의 권위에 이집트가 끊임없이 간섭하는 것에 대한 가능한 유일한 해결책, 즉 나일 지역의 정복과 파라오의 굴욕이라는 해결책을 쓰기로 결심했다. 선견지명과 철두철미함으로 그는 이 목적을 실행할 계획을 세웠고, 그의 군대는 기원전 674년 동부 삼각주의 변경 요새를 두드렸다.[42] 그러나 왕좌에 올랐던 두 전임자보다 훨씬 뛰어난 능력을 가진 타하르카는 위기에 대처하기 위해 지대한 노력을 기울였던 것 같다. 전쟁(기원전 673)의 결과는 문서가 가리키듯 아시리아인이 절대적으로 패배한 것은 아니어도 그들에게 불리했다. 그러나 에사르하돈은 그래도 조용히 이집트 정복을 위한 준비를 계속했다. 티레의 왕 바알(Baal)은 아마도 아시리아의 첫 번째 공격이 뚜렷한 결과를 내지 못한데 고무된 듯 타하르카와 제휴하여 반란을 일으켰다. 기원전 670년 에사르하돈이 군대의 선두에서 서쪽에 다시 나타났다.

---

[41] [역주] 센나케리브에게는 적어도 네 명의 아들이 있었다. 장남이 엘람에서 실종되었기 때문에 왕위를 계승할 사람은 원칙적으로 차남인 아라드 닌릴이었지만, 센나케리브는 막내인 에사르하돈을 택했다. 에사르하돈은 센나케리브에게 강한 영향력을 행사했던 둘째 부인에게서 태어났다. 아라드 닌릴과 에사르하돈의 형 또는 형들은 흥분하여 음모를 꾸몄고 센나케리브는 에사르하돈을 멀리 은신처에 숨겼다. 이 때문에 센나케리브는 살해당했고, 에사르하돈의 형들은 서로 왕위를 다투다가 대중의 지지를 잃었다. 에사르하돈이 니네베로 돌아갔을 때 군부가 그의 편이 되었고 마침내 왕좌에 오를 수 있었다(조르주 루 2013:139).
[42] Winckler, Ibid., pp. 97-106에 나오는 이어진 에사르하돈의 군사 작전에 대한 자료를 참조하라.

티레를 포위하고, 베두인 원주민들의 도움을 받아 사막을 가로질러 삼각주로 진군했다. 베두인의 낙타 대상들이 그에게 물을 공급해 주었다. 타하르카는 이제 냉혹한 에사르하돈에 맞서 더 이상 지속적인 전투를 감당할 수 없었다. 이집트 군대는 패했고 흩어졌다. 에티오피아인들이 멤피스까지 후퇴함에 따라, 에사르하돈은 그를 바싹 밀어붙였고, 도시를 포위하고 함락했다. 도시는 잔인하고 탐욕스러운 니네베 군대의 풍성한 먹이로 전락했다. 타하르카는 하이집트를 버리고 남쪽으로 도망쳤다. 하이집트는 에사르하돈에 의해 즉시 아시리아의 속국으로 편성되었다. 그는 전에는 에티오피아의 봉신으로 이제는 그에게 충성의 맹세를 한 삼각주의 20명의 영주의 이름을 기록한다. 설형문자로 쓰인 이 이름 중에 다수가 같은 지역에서 피안키가 상대해야 했던 사람들과 같은 사람들, 아니면 적어도 같은 가문 사람들의 이름으로 볼 수 있다. 분명 테프나크테의 후손인 네코(Necho)는 사이스와 멤피스의 영주로서 그들 중에 가장 중요한 위치를 차지한다. 이 목록은 또한 테베의 영주를 포함하지만, 에사르하돈은 분명 이 당시 상이집트에서 명목상의 권위 정도만 가지고 있었다. 그는 해안의 길을 따라 북쪽으로 니네베로 돌아가, 나흐르 엘 켈브(Nahr el-Kelb)[43]에 있는 바위에, 람세스 2세의 승리를 기념한 석비 옆에 자신의 위대한 업적을 새겨 넣었다(사진49). 한편 북시리아에 있는 사말(Samal)[44]에 그는 자신을 두 명의 포로를 이끄는 영웅적인 모습으로 묘사한 비슷한 기념물을 세웠다. 포로 가운데 한 사람은 아

---

[43] [역주] Dog 강을 가리킨다. Nahr al-Kalb로도 표기한다. 레바논에 있는 강이다.
[44] [역주] 저자는 사말 옆에 Senjirli로 괄호 안에 넣어 표기했다. 터키 중남부 안티타우루스 산맥 기슭에 있는 후기 히타이트 문화를 지닌 아람인의 도시 유적이다. 사말은 Zincirli, Zenjirli, Senjirli, Zinjerli라고도 쓴다. 우리말로는 '진지를리'라고 표기한다. 사말은 히타이트 제국 멸망(BC 1190경) 이후 아시리아의 속국이 되었다가 7세기에 아시리아의 멸망과 함께 사라졌다. 아시리아 왕 에사르하돈이 기원전 670년 전쟁에서 거둔 승리를 기념한 비문이 발견되어 이 도시가 고대의 사말이었음이 확인되었다.

사진 69.
에사르하돈의 진지를리 석비
에사르하돈이 포로인 티레의 바알과 무릎을 꿇고 있는 흑인의 특징을 보이는 타하르카를 이끌고 있다.

마도 티레의 바알이고, 나머지는 흑인 특징이 가리키듯 불행한 타하르카이다(사진69).

리비아인과 누비아인의 지배를 차례로 겪은 후, 이집트는 이제 제3의 외국인 정복자의 희생물이 되었다. 그러나 이 정복자의 지배권은 앞선 이방인들의 것과는 완전히 달랐다. 리비아인과 누비아인은 대체로 이집트화했고, 살펴보았듯이 이집트의 파라오로서 통치했다. 반면 삼각주는 이제 이집트의 제도나 관습에 대해 약간의 공감조차 없는 아시아제국의 수장인 권력자의 지배를 받았다. 그 결과 니네베에 충성을 맹세했던 삼각주 소국의 왕들은 하이집트를 다시 통치하려 한 타하르카와 즉시 공모했다. 그러자 곧 타하르카는 아시리아 군대가 철수하자 별로 지체하지 않고 하이집트의 통치를 맡았다. 따라서 에사르하돈은 다시 나서야 했다. 그러나 그는 기원전 668년 이집트에서 군사 작전을 재개하기 위해 행군하다 죽었다. 약간 지체되기는 했지만 군사 작전은 그의 아들인 아슈르바니팔(Ashurbanipal)[45]에 의해 계속되었

---

[45] [역주] 아시리아 사르곤 왕조의 제4대 왕이자 마지막 왕(기원전 668~627년 재위)이다. 아슈르바니팔은 고대 중동지역에서 체계를 갖춘 도서관을 니네베에 최초로 설립했다. 고대 메소포타미아 왕 중에서는 드물게 모든 필사체를 판독하고 사제들의 지식에 능통하여 수메르 및 난해한 아카드 문자와 언어를 이해했다. 아슈르바니팔의 위대한 업적은 그의 학문적 관심에서 비롯되었다. 그는 고대 중동에서 최초로 장서를 체계적으로 수집하고 목록을 만들었으며, 대규모 도서관을 니네베에 세웠다. 그곳에 있던 약 2만 720개의 아시리아 점토판과 그 파편들이 대영박물관에 보존되어 있다. 왕의 명령으로 필사자들이 사원의 장서들에서 모든 장르의 문서들을 조사 수집하여 사본

다. 아슈르바니팔은 그의 사령관 가운데 한 명에게 원정을 맡겼다. 멤피스와 동부 삼각주의 변경 사이에서 타하르카는 다시 완패했다. 멤피스를 지키려는 시도도 하지 않고 그는 남쪽으로 달아났다. 이때 적에게 추격당하면서 테베로 피난했다. 그러나 삼각주 봉신들 속의 원주민 모병들로 군대가 증강된 아시리아인들은 그곳으로 40일간 행군했고, 그를 이집트에서 내쫓기로 결정했다. 그들은 그가 테베를 포기하게 했으나, 그는 강 상류로 더 멀리 가서 안전한 장소로 피했다. 아시리아인들은 그를 더 추격하지는 않았다. 실제로 적이 이때 테베를 함락했는지는 다소 의심스럽다. 어쨌든 아슈르바니팔은 여전히 상이집트로 지휘권을 확장할 수 없었다. 그는 삼각주에서 자신의 패권을 거의 회복하지 못했다. 당시 그의 봉신들은 다시 전처럼 그곳에서 타하르카를 복위시키려고 타하르카와 연락하기 시작했다. 주모자들은 에사르하돈이 사이스의 왕으로 세운 네코와 타니스의 샤룰루다리(Sharuludari), 페르세페트(Persepet, 사프트 엘 헨네)의 파크루루(Pakruru)였다. 그러나 그들이 타하르카와 주고받은 편지가 이집트에 있는 아시리아 관리들에게 발각되어, 그들은 사슬에 묶인 채 니네베로 보내졌다. 그곳에서 교활한 네코는 아슈르바니팔의 신임을 얻을 수 있었다. 아슈르바니팔은 그를 용서하였으며, 그를 사이스의 왕국에 복위시켜 금의환향하게 했다. 또한 네코의 아들은 아트리비스를 통치하도록 임명되었다. 동시에 아슈르바니팔은 그를 아시리아 관리들과 동행하게 했는데, 물론 그의 행동을 살펴보기 위해서였다. 이 계획은 잘 먹혔고, 타하르카는 삼각주의 아시리아 봉신들 사이에 더 이상 기반을 마련할 수 없었다. 하지만 프타 신전의 사제단은 그의 재위 24년, 멤피스에 있는 세라페움 지하회랑 한곳의 아피스 황소 매

을 만들었다. 여기에는 인간과 동물, 식물의 동태와 모습, 해와 달, 별의 움직임 등의 관찰을 기초로 한 점복에 관한 사본들이 많은 양을 차지한다. 필사교육에 필수적인 수메르·아카드 및 기타 언어를 사전형식으로 편찬한 서적도 있다.

장 기록에 은밀하게 그의 이름으로 날짜를 기입했다(기원전 664).⁴⁶

이런 식으로 몇 년이 지나갔다. 상이집트는 계속해서 타하르카의 실제 지휘권 아래 있었다. 테베에서 아몬의 대사제는 당시 단지 명목상의 최고위자였다. 실제 지휘권은 '테베의 영주', '남부의 통치자'로서 또한 이집트 최고 사제직을 맡은 멘트엠헤트(Mentemhet)라는 사람의 손에 있었다. 그러나 테베 사제단 내에서 그의 직위는 단지 '네 번째 선지자'였다. 이렇게 정치 세력으로서 테베의 지배 계급은 해산되었다. 아마 아시리아인들에 의한 파괴 후에 큰 대가를 치러 신전을 복구했던 이 테베 영주의 권력과 부는 이집트가 가난하고 혼란했던 이 시절조차 상당했던 것 같다.⁴⁷ 타하르카

사진 70. 피앙키의 누이 아메나르디스의 설화 석고 조각상. 카이로 박물관

는 자신의 누이인 셰프누페트가 '신의 숭배자' 즉 테베의 제1여사제 아메나르디스의 양녀가 되게 함으로써 아몬의 재산을 자기 마음대로 쓸 수 있게 되었다. 아메나르디스는 똑같은 방식으로 피안키에 의해 임명되었다.⁴⁸ 나파타에서 타하르카는 두 개의 중요한 신전을 짓거나 확장했다. 에티오피아 수도는 분명히 그의 시대에는 훌륭한 왕실 소재지가 되었다.⁴⁹

---

⁴⁶ IV, 917 ff.
⁴⁷ IV, 901 ff.
⁴⁸ IV, 940.

타하르카는 통치한 지 25년이 되었고 점점 늙어갔다. 기원전 663년 그는 아마 자발적은 아니지만, 자신이 상이집트를 통치하도록 임명했던 타누타몬(Tanutamon)이라는 이름의 샤바카의 아들을 공동통치자로 받아들였다. 타누타몬은 아마도 테베에 거주했던 것 같다. 그곳은 테베 공국의 영주인 멘트엠헤트가 여전히 지배하고 있었다. 한편 타하르카 본인은 아시리아에 맞선 감당할 수 없는 전투로 기진맥진해서 오래전에 나파타로 물러나 있었다. 그곳에서 그는 타누타몬을 공동통치자로 지명한 지 1년이 안 돼서 기원전 663년에 죽었다. 그래서 타누타몬은 서둘러 나파타로 가서 단독으로 왕위를 맡았다.[50] 이 사건 전에 타누타몬은 꿈에서 자신이 북부와 남부의 통치권을 얻을 것이라고 들었다.[51] 그래서 이 환상에 호응하여, 그는 당시 즉시 하이집트를 침략했다(기원전663). 타하르카 시대처럼 모든 것이 반복되었다. 상이집트는 물론 그를 환호로 맞이했고, 멤피스 부근에 도착해서야 적대적인 반대에 부딪혔다. 아시리아 수비대와 당시 분명 니네베의 종주권을 크게 두려워한 삼각주의 일부 영주들이 그와 전투를 벌였다. 그러나 그는 그들을 물리쳤고, 멤피스를 점령하는 데 성공했다.[52] 사이스의 네코는 아마도 전투에서 전사했던 것 같다. 헤로도토스에 의하면 그의 아들인 프삼티크는 시리아로 도주했다. 승리에 고무되어 타누타몬은 나파타에 약탈품 일부를 즉시 보내고 그곳에 새 신전을 짓도록 명령했다.[53] 한편 삼각주의 아시리아 봉신들은 당연히 닥쳐올 결과를 생각해 에티오피아인에게 감히 항복하지 못했다. 그래서 타누타몬은 그들에 맞서 진군했지만, 그들을 전쟁에 끌어들

---

[49] IV, 897 ff.
[50] IV, 923 ff.
[51] IV, 922.
[52] IV, 925-8.
[53] IV, 929.

이지 못했고 그들의 성읍을 함락하지도 못했다.[54] 이 성과 없는 시도 후에 멤피스로 돌아오자, 많은 삼각주의 영주들이 결국 그에게 예를 표하러 왔다. 그러나 분명 그들의 아시리아 지배자를 상대로 자신들의 입지를 지킬 수 있을 정도의 형식이었다.[55]

하이집트에서 자신의 지배권이 이의 없이 받아들여진 듯하자, 이에 만족한 타누타몬은 신이 주신 환상을 이행해 모든 이집트의 파라오로서 멤피스에 정착했다. 그러는 사이 삼각주의 아시리아 관리들은 나파타에서 그가 떠났다는 소식을 처음 접하고 이를 아슈르바니팔에게 알리기 위해 니네베로 급하게 사람을 보냈다. 기원전 661년 대왕의 군대가 에티오피아인을 마지막으로 하이집트로부터 몰아냈다. 아시리아인들은 그를 테베까지 뒤쫓았고, 그가 불명예스럽게 남쪽으로 철수함에 따라, 그들은 이집트의 영광스러웠던 시절의 장려한 수도를 약탈했다. 독실한 테베의 영주 멘트엠헤트가 신전에 설치한 의식에 쓰이는 많은 신상, 화려한 의식용 가구, 도구들이 사나운 아시리아 군인들에게 약탈되었다. 그들이 니네베로 약탈해 간, 무게가 2,500달란트의 빛나는 은으로 장식한 두 개의 거대한 오벨리스크와 신전 문의 장식은 오랫동안 파괴된 국가의 신전들에 여전히 남아있는 부를 보여 준다.[56] 테베가 멸망한 이야기는 주위 모든 민족에게 퍼져나갔다. 선지자 나훔(Nahum)이 50년 후 니네베에 닥칠 파멸을 선언했을 때, 테베의 황량함이 그 불운한 도시를 언급하는 그의 마음속에 여전히 생생했다. "그대가 노아몬(No-Amon)[테베]보다 나을까? 그곳은 강 사이에 놓여 있고, 둘레에 물이 있어 바다가 성벽이었고 성벽이 곧 바다였으며, 에티오피아와 이집트가 그 도시의 힘이었고 그 힘은 무한했다. 붓(Put)과 루

---

[54] IV, 930.
[55] IV, 931.
[56] Winckler, 앞의 책.

빔(Lubim)이 그의[57] 돕는 자였다. 그런데도 그곳은 끌려가고 포로가 되었다. 그곳의 어린아이들은 또한 모든 거리의 꼭대기에서 내동댕이쳐져 부서졌다. 저들은 그곳의 고귀한 사람들을 제비 뽑아 나누어 가졌고, 훌륭한 사람들은 사슬에 결박되었다."[58] 이때부터 유서 깊은 도시의 운은 꾸준히 쇠퇴했고, 초기 근동의 어떤 도시도 보여 주지 못했던 도시의 화려함은 점차 사라졌다. 도시는 오래도록 수 세기 동안 부패의 시기로 접어들었다. 이 시기는 오늘날에도 여전히 고대 세계로부터 내려온 가장 거대한 잔해인 유적을 도시에 남겼다(사진 65).

타누타몬이 나파타로 물러감으로써 이집트에서 에티오피아의 패권은 끝을 맺었다. 타누타몬의 전 생애는 그가 속한 약하고 불명예스러운 혈통의 특징을 보여 준다. 에티오피아인들은 나일 상류의 먼 곳에서 나와서 제국의 역할을 시도했고, 서아시아의 국제정치에 개입하려는 큰 뜻을 품었다. 아시리아가 자신을 막는 그럴 만한 경쟁자 없이 근동을 지배할 때, 역사적인 나일 사람들이 아시리아에 직면해 대등한 조건으로 그 전진에 저항할 것으로 예상되었다. 이 위대한 일에 에티오피아인들이 임명되었다. 그러나 그들의 큰 사명에 그토록 어울리지 않는 역대 왕들은 결코 없었다. 그들이 정복한 국가도 아시리아에 맞서는 효과적인 수단으로 만들지 못하고, 가공할 적의 진군을 막으려는 시도는 모두 무력하고 어리석은 행동임을 보여줄 뿐이었다. 단 한 번 타하르카가 국내의 어려운 상황에 성공적으로 대처하고, 아주 잠깐 동안 에사르하돈의 승리의 진군을 막았던 것 같다. 그러나 불굴의 아시리아인은 에티오피아의 저항을 신속히 물리치고, 타하르카는 나일 상류에서 명예롭지 못한 무사함을 찾는다. 한마디로 아시리아는 이집

---

[57] **[역주]** 원서에 그대의(thy)로 되어 있으나 테베를 가리킨다.
[58] 나훔, 3: 8-10.

트 정복에서 일류국가와 상대한 적이 없다. 당시 불행한 나일의 주민들에게 강력한 통치자는 없었다. 그리고 그들은 불명예스러운 에티오피아인의 통치 기간 동안 헛되이 그러한 통치자를 찾았다.

나파타로 철수한 후, 에티오피아인들은 결코 강 아래쪽의 왕국을 더 이상 정복하려 하지 않았다. 그러나 누비아의 발전에 관심을 기울였다. 그 지역의 이집트 거주자들은 자취를 감추었고, 다른 사람들로 대체되지 않았다. 그러면서 사람들이 받아왔던 이집트의 영향은 급속히 사라지기 시작했고 나라는 반야만 상태로 되돌아갔다. 정부의 신권정치 성격은 더욱 더 뚜렷해져서 결국 왕은 사제들의 손의 꼭두각시일 뿐이었고, 사제의 명령에 따라 그는 자살까지 해야 했거나 사제들이 선택하는 또 다른 유약한 사람에게 자리를 내주어야 했다. 초기 왕들이 나파타를 세우고 아름답게 꾸몄지만, 그들의 후임자들은 강 상류로 왕실 거주지를 옮겨야 했다. 이러한 변화를 최초로 야기한 것은 분명 기원전 6세기 초반 下누비아에 대한 프삼티크 2세의 군사원정 때문이었다.[59] 어쨌든 당시 왕국은 남쪽으로 확장하기 시작했다. 아랍의 지리학자에게 알로아(Aloa)로 알려진, 청나일의 비옥한 땅에서 가장 중요한 구역이 왕국의 땅으로 추가되었다. 나파타는 상류의 폭포들에 의해 이 모든 지역으로부터 분리되어 있었다. 남부와의 상거래가 확립되고, 그곳에서 새로 얻은 것들이 발전함에 따라, 왕실 거주지는 폭포 위쪽으로 옮겨갔고, 기원전 560년까지 누비아 왕들은 그리스인들에게 메로에(Meroe)로 알려진 새 수도를 점유하고 있었다. 다른 고려사항과는 별도로,

---

[59] [역주] 테베에서 나온 당시의 비석을 보면 이 군사 원정은 프삼티크 재위 3년에 벌어졌으며, 쿠시인들이 크게 패배한 것으로 되어 있다. 원정군은 적어도 남쪽으로는 나일 강 제3폭포까지 나아갔다. 그러나 이 원정에 참여한 그리스인 용병들은 누비아에 있는 람세스 2세의 아부심벨신전의 거상에 자신들이 제5폭포 부근까지 진격했다는 낙서를 남겼다. 프삼티크는 에티오피아 왕조가 세운 조각상과 부조에서 그들이 새긴 이름과 왕실 상징을 지웠다.

이렇게 접근이 어려운 폭포 지역을 수도와 북부 침략자들의 중간에 위치시 킨 것이 지혜로운 조치였음은 기원전 525년 누비아를 상대로 한 캄비세스 원정이 누비아의 나스테센(Nastesen) 왕에 막혀 실패한 데서 알 수 있다. 국가 가 남쪽으로 옮겨감에 따라 북부세계와의 접촉은 완전히 중단되었다. 에티 오피아는 점점 전설의 안개 뒤에서 길을 잃었고, 그리스 이야기에서 문명 의 근원으로서 널리 알려진 동화의 나라가 되었다. 그때까지 왕들이 그들 의 기록을 남기기 위해 써 왔던 이집트어와 상형문자는 이제 천천히 사라 졌다. 그리고 그 원주민의 언어는 우리 시대 초까지도 아직 해독되지 않은 문자로 쓰였다. 로마가 정복한 지 한두 세기 후에 에티오피아 왕국은 서서 히 무너져 붕괴했고, 그 북부지역은 동쪽에서 밀고 들어온 블레미스 (Blemmyes)[60]라는 유목민 집단에 흡수되었다. 그리고 남쪽은 기독교 왕국 아 비시니아가 뒤를 이었다. 아비시니아는 4세기에 청나일의 수원지에 세워졌 고, 전부터 있던 그곳의 고대 명칭을 가져다 썼다.

---

[60] **[역주]** 블레미스는 적어도 기원전 600년부터 AD 3세기까지 누비아에 있었던 베자 (Beja) 부족 왕국이다. 이들은 가슴에 눈과 입이 있는 머리 없는 괴물이라는 전설의 종족으로 소설화되었다.

제8권
복구와 종말

27 복구

아마도 타누타몬의 손에 사이스의 네코가 죽자, 앞서 살펴본 대로 그의 아들인 프삼티크는 아시리아인들에게로 도주했다. 이렇게 충성을 보였으므로, 그는 아슈르바니팔에 의해 사이스와 멤피스의 아버지 왕국에 임용되었다. 이집트는 이제 여느 때보다도 더 아시리아인들의 통제하에서 희망이 없어 보였다. 외국인들의 국외 추방이 도입되었고, 봉신 조직은 강화되었다. 이렇게 해서 삼각주는 제21왕조 이후부터 가끔 중단되기는 했으나 계속해서 용병 영주들이 지배하고 있었다. 상이집트의 상황은 불확실하지만 멘트엠헤트는 여전히 그곳에서 영주로서 세력을 유지하고 있었다. 오랫동안 고통받은 국민에게 겉으로 보아서 당시 서광이 비칠 기미는 별로 보이지 않았다. 시간이 지남에 따라 프삼티크는 점차 자원을 통제하기 위해 손을 뻗고 있었다. 자원은 자신의 가문이 항상 소중히 여겨 온 야심 찬 계획을 그에게 깨닫게 해 주었을 것이다. 그는 피안키 시절 사이스 가문의 우두머리인 공격적인 테프나크테의 후손이었고, 우리에게 알려진 한 그의 혈통은 눈에 띄는 힘과 정치적인 현명함을 갖춘 사람들이었다. 그는 곧 상주하는 아시리아 관리들의 속박과 감독을 털어냈다. 그는 아슈르바니팔이 엘람(Elam)과의 위험한 분규와 관련해, 머지않아 그의 형제인 바빌론의 왕과 치명적인 투쟁을 할 것임을 모를 리 없었다.[1] 이 전쟁이 시작됨에 따라(기원전 652), 바빌론에 원군을 보내려는 아라비아 종족들로 인해 그곳으로 아시리아인들의 원정이 필요해졌다. 한편 니네베 제국 북부 국경 지역 민족들 간에 소요가 일어나고 실리시아(Cilicia)[2]의 킴메리족(Cimmerian)과 교전해야 했기 때문에 아슈르바니팔은 이용 가능한 군사력을 이 지역들로 많이 배치해야 했다. 이러한 어려움이 모두 정리될 때까지 12년 넘게 걸렸다. 기원전 640년 평화가 마침내 아시리아 제국에 정착했을 때, 프삼티크는 너무 멀리까지 이동했고, 아슈르바니팔은 분명 두려움 없이 이에 맞섰다.

만일 그리스인들이 선뜻 믿는 민간설화가 적절히 추려졌다면, 이집트에 관한 그리스 전설은 프삼티크부터 꽤 믿을 만해지기 시작한다. 헤로도토스는 프삼티크가 이집트를 우호적으로 나누어 화합하여 다스린 12명의 왕 가운데 하나였다는 친숙한 이야기를 들려준다. 그러나 12명 중 누구든지 놋쇠로 된 큰 잔으로 불카누스[3]의 신전에서 술을 바친다면 그가 모든 이집트의 왕이 될 것이라고 선언한 신탁이 있었다. 그 후 언젠가 그들이 모두 신전에서 술을 바칠 때 직무를 수행하는 사제가 그들 모두에게 금으로 된 잔을 다 나눠주지 못하자, 프삼티크는 놋쇠로 만든 자신의 투구를 벗어서

---

[1] [역주] 엘람은 이란 남서지역의 고대 국가이다. 엘람 왕 템트 훔반이 엘람의 왕위를 찬탈했을 때 집권 왕실 우르타키 가문의 왕자들은 아시리아로 망명했다. 템트 훔반이 그들의 소환을 요구하고, 아슈르바니팔이 이를 거절하자 전쟁이 발발했다. 템트 훔반이 전투 중 사망하고 엘람은 우르타키의 아들과 다른 왕이 나누어 가졌다. 한편 에사르하돈은 아들인 아슈르바니팔에게 제국의 제위를 물려주고 다른 아들인 샤마시 슘 우킨을 바빌론의 왕으로 임명했는데, 바빌론을 같은 혈통의 왕자에게 물려주어 아슈르바니팔의 근심을 덜어 주려 했던 것 같다. 그런데 엘람과의 전투가 끝나자마자 충성스러웠던 샤마시 슘 우킨은 페니키아인, 필리스틴인, 유다인, 칼데아인, 엘람인 등을 포함하는 거대 동맹을 조직했다. 그런데 이 공모는 적시에 발각되었고 아슈르바니팔은 바빌로니아인들이 자신의 경고를 듣지 않자 그들과 3년 동안 맹렬한 전투를 벌였고, 샤마시 슘 우킨은 자살한 것으로 전해진다(조르주 루 2013:144-152).

[2] [역주] 실리시아는 아나톨리아 남부에 있던 고대 지방을 가리킨다.

[3] [역주] 불카누스는 로마 종교에서 특히 화산 폭발이나 대화재 같은 파괴적인 불을 주관하는 신이다. 그리스 신화의 헤파이스토스와 동일시된다. 화산, 즉 volcano의 어원으로 여겨진다.

부족한 잔 대신에 사용했다. 그러자 곧 그는 동료들에 의해 삼각주 습지로 추방되었다. 바다에서 놋쇠로 된 사람들이 나타나면 자신이 그들에게 복수할 것이라는 또 다른 신탁의 예고를 듣고 그는 기회를 기다렸다. 폭풍우로 인해 삼각주 해안으로 오게 된 어떤 카리아(Caria)와 이오니아 용병들이 당시 놋쇠로 된 갑옷을 입고 나타나 비옥한 삼각주 평야를 약탈했다. 프삼티크는 그들의 도움을 확보해 경쟁자들을 진압하고 스스로 모든 이집트의 왕이 되었다. 설화에서 왜곡된 부분을 제외하면, 그것은 프삼티크의 초기 군사 작전에 대한 핵심적 사실들을 포함하고 있다. 12명의 왕은 물론 우리도 잘 알고 있는 삼각주의 용병 영주들이다. 한편 마이어(Meyer)[4]가 살펴본 것처럼 이오니아인들과 카리아인들은 리디아(Lydia)[5] 왕인 기게스(Gyges)가 소아시아로부터 파견한 용병군들이었다. 당시 리디아의 왕은 킴메리족으로부터 자신을 구하기 위해 아시리아인들의 환심을 산[6] 후, 니네베의 공격에 공동으로 맞서기 위해 이집트와 연합하기를 간절히 바랐다. 아시리아 기록은 그가 이집트에 원군을 보냈다고 언급한다. 프삼티크가 이 유리한 상황을 이용했을 것임은 의심의 여지가 없다. 그 상황을 만들어 내는데 그도 물론 한몫했다. 그리고 그러한 방법에 의해 지방 제후들을 영구적으로 지배하게 되었다.

---

[4] [역주] Eduard Meyer는 독일의 역사학자(1855~1930)로 함부르크 출생이다. 1904년 이집트 연대학의 기초를 형성하는 시리우스 주기를 최초로 기록했다.

[5] [역주] 리디아는 에게해에서 동쪽으로 뻗어 나가 헤르무스 계곡과 카이스테르강 유역에 걸쳐 있었다. 금화와 은화를 처음 만들었다고 한다. BC 7세기 중반에서 6세기 중반까지 소아시아를 지배하는 동안 그리스인들에게 깊은 영향을 주었다. BC 546경~540에 이 왕국은 페르시아에 멸망하였다.

[6] [역주] 당시 리디아도 이집트처럼 아시리아(니네베)의 지배를 받고 있었고, 그 지배를 벗어나려 애쓰고 있었다. 리디아의 기게스는 아슈르바니팔과 협력해 프리기아를 정복한 킴메리족과 북부 아나톨리아에서 싸웠다. 킴메리족이 다시 쳐들어왔을 때 기게스는 아시리아에 원군을 요청했지만, 리디아의 용병이 이집트를 도운 적이 있어 이 요청은 거부당했다.

그의 움직임은 빨랐다. 아슈르바니팔이 바빌론으로 진군하던 기원전 654년까지 그는 테베를 점령했다. 타하르카의 총신인 멘트엠헤트는 그를 인정했다.[7] 살펴본 대로 테베 지배 계급의 정치 세력은 에티오피아인들 밑에서 완전히 부서졌기 때문에 프삼티크는 그 난처한 문제에 직면하지 않아도 되었다. 물론 당시 많이 고갈된 상태인 아몬의 재산을 합법적으로 통제하기 위해, 그는 자신의 딸인 니토크리스(Nitocris)가 고인인 타하르카의 누이로 테베의 신의 숭배자인 셰프누페트의 양녀가 되게 하는 명령을 내렸다. 지금까지 전해 내려온 입양에 대한 명령문이 우리에게 알려진 프삼티크 1세 통치 시기의 유일한, 상형문자로 쓰인 중요한 문서이다. 그것은 셰프누페트의 모든 자산과 수입을 니토크리스에게 양도한다는 내용을 담고 있다.[8] 아몬의 대사제직은 당시 철저히 붕괴되어, 한때 이 유력했던 관직은 60년을 넘지 않는 기간 동안 실제로 이 제1여사제들이 맡았다. 아몬의 대사제가 여자였던 것이다![9] 용병 영주들과 지방 제후들을 진압하고 프삼티크는 불행한 나라를 그토록 오랫동안 엉망으로 만든 참을 수 없는 반(半) 무정부상태를 끝냈다. 국민은 마침내 일군의 봉건 영주와 그들의 난폭한 군 지지자들의 불안정한 통치로부터 구출되었다. 그들의 무책임한 독재 치하에서 국민은 아주 잠깐씩 한숨을 돌릴 때도 있었지만, 약 400년간 고통을 겪었다. 이 주목할 만한 성과로 인해 프삼티크 1세는 파라오의 왕좌에 앉았던 가장 유능한 통치자들 속에 자리한다. 사실 그가 직면한 상황이 너무 안 좋았고, 그가 대처해야 했던 폐해가 너무 오래되고 지속적이며 깊이 뿌리내리고 있었음을 고려하면, 그의 성공으로 인해 그는 아마도 제12왕조의 시조인 아메넴헤트 1세나 힉소스 정복자인 아흐모세 1세보다 조금 더 높은 평가를

---

[7] IV, 937, 949.
[8] IV, 935-958.
[9] IV, 988 D.

받아야 한다. 그러나 그는 흔히 언급되는 것과는 달리 제후들을 완전히 없애지는 못했다. 그들 중 일부는 물론 그의 대의명분을 지지하고, 따라서 의무를 면제받았다. 이러한 것들에 대해서는 분명한 흔적을 찾을 수 있다. 테베에서 멘트엠헤트는 영주로서, 또한 '남부의 통치자'로서 남아있었다.[10] 그리고 상이집트의 또 하나의 공국 헤라클레오폴리스에서는 장군의 직위를 가진 영주 호르(Hor)가 프삼티크 1세 시기보다 적어도 한 세대 후에 자신의 이름으로 신전을 건설한 것이 발견되었다.[11] 또한 테베에서 페디아메네모페트(Pediamenemopet)의 무덤 같은 거대한 무덤은 막대한 부와 엄청난 권력을 가진 귀족만이 굴착해 만들 수 있었다. 그러나 테베에서 멘트엠헤트가 프삼티크의 딸인 니토크리스의 수입에 아낌없이 기부하도록 요구받은 것은 주목해야 한다.[12] 또한, 훨씬 더 중요한 것은 멘트엠헤트의 후임자로 그의 장남 네수프타(Nesuptah)가 아닌 '테베의 영주이자 남부의 통치자'라는 직함을 얻은 페디호르(Pedihor)라는 사람이 그의 뒤를 이었다는 점이다.[13] 아마도 봉건 영주들로부터 그들의 상속권을 거둬들이고, 그렇게 해서 세습 계급인 그들에게서 벗어나려는 것이 프삼티크 1세의 정책이었던 것 같다. 그러므로 옛 제후들 일부는 일정한 특권을 누리면서 여전히 생존하고 있었지만, 중왕국 초기 아메넴헤트 1세 때처럼 프삼티크의 강하고 교묘한 손길이 그들을 단호하게 억제하고 있었다. 그들은 더 이상 국가의 통일을 위태롭게 하지 못했다.

그만큼 성가신 문제는 군대 조직이었다. 수 세기 동안 이집트에서 살아온 당시 완전히 이집트화한 리비아인들은 마침내 그다지 효율적이지 못한

---

[10] IV, 949.
[11] IV, 967-973.
[12] IV, 949.
[13] IV, 902 end.

군인계급으로 발전했다. 당시 그들의 수는 헤로도토스에 의해 터무니없이 과장되어 있어 정확히 알 수 없다. 헤로도토스가 사용한 수수께끼 같은 명칭을 가진 두 계급, 헤르모티비에스(Hermotybies)와 칼라시리에스(Calasiries)는 주로 삼각주 도시들에 거주했고, 국가의 경제 생활에는 아무런 도움이 되지 않았다. 프삼티크가 직면해야 했던 것에는 봉건 영주들의 저항 외에 이 계급의 저항도 있었다. 그리고 그는 그의 북부 용병들 그리스인과 카리아 사람들을 그들과 경쟁시키는 방편 외에는 없었다. 이렇게 해서 고대세계에서 군사 왕국의 필연적인 운명을 겪었던 이집트는 잇따라 외국 군인계급의 통제 아래 놓였다. 당시 프삼티크 1세가 모은 군대는 한편으로는 그리스인, 카리아인, 시리아인으로 구성되어 있었고, 다른 한편으로는 리비아인과 그들의 이집트화한 동족들로 구성되어 있었다. 이오니아인과 카리아인은 다프나이(Daphnae)[14] 근처 북동쪽 변경에 주둔해 있었고, 나일의 한 지류가 그들의 막사를 지나고 있었다. 한편 서부 삼각주의 변경은 마레아(Marea)에 있는 한 요새에서 일군의 군인계급이 지키고 있었다. 마레아는 훗날 알렉산드리아가 들어선 곳에서 멀지 않은 곳에 있었다. 엘레판티네에도 비슷한 수비대가 남부로부터의 침략에 맞서 유지되었다. 헤로도토스는 240,000명의 군인계급이 한 주둔지에서 구출되지 못한 채 3년 동안 머물러 있었고, 곧 단체로 그곳을 버리고 남쪽으로 가 메로에의 에티오피아 왕을 위해 복무했다고 언급한다. 그의 숫자는 늘 그렇듯 믿을 수 없을 정도로 과장되어 있지만, 이야기는 프삼티크 시기의 상황에 대해 우리가 알고 있는 모든 것과 일치하므로 그래도 조금은 사실을 포함할 것이다. 군인계급에 대한 양보로, 그의 경호팀에는 두 계급 헤르모티비에스와 칼라시리에스로부터 각

---

[14] [역주] 이집트 북동부 앗샤르키야 지구의 칸타라 근처에 있던 고대 성채 도시(페나세 요새). Daphnai라고도 쓴다. 성서에는 Tahpanhes. 현재는 Tall Ad-Dafana이다.

각 1,000명씩 포함되어 있었다. 그러나 그는 그의 용감한 그리스인과 카리아인들도 항상 그 이상 가까이에 보유하고 있었을 것이다.

당시 오랜 쇠퇴기에서 벗어나고 있던 번영되고 강력한 이집트는 초기 르네상스 때의 이집트와는 완전히 달랐다. 힉소스가 추방된 때처럼 국민을 다시 무장시키는 것은 불가능했다. 그러므로 국가를 건전한 경제 기초 위에 세우면서, 동시에 근동의 통치자에게 없어서는 안 될 군사력을 외국 군인에게 의존하려 최선의 노력을 한 것은 프삼티크 1세가 불가피하게 의도한 정책이었다. 그가 필연적으로 끊임없이 관심을 가졌던 일은 나라의 경제적인 번영을 군사력으로 바꾸는 것이었다. 한마디로 비록 군대의 실질적인 부분이 외국인이라 하더라도 나라의 부로는 가공할 군대를 키우고 유지해야 한다. 이것은 프삼티크가 바꿀 수 없는 폐단이었다. 그러한 상태에서 국가의 생산력의 보존은 군대의 유지만큼 중요하다. 또는 군대의 유지에 필수적이라고 말하는 편이 나을 것이다. 어느 것도 다른 편 없이는 있을 수 없다. 이런 면에서 프삼티크 1세는 오마르(Omar)[15]와 초기 칼리프들이 직면했던 문제와 똑같은 문제에 직면했다. 이 같은 상황에서 부흥은 권력의 힘, 산업의 힘 등 이용 가능한 힘을 능숙하게 다루는 군주의 개인적 결단력에만 거의 전적으로 달려 있다. 그 힘들을 모두 조화롭게 상호 작용하도록 활용하면 번영이 뒤따르고 유효한 힘이 생겨난다. 프삼티크 자신은 동력이고 창조력이었다. 백성들에게는 그들의 적절한 역할을 이행하고 그들에게 익숙한 노선으로 자유롭게 움직일 기회가 주어졌을 뿐이다. 국가에는 더 이상 어떤 상대적인 활력이 없었고(여기서 프삼티크의 업무는 초기 칼리프들의 업무와는 크게 달랐다), 질서가 잡힌 정치로의 복귀와 그에 따른 번영은 그들에게 제23왕조에서 벌써 관측할 수 있었던, 회고의 추세에 몰두하게 했다. 제국의

---

[15] [역쥐] 오마르는 이슬람 교단의 제2대 칼리프(634~644)이다.

초기처럼 새로운 형식의 자생적 발전으로 드러나는 생동감 넘치는 에너지 대신에, 국가는 과거에 의지했고, 제국에 의해 도입된 변화와 혁신 이전의 옛 시절의 사라진 국가를 의식적으로 복구하고 복원하려 노력했다. 천 년이 넘어 흐릿해진 것을 통해 그들에게 비친 고대 이집트는 그보다 앞선, 신의 정권 시기의 이상적인 완벽함을 부여받았다. 그 먼 시대에 멤피스에서 통치한 왕들에 대한 숭배가 되살아났고, 그들의 사후 제사의식이 유지되었으며 재원이 기부되었다. 심지어 그들의 피라미드가 광범위하게 복구되었고 수리되었다. 피라미드 건설자들의 궁정 및 정부에서 군주들이 썼던 고대의 직함과 긴 작위들이 다시 사용되었고 통치기관의 외관에는 먼 고대의 모습을 입힐 수 있다면 무엇이든 행해졌다. 격식을 차린 공식적인 기념물 위에 쓰인 당시 서체에도 고색창연한 색깔이 입혀졌다. 그 고색의 외관을 입히려고 사이스의 서기들은 길고 힘든 습작을 했을 것이다. 종교에서는 모든 새로운 침입자들의 신들을 추방하고 모든 새로운 의식을 없애기 위해 온갖 노력이 이루어졌다. 종교에서 외국의 모든 것들이 일소되었고, 파괴와 사막의 신 세트는 곳곳에서 근절되었다. 새로 생겨난 유대인 지역 사회를 곧 압도할 거침없는 배타성이 또한 당시 보편적으로 강화되었다. 고대 피라미드의 사후 텍스트가 다시 쓰였고, 잘 이해할 수 없었어도 거대한 돌로 만든 석관 위에 새겨졌다. 당시 마지막으로 수정된, 18m 29cm 길이의 두루마리로 된 사자의 서는 고대 사후 문학의 부흥을 나타내는 분명한 흔적을 보여 준다. 우리는 무덤 제사실에서 습지와 초원, 작업장과 조선소에 있는 사람들의 삶을 그린 신선하고 기분 좋은 그림들을 다시 발견한다. 그림들은 고왕국 석실 분묘에 있는 부조 장면을 완벽하게 재현한 것으로, 정말이지 너무 완벽해서 처음 얼핏 보면 기념물이 제작된 시기에 대해 종종 의구심을 갖게 된다. 사실 테베에서 아바(Aba)라는 이름의 남자가 자신의 예술가들을 시우트 근처에 있는 고왕국 무덤에 보내 자신의 테베 무덤에 쓸 목적으로 그곳에서 부조들을 베껴 오게 했다. 고대 무덤의 주인 역시 이름이 아바였기 때문이었다.

고대의 선(線) 위에 당대의 종교, 사회, 정치를 재구성하려는 이러한 노력에서, 옛것으로 표현하는 사람들은 한 민족의 사회, 정치, 경제적 상황이 불가피하게 계속 변하는 것에 의해 의식적이든 무의식적이든 끊임없이 좌절해 왔을 것이다. 고왕국 이후 지나온 2000년을 완전히 없앨 수는 없다. 그들이 현 상황을 은폐하는데 쓴 기만적인 고대라는 덮개를 통해서도 현재의 바꿀 수 없는 현실을 식별할 수 있다. 이를 알아차렸을 때 이 어려움에 대

사진 71. 프삼티크 1세의 세라페움 석비
프삼티크 1세의 재위 21년 아피스의 죽음을 기록했다. 아피스는 21년 전인 타하르카 재위 26년 태어났다.

한 해결책은 비슷한 딜레마에서 헤브라이인들이 시도한 것과 똑같은 것이다. 그것은 헤브라이 법률 전체를 모세의 것으로 여기는 것처럼 당대의 요소를 고색창연한 고대의 유물로 돌리는 것이다. 이론적인 복고는 이렇게 해결되었다. 이것은 특히 사이스 복구 시대의 이집트에게는 쉬웠다. 왜냐하면, 그들의 시대 오래전에도 특히 신성한 사후 텍스트, 가장 좋아하는 의약 처방, 격언 모음집들을 고왕국의 것으로 여기는 것이 관습이 되어 왔기 때문이다. 어떤 경우 그렇게 옛것으로 돌리는 것은 제국의 시대에는 옳은 것일 수도 있지만, 제26왕조에서는 일반적으로 더 이상 사실이 아니었다. 특히 한 가지 점에서 현재를 고대의 틀 속에 넣는 것은 불가능했다. 나는 사람

들의 예술적 능력을 가리키는 것이다. 이 항상 생산적인 문화 요소는 당시 삶의 다른 모든 기능에 보이는 진취성의 결핍에 뚜렷한 예외였다. 에티오피아시기에 이미 되살아났던 사람들의 창조적인 생명력은 여전히 꺾이지 않았고, 그들의 예술적 감각은 새 질서하에 그들에게 열린 새로운 가능성을 예민하게 감지했다. 우리는 종교에서 복고가 무덤 제사실 부조에 쓰인 옛 소재를 다시 사용토록 했음을 보아 왔다. 고대의 원작품들과 이 복사품들이 매우 유사한데도, 조금만 깊이 있게 조사해 보면 뚜렷한 개성과 그들만의 독특한 방식을 변함없이 드러낸다. 고왕국의 예술에는 없는 자유로운 필치 같은 게 있고, 사이스 학파의 부조에 형언할 수 없는 우아함을 더한 구불구불한 곡선에는 부드러운 아름다움이 있다. 만일 이 경향이 때로 너무 연약함으로 치우치면, 새로운 자유가 가져온 특성에 의해 메워진다. 옛 규범과 관습이 일반적으로 여전히 우세한 동안에도, 때때로 그러한 것들을 털어내고 어깨를 적절히 표현해 고왕국의 왜곡[16]으로부터 자유롭게 인체를 부조로 표현한 예술가도 있다. 고왕국 최상의 작품을 훨씬 능가하는 인물화 학파를 낳은 것은 사물을 있는 그대로 보는 이 자유와 능력이었다. 사이스의 무덤 부조 중에 고왕국의 규범을 따른 전통적인 초상화는 여전히 거의 변화가 없다. 그러나 예술가는 이따금 두드러진 개성을 가진 초상화를 끼워 넣어 근처에 놓인 획일적인 얼굴들과 뚜렷한 대조를 이루게 했다. 똑같은 성격의 인물상이 또한 환조로도 등장하는데(사진72), 전체적으로 해부학적 발달을 숙지하고 초기예술에는 없었던 개인의 특성에 대한 이해를 바탕으로, 두개골의 형태와 피부의 접힌 곳 및 주름에 관해 연구한 것을 보여 준다. 그러한 작품들은 높은 기술의 숙련도에서, 그리스 조각가들의

---

[16] [역주] 고왕국의 미술 작품은 얼굴은 측면에서 바라본 얼굴을 그렸지만, 어깨는 정면에서 바라본 모습을 그렸다.

인물상들과만 비교될 수 있고 비교해도 전혀 손색이 없다. 청동을 다루는 예술가는 당시 최고였다. 상당한 크기의 속이 빈 주형이 만들어졌고 동물의 형상은 특히 훌륭하다(사진73). 화려한 도안이 금, 은, 호박금으로 정교하게 상감 세공이 된 훌륭한 청동상은 놀랄 만한 기술의 세련미를 보여 준다. 청동 작품들은 당시 매우 많았고, 현대 박물관을 채운 이러한 작품들 대부분이 이 시대에 제작되었다. 산업예술은 그 어느 때보다도 번영했다. 이집트의 장인은 누구에게도 필적될 수 없을 만큼 거의 최고였다. 채색 도자기의 경우 당시 공장은 특히 번성했고, 많은 양을 제작했다. 박물관의 소장품은 이 시기의 작품들로 가득 차 있다. 당시의 건축은 아아, 사라졌다. 만일 우리가 사이스 조각가의 성취로부터 판단한다면, 우리는 이 방면에서 회복할 수 없는 상실을 겪어 온 것이다. 왜냐하면, 프톨레마이오스 신전의 많은 아름다운 기둥이 사이스의 건축가에게서 비롯된 것 같기 때문이다.

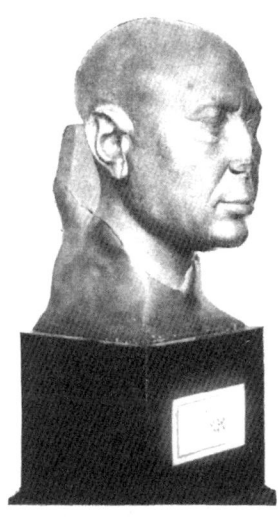

사진 72. 사이스시대의 인물상
녹색 현무암. (베를린 박물관)

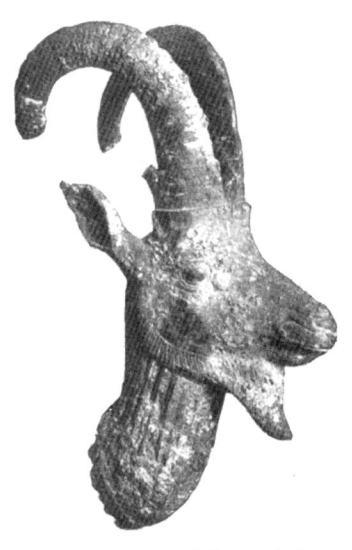

사진 73. 선박 뱃머리의 청동 아이벡스
사이스시대. (베를린 박물관)

예술 작품들은 그것들이 따라야 하는 고대의 원형에서 뚜렷이 갈라져 나왔음을 보여 주는 반면, 통치 조직에서는 그러한 고대와의 불일치가 실제로 있었지만 아마 그렇게 분명하지 않았던 것 같다. 그 시기로부터 전해 내려온 기념물로는 국가의 진짜 성격을 분명히 정할 수 없다. 지리적으로 삼각주는 영원히 지배적인 지역이 되었다. 북부세계와의 통상의 발전과 이와 관련된 정치적 이유는 북부로의 이동을 필연적이고 영구적인 것으로 만들었다. 프삼티크와 그의 후손은 그들의 고향인 사이스에서 살았다. 사이스는 이제 크고 웅장한 도시가 되었고 신전과 궁전으로 예쁘게 꾸며졌다. 테베는 더 이상 정치적이거나 종교적인 중요성을 갖지 못했다. 나일의 계곡은 삼각주 위의 부속물일 뿐이었다. 앞에서 이미 어떤 봉건 영주들이 살아남았던 것을 살펴보았다. 그들은 아마 땅을 보유했을 수 있다. 그러나 테베의 멘트엠헤트의 사례로 판단하건대, 그들은 땅을 아들들에게 물려줄 수 없었다. 이 같은 경우를 제외하고, 모든 땅은 국왕에 속했으며, 파라오에게 생산량의 20%를 내는 농노들이 경작했다. 사제들과 군인들은 징세를 면제받았다. 행정은 제국 하에서와 마찬가지로 중앙정부의 지방 관리들이 맡았던 것 같다. 관리들은 세금을 징수하고 사법권을 소유했다. 내가 추적할 수 있었던 바에 의하면, 그들의 예스러운 직함들은 흔히 통치에서의 실제 역할과는 맞지 않았다. 교육과 훈련에서 이들은 제국의 서기들과는 근본적으로 달랐다. 이들은 옛 상형문자에 대한 지식을 가질 필요가 없었기 때문이다. 에티오피아 왕조 이후부터 고대의 흘려 쓴 글씨인 신관문자라는 초서 형태가 생겨났다. 무의식적으로 발전한 이 새롭고 더 빠른 서체는 현실적인 실무와 행정의 필요에 더 잘 맞았고, 공통으로 매일 쓰이면서 그리스인들에게 데모틱(民用文字) 서체로 알려졌다. 이 용어는 오늘날에도 흔히 이 서체를 일컫는 말로 쓰인다. 데모틱은 당시 쓰이던 언어를 나타낸 반면, 인위적으로 계속해서 존재해 온 당시의 상형문자는 여러 세기 전에 지배적이었던 언어의 고대 형식을 사용했다. 이 근본적인 변화는 정부의 수많은 개정과 변경 중 하나일 뿐이었고, 이것은 부득이 바뀐 환경에서 비롯했을 것이다. 사회적으로 회복된 산업의 영향은 사람들을 그들의 직업에 따라 어느 정도 뚜렷하게 정의된 계층이나 길드로 나누었다. 그러나 엄밀한 의미에서 '카스트(계급)'는 이집트 역사에서는 어느 때이던 알려지지 않았다.

사제들은 좋은 시절을 다시 누리게 된 관리들보다 별로 나을 것은 없었다. 사실 복구가 미수에 그친 것도 대체로 주로 사제들 탓이었다. 정치적인 중심지처럼 종교적인 중심지도 완전히 바뀌었다. 우리가 언급했듯이 테베는 더 이상 어떤 종교적인 중요성도 갖지 못했다. 가장 부유한 신전들은 삼각주 도시 사이스, 아트리비스, 부토에 있었다. 고왕국의 상황과는 꽤 대조되게 사제들은 당시 전보다 더 배타적이고 뚜렷한 계층을 구성했다. 사제직은 확고한 세습직이 되었다. 사람들에게 존경받으면서 그들이 후한 세입으로 부양받은 것은 정치적인 필요에 의해서였다. 비록 그들은 제국 하에서 발휘했던 정치적인 영향력에 견줄 만한 그 어떤 정치적인 힘도 더 이상 행사할 수 없지만, 그래도 우리는 티니스의 옛 백작이 오아시스와 그 지방의 나룻배에서 나오는 옛 수입을 박탈당한 것을 발견했는데, 그 수입은 오시리스로 이전되었을 것이다.[17] 그러나 살펴보겠지만 반대의 경우가 일반적이었다. 옛 신들은 부흥하지 못했다. 그들 중에 오시리스만 명맥을 유지했다. 그의 배우자인 이시스는 고대의 관습과는 대조적으로 정성을 들인 숭배 의식과 후에 그녀에게 고대 그리스·로마 세계에서 그토록 보편적인 인기를 안겨다 준 광범위한 명성까지 누리게 되었다. 2500년 전 조세르 왕실의 현인 임호테프는 이제 신들 사이에 프타의 아들로서 자리를 얻었다. 이것은 사제들이 의식하지 못한 혁신이었다. 사제들이 대표하는 종교

---

[17] IV, 1016, 1024.

는 제국 말기에 볼 수 있는 추세의 필연적 결과였다. 종교는 일상생활과 행동이 관련된 한, 매우 비슷한 상황에서 생겨난 율법학자(라비)의 신앙과 같아서, 수많은 표면적인 관습과 재계(齋戒)[18] 규율의 엄격히 준수가 주된 내용이었다. 우리는 귀족과 관리들이 곳곳에서 신에게 성소를 세우는 것을 발견한다.[19] 전에는 한 부류의 동물 중 하나만이 신성했지만, 이제 많은 경우에 그 부류의 모든 동물이 신성불가침이었다. 이처럼 구체적인 형태로 등장한 신들에 대한 늘어난 숭배는 특히 프타의 형태인 아피스 황소에 대한 정성 들인 예배에서 구체적으로 입증되었다. 당시 화려하게 황소들의 장례를 치러 주었던 거대한 무덤인, 멤피스의 세라페움은 그리스인들 사이에서 유명해졌다. 이 같은 추세로 살짝 기울어진 것은 이미 고왕국에서도 관찰할 수 있었지만, 이제는 로마시대 알렉산드리아 사람들의 광신으로 이어진 어리석은 형식을 띠고 있었다. 사제들은 이 모든 외부로 드러난 신의 형태들에, 신화적인 이야기에 부여하듯 그것들이 원래 가지지 못했던 고차원의 의미를 부여한 것 같다. 우리는 벌써 제국에서 그러한 예를 본 적이 있다.[20] 그러나 그리스인들이 이집트 사제들에게서 배운 것으로 여기는 아피스 황소에 대한 모든 것을 실제로 이집트인들이 가르쳤는지는 알 수 없다. 제국에서의 교육은 사제들로 하여금 살아있는 시대와 접촉하게 했었는데, 이제 사제들은 그들 주위의 바쁜 세계가 오랫동안 접하지 않았던 언어와 쓰는 방법을 배워야 했고, 물려받은 다량의 문헌에 익숙해져야 했다. 이미 일찍이 신에게서 기원한 것으로 간주된 고대의 글자를 학습하는 것은 신성한 성취가 되었고, 그러므로 이 글자들이 고대의 그리스인들에 의해

---

[18] [역주] 종교적 의식을 치르기 전 몸과 마음을 깨끗이 하고 부정(不淨)한 일을 멀리하는 정화의식을 이른다.
[19] IV, 967 ff., 989 ff., 1015 ff.
[20] 169-172쪽 참조.

'신성(神聖)문자', 즉 신성한 그림문자라고 불린 것도 이러한 과정에 의해서였다. 그러한 교육은 필연적으로 사제들을 오랫동안 잊힌 세계로 멀리 데려다 주었다. 그들이 물려받은 지혜는 중국인들이나 마호메트 교도들 속에서처럼 궁극의 조언이었다. 그들은 과거의 문자와 신성한 두루마리를 당시 간절히 찾아냈고, 그 위 쌓인 세월의 먼지와 함께 그것들은 수집되고 분류되고 정리되었다. 이렇게 옛것은 최고의 것이었다. 옛것을 소중히 간직한 사제는 어둠의 세계에서 살았다. 동시대의 세계는 그에게 중요한 의미가 없었다. 마찬가지로 바빌론에서도 똑같이 회고적인 정신이 당시 네부카드네자르(Nebuchadnezzar)[21]의 부활한 제국의 지배적인 특징이었다. 세계는 이미 늙어가고 있었고 곳곳에서 사람들은 어리석게도 아득한 옛 시절에 연연해 하고 있었다.

사이스 시기의 국내 상황은 주로 과거를 되돌아보는 것이어서 그 시기는 복구 시기라 불려 왔다. 그렇지만 그 대외정책은 과거를 거의 고려하지 않았음을 보여 준다. 프삼티크 1세의 대외정책은 의도된 복구와 뚜렷한 대조를 이루었고, 특히 당시 그 어느 때보다 강한 국가적인 배타성과도 뚜렷하게 대조를 이루었다. 정부가 질서 잡힌 중앙집권적 조직으로 재편성되고, 관개시스템이 정교하게 복구되자, 전통적인 분야에서 국내의 경제는 번영했다. 그러나 프삼티크의 초기의 삶과 교육은 그가 그 이상을 하도록 만들었다. 그는 방대한 아시리아 제국의 한쪽 끝에서 다른 쪽까지 고동치는 무역의 대동맥을 직접 보아왔다. 그는 대외무역이 자신이 건설하고 있는 국가에 미치는 경제적 가치를 이해했을 뿐 아니라, 그러한 거래로 다양하게

---

[21] [역주] 원서에는 네부카드레자르(Nebuchadrezzar)로 표기되어 있다. 네부카드네자르 (기원전 630-562)로 더 잘 알려져 있다. 신바빌로니아 칼데아 왕조의 2대왕(재위: 기원전 604년 ~ 기원전 562년)이었다. 수도 바빌론에 기념 건축물 바빌론의 공중 정원을 세웠고 성경에서는 유대와 예루살렘을 정복한 느부갓네살로 기록되어 있다.

세금을 징수할 수 있고 자신의 국고에 상당한 수입을 만들어 줄 수 있음을 감지했다. 그러므로 그는 시리아와의 옛 관계를 회복했다. 페니키아의 갤리선이 나일의 강어귀를 채웠고, 페르시아 시대에 그렇게 많았던 아람 사람들의 선조들인 셈족 상인들이 삼각주로 모여들었다. 만일 프삼티크가 군대에 그리스인들을 고용할 수 있었다면, 그들이 그의 무역사업의 증진에 그만큼 유용함을 알았을 것이다. 기원전 8세기부터 북부인들의 그 같은 남쪽으로의 이동은 이제 매일 일어나는 일이 되었다. 그보다 앞선 500여 년 전 해양 민족들의 침입은 이러한 이동의 전조 징후였다.[22] 먼 북쪽으로부터 밀려와 역사상 처음으로 뚜렷하게 등장하는 그리스인들은 벌써 오래전에 자신들의 미케네 문명의 중심지와 함께 그리스 반도와 주변 섬들의 소유권을 얻었다. 그리고 그들은 이제 번영된 공동체, 빠르게 성장하는 해양국가로 등장했다. 그들의 함대는 지중해 전역을 침투하여 페니키아인들과 격렬하게 끊임없이 경쟁했다. 그들의 식민지와 산업이 발달한 개척지가 바쁘게 돌아가는 공장들과 함께 급속하게 지중해 가장자리에 생겨났고 흑해를 침투했다. 프삼티크는 아마도 이집트에 그러한 식민지가 생기는 것을 선호한 최초의 이집트 통치자였을 것이다. 오래전에 나라는 그리스 상인들로 가득 찼고, 그들의 제조업 개척지가 특히 서부 삼각주의 사이스 왕실 소재지 옆에 허가되었다. 또한, 멤피스에도 그리스와 카리아인들의 구역이 있었는데, 다른 대도시들과 다르지 않게 외국인들, 특히 그리스인들을 수용하기 위해 비슷하게 할당된 것 같았다.

 그리스 국가들과 이집트 사이의 통신선이 곧 그들 간에 직접적이고 지속적이며, 어떤 면에서는 친밀한 관계를 만들어 주었다. 물론 군대의 그리스 신병들은 프삼티크가 점령지에서 고용한 사람들을 빈번히 따라다녔고, 지

---

[22] 325-335쪽 참조.

칠 줄 모르는 그리스 상인들과의 활발한 상호 교류로 점점 더 늘어나는 많은 민간설화를 모국으로 가지고 갔다. 민간설화는 그들에게는 너무나 새롭고 낯선 불가사의한 이집트 세계에 대해 알려 주었다. 테베의 경이로움이 호머의 노래에서 찬미되었고, 이집트 신들이 그들의 신화에 등장했다.

궁극적으로 그리스인들은 이집트 문명의 외적인 것에는 잘 알게 되었지만, 그들은 결코 당시 잔존한 기록들을 이해하거나 이집트의 고대 역사에 관해 진실을 알 수 있을 만큼 이집트의 독특한 문자를 제대로 배우지는 않았다. 시간이 지나면서 일군의 해석자들이 생겨났고, 이들은 알려진 계층을 형성할 만큼 그 수가 많아졌다. 이들은 헤로도토스 같은 질문자들을 종종 극도로 기만했다. 이집트인들의 속을 알 수 없는 과묵함과 그들의 과장된 주장은 상상력이 풍부한 그리스인들에게 깊은 영향을 미쳤다. 이러한 영향은 나라에 가득 찬 신비로움에 의해 깊어질 뿐이었다. 어떻게 건축했는지 그리스인에게는 종종 수수께끼인 거대한 건축물과 신전들, 그 벽을 뒤덮은 신비로운 글, 그리스인이 보아온 것과 다른 기묘한 강, 신비로운 의식이 가장 깊은 진실을 덮는 덮개처럼 보이는 놀라운 종교, 주변의 수없이 많은 인상적인 기념물로 이루어진 거대한 고대 유물, 이 모든 것들이 민족과 그들의 역사에 대한 편견 없는 객관적인 연구가 불가능한 상황에서 불가피하게 당시 그 나라를 방문한 최고의 지성과 문화를 갖춘 그리스인들조차 눈멀게 했다. 이렇게 해서 이집트인과 그들 문명의 본색은 결코 그리스인들이 정확하게 이해할 수 없었고, 나일 국가에 관한 그들의 글은 종종 그 이상한 관습을 조롱하긴 했어도, 특히 이집트의 지적인 성취의 가치에 대해 우리에게 잘못된 인상을 전달해 왔다. 진리에 대한 끝없는 갈망과 건전한 탐구에 대한 변함없는 태도를 지닌 그리스인들은 말할 필요도 없이 자신들이 그렇게 숭배한 지혜를 가졌다는 이집트인들보다 훨씬 우수했다. 이러한 상황에서 그리스인에게 친숙한 것은 그 과정을 즉각적으로 관찰할 수 있었던, 이집트의 후기 정치사뿐이었다. 프삼티크 1세 때부터 우리는 제26왕조에 관한 인기 있는 그리스 전설들을 많이 갖고 있다. 이 전설들은 적절히 사용하면 노출된 삼각주에 위치해서 원주민의 기록과 기념물이 거의 완전히 사라진 시대를 밝히는 귀중한 빛을 비춰 준다.

이렇게 이집트로 흘러들어온 이국 생활의 영향 앞에, 이집트인들은 감정에 좌우되지 않고 초연함을 유지했고, 재계(정화의식) 및 범접할 수 없는 과묵함 이면에서 방비를 강화했다. 만일 이집트인이 마음대로 할 수 있었다면 그들은 해안으로부터 외국인들을 모두 추방했을 것이다. 이러한 상황에서 이집트인은 오늘날의 중국인들[23]처럼 그들과 교역했고, 그들이 자신들에게 가져다주는 이익 때문에 그들의 존재를 감수했다. 더 살펴보겠지만 이렇게 해서 사이스의 파라오들은 그리스인들의 기질에 의해 크게 영향받았지만, 이집트인들 대다수는 별 영향을 받지 않았다. 다른 한편으로 그리스인들은 주로 물질적인 이익이기는 하지만 나일 계곡 문명과의 교류에 의해 많은 이익을 얻은 것이 분명하다. 그들은 그곳에서 이미 완성되어 즉시 쓸 수 있는 기술적인 과정을 발견했고, 자신들의 독특한 천재성으로, 보다 오래된 문명을 지배한 이상보다 더 높은 이상의 실현에 이 같은 과정을 특별히 적용할 수 있었다. 그들은 분명 예술의 형식을 많이 차용했다. 나일로부터의 예술의 영향은 적어도 제12왕조(기원전2000)까지 거슬러 올라간 시기에 미케네 문명의 중심지에서 느껴졌었는데, 북부의 같은 지역에서 당시 여전히 강했다. 널리 퍼진 '정면성의 법칙'에도 불구하고, 상고기(上古期)의 (이른바) 아폴론 조각상이 왼발을 앞으로 내민 특징을 포함해 이집트에서 유행한 기립 자세를 자세하게 재현한 것은 우연일 수 없다. 그리스인들은 자신들

---

[23] **[역주]** 책이 출간된 1900년대 초를 전후한, 서양의 문물을 처음 접하던 시기의 중국인들을 가리킨다.

의 예술적 성취가 최고였던 시절에 이르러서도 사이스의 인물상 조각가에게서 많은 것을 배웠을 것이다. 지적능력에서 영향을 받은 증거는 보다 파악하기 어렵다. 그러나 그들이 이집트로부터 철학을 받아들였다는 그리스 전설에 조금은 사실이 포함되어 있다. 이집트 사제들의 철학적인 신학은 암시적인 근원을 포함했고, 이것은 초기의 이오니아체계로 쉽게 섞여 들어갔을 것이다. 벌써 제18왕조에 나타난 원시적인 영(지적존재)과 창조적인 '어휘'에 대한 관념은[24] 그러한 개념이 그리스에서 생겨나기 훨씬 전인, 이른 시기에 이집트를 방문했던 교육 받은 그리스인들에게 영향을 미치지 않을 수 없었다. 사후세계에 대한 이집트인들의 집요한 믿음과 정교한 장례관습은 의심의 여지없이 그리스인과 로마인에게도 똑같이 강력한 영향을 미쳤다. 고대 그리스·로마 세계에서 이집트 종교가 널리 보급된 것은 당시 그것이 깊은 영향을 끼쳤음을 증명한다. 오늘날까지 그것의 상징들은 지중해 유역 전역에 걸쳐 출토된다. 이후 유럽 문명의 기초를 다지고 있던 국가들에서 이집트로부터의 이러한 영향이 감지되기 시작한 것은 프삼티크 1세 하에서였다. 코린트(Corinth)[25]의 강력한 페리안드로스(Periander)[26]가 그의 조카이자 후임자를 프삼메티코스(Psammetichos)라 이름 지은 것은 그리스세계에서 위대한 복구자의 개인적 명망을 가리키는 것으로 의미가 있다.

---

[24] 169-172쪽 참조.
[25] [역주] 성경의 '고린도'이다. 아테네 서쪽 약 80km의 코린트만 동단에 고대도시 유적이 있다. 토지 부족 등 그리스 내부의 문제를 해결하기 위해 그리스 도시국가들은 해외에 식민지를 건설하기 시작했는데, 코린트는 이러한 도시국 중 하나이다. 이들은 처음에는 기하학적인 도안만이 들어간 도기를 생산했으나 이집트와 시리아의 영향을 받아 초기 코린트 양식이라 불린 사자나 스핑크스가 그려진 도기를 제작했다. 현대의 코린트 시는 그리스 북부와 남부를 잇는 교통의 중심지이며, 주요수출항이다.
[26] [역주] Periandros. 코린트의 2번째 참주(BC 628경~588). 페리안드로스는 코린트에 킵셀로스 왕조를 세운 킵셀로스의 아들이었다. 코린토스는 킵셀로스와 그 아들 페리안드로스 때에 전성기를 맞았다. 그들은 해군력을 증강하고, 국내 산업을 장려해 도시국가의 발전에 힘썼다.

기원전 640년까지 프삼티크는 옛 아시아 정복계획을 재개해 시리아 팔레스타인에 대한 이집트의 전통적인 주장을 다시 제기하고 아시리아와 그 소유권을 다툴 만큼 스스로 강해졌다고 느꼈다. 그는 필리스티아를 침략했고, 수년간 아슈도드(Ashdod)[27]를 포위했다. 그러나 그곳에서의 그의 야심은 먼 북쪽에서 스키타이인(Scythian)[28]들이 유입되면서 돌연 부서졌다. 스키타이인들은 아시리아를 침략했고 남쪽으로 뚫고 내려와 이집트의 국경까지 갔다. 헤로도토스에 의하면, 프삼티크는 그들을 후한 선물로 매수하여 자신의 왕국을 구했다. 아마도 그의 나라를 구한 것은 그의 강한 힘이었을 것이다. 그는 벌써 그의 나라를 수 세기에 걸친 나약함과 부패에서 구했다. 그는 54년을 통치한 후 죽었다. 그렇게 그는 500년 전 람세스 3세가 죽은 이후 이집트가 누리지 못했던 그러한 평화로운 번영을 누리던 이집트를 떠났다.

---

[27] [역주] 아슈도드는 고대 필리스티아의 해안평야에 자리잡고 있으며, 1948년 이스라엘에 합병된 후에는 이스라엘의 남서부 지방에 속하는 도시로서 주요 산업 중심지이자 이스라엘의 3대 국제무역항 가운데 하나로 중요한 역할을 하고 있다.

[28] [역주] 스키타이(Scythian)는 스쿠드라(Skudra), 소그디아(Sogdian), 사카(Saka), 스구디아라고도 한다. 원래 이란인에 속하는 이들은 기원전 8~9세기경부터 동부 유럽에 와서 남부 러시아에 제국을 건설했다. 기원전 4~2세기에 사르마티아인에 흡수될 때까지 강력한 제국을 형성하며 5세기 이상 유지했다. 이들은 기마 유목민들로 활쏘기에 능했고, 바지를 입음으로써 기동력을 높였다. 스키타이는 30년간 계속된 전쟁을 통해서 카프카스와 흑해 북부 평원을 점령하고 있던 킴메리족을 정복하고, 페르시아 서부에서 시리아와 유대 땅을 지나 이집트 경계지역까지 영토를 넓혔다.

28 마지막 투쟁: 바빌론과 페르시아

기원전 609년 네코가 자신의 아버지 프삼티크 1세의 왕위를 계승했을 때, 아시아에 이집트 제국을 재건하는데 장애물은 없어 보였다. 프삼티크의 왕국이 번영하던 때에 한때 강력했던 니네베의 왕국은 급속히 쇠퇴했다. 프삼티크 1세의 통치 시기에 스키타이인들이 안겨 준 무시무시한 재앙에서 니네베는 결코 회복되지 못했다. 바빌론이 떠오르는 국가 메디아(Media)[1]의 키악사레스(Cyaxares) 왕과 제휴했을 때, 니네베는 그들의 연합 공격을 견뎌낼 수 없었다. 서부 민족들은 니네베의 필연적인 몰락을 예상했고, 헤브라이인 나훔은 니네베의 몰락을 분명히 예견하고 의기양양하게 그 멸망을 예언했다. 네코가 즉위했을 때, 니네베는 붕괴될 상황에 있었으므로, 그는 즉시 아시아에서 제국을 실현하려 했던 아버지의 계획에 착수했다. 그는 지중해와 홍해에서 전함을 건조했고, 즉위한 첫해 필리스티아를 침략했다. 저항했던 가자와 아스칼론은 점령되고 처벌받았다.[2] 그다음 대규모 군대와 함께 네코는 북쪽으로 밀고 올라갔다. 당시 아시리아로부터 해방된 유다 왕국에서는 예언파가 정권을 잡고 있었다. 그들은 거의 1세기 전 센나케리

---

[1] [역주] 메디아는 현재의 이란 북서부에 있었던 고대 국가(기원전 728-550년)와 고대 이란인을 부르는 이름이다.

[2] 예레미야, 47: 1, 5.

브로부터 해방되었을 때처럼, 당시 똑같은 해방감을 가진 이집트를 상대할 것으로 경솔하게 믿었다. 거의 900년 전 이집트가 아시아의 지배권을 처음 얻은, 그 역사적인 메기도 평원에서 젊은 요시아(Josiah)³는 무모하게 네코의 대규모 군대에 덤벼들었다. 그의 불쌍한 군대는 곧바로 완패했고, 그 자신도 치명적인 부상을 입고 예루살렘으로 후퇴한 후 사망했다. 네코는 아시리아가 서쪽 영지를 지키기 위해 적어도 조금은 공격할 것으로 예상하면서 지체하지 않고 유프라테스로 밀고 나갔다. 그러나 아시리아는 당시 종말이 너무 가까워 그의 전진을 막을 가장 미약한 노력조차도 할 수 없었다. 그는 그곳에서 자신을 맞이하는 군대가 없음을 발견했다. 니네베에 맞서 진군할 만큼 스스로 강하다고 느끼지 못했으므로 그는 남쪽으로 돌아왔다. 시리아 전역을 얻었고, 한 번의 일격으로 옛 이집트 제국의 정복지 전체를 수복했다. 메기도 전투 후 3개월 만에 오론테스 강가의 리블레(Ribleh)에 도착해서, 그는 유다 왕국 사람들이 아버지 요시아의 왕좌에 앉힌 그의 아들, 여호아하스(Jehoahaz)⁴에게 사람을 보내 그를 쇠사슬에 채웠다. 그리고는 요시아의 또 다른 아들인 엘리아킴(Eliakim)을 여호야킴(Jehoiakim)이라는 이름의 유다

---

³ [역주] 유다 왕 므나쎄의 손자로 아버지 아몬이 BC 641년 암살당한 뒤 8세의 나이로 왕위에 올랐다. 유다는 1세기 동안 아시리아 제국의 속국이었으나 제국과 이집트의 혼란과 약화로 유례없는 독립성을 확보할 수 있게 되었다. BC 621년경 요시아는 성전을 중심으로 민족갱신운동에 착수했다. 바빌로니아의 공격으로 아시리아 제국이 곤경에 빠지자 요시아는 바빌로니아의 지원을 받아 이스라엘 영토를 유다 왕국의 일부로 만들어 유다와 이스라엘을 재통일하고자 했다. 그는 이집트에 대항하여 전투를 벌였으나 전장에서 전사했다.

⁴ [역주] 여호아하스는 아시리아어고 아하즈(Ahaz)라고 한다. 20세 또는 25세 때 유대의 왕이 되었다. 얼마 뒤 이스라엘의 왕과 시리아 왕이 강국 아시리아에 함께 대항하도록 아하즈에게 압력을 넣기 위해 쳐들어왔다. 아하즈는 예언자 이사야의 충고를 듣지 않고 아시리아 왕 티글라트 필레세르 3세에게 침입자들을 물리쳐달라고 호소했다. 아시리아는 시리아와 이스라엘을 물리쳤고 아하즈는 스스로 아시리아 왕의 봉신이 되었다. 그러나 유대 왕국의 정치 상황은 나아지지 않았으며 아시리아는 가혹할 정도로 공물을 빼앗아갔고 예루살렘 성전에 아시리아의 신을 끌어들이기까지 했다.

왕으로 앉히고 그에게 은 100달란트와 금 1달란트를 공물로 부과했다. 불행한 여호아하스는 파라오에 의해 이집트로 보내져 그곳에서 죽었다. 네코가 자신의 성공을 도운 그리스인 용병들에 대한 사례로 밀레토스[5]의 브란키다이(Branchidae)[6]에 승리한 전투에서 자신이 입었던 몸통용 갑옷을 헌정한 것은 바뀐 시대정신의 특징을 보여 준다. 이 모든 것이 아몬이 최고이던 시절과 얼마나 다른가! 당시에는 승리가 아몬에게서만 비롯되었다. 시리아에서 네코가 패권을 잡았던 시기의 것인, 상형문자로 그의 이름이 실린 석비 파편들이 시돈에서 발견되었다.[7]

네코의 새로운 아시아 제국은 오래 가지 못했다. 2년도 안 되어 바빌론의 왕 나보폴라사르(Nabopolassar)[8]와 키악사레스 하의 메디아 연합군이 니네베를 무너뜨렸다. 도시는 파괴되었고 국가는 정치세력으로서는 완전히 없어졌다. 두 정복자는 정복한 지역을 나누었다. 메디아인들은 북부와 북동부를, 바빌로니아인들은 남부와 남서부를 차지하기로 했다. 이렇게 해서 시리아는 나보폴라사르의 몫이 되었다. 그는 당시 늙고 그곳의 수복을 감행할 수 없었으나 재빨리 자신의 아들 네부카드네자르를 파견해 네코에 대항하게 했다. 그가 온다는 소식을 듣고, 네코는 약삭빠르게 군대를 모아 기원전 605년 유프라테스 강가의 북부 변경에서 서둘러 그를 맞이했다. 잡다한 구성원으로 이루어진 파라오의 군대는 카르케미시에서 바빌로니아인들에게

---

[5] [역주] 아나톨리아 서부 해안에 있던 고대 그리스 이오니아의 도시 이름으로, 현재는 터키에 속하는 지역이다. 청동기 시대부터 사람이 살던 것으로 보이며, 기원전 6세기경 이오니아인들이 건너가 도시를 세웠다.
[6] [역주] 지금의 터키 밀레토스 남쪽에 위치한 고대 성소이자 아폴론 신의 신탁 장소이다. 지금은 디디마(Didyma)라고 한다.
[7] Proceedings Soc. of Biblical Arch., XVI (1894), pp. 91 f.
[8] [역주] 신바빌로니아 왕국의 창시자로 네부카드네자르의 아버지이다. 칼데아 인으로 메디아와 연합하여 아시리아를 무너뜨렸다.

완패했다. 승리는 너무나 분명해서 네코는 더 이상 저항하지도 팔레스타인을 구하려고도 하지 않고 서둘러 삼각주로 퇴각했고, 그 뒤를 네부카드네자르가 추격했다. 네코의 위풍당당한 군대가 서둘러 팔레스타인을 지나갔으므로, 그가 불명예스럽게 후퇴한 것은 유다의 헤브라이인들에게 깊은 인상을 남겼다. 예루살렘에 있는 그의 동족들에게 민족들의 이동을 설명하던 예레미야(Jeremiah)는 당황한 이집트인들의 뒤로 풍자와 조롱을 던졌다.[9] 만일 젊은 칼데아(Kaldean)[10] 영주가 당시 아버지의 죽음으로 인해 바빌론으로 소환되지 않았더라면 분명히 이집트가 정복되었거나 그렇지 않으면 적어도 이집트가 더 굴욕을 겪었을 것이다. 이러한 상황에서 수도에서 더 이상 계속해서 나와 있을 수도 없어서 네부카드네자르는 네코와 합의하고 고국으로 돌아가 바빌론의 왕위를 맡았다. 이렇게 해서 시리아 팔레스타인은 바빌로니아의 영토가 되었다.

바빌론과 합의함으로써 네코는 아시아에서 그의 야심 찬 계획을 포기해야 했다. 그는 협정을 준수했고 그곳에서 더 이상 이집트의 통치권을 유지하려 하지 않았다. 다음의 헤브라이 기록이 전하는 바와 같았다. "이집트 왕은 더 이상 자기 나라 밖으로 나오지 않았다. 바빌론의 왕이 이집트의 개울로부터 유프라테스강까지 이집트 왕에 속했던 모든 것을 차지했기 때문이다."[11] 그는 심지어 기원전 596년 네부카드네자르가 예루살렘을 포위해 점령하고 유다의 주요 가문들을 강제 추방했을 때도 개입하려 하지 않았다. 파라오는 에너지를 당시 그의 아버지의 통상 사업의 촉진에 썼다.

---

[9] 예레미야, 46: 1-12.
[10] **[역주]** 남부 바빌로니아, 지금의 이라크 남부 지역이다. 페르시아만의 움푹 들어간 해역에 맞닿은 곳을 가리킨다. Chaldea, Chaldaea라고도 쓰며, 아시리아어로는 Kaldu, 바빌로니아어로는 Kasdu, 히브리어로는 Kasddim이다.
[11] 열왕기(하), 24: 7.

그는 삼각주로부터, 나일의 동쪽 지류와 홍해를 연결하는 고대 수로를 다시 뚫으려고 했다. 헤로도토스는 120,000명이 이 대규모 사업에서 사망했고, 이로 인해 파라오는 마침내 신탁에 따라 이 사업을 그만두었다고 주장한다. 반면에 디오도루스는 왕의 기술자들이 홍해가 삼각주보다 더 높은 것을 증명하며 그에게 이집트가 침수될 위험이 있다고 경고했다고 주장한다. 이것이 아마도 그렇게 중요한 일을 중단한 진짜 동기일 것이다. 나일강을 통해 홍해와 지중해를 연결했다면 당시 이집트에 막대한 상업적 이익이 되었을 것이며, 또한 전시에는 귀중한 전략적 이점이 있었을 것이다. 네코가 해상 발전에 관심이 있었음은 그의 유명한 탐험 원정에 의해서도 입증된다. 그는 페니키아의 선원들에게 헤로도토스가 리비아라고 칭한 아프리카의 주변을 항해하라는 지시를 내려 파견했다. 이집트인들은 태곳적부터 그들의 땅이 바다, 즉 그리스인들의 오케아노스에 의해 둘러싸여 있고 나일강은 남쪽에서 이 바다와 연결되어 있다고 생각해 왔으므로, 페니키아인들이 실제로 3년 안에 아프리카 항해의 위업을 완수한 것은 그들에게는 놀랄 만한 일이 아니었다.

기원전 593년 아버지 네코를 이은 프삼티크 2세는 아시아에서 이집트가 성공할 희망이 없다고 여겼거나 바빌론과 자신의 아버지와의 협정을 계속 유지했던 것 같다. 북부에서 어떤 것도 이룰 수 없었으므로, 그는 관심을 남쪽으로 돌려 에티오피아 왕국이 세워진 이후 이집트가 잃었던 누비아의 수복을 시도했다. 그는 下누비아를 침략했다. 그의 전위 부대가 거의 제2폭포까지 밀고 올라갔다. 그곳에서 그들은 아부심벨에 있는 람세스 2세의 장려한 신전 앞, 그의 거대한 조각상 중 하나에 그리스어로 된 비문으로 자신들의 방문 기록을 남겼다. 앞서 언급했듯이 비록 이번 침략이 분명 에티오피아인들에게 수도를 폭포 위쪽의 메로에(Meroe)로 이전하게 한 이유가 되었지만, 그래도 원정의 결과는 아마도 지속되지 않았고, 下누비아는 결코 사이스 왕국의 완전한 일부가 되지 않았다. 그리스와의 관계는 옛 우호관계를 지속했고, 헤로도토스는 엘리스(Eleans) 쪽에서 어떻게 프삼티크 2세에게 대표단을 보내서 올림피아 경기 운영의 공정성에 대한 의견을 구했는지 언급한다.¹² 국내에서 그는 자신의 딸인 에네크네스네프리브레(Enekhnesnefribre)를 프삼티크 1세의 딸이자 자신의 고모인 고령의 니토크리스에게 양녀로 입양시킴으로써 테베를 계속해서 사이스 가문이 지배하게 했다. 니토크리스는 신의 숭배자, 즉 테베의 제1여사제로서 여전히 생존하고 있었다. 프삼티크 2세는 자신의 딸에게 '아몬의 대사제'라는 직함을 수여했다. 그녀는 그 뒤 9년 후에 죽은 니토크리스의 재산을 물려받았고, 거의 70년 후 페르시아인들이 올 때까지 테베를 계속 지배했다.¹³

그러는 동안 사이스 왕실은 계속해서 이집트의 옛 아시아 영토에 갈망하는 눈길을 보냈다. 아프리에스(Apries)(이집트인들의 Ha'abre', 헤브라이인들의 Hophra')가 기원전 588년 초 그의 아버지 프삼티크 2세를 계승했을 때, 그는 즉시 아시아의 영토를 수복하려는 가문의 옛 계획을 재개했다. 살펴보았듯이 벌써 기원전 597년 네코의 통치 시기에, 네부카드네자르는 여호야긴(Jehoiachin)¹⁴의 반란의 결과로 예루살렘에 진군해야 했다. 이 사건에 네코도 은밀하게 관여했을 것이다. 다음 해 이 불행한 도시는 항복했다. 약 9천 명 또는 만 명의 상류층이 바빌로니아로 추방되었고,¹⁵ '그 땅의 사람 중 가장 가난한

---

¹² [역주] 첫 번째 올림피아 경기가 기원전 776년 그리스 엘리스(Elean) 땅에서 열렸다고 한다.
¹³ IV, 988 A-988 J.
¹⁴ [역주] 『구약성서』 「열왕 II」(24)에 나오는 여호야킴의 아들이다. 바빌로니아의 침략 와중에 18세의 나이로 왕위에 올라 3개월간 다스렸다. 네부카드네자르 2세가 쳐들어와 항복한 뒤 백성 1만 명과 함께 바빌로니아로 잡혀갔다(BC 597). 약 40년이 지나 네부카드네자르가 죽은 뒤 그의 계승자인 아들 아멜 마르두크(성서의 에윌 므로닥)가 여호야긴을 석방했다.
¹⁵ [역주] 두 차례에 걸쳐 유대인들이 바빌로니아로 끌려간 이른바 '바빌론 유수'에서

사람들'만이 남겨졌다.[16] 여호야긴의 삼촌 시드키야(Zedekiah)가 네부카드네자르에 의해 고통받은 땅의 왕으로 임명되었다. 그는 9년을 통치하고, 바빌론에 맞서 반란을 일으켰다. 이러한 어리석은 정책의 이유는 아주 분명하다. 반란의 날짜가 아프리에스의 즉위와 일치한다. 티레, 시돈, 모아브, 암몬도 유다 왕에게 사절을 보냈다. 아프리에스의 견디기 어려운 영향력을 고려해서, 머뭇거리던 시드키야는 더 이상 버티지 못하고 바빌론의 통치권에서 벗어나려는 다른 사람들에 건성으로 가담했다. 예전에 아시리아 정권에 대한 비슷한 반란 이후 벌어진 사건들이 당시 바빌로니아인들 하에서 재현되었다. 동맹들은 신속하게 행동을 통일할 수 없었다. 실제로 아프리에스는 티레와 시돈을 공격함으로써 그들이 그렇게 하는 것을 불가능하게 만들었다. 그는 바닷길로 원정대를 파견해 북부를 정복하려 했다. 아마도 할아버지인 네코가 했던 것처럼 유프라테스강에서 네부카드네자르를 만나기를 바랐던 것 같다. 그는 티레 사람들, 키프로스인들과 해상에서 교전하여 승리했고, 군대를 충분히 상륙시켜 시돈을 점령했다. 그 결과 다른 페니키아 도시들이 항복했다.[17] 아프리에스가 기원전 587년 초에 네부카드네자르의 군대 일부가 있던 남쪽 지역에서 그(네부카드네자르)의 주의를 돌리거나, 예루살렘에 맞서 당시 군사 작전을 벌이던 그의 이 남부 군대를 고립시키려 했을 가능성도 있다. 만일 그렇다면 그러한 이동은 현명하게 계획된 것이다. 그러나 결코 내륙에서 무엇을 성취할 만큼 충분히 멀리 가지는 못했다. 그리고 네부카드네자르는 군사 작전 기지를 현명하게 북쪽으로 오론테스 강가 리블레에 고정시켰다. 그곳에서 그는 근심 없이 이집트의 군사 작전을 천천히 살펴볼 수 있었다. 그의 적들은 서로에 대한 공격으로 기진맥

첫 번째 바빌론 유수이다. 유수(幽囚)는 잡아 가둔다는 의미이다.
[16] 열왕기(하), 24: 15.
[17] Diodorus, I, 68.

진해 있었다. 만일 아프리에스가 내륙으로 진군했다면 네부카드네자르는 리블레의 군사력으로 재빨리 그에게 맞설 수 있었을 것이다. 아르와드, 티레, 시돈에서 르낭(Renan)[18]이 발견한 사이스 시대의 이집트의 기념물 파편, 석상과 제단 조각들, 비문이 새겨진 돌조각들은[19] 아마 페니키아에서 파라오가 패권을 잡았던 이 짧은 기간 동안의 것으로 보아야 할 것이다. 당시 파라오는 또한 레바논에 있는 영지를 잠시 지배했던 것으로 보인다.[20]

기원전 586년 봄에, 아프리에스의 군대가 마침내 남쪽에 나타나 예루살렘을 포위하고 있던 바빌로니아인들을 위협했을 때, 그들은 포위된 도시에 잠깐의 휴지 기간을 주었을 뿐이다. 이집트 군대가 또다시 아시아의 군대에 대항할 수 없음을 보여 주었기 때문이다. 사실 아프리에스는 한 차례의 공격도 하지 않고 팔레스타인에서 권리를 포기했을 가능성이 있다. 이집트의 도움에 기대는 것이 어리석음을 꾸준히 밝혀온 예레미아의 예언은 이렇게 해서 아주 정확하게 들어맞았다. 그러나 이 불행한 예언가는 정치가다운 분별력 때문에 비싼 대가를 치르고 간신히 목숨을 건졌다.[21] 기원전 586

---

[18] [역주] Joseph Ernest Renan(1823-92). 프랑스의 역사가, 언어학자, 평론가이다.
[19] Rougé, letter to Renan, Revue arch. n. s., VII, 1863, pp. 194-8.
[20] IV, 970.
[21] [역주] 예레미야는 구약성서의 주요예언서이다. 예레미야서에 의하면 그는 남 유다 왕국이 쇠퇴하고 몰락하던 시기에 활동한 예언자였다. 그는 유다와 주변국들을 바빌로니아 왕의 손에 넘겨준 이는 야훼이기 때문에, 이스라엘은 이집트에 기댈 것이 아니라 바빌로니아의 지배를 받아야 한다고 일관되게 주장했다. 당시 예루살렘에 대한 포위가 잠시 풀렸을 때, 예레미야는 예루살렘을 떠나 베냐민 지파 땅으로 갔다가 그곳에서 체포되어 옥에 갇혔다. 시드키야 왕은 예레미야를 감옥에서 불러내어 조언을 구했고, 예레미야는 바빌로니아에게 항복하라고 했다. 예루살렘이 함락되자, 바빌로니아인들은 갇혀 있던 예레미야를 풀어주고, 유력한 가문 출신인 유다 사람 게달리아를 유다 지방 총독으로 임명한 후, 예레미야를 그에게 맡겼다. 예레미야는 바빌로니아에 대해서 반란을 일으키기를 바라던 사람들의 제의를 계속 거절하고, 백성에게 밝고 즐거운 미래를 예언해 주었다. 게달리아가 암살된 뒤 예레미야는 바빌로니아인들의 보복을 두려워한 일부 유대인들에게 붙잡혀 이집트로 끌려갔다. 그는 기원전

년 여름, 예루살렘이 함락되었다. 그곳은 완전히 파괴되었고, 불명예스러운 시드키야는 리블레에 있는 네부카드네자르의 막사로 끌려가 아들들이 학살되는 것을 지켜본 후에 시력을 빼앗겼다.[22] 유대인 국가는 전멸되었다. 그러나 분쟁의 선동자인 이집트의 힘을 꺾을 결정적인 타격이 주어지지 않았다. 몇 년 지나지 않아 네부카드네자르는 이 방향으로 무엇인가 할 수 있었는데, 그가 첫 번째로 해야 했던 일은 티레에 대한 응징으로, 티레는 13년 동안 세력을 유지했고, 기원전 573년 마침내 항복했다.

아시아에서의 실패에도 불구하고, 아프리에스는 그의 왕국 내의 통치에서는 무한한 번영을 누렸다. 왕국은 꼭 시조인 그의 증조할아버지 통치하에서만큼 번영했다. 서쪽으로부터 그는 또한 오아시스지역에서 세입이 있었고, 북부 오아시스에서는 그의 관리인 와히브레노페르(Wahibrenofer)가 신전을 지었다.[23] 그러나 그가 부와 영광을 누리고 있을 때 비극적인 결말이 예기치 않은 곳에서 그를 기다리고 있었다. 그는 구성원이 어떤 민족이든 군을 통제하는 데 큰 어려움을 느꼈다. 한번은 프삼티크 1세 시절 일군의 군인계급처럼, 리비아인들과 그리스인들, 시리아인들이 탈영하여 누비아로 이주하려 했다. 아프리에스 하에서 얼마나 많은 사람이 이 반란에 관여했는지 밝히는 것은 불가능하지만 왕을 매우 근심하게 할 만큼 많았다. 사건에 대한 기록에 분명히 "폐하께서 두려워하셨다"라고 언급되어 있다. 탈

570년경 이집트에서 분개한 동족들에 의해 돌에 맞아 죽었다고 전해진다.

[22] [역주] 시드키야는 이때 수천 명의 유대인과 함께 바빌론으로 끌려갔는데, 이것이 제2차 바빌론 유수이다. 이후 잡혀간 유대인 일부는 페르시아의 키루스 2세의 포로 해방령에 의해 기원전 538년 예루살렘으로 귀국했다. 베르디의 오페라 나부코(Nabucco)는 바빌론 유수가 주요 소재이다. 바빌로니아 왕 나부코는 네부카드네자르 왕의 이탈리아어 Nabucodonosor를 줄인 말이다(민희식 2008:108). 3막에 나오는 히브리 노예들의 합창은 유명하다.

[23] Steindorff, Berichte der phil.-hist. Classe der Königl. Sächs, Gesellschaft der Wissenschaften zu Leipzig, 1900, p. 226.

영병들이 제1폭포로 가까이 갔을 때, 교활한 관리인 아스완의 통치자 네수호르(Nesuhor)가 탈영하지 않도록 그들을 설득해서 왕에게 돌려보냈고, 왕은 그들을 처벌했다.[24] 원주민[25] 군인계급과의 또 다른 불화는 그렇게 해피엔딩이 아니었다. 키레네(Cyrene)[26]에서 그리스인들의 새 정착지는 점점 번영된 국가로 성장했고, 키레네와 이집트 사이에 있는 리비아인들을 침해하기 시작했다. 아프리에스는 그리스 식민지의 발전을 막는 것이 현명하다고 생각해, 그리스 용병들이 전혀 포함되지 않은 이집트 군대를 보내 리비아인들을 도왔다. 이집트인들은 적수들을 얕보고 경솔한 자신감으로 진군했다. 그러나 완전히 패배했고, 키레네의 그리스인들에 의해 거의 전멸했다. 자신들의 완패에 속이 상한 그들은 아프리에스를 향해 분기탱천하여 그가 자신들을 없애버리려는 목적에서 키레네로 파견했다고 결론지었다. 군인계급의 반란이 뒤이어 일어났고, 위험한 규모로 늘어났다. 그러자 아프리에스는 곧 왕실의 친척인 아흐모세라는, 헤로도토스가 아마시스(Amasis)라고 부른 사람에게 반란자들을 회유하고 복종시키도록 위임했다. 아마시스는 궁궐의 시종이자 의전관이었다. 조정에서 이 관직 외에도 그는 중요한 사법 직위를 맡고 있었다. 보기 드문 명민함과 통찰력을 가진 사람으로, 당시 그가 한 선택은 아프리에스를 구제할 수도 있고 똑같이 파멸하게 할 수도 있었다. 아마시스는 이 상황을 아주 능숙하게 다루어서, 불만을 품은 군인들이 곧 그를 왕으로 선언했다. 반역자를 소환하라고 보내진 아프리에스의 전령은 모욕과 굴욕을 당하고 보내졌다. 격분한 파라오는 당시 너무나 어리석게도 분노를 불운한 전령에게 쏟았다. 그는 지위가 높은 사람이었는데도

---

[24] IV, 989.
[25] [역주] 저자는 이 어휘 native를 이탤릭체로 강조했다.
[26] [역주] 키레네는 BC 631경 에게해의 테라섬에서 이주한 그리스인들에 의해 리비아에 세워졌던 고대 그리스의 식민지이다.

즉시 코와 귀를 잃는 처벌을 받았다. 동료 중의 한 사람이 그토록 부당하게 처벌받는 것을 본, 아프리에스의 귀족과 지지자들 다수가 그를 버리고 아마시스의 대의명분을 지지했다. 헤로도토스는 당시 뒤이은 전투에서 아마시스의 원주민 군대보다 수적으로 크게 열세였던 아프리에스의 그리스 용병군이 패배했고, 아프리에스가 포로로 잡혔다고 언급한다. 우리가 당시의 문서를 통해 알 수 있듯이 헤로도토스는 당시 상황을 두 경쟁자의 병력 간에 발생한 이후의 전투와 혼동했을 가능성이 있다. 어쨌든 아마시스는 아프리에스를 친절하게 다루었으며 아직 그를 퇴위시키지 않고 왕권에 힘차게 손을 얹었다. 뒤이은 공동정치에서 아프리에스는 미약한 역할만을 했었던 것이 분명하다. 두 통치자가 함께 들어간 기념물이 한두 개 잔존한다. 당시 아마시스는 자신이 사용한 카르투슈 옆에 자신의 덜 높은 이전 관직을 나타내는 옛 직함들도 계속해서 실었다.[27] 그러나 공동정치 세 번째 해에 두 통치자 간에 투쟁이 일어났다. 헤로도토스가 알고 있는 바에 의하면 아프리에스는 그리스인들의 지지를 얻었고, 함대의 지원을 받은 이 용병군들과 함께 북쪽으로부터 사이스로 진군했다. 아마시스는 재빨리 군대를 소집해 공격하여, 아프리에스와 그의 군대를 패주시켜 그들을 멀리, 널리 흩어지게 했다. 이 용병들이 몇 달 동안 계속해서 북쪽을 유랑하면서 길에 출몰해 약탈하며 살아가자, 아마시스는 그들을 물리치도록 병력을 보냈다. 아프리에스는 그동안 도망자였던 것으로 보인다. 어쨌든 그의 함대 중 남아있는 선박 중 한 곳에서 쉬다가, 이 추격전 동안 살해당했다. 아마시스는 그에게 왕에 걸맞은 예를 갖춘 장례를 치러 주고 사이스의 그의 조상들 사이에 묻었으며, 사후 공물을 위해 후한 수입이 들어오도록 기금을 마련해 주었다.[28]

---

[27] IV, 999 f.

그리스인들에게 보여 준 편애와 상반된 국민감정의 분출 덕에 왕좌를 얻은 아마시스는 당시 외국의 영향에 뚜렷이 대항하는 태도로 신세를 진 것에 대한 고마움을 분명히 밝혔을 것으로 짐작된다. 그러나 그는 대단히 현명한 정치가였다. 겉으로 보기에는 그리스인들의 특권을 축소시키는 것처럼 보였지만, 실제로 그는 그들이 원하는 모든 것을 주었다. 그때까지 자신들의 상품을 판매할 장소를 선택하면서 무한한 자유를 누렸던 그리스 상인들은 아마시스가 그들에게 지정해준 도시를 제외하고는, 이제 삼각주의 아무 데서나 상륙할 수 없었다. 서부 삼각주에 위치한 나일강의 카노푸스 어귀에 아마도 오래된 약간 중요한 정착지가 있던 곳에, 아마시스는 그리스인들의 거주지와 시장으로서 나우크라티스(Naucratis)[29]라는 신도시를 세웠다. 그들은 빠르게 이곳을 지중해 전역의 상업중심지는 아니더라도 이집트의 가장 중요한 상업중심지로 만들었다. 그곳은 본질적으로 그리스 도시였다. 그곳의 성벽 안에서 제조되는 제품들은 아주 소수의 예외를 제외하면 결코 이집트의 것이 아니었다. 붐비는 시장과 공장에서 고동치는 바쁜 삶, 도시의 구조와 매일의 행정은 모국인 그리스의 산업과 상업지역에서 유행되는 것과 같았다. 모든 그리스인이 어느 정도 그곳의 성공과 번영에 관여하고 있었다. 그러므로 나우크라티스의 주요 신전이 세워질 때 키오스(Chios), 테오스(Teos), 포카이아(Phocaea), 클라조메나이(Clazomenae)의 이오니아 도시들은 도리아인(Dorian)[30]들의 로도스(Rhodes), 크니도스(Cnidus), 할리카르나

---

[28] IV, 996 ff.
[29] [역주] 나일강 삼각주 서부에 있던 고대 그리스의 식민지. 이집트에서 독점교역권을 가지고 있던 상업중심지(emporion)로 헬레니즘 시대 이전에는 그리스와 이집트의 문화 교류 중심지였다. BC 7세기경 밀레토스인들이 처음 이곳을 건설했고 다른 도시에서 온 그리스인들도 이곳에 살았다. 고대에는 크게 번영했으나 알렉산드로스 대왕이 이집트를 정복하고 알렉산드리아를 세운(332) 다음부터 쇠퇴했다.
[30] [역주] 도리스족(Dorian)은 언어학상 다른 그리스 민족과 뚜렷이 구별되는 민족이다.

소스(Halicarnassus), 파셀리스(Phaselis)와 아이올리스인(Aeolian)의 미티레네(Mitylene)와 함께 헬레니움(Hellenium)을 건립하기 위한 공동기금을 기부했다. 헬레니움은 널찍한 울타리가 쳐진 크고 장엄한 성소로 거대한 벽이 보호하고 있었다. 그러나 아이기나(Aegina), 밀레투스(Miletus), 사모스(Samos)의 강력한 국가들은 자신들의 신전을 각각 소유할 수 있었다. 따라서 겉으로 보기에는 제한했지만, 그리스인들이 여전히 이집트에서 큰 특권을 누리고 있었고 아마시스의 규제는 그의 땅에서 그들의 복지에 적대적이라는 느낌을 그들에게 주지도 않았다. 델피(Delphians)의 외교사절이 그에게 불에 탄(기원전 548) 자신들의 신전 건립에 기부해 달라고 했을 때 그는 후하게 대응했다. 그는 마찬가지로 린도스(Lindos), 사모스, 키레네의 신전들에도 선물을 보냈고, 스파르타인(Spartan)들에게 멋진 몸통용 갑옷을 선물했다. 이렇게 그는 유럽과 아시아에서 그리스세계와 가까운 관계를 유지했고, 사모스의 부유하고 강력한 폴리크라테스(Polycrates)[31]와 동맹에 해당하는 친선관계를 유지했다. 그는 국내에서든 해외에서든 항상 그리스인들에게 인기가 있었고 그의 생애와 개인적인 성격에 대한 많은 이야기가 그들 사이에 회자되었다.

불행히도 우리가 아마시스의 업적에 대해 알고 있는 것은 그와 그리스인들과의 거래가 거의 유일하다. 그는 이집트인들 사이에서 자신의 지배력을

---

[31] [역주] 폴리크라테스는 BC 6세기에 활동한 사모스섬의 참주(BC 535경~522 재위)이다. 에게해 동부지역에서 사모스 해군의 우위를 확립했으며, 이오니아 군도와 본토 도시들을 지배하려고 애썼다. 폴리크라테스는 사모스의 성벽 밖에서 헤라 여신 축제가 열리고 있는 동안 이 도시의 지배권을 장악했다. 처음에는 두 형제와 함께 권력을 공유했지만, 두 형제를 제거한 뒤 독재체제를 확립했고, 100척의 배로 이루어진 그의 함대는 해적 행위로 그리스 전역에서 악명을 떨쳤다. 그는 이집트와 동맹을 맺었지만, BC 525년 페르시아가 이집트로 진격하자, 동맹국을 배신하고 페르시아에 40척의 배를 보내 가세했다. 그는 이 기회를 이용해 주요 정적들을 40척의 소함대와 함께 전쟁터로 보냈다. 그러나 그들은 도망쳤고, 스파르타의 지원을 얻어 폭군을 몰아내려고 했지만 실패했다. 그는 BC 522년까지 지배권을 유지했지만, 이 무렵에 페르시아의 사르디스 총독인 오로이테스가 그를 본토로 유인하여 십자가에 매달았다.

소홀히 하지 않았다. 아프리에스를 급습했던 재앙을 생각해 그는 소홀히 하지 않았을 것이다. 그는 사이스와 멤피스의 신전들에 웅장한 증축을 했고, 제1폭포의 채석장에서 가져온 하나의 암석으로 사이스에 예배실을 건설했으며, 이는 헤로도토스의 감탄을 자아냈다. 사람들은 큰 번영을 누렸고, 헤로도토스는 "그 땅에 당시 20,000개의 도시가 있었다"라고 단언한다. 그는 법체계를 다시 개정했다. 그 가운데 하나는 모든 주민은 해마다 자신의 지역 통치자에게 자신이 어떤 수단으로 생계를 유지했는지 신고해야 한다는 것이었는데, 이것은 이집트를 방문한 솔론(Solon)[32]에 의해 채택되어 아테네에서 시행되었다. 그러나 결과적으로 그가 그리스인들을 분명히 좋아한 것은 이집트인 파벌의 눈에 띄지 않을 수 없었다. 그는 북동부 삼각주에 두 개의 변경 요새를 가지고 있었다.[33] 그는 두 곳 중 한 곳인 다프나이(Daphnae)에 주둔한 그리스 수비대를 멤피스로 옮겨서, 사이스에 있는 그의 거주지와 가까운, 강하고 인구가 많은 멤피스시의 안전을 확보해야 했다. 그는 마침내 가면을 벗어 버리고 그의 용병 부대와 함대를 지원하기 위해 신전의 부와 수입을 이용해야 했다.[34] 사제단이 나라의 자산에서 그렇게 큰 비중을 흡수하도록 허용하는 것은 새로운 정치 수완과 더 이상 양립할 수 없었다. 이집트가 당시 소유한 것과 같은 해군과 군대의 대규모 용병은

---

[32] **[역주]** 솔론은 그리스 7현인 중 한 사람으로 배타적인 귀족정치를 종식시키고 금권정치로 대체했으며 새로이 인도적인 법을 도입했다. BC 600년경 아테네인들이 살라미스섬의 영유를 둘러싸고 메가라와 벌인 전쟁에서 패배해 낙심해 있을 때 대중 앞에서 시를 낭송, 전쟁 재개를 부추기면서 명성을 얻기 시작했다. BC 594년경 1년 임기의 최고 통치자인 아르콘의 직책을 맡았다. 당시 채무로 겪는 직접적인 고통을 경감하기 위해 '솔론의 개혁'이라 일컫는 여러 개혁을 단행했고, 아테네 최초 성문법인 드라코 법전의 여러 조항을 개정, 인도적인 내용으로 바꿔놓았다. 말년에 친구 페이시스트라토스에게서 참주가 되려는 야심을 느껴 이를 반대했지만, 효과를 얻지 못했다. 솔론은 페이시스트라토스가 참주가 되는 것을 보지 못하고 죽었던 것 같다.

[33] IV, 1014.

[34] Revillout, Revue égyptologique, I, 59 ff., III, 105.

아마시스의 국고에 심하게 의지했다. 신전 수입의 삭감은 불가피했다. 그것은 페르시아시기 신전 재산에 대한 훨씬 심각한 잠식의 시작이었으며, 프톨레마이오스 하에서는 사제 수입의 대규모 감축과 신전 자산의 징세로 이어졌다. 정치적으로 무력한 사제단은 그들의 불만을 그저 삼킬 뿐이었다. 그러나 불만은 서서히 모든 상류계층으로 퍼져나갔다. 그러나 소문난 총명한 아마시스는 항상 자신이 지휘하는 대로 세력들을 조종할 수 있었으므로 이집트 파벌은 무력감을 느끼고 그가 원하는 대로 응해야만 했다.

아마시스가 그리스인들과 끊임없이 유지해 온 친밀한 관계로 그는 지중해 유역에서 확고하게 자리매김했다. 서쪽으로 그는 오아시스들을 지배했고 북부 오아시스에 신전을 세웠다.[35] 그러나 그는 동쪽과의 관계에서는 그렇게 운이 좋지 못했다. 그가 왕위를 찬탈한 것은 네부카드네자르에게 이집트에게 굴욕을 줄 수 있는 탐내 온 기회를 제공했다. 칼데아인들은 자연히 이집트가 그러한 혁명에 따르는 내부의 분쟁에 의해 약화되었을 것이라고 추정했다. 기원전 568년 아프리에스가 죽기 전에, 벌써 칼데아인들의 군대가 삼각주 변경에 등장했지만, 그 후의 군사 작전 과정은 알려지지 않았다. 네부카드네자르가 이집트의 정복을 목표로 한 것 같지는 않다. 이집트는 당시 아시리아인들이 발견한 에티오피아인들 하의 무력한 무정부 상태와는 매우 다른 상황에 처해 있었다. 어쨌든 그는 이집트의 정복을 이루지 못했다. 미움받는 파라오 왕국의 완전한 멸망을 열렬한 바람으로 기다려 온 예레미야[36]와 에제키엘(Ezekiel)[37]은 자신들이 동포들에게 자신 있게 예언한 재앙이 일어나지 않은 것에 대해 대단히 실망했을 것이다.[38] 그러나

---

[35] Steindorff, Berichte der phil.-hist. Classe der Königl. Sächs, Gesellschaft der Wissenschaften zu Leipzig, 1900, p. 226.
[36] 예레미야, 43: 8-13.
[37] 에스겔, 40: 10-18.

전투의 결과로서 아마시스는 시리아 팔레스타인의 정복이라는 마음에 품었을 수 있는 야심을 포기해야 했다. 그렇기는 하지만 강한 해군 덕분에 그는 키프로스(Cyprus)를 완전히 진압할 수 있었다. 그는 키프로스를 이집트의 속국으로 조직해 자신에게 공물을 바치게 했다. 당시 무시무시해진 그의 해군력은 프톨레마이오스 하에서 이집트를 지중해의 지배적인 국가로 만든 해군력의 토대였다.

한편 네부카드네자르가 죽고(기원전 562), 강력한 개성을 가진 인물이 사라진 것은 바빌로니아 제국의 명망을 뚜렷하게 약화시켰다. 내부에서 알력이 일자 메디아와의 동맹은 더 이상 불가능했다. 그리고 마침내 페르시아인인 안산(Anshan)[39]의 키루스(Cyrus)[40]가 메디아의 왕 아스티아게스(Astyages)를 무너뜨리고 메디아 왕조를 밀어내는 데 성공했을 때(기원전 550), 바빌론은 풍전등화의 위기에 처했다. 키루스의 범상치 않은 성공은 당시 경이로움과 경각심으로 서방의 모든 눈을 고정시킨 볼거리였다. 아마시스는 서쪽의 다른 모든 세력과 마찬가지로 그의 왕국을 위협하는 새로운 위험을 충분히 감지하고 있었다. 그러므로 그는 기원전 547년 그들과 공동 노력을 기울여 리디

---

[38] [역주] 에제키엘은 구약성서의 에스겔이며, 에스겔서의 일부를 쓴 저자이다. BC 592년경부터 그가 예루살렘에서 받은 초기 신탁은 전쟁과 파멸을 선언하지만, 나중에 진술한 내용은 바빌로니아에 포로로 끌려간 이스라엘 사람들에게 희망을 전한다. 그는 하느님과 이스라엘 백성 사이에 궁극적으로 새 언약이 맺어질 것을 믿었는데, 이 믿음은 유대교와 그리스도교 신학에 깊은 영향을 주었다.

[39] [역주] 안샨은 지금의 이란 남서부에 위치한, 고대 엘람 왕국의 도시이다.

[40] [역주] 키루스 2세이다. 안샨은 메디아의 속국으로 키루스 1세의 가문이 통치했다. 키루스 1세의 아들인 캄비세스가 주군인 메디아 왕 아스티아게스의 딸과 결혼해 낳은 아들이 키루스 2세이다. 기원전 550년 성인이 된 키루스 2세와 외할아버지인 아스티아게스와의 전쟁에서 아스티아게스는 패전해 키루스의 포로가 되었고 키루스는 하룻밤 새에 두 왕국, 즉 페르시아와 메디아 왕국을 차지한다(조르주 루 2013:210-211). 키루스는 바빌로니아로 끌려간 이스라엘 사람들이 자국으로 돌아가도록 해방시켜 주었다. 구약성서에 나오는 고레스로, 유대인의 해방자로 알려져 있다.

아(Lydia)의 크로이소스(Croesus)[41] 왕과 서쪽의 스파르타인들, 동쪽으로는 바빌론의 나부나이드(Nabuna'id)[42] 왕과 동맹을 맺었다. 동맹국들이 함께 움직이기 전에, 크로이소스가 패배하여 퇴위되었다(기원전 546-5). 새로운 정복자와 그의 백성들의 고향 산야에서 여러 세기 동안 소모되지 않고 신선한, 그들의 넘치는 에너지가 그다음에는 바빌론으로 향했고, 바빌론은 기원전 539년 무너졌다. 아마시스는 그들의 전진을 전혀 막을 수 없었다. 그러는 사이 거대한 페르시아 제국이 두 강의 계곡에 있는 셈족 국가들과 소아시아 왕국들의 잔해 위에 세워지고 있었다. 새로운 세계 강국이 이제 이집트를 바라보는 것은 당연했다. 아마시스의 말년은 그가 키루스의 확실한 패권을 예상했을 때 불길한 예감으로 어두웠을 것이다. 그러나 그는 크로이소스의 운명은 면했다. 임박한 재앙이 아직 그의 왕국을 덮치지 않았던, 기원전 526년 말 또는 525년 초에 그가 죽었기 때문이다.

아마시스는 44년이라는 긴 통치 기간 동안 정치가로서의 그의 자질을 보여 줄 많은 기회가 있었다. 풍부한 지략, 변함없는 영리함으로 그는 그리스 세계에 속했고, 주로 그 세계의 소산이었다. 그의 본성은 근본적으로 파라오의 관습적이고 성직특권주의 신념과는 대립되는 것이었다. 파라오의 이러한 신념은 고대의 왕정을 지배하여, 주로 성직에서 유래된 기념물

---

[41] [역주] 리디아의 마지막 왕(BC 560경~546 재위). 엄청난 부로 유명하며 이오니아의 그리스인들을 침공했으나 뒤이어 페르시아에 정복되었다. 메름나드 왕조의 일원인 크로이소스는 이복 형제와 싸운 뒤 아버지 알리아테스의 뒤를 이어 왕위에 올랐다. 그는 아버지가 죽기 전에 부왕 겸 최고 사령관으로 행세했다고 한다. 서부 아나톨리아에 있는 에페소스를 비롯한 여러 도시를 점령함으로써 이오니아 본토의 정복을 끝마쳤다.

[42] [역주] 나보니두스(Nabonidus)로도 알려져 있다. 나부나이드는 나부(Nabu)신의 숭배자를 의미한다. 조르주 루(2013:214)에 의하면 나부나이드가 키루스와의 전쟁에 져서 어떻게 되었는지는 알 수 없지만, 일부 고전 작가들에 의하면 키루스가 그를 이란 중심부에 있는 카르마니아의 총독으로 임명한 듯하다.

에서는 모든 파라오를 똑같은 유형으로 만들고, 하나같이 똑같이 단조로운 신의 속성들을 가진 경직되고 특색 없는 형상으로 묘사한다. 아마시스는 파라오를 구성하는 자질에서 이러한 형식적인 성직 전통을 거의 고려하지 않았다. 아침 시간을 공적 업무를 처리하며 보낼 때, 그는 국가의 성대한 의식과 형식상의 절차를 버리는 것을 좋아했다. 몇몇 선택 받은 친구들과 테이블 주위에 모여서 거리낌 없이 왁자지껄하게 즐겼고, 그런 자리에서 포도주는 적지 않은 역할을 했다. 너무 세련되지도 않고 그의 위치를 위협하지 않는 모든 세력과 모든 즐거움에 개방된 그 시대의 완벽한 사람으로서, 그럼에도 불구하고 그는 스스로 일류 정치가임을 증명했다. 그의 위트와 유머에 대해서는 그리스인들이 많은 이야기를 남겼다. 힘들이지 않고 능숙한 솜씨로 그가 사람과 일을 다룬 것은 끊임없는 감탄을 자아냈다. 그러나 아마시스의 성격과 정책은 우리가 지금까지 살펴본 옛 이집트 세계가 벌써 중단되었다는 사실을 뚜렷이 보여 준다. 불꽃으로 다시 깜박거렸던 이집트 세계의 생명력은 사이스 시대의 예술에서는 당시 영원히 꺼졌다. 사이스 시대의 국가는 현명한 통치자들에 의해 솜씨 좋게 세워지고 유지된 인위적인 구조일 뿐이다. 그러나 국민의 진취성과 생명력으로 특징지어지는 국가의 역사는 오래전에 끝이 났다. 이집트의 몰락과 그 특유의 역사가 끝난 것은 무자비한 캄비세스[43]가 펠루시움(Pelusium)[44]의 문을 두드리기 훨씬 전에 벌써 돌이킬 수 없는 사실이었다. 사이스 국가는 미래를 들여다보는, 미래에 속한 통치자들의 창조물이었고, 과거와 거의 또는 전혀 관련이

---

[43] **[역주]** 캄비세스 2세로, 키루스 2세의 아들이다.
[44] **[역주]** 이집트의 고대 도시이다. 오래전에 실트로 막힌 나일강 동쪽 끝 어귀에 있었다. 이곳은 시나이반도에 있는 포트사이드에서 남동쪽으로 32km 정도 떨어져 있다. 제26왕조와 그 뒤를 이은 이집트 왕조 치하에서 펠루시움은 팔레스타인에 대한 주요한 국경요새였고 아시아 상품을 들이는 세관이었다.

없었다. 그들은 페르시아인들의 뒤를 이은 프톨레마이오스처럼 근본적으로 이집트인들이 아니었다. 아마시스 아들인 프삼티크 3세에게서 왕좌와 왕국을 빼앗은, 기원전 525년 페르시아의 정복은 통치자들만 바뀐 것으로 순전히 대외적인 사실일 뿐이었다. 만일 국민감정이 약하게나마 분출되어 이런저런 이집트인들이 잠깐이라도 페르시아의 속박을 밀어낼 수 있었다면, 그 움직임은 의식 있는 생명이 떠난 지 오래된 수족에 때로 순간적인 움직임을 주는 경련성 수축에 비유될 수 있다. 프삼티크 3세의 몰락과 함께, 이집트는 새로운 세상에 속하게 되었다. 새로운 세계로 발전하는데 이집트는 많은 공헌을 했다. 그러나 새로운 세상에서 이집트는 더 이상 적극적인 역할을 수행할 수 없었다. 이집트의 위대한 역할은 끝났다. 니네베와 바빌론과 달리 무대에서 사라질 수 없어서 이집트는 침몰하고 있는 페르시아와 프톨레마이오스 하에서 일시적으로 인위적인 삶을 살았다. 마침내 단지 로마의 곡물창고가 되어 부유한 그리스와 로마인들이 고대의 불가사의한 땅으로서 방문하게 되었다. 그들은 현대 관광객들이 여전히 그렇듯, 경이로운 동일한 유적들에 감탄하면서 이집트의 고색창연한 기념물 여기저기에 자신들의 이름을 새겨 놓았다. 그러나 이집트를 여전히 세계의 정원으로 만든 호전적이 아닌 국민은 자각하는 징후를 보이지 않고 있다. "이집트의 땅에서는 더 이상 지배자가 나오지 않을 것이다"[45]라는 헤브라이 선지자의 말은 문자 그대로 실행되었다.[46]

---

[45] 에스겔, 30: 13.

[46] [역주] 이후 이집트의 역사를 간략히 정리하면 다음과 같다. 첫 번째 페르시아 왕조가 기원전 525년부터 404년까지 지속되었다가 이집트 원주민에 의한 짧은 통치가 이어졌고, 이집트의 마지막 파라오 넥타네보 2세를 끝으로 기원전 345년 두 번째로 페르시아인들의 통치가 다시 시작되었다. 이후 마케도니아의 알렉산드로스가 기원전 335년 이집트로 들어갔고, 332년 알렉산드로스가 죽었을 때 당시 이집트 총독이던 프톨레마이오스 1세가 경쟁자들을 누르고 프톨레마이오스 왕조를 세웠다. 이후 로마인들이 기원전 30년부터 395년까지 이집트를 점령했다. 이후 이집트는 동로마제국(후의

비잔틴제국)의 지배를 받았다. 642년 비잔틴제국이 철수한 후 이집트는 아랍어를 사용하는 나라로 바뀌었고, 이슬람교가 지배적인 종교가 되었다. 이집트는 우마이야 왕조와 아바스 왕조 칼리프국의 일부였다. 그 후 969년 파티마 왕조 칼리프국의 중심이 되었으며, 어느 정도 독립을 이루었다. 1171년 이집트는 아바스 왕조의 지배로 귀속되었다. 아바스 왕조 칼리프국이 무너지고 1250년 군의 노예 출신인 맘루크들이 득세하여 1517년 오스만 투르크에 함락될 때까지 맘루크 왕조가 지속되었다. 1798년 프랑스군이 침략했다가 몇 년 뒤 철수하고 이집트는 무하마드 알리의 수중에 들어갔다. 알바니아인이었던 것으로 알려진 알리는 오스만을 명목상의 종주국으로 하는 하나의 왕조와 제국을 일으켰다. 그와 그의 후계자들의 팽창주의 정책으로 인해 이집트는 영국에 막대한 빚을 졌고, 영국은 1882년 혼란스러운 틈을 타 이집트를 점령했다. 이집트는 1914년 영국의 보호령이 되었으며, 1922년 명목상의 독립을 얻고 입헌군주국이 되었다. 1952년 7월 혁명으로 넥타네보 2세 이후 2300년 만에 이집트 본토 출신이 권력을 잡았다.

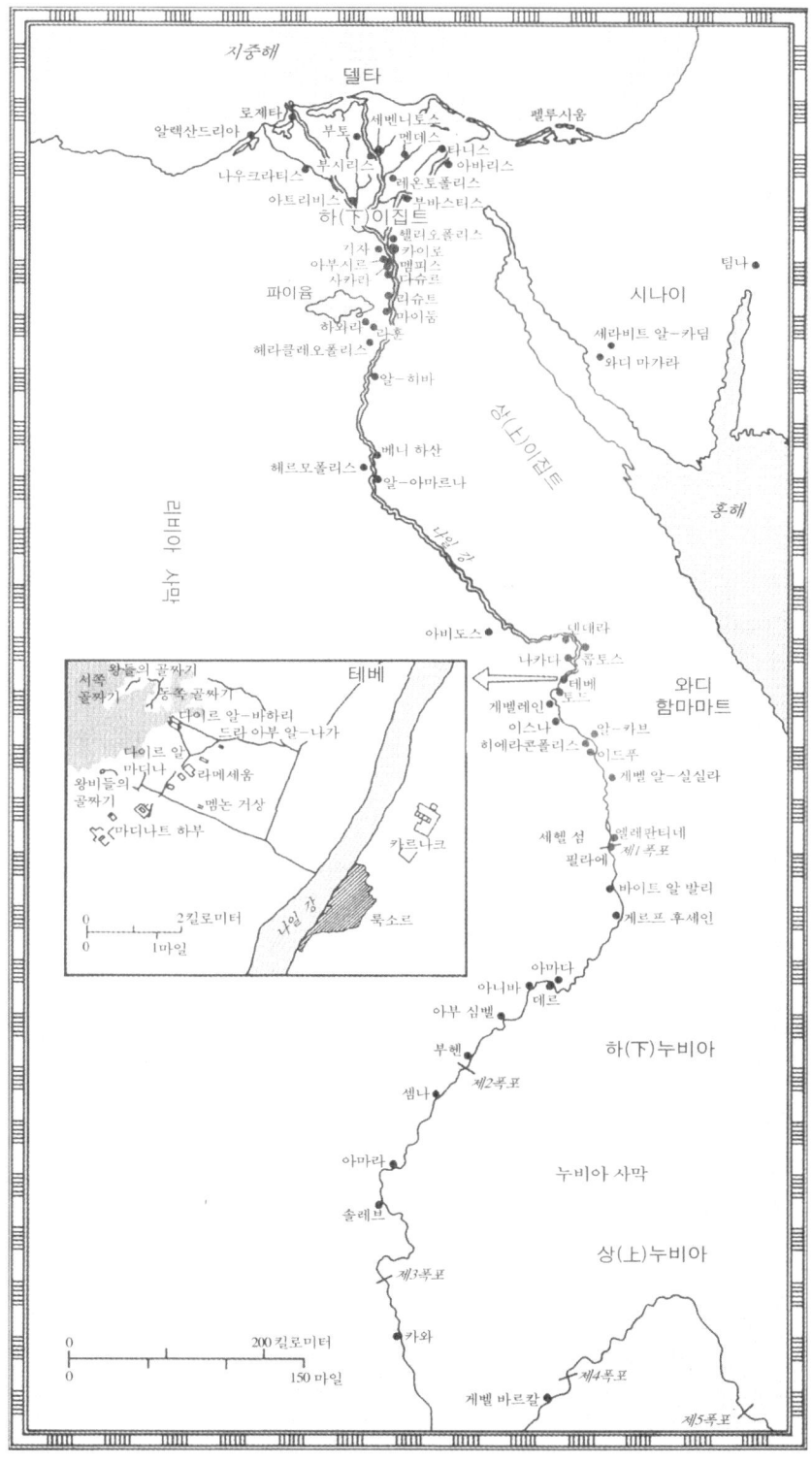

지도 10. 클레이턴, 『파라오의 역사』에서 轉載

왕들의 연표
(Ancient Records of Egypt I 38~75쪽 참조)
주의사항 : 별표(*)가 붙은 연도는 천문학적으로 결정된 것이다.

책력의 도입 ·················· 기원전 4241년
메네스의 즉위와 왕조의 시작 ······ 기원전 3400년

제1, 제2왕조, 기원전 3400-2980년
18명의 왕, 420년

제3왕조, 기원전 2980-2900년
조세르에서 스네프루까지, 80년

제4왕조(기원전 2900-2750년)

쿠푸 ································ 28년
데데프레 ···························· 8년
카프레 ······························ x년
멘쿠레 ······························ x년
____ ································ x년
____ ································ 18년
셰프세스카프 ······················ 4년
____ ································ 2년
합계 ································ 55년
최단 150년으로 알려져 있다.

제5왕조(기원전 2750-2625년)

우세르카프 ·························· 7년
사후레 ······························ 12년
네페리르케레 ······················ x년
셰프세스케레 ······················ 7년
카네페르레 ·························· x년
누세르레 ······················ 30(+x)년
멘쿠호르 ···························· 8년
데드케레 이세시 ··················· 28년
우니스 ······························ 30년
합계 ·························· 122(+3x)년
최단 125년

제6왕조(기원전 2625-2475년)

테티 2세 ·· x년
우세르케레 ·· x년
페피 1세 ·· 21년
메르네레 1세 ·· 4년
페피 2세 ·· 90(+x)년
메르네레 2세 ·· 1년
합계 ··· 116(+3x)년
　　　　150년으로 알려져 있다.

제7, 제8왕조(기원전 2475-2445년)

합계 30년으로 알려져 있다.

제9, 제10왕조(기원전 2445-2160년)

헤라클레오폴리스의 18인, 285년으로 추정된다.

제11왕조

호루스 와헤네크 인테프 1세 ················ 50(+x)년
호루스 나크트네브 테프네페르 인테프 2세 ···· x년
호루스 세네키브토웨 멘투호테프 1세 ·········· x년
니브하페트레 멘투호테프 2세 ···················· x년
니브토웨레 멘투호테프 3세 ···················· 2(+x)년
니브헤페트레 멘투호테프 4세 ················ 46(+x)년
세네크케레 멘투호테프 5세 ···················· 8(+x)년
합계 ··· 106(+x)년
　　　　합계 160년으로 알려져 있다.

제12왕조(기원전 2000-1788년)

왕	통치 기간	통치 연도	공동통치
아메넴헤트 1세	30년	기원전 2000*-1790*년	2000-1980년 단독 통치 1980-1970년 아들과 통치
세소스트리스 1세	45년	기원전 1980*-1935*년	1980-1970년 아버지와 통치 1970-1938년 단독 통치 1938-1935년 아들과 통치
아메넴헤트 2세	35년	기원전 1938*-1903*년	1938-1935년 아버지와 통치 1935-1906년 단독 통치 1906-1903년 아들과 통치

왕	통치 기간	통치 연도	
세소스트리스 2세	19년	기원전 1906*-1887*년	1906-1903년 아버지와 통치 1903-1887년 단독 통치
세소스트리스 3세	38년	기원전 1887*-1849*년	아들과 통치한 기간은 불확실함
아메넴헤트 3세	48년	기원전 1849*-1801*년	아버지와 통치한 기간은 불확실함 아들과 통치한 기간은 불확실함
아메넴헤트 4세	9년	기원전 1801*-1792*년	아버지와 통치한 기간은 불확실함
세베크네프루레	4년	기원전 1792*-1788*년	
합계	228년(공동통치 기간 15년을 고려하면 실제 합계는 213년)		

제13왕조~제17왕조(기원전 1788*-1580년)

이 시기는 힉소스 208년을 포함함

제18왕조(기원전 1580-1350년)

왕	통치 기간	통치 연도
아흐모세 1세	22(+x)년	기원전 1580-1557*년
아멘호테프 1세 투트모세 1세	10(+x)년 30(+x)년 ⎤ 56년	기원전 1557*-1501년
투트모세 3세	54년	기원전 1501*년 5월 3일-1447*년 3월 17일 (투트모세 2세와 하트셉수트 통치 기간이 포함됨)
아멘호테프 2세	26(+x)년	기원전 1448*-1420년
투트모세 4세	8(+x)년	기원전 1420-1411년
아멘호테프 3세	36년	기원전 1411-1375년
아멘호테프 4세 또는 이크나톤	17(+x)년 ⎤	기원전 1375-1358년
사케레 투텐카몬 에예	x년 x년 3(+x)년 ⎦ 25년	기원전 1358-1350년
합계	227(+4x)년(최단 230년)	

제19왕조(기원전 1350-1205년)

왕	통치 기간	통치 연도
하렘합	34(+x)년	기원전 1350-1315년
람세스 1세	2년	기원전 1315-1314년
세티 1세	21(+x)년	기원전 1313-1292년
람세스 2세	67년	기원전 1292-1225년
메르넵타	10(+x)년	기원전 1225-1215년
아멘메세스	x년	기원전 1215년
시프타	6(+x)년	기원전 1215-1209년
세티 2세	2(+x)년	기원전 1209-1205년
합계		142(+6x)년(최단 145년)

과도기

무정부 상태와 시리아 찬탈자들의 통치 기간 5(+x)년, 기원전 1205-1200년

제20왕조(기원전 1200-1090년)

왕	통치 기간	통치 연도
세트나크트	1(+x)년	기원전 1200-1198년
람세스 3세	31년	기원전 1198-1167년
람세스 4세	6년	기원전 1167-1161년
람세스 5세	4(+x)년	기원전 1161-1157년
람세스 6세 람세스 7세 람세스 8세	x년 x년 x년 ⎤ 15년	기원전 1157-1142년
람세스 9세	19년	기원전 1142-1123년
람세스 10세	1(+x)년	기원전 1123-1121년
람세스 11세	x년	기원전 1121-1118년
람세스 12세	27(+x)년	기원전 1118-1090년
합계		104(+5x)(최단 110년)

제21왕조(기원전 1090-945년)

왕	통치 기간	통치 연도
네수베네브데드	x년	기원전 1090-1085년
흐리호르	x년	
페시브켄노 1세	17(+x)년	기원전 1085-1067년
파이노젬 1세	40(+x)년	기원전 1067-1026년
아메네모페트	49(+x)년	기원전 1026-976년
시아몬	16(+x)년	기원전 976-958년
페시브켄노 2세	12(+x)년	기원전 958-945년
합계		134(+6x)년(최단 145년)

제22왕조(기원전 945-745년)

왕	통치 기간	통치 연도
셰숀크 1세	21(+x)년	기원전 945-924년
오소르콘 1세	36(+x)년	기원전 924-895년
타켈로트 1세	23(+x)년	기원전 895-874년
오소르콘 2세	30(+x)년	기원전 874-853년
셰숀크 2세	00	(오소르콘 2세와 공동통치 기간인 기원전 877년 사망)
타켈로트 2세	25(+x)년	기원전 860-834년(오소르콘 2세와 7년간 공동통치)
셰숀크 3세	52년	기원전 834-784년
페모우	6(+x)년	기원전 784-782년
셰숀크 4세	37(+x)년	기원전 782-745년
합계	230(+x)년 가능한 공동통치 기간 30년을 고려하면 총계는 200(+x)년(최단 200년)	

제23왕조(기원전 745-718년)

왕	통치 기간	통치 연도
페디바스트	23(+x)년	기원전 745-721년
오소르콘 3세	14(+x)년	
타켈로트 3세	x년	

| 합계 | 37(+3x)년
공동통치 기간 10년을 고려하면
최종 합계 27(+x)년 최단 27년 | |

제24왕조(기원전 718-712년)

왕	통치 기간	통치 연도
베크네라네프 (복코리스)	6(+x)년	기원전 718-712년
합계		최단 6년

제25왕조(기원전 712-663년)

왕	통치 기간	통치 연도
샤바카	12년	기원전 712-700년
샤바타카	12년	기원전 700*-688년
타하르카	26년	기원전 688-663년
합계		50년(최단 50년)

제26왕조(기원전 663-525년)

왕	통치 기간	통치 연도
프삼티크 1세	54년	기원전 663-609년
네코	16년	기원전 609-593년
프삼티크 2세	5년	기원전 593-588년
아프리에스 (호프라)	19년	기원전 588-569년
아흐모세 2세	44년	기원전 569-525년
프삼티크 3세	수개월	기원전 525년
합계		138년

기원전 525년, 페르시아인들에게 정복당함(제27왕조)
기원전 525-332년, 짧은 이집트인 왕조의 통치 기간(제28~30왕조)을 제외하고 이집트는 페르시아의 한 주(州)였음.
기원전 332년, 알렉산더 대왕이 이집트를 점령함.
기원전 332-30년, 알렉산더와 그의 계승자들 하의 프톨레마이오스 왕조시대
기원전 30년, 이집트는 로마의 한 주가 되었다.

참고문헌

민희식, 『성서의 뿌리: 오리엔트 문명과 구약성서』, 2008, 블루리본.
조르주 루, 『메소포타미아의 역사』 제2권, 김유기 옮김, 2013, 한국문화사.
크리스티앙 자크, 『위대한 파라오의 이집트』, 임헌 옮김, 1997, 예술시대출판사.
_____, 『현자 프타호텝의 교훈』, 홍은주 옮김, 1999, 문학동네.
피터 A. 클레이턴, 『파라오의 역사』, 정영목 옮김, 2009, 까치글방.
한상복, 「지중해 동남부 고대 국가들의 교역」, 『비교문화연구』, 2009, 제15집 1호.
Immanuel Velikovsky *Ages In Chaos - From the Exodus to King Akhnaton* 2009. Paradigma Ltd.
『색깔의 수수께끼』, 편집부, 2006. 비채.

찾아보기

(ㄱ)

가나안(Canaan)__36, 133, 200, 242, 318, 390
가자(Gaza)__71, 214, 241, 455
갈릴리(Galilee)__211, 214, 245, 275, 391
게벨 제바라(Gebel Zebâra)__251
게벨렌(Gebelên)__247
게제르(Gezer)__128, 203, 212, 213, 311, 312, 318, 370, 390, 391
겜 아톤(Gem-Aton)__176, 179, 216, 221
관료__21
군대의 시민__20
군인__20, 21
그 길의 아몬__371, 372, 374
그레이트 오아시스(Great Oasis)__96, 393
그리스__38, 41, 326, 450
그리스 신전__146
그리스 희곡__299
그리스어__157
그리스인__175, 440, 467, 469
기게스(Gyges)__437
기브온(Gibeon)__391
기자(Gizeh)__27, 127
길드__21, 26
길루케파(Gilukhepa)__135

(ㄴ)

나르 엘 케비르(Nahr el-Kebîr)__112
나보폴라사르(Nabopolassar)__457
나부나이드(Nabuna'id)__471
나스테센(Nastesen)__431
나우크라티스(Naucratis)__466

나일강__35, 41, 418
나파타(Napata)__32, 124, 132, 292, 402, 410, 421, 426-30
나폴레옹(Napoleon)__78, 81, 106, 118, 146, 273
나하린(Naharin)__42, 70, 85, 86, 91, 92, 93, 94, 97, 109-11, 113, 121, 122, 128, 131, 164, 166, 169, 213, 262, 275, 276, 289
나하린 전투__125
나훔(Nahum)__428, 455
나흐르 엘 켈브(Nahr el-Kelb)__423
남국의 통치자__32
남로트(Namlot)__388, 405, 406
남부 10인의 고관들__12
남부 레바논__111
남부 시리아__83
남부 팔레스타인__70, 111, 370
남부의 통치자__426, 439
네게브(Negeb)__111, 242
네부카드네자르(Nebuchadnezzar)__449, 457, 458, 460-63, 469, 470
네수베네브데드(Nesubenebded)__368, 369, 371, 372, 374, 377, 381-84, 414
네수프타(Nesuptah)__439
네수호르(Nesuhor)__464
네시(Nehsi)__53, 58, 59, 67
네켄(Nekhen)__30, 32
네코(Necho)__423, 425, 427, 435, 455, 457-60
네페르네프루아톤(Nefernefruaton)__187, 230
네페르호테프(Neferhotep)__233

찾아보기 | 483

네프레티리(Nefretiri)__287, 305
네프루레(Nefrure)__52
네히(Nehi)__114
노프레테테(Nofretete)__168
농노__21, 143, 446
누게스(Nuges)__79, 109, 111, 262
누비아(Nubia)__7, 8, 11, 29, 31, 32, 34, 59, 91, 100, 105, 113, 114, 124, 125, 129, 131-33, 164, 172, 179, 216, 221, 238, 240, 247, 250, 252, 259, 263, 280, 281, 286, 287, 293, 295, 318, 321, 322, 336, 350, 364, 405, 430, 431
누비아 왕국__402
누비아인__424
누카시쉬(Nukhashshi)__165, 166, 206, 210
뉴욕(New York)__97
니네베(Nineveh)__42, 134, 167, 398, 416, 419, 423-25, 427, 428, 436, 437, 455-57
니바몬(Nibamon)__86
니이(Niy)__94, 123, 166, 206, 207
니토크리스(Nitocris)__438, 439, 460
님무리아(Nimmuria)__136

(ㄷ)
다르다니아(Dardania)__263, 311
다마스쿠스(Damascus)__80, 165, 166, 212, 415
다윗(David)__387
다프나이(Daphnae)__440, 468
달라이라마__164
대서양__98
대심의회__13
대차대조표__11
데니엔(Denyen)__327, 330
데르(Derr)__272, 364
데르 엘 바흐리(Dêr el-Bahri)__54, 385
데모틱(Demotic)__446
데모틱 파피루스__412

데페르(Deper)__275
덴데레(Dendereh)__104
도그(Dog) 강__262, 264
도데카쇼이노스(Dodekaschoinos)__346, 350
도르(Dor)__369, 371, 381
도리아인(Dorian)__466
도시의 위인들__13
동골라(Dongola)__33
동부 지중해__95, 142
둘고(Dulgo)__179
디오도루스(Diodorus)__15, 302, 307, 459

(ㄹ)
라기스(Lachish)__203, 213, 370
라메세움(Ramesseum)__272, 284, 285, 295
라모세(Ramose)__177
라테란(Lateran)__130
라피아(Raphia)__416
람세스(Ramses)__255, 258-60, 263, 264, 266, 267, 270-76, 278-80, 286-89, 293, 301, 302, 307, 309, 310, 320, 335, 337, 339, 361, 380
람세스 1세__240, 261, 277, 284
람세스 2세__238, 250, 256, 261, 282, 288, 292, 303, 319, 324, 367, 368
람세스 3세__303, 323-25, 327, 328, 330-32, 334, 340-42, 344, 346, 350-53, 361, 368, 375
람세스 4세__303, 361-63
람세스 5세__363
람세스 6세__363
람세스 7세__364
람세스 9세__364, 365, 367, 370
람세스 10세__367, 368
람세스 12세__368, 370
람세스나크트(Ramsesnakht)__364, 365
람세스의 땅__283, 284

러스킨(Ruskin)__156, 294
런던(London)__97
레(Re)__63, 173, 174, 230, 264, 266, 277, 286, 344, 349
레 사단__267, 268, 271
레-하라크테(Re-Harakhte)__173
레바논(Lebanon)__27, 69, 79, 80, 81, 95, 109, 121, 122, 128, 243, 264, 311, 370, 373, 375, 462
레바논산맥__35, 36, 38, 72, 80, 85, 264
레부(Lebu, Rebu)__313
레스헤프(Reshep)__305
레크미레(Rekhmire)__10, 11, 100, 117
레테누(Retenu)__76, 81
레토폴리스(Letopolis)__408
로고스(logos)__172
로도스(Rhodes)__38, 141
로마__97, 130, 286
로마 시대__389
루리(Luli)__418
루이(Louis) 15세__159
루터(Luther)__24
룩소르(Luxor)__148, 153, 179, 221, 230, 248, 272
룩소르 신전__152, 176, 284, 395
르낭(Renan)__121, 462
르호보암(Rehoboam)__391
르홉(Rehob)__391
리디아(Lydia)__437
리블레(Ribleh)__265, 456, 461-63
리비아(Libya)__118, 281, 316, 325-27, 332, 459
리비아인__30, 244, 255, 292, 308, 310, 311, 313, 323, 356, 387, 388, 424, 440, 464
리키아(Lycia)__142, 263
리키아인__308, 311, 314, 356
리타니(Litâny)__246, 264
린도스(Lindos)__467

립-아디(Rib-Addi)__165, 166, 207, 209, 211, 212, 214, 220, 245

(ㅁ)
마나크비리아(Manakhbiria)__113, 207
마네토(Manetho)__223, 300, 325, 382, 388, 398, 412, 416, 420, 421
마레아(Marea)__440
마르두크발리딘(Mardukbaliddin)__417
마리에트(Mariette)__28
마이(Mai)__184
마이어(Meyer)__437
마조이(Mazoi)__263
마키아벨리(Machiavelli)__209
마트네프루레(Matnefrure)__279
마하나임(Mahanaim)__391
마하르바알(Maharbaal)__356
막시에스(Maxyes)__313
맘루크(Mamluk)__389, 397, 414
맘루크 술탄__323
메기도(Megiddo)__71, 72, 75, 76, 77, 78, 79, 81, 90, 108, 212, 242, 369, 391, 456
메둠(Medûm)__407
메디네트 하부(Medinet Habu)__338, 341, 347, 348
메디아(Media)__455, 457, 470
메디치가(Medicis)__414
메라사르(Merasar)__277
메로에(Meroe)__430, 440, 459
메르넵타(Merneptah)__280, 291, 302, 310-13, 315, 317-21, 326, 328, 333, 335, 390
메르넵타-시프타(Mernepta-Siptah)__321
메리레(Merire)__182, 183
메리모세(Merymose)__131
메리에이(Meryey)__314, 316, 327
메리타톤(Meritaton)__218
메세드(Mesed)__409

메세드수레(Mesedsure)__354
메셰셰르(Meshesher)__333
메시웨시(Meshwesh)__313, 332, 333, 387, 389
메케타톤(Meketaton)__219
멘데스(Mendes)__399, 408, 409
멘케페르레(Menkheperre)__383, 384
멘케페르레 세네브(Menkheperre-seneb)__82, 83, 114
멘투호테프(Mentuhotep) 2세__56
멘트엠헤트(Mentemhet)__426-28, 435, 438, 439, 446
멤피스(Memphis)__14, 21, 83, 123, 125, 164, 170, 173, 177, 216, 236, 239, 250, 259, 284, 289, 308, 315, 349, 353, 388, 407, 408, 412, 422, 423, 425, 427, 428, 435, 448, 450, 468
면죄부__24, 25
모세__194
모스크 형식__414
모아브(Moab)__417, 418, 461
모아브(Moab)산__35
무르실리스(Mursilis)__245, 247
무스리(Musri)__415, 418
무와탈리스(Muwatallis)__247, 261-63, 266, 267, 269-71, 276
무템위야(Mutemwiya)__129
무트(Mut)__186, 305, 341
무트 신전__152, 411
무트네즈메트(Mutnezmet)__230
미시아(Mysia)__263
미케네(Mycenae)__39, 141, 142
미케네 문명__452
미탄니(Mitanni)__41, 70, 85, 86, 92, 93, 122, 123, 128, 129, 133-36, 164, 165, 167, 200, 204, 205, 392
미탄니 왕국__42
민(Min)__22

밀레토스(Miletus)__457
밀레투스(Miletus)__467

(ㅂ)

바빌로니아(Babylonia)__40, 118, 120, 129, 133-35, 138, 203, 215, 289, 417, 458, 460, 462, 470
바빌론(Babylon)__36, 37, 42, 84, 94, 120, 133, 164, 201, 205, 289, 417, 419, 435, 438, 449, 455, 457, 458, 461, 470, 471
바실리카(Basilica)__149
바알(Baal)__422
바알(Baal)신__36, 289, 305
바알라트(ba'lat)__36
바흐르 유수프(Bahr Yusuf)__405, 406
백작__8
베니하산(Beni-Hasan)__63, 404
베두인(Beduin)__211, 212, 214, 241, 242, 265, 266, 288, 336, 418, 423
베르베르(Berber)족__313
베이루트(Berût)__211, 212, 262, 278
베케타톤(Beketaton)__181
베크(Bek)__181, 197
베트 아노트(Beth Anoth)__391
베트셰안(Beth-Shean)__369, 391
베트호론(Bethhoron)__391
벤 아나트(Ben-Anath)__292
벤 오젠(Ben-'Ozen)__291, 319
보가즈쾨이(Boghaz-köy)__203, 278
복구__414
복코리스(Bocchoris)__411, 412, 416
부르라부르야시(Burraburyash)__200, 215
부바스티스(Bubastis)__247, 388, 393, 395, 396, 398, 404, 408, 412
부시리스(Busiris)__408
부유와와(Buyuwawa)__387, 388
부토(Buto)__447
북누비아__30

북방 국가들의 통치자__107, 121
북부 시리아__292
북부 아라비아__35
북부 팔레스타인__83, 96, 122
북시리아__39, 90, 94, 105, 166, 201, 206, 247, 306
북지중해__326
북쪽__265
북팔레스타인__81
불카누스(Vulcanus)__436
브란키다이(Branchidae)__457
블레미스(Blemmyes)__431
비블로스(Byblos)__36, 38, 121, 165, 166, 206, 207, 209, 211, 212, 220, 370, 371, 375-77, 381, 386
비쿠루(Bikhuru)__211, 214
빈클러(Winckler)__278
빈트-아나트(Bint-Anath)__291, 293

(ㅅ)
사라센(Saracen)__414
사르곤(Sargon)__40, 194, 416, 417
사르곤 2세__415
사르디니아(Sardinia)__140, 263
사르디니아인__308, 314
사마리아(Samaria)__415
사말(Samal)__423
사모스(Samos)__467
사울(Saul)__387
사이스(Sais)__95, 404, 411, 412, 423, 425, 427, 435, 446, 447, 450, 460, 465, 468, 472
사이스 시대__462
사자(死者)의 서__15, 23, 24, 442
사제__20, 21
사제 공국__381
사제단__21
사케레(Sakere)__218, 219

사프트 엘 헨네(Saft el-Henneh)__408
사하라(Sahara)__118
사해__35, 36
살라딘(Saladin)__101
살만에셀(Shalmaneser) 2세__398, 415
살만에셀 4세__415
삼각주__104, 263, 282
上누비아__124
상형문자__446
샤론(Sharon)__71
샤루헨(Sharuhen)__70
샤룰루다리(Sharuludari)__425
샤바카(Shabaka)__416-20, 427
샤바타카(Shabataka)__420, 421
샤브투나(Shabtuna)__265-67, 270
샤수(Shasu)__242
서부 시리아__70
설형문자__41, 134, 203, 213, 278, 336
성 투구풍뎅이__24
세데인가(Sedeinga)__164
세라페움(Serapeum)__412, 425, 448
세메스 에돔(Shemesh-Edom)__122
세베켐사프(Sebekemsaf)__367
세벤니토스(Sebennytos)__408
세비코스(Sebichos)__420, 421
세상의 끝__110
세상의 뿔의 언덕__315, 328, 333
세소스트리스(Sesostris)__29, 144
세소스트리스 1세__365
세소스트리스 2세__284, 368
세소스트리스 3세__114
세와(Sewa)__415
세일(Seir)__213, 336
세켈레시(Shekelesh)__314, 327, 330
세트(Set)__306, 442
세트나크트(Setnakht)__324, 325, 344
세티(Seti)__243-46, 251, 252, 255, 258-260, 322

세티 1세__240-42, 247, 248, 259, 261, 274, 277, 282, 289, 301, 324, 336, 367, 383
세티 2세__322
세플렐(Seplel)__277
세헬(Sehel)__34
센나케리브(Sennacherib)__417, 418, 420, 422
센무트(Senmut)__52, 53, 56, 59, 64, 66, 67
센문(Senmun)__53, 67
센자르(Senzar)__92, 122, 166
셈나(Semna)__114
셈족__36, 38, 40, 41, 141, 143, 166, 202, 212, 242, 289, 291, 370, 417, 450, 471
셰르덴(Sherden)__140, 211, 263, 281, 292, 325, 327, 330, 337, 339
셰르덴인__314
셰숀크(Sheshonk)__387-89, 392-95
셰숀크 1세__389-91, 394, 401
셰숀크 2세__396
셰숀크 3세__398
셰숀크 4세__398
셰펠라(Shephelah)__71
셰프누페트(Shepnupet)__411, 426, 438
소(So)__415
소고(Socoh)__391
소말리(Somali)__118
소아시아__38, 39, 43, 94, 99, 118, 202, 205, 261-63, 278, 310, 356, 437, 471
소포클레스(Sophocles)__299
솔레브(Soleb)__114, 157, 164, 221
솔로몬(Solomon)__390-92
솔론(Solon)__468
쇼스(Shos)__242
수에즈(Suez) 지협__141, 283, 288
수테크(Sutekh)__277, 305, 306
수테크 사단__264, 266, 267
수필룰리우마스(Suppiluliumas)__204, 245

숙련공__20
술탄__352, 389
슈넴(Shunem)__391
슈타르나(Shuttarna)__135
스멘데스(Smendes)__368
스카라베(scarab)__130, 131, 135, 141, 161, 163
스키타이인(Scythian)__454, 455
스파르타인(Spartan)__467, 471
스페인(Spain)__39
스핑크스__127, 299
시나이(Sinai)__66
시나이 사막__35
시나이반도__337
시돈(Sidon)__38, 140, 166, 209, 243, 457, 461, 462
시드키야(Zedekiah)__461, 463
시리아(Syria)__3, 4, 27, 31, 80, 89, 96, 105, 106, 110, 111, 113, 129, 139, 140, 166, 172, 179, 202, 205, 214, 216, 217, 222, 238, 243, 244, 246, 247, 261, 273, 274, 276-78, 283, 288, 289, 291, 293, 306, 311, 322, 328, 330, 335, 337, 351, 369, 370, 427, 457
시리아 팔레스타인(Syria-Palestine)__35, 40, 41, 69, 99, 121, 133, 134, 312, 415, 416, 458, 470
시리아인__356
시미라(Simyra)__38, 89-92, 206, 207, 209-11, 243
시비(Sib'i)__416
시아몬(Siamon)__385
시우트(Suit)__10, 388, 389, 442
시우트 노모스__8
시장__8
시칠리아(Sicilia)__314
시칠리아인__326
시켈리(Sikeli)__314, 326

시프타(Siptah)__322
신관문자__446
신성한 풍뎅이__131
실리시아(Cilicia)__263, 436
실실레(Silsileh)__67, 176, 247, 248, 393
심의회__236
십자군__101
12쇼에니(Schoeni)__346

(ㅇ)
아가데(Agade)__40
아나트(Anath)__305
아나트-헤르테(Anath-herte)__291
아라드(Arad)__392
아라비아(Arabia) 사막__234
아라비아사막 북부__36
아라이나(Araina)__110
아람(Aram)__450
아람인(Aramaean)__36, 212, 415
아루나(Aruna)__72, 73, 74
아르라파키티스(Arrapakhitis)__111
아르와드(Arvad)__38, 87, 90, 91, 262, 276, 330, 462
아르타타마(Artatama)__128, 135
아리안인__41
아마누스(Amanus)__204, 206
아마다(Amâda)__114, 125
아마다 신전__247
아마르나(Amarna)__253
아마르나 문서__263
아마르나 편지__222
아마시스(Amasis)__464-67, 469-73
아메나르디스(Amenardis)__411, 420, 426
아메네모페트(Amenemopet)__384, 385
아메넴하브(Amenemhab)__90, 92, 93, 94, 106, 107, 110, 111, 112, 113
아메넴헤트(Amenemhet)__29, 144
아메넴헤트 1세__3

아멘메세스(Amenmeses)__321
아멘호테프(Amenhotep)__31, 124, 125, 127, 132, 135, 138-41, 143, 145, 148, 149, 152, 156, 160, 164, 165, 167, 364, 365
아멘호테프 1세__28, 29, 30, 35, 60, 84, 305
아멘호테프 2세__115, 122
아멘호테프 3세__15, 129, 130-33, 141, 144, 149, 153, 157, 158, 166, 168, 176, 200, 209, 243, 248, 307, 319
아멘호테프 4세__134, 168, 169, 174, 176, 177
아모리인__289, 311, 369
아모리족(Amorite)__205
아몬(Amon)__11, 17, 22, 23, 56, 59, 62, 76, 81, 84, 121, 125, 149, 153, 164, 173, 176-78, 183, 217-19, 221, 223, 230, 231, 233, 246, 286, 305, 311, 328, 344, 347, 348, 349, 351, 365, 373, 380, 383, 403, 408
아몬 대사제__301, 302, 364, 367, 372
아몬 레(Amon-Re)__22, 165, 374
아몬 사단__264-68, 270
아몬 사제단__258
아몬 신전__85, 99, 105, 149, 232, 335, 339
아몬의 금 생산지__349, 402
아몬의 금 생산지의 통치자__302, 322
아몬의 대사제__21, 53, 366, 460
아무루(Amurru)__206, 209, 278, 334, 335, 370
아무루 왕국__245, 327, 330
아바(Aba)__442
아바리스(Avaris)__63
아부심벨(Abu Simbel)__250, 272, 279, 287, 295, 459
아브람(Abram)의 들판__392
아비도스(Abydos)__21, 44, 251, 252, 258, 272, 284, 289, 362, 384
아비도스 신전__286

찾아보기 | 489

아비밀키(Abimilki)__139, 209
아비시니아(Abyssinia)__431
아슈도드(Ashdod)__454
아슈르바니팔(Ashurbanipal)__424, 425, 428, 435, 436, 438
아스완(Assuan)__247, 464
아스칼론(Askalon)__212, 213, 274, 311, 318, 418, 455
아스타르테(Astarte)__289, 305
아스티아게스(Astyages)__470
아시리아(Assyria)__37, 42, 70, 83, 111, 120, 133, 138, 415, 416, 418, 419, 421-24, 427-29, 454-56
아시리아인__398, 435
아시아__7, 11, 40, 100, 104, 117, 120-22, 124, 125, 215, 216, 222, 227, 289, 318
아시아인__100
아얀(Ayan)__27
아얀 사막__335
아얄론(Ajalon)__213, 311, 391
아우구스투스(Augustus)__412
아이기나(Aegina)__467
아이올리스인(Aeolian)__467
아지루(Aziru)__165, 205-07, 209-12, 245
아카이아(Achaea)__314
아케타톤(Akhetaton)__180-83, 186, 199, 204, 216, 219, 220, 222, 223, 232, 233
아케타톤의 그 범죄자__233
아케타톤의 범죄자__219
아코(Akko)__81, 215
아키지(Akizzi)__139, 165, 166
아테네(Athens)__152, 468
아톤(Aton)__174, 175, 177, 179, 180, 183, 184, 186, 187, 195, 216, 217, 220, 221, 223, 232, 233
아톤 신전__216, 233
아툼(Atum)의 집__283

아트리비스(Athribis)__353, 368, 408, 409, 425, 447
아티카(Atika)__337
아프로디토폴리스(Aphroditopolis)__407, 409
아프리에스(Apries)__460, 462-65
아프리카__120
아피스(Apis) 황소__425, 448
아홉 활__229, 348
아흐모세(Ahmose)__4, 29, 30, 33, 42, 43, 70, 464
아흐모세 1세__3, 6, 27, 28, 60
아흐모세 펜 네크베트 (Ahmose-Pen-Nekhbet)__30, 33, 53
안샨(Anshan)__470
안티레바논산맥__35, 89
안티오크(Antioch)__206
알라바스트론폴리스(Alabastronpolis)__227, 230, 231
알라사(Alasa)__134, 330
알라사-키프로스(Alasa-Cyprus)__133, 138
알레포(Aleppo)__92, 110, 262, 265, 270, 272
알렉산더(Alexander)__118
알렉산드리아(Alexandria)__440, 448
알로아(Aloa)__430
알리바바와 40인의 도둑__107, 299
알타쿠(Altaqu)__418
암몬(Ammon)__418, 461
암키(Amki)__206
압드-아쉬르타(Abd-ashirta)__165, 205, 245
압드키바(Abdkhiba)__213, 214, 241
앙카라(Ankara)__204
약사르테스(Jaxartes)__41
에게(Aegean)해__38, 39, 95, 99, 141, 202, 308
에네크네스네프리브레 (Enekhnesnefribre)__460

에돔(Edom)__288, 417, 418
에드푸(Edfu)__104, 251
에레트(Ereth)__335
에르넨(Ernen)__277
에르만(Erman)__352
에르웨네트(Erwenet)__263
에르카투(Erkatu)__112
에바나(Ebana)__4, 29, 30, 33, 43
에사르하돈(Esarhaddon)__422-25, 429
에스드라엘론(Esdraelon)__35, 72, 74, 78, 79
에스무넨(Eshmunen)-헤르모폴리스__322
에예(Eye)__168, 183, 222
에제키엘(Ezekiel)__469
에케레트(Ekereth)__262
에크웨시(Ekwesh)__314
에트루리아(Etruria)__314
에티오피아(Ethiopia)__126, 403, 421, 423, 426, 429, 440, 459
에티오피아 왕조__416, 446
에티오피아인__428, 430
엔코스네파아톤(Enkhosnepaaton)__219
엘 카브(El Cab)__8, 10, 29, 33, 42, 104, 364
엘람(Elam)__435
엘레판티네(Elephantine)__10, 104, 125, 126, 346, 440
엘류테로스(Eleutheros)__37, 89
엘리스(Eleans)__460
엘리아킴(Eliakim)__456
여로보암(Jeroboam)__391
여섯 명가의 수장__12
여호아하스(Jehoahaz)__456, 457
여호야긴(Jehoiachin)__460, 461
여호야킴(Jehoiakim)__456
예노암(Yenoam)__79, 243, 312, 318
예라자(Yeraza)__69, 391
예레미야(Jeremiah)__458, 469

예루살렘(Jerusalem)__213, 214, 241, 392, 419, 456, 458, 460, 462, 463
예웨페트(Yewepet)__393, 398, 399, 408
예헴(Yehem)__71, 72, 74
오론테스(Orontes)__35, 37, 122, 123, 205, 206, 245, 278, 456, 461
오론테스 계곡__36, 42, 85, 89, 91, 110, 165, 261, 264, 274, 275, 276, 311
오론테스 상류__327
오론테스강__43, 92, 112, 265, 268
오르코메노스(Orchomenos)__142
오마르(Omar)__441
오벨리스크__64, 65, 66, 67, 82, 84, 97, 119, 125, 126, 130, 148, 164, 255, 286, 307
오소르콘(Osorkon)__397
오소르콘 1세__394, 395
오소르콘 2세__395, 396
오소르콘 3세__399, 404, 408, 411, 420
오시리스(Osiris)__24, 25, 216, 303, 362, 447
오시리스 3신__250
오시리스 신전__44
오아시스__95, 118, 383, 463, 469
오이디푸스__299
오케아노스(Okeanos)__459
오투(Othu)__243
오페트(Opet) 대축제__230
오페트 축제__81, 104, 221, 258, 347, 405, 406
옥수스(Oxus)__41
옥시르힌쿠스(Oxyrhyncus)__405
와디 마가라(Wadi Maghâra)__66
와디 알라키(Wadi Alâki)__252, 259
와디 투밀라트(Wadi Tumilat)__58, 282, 283, 288, 338
와디 함마마트(Wadi Hammamat)__292
와디 할파(Wadi Halfa)__31, 114, 240
와와트(Wawat)__30, 32, 113, 129
와히브레노페르(Wahibrenofer)__463

완의 고지(the Height of Wan)__92
왕들의 계곡__115, 255, 362, 364
왕들의 무덤 계곡__61, 126, 167, 223, 239
왕의 농노__20
왕의 장소__153, 157
요르단(Jordan)__391
요르단 계곡__242, 369
요르단강__36, 248
요시야(Josiah)__456
요파(Joppa)__107, 299
우가리트(Ugarit)__206
우네셰크(Uneshek)__132
우비(Ubi)__165
우샤브티(Ushabti)__23, 24
우세르마레 세테프네레
 (Usermare—Setepnere)__277
우세르헤트(Userhet)__345
울라자(Ullaza)__91, 243
웨나몬(Wenamon)__370, 375-77, 381, 386
웨르메르(Wermer)__327
웨셰시(Weshesh)__327, 330
위대한 선지자__174, 182
유다(Judah)__417, 418, 458, 461
유다 왕국__392, 455, 456
유대__35
유프라테스(Euphrates)__31, 37, 43, 44, 62, 69, 72, 93, 96, 97, 108, 109, 118, 120, 122, 123, 202, 456
유프라테스 계곡__36, 92, 200
유프라테스 동쪽__70
유프라테스강__35, 39, 41, 129, 461
이네니(Ineni)__44, 53, 61
이란(Iran)__41
이렘(Irem)__109
이브림(Ibrim)__32, 131, 133, 364
이브헤트(Ibhet)__132
이사야(Isaiah)__413, 417
이슈타르(Ishtar)__137, 167

이스라엘(Israel)__288, 312, 318, 320, 369, 370, 390, 415
이시스(Isis)__447
이오니아(Ionia)__336, 437, 466
이오니아인__440
이즈르엘(Jezreel)__35, 71, 369, 391
이카티(Ikathi)__121, 123
이크나톤(Ikhnaton)__117, 134, 178-83, 187, 196, 199, 200, 201, 204, 205, 209, 210, 213-23, 227, 231, 234, 241, 282, 301
이타카마(Itakama)__205, 206, 212
이트토웨(Ithtowe)__407
이푸웨르(Ipuwer)__412
인도게르만__202
인테프(Intef)__95, 106, 171
인하피(Inhapi)__385
일라훈(Illahun)__284, 368, 407
임호테프(Imhotep)__447

(ㅈ)

자카르 바알(Zakar-Baal)__371, 375, 376
자칼의 길__153, 159
자히(Zahi)__70, 77, 108, 109
장제전__26, 61, 125
재상__7, 8, 10, 12, 13, 16, 17, 18, 53, 236
재상의 방__12, 13
제1폭포__32, 114, 129, 172, 287
제2폭포__29, 30, 33, 131, 132, 287, 401
제3폭포__33, 62, 104, 109, 114, 179
제4폭포__32, 115, 124, 132, 248, 292, 307, 401, 402
제프티(Zefti)__72, 75
조세르(Zoser)__447
주지사__8
중국__164
중왕국__19, 20, 23, 29
지방 심의회__13
지성소__145, 147

지중해__35, 36, 120, 141, 263, 288, 469
짐리다(Zimrida)__209
집사__352, 354, 356

(ㅊ)
청나일(Blue Nile)__430
총독__32
최고 회계담당자__7, 10, 16

(ㅋ)
카노푸스(Canopus)__313, 324, 466
카니(Khani)__210
카데시(Kadesh)__37, 42, 69, 71, 76, 77, 78, 79, 80, 83, 85, 86, 88, 89, 90, 91, 92, 96, 111-13, 205, 212, 245, 246, 261, 262, 264-66, 268, 270-72, 274, 275, 306, 335
카데시 왕국__37
카데시 전투__272, 311
카로이(Karoy)__124, 131, 132
카르나크(Karnak)__27, 31, 65, 67, 82, 85, 105, 108, 149, 153, 179, 221, 230, 232, 240, 246, 248, 272, 293, 322, 340
카르나크 신전__55, 64, 84, 97, 114, 125, 129, 152, 178, 284, 341, 365, 393, 397
카르나크 탑문__237
카르나크 홀__255
카르멜(Carmel)__35, 213, 369
카르멜 산맥__36, 71
카르카르(Qarqar)__398, 414
카르케미시(Carchemish)__93, 262, 330, 457
카르타고(Carthage)__39
카르투슈(cartouche)__380, 465
카리아(Caria)__437, 440, 450
카비리(Khabiri)__166, 212-14
카시(Kash)__213
카시타(Kashta)__403
카시테(Kassite) 왕조__42
카아멘호테프(Kaamenhotep)__399

카이(Khai)__209
카이로(Cairo)__101
카트나(Katna)__139, 165, 166
카티(Khatti)__204
카파도키아(Cappadocia)__202
칼데아(Kaldea)__458
칼데아인__469
칼라브쉐(Kalabsheh)__114
칼라시리에스(Calasiries)__440
칼리프__441
칼림마 신(Kallimma-Sin)__134, 135
캄비세스(Cambyses)__126, 431, 472
캄웨세(Khamwese)__307, 308
케데시(Kedesh)__305
케레하-바빌론(Khereha-Babylon)__408
케베후 호르(Kebehu-Hor)__132
케즈웬덴(Kezweden)__262
케타(Kheta)__94, 95, 111, 128, 138, 277
케타사르(Khetasar)__277
케트네(Ketne)__92, 276
케페르(Keper)__333
케프튜(Keftyew)__39, 142, 276
케헤니(Keheni)__408
케헤크(Kehek)__325, 337
켈라(cella)__145
코데(Kode)__262, 279
코린트(Corinth)__453
콘수(Khonsu)__305, 341, 379, 380
콘수 신전__363, 378, 380, 383
콘스탄티노플(Constantinople)__97
콤 옴보(Kom Ombo)__104
콥토스(Coptos)__22, 104, 105, 338
쿠르나(Kurna) 신전__250
쿠리갈주(Kurigalzu)__133
쿠미디(Kumidi)__209, 214
쿠시(Kush)__32, 114, 222, 260, 302, 337
쿠시 왕의 아들__32
쿠시의 총독__380

쿠윤지크(Kuyunjik)__419
쿰마(Kumma)__114
쿱반(Kubbân)__31, 131, 252, 260
크노소스(Cnossos)__141
크눔(Khnum)__346, 350
크레타(Crete)__39, 99, 141, 142, 326, 370
크로이소스(Croesus)__471
크로코딜로폴리스(Crocodilopolis)__406
키나(Kina) 개울__74, 75
키나나트(Kinanat)__166
키레네(Cyrene)__464, 467
키루스(Cyrus)__470, 471
키악사레스(Cyaxares)__455, 457
키프로스(Cyprus)__38, 95, 99, 109, 111, 138, 141, 142, 204, 243, 263, 289, 330, 376, 377, 461, 470
킴메리족(Cimmerian)__436, 437

(ㅌ)

타(Ta)__353
타네니(Thaneni)__108
타누타몬(Tanutamon)__427, 428, 429, 435
타니스(Tanis)__279, 282, 283, 285, 286, 368, 382-85, 389, 395, 398, 421, 422, 425
타니스 왕가__414
타두키파(Tadukhipa)__135
타루(Tharu)__71, 81, 234, 241, 264, 288
타보르(Tabor)__275
타아낙(Taanach)__72, 75, 391
타켈로트(Takelot) 1세__395
타켈로트 2세__396, 397, 398, 401
타켈로트 3세__412
타콤프소(Takompso)__346
타하르카(Taharka)__418, 421-27, 429, 438
탑문__147, 148, 152
탕구르(Tangur)__33, 34
태양신__23, 127
테레시(Teresh)__314

테메르(Themer)__327
테베(Thebes)__4, 8, 10, 12, 14, 21, 22, 25, 26, 28, 31, 34, 56, 59, 60, 67, 80, 81, 84, 95, 97, 99, 100, 101, 105, 121, 124-26, 128, 129, 132, 133, 142, 144, 145, 148, 149, 153, 159, 164, 173, 176-78, 216, 217, 220, 221, 223, 230, 232, 236, 246, 253, 258, 272, 273, 278, 282, 284, 285, 301, 303, 305, 319, 338, 364, 369, 378, 379, 381-85, 395, 397, 403, 420, 422, 425, 427, 428, 438, 439, 442, 446, 447
테베 공국__389, 396
테베의 성__80
테오도시우스(Theodosius)__217
테켈(Thekel)__326, 327, 330, 369, 376
테켈인__371
테티(Teti) 왕__284
테프나크테(Tefnakhte)__404-09, 411, 423, 435
테헤누(Tehenu)__313, 318
테헤누 리비아(Tehenu-Libya)__312, 387
텐타몬(Tentamon)__374
텐트레무(Tentremu)__408
텔 엘 아마르나(Tell el-Amarna)__134, 180, 220
텔 엘 아마르나 편지__134, 221
텔 엘 예후디예(Tell el-Yehudîyeh)__283
토리노(Turin)__306, 308
토메리(Tomeri)__317
토트(Thoth)__304
톰보스(Tombos)__34
투니프(Tunip)__42, 86, 87, 91, 111-13, 206, 207, 210, 275, 276
투레(Thure)__32, 34
투슈라타(Tushratta)__135, 136, 165, 200, 204
투스레트(Tewosret)__321, 322
투야(Tuya)__255

투텐카몬(Tutenkhamon)__221, 231
투텐카톤(Tutenkhaton)__219, 220-22, 227
투투(Tutu)__209
투트모세(Thutmose)__33, 34, 42, 71, 72, 73, 75, 79, 80, 81, 84, 85, 90, 91, 93, 94, 96, 104-07, 109, 110, 112, 113, 115, 117, 118, 129, 130
투트모세 1세__31, 32, 42, 43, 44, 47, 54, 55, 61, 65, 82, 84, 93
투트모세 2세__43, 47, 60
투트모세 3세__31, 37, 43, 47, 62, 66, 69, 70, 78, 82, 83, 86, 95, 108, 120-22, 124, 129, 130, 138, 143, 166, 168, 171, 204, 207, 217, 221, 227, 235, 243, 261, 285, 292, 298, 302, 306, 310, 311, 351
투트모세 4세__127, 156, 159, 223
투티이(Thutiy)__53, 56, 59, 64, 67, 82, 95, 107, 120, 121, 299
트로이아(Troia)__27, 125
티그리스(Tigris)__414
티그리스강__418
티글라트 필레세르(Tiglath-Pileser) 1세__377, 414
티글라트 필레세르 3세__399, 415, 416
티니스(Thinis)__106, 186
티니스 아비도스__96
티레(Tyre)__38, 86, 99, 209, 243, 246, 371, 376, 418, 422-24, 461-63
티레니아(Tyrrhenia)__314
티베트(Tibet)__164
티슈브(Tishub)__137
티이(Tiy)__130, 141, 160, 168, 174, 181, 200, 353, 354, 357
티크시(Tikhsi)__110, 123-25
팀사호(Lake Timsa)__288

(ㅍ)
파그로리오폴리스(Phagroriopolis)__408

파라오__121, 125, 128, 165, 172, 173, 196, 320, 373, 388
파르바(Parva)__409
파리(Paris)__286
파요네크(Payonekh)__382, 383
파이노젬(Paynozem) 1세__383, 384
파이윰(Fayum)__104, 216, 313, 394, 406, 407, 409
파콘스(Pakhons)__71
파크루루(Pakruru)__425
파크트(Pakht)__63
파토넴하브(Patonemhab)__233
파피루스__289, 336, 361, 362
팔레스타인(Palestine)__36, 80, 81, 105, 128, 166, 203, 213, 222, 227, 241, 242, 244, 264, 274, 275, 288, 289, 292, 318, 335, 369, 377, 387, 390, 391, 454, 458, 462
페노(Penno)__364
페니키아(Phoenicia)__38, 39, 40, 41, 86, 87, 95, 99, 105, 121, 141, 206, 246, 262, 264, 289, 330, 331, 336, 375, 418, 461, 462
페니키아 해안__85
페니키아인__38
페데스(Pedes)__262
페디바스트(Pedibast)__398, 399, 408
페디아메네모페트(Pediamenemopet)__439
페디에세(Pediese)__409
페디호르(Pedihor)__439
페레후(Perehu)__58
페르 람세스(Per-Ramses)__283
페르세페트(Persepet)__425
페르시아(Persia)__469, 473
페르시아 시대__450
페르시아 제국__471
페르시아만__36
페르시아인__470
페리레(Perire)__315
페리안드로스(Periander)__453

페모우(Pemou)__398, 399
페베카멘(Pebekkamen)__354
페시브켄노(Pesibkhenno) 1세__383
페시브켄노 2세__385, 389, 394
페예스(Peyes)__354, 356, 357
페프네프디바스트(Pefnefdibast)__406
펜쿠(Fenkhu)__72
펜타우르(Pentaur)__298
펜테웨레(Pentewere)__354
펠레세트(Peleset)__326, 327, 330, 369
펠루시움(Pelusium)__472
포르티코(portico)__146, 147
폴리크라테스(Polycrates)__467
푸엠레(Puemre)__97
푸투키파(Putukhipa)__277
푼트(Punt)__56, 58, 59, 95, 109, 132, 238, 338
프리기아(Phrygia)__202
프삼메티코스(Psammetichos)__453
프삼티크(Psamtik)__427, 435-38, 446, 450, 454
프삼티크 1세__439-41, 452, 453, 455, 463
프삼티크 2세__430, 459
프삼티크 3세__473
프타(Ptah)__170, 173, 264, 266, 279, 286, 344, 349, 408, 448
프타 사단__267, 270, 271
프타 신전__83, 420, 425
프타모세(Ptahmose)__176, 177
프톨레마이오스(Ptolemy)__142, 145, 384, 469, 470, 473
프톨레마이오스 시대__389
피라미드__27, 127
피라미드 시대__143
피렌체(Florence)__414
피안키(Piankhi)__404-11, 416, 421
피톰(Pithom)__283, 287, 288
피트리(Petrie)__194

필리스티아(Philistia)__417, 454, 455
필리스틴(Philistine)__274, 326, 369, 370, 387, 418

(ㅎ)

下누비아__32, 131, 401, 430, 459
하다드니라리(Hadadnirari)__165
下레테누__276
하렘__306, 353, 354
하룬 알 라시드(Harun ar-Rashid)__160
하르사페스(Harsaphes)__395
하름합(Harmhab)__15, 218, 223, 227, 229, 230, 232-35, 237-41, 247, 282, 302
하마스(Hamath)__202
하얀 집__9
하우란(Hauran)__242, 275
하투실리스__276, 277, 279, 280
하트셉수트(Hatshepsut)__47, 52, 54, 56, 59, 61, 62, 65, 67, 69, 82, 83, 84, 125, 176
하트셉수트 메레트레(Meretre)__115
하트쇼(Hatsho)__333
하티바(Hatiba)__376
하파라임(Hapharaim)__391
하푸(Hapu)의 아들 아멘호테프__145
하푸세네브(Hapuseneb)__53, 62, 67, 176
할리스(Halys)강__204
함마마트(Hammamat)__363, 420
해리스파피루스__323, 345, 346, 350
해양 민족__310, 326, 334, 335, 387, 450
해양 민족들__308
헤라클레오폴리스(Heracleopolis)__284, 387, 388, 390, 397, 404-06, 408, 411, 439
헤라클레오폴리스 공국__389, 394
헤렌케루(Herenkeru)__79
헤로도토스(Herodotos)__126, 313, 427, 436, 440, 454, 459, 460, 464, 465, 468
헤르모티비에스(Hermotybies)__440

헤르모폴리스(Hermopolis)__216, 399, 405, 406, 408
헤르몬티스(Hermonthis)__216
헤브라이(Hebrew)__187, 275, 284, 288, 320, 458
헤브라이어__289
헤브라이인__171, 242, 265, 369
헤세브카(Hesebka)__408
헬레니움(Hellenium)__467
헬리오폴리스(Heliopolis)__8, 13, 21, 83, 98, 119, 125, 173-75, 177, 216, 233, 236, 250, 283, 284, 308, 312, 315, 349, 399, 408
혈거인__29
호루스(Horus)__229, 230, 408
호루스 신전__231
호루스의 연못__132

호르(Hor)__439
호머(Homer)__39
홍해__141, 320, 338
후아(Hua)의 고지__132
후이(Huy)__222
흐리호르(Hrihor)__370, 371, 374, 378-82
히즈키야(Hezekiah)__418
히타이트(Hittite)__95, 165, 166, 200, 201, 203-06, 210, 238, 245-47, 261-63, 265, 266, 268-72, 274-80, 289, 293, 306, 311, 318, 330, 334, 335, 369
히타이트군__209
히타이트인__41, 212
힉소스(Hyksos)__3, 5, 6, 30, 37, 63, 70, 96, 113, 120, 142, 223, 306, 310, 441